독자의 1초를
아껴주는 정성을
만나보세요!

세상이 아무리 바쁘게 돌아가더라도 책까지 아무렇게나 빨리 만들 수는 없습니다.
인스턴트 식품 같은 책보다 오래 익힌 술이나 장맛이 밴 책을 만들고 싶습니다.
땀 흘리며 일하는 당신을 위해 한 권 한 권 마음을 다해 만들겠습니다.
마지막 페이지에서 만날 새로운 당신을 위해 더 나은 길을 준비하겠습니다.

Node.js 교과서 개정 3판

Node.js Textbook 3rd

초판 발행 · 2022년 12월 20일
초판 3쇄 발행 · 2024년 5월 8일

지은이 · 조현영
발행인 · 이종원
발행처 · (주)도서출판 길벗
출판사 등록일 · 1990년 12월 24일
주소 · 서울시 마포구 월드컵로 10길 56(서교동)
대표 전화 · 02)332-0931 | **팩스** · 02)323-0586
홈페이지 · www.gilbut.co.kr | **이메일** · gilbut@gilbut.co.kr

기획 및 책임편집 · 이원휘(wh@gilbut.co.kr) | **디자인** · 장기춘 | **제작** · 이준호, 손일순, 이진혁
마케팅 · 임태호, 전선하, 차명환, 박민영, 지운집, 박성용 | **유통혁신** · 한준희 | **영업관리** · 김명자 | **독자지원** · 윤정아

교정교열 · 전도영 | **전산편집** · 박진희 | **출력 및 인쇄** · 금강인쇄 | **제본** · 금강제본

ISBN 979-11-407-0239-8 93000 (길벗 도서번호 080334)
정가 42,000원

독자의 1초를 아껴주는 정성 길벗출판사

(주)도서출판 길벗 | IT교육서, IT단행본, 경제경영서, 어학&실용서, 인문교양서, 자녀교육서 www.gilbut.co.kr
길벗스쿨 | 국어학습, 수학학습, 어린이교양, 주니어 어학학습, 학습단행본 www.gilbutschool.co.kr

페이스북 · www.facebook.com/gbitbook
예제 소스 · http://github.com/gilbutITbook/080334

조현영 지음

Node.js 교과서

교과서

개정 3판

조현영 지음

NODE.JS
TEXTBOOK 3RD

길벗

저에게 노드를 가르쳐준 스승님은 오픈 소스와 스택 오버플로(Stack Overflow)입니다. 오픈 소스에 참여하면서 외국 개발자들은 어떻게 노드 프로젝트를 진행하는지 배우고, 노드로 여러 프로젝트를 만들어보며 공부했습니다. 그러다가 궁금한 점이 있으면, 주변에는 물어볼 사람이 마땅히 없어서 웹 검색을 하거나 스택 오버플로에 질문함으로써 궁금증을 해결하곤 했습니다. 그러다 보니 한 가지 문제를 해결하는 데 심지어 6개월이 걸리기도 하는 등 난관의 연속이었습니다.

어느덧 노드가 익숙해지자, 주변에서 노드에 대해 궁금해하는 사람들이 눈에 띄기 시작했습니다. 험난하게 노드를 배웠던 경험 때문인지 저는 그분들의 상황을 누구보다 잘 이해할 수 있었습니다. 따라서 네이버 지식인, 스택 오버플로, 카카오톡 오픈채팅 노드 커뮤니티나 개인 블로그 포스팅 등을 통해 궁금증을 해결해주고자 노력했지만, 온라인으로는 체계적으로 알려드리는 데 한계가 있었습니다.

그러던 중 출판사로부터 제안을 받아 이 책을 집필할 기회를 얻게 되었습니다. 여태껏 출간된 노드 입문서가 적지는 않았지만, 대부분 조금씩 아쉬운 면들이 있어 그것을 보완하는 데 중점을 뒀습니다. 특히 노드는 기본적인 개념을 익히는 것이 중요하므로 서버와 데이터베이스를 모르는 사람을 주요 독자층으로 정하고 기본부터 충실히 설명하고자 노력했습니다. 다만, 문법을 자세히 설명하지는 않으므로 이 책을 읽기 전에 자바스크립트(Javascript) 언어에 대한 기본적인 지식은 갖춰야 합니다.

단순히 입문서로서 기본적인 내용을 설명하는 데 그치지 않고, 실무에서 자주 사용하는 코딩 스타일(최신 문법과 폴더 구조)과 패키지 위주로 내용을 구성했습니다. 나중에 실무를 할 때 이 책의 소스 코드를 가져다 써도 되는데, 실무 코드와 이 책의 내용을 비교해보면 큰 틀에서 거의 차이가 없다는 사실을 알게 될 것입니다. 웹 생태계가 너무 급변한다고 걱정하시는 분들이 많은 터라 변하지 않는 개념과 원리 중심으로 설명하고자 했습니다. 2~3년이 지나도 유용한 내용을 담는 것이 이 책의 목표입니다.

초판과 개정판, 개정 3판에 걸쳐 이 책을 담당하며 책 집필을 지켜보고 끝까지 마무리할 수 있게 도와주신 이원휘 차장님께 감사드립니다. 또한, 이 책의 예제를 실습하며 오류를 지적하고 개선할 점을 알려주신 베타테스터 분들과 초판 독자 분들께도 감사드립니다.

조현영

Node.js v18 기반, npm 패키지 버전 업데이트

노드와 npm 패키지의 버전을 최신으로 업데이트하면서 노드 16 버전과 18 버전에서 추가된 주
요 기능을 다룹니다. 패키지들도 가능한 한 최신 버전을 사용하고 해당 버전을 명시해서 추후 버
전 문제를 일으킬 가능성을 최소화했습니다. 그래도 패키지의 버전은 항상 확인해야 합니다.

타입스크립트 도입

요즘 자바스크립트 생태계에서는 타입스크립트를 적극적으로 도입하는 추세입니다. 저도 실무에
서 노드 프로젝트를 할 때 자바스크립트 대신 타입스크립트를 사용합니다. 이 책에서 타입스크립
트를 전부 설명할 수는 없지만, 노드 프로젝트를 타입스크립트로 전환하는 방법을 하나의 장을 따
로 할애해서 설명합니다. 해당 장을 학습하며 전반적인 흐름을 파악하길 바랍니다.

문법 설명 강화

ES2022에 맞춰 Map/Set과 널 병합(nullish coalescing), 옵셔널 체이닝(optional chaining)을 예제 코
드 전반에 사용했습니다. 새로운 문법을 사용하면 코드가 더 간결해집니다. 관련된 문법에 대한
설명을 2장에 추가했습니다. 또한, ECMAScript 모듈이 정식 지원됨에 따라 관련 사용법을 3.3절
에서 더 자세히 다룹니다.

더 나은 구조에 대한 고민

프로그래머는 프로그램을 만들 때 더 나은 구조가 무엇인지 항상 고민하곤 합니다. 이 책의 예제
를 만들 때도 구조에 관해 고민했습니다. 결국 컨트롤러와 서비스를 분리해서 사용하는 방식을 택
하고, 9장부터 13장까지의 모든 코드를 수정했습니다. 지금 당장은 더 복잡해 보일 수도 있지만,
각각의 구조가 하는 일이 명확해져 더 큰 프로젝트를 할 때는 도움이 될 것입니다.

예제 코드

예제 코드는 단순히 복사 후 붙여 넣기를 해서 결과만 확인하기보다는 직접 입력해 따라 해보는 것이 좋습니다. 하지만 프로그래밍을 할 때 발생하는 오류의 대부분은 사소한 오타 때문인 경우가 많습니다. 오타가 났을 때 어떤 에러가 발생하는지를 몸으로 익혀두면 나중에 실무를 할 때 많은 도움이 될 것입니다. 따라서 코드를 따라 입력해보며 오타도 내보고 하면서 오타에 익숙해지는 것이 좋습니다.

오타를 찾을 때는 코드 색상이 일치하는지 확인하면 편합니다. 책에 나오는 코드의 색상은 Atom One Light Theme(https://marketplace.visualstudio.com/items?itemName=akamud. vscode-theme-onelight)을 따랐습니다. 그럼에도 도저히 해결할 수 없다면 저자의 깃허브 소스 코드와 비교해보면 됩니다.

학습 순서

각 장을 순서대로 학습하는 것을 권장합니다. 이전 장의 내용을 숙지했다는 전제하에 다음 장으로 넘어가므로 같은 설명을 되풀이하지 않습니다. 필요한 부분만 골라서 보는 것도 좋지만 이해되지 않는 코드가 나올 수도 있습니다. 자세한 설명이 없는 부분은 이전 장에 관련 설명이 있는지 확인해보세요.

코딩 스타일

자바스크립트는 상당히 자유로운 언어라 사람마다 코딩 스타일이 많이 다릅니다. 코드의 일관성을 위해 유명한 코딩 스타일 가이드를 참고했으며, 예제 코드는 대부분 ESLint의 스타일 가이드를 따릅니다. 하지만 일부 코드는 스타일 가이드를 무시하고 좀 더 이해하기 쉽도록 작성했습니다. 따라서 코딩 스타일이 각자 다를 수 있으니 미리 양해를 구합니다.

브라우저

이 책의 예제 스크린샷은 브라우저를 여러 개 띄우는 예제를 제외하고는 모두 크롬 브라우저에서 캡처했습니다. 대부분의 최신 브라우저에서는 예제 코드가 잘 작동할 것입니다. 하지만 인터넷 익스플로러(IE)는 지원하지 않으므로 최신 브라우저를 사용해 실습을 진행해주세요.

버전 문제

프로그래밍 서적과 함께 공부하다 보면 항상 발생하는 것이 버전 문제입니다. 웬만하면 버전이 올라가도 예제가 실행될 수 있도록 노력했으나, 버전 문제로 인해 실행되지 않는다면 버전을 책과 동일하게 맞추는 것을 권장합니다(package.json 참조). 버전이 달라서 발생하는 에러를 직접 수정해도 되지만, 그럴 경우 책의 코드와는 많이 달라질 수 있다는 점에 유의해주세요.

오탈자

책이나 깃허브 코드에 오탈자가 있다면 출판사 웹 사이트나 저자 블로그로 문의해주세요.

- **저자 블로그**: https://www.zerocho.com/books
- **길벗출판사 독자 문의**: 웹 사이트(http://www.gilbut.co.kr/) 접속 > **고객센터** > **1:1 문의** 선택(로그인 필요)

▼ 그림 1 고객센터 > 1:1 문의

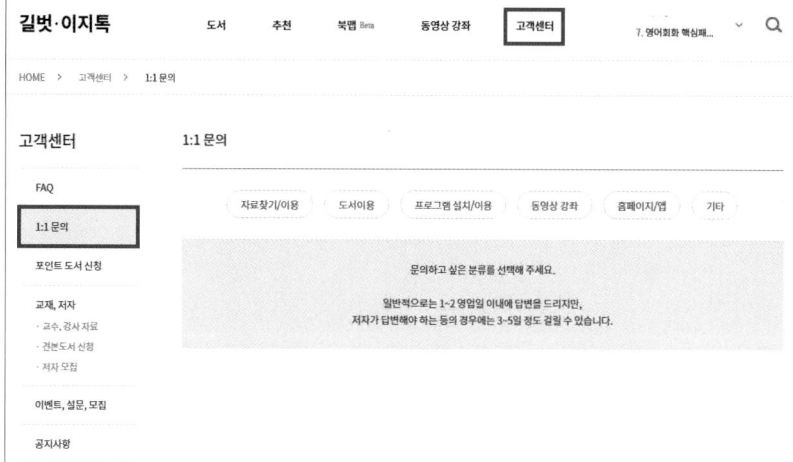

예제 파일 내려받기

이 책에서 사용하는 예제 코드는 길벗출판사 웹 사이트에서 도서명으로 검색해 내려받거나 아래 깃허브 저장소에서 내려받을 수 있습니다.

- **길벗출판사 웹 사이트**

  http://www.gilbut.co.kr/

- **길벗출판사 깃허브**

  https://github.com/gilbutITbook/080334

- **저자 깃허브**

  https://github.com/zerocho/nodejs-book

예제 파일 구조 및 참고 사항

이 책에서 사용하는 예제 파일을 각 장의 절별로 제공합니다.

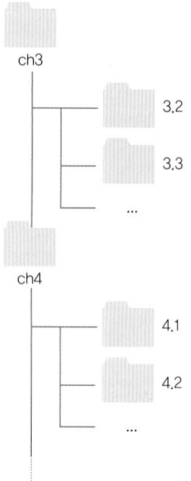

Node.js를 학습하려는 모든 개발자에게 추천합니다. 특히 자바스크립트를 알고 있다면 Node.js를 이해하는 데 도움이 될 것입니다. 이 책은 Node.js의 기본 기능부터 웹 활용과의 차이까지 각 항목별로 세세하게 비교하고 있습니다. 기존에 브라우저 기반의 자바스크립트 개발을 하던 분에게는 더욱 친절하게 느껴질 겁니다. 또한, 〈Node.js 교과서〉라는 책 제목처럼 Node.js를 활용할 수 있는 수많은 내용이 포함되어 있을 뿐 아니라 예제와 참고 자료도 활용할 수 있으며, ECMAScript 최신 버전의 자바스크립트 기능과 트렌드를 Node.js 실습을 통해 익힐 수 있습니다. 이 책 한 권으로 모든 독자가 숙달된 기술을 활용할 수 있는 Node.js 개발자가 될 것이라 기대합니다.

문주영_웹 프런트엔드 개발자

'노드' 교과서이지만 자바스크립트에 대한 기초와 동작 원리를 시작으로 노드를 설명하기 때문에 언어에 대한 학습뿐 아니라 서버, 클라이언트 그리고 노드에 대한 개념과 역할을 더 친절하게 익힐 수 있었습니다. 동작 원리를 모르는 채로 사용하고 있던 기능들이 코드 이면에서는 어떻게 작동하는지, 왜 필요했는지 이해하는 좋은 경험이 되었습니다. '교과서'라는 이름답게 많은 분량의 개념과 실습을 담고 있지만, 단순한 정의 나열이 아니라 실무에서 사용되는 개념과 기능을 설명하고 이를 프로젝트에 적용해 실습함으로써 실제 서비스를 만들 때 어떻게 사용되고 어디에 필요한지 이해할 수 있었습니다. 또한, 직접 실습하면서 지식이 내 것으로 체화되는 과정도 좋았습니다. 자바스크립트 기초를 배웠고 클라이언트 코드가 익숙한 프런트엔드 개발자와 데이터베이스 구성부터 클라우드 환경 배포까지 풀 사이클을 경험해보고 싶은 개발자에게 추천합니다. 한 번 읽고 덮어두는 책이 아니라 필요할 때마다 다시 찾아볼 수 있는 점이 교과서다운 것 같습니다.

이호섭_프런트엔드 개발팀

기존에 자바스크립트를 사용한 백엔드 개발은 거의 하지 않았으나, 앞으로는 배울 필요가 있다고 생각해 〈Node.js 교과서〉 2판을 구입해 실습했습니다. 그러다가 기회가 돼서 3판의 베타 테스트를 진행할 수 있었습니다. 워낙 내용이 탄탄하게 구성되어 있어 자바스크립트 개발자가 아닌 사람이 보더라도 쉽게 이해할 수 있으며, 책 초반에는 자바스크립트의 기본적인 부분까지 자세히 설명해주고 있어 '교과서'라는 이름을 달기에 가장 적합한 책이라고 생각합니다.

인터넷에 있는 블로그 글 등은 강좌가 중간에 끊기거나, 시간이 많이 지나 outdated된 내용이 많습니다. 예를 들어 제가 주로 쓰는 장고(Django)의 경우 rest_auth는 deprecated되고 dj_rest_auth로 바뀌었는데도, 전자의 예시가 상당히 많이 남아 있습니다. 이 책의 경우 1, 2판에 이어 3판이 나오면서 최신 Node.js가 적용되고 있으며 저자의 블로그에서 꾸준히 피드백이 이뤄지는 만큼 언제 읽더라도 안정적으로 학습할 수 있으리라 생각합니다. 주위에 Node.js를 배우고자 하는 사람이 있다면 고민 없이 이 책을 추천할 것입니다.

임창우_차라투 주식회사

AWS 람다(Lambda) 기반 백엔드 개발 업무에서 타입스크립트를 활용하고 있어서 이번 개정판에 관심을 갖고 베타 테스트에 참여하게 되었습니다. 이 책은 흥미로운 시나리오의 실습 예제로 Node.js의 주요 활용 기술을 쉽게 이해하도록 해주고, 코드에 대한 설명도 상세하게 잘되어 있습니다. 또한, 최신 자바스크립트의 주요 변경 사항이 잘 정리되어 있고 클라우드 환경에서의 활용과 타입스크립트에 대한 내용도 다루므로 이 책 한 권으로 최신 Node.js의 전반적인 내용을 모두 이해할 수 있습니다. Node.js를 처음 접하는 개발자에게 추천하고 싶은 책이며, 경험 있는 실무 개발자도 참고서처럼 찾아볼 수 있는 책이라고 생각합니다.

김상영_LG전자 ID 클라우드 솔루션 Project

이 책은 'Node.js를 어디까지 써봤니?'라고 묻는 것 같습니다. 그만큼 노드의 다양한 활용에 대해 설명하면서 웹 API 서버 만들기, 노드를 이용한 소켓 프로그래밍 등 다양한 프로젝트를 보여줍니다. 실무에서 바로 활용할 수 있는 프로젝트뿐만 아니라 Node.js와 익스프레스, 몽고DB 등 최신 기술과의 접목 방법과 자바스크립트 및 Node.js의 문법까지 설명합니다. Node.js의 수많은 기능을 다양하게 활용할 수 있도록 관련된 부분은 거의 모두 다루고 있습니다. 또한, 테스트 부분은 다른 책에서는 볼 수 없었던 이 책의 강점이라고 생각합니다. Node.js를 처음 접하는 사람에게도, Node.js의 중급자에게도 이 책을 추천합니다. 800쪽이 넘는 방대한 양을 보면 이 책 한 권으로 Node.js를 완전 정복할 수도 있을 것 같습니다.

김미수_웹개발자

전공과 무관하게 프런트엔드 개발자로 시작하면서 서버나 백엔드 관련 지식이 부족한 걸 느꼈을 때, Node.js라는 것을 접하고 '자바스크립트로 이런 것도 가능하다고?'라는 생각과 함께 신기해했던 적이 있습니다. 그렇게 관심만 갖고 있다가 Node.js 관련 책이 나오면서 한번 배워보겠다고 샀던 책이 〈Node.js 교과서〉 초판이었습니다. 일하면서 백엔드 관련 지식을 조금씩 쌓아왔지만, 직접 만들어보면서 배우는 것과는 차이가 컸습니다. 3판에서는 비동기 개념부터 ES2015 등과 같은 필수 개념까지 설명해주고, 다양한 예제와 더불어 예외 처리하는 방법도 다루므로 실무에 더욱 도움이 될 만한 책이라 생각됩니다. 특히 부하 테스트를 하는 부분도 들어가 있어서 재미있게 봤습니다.

그리고 아직 ES5를 사용해 ES6를 경험해보지 못한 분들도 이 책을 통해 자바스크립트 최신 문법의 활용 방법을 배우고, Node.js로 다양한 예제를 만들어보며 여러 기능을 배울 수 있습니다. 요즘은 NestJS라는 프레임워크를 사용해 서버 사이드 개발도 많이 진행하기 때문에 이 책을 통해 Node.js를 공부한다면 앞으로도 많은 도움이 되리라 생각합니다. 3판인 만큼 내용과 예제도 더 충실해졌습니다. 마지막에 타입스크립트까지 다루고 있으므로, 최신 트렌드를 익히길 원했던 분들이라면 꼭 한번 읽어볼 것을 권합니다.

이호철_프런트엔드 개발자

이 책은 〈Node.js 교과서〉란 제목을 붙일 자격이 충분하다고 생각합니다. 처음에 동기/비동기, 스레드, 프로세스 등과 같은 개념으로 시작해서 책 전체적으로 Node.js와 웹의 메커니즘을 다루는 데 중점을 뒀습니다. 그리고 코드를 통해 이론을 증명해나가는 과정으로 책이 구성되어 있습니다. DNS를 다룰 때 사용하는 모듈이나 암호화를 사용할 때 필요한 모듈 등 웹 개발을 할 때 반드시 알아야 하는, 그러나 기초적인 기존 입문서에서는 알 수 없었던 것까지 자세히 설명했습니다. 정말 Node.js에 대해 빈틈없이 내용을 담았다는 느낌입니다. 무엇보다 데이터의 흐름처럼 이해하기 어려운 내용을 도형과 화살표로 도식화해 자연스럽게 설명한 점이 인상적이었습니다. 쉽지 않은 개념이지만 차근차근 읽어나가다 보면 이해하는 데 큰 도움이 될 것입니다.

REST API 같은 서버 개발을 위해 반드시 알아야 하는 내용과 HTTP/HTTPS, 세션, 쿠키 등 웹 개발에 필수적인 내용 그리고 소켓 프로그래밍, 실시간 처리, 깃, AWS/GCP 등 클라우드 플랫폼, 람다를 활용한 서버리스 서비스 등 Node.js와 관련된 모든 내용을 총망라한 책입니다. 저는 다른 언어의 서버 개발자이지만, 이 책에서 실무적으로 도움이 되는 많은 아이디어와 인사이트를 얻을 수 있었습니다.

임혁_Hotseller(5년차 개발자)

저를 비롯해 수많은 입문자가 이 책과 제로초 님의 Node.js 강의로 Node.js를 시작했습니다. 아마 국내 Node.js 개발자 대부분은 이 책과 제로초 님을 알고 있을 것 같습니다. 그만큼 이 책의 내용은 입문자의 눈높이에 맞춰 기초를 다져주고 실습 위주의 진행으로 지루할 틈 없이 단계별로 Node.js 실력을 쌓을 수 있게 도와줍니다. 이 책은 Node.js의 A부터 Z까지 모두 다루고 있으며 실전 프로젝트를 진행해보면서 실무 개발 능력까지 갖출 수 있게 도와줍니다. 이 책은 Node.js로 개발하기 위해 필수적으로 익혀야 하는 자바스크립트 ES6에서 ES2020까지의 문법부터 주요 모듈의 사용법, 예외 처리, 시퀄라이즈, 몽구스, 템플릿 엔진, 테스트, 스케줄링, 서버리스 등 Node.js로 할 수 있는 거의 모든 것을 다루고 있습니다. 그리고 책의 내용을 완전히 자기 것으로 만들기 위해서는 꼭 자신만의 개발 프로젝트를 진행해보는 것이 중요하다고 생각합니다. 프로젝트 과정에서 막히는 부분은 책의 내용과 코드를 참조해 진행하다 보면, 자신의 실력이 점점 향상되어 가는 것을 느낄 수 있습니다.

Node.js는 가볍고 빠르게 개발해야 하는 간단한 프로젝트나 서버리스 서비스 또는 스크립트, 스케줄러 등을 개발할 때 주로 많이 활용하고 있습니다. 복잡한 서비스와 촉박한 일정 속에서 Node.js를 사용할 줄 안다면 그리고 만약 개발 환경이 클라우드 환경이라면 그 활용도는 무궁무진합니다. 이번 개정 3판에서는 NodeBird 프로젝트에 타입스크립트를 적용하는 장이 추가되고 프로젝트의 코드가 예전에 비해 훨씬 간결해져서 타입스크립트를 사용하는 환경이거나 실무에서 이 책의 코드를 활용하고자 하는 사람들에게 더 많은 도움을 줄 수 있을 것 같습니다.

권민승_백엔드 개발자

Node.js에 대한 깊고 방대한 지식을 독자에게 아낌없이 전달해주는 책입니다. 이 책을 통해 Node.js의 작동 원리부터 다양한 라이브러리를 활용한 실습, 클라우드 서비스 활용 및 타입스크립트 적용까지 경험해볼 수 있습니다. 저는 개인적으로 평소에 궁금했던 Node.js의 작동 원리와 CommonJS 관련 내용이 도움이 되었습니다. 파편화된 지식을 한 권으로 학습하고 싶은 분들, Node.js를 제대로 공부해보고 싶은 분들에게 강력히 추천합니다.

박현우_티맥스 WAPL 프런트엔드 개발자

1^장

노드 시작하기

1장에서는 Node.js(이하 노드)가 무엇이고 어디에 쓰이며 누가 쓰는지를 알아보고, 노드의 핵심 개념을 배웁니다. 또한, 노드와 비주얼 스튜디오 코드를 설치하는 방법도 알아봅니다.

❤ 그림 1-1 노드 로고

이번 장에서는 노드와 관련된 실습 코드가 나오지 않지만, 노드의 핵심 개념을 다루므로 지금부터 설명하는 내용을 꼭 읽어보길 바랍니다. 많은 노드 입문자가 핵심 개념을 충분히 이해하지 못한 채 코딩부터 시작하다가 어려움을 겪습니다. 만약 여러분이 이미 런타임, 이벤트 기반, 논블로킹 (non-blocking) I/O, 싱글 스레드 모델이 무엇인지 알고 있다면 다음 장으로 넘어가도 좋습니다.

1.1 핵심 개념 이해하기

노드가 무엇인지에 대해 여러 가지 의견이 많지만, 어떠한 설명도 노드 공식 사이트의 설명보다 정확하지는 않을 것입니다. 노드 공식 사이트(https://nodejs.org/ko/)에서는 노드를 다음과 같 이 설명하고 있습니다.

Node.js®는 Chrome V8 Javascript 엔진으로 빌드된 자바스크립트 런타임입니다.

여러분 대부분은 노드를 서버로 사용하는 방법을 익히기 위해 이 책을 읽고 있을 것입니다. 그런데 공식 사이트의 노드 소개 글에는 서버라는 말이 없으니 당황스러울 수도 있습니다. 하지만 걱정하 지 마세요. 서버라는 말이 없는 이유는 노드가 서버만 실행할 수 있는 것은 아니기 때문입니다.

이 책에서도 전반적으로 노드로 서버를 실행하는 방법을 다루지만, 일부 장에서는 서버 외의 자바 스크립트 프로그램을 실행하는 런타임으로 사용하는 방법을 배울 것입니다.

먼저 서버와 런타임이 무엇인지 알아봅시다.

1.1.1 서버

노드를 통해 다양한 자바스크립트 애플리케이션을 실행할 수 있지만, 노드는 서버 애플리케이션을 실행하는 데 제일 많이 사용합니다.

그럼 서버란 무엇이며, 어떤 역할을 할까요? 서버는 네트워크를 통해 클라이언트에 정보나 서비스를 제공하는 컴퓨터 또는 프로그램을 말합니다. 클라이언트란 요청을 보내는 주체로 브라우저일 수도 있고, 데스크톱 프로그램일 수도 있고, 모바일 앱일 수도 있고, 다른 서버에 요청을 보내는 서버일 수도 있습니다. 여러분이 평소에 사용하는 웹 사이트나 앱을 생각해보세요. 웹 사이트의 화면(HTML)은 어디에서 가져올까요? 앱 설치 파일은 어디에서 내려받는 것일까요?

▼ 그림 1-2 클라이언트와 서버

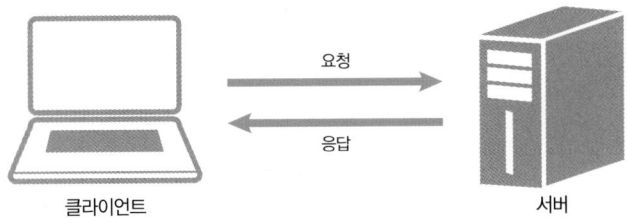

예를 들어 길벗출판사의 웹 사이트를 방문한다고 생각해봅시다. 주소창에 길벗출판사의 웹 사이트 주소(https://www.gilbut.co.kr/)를 입력(**요청**)하면, 브라우저는 그 주소에 해당하는 길벗출판사의 컴퓨터 위치를 파악합니다. 그리고 그 컴퓨터로부터 길벗출판사의 웹 사이트 페이지를 받아와서 요청자의 브라우저(클라이언트)에 띄웁니다(**응답**). 이런 일을 하는 컴퓨터가 바로 서버입니다.

모바일 앱을 설치하는 경우를 생각해봅시다. 구글 플레이 스토어나 애플 앱스토어에서 원하는 앱을 고른 후 설치 버튼을 누르면(**요청**) 내려받기(**응답**)가 시작됩니다. 앱 설치 파일은 이미 어딘가에 저장되어 있으므로 여러분이 그곳에서 데이터를 받아와 모바일 기기에 설치할 수 있는 것입니다. 그 어딘가가 구글과 애플의 서버입니다. 플레이 스토어와 앱스토어는 클라이언트 역할을 하는 것이고요.

웹이나 앱을 사용할 때는 여러분의 데이터(아이디, 비밀번호, 이메일 등)와 서비스의 데이터가 생성됩니다. 이 데이터를 어딘가에 저장하고, 그 어딘가에서 클라이언트로 데이터를 받아와야 합니다. 이곳이 바로 서버입니다.

서버라고 해서 요청에 대한 응답만 하는 것은 아닙니다. 다른 서버에 요청을 보낼 수도 있습니다. 이때는 요청을 보낸 서버가 클라이언트 역할을 합니다.

정리하면, 서버는 클라이언트의 요청에 대해 응답을 합니다. 응답으로 항상 Yes를 해야 하는 것은 아니고, No를 할 수도 있습니다. 여러분이 어떤 사이트로부터 차단당했다면 그 사이트의 서버는 여러분의 요청에 매번 No를 응답할 것입니다.

노드는 자바스크립트 프로그램이 서버로서 기능하기 위한 도구를 제공하므로 서버 역할을 수행할 수 있습니다. 왜 다른 언어를 사용하지 않고 굳이 노드를 사용해 서버를 만들까요? 이 궁금증을 해결하려면 먼저 노드의 특성을 알아야 합니다. 공식 웹 사이트에 게시된 노드 소개 글을 바탕으로 노드의 특성을 알아봅시다.

1.1.2 자바스크립트 런타임

공식 사이트에 게시된 노드 소개 글을 다시 한 번 보겠습니다.

> Node.js®는 Chrome V8 Javascript 엔진으로 빌드된 자바스크립트 런타임입니다.

노드는 자바스크립트 런타임입니다. 런타임은 특정 언어로 만든 프로그램들을 실행할 수 있는 환경을 뜻합니다. 따라서 노드는 자바스크립트 프로그램을 컴퓨터에서 실행할 수 있습니다. 쉽게 말해 노드는 자바스크립트 실행기라고 봐도 무방하므로, 여러분이 자바스크립트를 모른다면 노드를 전혀 활용할 수 없습니다. 따라서 이 책을 읽기 전에, 또는 읽으면서 자바스크립트 문법을 따로 공부해야 합니다.

기존에는 자바스크립트 프로그램을 웹 브라우저 위에서만 실행할 수 있었습니다. 브라우저는 자바스크립트 런타임을 내장하고 있으므로 자바스크립트 코드를 실행할 수 있습니다. 브라우저 외의 환경에서 자바스크립트를 실행하기 위한 여러 시도가 있었으나, 자바스크립트의 실행 속도 문제 때문에 대부분이 큰 호응을 얻지 못했습니다.

하지만 2008년 구글이 V8 엔진을 사용해 크롬을 출시하자 이야기가 달라졌습니다. 당시 V8 엔진은 다른 자바스크립트 엔진과 달리 매우 빨랐고, 오픈 소스로 코드를 공개했습니다. 속도 문제가 해결되자 라이언 달(Ryan Dahl)은 2009년 V8 엔진 기반의 노드 프로젝트를 시작했습니다.

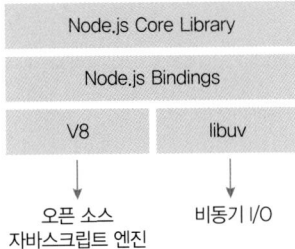
▼ 그림 1-3 노드의 내부 구조

노드는 V8과 더불어 libuv라는 라이브러리를 사용합니다. V8과 libuv는 C와 C++로 구현되어 있습니다. 여러분이 코딩한 자바스크립트 코드는 노드가 알아서 V8과 libuv에 연결해주므로, 노드를 사용할 때 C와 C++는 몰라도 됩니다.

libuv 라이브러리는 노드의 특성인 이벤트 기반, 논블로킹 I/O 모델을 구현하고 있습니다. 이 모델이 무엇인지, 장단점으로는 어떤 것들이 있는지 알아봅시다.

> Note ≡ **노드 외의 런타임**
>
> 자바스크립트 런타임은 노드 외에도 많습니다. 아직 노드의 유명세를 따라잡지는 못했지만 눈여겨봐야 할 것으로 번 (https://bun.sh)과 디노(https://deno.land)가 있습니다.

1.1.3 이벤트 기반

이벤트 기반(event-driven)이란 이벤트가 발생할 때 미리 지정해둔 작업을 수행하는 방식을 의미합니다. 이벤트로는 클릭이나 네트워크 요청 등이 있을 수 있습니다.

이벤트 기반 시스템에서는 특정 이벤트가 발생할 때 무엇을 할지 미리 등록해둬야 합니다. 이를 이벤트 리스너(event listener)에 콜백(callback) 함수를 등록한다고 표현합니다. 버튼을 클릭할 때 경고창을 띄우도록 설정하는 것을 예로 들어보겠습니다. 클릭 이벤트 리스너에 경고창을 띄우는 콜백 함수를 등록해두면 클릭 이벤트가 발생할 때마다 콜백 함수가 실행돼 경고창이 뜨는 것입니다.

노드도 이벤트 기반 방식으로 동작하므로, 이벤트가 발생하면 이벤트 리스너에 등록해둔 콜백 함수를 호출합니다. 발생한 이벤트가 없거나 발생했던 이벤트를 다 처리하면, 노드는 다음 이벤트가 발생할 때까지 대기합니다.

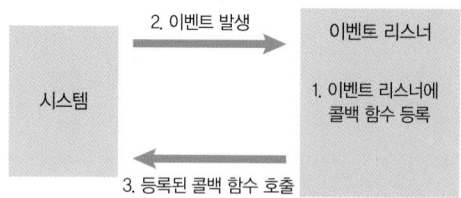

이벤트 기반 모델에서는 이벤트 루프(event loop)라는 개념이 등장합니다. 여러 이벤트가 동시에 발생했을 때 어떤 순서로 콜백 함수를 호출할지를 이벤트 루프가 판단합니다. 이 책을 읽는 여러분은 자바스크립트의 기본을 알고 있으므로 이벤트 루프 역시 이미 알고 있겠지만, 노드와 자바스크립트에서 이벤트 루프는 정말 중요한 개념이니 간략히 설명하겠습니다.

노드는 자바스크립트 코드의 맨 위부터 한 줄씩 실행합니다. 함수 호출 부분을 발견했다면 호출한 함수를 호출 스택(call stack)에 넣습니다. 다음 코드가 콘솔(브라우저 콘솔을 사용하면 됩니다. 크롬의 경우 F12를 눌렀을 때 나오는 개발자 도구의 **Console** 탭입니다)에 어떤 로그를 남길지 예측해보세요. 만약 예측하기 어렵다면 자바스크립트를 복습해야 합니다.

```
function first() {
  second();
  console.log('첫 번째');
}
function second() {
  third();
  console.log('두 번째');
}
function third() {
  console.log('세 번째');
}
first();
```

first 함수가 제일 먼저 호출되고, 그 안의 second 함수가 호출된 뒤, 마지막으로 third 함수가 호출됩니다. 호출된 순서와는 반대로 실행이 완료됩니다. 따라서 콘솔에는 세 번째, 두 번째, 첫 번째 순으로 찍히게 됩니다. 이를 쉽게 파악하는 방법은 호출 스택을 그려보는 것입니다.

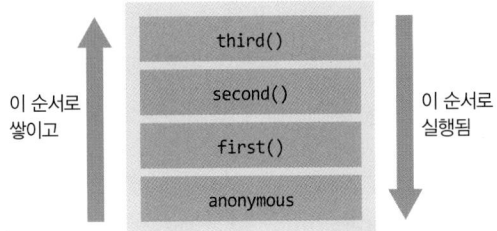

▼ 그림 1-5 호출 스택

그림 1-5에서 anonymous 함수는 처음 실행 시의 전역 콘텍스트(global context)를 의미합니다. 콘텍스트는 함수가 호출되었을 때 생성되는 환경을 의미합니다. 자바스크립트 코드는 실행 시 기본적으로 전역 콘텍스트 안에서 돌아간다고 생각하는 게 좋습니다. 함수는 실행되는 동안 호출 스택에 머물러 있다가 실행이 완료되면 호출 스택에서 지워집니다. third, second, first, anonymous 순으로 지워지고, anonymous 콘텍스트까지 실행이 모두 완료되었다면 호출 스택은 비어 있게 됩니다.

콘솔의 출력 결과는 다음과 같습니다.

콘솔

세 번째
두 번째
첫 번째

이번에는 특정 밀리초(1,000분의 1초) 이후에 코드를 실행하는 setTimeout을 사용하겠습니다. 콘솔에 어떤 로그가 기록될지 예측해보세요.

```
function run() {
  console.log('3초 후 실행');
}
console.log('시작');
setTimeout(run, 3000);
console.log('끝');
```

결과는 다음과 같습니다.

콘솔

시작
끝
3초 후 실행

3초 뒤에 run 함수를 실행하는 코드입니다. 콘솔 결과는 쉽게 예측할 수 있지만, 호출 스택으로 설명하기는 힘듭니다. setTimeout 함수의 콜백인 run이 호출 스택에 언제 들어가는지 지금까지 배운 내용으로는 알기 어렵기 때문입니다. 이를 파악하기 위해서는 이벤트 루프, 태스크 큐(task queue), 백그라운드(background)를 알아야 합니다. 다음은 정확한 기술적 설명이라기보다는 이해를 돕기 위해 추상화된 설명입니다.

- **이벤트 루프**: 이벤트 발생 시 호출할 콜백 함수들을 관리하고, 호출된 콜백 함수의 실행 순서를 결정하는 역할을 담당합니다. 노드가 종료될 때까지 이벤트 처리를 위한 작업을 반복하므로 루프(loop)라고 부릅니다.
- **백그라운드**: setTimeout 같은 타이머나 이벤트 리스너들이 대기하는 곳입니다. 자바스크립트가 아닌 다른 언어로 작성된 프로그램이라고 봐도 무방하며, 여러 작업이 동시에 실행될 수 있습니다.
- **태스크 큐**: 이벤트 발생 후, 백그라운드에서는 태스크 큐로 타이머나 이벤트 리스너의 콜백 함수를 보냅니다. 정해진 순서대로 콜백들이 줄을 서 있으므로 콜백 큐라고도 합니다. 콜백들은 보통 완료된 순서대로 줄을 서 있지만, 특정한 경우 순서가 바뀌기도 합니다.

그림 1-6은 코드가 실행되는 내부 과정을 묘사한 그림입니다.

▼ 그림 1-6 이벤트 루프 1

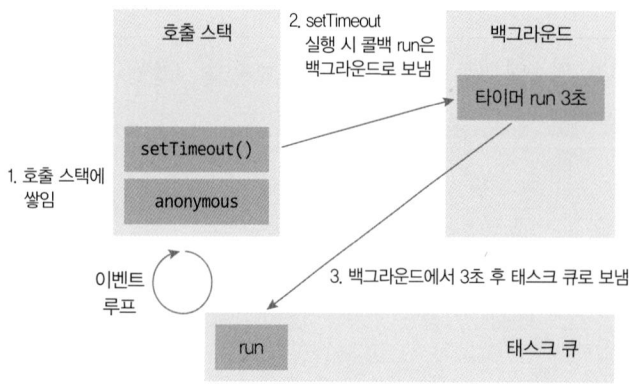

먼저 전역 콘텍스트인 anonymous가 호출 스택에 들어갑니다. 그 뒤 setTimeout이 호출 스택에 들어갑니다.

호출 스택에 들어간 순서와 반대로 실행되므로, setTimeout이 먼저 실행됩니다. setTimeout이 실행되면 타이머와 함께 run 콜백을 백그라운드로 보내고, setTimeout은 호출 스택에서 빠집니다. 그다음으로 anonymous가 호출 스택에서 빠집니다. 백그라운드에서는 3초를 센 후 run 함수를 태스크 큐로 보냅니다. 3초를 세었다는 것은 백그라운드에 맡겨진 작업이 완료되었다는 것으로 이해해도 됩니다.

그림으로는 태스크 큐가 하나의 큐처럼 보이지만 실제로는 여러 개의 큐로 이뤄져 있습니다. 이벤트 루프는 정해진 규칙에 따라 콜백 함수들을 호출 스택으로 부릅니다. 이와 관련해 더 자세히 공부하고 싶다면 1.5절의 이벤트 루프 설명을 참조하세요.

그림 1-7은 호출 스택에서 anonymous까지 실행이 완료되어 호출 스택이 비어 있는 상황입니다. 이벤트 루프는 호출 스택이 비어 있으면 태스크 큐에서 하나씩 함수를 가져와 호출 스택에 넣고 실행합니다.

▼ 그림 1-7 이벤트 루프 2

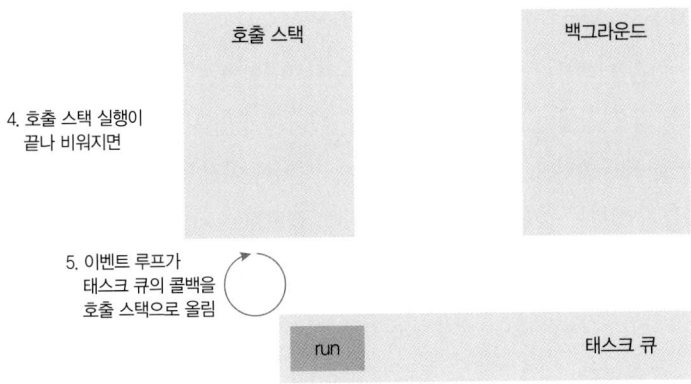

그림 1-8은 이벤트 루프가 run 콜백을 태스크 큐에서 꺼내 호출 스택으로 올린 상황입니다. 호출 스택으로 올려진 run은 실행되고, 실행 완료 후 호출 스택에서 제거됩니다. 이벤트 루프는 태스크 큐에 콜백 함수가 들어올 때까지 계속 대기합니다.

▼ 그림 1-8 이벤트 루프 3

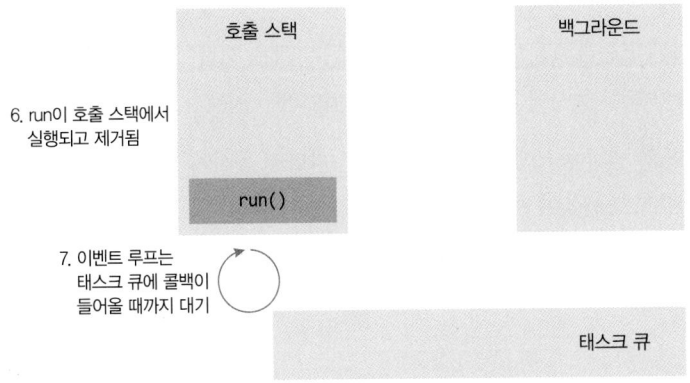

만약 호출 스택에 함수가 너무 많이 들어 있으면 3초가 지난 후에도 run 함수가 실행되지 않을 수 있습니다. 이벤트 루프는 호출 스택이 비어 있을 때만 태스크 큐에 있는 run 함수를 호출 스택으로 가져오니까요. 이것이 setTimeout의 시간이 정확하지 않을 수도 있는 이유입니다.

1.1.4 논블로킹 I/O

이벤트 루프를 잘 활용하면 오래 걸리는 작업을 효율적으로 처리할 수 있습니다. 작업에는 두 가지 종류가 있는데, 동시에 실행될 수 있는 작업과 동시에 실행될 수 없는 작업입니다. 기본적으로 여러분이 작성한 자바스크립트 코드는 동시에 실행될 수 없습니다. 하지만 자바스크립트상에서 돌아가는 것이 아닌 I/O 작업 같은 것은 동시에 처리될 수 있습니다.

I/O는 입력(Input)/출력(Output)을 의미합니다. 파일 시스템 접근(파일 읽기 및 쓰기, 폴더 만들기 등)이나 네트워크를 통한 요청 같은 작업이 I/O의 일종입니다. 이러한 작업을 할 때 노드는 논블로킹 방식으로 처리하는 방법을 제공합니다. **논블로킹**(non-blocking)이란 이전 작업이 완료될 때까지 대기하지 않고 다음 작업을 수행하는 것을 의미합니다. 반대로 **블로킹**(blocking)은 이전 작업이 끝나야만 다음 작업을 수행하는 것을 의미합니다.

▼ 그림 1-9 블로킹과 논블로킹

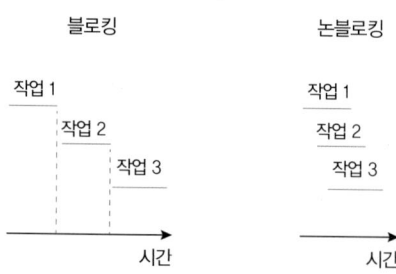

그림 1-9를 보면 블로킹 방식보다 논블로킹 방식이 같은 작업을 더 짧은 시간에 처리한다는 것을 알 수 있습니다. 다만, 작업들이 모두 동시에 처리될 수 있는 작업이라는 전제가 있습니다.

노드는 I/O 작업을 백그라운드로 넘겨 동시에 처리하곤 합니다. 따라서 동시에 처리될 수 있는 작업들은 최대한 묶어서 백그라운드로 넘겨야 시간을 절약할 수 있습니다.

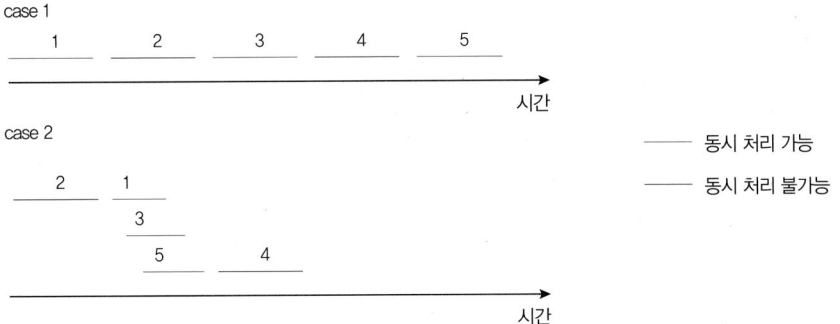
그림 1-10 동시 처리로 얻는 시간적 이득

그림 1-10을 보면 순서의 중요성을 알 수 있습니다. 처리하는 데 각각 1초가 걸리는 작업 다섯 개가 있는데, 그중 세 개는 동시에 처리가 가능하고 두 개는 동시에 처리할 수 없습니다. case 1과 같은 순서대로 작업하면 5초 정도가 소요될 것입니다. 같은 양의 작업을 case2처럼 순서만 바꾸면 3초 정도로 단축됩니다.

이렇게 작업 순서에 따라 큰 성능 차이가 납니다. 동시에 처리될 수 있는 I/O 작업이더라도 논블로킹 방식으로 코딩하지 않으면 의미가 퇴색되므로 논블로킹 방식으로 코딩하는 습관을 들여야 합니다.

다음 예제는 블로킹 방식의 코드입니다. 콘솔 결과를 미리 예측해보세요.

```
function longRunningTask() {
  // 오래 걸리는 작업
  console.log('작업 끝');
}

console.log('시작');
longRunningTask();

console.log('다음 작업');
```

결과는 다음과 같습니다.

콘솔

```
시작
작업 끝
다음 작업
```

작업을 수행하는 데 오래 걸리는 longRunningTask 함수가 있고, 이 함수가 블로킹 방식의 I/O 작업을 한다고 생각해봅시다. 이 작업이 완료되기 전까지는 이어지는 console.log('다음 작업')이 호출되지 않습니다.

이번에는 setTimeout을 사용해서 코드를 바꿔보겠습니다.

```
function longRunningTask() {
  // 오래 걸리는 작업
  console.log('작업 끝');
}
console.log('시작');
setTimeout(longRunningTask, 0);
console.log('다음 작업');
```

결과는 다음과 같습니다.

콘솔

```
시작
다음 작업
작업 끝
```
---

setTimeout(콜백, 0)은 코드를 논블로킹으로 만들기 위해 사용하는 기법 중 하나입니다. 사실 노드에서는 setTimeout(콜백, 0) 대신 다른 방식을 주로 사용하긴 합니다(3.4.3절의 setImmediate 참조). 이벤트 루프를 이해했다면, setTimeout의 콜백 함수인 longRunningTask가 태스크 큐로 보내지므로 순서대로 실행되지 않는다는 것을 알 수 있습니다. 다음 작업이 먼저 실행된 후, 오래 걸리는 작업이 완료됩니다.

다만, 아무리 논블로킹 방식으로 코드를 작성하더라도 코드가 전부 여러분이 작성한 것이라면 전체 소요 시간이 짧아지지는 않습니다. 여러분의 코드는 서로 동시에 실행되지 않기 때문입니다. 단순히 실행 순서만 바뀔 뿐입니다. 위 예제에서는 console.log('다음 작업')과 longRunningTask 모두 여러분이 작성한 코드입니다.

하지만 I/O 작업이 없다고 해서 논블로킹이 의미가 없는 것은 아닙니다. 오래 걸리는 작업을 처리해야 하는 경우, 논블로킹을 통해 실행 순서를 바꿔줌으로써 그 작업 때문에 간단한 작업들이 대기하는 상황을 막을 수 있다는 점에서 의의가 있습니다. 또한, **논블로킹**과 **동시**가 같은 의미가 아니라는 사실을 알아두세요. 동시성은 동시 처리가 가능한 작업을 논블로킹 처리해야 얻을 수 있는 것입니다.

> Note ≡ setTimeout(콜백, 0)
>
> 밀리초를 0으로 설정했으므로 바로 실행되는 것으로 착각할 수도 있습니다. 하지만 브라우저와 노드에서는 기본적인 지연 시간이 있으므로 바로 실행되지 않습니다. HTML5 브라우저에서는 4ms, 노드에서는 1ms의 지연 시간이 있습니다.

블로킹과 논블로킹 외에 동기와 비동기라는 개념도 들어봤을 것입니다. 동기와 비동기, 블로킹과 논블로킹의 관계는 3.6.1절에서 코드와 함께 설명합니다. 노드에서는 동기와 블로킹이 유사하고 비동기와 논블로킹이 유사하다고만 알아두면 됩니다.

1.1.5 싱글 스레드

이벤트 기반, 논블로킹 모델과 더불어 노드를 설명할 때 자주 나오는 용어가 하나 더 있습니다. 바로 싱글 스레드입니다. 싱글 스레드란 스레드가 하나뿐이라는 것을 의미합니다. 여러분이 작성한 자바스크립트 코드가 동시에 실행될 수 없는 이유이기도 합니다. 스레드를 이해하기 위해서는 프로세스부터 알아야 합니다. 프로세스와 스레드의 차이는 다음과 같습니다.

- 프로세스는 운영체제에서 할당하는 작업의 단위입니다. 노드나 웹 브라우저 같은 프로그램은 개별적인 프로세스입니다. 프로세스 간에는 메모리 등의 자원을 공유하지 않습니다.
- 스레드는 프로세스 내에서 실행되는 흐름의 단위입니다. 프로세스는 스레드를 여러 개 생성해 여러 작업을 동시에 처리할 수 있습니다. 스레드들은 부모 프로세스의 자원을 공유합니다. 같은 주소의 메모리에 접근 가능하므로 데이터를 공유할 수 있습니다.

▼ 그림 1-11 스레드와 프로세스

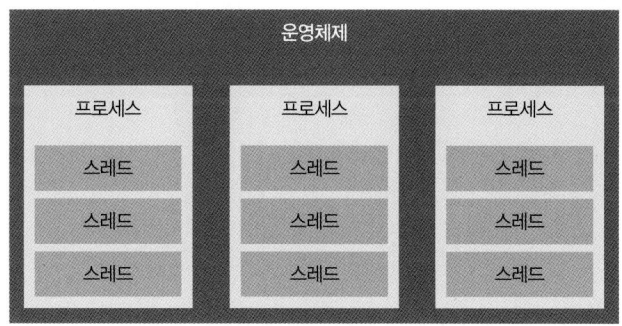

노드가 싱글 스레드라는 말을 들어봤을 것입니다. 하지만 엄밀히 말하면 싱글 스레드로 동작하지는 않습니다. 노드를 실행하면 먼저 프로세스가 하나 생성됩니다. 그리고 그 프로세스에서 스레드들을 생성하는데, 이때 내부적으로 스레드를 여러 개 생성합니다. 그중에서 여러분이 직접 제어할 수 있는 스레드는 하나뿐입니다. 그래서 흔히 노드가 싱글 스레드라고 여겨지는 것입니다.

스레드를 작업을 처리하는 일손으로 표현하기도 하는데, 하나의 스레드만 직접 조작할 수 있으므로 일손이 하나인 셈입니다. 요청이 많이 들어오면 한 번에 하나씩 요청을 처리합니다. 블로킹이 심하게 일어나는 작업을 처리하지만 않는다면 스레드 하나로도 충분합니다. 블로킹이 발생할 것 같은 경우에는 논블로킹 방법으로 대기 시간을 최대한 줄입니다.

> Note ≡ **스레드 풀과 워커 스레드**
>
> 노드가 싱글 스레드로 동작하지 않는 두 가지 경우가 있습니다. 하나는 스레드 풀(Thread Pool)이고, 다른 하나는 워커 스레드(Worker Threads)입니다.
>
> 스레드 풀은 노드가 특정 동작을 수행할 때 스스로 멀티 스레드를 사용합니다. 대표적인 예로 암호화(3.5.5절), 파일 입출력(3.6절), 압축(3.6.2절) 등이 있습니다.
>
> 워커 스레드는 노드 12 버전에서 안정화된 기능으로, 이제 노드에서도 멀티 스레드를 사용할 수 있습니다. 여러분이 직접 다수의 스레드를 다룰 수 있으며, CPU 작업(연산이 많은 작업)이 많은 경우 워커 스레드를 사용하면 됩니다.

언뜻 보면, 여러 개의 일을 동시에 처리할 수 있으므로 멀티 스레드가 싱글 스레드보다 좋아 보입니다. 하지만 꼭 그런 것은 아닙니다. 이해를 돕기 위한 예시를 하나 들어보겠습니다.

한 음식점에 점원이 한 명 있습니다. 손님은 여러 명이고요. 점원 한 명이 주문을 받아 주방에 넘기고, 주방에서 요리가 나오면 손님에게 서빙을 합니다. 그 후 다음 손님의 주문을 받습니다.

❤ 그림 1-12 싱글 스레드, 블로킹

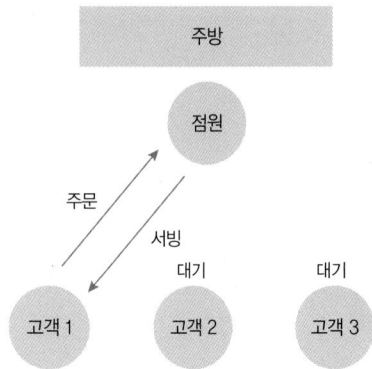

이런 구조라면 다음 손님은 이전 손님의 요리가 나올 때까지 아무것도 하지 못하고 기다리고 있어야 합니다. 이것이 바로 싱글 스레드(점원), 블로킹 모델입니다. 매우 비효율적입니다.

이번에는 점원이 한 손님의 주문을 받고, 주방에 주문 내역을 넘긴 뒤 다음 손님의 주문을 받습니다. 요리가 끝나기까지 기다리는 대신, 주문이 들어왔다는 것만 주방에 계속 알려주는 것입니다. 주방에서 요리가 완료되면 완료된 순서대로 손님에게 서빙합니다. 요리의 특성(블로킹인지 논블로킹인지)에 따라 완료되는 순서가 다를 수 있으므로, 주문이 들어온 순서와 서빙하는 순서가 일치하지 않을 수도 있습니다.

이것이 싱글 스레드, 논블로킹 모델입니다. 바로 노드가 채택하고 있는 방식입니다. 점원은 한 명이지만 혼자서 많은 일을 처리할 수 있습니다. 하지만 그 점원 한 명이 아파서 쓰러지거나 하면 큰 문제가 생길 수 있습니다. 또한, 요리를 하는 데 시간이 오래 걸린다면(CPU를 많이 쓰는 작업) 주문이 많이 들어왔을 때 버거울 수 있습니다.

▼ 그림 1-13 싱글 스레드, 논블로킹

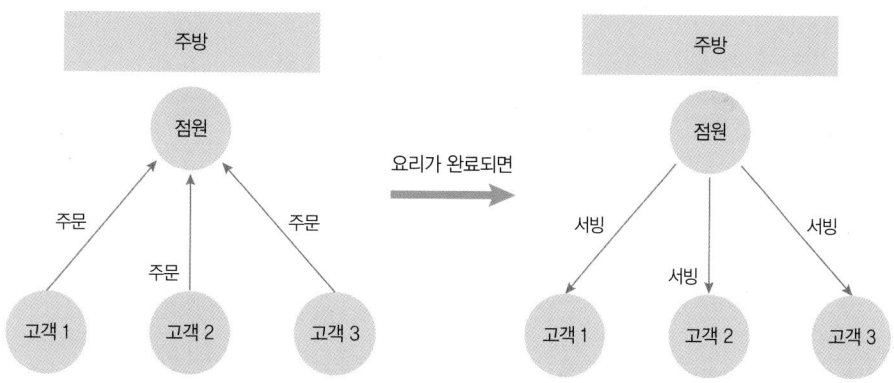

멀티 스레드 방식에서는 손님 한 명이 올 때마다 점원도 한 명씩 붙어 주문을 받고 서빙합니다. 언뜻 보면 싱글 스레드보다 좋은 방법처럼 보이지만, 장단점이 있습니다. 일단 손님 한 명당 점원도 한 명이면 서빙 자체는 걱정이 없습니다. 점원 한 명에게 문제가 생겨도 다른 점원으로 대체하면 되기 때문입니다. 하지만 손님의 수가 늘어날수록 점원의 수도 늘어납니다. 손님 수가 줄어들었을 때 일을 하지 않고 노는 점원이 있다는 것도 문제가 됩니다. 점원을 새로 고용하거나 기존 직원을 해고하는 데는 비용이 발생합니다.

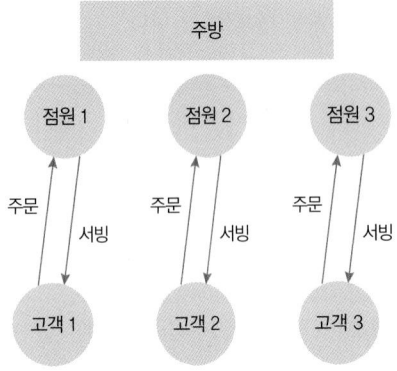

▼ 그림 1-14 멀티 스레드, 블로킹

그렇다면 점원 여러 명(멀티 스레드)이 모두 논블로킹 방식으로 주문을 받으면 더 좋지 않을까 하는 의문이 들 수 있습니다. 실제로 그렇습니다. 다만, 멀티 스레드 방식으로 프로그래밍하는 것은 상당히 어려우므로 멀티 프로세싱 방식을 대신 사용합니다. I/O 요청에는 멀티 프로세싱이 더 효율적이기도 합니다.

▼ 표 1-1 멀티 스레딩과 멀티 프로세싱 비교

멀티 스레딩	멀티 프로세싱
하나의 프로세스 안에서 여러 개의 스레드 사용	여러 개의 프로세스 사용
CPU 작업이 많이 사용될 때 사용	I/O 요청이 많을 때 사용
프로그래밍이 어려움	비교적 쉬움

I/O 작업을 처리할 때는 멀티 스레딩보다 멀티 프로세싱이 효율적이므로 노드는 멀티 프로세싱을 많이 합니다. 4.5절의 cluster 모듈과 15.1.5절의 pm2 패키지에서 멀티 프로세싱을 가능하게 하는 방법을 알아봅니다. 멀티 스레딩을 하는 방법은 3.5.7절에서 알아봅니다.

1.2 서버로서의 노드

이 절에서는 노드를 서버로 사용할 때의 특성과 장단점을 알아보겠습니다.

노드는 기본적으로 싱글 스레드, 논블로킹 모델을 사용하므로(자바스크립트 언어의 특성이기도 합니다), 노드 서버 또한 동일한 모델일 수밖에 없습니다. 따라서 노드 서버의 장단점은 싱글 스레드, 논블로킹 모델의 장단점과 크게 다르지 않습니다.

서버에는 기본적으로 I/O 요청이 많이 발생하므로, I/O 처리를 잘하는 노드를 서버로 사용하면 좋습니다. 노드는 (여러분이 논블로킹 방식으로 코드를 작성했다는 가정하에) libuv 라이브러리를 사용해 I/O 작업을 논블로킹 방식으로 처리합니다. 따라서 스레드 하나가 많은 수의 I/O를 혼자서도 감당할 수 있습니다. 하지만 노드는 CPU 부하가 큰 작업에는 적합하지 않습니다. 여러분이 작성하는 코드는 모두 스레드 하나에서 처리됩니다. 코드가 CPU 연산을 많이 요구하면 스레드 하나가 혼자서 감당하기 어렵습니다.

이와 같은 특성을 활용하려면 노드를 어디에 사용해야 할까요? 개수는 많지만 크기는 작은 데이터를 실시간으로 주고받는 데 적합합니다. 네트워크나 데이터베이스, 디스크 작업 같은 I/O에 특화되어 있기 때문입니다. 실시간 채팅 애플리케이션이나 주식 차트, JSON 데이터를 제공하는 API 서버가 노드를 많이 사용합니다.

노드 12 버전에서 워커 스레드 기능의 안정화로 멀티 스레드 작업을 할 수 있게 되었지만, 멀티 스레드 프로그래밍을 하는 것은 싱글 스레드에 비해 난이도가 높습니다. 스레드가 작업을 나눠서 처리할 수 있게 직접 나눠주는 것이 상당히 어렵습니다. 또한, 멀티 스레드 프로그래밍을 하더라도 C, C++, Rust, Go와 같은 언어에 비해 속도가 많이 느립니다.

따라서 멀티 스레드 기능이 있다고 하더라도 이미지나 비디오 처리, 대규모 데이터 처리와 같이 CPU를 많이 사용하는 작업을 위한 서버로는 권장하지 않습니다. 노드보다 더 적합한 다른 언어 서버가 많습니다. 굳이 노드로 하고 싶다면, 요즘은 AWS 람다(AWS Lambda)나 구글 클라우드 펑션스(Google Cloud Functions) 같은 서비스에서 노드로 CPU를 많이 사용하는 작업을 처리한다는 사실을 고려해볼 필요가 있습니다. 이는 16장에서 사용해볼 것입니다. 싱글 스레드 방식의 프로그래밍은 멀티 스레드 방식보다 상대적으로 쉬우므로 서버 프로그래밍에 익숙하지 않은 사람도 쉽게 입문할 수 있습니다. 다만, 싱글 스레드 방식으로 서버를 운영할 때는 하나뿐인 스레드가 에러로 인해 멈추지 않도록 잘 관리해야 합니다. 에러를 제대로 처리하지 못하면 하나뿐인 스레드가 죽게 되어 서버 전체가 멈추기 때문입니다.

노드에는 웹 서버가 내장되어 있어 입문자가 쉽게 접근할 수 있습니다. 노드 외의 서버를 개발하다 보면 아파치(Apache), nginx, IIS처럼 별도의 웹 서버를 설치해야 하는 경우가 많습니다. 심지어 톰캣(Tomcat) 같은 웹 애플리케이션 서버(WAS)를 추가로 설치하는 경우도 있습니다. 이 경우 프로그래밍 외에도 웹 서버와 WAS 사용법을 익혀야 합니다. 노드는 내장된 웹 서버를 사용하면 되므로 편리하지만, 나중에 서버 규모가 커지면 결국 nginx 등의 웹 서버를 노드 서버와 연결해야 하긴 합니다.

사용자들이 말하는 노드의 가장 큰 장점은 자바스크립트를 언어로 사용한다는 것입니다. 웹 브라우저도 자바스크립트를 사용하므로 서버까지 노드를 사용하면 하나의 언어로 웹 사이트를 개발할 수 있습니다. 이는 개발 생산성을 획기적으로 높였고, 생산성이 중요한 기업이 노드를 채택하는 이유가 되었습니다.

노드는 생산성은 매우 좋지만, Go처럼 비동기에 강점을 보이는 언어나 nginx처럼 정적 파일 제공, 로드 밸런싱에 특화된 웹 서버에 비해서는 속도가 느립니다. 그렇긴 해도 극단적인 성능이 필요하지 않다면 이러한 단점은 노드의 생산성으로 어느 정도 극복할 수 있습니다.

자바스크립트를 사용함으로써 얻을 수 있는 소소한 장점도 있습니다. 요즘은 XML 대신 JSON을 사용해서 데이터를 주고받는데, JSON이 자바스크립트 형식이므로 노드에서 쉽게 처리할 수 있습니다.

▼ 표 1-2 노드의 장단점

장점	단점
멀티 스레드 방식에 비해 적은 컴퓨터 자원 사용	기본적으로 싱글 스레드라서 CPU 코어를 하나만 사용
I/O 작업이 많은 서버로 적합	CPU 작업이 많은 서버로는 부적합
멀티 스레드 방식보다 쉬움	하나뿐인 스레드가 멈추지 않도록 관리 필요
웹 서버가 내장되어 있음	서버 규모가 커졌을 때 서버를 관리하기 어려움
자바스크립트를 사용함	어중간한 성능
JSON 형식과 쉽게 호환됨	

웹 사이트 중에는 쇼핑몰, 블로그 같은 웹 사이트도 많습니다. 이러한 사이트들은 정적인 콘텐츠를 많이 제공합니다. 이들에게도 노드 서버가 적합할까요? 이런 사이트는 보통 기본적인 틀이 있고, 그 안의 내용물(텍스트, 이미지)만 조금씩 달라집니다. 노드가 다른 서버에 비해 이러한 콘텐츠를 제공하는 데 뚜렷한 장점을 갖지는 않습니다. 하지만 그렇다고 적합하지 않다는 것도 아닙니다. 넌적스(Nunjucks), 퍼그(Pug), EJS 같은 템플릿 엔진을 통해 다른 언어와 비슷하게 콘텐츠를 제공할 수 있습니다. 템플릿 엔진은 6.5절에서 다룹니다.

안정성과 보안성 측면의 문제도 이미 충분히 검증되었습니다. 미국항공우주국(NASA), 에어비엔비, 우버, 넷플릭스, 링크드인 등 세계 유수의 기관과 기업에서 노드를 사용하고 있습니다. 페이팔, 월마트, 이베이와 같이 결제 시스템을 사용하는 대기업들도 노드로 서비스를 운영합니다. 국내에서도 네이버, 카카오, 위메프, 야놀자 같은 기업들이 노드를 사용합니다.

▼ 그림 1-15 노드를 사용하는 결제 서비스

1.3 / 서버 외의 노드

NODE.JS

처음에는 노드를 대부분 서버로 사용했지만, 노드는 자바스크립트 런타임이므로 용도가 서버로만 국한되지 않습니다. 사용 범위가 점점 늘어나서 웹, 모바일, 데스크톱 애플리케이션 개발에도 사용되기 시작했습니다.

노드 기반으로 돌아가는 대표적인 웹 프레임워크로는 앵귤러(Angular), 리액트(React), 뷰(Vue) 등이 있습니다. 앵귤러는 구글 진영에서 프런트엔드 앱을 만들 때 주로 사용하고, 리액트는 페이스북 진영에서 주로 사용합니다. 모바일 개발 도구로는 리액트 네이티브(React Native)를 많이 사용합니다. 페이스북, 인스타그램, 핀터레스트, 월마트, 테슬라 등이 리액트 네이티브를 사용해 모바일 앱을 운영 중입니다. 데스크톱 개발 도구로는 일렉트론(Electron)이 대표적입니다. 일렉트론으로 만들어진 프로그램으로는 Atom, Slack, Discord 등이 있습니다. 이 책에서 사용할 에디터인 비주얼 스튜디오 코드도 일렉트론으로 만들어졌습니다.

▼ 그림 1-16 노드 기반의 개발 도구

1.4 개발 환경 설정하기

이 책에서 가장 중요한 부분입니다. 노드를 설치하지 못하면 이 책의 나머지 부분을 진행할 수 없으니 조심스럽게 따라 해주세요. 에디터로는 비주얼 스튜디오 코드(Visual Studio Code)(이하 VS Code)를 설치합니다. 다른 에디터를 사용해도 되지만, 무료 에디터 중에는 VS Code를 추천합니다. 이 책은 특정 에디터에 크게 의존하지 않으므로, 기존에 쓰던 에디터가 있다면 계속 사용해도 됩니다.

1.4.1 노드 설치하기

그럼 각 운영체제별로 노드를 설치해보겠습니다. 윈도(Windows)와 맥(Mac)은 GUI를 사용하므로 웹 브라우저를 통해 설치하겠습니다. 리눅스는 일반적으로 터미널을 통해 접근하므로 터미널로 설치하는 방법을 알아봅니다.

1.4.1.1 윈도

이 책은 윈도 10을 기준으로 합니다. 노드 공식 사이트(https://nodejs.org)에 접속합니다.

▼ 그림 1-17 노드의 공식 사이트 접속

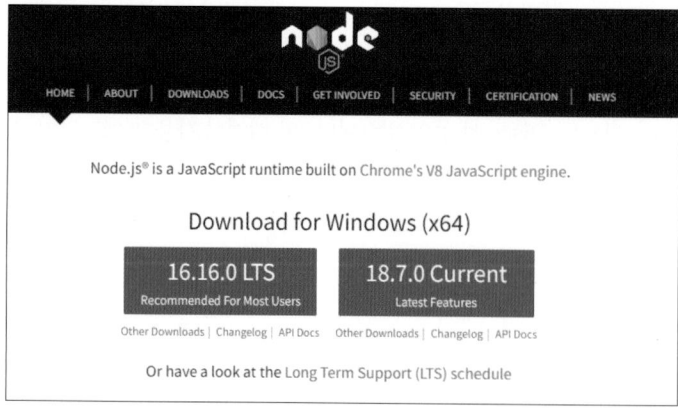

LTS와 Current 버전 중 Current인 18.7.0 버전을 설치합니다(2022년 8월 기준). 세부 버전은 다를 수 있지만, 첫 번째 자리가 18이면 됩니다.

Note ≡ 2022년 11월 이후 18 버전이 LTS로 옮겨져 있을 텐데, 이 경우에도 18 버전을 설치합니다. 18 버전이 없다면 20, 22 같은 짝수 버전을 설치하면 됩니다.

▼ 그림 1-18 LTS로 옮겨진 18 버전

Note ≡ **LTS와 Current 버전의 차이**

• LTS: 기업을 위해 3년간 지원하는 버전입니다. 짝수 버전만 LTS 버전이 될 수 있습니다. 서버를 안정적으로 운영해야 할 경우 선택하세요. 하지만 최신 기능은 사용하지 못할 수도 있습니다.

• Current: 최신 기능을 담고 있는 버전입니다. 다소 실험적인 기능이 들어 있어 예기치 못한 에러가 발생할 수 있습니다. 서버에 신기능이 필요하거나 학습용으로 사용할 때 적합합니다. 단, 짝수 버전은 나중에 LTS가 되므로 Current일 때부터 사용하는 것을 고려해볼 만합니다.

• **홀수 버전**: 노드는 6개월마다 버전을 1씩 올립니다. 따라서 18 버전 이전에 17 버전도 있습니다. 하지만 홀수 버전은 LTS를 지원하지 않으므로 18 버전이 나오면서 17 버전은 사라졌습니다. 나중에 19 버전이 나오면 18 버전이 LTS가 되고 19 버전이 Current가 됩니다.

내려받은 파일을 클릭해 Setup Wizard를 실행합니다.

▼ 그림 1-19 Current 버전 내려받기

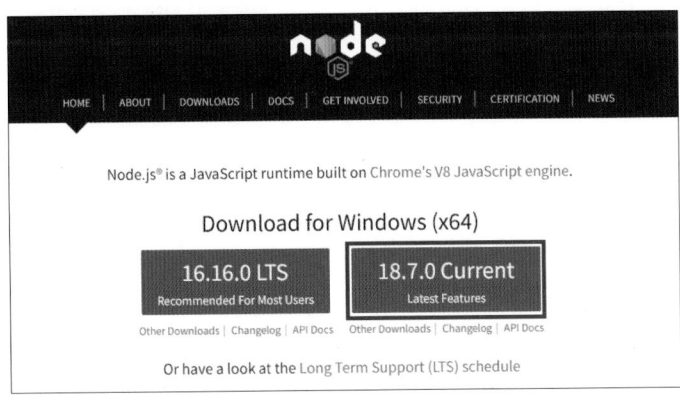

Setup Wizard 실행 화면이 나오면 **Next** 버튼을 눌러 다음으로 넘어갑니다.

▼ 그림 1-20 Setup Wizard 실행

라이선스 동의 화면이 나오면 체크박스에 체크 표시를 하고 **Next** 버튼을 누릅니다.

▼ 그림 1-21 라이선스 동의

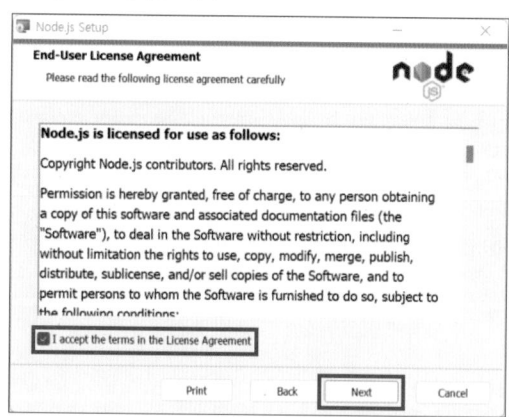

Node.js를 설치할 폴더 경로를 지정합니다. 이 책에서는 기본 경로 그대로 진행하겠습니다.

▼ 그림 1-22 설치할 폴더 경로 지정

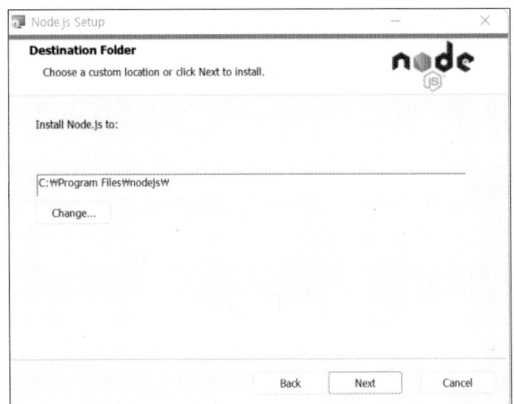

다음 화면에서는 설치할 프로그램을 선택할 수 있습니다. 위에서부터 순서대로 설명하면 노드 런타임, 노드 패키지 관리자, 온라인 문서 바로가기, 명령 프롬프트에서 노드 명령어를 사용할 수 있게 해주는 시스템 환경 변수입니다. 기본적으로 모두 설치됩니다. Next를 눌러 다음으로 넘어갑니다.

▼ 그림 1-23 설치할 프로그램 선택

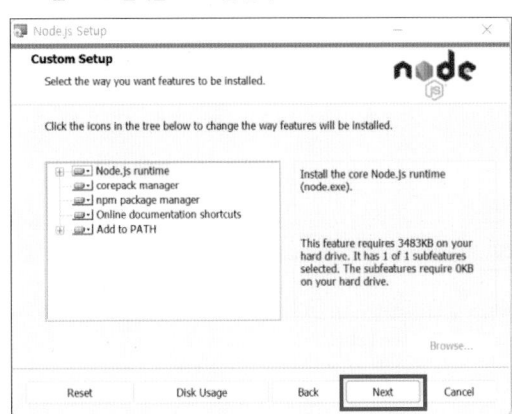

Tools for Native Modules 화면에서 체크박스에 체크 표시를 하고 Next를 눌러 다음으로 넘어갑니다.

▼ 그림 1-24 필요 도구 설치

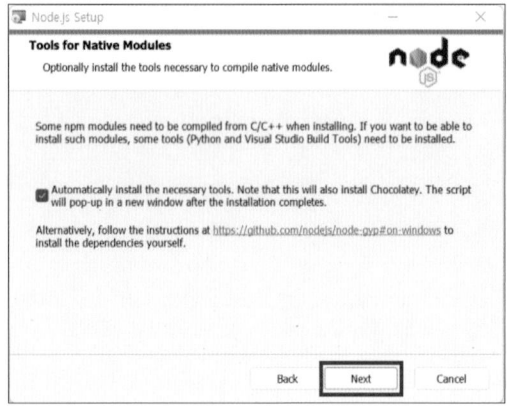

다음에 나오는 화면에서 Install 버튼을 누릅니다.

▼ 그림 1-25 설치 시작

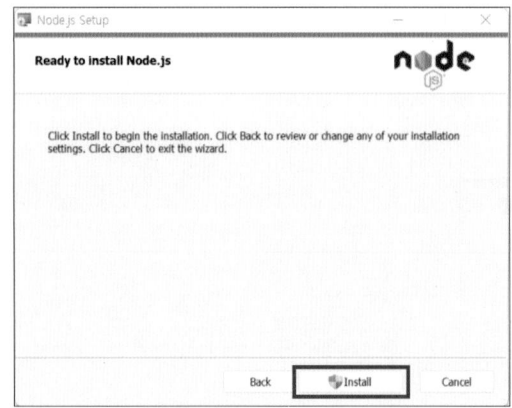

사용자 계정 컨트롤 창이 나오면 **예** 버튼을 눌러 설치를 시작합니다.

▼ 그림 1-26 사용자 계정 컨트롤 창

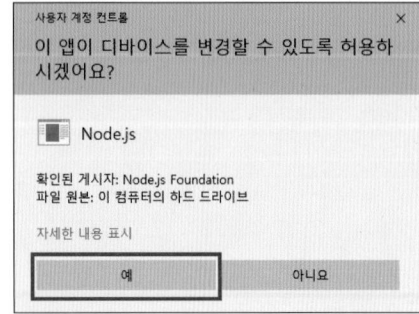

설치 완료 화면이 나오면 Finish 버튼을 눌러 설치를 마칩니다.

▼ 그림 1-27 설치 완료

노드 설치가 끝나면 추가 도구 설치 화면이 뜹니다. 아무 키나 눌러서 설치를 진행합니다.

▼ 그림 1-28 추가 도구 설치

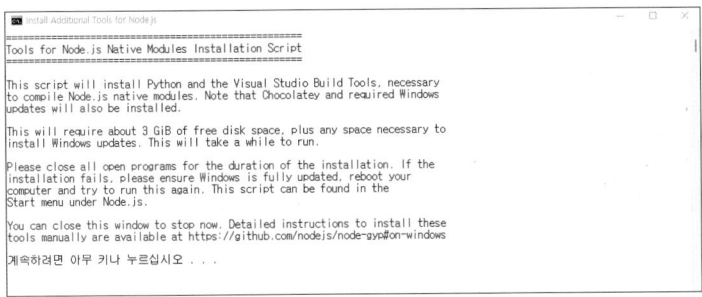

키를 누르면 파워셸 창이 뜹니다.

▼ 그림 1-29 파워셸 창

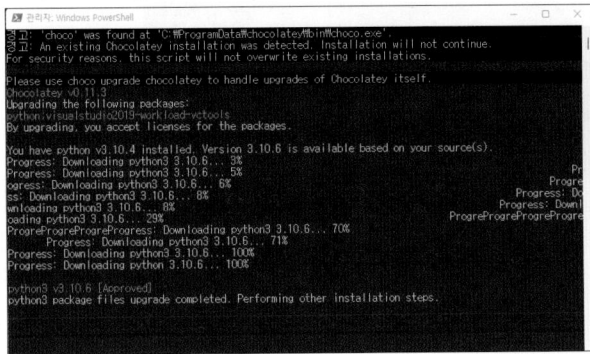

중간에 **사용자 계정 컨트롤** 창이 나오면 **예** 버튼을 눌러 설치를 시작합니다.

❤ 그림 1-30 사용자 계정 컨트롤 창

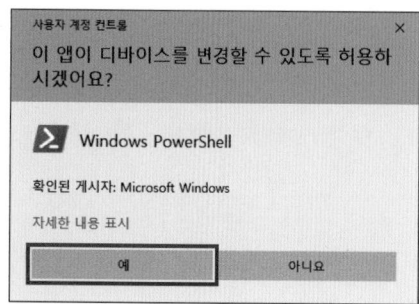

설치가 끝나면 Type ENTER to exit:이 표시됩니다. Enter를 눌러 종료합니다.

❤ 그림 1-31 추가 도구 설치 완료

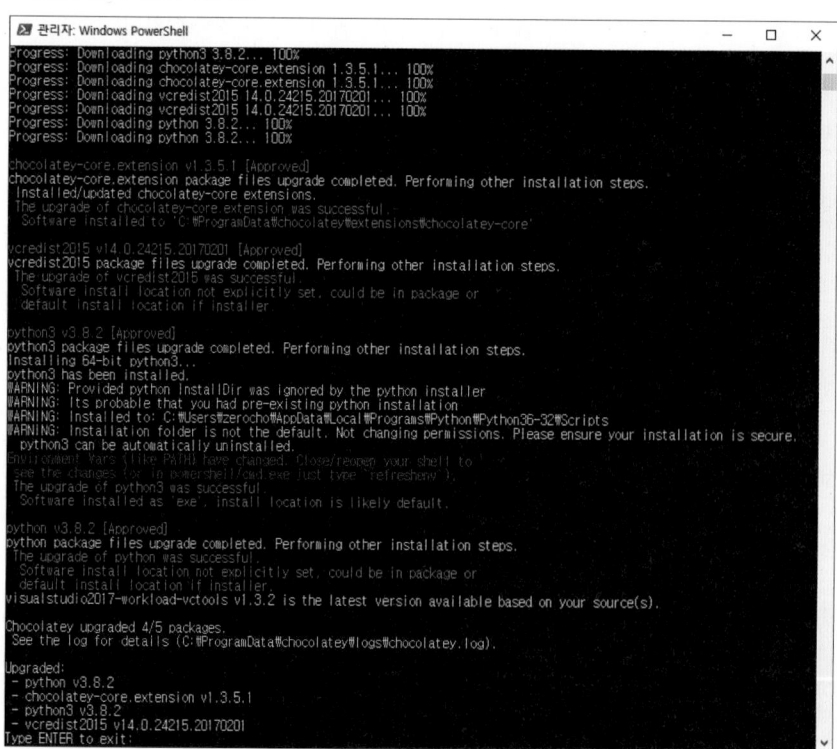

이제 설치가 정상적으로 완료되었는지 확인해보겠습니다. 먼저 [⊞]+[S]를 누르고 검색창에 cmd
를 입력합니다. 결과가 뜨면 **명령 프롬프트**를 실행합니다.

▼ 그림 1-32 명령 프롬프트 실행

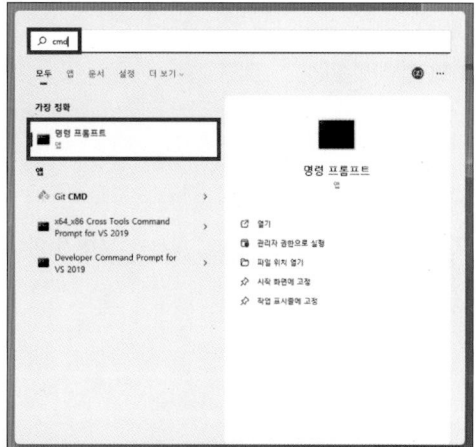

다음 그림과 같이 명령 프롬프트 창이 열립니다.

▼ 그림 1-33 명령 프롬프트 창

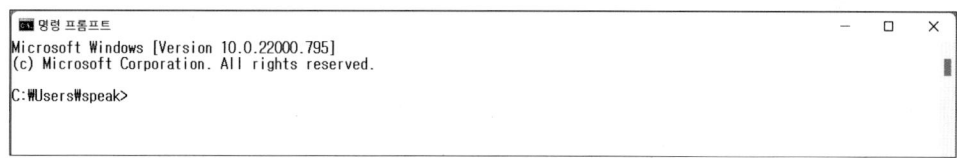

다음 명령어를 입력해서 노드의 버전이 올바르게 설치되었는지 확인합니다.

명령 프롬프트

```
node -v
v18.7.0
```

나중에 npm(노드 패키지 매니저)을 사용해야 하므로 npm이 제대로 설치되었는지도 확인합니다.

명령 프롬프트

```
npm -v
8.15.0
```

이 책의 버전과 다를 수 있지만, 명령 프롬프트 창에 npm 버전이 뜬다면 설치에 성공한 것입니다. 만약 버전이 뜨지 않고 에러 메시지가 나온다면 노드를 처음부터 다시 설치해야 합니다.

> **Note ≡ 환경 변수 확인**
>
> node나 npm 명령어를 사용했을 때 에러가 발생한다면 환경 변수가 제대로 설정되어 있는지 확인해봐야 합니다. 윈도에서는 터미널에서 echo %PATH%를 입력해 환경 변수 목록을 확인할 수 있습니다.
>
> **터미널**
>
> ```
> $ echo %PATH%
> ```
>
> 결과로 출력되는 경로 중에(경로는 ;으로 구분됩니다) 노드가 설치된 경로(기본적으로는 C:\Users**사용자 이름**\AppData\Roaming\node)가 들어 있지 않으면 명령어 실행 시 에러가 발생합니다.

> **Note ≡ 초콜리티**
>
> 그림 1-34 초콜리티 로고
>
>
>
> 윈도에서도 명령 프롬프트를 통해 노드를 설치하고 싶다면 초콜리티(chocolatey)를 고려해봐도 됩니다. 초콜리티는 노드 외의 다른 프로그램도 명령 프롬프트를 통해 설치할 수 있어 편리합니다. 링크(https://chocolatey.org/install)의 절차를 참고해 초콜리티를 설치합니다.
>
> 설치 후에는 명령 프롬프트에서 choco 명령어를 사용할 수 있습니다. 다음 명령어로 노드를 설치합니다.
>
> **명령 프롬프트**
>
> ```
> choco install nodejs
> ```

1.4.1.2 맥

이 책은 몬테레이(12.5)를 기준으로 합니다. 먼저 노드 공식 사이트(https://nodejs.org)에 접속합니다.

▼ 그림 1-35 노드 공식 사이트 접속

LTS와 Current 버전 중 출간일 기준으로 Current인 18.7.0 버전을 설치합니다. 세부 버전은 다를 수 있지만, 첫 번째 자리가 18이면 됩니다. 오른쪽 초록색 버튼을 누르면 됩니다.

▼ 그림 1-36 Current 버전 내려받기

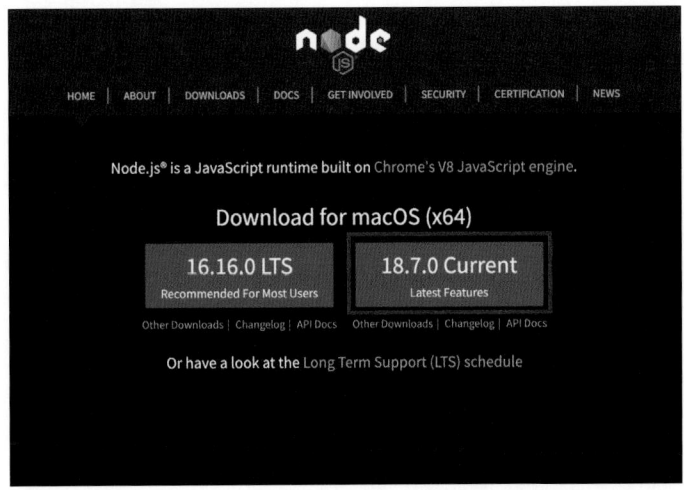

내려받은 pkg 파일을 실행한 후 **계속** 버튼을 누릅니다.

▼ 그림 1-37 pkg 파일 실행

사용권 계약 화면에서 **계속** 버튼을 누르고, 약관 동의 팝업이 나오면 **동의** 버튼을 누릅니다.

▼ 그림 1-38 약관 동의 팝업

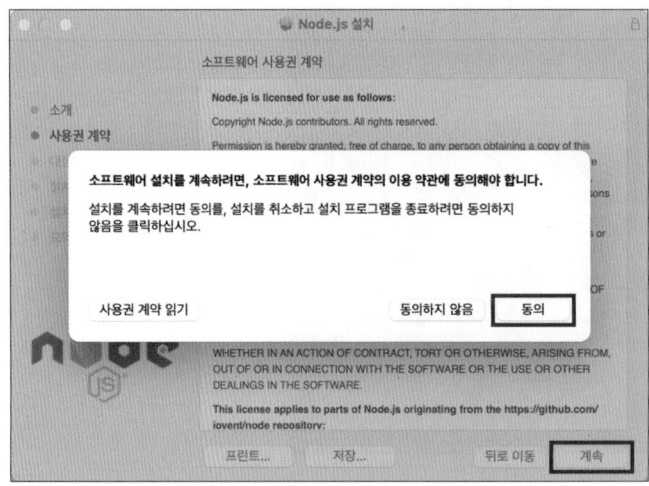

설치 버튼을 누르면 설치가 시작됩니다. 이어서 비밀번호 입력창이 뜨는데, 맥 암호를 입력하고
소프트웨어 설치 버튼을 누릅니다.

▼ 그림 1-39 설치 시작

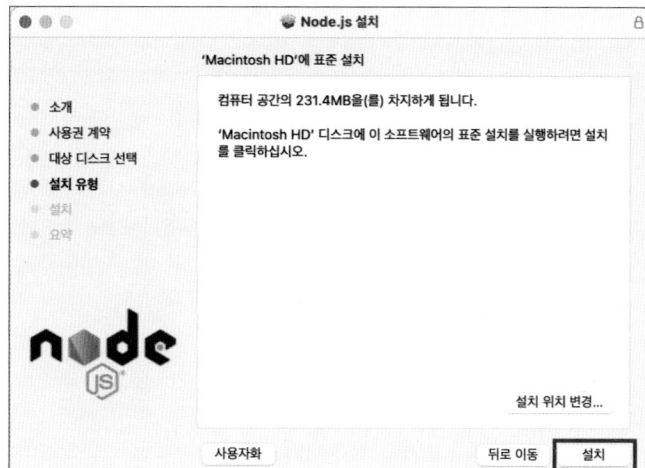

설치 완료 화면이 나오면 **닫기** 버튼을 눌러 설치를 마칩니다.

▼ 그림 1-40 설치 완료

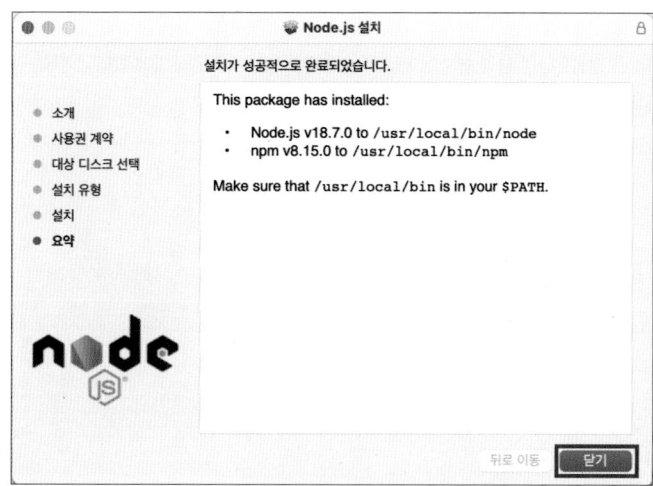

이제 설치가 정상적으로 완료되었는지 확인하기 위해 터미널을 실행합니다. 먼저 cmd+space 를 눌러 Spotlight를 실행한 후 terminal.app을 입력합니다.

▼ 그림 1-41 터미널 실행 후 명령어 입력

다음 명령어를 입력해서 노드 버전이 올바르게 설치되었는지 확인합니다.

```
$ node -v
v18.7.0
```

나중에 npm(노드 패키지 매니저)을 사용해야 하므로 npm이 제대로 설치되었는지도 확인합니다.

```
$ npm -v
8.15.0
```

이 책의 버전과는 다를 수 있지만, npm 버전이 터미널에 뜬다면 설치 성공입니다. 만약 버전이 뜨지 않고 에러 메시지가 나온다면 노드를 처음부터 다시 설치해야 합니다.

> Note ≡ **환경 변수 확인**
>
> node나 npm 명령어를 사용했을 때 에러가 발생한다면 환경 변수가 제대로 설정되어 있는지 확인해봐야 합니다. 맥에서는 터미널에서 echo $PATH를 입력해 환경 변수 목록을 확인할 수 있습니다.
>
> **터미널**
>
> ```
> $ echo $PATH
> ```
>
> 결과로 출력되는 경로 중에(경로는 :으로 구분됩니다) 노드가 설치된 경로(기본적으로는 /usr/bin 또는 /usr/local/bin)가 들어 있지 않으면 명령어 실행 시 에러가 발생합니다. 다음 명령어를 사용해서 PATH 환경 변수에 노드 설치 경로를 추가하면 됩니다.
>
> **터미널**
>
> ```
> $ export PATH=$PATH:노드 설치 경로
> ```
>
> 다시 echo $PATH를 실행해 노드 설치 경로가 제대로 들어갔는지 확인합니다. 제대로 들어 있다면 터미널을 다시 실행할 때 node와 npm 명령어가 동작할 것입니다. 환경 변수에 들어 있는데도 동작하지 않는다면 노드를 처음부터 다시 설치하세요.

> **Note ≡ Homebrew로 노드 설치하기**
>
> 터미널을 통해 노드를 설치하고 싶다면 Homebrew를 사용하면 됩니다. 다음 명령어를 터미널에 입력해 Homebrew를 설치합니다.
>
> **터미널**
>
> ```
> $ /bin/bash -c "$(curl -fsSL https://raw.githubusercontent.com/Homebrew/install/
> ➡ master/install.sh)"
> ```
>
> Homebrew 설치가 완료되면 brew install node 명령어로 노드를 설치하면 됩니다.

1.4.1.3 리눅스(우분투)

이 책은 우분투(Ubuntu 20.04 Focal)를 기준으로 합니다. 맥과 윈도에서는 GUI로 쉽게 설치했지만, 리눅스에서는 보통 GUI를 사용하지 않으므로 콘솔을 통해 설치하겠습니다. 우분투 외의 다른 리눅스 운영체제를 사용한다면 https://nodejs.org/ko/download/package-manager 링크에서 설치 방법을 확인하길 바랍니다.

콘솔에 접속한 후 다음 명령어 다섯 줄을 한 줄씩 입력합니다. 원래는 마지막 두 줄만 입력해도 되지만, 에러가 발생할 수도 있으므로 앞의 세 줄도 추가로 입력합니다(명령어 앞의 $는 입력하는 것이 아닙니다).

콘솔

```
$ sudo apt-get update
$ sudo apt-get install -y build-essential
$ sudo apt-get install -y curl
$ curl -sL https://deb.nodesource.com/setup_18.x | sudo -E bash --
$ sudo apt-get install -y nodejs
```

설치 후 제대로 설치되었는지 확인하기 위해 콘솔 창에 다음 명령을 입력해봅니다.

콘솔

```
$ node -v
18.7.0
$ npm -v
8.15.0
```

이 책의 버전과는 다를 수 있지만, npm 버전이 콘솔 창에 뜬다면 설치 성공입니다. 만약 버전이 뜨지 않고 에러 메시지가 나온다면 노드를 처음부터 다시 설치해야 합니다.

> **Note ≡ 환경 변수 확인**
>
> node나 npm 명령어를 사용했을 때 에러가 발생한다면 환경 변수가 제대로 설정되어 있는지 확인해봐야 합니다. 리눅스에서는 터미널에서 echo $PATH를 입력해 환경 변수 목록을 확인할 수 있습니다.
>
> **콘솔**
> ```
> $ echo $PATH
> ```
>
> 결과로 출력되는 경로 중에(경로는 :으로 구분됩니다) 노드가 설치된 경로(기본적으로는 /usr/bin 또는 /usr/local/bin)가 들어 있지 않으면 명령어 실행 시 에러가 발생합니다. 다음 명령어를 사용해서 PATH 환경 변수에 노드 설치 경로를 추가하면 됩니다.
>
> **콘솔**
> ```
> $ export PATH=$PATH:노드 설치 경로
> ```
>
> 다시 echo $PATH를 실행해 노드 설치 경로가 제대로 들어갔는지 확인합니다. 제대로 들어 있다면 터미널을 다시 실행할 때 node와 npm 명령어가 동작할 것입니다. 환경 변수에 들어 있는데도 동작하지 않는다면 노드를 처음부터 다시 설치하세요.

1.4.2 npm 버전 업데이트하기

npm 버전이 빠른 속도로 업데이트되므로 최신 버전은 이 책에 나오는 버전과 많이 다를 수 있습니다. 2022년 8월 기준으로 최신 npm 버전은 8.15.0입니다. npm 버전이 8 이상이기만 하면, 이 책을 실습하는 데 큰 문제는 없습니다. 하지만 최신 버전을 사용하고 싶거나 현재 버전이 너무 낮다면, 명령 프롬프트 또는 터미널에 다음 명령어를 입력해 업데이트하세요.

콘솔
```
$ npm install -g npm
```

맥과 리눅스의 경우는 명령어 앞에 sudo를 붙인 후 계정 비밀번호를 입력해야 할 수도 있습니다.

업데이트 완료 후 다시 npm -v를 입력하면 최신 버전의 npm이 설치되었음을 확인할 수 있습니다. 방금 실행한 명령어는 5장에서 자세히 다룹니다.

> **Note ☰ 노드 버전 업데이트**
>
> 노드 버전을 최신 버전으로 업데이트하는 가장 쉬운 방법은 현재 설치된 노드를 제거하고 최신 버전을 설치하는 것입니다. 하지만 버전이 바뀔 때마다 지웠다가 다시 설치하는 것은 번거롭습니다. 이를 쉽게 해주는 도구가 있지만 npm 명령어와 패키지 개념을 알아야 하므로 지금 바로 설명하지는 않겠습니다. 업데이트 도구 사용 방법은 15.1.9절을 확인하세요.

1.4.3 비주얼 스튜디오 코드 설치하기

비주얼 스튜디오 코드(Visual Studio Code)(이하 VS Code)는 마이크로소프트사에서 만든 소스 코드 편집기이며 노드 기반의 일렉트론으로 만들어졌습니다. 무료로 사용할 수 있으며, 프로그래밍 생산성을 높여주는 플러그인들을 다양하게 지원합니다. 무엇보다 노드로 만들어진 에디터로 다시 노드 프로그래밍을 한다는 사실이 재미있습니다.

> **Note ☰ 다른 에디터**
>
> VS Code 외의 다른 무료 에디터로는 Bracket, Sublime Text, Atom이 있습니다. JetBrains사의 WebStorm은 유료이고 컴퓨터 자원을 많이 사용하는 IDE(통합 개발 환경)이지만, 한번 써볼 것을 권합니다. WebStorm을 사용하면 무료 에디터와는 다른 강력한 개발 편의 기능을 경험할 수 있습니다.

1.4.3.1 윈도

윈도에 VS Code를 설치해봅시다. 먼저 VS Code의 공식 사이트(https://code.visualstudio.com/)에 접속합니다.

▼ 그림 1-42 VS Code의 공식 사이트

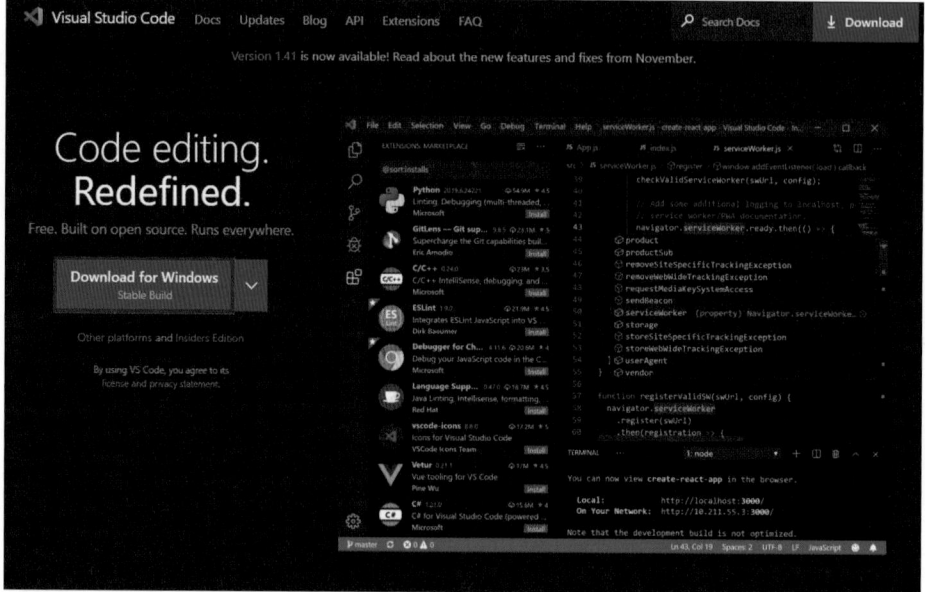

Download for Windows 버튼을 누르면 자동으로 내려받기가 실행됩니다.

▼ 그림 1-43 내려받기 시작 화면

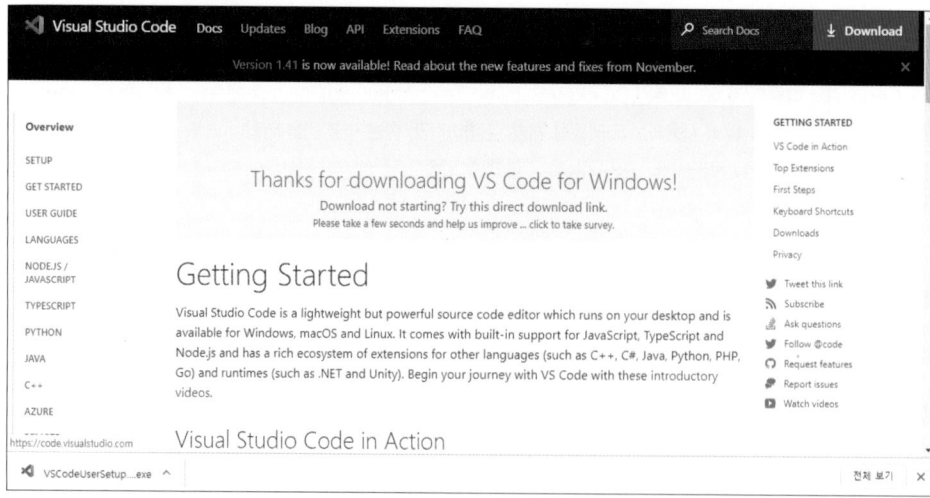

내려받기가 완료되면 설치 파일을 실행합니다. **사용권 계약** 화면에서 **계약에 동의함**을 누르고 **다음** 버튼을 눌러 진행하면 됩니다.

▼ 그림 1-44 VS Code 설치 화면

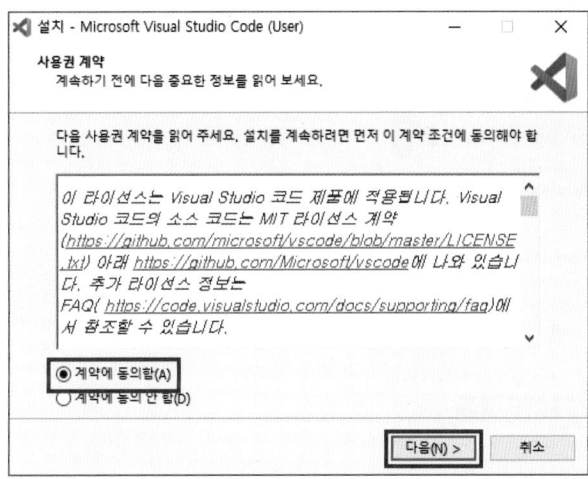

사용권 계약 후 **대상 위치 선택** 화면과 **시작 메뉴 폴더 선택** 화면에서 계속 **다음** 버튼을 눌러 넘어가다가 **추가 작업 선택** 화면에서 모두 체크한 후 **다음** 버튼을 눌러 진행합니다.

▼ 그림 1-45 추가 작업 선택

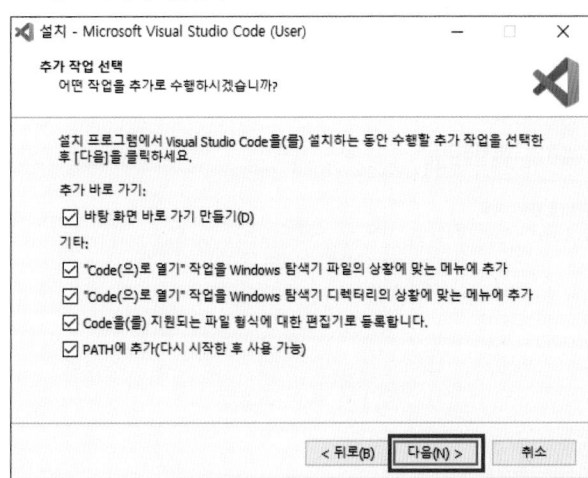

사용자 계정 컨트롤에서 앱 실행을 허용할지를 묻는데, **예** 버튼을 누르면 됩니다. 설치 화면이 뜨면 계속 **다음** 버튼을 눌러 진행합니다.

설치 버튼을 눌러 설치를 시작합니다.

▼ 그림 1-46 설치 버튼을 눌러 설치 시작

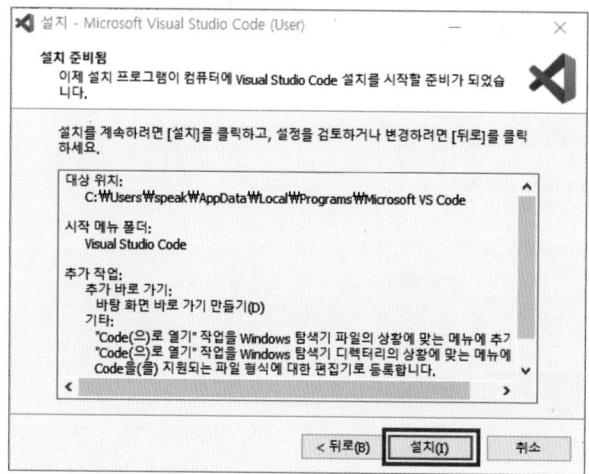

설치 완료 화면에서 **마침** 버튼을 누르면 VS Code가 시작됩니다.

▼ 그림 1-47 설치 완료 화면

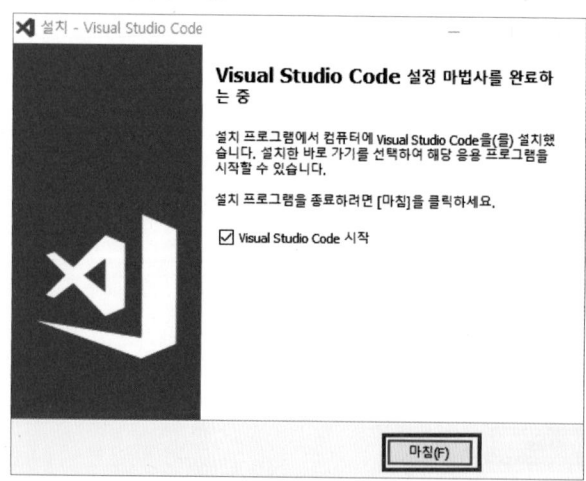

그림 1-47은 윈도에서 VS Code를 실행한 화면입니다. **New file**(새 파일)을 눌러서 코드를 작성하거나 **Add workspace folder...**(작업 영역 폴더 추가)를 눌러서 기존 소스가 있는 폴더를 선택하면 됩니다. 파일은 Ctrl + S 로 저장할 수 있습니다.

▼ 그림 1-48 VS Code 실행 화면

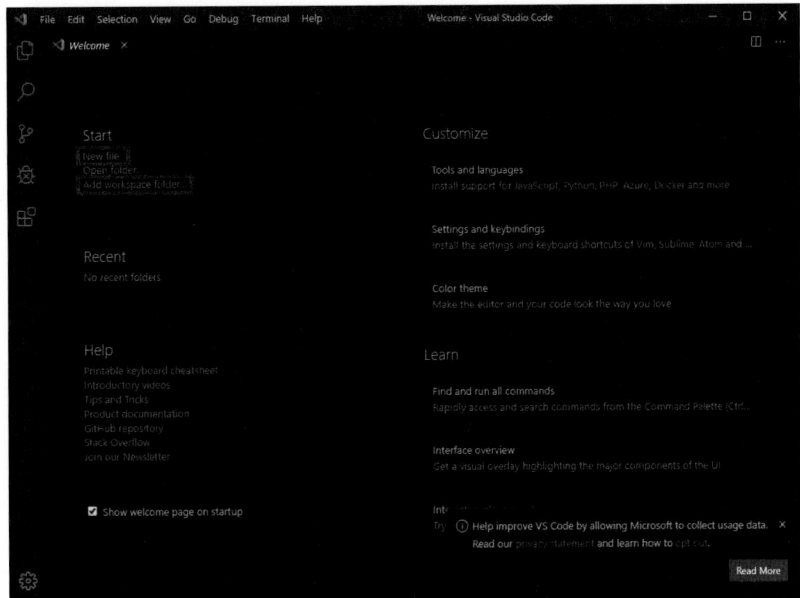

1.4.3.2 맥

맥에 VS Code를 설치해봅시다. VS Code의 공식 사이트(https://code.visualstudio.com/)에 접속합니다.

▼ 그림 1-49 VS Code의 공식 사이트

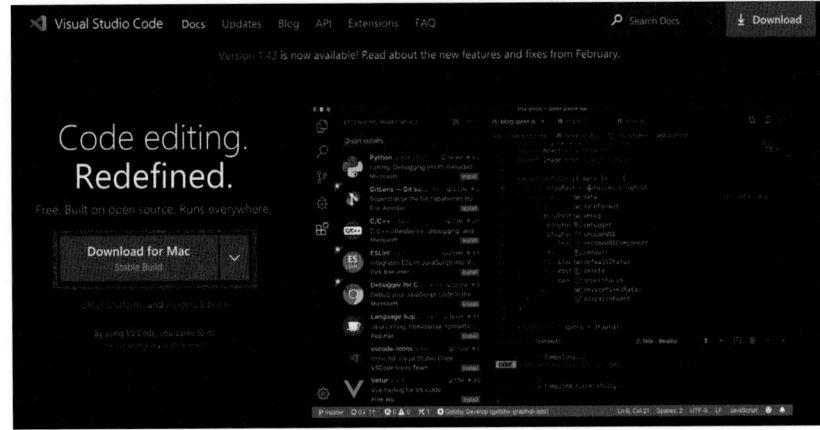

Download for Mac 버튼을 누르면 자동으로 내려받기가 실행됩니다.

▼ 그림 1-50 내려받기 시작 화면

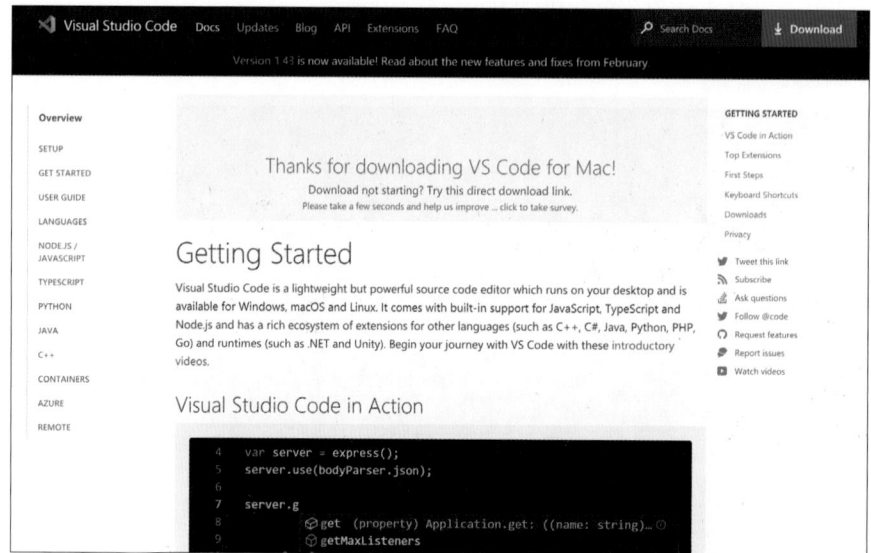

내려받기가 완료되면 파일을 클릭해 압축을 해제합니다. 그러고 나서 압축 해제한 파일을 실행합니다.

경고창이 뜨면 **열기** 버튼을 누릅니다.

▼ 그림 1-51 경고창

그림 1-51은 맥에서 VS Code를 실행한 화면입니다. New file을 눌러서 코드를 작성하거나 Add workspace folder...를 눌러서 기존 소스가 있는 폴더를 선택하면 됩니다. 파일은 command + S 로 저장할 수 있습니다.

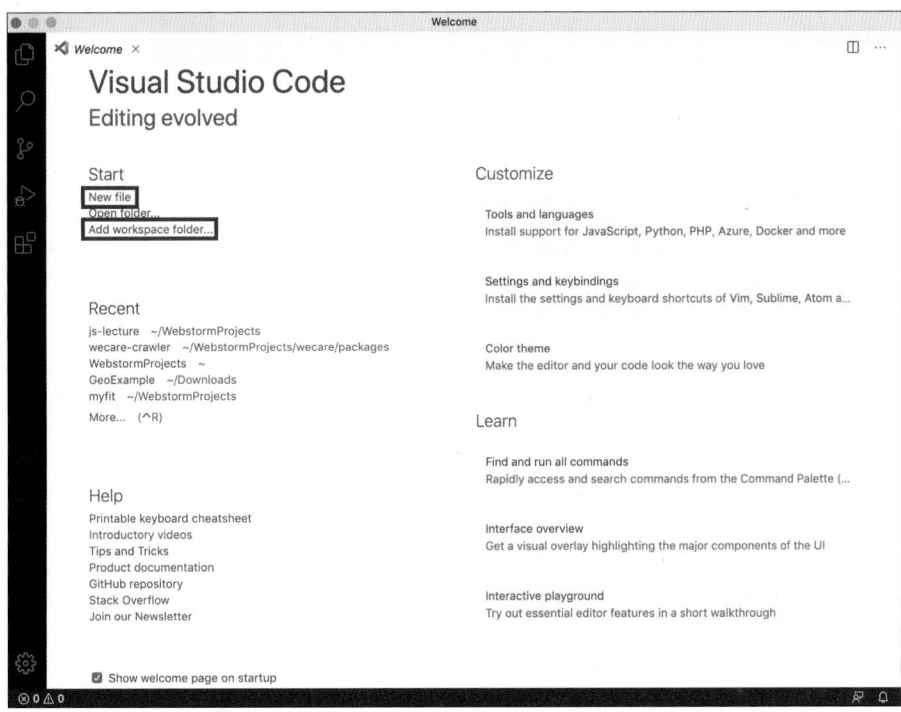

1.4.3.3 리눅스(우분투)

우분투 운영체제에서는 GUI를 사용하지 않을 것이므로 VS Code 대신 vim 같은 에디터로 진행하면 됩니다.

1.5 함께 보면 좋은 자료

NODE.JS

- **노드 공식 사이트**: https://nodejs.org/ko
- **노드 공식 사이트의 가이드**: https://nodejs.org/ko/docs/guides/
- **노드에 대한 전반적인 설명**: https://nodejs.dev/

- **이벤트 루프 설명:** https://nodejs.org/ko/docs/guides/event-loop-timers-and-nexttick/
- **이벤트 루프에 대한 시각적 설명:** http://latentflip.com/loupe
- **VS Code 공식 사이트:** https://code.visualstudio.com/
- **Homebrew 사이트:** https://brew.sh/index_ko

2^장

알아둬야 할
자바스크립트

자바스크립트는 매년 새로운 버전으로 업데이트됩니다. 노드도 주기적(6개월마다)으로 버전을 올리며 변경된 자바스크립트 문법을 반영하고 있습니다. 이 책의 예제들은 ES2015+ 문법을 사용하므로 2.1절에서는 새로운 문법을 간단히 알아보고, 2.2절에서는 서버와 통신하기 위해 프런트엔드에서 사용하는 자바스크립트 코드를 알아봅니다.

2.1 / ES2015+

2015년 자바스크립트 문법에 매우 큰 변화가 있었습니다. 바로 ES2015(ES6라고도 합니다)가 등장한 것입니다. 2015년을 기점으로 매년 문법 변경 사항이 발표되고 있으며, 새로운 문법 상세(specification)에 대해서도 활발한 논의가 이뤄지고 있습니다. 2023년 현재는 ES2023까지 나왔습니다. 인터넷 익스플로러와 같은 구형 브라우저에서는 최신 문법을 사용할 수 없지만, 요즘에는 바벨(babel)처럼 구형 브라우저에 맞게 문법을 변환해주는 도구가 널리 쓰이므로 큰 문제가 되지 않습니다. 이번 책에서는 ES2015 이상의 자바스크립트를 통틀어 ES2015+라고 표현하겠습니다. 이제는 입문자 대부분이 ES2015+ 자바스크립트 문법을 공부하므로 이 책도 적극적으로 ES2015+ 문법을 사용합니다.

만약 ES2015+ 문법을 알지 못한다면, 이 책을 읽을 때 많은 문제가 있을 수 있습니다. 하지만 해당 문법을 잘 모르더라도 이번 기회에 ES2015+ 문법을 같이 공부하는 것을 추천합니다. 실무에서는 대부분 최신 문법을 사용해 코드를 작성하고 있습니다. 자바스크립트 자체를 처음 접했다면, 이 책을 잠시 덮고 자바스크립트 기본 문법부터 익혀야 합니다. 노드는 자바스크립트 실행기이므로 자바스크립트 문법을 모른다면 실행할 것이 없습니다.

ES2015+의 문법 변경 사항이 생소한 분들을 위해 이번 장에서는 이 책에서 사용하는 ES2015+ 문법을 간단하게 설명합니다. 또한, 프런트엔드 환경에서 브라우저가 제공하는 몇 가지 객체를 사용하므로 그에 대해서도 설명하겠습니다.

2.1.1 const, let

보통 자바스크립트를 배울 때는 var로 변수를 선언하는 방법부터 배웁니다. 하지만 var은 이제 const와 let이 대체합니다. 먼저 const와 let이 공통적으로 갖는 특징인 블록 스코프(범위)에 대해 알아봅시다.

```
if (true) {
  var x = 3;
}
console.log(x); // 3

if (true) {
  const y = 3;
}
console.log(y); // Uncaught ReferenceError: y is not defined
```

코드는 크롬 개발자 도구(F12)의 **Console** 탭에 적으면 됩니다. Enter 를 누르면 코드가 실행되는데, 코드를 실행하지 않고 줄바꿈을 하려면 Shift + Enter 를 입력합니다.

x는 정상적으로 출력되는데 y는 에러가 발생합니다. var을 const로 바꿨을 뿐인데 차이가 발생하는 것입니다. var은 함수 스코프를 가지므로 if문의 블록과 관계없이 접근할 수 있습니다. 하지만 const와 let은 블록 스코프를 가지므로 블록 밖에서는 변수에 접근할 수 없습니다. 블록의 범위는 if, while, for, function 등에서 볼 수 있는 중괄호({와 } 사이)입니다. 함수 스코프 대신 블록 스코프를 사용함으로써 호이스팅 같은 문제도 해결되고 코드 관리도 수월해졌습니다.

const, let과 var은 스코프 종류가 다릅니다. 그렇다면 const와 let은 무엇이 다를까요? const는 한 번 값을 할당하면 다른 값을 할당할 수 없습니다. 다른 값을 할당하려고 하면 에러가 발생합니다. 또한, 초기화할 때 값을 할당하지 않으면 에러가 발생합니다. 따라서 const로 선언한 변수를 상수라고 부르기도 합니다.

다음 예제를 한 줄씩 따라 입력해보세요.

```
const a = 0;
a = 1; // Uncaught TypeError: Assignment to constant variable

let b = 0;
b = 1; // 1

const c; // Uncaught SyntaxError: Missing initializer in const declaration
```

2.1.2 템플릿 문자열

ES2015 문법에 새로운 문자열이 생겼습니다. 이 문자열은 큰따옴표나 작은따옴표로 감싸는 기존 문자열과 달리 백틱(`` ` ``)으로 감쌉니다(Tab 위에 있습니다). 특이한 점은 문자열 안에 변수를 넣을 수 있다는 것입니다.

다음은 기존 ES5 문법을 사용한 문자열입니다.

```
var num1 = 1;
var num2 = 2;
var result = 3;
var string1 = num1 + ' 더하기 ' + num2 + '는 \'' + result + '\'';
console.log(string1); // 1 더하기 2는 '3'
```

문자열 string1은 띄어쓰기와 변수, 더하기 기호 때문에 가독성이 좋지 않습니다. 또한, 작은따옴표를 이스케이프(escape)하느라 코드가 지저분합니다. ES2015부터는 다음과 같이 사용할 수 있습니다.

```
const num3 = 1;
const num4 = 2;
const result2 = 3;
const string2 = `${num3} 더하기 ${num4}는 '${result2}'`;
console.log(string2); // 1 더하기 2는 '3'
```

훨씬 깔끔해졌습니다. ${변수} 형식으로 변수를 더하기 기호 없이 문자열에 넣을 수 있습니다. 기존 따옴표 대신 백틱을 사용하므로 큰따옴표나 작은따옴표와 함께 사용할 수도 있습니다.

2.1.3 객체 리터럴

객체 리터럴에 편리한 기능들이 추가되었습니다.

다음 코드는 oldObject 객체에 동적으로 속성을 추가하고 있습니다.

```
var sayNode = function() {
  console.log('Node');
};
var es = 'ES';
var oldObject = {
  sayJS: function() {
    console.log('JS');
  },
  sayNode: sayNode,
};
oldObject[es + 6] = 'Fantastic';
oldObject.sayNode(); // Node
oldObject.sayJS(); // JS
console.log(oldObject.ES6); // Fantastic
```

이 코드를 다음과 같이 다시 쓸 수 있습니다.

```
const newObject = {
  sayJS() {
    console.log('JS');
  },
  sayNode,
  [es + 6]: 'Fantastic',
};
newObject.sayNode(); // Node
newObject.sayJS(); // JS
console.log(newObject.ES6); // Fantastic
```

oldObject와 newObject를 비교하면서 살펴보세요. sayJS 같은 객체의 메서드에 함수를 연결할 때 더는 콜론(:)과 function을 붙이지 않아도 됩니다.

sayNode: sayNode처럼 속성명과 변수명이 동일한 경우에는 한 번만 써도 되게 바뀌었습니다. 자바스크립트에서 다음과 같은 경우가 많이 나오는데, 이때 코드의 중복을 피할 수 있어 편리합니다.

```
{ name: name, age: age } // ES5
{ name, age } // ES2015
```

객체의 속성명은 동적으로 생성할 수 있습니다. 예전 문법에서는 ES6라는 속성명을 만들려면 객체 리터럴(oldObject) 바깥에서 [es+6]를 해야 했습니다. 하지만 ES2015 문법에서는 객체 리터럴 안에 동적 속성을 선언해도 됩니다. newObject 안에서 [es + 6]가 속성명으로 바로 사용되고 있습니다.

객체 리터럴에 추가된 문법은 코딩의 편의성을 향상시키고자 만들어진 것이라는 느낌이 강합니다. 따라서 익숙해지면 코드의 양을 많이 줄일 수 있습니다.

2.1.4 화살표 함수

화살표 함수(arrow function)라는 새로운 함수가 추가되었으며, 기존의 function( ) {}도 그대로 사용할 수 있습니다.

```
function add1(x, y) {
  return x + y;
}

const add2 = (x, y) => {
  return x + y;
};

const add3 = (x, y) => x + y;

const add4 = (x, y) => (x + y);

function not1(x) {
  return !x;
}

const not2 = x => !x;
```

add1, add2, add3, add4는 같은 기능을 하는 함수입니다. 마찬가지로 not1, not2도 같은 기능을 합니다. 화살표 함수에서는 function 선언 대신 => 기호로 함수를 선언합니다. 또한, 변수에 대입하면 나중에 재사용할 수 있습니다.

화살표 함수에서는 내부에 return문밖에 없는 경우, return문을 줄일 수 있습니다. 중괄호 대신 add3과 add4처럼 return할 식을 바로 적으면 됩니다. add4처럼 보기 좋게 소괄호로 감쌀 수도 있습니다. not2처럼 매개변수가 한 개이면 매개변수를 소괄호로 묶어주지 않아도 됩니다. return문을 줄이는 문법은 자주 사용하므로 눈여겨보길 바랍니다.

기존 function과 다른 점은 this 바인드 방식입니다. 다음 예제를 봅시다.

```
var relationship1 = {
  name: 'zero',
  friends: ['nero', 'hero', 'xero'],
  logFriends: function () {
    var that = this; // relationship1을 가리키는 this를 that에 저장
    this.friends.forEach(function (friend) {
      console.log(that.name, friend);
    });
  },
};
relationship1.logFriends();

const relationship2 = {
  name: 'zero',
  friends: ['nero', 'hero', 'xero'],
  logFriends() {
    this.friends.forEach(friend => {
      console.log(this.name, friend);
    });
  },
};
relationship2.logFriends();
```

relationship1.logFriends() 안의 forEach문에서는 function 선언문을 사용했습니다. 각자 다른 함수 스코프의 this를 가지므로 that이라는 변수를 사용해서 relationship1에 간접적으로 접근하고 있습니다.

하지만 relationship2.logFriends() 안의 forEach문에서는 화살표 함수를 사용했습니다. 따라서 바깥 스코프인 logFriends()의 this를 그대로 사용할 수 있습니다. 상위 스코프의 this를 그대로 물려받는 것입니다.

즉, 기본적으로 화살표 함수를 쓰되, this를 사용해야 하는 경우에는 화살표 함수와 함수 선언문 (function) 둘 중 하나를 고르면 됩니다.

2.1.5 구조 분해 할당

구조 분해 할당을 사용하면 객체와 배열로부터 속성이나 요소를 쉽게 꺼낼 수 있습니다.

다음은 객체의 속성을 같은 이름의 변수에 대입하는 코드입니다.

```
var candyMachine = {
  status: {
    name: 'node',
    count: 5,
  },
  getCandy: function () {
    this.status.count--;
    return this.status.count;
  },
};
var getCandy = candyMachine.getCandy;
var count = candyMachine.status.count;
```

이 코드를 다음과 같이 바꿀 수 있습니다.

```
const candyMachine = {
  status: {
    name: 'node',
    count: 5,
  },
  getCandy() {
    this.status.count--;
    return this.status.count;
  },
};
const { getCandy, status: { count } } = candyMachine;
```

당황스럽겠지만, 위 문법은 유효한 문법입니다. candyMachine 객체 안의 속성을 찾아서 변수와 매칭합니다. count처럼 여러 단계 안의 속성도 찾을 수 있습니다. getCandy와 count 변수가 초기화된 것입니다. 다만, 구조 분해 할당을 사용하면 함수의 this가 달라질 수 있습니다. getCandy 함수를 사용해보세요. 달라진 this를 원래대로 바꿔주려면 bind 함수를 따로 사용해야 합니다.

배열에 대한 구조 분해 할당 문법도 존재합니다.

```
var array = ['nodejs', {}, 10, true];
var node = array[0];
var obj = array[1];
var bool = array[3];
```

array란 배열의 첫 번째, 두 번째 요소와 네 번째 요소를 변수에 대입하는 코드입니다.

다음과 같이 바꿀 수 있습니다.

```
const array = ['nodejs', {}, 10, true];
const [node, obj, , bool] = array;
```

어색해 보이지만, 나름대로 규칙이 있습니다. node, obj와 bool의 위치를 보면 node는 배열의 첫 번째 요소, obj는 두 번째 요소, bool은 네 번째 요소라는 것을 알 수 있습니다. obj와 bool 사이의 요소인 10에는 변수명을 지어주지 않았으므로 10은 무시합니다.

구조 분해 할당 문법도 코드 줄 수를 상당히 줄여주므로 유용합니다. 특히 노드는 모듈 시스템을 사용하므로 이러한 방식을 자주 씁니다. 모듈 시스템은 3.3절에서 자세히 알아보겠습니다.

2.1.6 클래스

클래스(class) 문법도 추가되었습니다. 하지만 다른 언어처럼 클래스 기반으로 동작하는 것이 아니라 여전히 프로토타입 기반으로 동작합니다. 프로토타입 기반 문법을 보기 좋게 클래스로 바꾼 것이라고 이해하면 됩니다.

다음은 프로토타입 상속 예제 코드입니다.

```
var Human = function(type) {
  this.type = type || 'human';
};

Human.isHuman = function(human) {
  return human instanceof Human;
}

Human.prototype.breathe = function() {
  alert('h-a-a-a-m');
};

var Zero = function(type, firstName, lastName) {
  Human.apply(this, arguments);
  this.firstName = firstName;
  this.lastName = lastName;
};

Zero.prototype = Object.create(Human.prototype);
```

```
Zero.prototype.constructor = Zero; // 상속하는 부분
Zero.prototype.sayName = function() {
  alert(this.firstName + ' ' + this.lastName);
};
var oldZero = new Zero('human', 'Zero', 'Cho');
Human.isHuman(oldZero); // true
```

Human 생성자 함수가 있고, 그 함수를 Zero 생성자 함수가 상속합니다. Zero 생성자 함수를 보면
상속받기 위한 코드가 상당히 난해함을 알 수 있습니다. Human.apply와 Object.create 부분이 상
속받는 부분입니다.

위 코드를 클래스 기반 코드로 바꿔보겠습니다.

```
class Human {
  constructor(type = 'human') {
    this.type = type;
  }

  static isHuman(human) {
    return human instanceof Human;
  }

  breathe() {
    alert('h-a-a-a-m');
  }
}

class Zero extends Human {
  constructor(type, firstName, lastName) {
    super(type);
    this.firstName = firstName;
    this.lastName = lastName;
  }

  sayName() {
    super.breathe();
    alert(`${this.firstName} ${this.lastName}`);
  }
}

const newZero = new Zero('human', 'Zero', 'Cho');
Human.isHuman(newZero); // true
```

전반적으로 class 안으로 그룹화된 것을 볼 수 있습니다. 생성자 함수는 constructor 안으로 들어 갔고, Human.isHuman 같은 클래스 함수는 static 키워드로 전환되었습니다. 프로토타입 함수들도 모두 class 블록 안에 포함돼서 어떤 함수가 어떤 클래스 소속인지 확인하기 쉽습니다. 상속도 간 단해져서 extends 키워드로 쉽게 상속할 수 있습니다. 다만, 이렇게 클래스 문법으로 바뀌었더라 도 자바스크립트는 프로토타입 기반으로 동작한다는 것을 명심해야 합니다.

2.1.7 프로미스

자바스크립트와 노드에서는 주로 비동기를 접합니다. 특히 이벤트 리스너를 사용할 때 콜백 함수 를 자주 사용합니다. ES2015부터는 자바스크립트와 노드의 API들이 콜백 대신 프로미스(Promise) 기반으로 재구성되며, 악명 높은 콜백 지옥(callback hell) 현상을 극복했다는 평가를 받고 있습니 다. 프로미스는 반드시 알아둬야 하는 객체이므로 이 책뿐만 아니라 다른 자료들을 참고해서라도 반드시 숙지해야 합니다.

프로미스는 다음과 같은 규칙이 있습니다. 먼저 프로미스 객체를 생성해야 합니다.

```javascript
const condition = true; // true이면 resolve, false이면 reject
const promise = new Promise((resolve, reject) => {
  if (condition) {
    resolve('성공');
  } else {
    reject('실패');
  }
});
// 다른 코드가 들어갈 수 있음
promise
  .then((message) => {
    console.log(message); // 성공(resolve)한 경우 실행
  })
  .catch((error) => {
    console.error(error); // 실패(reject)한 경우 실행
  })
  .finally(() => { // 끝나고 무조건 실행
    console.log('무조건');
  });
```

new Promise로 프로미스를 생성할 수 있으며, 안에 resolve와 reject를 매개변수로 갖는 콜백 함수를 넣습니다. 이렇게 만든 promise 변수에 then과 catch 메서드를 붙일 수 있습니다. 프로미스 내부에서 resolve가 호출되면 then이 실행되고, reject가 호출되면 catch가 실행됩니다. finally 부분은 성공/실패 여부와 상관없이 실행됩니다.

resolve와 reject에 넣어준 인수는 각각 then과 catch의 매개변수에서 받을 수 있습니다. 즉, resolve('성공')이 호출되면 then의 message가 '성공'이 됩니다. 만약 reject('실패')가 호출되면 catch의 error가 '실패'가 되는 것입니다. condition 변수를 false로 바꿔보면 catch에서 에러가 로깅됩니다.

프로미스를 쉽게 설명하자면, 실행은 바로 하되 결괏값은 나중에 받는 객체입니다. 결괏값은 실행이 완료된 후 then이나 catch 메서드를 통해 받습니다. 위 예제에서는 new Promise와 promise. then 사이에 다른 코드가 들어갈 수도 있습니다. new Promise는 바로 실행되지만, 결괏값은 then을 붙였을 때 받게 됩니다.

then이나 catch에서 다시 다른 then이나 catch를 붙일 수 있습니다. 이전 then의 return 값을 다음 then의 매개변수로 넘깁니다. 프로미스를 return한 경우 프로미스가 수행된 후 다음 then이나 catch가 호출됩니다.

```
promise
  .then((message) => {
    return new Promise((resolve, reject) => {
      resolve(message);
    });
  })
  .then((message2) => {
    console.log(message2);
    return new Promise((resolve, reject) => {
      resolve(message2);
    });
  })
  .then((message3) => {
    console.log(message3);
  })

  .catch((error) => {
    console.error(error);
  });
```

처음 then에서 message를 resolve하면 다음 then에서 message2로 받을 수 있습니다. 여기서 다시 message2를 resolve한 것을 다음 then에서 message3으로 받았습니다. 단, then에서 new Promise를 return해야 다음 then에서 받을 수 있다는 것을 기억하세요.

이것을 활용해서 콜백을 프로미스로 바꿀 수 있습니다. 다음은 콜백을 쓰는 패턴 중 하나입니다. 나중에 8장을 배우면 이 코드를 더 정확하게 이해할 수 있습니다. 이를 프로미스로 바꿔보겠습니다.

```
function findAndSaveUser(Users) {
  Users.findOne({}, (err, user) => { // 첫 번째 콜백
    if (err) {
      return console.error(err);
    }
    user.name = 'zero';
    user.save((err) => { // 두 번째 콜백
      if (err) {
        return console.error(err);
      }
      Users.findOne({ gender: 'm' }, (err, user) => { // 세 번째 콜백
        // 생략
      });
    });
  });
}
```

콜백 함수가 세 번 중첩되어 있습니다. 콜백 함수가 나올 때마다 코드의 깊이가 깊어집니다. 각 콜백 함수마다 에러도 따로 처리해줘야 합니다. 이 코드는 다음과 같이 바꿀 수 있습니다.

```
function findAndSaveUser(Users) {
  Users.findOne({})
    .then((user) => {
      user.name = 'zero';
      return user.save();
    })
    .then((user) => {
      return Users.findOne({ gender: 'm' });
    })
    .then((user) => {
      // 생략
    })
    .catch(err => {
```

```
        console.error(err);
    });
  }
```

코드의 깊이가 세 단계 이상 깊어지지 않습니다. 위 코드에서 then 메서드들은 순차적으로 실행됩니다. 콜백에서 매번 따로 처리해야 했던 에러도 마지막 catch에서 한 번에 처리할 수 있습니다. 하지만 모든 콜백 함수를 위와 같이 바꿀 수 있는 것은 아닙니다. 메서드가 프로미스 방식을 지원해야 합니다.

예제의 코드는 findOne과 save 메서드가 내부적으로 프로미스 객체를 갖고 있다고 가정했기에 가능합니다(new Promise가 함수 내부에 구현되어 있어야 합니다). 지원하지 않는 경우 콜백 함수를 프로미스로 바꿀 수 있는 방법은 3.5.6절에 나와 있습니다.

프로미스 여러 개를 한 번에 실행할 수 있는 방법이 있습니다. 기존의 콜백 패턴이었다면 콜백을 여러 번 중첩해서 사용해야 했을 것입니다. 하지만 Promise.all을 활용하면 간단히 할 수 있습니다.

```
const promise1 = Promise.resolve('성공1');
const promise2 = Promise.resolve('성공2');
Promise.all([promise1, promise2])
  .then((result) => {
    console.log(result); // ['성공1', '성공2'];
  })
  .catch((error) => {
    console.error(error);
  });
```

Promise.resolve는 즉시 resolve하는 프로미스를 만드는 방법입니다. 비슷한 것으로 즉시 reject하는 Promise.reject도 있습니다. 프로미스가 여러 개 있을 때 Promise.all에 넣으면 모두 resolve될 때까지 기다렸다가 then으로 넘어갑니다. result 매개변수에 각각의 프로미스 결괏값이 배열로 들어 있습니다. Promise 중 하나라도 reject가 되면 catch로 넘어갑니다. 다만, 여러 프로미스 중 어떤 프로미스가 reject되었는지는 알 수 없습니다.

정확히 어떤 프로미스에서 reject되었는지 알기 위해서는 Promise.all 대신 Promise.allSettled를 사용해야 합니다.

```
const promise1 = Promise.resolve('성공1');
const promise2 = Promise.reject('실패2');
const promise3 = Promise.resolve('성공3');
Promise.allSettled([promise1, promise2, promise3])
  .then((result) => {
```

```
    console.log(result);
/* [
*    { status: 'fulfilled', value: '성공1' },
*    { status: 'rejected', reason: '실패2' },
*    { status: 'fulfilled', value: '성공3' }
*  ]
*/
  })
  .catch((error) => {
    console.error(error);
  });
```

Promise.allSettled를 사용하면 결괏값이 좀 더 자세해져서 어떤 프로미스가 reject되었는지 status를 통해 알 수 있습니다. 실패 이유는 reason에 들어 있습니다. 따라서 Promise.all 대신 Promise.allSettled를 사용하는 것을 좀 더 권장합니다.

참고로 Node 16 버전부터는 reject된 Promise에 catch를 달지 않으면 UnhandledPromiseRejection 에러가 발생합니다. 에러가 발생하면 다음 코드가 실행되지 않으니 반드시 프로미스에 catch 메서드를 붙이는 것을 권장합니다.

```
try {
  Promise.reject('에러');
} catch (e) {
  console.error(e); // UnhandledPromiseRejection: This error originated either by
➡ throwing inside...
}

Promise.reject('에러').catch(() => {
  // catch 메서드를 붙이면 에러가 발생하지 않음
})
```

2.1.8 async/await

노드 7.6 버전부터 지원되는 기능으로, ES2017에서 추가되었습니다. 알아두면 정말 편리한 기능이며, 특히 노드처럼 비동기 위주로 프로그래밍을 해야 할 때 도움이 많이 됩니다.

프로미스가 콜백 지옥을 해결했다지만, 여전히 코드가 장황합니다. then과 catch가 계속 반복되기 때문입니다. async/await 문법은 프로미스를 사용한 코드를 한 번 더 깔끔하게 줄입니다.

2.1.7절의 프로미스 코드를 다시 한 번 보겠습니다.

```
function findAndSaveUser(Users) {
  Users.findOne({})
    .then((user) => {
      user.name = 'zero';
      return user.save();
    })
    .then((user) => {
      return Users.findOne({ gender: 'm' });
    })
    .then((user) => {
      // 생략
    })
    .catch(err => {
      console.error(err);
    });
}
```

콜백과 다르게 코드의 깊이가 깊어지진 않지만, 코드 길이는 여전히 깁니다. async/await 문법을
사용하면 다음과 같이 바꿀 수 있습니다. async function이라는 것이 추가되었습니다.

```
async function findAndSaveUser(Users) {
  let user = await Users.findOne({});
  user.name = 'zero';
  user = await user.save();
  user = await Users.findOne({ gender: 'm' });
  // 생략
}
```

놀라울 정도로 코드가 짧아졌습니다. 함수 선언부를 일반 함수 대신 async function으로 교체한
후, 프로미스 앞에 await을 붙였습니다. 이제 함수는 해당 프로미스가 resolve될 때까지 기다린
뒤 다음 로직으로 넘어갑니다. 예를 들면, await Users.findOne({})이 resolve될 때까지 기다린
다음에 user 변수를 초기화하는 것입니다.

위 코드는 에러를 처리하는 부분(프로미스가 reject된 경우)이 없으므로 다음과 같은 추가 작업이
필요합니다.

```
async function findAndSaveUser(Users) {
  try {
    let user = await Users.findOne({});
```

```
      user.name = 'zero';
      user = await user.save();
      user = await Users.findOne({ gender: 'm' });
      // 생략
    } catch (error) {
      console.error(error);
    }
  }
```

try/catch문으로 로직을 감쌌습니다. 프로미스의 catch 메서드처럼 try/catch문의 catch가 에러를 처리합니다.

화살표 함수도 async와 같이 사용할 수 있습니다.

```
const findAndSaveUser = async (Users) => {
  try {
    let user = await Users.findOne({});
    user.name = 'zero';
    user = await user.save();
    user = await Users.findOne({ gender: 'm' });
    // 생략
  } catch (error) {
    console.error(error);
  }
};
```

for문과 async/await을 같이 써서 프로미스를 순차적으로 실행할 수 있습니다. for문과 함께 쓰는 것은 노드 10 버전부터 지원하는 ES2018 문법입니다.

```
const promise1 = Promise.resolve('성공1');
const promise2 = Promise.resolve('성공2');
(async () => {
  for await (promise of [promise1, promise2]) {
    console.log(promise);
  }
})();
```

for await of문을 사용해서 프로미스 배열을 순회하는 모습입니다. async 함수의 반환값은 항상 Promise로 감싸집니다. 따라서 실행 후 then을 붙이거나 또 다른 async 함수 안에서 await을 붙여서 처리할 수 있습니다.

```
async function findAndSaveUser(Users) {
  // 생략
}

findAndSaveUser().then(() => { /* 생략 */ });
// 또는
async function other() {
  const result = await findAndSaveUser();
}
```

앞으로 중첩되는 콜백 함수가 있다면 프로미스를 거쳐 async/await 문법으로 바꾸는 연습을 해보길 바랍니다. 코드가 훨씬 간결해질 것입니다. 이 책의 예제는 async/await 문법을 적극적으로 사용하므로 익숙해지는 것이 좋습니다.

2.1.9 Map/Set

ES2015에는 새로운 자료구조들이 추가되었습니다. 그중 자주 쓰이는 것은 Map과 Set입니다. Map은 객체와 유사하고 Set은 배열과 유사하다고 생각하면 됩니다.

```
const m = new Map();

m.set('a', 'b'); // set(키, 값)으로 Map에 속성 추가
m.set(3, 'c'); // 문자열이 아닌 값을 키로 사용 가능합니다
const d = {};
m.set(d, 'e'); // 객체도 됩니다

m.get(d); // get(키)로 속성값 조회
console.log(m.get(d)); // e

m.size; // size로 속성 개수 조회
console.log(m.size) // 3

for (const [k, v] of m) { // 반복문에 바로 넣어 사용 가능합니다
  console.log(k, v); // 'a', 'b', 3, 'c', {}, 'e'
} // 속성 간의 순서도 보장됩니다

m.forEach((v, k) => { // forEach도 사용 가능합니다
  console.log(k, v); // 결과는 위와 동일
});
```

```
m.has(d); // has(키)로 속성 존재 여부를 확인합니다
console.log(m.has(d)); // true

m.delete(d); // delete(키)로 속성을 삭제합니다
m.clear(); // clear()로 전부 제거합니다
console.log(m.size); // 0
```

Map은 속성들 간의 순서를 보장하고 반복문을 사용할 수 있습니다. 속성명으로 문자열이 아닌 값도 사용할 수 있고 size 메서드를 통해 속성의 수를 쉽게 알 수 있다는 점에서 일반 객체와 다릅니다.

```
const s = new Set();
s.add(false); // add(요소)로 Set에 추가합니다
s.add(1);
s.add('1');
s.add(1); // 중복이므로 무시됩니다
s.add(2);

console.log(s.size); // 중복이 제거되어 4

s.has(1); // has(요소)로 요소 존재 여부를 확인합니다
console.log(s.has(1)); // true

for (const a of s) {
  console.log(a); // false 1 '1' 2
}

s.forEach((a) => {
  console.log(a); // false 1 '1' 2
})

s.delete(2); // delete(요소)로 요소를 제거합니다
s.clear(); // clear()로 전부 제거합니다
```

Set은 중복을 허용하지 않는다는 것이 가장 큰 특징입니다. 따라서 배열 자료구조를 사용하고 싶으나 중복은 허용하고 싶지 않을 때 Set을 대신 사용하면 됩니다.

또는 기존 배열에서 중복을 제거하고 싶을 때도 Set을 사용합니다. 다음 코드를 보세요.

```
const arr = [1, 3, 2, 7, 2, 6, 3, 5];

const s = new Set(arr);
const result = Array.from(s);
console.log(result); // 1, 3, 2, 7, 6, 5
```

new Set(배열)을 하는 순간 배열의 중복된 요소들이 제거됩니다. Set을 배열로 되돌리려면 Array.from(Set)을 하면 됩니다.

2.1.10 널 병합/옵셔널 체이닝

ES2020에서 추가된 ??(널 병합(nullish coalescing)) 연산자와 ?.(옵셔널 체이닝(optional chaining)) 연산자입니다.

널 병합 연산자는 주로 || 연산자 대용으로 사용되며, falsy 값(0, '', false, NaN, null, undefined) 중 null과 undefined만 따로 구분합니다.

```
const a = 0;
const b = a || 3; // || 연산자는 falsy 값이면 뒤로 넘어감
console.log(b); // 3

const c = 0;
const d = c ?? 3; // ?? 연산자는 null과 undefined일 때만 뒤로 넘어감
console.log(d); // 0;

const e = null;
const f = e ?? 3;
console.log(f); // 3;

const g = undefined;
const h = g ?? 3;
console.log(h); // 3;
```

옵셔널 체이닝 연산자는 null이나 undefined의 속성을 조회하는 경우 에러가 발생하는 것을 막습니다.

```
const a = {}
a.b; // a가 객체이므로 문제없음

const c = null;
try {
  c.d;
} catch (e) {
  console.error(e); // TypeError: Cannot read properties of null (reading 'd')
}
```

```
c?.d; // 문제없음

try {
  c.f();
} catch (e) {
  console.error(e); // TypeError: Cannot read properties of null (reading 'f')
}
c?.f(); // 문제없음

try {
  c[0];
} catch (e) {
  console.error(e); // TypeError: Cannot read properties of null (reading '0')
}
c?.[0]; // 문제없음
```

위 코드처럼 일반적인 속성뿐만 아니라 함수 호출이나 배열 요소 접근에 대해서도 에러가 발생하는 것을 방지할 수 있습니다. c?.d와 c?.f(), c?.[0]의 값은 undefined가 된다는 것도 알아두세요.

옵셔널 체이닝 연산자는 자바스크립트 프로그래밍을 할 때 발생하는 TypeError: Cannot read properties of undefined 또는 null 에러의 발생 빈도를 획기적으로 낮출 수 있기에 자주 사용합니다.

이외에도 많은 문법이 추가되었고 앞으로도 추가될 예정입니다. 하지만 이 책에서는 위에서 설명한 내용 정도만 자주 사용합니다. 다른 변경 사항이 더 궁금한 분들을 위해 2.3절에 새로운 문법을 배울 수 있는 사이트의 링크를 적어놓았습니다.

이제 프런트엔드에서 사용되는 자바스크립트 코드를 알아보겠습니다.

2.2 프런트엔드 자바스크립트

NODE.JS

이 절에서는 이 책에 나오는 예제들의 프런트엔드에 사용되는 기능들을 설명합니다. HTML에서 script 태그 안에 작성하는 부분입니다. 이 책에서는 프런트엔드를 깊게 다루지는 않지만, 예제 코드의 이해를 돕기 위해 몇 가지를 소개합니다.

2.2.1 AJAX

AJAX(Asynchronous Javascript And XML)는 비동기적 웹 서비스를 개발할 때 사용하는 기법입니다. 이름에 'XML'이라는 용어가 들어 있지만 꼭 XML을 사용해야 하는 것은 아닙니다. 요즘에는 JSON을 많이 사용합니다. 쉽게 말해 페이지 이동 없이 서버에 요청을 보내고 응답을 받는 기술입니다. 요청과 응답은 4.1절에 설명되어 있습니다. 웹 사이트 중에서 페이지 전환 없이 새로운 데이터를 불러오는 사이트는 대부분 AJAX 기술을 사용하고 있다고 보면 됩니다.

보통 AJAX 요청은 jQuery나 axios 같은 라이브러리를 이용해서 보냅니다. 브라우저에서 기본적으로 XMLHttpRequest나 fetch 객체를 제공하긴 하지만, 사용 방법이 복잡하고 서버에서는 사용할 수 없으므로(fetch는 노드에서 사용할 수 있지만 아직 실험 단계입니다) 이 책에서는 전반적으로 axios를 사용하겠습니다.

프런트엔드에서 사용하려면 HTML 파일을 하나 만들고 그 안에 script 태그를 추가해야 합니다. 두 번째 script 태그 안에 앞으로 살펴볼 프런트엔드 예제 코드를 넣으면 됩니다.

front.html

```html
<script src="https://unpkg.com/axios/dist/axios.min.js"></script>
<script>
  // 여기에 예제 코드를 넣으세요
</script>
```

먼저 요청의 종류 중 하나인 GET 요청을 보내 보겠습니다. 요청의 종류는 4.2절에서 REST API를 다루며 살펴봅니다.

axios.get 함수의 인수로 요청을 보낼 주소를 넣으면 됩니다.

```javascript
axios.get('https://www.zerocho.com/api/get')
  .then((result) => {
    console.log(result);
    console.log(result.data); // {}
  })
  .catch((error) => {
    console.error(error);
  });
```

axios.get도 내부에 new Promise가 들어 있으므로 then과 catch를 사용할 수 있습니다. result.data에 서버로부터 보낸 데이터가 들어 있으며, 개발자 도구 **Console** 탭에서 확인할 수 있습니다.

프로미스이므로 async/await 방식으로 변경할 수 있습니다. 익명 함수라서 즉시 실행을 위해 코드를 소괄호로 감싸서 호출했습니다.

```
(async () => {
  try {
    const result = await axios.get('https://www.zerocho.com/api/get');
    console.log(result);
    console.log(result.data); // {}
  } catch (error) {
    console.error(error);
  }
})();
```

이번에는 POST 방식의 요청을 보내 보겠습니다. POST 요청에서는 데이터를 서버로 보낼 수 있습니다.

```
(async () => {
  try {
    const result = await axios.post('https://www.zerocho.com/api/post/json', {
      name: 'zerocho',
      birth: 1994,
    });
    console.log(result);
    console.log(result.data);
  } catch (error) {
    console.error(error);
  }
})();
```

전체적인 구조는 비슷한데, 두 번째 인수로 데이터를 넣어 보내는 것이 다릅니다. GET 요청이면 axios.get을 사용하고, POST 요청이면 axios.post를 사용합니다.

다음으로 서버에 폼 데이터를 보내는 경우를 알아보겠습니다.

2.2.2 FormData

HTML form 태그의 데이터를 동적으로 제어할 수 있는 기능입니다. 주로 AJAX와 함께 사용됩니다.

먼저 FormData 생성자로 formData 객체를 만듭니다. 다음 코드를 한 줄씩 **Console** 탭에 입력해보세요.

```javascript
const formData = new FormData();
formData.append('name', 'zerocho');
formData.append('item', 'orange');
formData.append('item', 'melon');
formData.has('item'); // true
formData.has('money'); // false;
formData.get('item');// orange
formData.getAll('item'); // ['orange', 'melon'];
formData.append('test', ['hi', 'zero']);
formData.get('test'); // hi, zero
formData.delete('test');
formData.get('test'); // null
formData.set('item', 'apple');
formData.getAll('item'); // ['apple'];
```

생성된 객체의 append 메서드로 키-값 형식의 데이터를 저장할 수 있습니다. append 메서드를 여러 번 사용해서 키 하나에 여러 개의 값을 추가해도 됩니다. has 메서드는 주어진 키에 해당하는 값이 있는지 여부를 알립니다. get 메서드는 주어진 키에 해당하는 값 하나를 가져오고, getAll 메서드는 해당하는 모든 값을 가져옵니다. delete 메서드는 현재 키를 제거하는 메서드이고, set 은 현재 키를 수정하는 메서드입니다.

이제 axios로 폼 데이터를 서버에 보내면 됩니다.

```javascript
(async () => {
  try {
    const formData = new FormData();
    formData.append('name', 'zerocho');
    formData.append('birth', 1994);
    const result = await axios.post('https://www.zerocho.com/api/post/formdata',
formData);
    console.log(result);
    console.log(result.data);
  } catch (error) {
    console.error(error);
  }
})();
```

두 번째 인수에 데이터를 넣어 보냅니다. 현재 설정된 주소는 실제로 동작하는 주소라서 결괏값을 받을 수 있습니다.

2.2.3 encodeURIComponent, decodeURIComponent

AJAX 요청을 보낼 때, 'http://localhost:4000/search/노드'처럼 주소에 한글이 들어가는 경우가 있습니다. 서버 종류에 따라 다르지만 서버가 한글 주소를 이해하지 못하는 경우가 있는데, 이럴 때 window 객체의 메서드인 encodeURIComponent 메서드를 사용합니다. 이 메서드는 노드에서도 사용할 수 있습니다.

한글 주소 부분만 encodeURIComponent 메서드로 감쌉니다.

```
(async () => {
  try {
    const result = await axios.get(`https://www.zerocho.com/api/search/
➡ ${encodeURIComponent('노드')}`);
    console.log(result);
    console.log(result.data); // {}
  } catch (error) {
    console.error(error);
  }
})();
```

노드라는 한글 주소가 %EB%85%B8%EB%93%9C라는 문자열로 변환되었습니다.

받는 쪽에서는 decodeURIComponent를 사용하면 됩니다. 역시 브라우저뿐만 아니라 노드에서도 사용할 수 있습니다.

```
decodeURIComponent('%EB%85%B8%EB%93%9C'); // 노드
```

한글이 다시 원래 상태로 복구되었습니다. 이후에 나오는 예제에서 encodeURIComponent와 decodeURIComponent를 쓰는 경우를 보게 될 텐데, 한글을 처리하기 위한 것이라고 생각하면 됩니다.

2.2.4 데이터 속성과 dataset

노드를 웹 서버로 사용하는 경우, 클라이언트(프런트엔드)와 빈번하게 데이터를 주고받게 됩니다. 이때 서버에서 보내준 데이터를 프런트엔드 어디에 넣어야 할지 고민하게 됩니다.

프런트엔드에 데이터를 내려보낼 때 첫 번째로 고려해야 할 점은 보안입니다. 클라이언트를 믿지 말라는 말이 있을 정도로, 프런트엔드에 민감한 데이터를 내려보내는 것은 실수입니다. 비밀번호 같은 건 절대 내려보내지 마세요.

보안과 관련이 없는 데이터들은 자유롭게 프런트엔드로 보내도 됩니다. 자바스크립트 변수에 저장해도 되지만, HTML5에도 HTML과 관련된 데이터를 저장하는 공식적인 방법이 있습니다. 바로 데이터 속성(data attribute)입니다.

```html
<ul>
  <li data-id="1" data-user-job="programmer">Zero</li>
  <li data-id="2" data-user-job="designer">Nero</li>
  <li data-id="3" data-user-job="programmer">Hero</li>
  <li data-id="4" data-user-job="ceo">Kero</li>
</ul>
<script>
  console.log(document.querySelector('li').dataset);
  // { id: '1', userJob: 'programmer' }
</script>
```

위와 같이 HTML 태그의 속성으로, data-로 시작하는 것들을 넣습니다. 이들이 데이터 속성입니다. data-id와 data-user-job을 주었습니다. 화면에 나타나지는 않지만 웹 애플리케이션 구동에 필요한 데이터들입니다. 나중에 이 데이터들을 사용해 서버에 요청을 보내게 됩니다.

데이터 속성의 장점은 자바스크립트로 쉽게 접근할 수 있다는 점입니다. script 태그를 보면 dataset 속성을 통해 첫 번째 li 태그의 데이터 속성에 접근하고 있습니다. 단, 데이터 속성 이름이 조금씩 변형되었습니다. 앞의 data- 접두어는 사라지고 - 뒤에 위치한 글자는 대문자가 됩니다. data-id는 id, data-user-job은 userJob이 되는 것입니다.

반대로 dataset에 데이터를 넣어도 HTML 태그에 반영됩니다. dataset.monthSalary = 10000;을 넣으면 data-month-salary="10000"이라는 속성이 생깁니다.

나중에 실습 예제에서 데이터 속성을 자주 쓰게 되므로 기억해두세요.

이제 이 책의 실습에 필요한 지식을 어느 정도 익혔습니다. 실습을 하다가 기억나지 않는 부분이 있다면 이 장으로 돌아와서 다시 공부하면 됩니다. 다음 장부터는 본격적으로 노드를 살펴보겠습니다.

2.3 함께 보면 좋은 자료

- MDN 자바스크립트(저자의 추천): https://developer.mozilla.org/ko/docs/Web/JavaScript
- ES 상세 후보군: https://github.com/tc39/proposals
- ES2015+ 브라우저/서버 호환 여부: http://kangax.github.io/compat-table/es6/
- 브라우저별 기능 지원 여부 확인: https://caniuse.com/
- 노드 버전별 ECMAScript 스펙: http://node.green
- AJAX 설명: https://developer.mozilla.org/ko/docs/Web/Guide/AJAX
- axios: https://github.com/axios/axios
- FormData 설명: https://developer.mozilla.org/ko/docs/Web/API/FormData
- ESLint 툴: https://eslint.org/
- 에어비앤비 코딩 스타일: https://github.com/airbnb/javascript
- 저자의 블로그 ES2015+: https://zerocho.com/category/EcmaScript
- 모던 자바스크립트 튜토리얼: https://ko.javascript.info/

3^장

노드 기능 알아보기

이 장에서는 노드와 처음으로 상호 작용을 해보고, 노드로 자바스크립트 파일을 실행하는 방법을 알아봅니다. 또한, 노드가 기본적으로 제공하는 객체와 모듈 사용법도 알아봅니다. 모듈을 사용하면서 중요한 개념인 버퍼와 스트림, 동기와 비동기, 이벤트, 예외 처리도 배웁니다. 새로운 개념이 많이 나오는데, 한 번에 모두 외우려고 하지는 마세요. 잊어버릴 때마다 다시 찾아봐도 충분합니다.

3.1 REPL 사용하기

자바스크립트는 스크립트 언어이므로 미리 컴파일하지 않아도 즉석에서 코드를 실행할 수 있습니다. 이전 장에서는 브라우저 콘솔 탭에서 자바스크립트 코드를 입력해봤을 것입니다. 노드도 비슷한 콘솔을 제공하는데, 입력한 코드를 읽고(Read), 해석하고(Eval), 결과물을 반환하고(Print), 종료할 때까지 반복한다(Loop)고 해서 **REPL**(Read Eval Print Loop)이라고 합니다.

▼ 그림 3-1 REPL

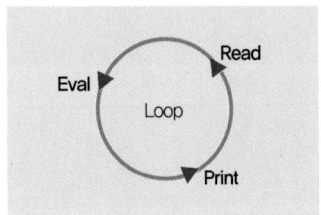

노드의 REPL을 직접 사용해보겠습니다. 윈도에서는 명령 프롬프트, 맥이나 리눅스에서는 터미널을 열고 node를 입력합니다. VS Code에서는 Ctrl+` 키를 누르면 터미널을 켤 수 있습니다. 앞으로는 명령 프롬프트나 터미널을 콘솔이라고 통칭하겠습니다.

콘솔

```
$ node

Welcome to Node.js v18.7.0.
Type ".help" for more information.
>
```

프롬프트가 〉 모양으로 바뀌었다면 자바스크립트 코드를 입력할 수 있습니다. 간단한 문자열을 출력해봅시다.

콘솔

```
> const str = 'Hello world, hello node';
undefined
> console.log(str);
Hello world, hello node
undefined
>
```

위와 같이 출력되었다면 성공입니다. 여러분이 입력한 코드를 REPL이 읽고(Read) 해석한(Eval) 뒤 바로 결과물을 출력했습니다(Print). 그리고 종료되기 전까지 여러분의 입력을 기다립니다(Loop). REPL을 종료하려면 Ctrl+C를 두 번 누르거나, REPL 창에 .exit을 입력하면 됩니다.

REPL은 한두 줄짜리 코드를 테스트해보는 용도로는 좋지만 여러 줄의 코드를 실행하기에는 불편합니다. 긴 코드는 코드를 자바스크립트 파일로 만든 후 파일을 통째로 실행하는 것이 좋습니다. 다음 절에서 JS 파일을 만들어 실행해봅시다.

3.2 JS 파일 실행하기

REPL에 직접 코드를 입력하는 대신, 자바스크립트 파일을 만들어 실행해보겠습니다. 다음과 같은 자바스크립트 파일을 만들어봅시다. 파일은 아무 폴더(디렉터리) 안에 만들어도 됩니다. 하지만 예제 코드가 많으니 따로 폴더를 만들어 파일들을 모아두면 편리할 것입니다.

helloWorld.js

```
function helloWorld() {
  console.log('Hello World');
  helloNode();
}

function helloNode() {
  console.log('Hello Node');
```

```
}

helloWorld();
```

콘솔에서 node [자바스크립트 파일 경로]로 실행합니다. 확장자(.js)는 생략해도 됩니다. REPL 에서 입력하는 것이 아니므로 주의하세요. REPL이 아니라 콘솔에서 입력해야 합니다. 콘솔에서 REPL로 들어가는 명령어가 node이고, 노드를 통해 파일을 실행하는 명령어는 node [자바스크립 트 파일 경로]입니다.

```
$ node helloWorld
Hello World
Hello Node
```

> ⚠️ Warning | 파일/폴더 이름 제한
>
> 파일이나 폴더의 이름에 쓸 수 없는 문자들이 있습니다. 대표적으로 /, \, |, <, >, :, ", ?, * 등이 있습니다. 파일이나 폴더를 만들 때는 위 문자들을 피해서 이름을 짓도록 합시다.

3.3 / 모듈로 만들기

NODE.JS

노드는 코드를 모듈로 만들 수 있다는 점에서 브라우저의 자바스크립트와는 다릅니다. **모듈**이란 특정한 기능을 하는 함수나 변수들의 집합을 말합니다. 예를 들면 수학에 관련된 코드들만 모아서 모듈을 하나 만들 수 있습니다. 모듈은 자체로도 하나의 프로그램이면서 다른 프로그램의 부품으로도 사용할 수 있습니다. 뒤에 나오는 예제를 보면 이해하기 쉽습니다.

모듈로 만들어두면 여러 프로그램에 해당 모듈을 재사용할 수 있습니다. 자바스크립트에서 코드를 재사용하기 위해 함수로 만드는 것과 비슷합니다.

보통 파일 하나가 모듈 하나가 되며, 파일별로 코드를 모듈화할 수 있어 관리하기 편합니다.

▼ 그림 3-2 모듈과 프로그램

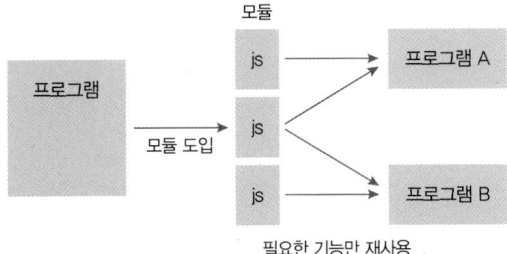

노드에서는 두 가지 형식의 모듈을 사용하는데, 하나는 CommonJS 모듈이고 다른 하나는 ECMAScript 모듈입니다. CommonJS 모듈부터 알아봅시다.

3.3.1 CommonJS 모듈

CommonJS 모듈은 표준 자바스크립트 모듈은 아니지만 노드 생태계에서 가장 널리 쓰이는 모듈입니다. 왜 표준이 아닌데도 널리 쓰일까요? 표준이 나오기 이전부터 쓰였기 때문입니다.

CommonJS 형식으로 모듈을 만들어봅시다. 모듈을 만들 때는 모듈이 될 파일과 모듈을 불러와서 사용할 파일이 필요합니다.

var.js와 func.js, index.js를 같은 폴더에 만듭시다. 먼저 var.js를 작성합니다.

```
var.js
const odd = 'CJS 홀수입니다';
const even = 'CJS 짝수입니다';

module.exports = {
  odd,
  even,
};
```

var.js에 변수 두 개를 선언했습니다. 그리고 `module.exports`에 변수들을 담은 객체를 대입했습니다. 이제 이 파일은 모듈로서 기능합니다. 변수들을 모아둔 모듈이 되는 것이죠. 다른 파일에서 이 파일을 불러오면 `module.exports`에 대입된 값을 사용할 수 있습니다.

이번에는 var.js를 참조하는 func.js를 작성하겠습니다.

```js
const { odd, even } = require('./var');

function checkOddOrEven(num) {
  if (num % 2) { // 홀수이면
    return odd;
  }
  return even;
}

module.exports = checkOddOrEven;
```

require 함수 안에 불러올 모듈의 경로를 적습니다. 위 예제에서는 같은 폴더 안에 파일을 만들었지만, 다른 폴더에 있는 파일도 모듈로 사용할 수 있습니다. require 함수의 인수로 제공하는 경로만 잘 지정하면 됩니다. 파일 경로에서 js나 json 같은 확장자는 생략할 수 있습니다. 예제에서도 ./var.js 대신 ./var만으로 모듈을 불러왔습니다. 또한, index.js도 생략할 수 있습니다. 예를 들어 ./routes/index.js를 불러오고 싶을 때 require('./routes')만 해도 됩니다.

예제 코드에서는 require 함수로 var.js에 있던 값들을 불러오고 있습니다. const { odd, even }은 2.1.5절에서 설명한 구조 분해 할당 문법입니다. var.js의 module.exports에 담겨 있던 객체를 불러와 func.js에서 사용하는 모습입니다. 물론 const obj = require('./var');로 객체를 통째로 불러온 뒤 obj.odd, obj.even처럼 접근할 수도 있습니다.

var.js에서 변수를 불러온 뒤, 숫자의 홀짝을 판별하는 함수를 선언했습니다. 그리고 다시 module.exports에 함수를 대입했습니다. 이렇게 다른 모듈(var.js)을 사용하는 파일을 다시 모듈(func.js)로 만들 수 있습니다. 또한, module.exports에는 객체만 대입해야 하는 것은 아니며 함수나 변수를 대입해도 됩니다.

마지막으로, index.js를 작성합니다.

```js
const { odd, even } = require('./var');
const checkNumber = require('./func');

function checkStringOddOrEven(str) {
  if (str.length % 2) { // 홀수이면
    return odd;
  }
  return even;
```

```
    }

console.log(checkNumber(10));
console.log(checkStringOddOrEven('hello'));
```

index.js는 var.js와 func.js를 모두 참조합니다. 모듈 하나가 여러 개의 모듈을 사용할 수 있는 것이죠. 또한, var.js가 func.js와 index.js에 두 번 쓰이는 것처럼, 모듈 하나가 여러 개의 모듈에 사용될 수도 있습니다.

모듈로부터 값을 불러올 때 변수 이름을 다르게 지정할 수도 있습니다. func.js의 checkOddOrEven 이 checkNumber라는 이름으로 사용되고 있습니다.

▼ 그림 3-3 require와 module.exports

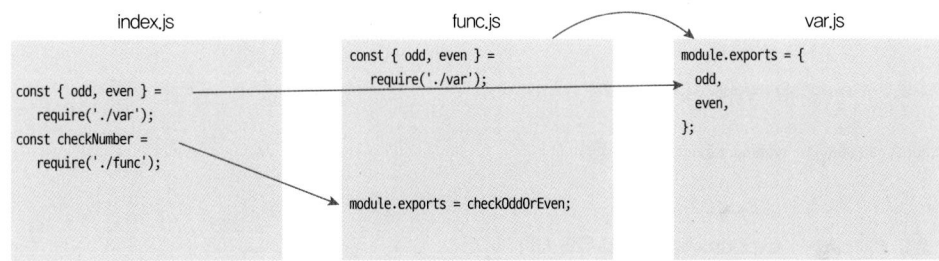

index.js를 실행해보겠습니다. 결과는 다음과 같습니다.

콘솔

```
$ node index
CJS 짝수입니다
CJS 홀수입니다
```

이렇게 여러 파일에 걸쳐 재사용되는 함수나 변수를 모듈로 만들어두면 편리합니다. 그러나 모듈이 많아지고 모듈 간의 관계가 얽히게 되면 구조를 파악하기 어렵다는 단점도 있습니다. 노드에서는 대부분의 파일이 다른 파일을 모듈로 사용하고 있으므로 모듈을 만들고 사용하는 방법을 꼭 알아둬야 합니다.

지금까지는 모듈을 만들 때 module.exports만 사용했는데, module 객체 말고 exports 객체로도 모듈을 만들 수 있습니다.

앞의 var.js를 다음과 같이 수정해도 index.js에서는 동일하게 불러올 수 있습니다.

var.js

```
exports.odd = 'CJS 홀수입니다';
exports.even = 'CJS 짝수입니다';
```

콘솔

```
$ node index
CJS 짝수입니다
CJS 홀수입니다
```

module.exports로 한 번에 대입하는 대신, 각각의 변수를 exports 객체에 하나씩 넣었습니다. 동일하게 동작하는 이유는 module.exports와 exports가 같은 객체를 참조하기 때문입니다. 실제로 console.log(module.exports === exports)를 하면 true가 나옵니다. 따라서 exports 객체에 add 함수를 넣으면 module.exports에도 add 함수가 들어갑니다.

❤ 그림 3-4 exports와 module.exports의 관계

> ⚠️ **Warning** | **exports 객체 사용 시 유의 사항**
>
> exports 객체를 사용할 때는 module.exports와의 참조 관계가 깨지지 않도록 주의해야 합니다. module.exports에는 어떤 값이든 대입해도 되지만, exports에는 반드시 객체처럼 속성명과 속성값을 대입해야 합니다. exports에 다른 값을 대입하면 객체의 참조 관계가 끊겨 더는 모듈로 기능하지 않습니다.
>
> exports를 사용할 때는 객체만 사용할 수 있으므로 func.js와 같이 module.exports에 함수를 대입한 경우에는 exports로 바꿀 수 없습니다.
>
> exports와 module.exports에는 참조 관계가 있으므로 한 모듈에 exports 객체와 module.exports를 동시에 사용하지 않는 것이 좋습니다.

> Note ≡ | **노드에서 this는 무엇일까요?**
>
> 노드에서의 this는 브라우저의 this와 조금 다릅니다.
>
> **this.js**
>
> ```
> console.log(this);
> console.log(this === module.exports);
> console.log(this === exports);
> ```

```
function whatIsThis() {
  console.log('function', this === exports, this === global);
}
whatIsThis();
```

```
$ node this
{}
true
true
function false true
```

다른 부분은 브라우저의 자바스크립트와 동일하지만 최상위 스코프에 존재하는 this는 module.exports(또는 exports 객체)를 가리킵니다. 또한, 함수 선언문 내부의 this는 3.4.1절에서 배울 global 객체를 가리킵니다.

이번에는 모듈을 불러오는 require에 대해 알아봅시다. require는 함수이고, 함수는 객체이므로 require는 객체로서 속성을 몇 개 갖고 있습니다. 그중에서 require.cache와 require.main을 알아보겠습니다.

var.js가 있는 곳에 require.js를 만듭니다.

require.js

```
console.log('require가 가장 위에 오지 않아도 됩니다.');

module.exports = '저를 찾아보세요.';

require('./var');

console.log('require.cache입니다.');
console.log(require.cache);
console.log('require.main입니다.');
console.log(require.main === module);
console.log(require.main.filename);
```

콘솔

```
$ node require
require가 가장 위에 오지 않아도 됩니다.
require.cache입니다.
[Object: null prototype] {
```

101

```
  'C:\\Users\\zerocho\\require.js': Module {
    id: '.',
    exports: '저를 찾아보세요.',
    filename: 'C:\\Users\\zerocho\\require.js',
    loaded: false,
    children: [ [Module] ],
    paths: [
      'C:\\Users\\zerocho\\node_modules',
      'C:\\Users\\node_modules',
      'C:\\node_modules'
    ]
  },
  'C:\\Users\\zerocho\\var.js': Module {
    id: 'C:\\Users\\zerocho\\var.js',
    exports: { odd: 'CJS 홀수입니다', even: 'CJS 짝수입니다' },
    filename: 'C:\\Users\\zerocho\\var.js',
    loaded: true,
    children: [],
    paths: [
      'C:\\Users\\zerocho\\node_modules',
      'C:\\Users\\node_modules',
      'C:\\node_modules'
    ]
  }
}
require.main입니다.
true
C:\\Users\\zerocho\\require.js
```

콘솔에 나오는 경로는 이 책과 다를 것입니다. 위 예제에서 알아야 할 점은 require가 반드시 파일 최상단에 위치할 필요가 없고, module.exports도 최하단에 위치할 필요가 없다는 것입니다. 아무 곳에서나 사용해도 됩니다.

require.cache 객체에 require.js나 var.js 같은 파일 이름이 속성명으로 들어 있는 것을 볼 수 있습니다. 속성값으로는 각 파일의 모듈 객체가 들어 있습니다. 한번 require한 파일은 require.cache에 저장되므로 다음 번에 require할 때는 새로 불러오지 않고 require.cache에 있는 것이 재사용됩니다.

만약 새로 require하길 원한다면 require.cache의 속성을 제거하면 됩니다. 다만, 프로그램의 동작이 꼬일 수 있으므로 권장하지는 않습니다. 속성을 자세히 살펴보면 module.exports했던 부분(exports)이나 로딩 여부(loaded), 자식(children) 모듈 관계를 찾을 수 있습니다.

require.main은 노드 실행 시 첫 모듈을 가리킵니다. 현재 node require로 실행했으므로 require. js가 require.main이 됩니다. require.main 객체의 모양은 require.cache의 모듈 객체와 같습니다. 현재 파일이 첫 모듈인지 알아보려면 require.main === module을 해보면 됩니다. node require로 실행한 경우, var.js에서 require.main === module을 실행하면 false가 반환될 것입니다. 첫 모듈의 이름을 알아보려면 require.main.filename으로 확인하면 됩니다.

모듈을 사용할 때는 주의해야 할 점이 있습니다. 만약 두 모듈 dep1과 dep2가 있고 이 둘이 서로를 require한다면 어떻게 될까요?

dep1.js

```
const dep2 = require('./dep2');
console.log('require dep2', dep2);
module.exports = () => {
  console.log('dep2', dep2);
};
```

dep2.js

```
const dep1 = require('./dep1');
console.log('require dep1', dep1);
module.exports = () => {
  console.log('dep1', dep1);
};
```

dep-run.js를 만들어 두 모듈을 실행해보겠습니다.

dep-run.js

```
const dep1 = require('./dep1');
const dep2 = require('./dep2');

dep1();
dep2();
```

코드가 위에서부터 실행되므로 require('./dep1')이 먼저 실행됩니다. dep1.js에서는 제일 먼저 require('./dep2')가 실행되는데요. 다시 dep2.js에서는 require('./dep1')이 실행됩니다. 이 과정이 계속 반복되므로 어떻게 될지 궁금할 겁니다. 실제로 실행해봅시다.

```
$ node dep-run
require dep1 {}
require dep2 [Function (anonymous)]
dep2 [Function (anonymous)]
dep1 {}
(node:29044) Warning: Accessing non-existent property 'Symbol(nodejs.util.inspect.
custom)' of module exports inside circular dependency
(Use `node --trace-warnings ...` to show where the warning was created)
...
```

놀랍게도 dep1의 module.exports가 함수가 아니라 빈 객체로 표시됩니다. 이러한 현상을 순환
참조(circular dependency)라고 부릅니다. 이렇게 순환 참조가 있을 경우에는 순환 참조되는 대상을
빈 객체로 만듭니다. 이때 에러가 발생하지 않고(Warning은 에러가 아니라 경고입니다) 조용히
빈 객체로 변경되므로 예기치 못한 동작이 발생할 수 있습니다. 따라서 순환 참조가 발생하지 않
도록 구조를 잘 잡는 것이 중요합니다.

> Note ☰ **존재하지 않는 모듈을 불러오려는 시도를 할 때**
>
> 존재하지 않는 모듈을 불러올 때는 다음 에러가 발생합니다. 에러 내용은 모듈명을 보고 분석하면 됩니다.
>
> • Error: Cannot find module '모듈명' { code: 'MODULE_NOT_FOUND' }
> • Error [ERR_MODULE_NOT_FOUND]: Cannot find module '모듈명' imported from 모듈명

이번에는 ECMAScript 모듈을 알아봅시다.

3.3.2 ECMAScript 모듈

ECMAScript 모듈(이하 ES 모듈)은 공식적인 자바스크립트 모듈 형식입니다. 노드에서 아직까지
는 CommonJS 모듈을 많이 쓰긴 하지만, ES 모듈이 표준으로 정해지면서 점점 ES 모듈을 사용
하는 비율이 늘어나고 있습니다. 브라우저에서도 ES 모듈을 사용할 수 있어 브라우저와 노드 모
두에 같은 모듈 형식을 사용할 수 있다는 것이 장점입니다.

이전 절의 코드를 ES 모듈 스타일로 바꿔보겠습니다.

var.mjs

```
export const odd = 'MJS 홀수입니다';
export const even = 'MJS 짝수입니다';
```

func.mjs

```
import { odd, even } from './var.mjs';

function checkOddOrEven(num) {
  if (num % 2) { // 홀수이면
    return odd;
  }
  return even;
}


export default checkOddOrEven;
```

index.mjs

```
import { odd, even } from './var.mjs';
import checkNumber from './func.mjs';

function checkStringOddOrEven(str) {
  if (str.length % 2) { // 홀수이면
    return odd;
  }
  return even;
}

console.log(checkNumber(10));
console.log(checkStringOddOrEven('hello'));
```

콘솔

```
$ node index.mjs
MJS 짝수입니다
MJS 홀수입니다
```

require와 exports, module.exports가 각각 import, export, export default로 바뀌었습니다. 상
당한 부분에서 차이가 있으므로 단순히 글자만 바꿔서는 제대로 동작하지 않을 수 있습니다. ES
모듈의 import나 export default는 require나 module처럼 함수나 객체가 아니라 문법 그 자체입
니다.

파일도 js 대신 mjs 확장자로 변경되었습니다. js 확장자에서 import를 사용하면 SyntaxError: Cannot use import statement outside a module 에러가 발생합니다. mjs 확장자 대신 js 확장자를 사용하면서 ES 모듈을 사용하려면 5장에서 배울 package.json에 type: "module" 속성을 넣으면 됩니다.

CommonJS 모듈과는 다르게 import 시 파일 경로에서 js, mjs 같은 확장자는 생략할 수 없습니다. 또한, 폴더 내부에서 index.js도 생략할 수 없습니다.

표로 두 모듈 형식의 차이를 정리해봤습니다.

❤ 표 3-1 CommonJS 모듈과 ECMAScript 모듈의 차이

차이점	CommonJS 모듈	ECMAScript 모듈

문법	require('./a');
	module.exports = A;
	const A = require('./a');
	exports.C = D;
	const E = F; exports.E = E;
	const { C, E } = require('./b');
		import './a.mjs';
		export default A;
		import A from './a.mjs';
		export const C = D;
		const E = F; export { E };
		import { C, E } from './b.mjs';

확장자	js cjs	js(package.json에 type: "module" 필요) mjs
확장자 생략	가능	불가능
다이내믹 임포트	가능(3.3.3절 참고)	불가능
인덱스(index) 생략	가능(require('./folder'))	불가능(import './folder/index.mjs')
top level await	불가능	가능
__filename, __dirname, require, module.exports, exports	사용 가능(3.3.4절 참고)	사용 불가능(__filename 대신 import.meta.url 사용)
서로 간 호출	가능	

지금까지 CommonJS 모듈과 ES 모듈을 알아봤습니다. 서로 간에 잘 호환되지 않는 케이스가 많으므로 웬만하면 한 가지 형식만 사용하는 것을 권장합니다.

3.3.3 다이내믹 임포트

앞의 표에서 CommonJS 모듈과 ES 모듈을 비교할 때, CommonJS 모듈에서는 다이내믹 임포트 (dynamic import)(동적 불러오기)가 되는데 ES 모듈에서는 다이내믹 임포트가 안 된다고 설명했습니다. 다이내믹 임포트가 무엇이고 ES 모듈에서는 어떤 다른 방식을 사용하는지 알아봅시다.

dynamic.js
```
const a = false;
if (a) {
    require('./func');
}
console.log('성공');
```

콘솔
```
$ node dynamic
성공
```

dynamic.js에서 require('./func')는 실행되지 않습니다. if문이 false라서 실행되지 않으니까요. 이렇게 조건부로 모듈을 불러오는 것을 다이내믹 임포트라고 합니다.

dynamic.mjs
```
const a = false;
if (a) {
    import './func.mjs';
}
console.log('성공');
```

콘솔
```
$ node dynamic.mjs
file:///C:/Users/speak/WebstormProjects/nodejs-book/ch3/3.3/dynamic.mjs:3
    import './func.mjs';
           ^^^^^^^^^^^^

SyntaxError: Unexpected string
```

하지만 ES 모듈은 if문 안에서 import하는 것이 불가능합니다. 이럴 때 다이내믹 임포트를 사용합니다. dynamic.mjs를 다음과 같이 수정해봅시다.

dynamic.mjs

```
const a = true;
if (a) {
    const m1 = await import('./func.mjs');
    console.log(m1);
    const m2 = await import('./var.mjs');
    console.log(m2);
}
```

콘솔

```
$ node dynamic.mjs
[Module: null prototype] { default: [Function: checkOddOrEven] }
[Module: null prototype] { even: 'MJS 짝수입니다', odd: 'MJS 홀수입니다' }
```

import라는 함수를 사용해서 모듈을 동적으로 불러올 수 있습니다. import는 Promise를 반환하기에 await이나 then을 붙여야 합니다. 위 코드에서는 async 함수를 사용하지 않았는데, ES 모듈의 최상위 스코프에서는 async 함수 없이도 await할 수 있습니다. CommonJS 모듈에서는 안됩니다.

결괏값도 눈여겨볼 필요가 있습니다. export default의 경우 import할 때도 default라는 속성 이름으로 import됩니다. 참고로 CommonJS 모듈에서 module.exports한 것도 default라는 이름으로 import됩니다.

3.3.4 __filename, __dirname

노드에서는 파일 사이에 모듈 관계가 있는 경우가 많으므로 현재 파일의 경로나 파일명을 알아야 하는 경우가 있습니다. 노드는 __filename, __dirname이라는 키워드로 경로에 대한 정보를 제공합니다. 파일에 __filename과 __dirname을 넣어두면 실행 시 현재 파일명과 현재 파일 경로로 바뀝니다.

filename.js

```
console.log(__filename);
console.log(__dirname);
```

콘솔

```
$ node filename.js
C:\Users\zerocho\filename.js
C:\Users\zerocho
```

경로는 여러분의 경로와 다릅니다. 또한, 윈도가 아니라면 \ 대신 /로 폴더 경로가 구분될 수 있습니다. 이렇게 얻은 정보를 사용해서 경로 처리를 할 수도 있습니다. 하지만 경로가 문자열로 반환되기도 하고, \나 / 같은 경로 구분자 문제도 있으므로 보통은 이를 해결해주는 path 모듈(3.5.2절 참조)과 함께 씁니다.

참고로 ES 모듈에서는 __filename과 __dirname을 사용할 수 없습니다. 대신 import.meta.url로 경로를 가져올 수 있습니다.

filename.mjs

```
console.log(import.meta.url);
console.log('__filename은 에러');
console.log(__filename);
```

콘솔

```
$ node filename.mjs
file:///C:/Users/zerocho/filename.mjs
__filename은 에러
file:///C:/Users/zerocho/filename.mjs:3
console.log(__filename);
            ^

ReferenceError: __filename is not defined in ES module scope
(생략)
```

CommonJS 모듈에서 사용했던 require 함수나 module 객체는 따로 선언하지 않았음에도 사용할 수 있었습니다. 이것이 어떻게 가능할까요? 바로 노드에서 기본적으로 제공하는 내장 객체이기 때문입니다. 다음 절에서는 내장 객체를 자세히 알아보겠습니다.

3.4 노드 내장 객체 알아보기

노드에서는 기본적인 내장 객체와 내장 모듈(3.5절 참조)을 제공합니다. 내장 객체와 내장 모듈은 따로 설치하지 않아도 바로 사용할 수 있으며, 브라우저의 window 객체와 비슷하다고 보면 됩니다.

이 절에서는 노드 프로그래밍을 할 때 많이 쓰이는 내장 객체를 알아보겠습니다.

3.4.1 global

먼저 global 객체입니다. 브라우저의 window와 같은 전역 객체이며, 전역 객체이므로 모든 파일에서 접근할 수 있습니다. 또한, window.open 메서드를 그냥 open으로 호출할 수 있는 것처럼 global도 생략할 수 있습니다. 이전 절에서 사용했던 require 함수도 global.require에서 global이 생략된 것입니다. 노드 콘솔에 로그를 기록하는 console 객체도 원래는 global.console입니다.

global 객체 내부에는 매우 많은 속성이 들어 있습니다. 이 절에서 배울 내용들은 global 객체 안에 있으며, 내부를 보려면 REPL을 이용해야 합니다.

> Note ≡ **window, document 객체와 globalThis**
>
> 노드에는 DOM이나 BOM이 없어 window와 document 객체를 노드에서 사용할 수 없습니다. 노드에서 window 또는 document를 사용하면 에러가 발생합니다. 따라서 이 둘을 아우르는 globalThis 객체가 만들어졌습니다. 브라우저 환경에서는 globalThis가 저절로 window가 되고, 노드에서는 globalThis가 저절로 global이 됩니다.

콘솔

```
$ node
> global
{
  global: [Circular *1],
  clearInterval: [Function: clearInterval],
  clearTimeout: [Function: clearTimeout],
  ...
}
> globalThis
{
```

```
  global: [Circular *1],
  clearInterval: [Function: clearInterval],
  clearTimeout: [Function: clearTimeout],
  ...
}
> globalThis === global
true
> global.console
{
  log: [Function: log],
  warn: [Function: warn],
  dir: [Function: dir],
  ...
}
```

노드 버전에 따라 콘솔 내용이 다를 수 있습니다. 내용이 너무 많아 줄였지만 global 객체 안에는 수십 가지의 속성이 담겨 있습니다. 그 속성 모두를 알 필요는 없고, 자주 사용하는 속성들만 이 절에서 알아봅니다.

전역 객체라는 점을 이용해 파일 간에 간단한 데이터를 공유할 때 사용하기도 합니다. globalA.js 와 globalB.js를 같은 폴더에 생성해봅시다.

globalA.js

```
module.exports = () => global.message;
```

globalB.js

```
const A = require('./globalA');

global.message = '안녕하세요';
console.log(A());
```

globalA 모듈의 함수는 global.message 값을 반환합니다. globalB.js에서는 global 객체에 속성 명이 message인 값을 대입하고 globalA 모듈의 함수를 호출합니다. 콘솔 결과를 보면, globalB 에서 넣은 global.message 값을 globalA에서도 접근할 수 있음을 알 수 있습니다.

콘솔

```
$ node globalB
안녕하세요
```

3.4.2 console

지금까지 사용했던 console도 노드에서는 window 대신 global 객체 안에 들어 있습니다. 브라우저에서의 console과 거의 비슷합니다.

console 객체는 보통 디버깅을 위해 사용합니다. 개발 중 변수에 값이 제대로 들어 있는지 확인하기 위해 사용하기도 하고, 에러 발생 시 에러 내용을 콘솔에 표시하기 위해서도 사용하며, 코드 실행 시간을 알아보려고 할 때도 사용합니다. 대표적으로 console.log 메서드가 있습니다. console.log는 지금껏 계속 사용했으므로 익숙할 것입니다. 다른 로깅 함수들도 알아봅시다.

console.js

```
const string = 'abc';
const number = 1;
const boolean = true;
const obj = {
  outside: {
    inside: {
      key: 'value',
    },
  },
};
console.time('전체 시간');
console.log('평범한 로그입니다 쉼표로 구분해 여러 값을 찍을 수 있습니다');
console.log(string, number, boolean);
console.error('에러 메시지는 console.error에 담아주세요');

console.table([{ name: '제로', birth: 1994 }, { name: 'hero', birth: 1988}]);

console.dir(obj, { colors: false, depth: 2 });
console.dir(obj, { colors: true, depth: 1 });

console.time('시간 측정');
```

```
for (let i = 0; i < 100000; i++) {}
console.timeEnd('시간 측정');

function b() {
  console.trace('에러 위치 추적');
}
function a() {
  b();
}
a();

console.timeEnd('전체 시간');
```

- **console.time(레이블)**: console.timeEnd(레이블)과 대응되어 같은 레이블을 가진 time과 timeEnd 사이의 시간을 측정합니다.
- **console.log(내용)**: 평범한 로그를 콘솔에 표시합니다. console.log(내용, 내용, …)처럼 여러 내용을 동시에 표시할 수도 있습니다.
- **console.error(에러 내용)**: 에러를 콘솔에 표시합니다.
- **console.table(배열)**: 배열의 요소로 객체 리터럴을 넣으면, 객체의 속성들이 테이블 형식으로 표현됩니다. 아래 결과를 확인해보세요.
- **console.dir(객체, 옵션)**: 객체를 콘솔에 표시할 때 사용합니다. 첫 번째 인수로 표시할 객체를 넣고, 두 번째 인수로 옵션을 넣습니다. 옵션의 colors를 true로 하면 콘솔에 색이 추가되어 보기가 한결 편해집니다. depth는 객체 안의 객체를 몇 단계까지 보여줄지를 결정합니다. 기본값은 2입니다.
- **console.trace(레이블)**: 에러가 어디서 발생했는지 추적할 수 있게 합니다. 보통은 에러 발생 시 에러 위치를 알려주므로 자주 사용하지 않지만, 위치가 나오지 않는다면 사용할 만합니다.

코드를 실행하면 콘솔에는 다음과 같이 표시됩니다. 단, console.time의 시간이나 console.trace의 경로는 사용자의 컴퓨터 환경에 따라 다를 수 있습니다.

콘솔

```
$ node console
평범한 로그입니다 쉼표로 구분해 여러 값을 찍을 수 있습니다
abc 1 true
에러 메시지는 console.error에 담아주세요
```

```
┌─────────────┬──────────┬───────────┐
│  (index)    │   name   │   birth   │
├─────────────┼──────────┼───────────┤
│     0       │  '제로'  │   1994    │
│     1       │  'hero'  │   1988    │
└─────────────┴──────────┴───────────┘
{ outside: { inside: { key: 'value' } } }
{ outside: { inside: [Object] } }
시간 측정: 1.017ms
Trace: 에러 위치 추적
    at b (C:\Users\zerocho\console.js:26:11)
    at a (C:\Users\zerocho\console.js:29:3)
    at Object.<anonymous> (C:\Users\zerocho\console.js:31:1)
전체 시간: 5.382ms
```

편리한 디버깅을 위해 console 객체에는 지금도 새로운 메서드들이 추가되고 있습니다. 실제로는 console.js에서 소개한 메서드보다 더 다양한 메서드가 있습니다.

3.4.3 타이머

타이머 기능을 제공하는 함수인 setTimeout, setInterval, setImmediate는 노드에서 window 대신 global 객체 안에 들어 있습니다. setTimeout과 setInterval은 웹 브라우저에서도 자주 사용되므로 익숙할 겁니다.

- **setTimeout(콜백 함수, 밀리초)**: 주어진 밀리초(1,000분의 1초) 이후에 콜백 함수를 실행합니다.
- **setInterval(콜백 함수, 밀리초)**: 주어진 밀리초마다 콜백 함수를 반복 실행합니다.
- **setImmediate(콜백 함수)**: 콜백 함수를 즉시 실행합니다.

이 타이머 함수들은 모두 아이디를 반환합니다. 아이디를 사용하면 타이머를 취소할 수 있습니다.

- **clearTimeout(아이디)**: setTimeout을 취소합니다.
- **clearInterval(아이디)**: setInterval을 취소합니다.
- **clearImmediate(아이디)**: setImmediate를 취소합니다.

다음은 위 메서드들을 사용한 코드입니다. 코드의 실행 순서를 예측해보세요. 헷갈리도록 코드 순서를 섞어 놓았습니다.

3

```js
timer.js
const timeout = setTimeout(() => {
  console.log('1.5초 후 실행');
}, 1500);

const interval = setInterval(() => {
  console.log('1초마다 실행');
}, 1000);

const timeout2 = setTimeout(() => {
  console.log('실행되지 않습니다');
}, 3000);

setTimeout(() => {
  clearTimeout(timeout2);
  clearInterval(interval);
}, 2500);

const immediate = setImmediate(() => {
  console.log('즉시 실행');
});

const immediate2 = setImmediate(() => {
  console.log('실행되지 않습니다');
});

clearImmediate(immediate2);
```

제일 먼저 실행되는 것은 immediate입니다. immediate2는 바로 clearImmediate를 사용해서 취소했으므로 실행되지 않습니다. 코드 실행 1초 후에는 interval의 콜백이 실행됩니다. 코드 실행 1.5초 후에는 timeout의 콜백이 실행될 것입니다. interval의 콜백은 1초마다 실행되므로 코드 실행 후 2초가 지났을 때도 콜백이 실행됩니다. 2.5초가 지났을 때 clearTimeout과 clearInterval이 각각 timeout2와 interval을 취소합니다. 따라서 코드 실행 3초 후에는 아무 로그도 남지 않습니다.

❤ 그림 3-5 실행 순서

초	실행	콘솔
0	immediate ~~immediate2~~	즉시 실행
1	interval	1초마다 실행
1.5	timeout	1.5초마다 실행
2	interval	1초마다 실행
2.5	~~timeout2~~ interval	

콘솔

```
$ node timer
즉시 실행
1초마다 실행
1.5초 후 실행
1초마다 실행
```

> Note ≡ setImmediate(콜백)과 setTimeout(콜백, 0)
>
> setImmediate(콜백)과 setTimeout(콜백, 0)에 담긴 콜백 함수는 이벤트 루프를 거친 뒤 즉시 실행됩니다. 둘의 차이점은 무엇일까요? 특수한 경우에 setImmediate는 setTimeout(콜백, 0)보다 먼저 실행됩니다. 파일 시스템 접근, 네트워킹 같은 I/O 작업의 콜백 함수 안에서 타이머를 호출하는 경우입니다. 하지만 setImmediate가 항상 setTimeout(콜백, 0)보다 먼저 호출되는 것은 아니라는 사실만 알아두세요. 헷갈리지 않도록 setTimeout(콜백, 0)은 사용하지 않는 것을 권장합니다.

타이머는 콜백 기반 API이지만 프로미스 방식을 사용할 수도 있습니다. 다만, 프로미스 기반 타이머는 노드 내장 객체가 아니라 3.5절에서 배울 노드 내장 모듈입니다. 여기서 먼저 사용해봅시다.

timerPromise.mjs

```javascript
import { setTimeout, setInterval } from 'timers/promises';

await setTimeout(3000);
console.log('3초 뒤 실행');

for await (const startTime of setInterval(1000, Date.now())) {
    console.log('1초마다 실행', new Date(startTime));
}
```

116

```
$ node timerPromise.mjs
3초 뒤 실행
1초마다 실행 2022-04-12T08:10:54.969Z
1초마다 실행 2022-04-12T08:10:54.969Z
1초마다 실행 2022-04-12T08:10:54.969Z
1초마다 실행 2022-04-12T08:10:54.969Z
1초마다 실행 2022-04-12T08:10:54.969Z
(...)
```

프로미스 기반이므로 then 대신 await을 사용하기 위해 ES 모듈을 사용했으며, timers/promises 라는 모듈에서 setTimeout과 setInterval을 새롭게 제공합니다. setTimeout(밀리초)로 몇 밀리초를 기다릴지 정할 수 있고, setInterval(밀리초, 시작값)은 for await of 문법과 함께 사용할 수 있습니다. 시작값은 필수값이 아니므로 군이 넣지 않아도 됩니다.

3.4.4 process

process 객체는 현재 실행되고 있는 노드 프로세스에 대한 정보를 담고 있습니다. process 객체 안에는 다양한 속성이 있는데, 하나씩 REPL에 따라 입력해봅시다. 결괏값은 사용자의 컴퓨터마다 차이가 있을 수 있으므로 이 책의 값과 다르더라도 걱정하지 마세요.

```
$ node
> process.version
v18.7.0 // 설치된 노드의 버전입니다
> process.arch
x64 // 프로세서 아키텍처 정보입니다. arm, ia32 등의 값일 수도 있습니다
> process.platform
win32 // 운영체제 플랫폼 정보입니다. linux나 darwin, freebsd 등의 값일 수도 있습니다
> process.pid
14736 // 현재 프로세스의 아이디입니다. 프로세스를 여러 개 가질 때 구분할 수 있습니다
> process.uptime()
199.36 // 프로세스가 시작된 후 흐른 시간입니다. 단위는 초입니다
> process.execPath
C:\\Program Files\\nodejs\\node.exe // 노드의 경로입니다
```

```
> process.cwd()
C:\\Users\\zerocho // 현재 프로세스가 실행되는 위치입니다
> process.cpuUsage()
{ user: 390000, system: 203000 } // 현재 cpu 사용량입니다
```

이 정보들의 사용 빈도는 그리 높지 않지만, 일반적으로 운영체제나 실행 환경별로 다른 동작을 하고 싶을 때 사용합니다. process.env와 process.nextTick, process.exit()은 중요하니 따로 설명합니다.

3.4.4.1 process.env

REPL에 process.env를 입력하면 매우 많은 정보가 출력됩니다. 자세히 보면 이 정보들이 시스템의 환경 변수임을 알 수 있습니다. 시스템 환경 변수가 노드에 직접 영향을 미치기도 합니다. 대표적인 것으로 UV_THREADPOOL_SIZE와 NODE_OPTIONS가 있습니다.

```
NODE_OPTIONS=--max-old-space-size=8192
UV_THREADPOOL_SIZE=8
```

왼쪽이 환경 변수의 이름이고 오른쪽이 값입니다 NODE_OPTIONS는 노드를 실행할 때의 옵션들을 입력받는 환경 변수입니다. --max-old-space-size=8192는 노드의 메모리를 8GB까지 사용할 수 있게 합니다. 옵션이 다양하게 존재하므로 3.8.1절에 NODE_OPTIONS에 대한 링크를 적어뒀습니다. UV_THREADPOOL_SIZE는 노드에서 기본적으로 사용하는 스레드 풀의 스레드 개수를 조절할 수 있게 합니다. 3.6.4절에서 자세히 알아봅니다.

시스템 환경 변수 외에도 여러분이 임의로 환경 변수를 저장할 수 있습니다. process.env는 서비스의 중요한 키를 저장하는 공간으로도 사용됩니다. 서버나 데이터베이스의 비밀번호와 각종 API 키를 코드에 직접 입력하는 것은 위험합니다. 혹여 서비스가 해킹당해 코드가 유출될 경우, 비밀번호가 코드에 남아 있어 추가 피해가 발생할 수 있습니다.

따라서 중요한 비밀번호는 다음과 같이 process.env의 속성으로 대체합니다.

```
const secretId = process.env.SECRET_ID;
const secretCode = process.env.SECRET_CODE;
```

이제 process.env에 직접 SECRET_ID와 SECRET_CODE를 넣으면 됩니다. 넣는 방법은 운영체제마다 차이가 있습니다. 하지만 한 번에 모든 운영체제에 동일하게 넣을 수 있는 방법이 있으며, 6.2절에서 dotenv를 사용할 때 배웁니다.

3.4.4.2 process.nextTick(콜백)

이벤트 루프가 다른 콜백 함수들보다 nextTick의 콜백 함수를 우선으로 처리하도록 만듭니다.

nextTick.js
```
setImmediate(() => {
  console.log('immediate');
});
process.nextTick(() => {
  console.log('nextTick');
});
setTimeout(() => {
  console.log('timeout');
}, 0);
Promise.resolve().then(() => console.log('promise'));
```

process.nextTick은 setImmediate나 setTimeout보다 먼저 실행됩니다. 코드 맨 밑에 Promise를 넣은 것은 resolve된 Promise도 nextTick처럼 다른 콜백들보다 우선시되기 때문입니다. 그래서 process.nextTick과 Promise를 마이크로태스크(microtask)라고 따로 구분해서 부릅니다.

콘솔
```
$ node nextTick
nextTick
promise
timeout
immediate
```

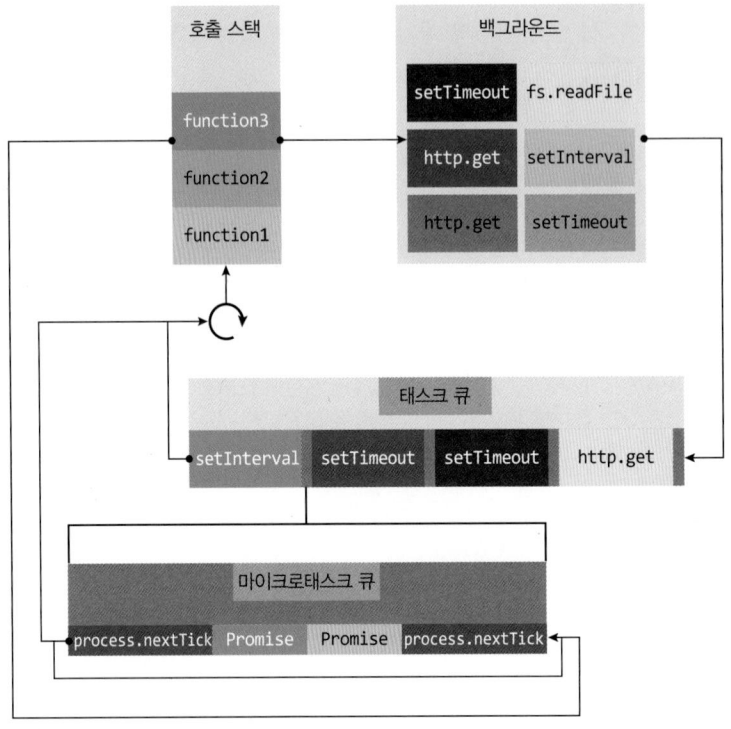

▼ 그림 3-6 태스크와 마이크로태스크

⚠️ Warning | 마이크로태스크의 재귀 호출

process.nextTick으로 받은 콜백 함수나 resolve된 Promise는 다른 이벤트 루프에서 대기하는 콜백 함수보다
도 먼저 실행됩니다. 그래서 비동기 처리를 할 때 setImmediate보다 process.nextTick을 더 선호하는 개발자도
있습니다. 하지만 이런 마이크로태스크를 재귀 호출하게 되면 이벤트 루프는 다른 콜백 함수보다 마이크로태스크를 우
선해 처리하므로 콜백 함수들이 실행되지 않을 수도 있습니다.

3.4.4.3 process.exit(코드)

실행 중인 노드 프로세스를 종료합니다. 서버 환경에서 이 함수를 사용하면 서버가 멈추므로 특수
한 경우를 제외하고는 서버에서 잘 사용하지 않습니다. 하지만 서버 외의 독립적인 프로그램에서
는 수동으로 노드를 멈추기 위해 사용합니다.

setInterval로 반복되고 있는 코드를 process.exit()으로 멈춰보겠습니다.

120

```
exit.js
let i = 1;
setInterval(() => {
  if (i === 5) {
    console.log('종료!');
    process.exit();
  }
  console.log(i);
  i += 1;
}, 1000);
```

1부터 4까지 표시한 뒤, i가 5가 되었을 때 종료하도록 했습니다.

```
콘솔
$ node exit
1
2
3
4
종료!
```

process.exit 메서드는 인수로 코드 번호를 줄 수 있습니다. 인수를 주지 않거나 0을 주면 정상 종료를 뜻하고, 1을 주면 비정상 종료를 뜻합니다. 만약 에러가 발생해서 종료하는 경우에는 1을 넣으면 됩니다.

지금까지 자주 쓰이는 내장 객체를 알아봤습니다. 타이머와 콘솔, 프로세스, 모듈은 기본적인 기능이지만 앞으로도 계속 사용됩니다.

또한, 노드는 여러 가지 강력한 기능을 기본 모듈로 제공합니다. 다음 절에서는 노드가 어떤 기능들을 제공하는지 알아보겠습니다.

3.4.5 기타 내장 객체

다음은 이번 절에서 언급하지 않은 내장 객체입니다. fetch를 노드에서도 쓸 수 있게 됨에 따라 브라우저에 존재하던 객체들이 노드에도 동일하게 생성되었습니다. 따라서 브라우저의 코드를 일부 재사용할 수 있게 되어 편리해졌습니다.

- **URL, URLSearchParams**: 3.5.3절에서 다룹니다.

- **AbortController, FormData, fetch, Headers, Request, Response, Event, EventTarget**: 브라우저에서 사용하던 API가 노드에도 동일하게 생성되었습니다.

- **TextDecoder**: Buffer를 문자열로 바꿉니다.

- **TextEncoder**: 문자열을 Buffer로 바꿉니다.

- **WebAssembly**: 웹어셈블리 처리를 담당합니다.

3.5 노드 내장 모듈 사용하기

노드는 웹 브라우저에서 사용되는 자바스크립트보다 더 많은 기능을 제공합니다. 운영체제 정보에도 접근할 수 있고, 클라이언트가 요청한 주소에 대한 정보도 가져올 수 있습니다. 노드에서 이러한 기능을 하는 모듈을 제공합니다.

노드의 모듈은 노드 버전마다 차이가 있습니다. 따라서 버전과 상관없이 안정적이고 유용한 기능을 지닌 모듈 위주로 설명하겠습니다. **공식 문서에 모두 나와 있는 내용이지만, 여기서는 중요하고 자주 사용하는 것들만 추렸습니다.**

3.5.1 os

먼저 os 모듈입니다. 웹 브라우저에 사용되는 자바스크립트는 운영체제의 정보를 가져올 수 없지만, 노드는 os 모듈에 정보가 담겨 있어 정보를 가져올 수 있습니다.

내장 모듈인 os를 불러오려면 require('os') 또는 require('node:os')를 하면 됩니다. os라는 파일이 존재하는 것은 아니지만 노드가 알아서 내장 모듈임을 파악해 불러옵니다.

os 모듈의 대표적인 메서드를 알아봅시다.

os.js

```
const os = require('os');

console.log('운영체제 정보------------------------------------');
console.log('os.arch():', os.arch());
console.log('os.platform():', os.platform());
console.log('os.type():', os.type());
console.log('os.uptime():', os.uptime());
console.log('os.hostname():', os.hostname());
console.log('os.release():', os.release());

console.log('경로-------------------------------------------');
console.log('os.homedir():', os.homedir());
console.log('os.tmpdir():', os.tmpdir());

console.log('cpu 정보---------------------------------------');
console.log('os.cpus():', os.cpus());
console.log('os.cpus().length:', os.cpus().length);

console.log('메모리 정보-------------------------------------');
console.log('os.freemem():', os.freemem());
console.log('os.totalmem():', os.totalmem());
```

콘솔

```
$ node os
운영체제 정보--------------------------------
os.arch(): x64
os.platform(): win32
os.type(): Windows_NT
os.uptime(): 53354
os.hostname(): DESKTOP-RRANDNC
os.release(): 10.0.18362
경로--------------------------------
os.homedir(): C:\Users\zerocho
os.tmpdir(): C:\Users\zerocho\AppData\Local\Temp
cpu 정보--------------------------------
os.cpus(): [ { model: 'Intel(R) Core(TM) i5-9400F CPU @ 2.90GHz',
    speed: 2904,
    times: { user: 970250, nice: 0, sys: 1471906, idle: 9117578, irq: 359109 } },
    // 다른 코어가 있다면 나머지 코어의 정보가 나옴
  ]
os.cpus().length: 6
```

```
메모리 정보--------------------------------
os.freemem(): 23378612224
os.totalmem(): 34281246720
```

process 객체와 겹치는 부분도 조금 보입니다. os 모듈도 사용자 컴퓨터의 운영체제 정보를 가져
오는 것이므로 콘솔 결과가 이 책과 다를 것입니다.

- **os.arch()**: process.arch와 동일합니다.

- **os.platform()**: process.platform과 동일합니다.

- **os.type()**: 운영체제의 종류를 보여줍니다.

- **os.uptime()**: 운영체제 부팅 이후 흐른 시간(초)을 보여줍니다. process.uptime()은 노드의
  실행 시간이었습니다.

- **os.hostname()**: 컴퓨터의 이름을 보여줍니다.

- **os.release()**: 운영체제의 버전을 보여줍니다.

- **os.homedir()**: 홈 디렉터리 경로를 보여줍니다.

- **os.tmpdir()**: 임시 파일 저장 경로를 보여줍니다.

- **os.cpus()**: 컴퓨터의 코어 정보를 보여줍니다.

- **os.freemem()**: 사용 가능한 메모리(RAM)를 보여줍니다.

- **os.totalmem()**: 전체 메모리 용량을 보여줍니다.

> Note ≡ **코어 개수 확인하기**
>
> os.cpus().length를 하면 코어의 개수가 숫자로 나옵니다. 하지만 노드에서 싱글 스레드 프로그래밍을 하면 코어
> 가 몇 개든 상관없이 대부분의 경우 코어를 하나밖에 사용하지 않습니다. 하지만 4.5절에 나오는 cluster 모듈을 사용
> 하는 경우 코어 개수에 맞춰서 프로세스를 늘릴 수 있습니다. 이때 cpus() 메서드를 사용할 것입니다.

예제에는 넣지 않았지만 os.constants라는 객체가 있습니다. 그 안에는 각종 에러와 신호에 대한
정보가 담겨 있습니다. 에러가 발생했을 때는 EADDRINUSE나 ECONNRESET 같은 에러 코드를 함께 보
여주며, 이러한 코드들이 os.constants 안에 들어 있습니다. 에러 코드가 너무 많아서 외울 수 없
으므로 발생할 때마다 검색해보는 것이 좋습니다.

os 모듈은 주로 컴퓨터 내부 자원에 빈번하게 접근하는 경우 사용됩니다. 즉, 일반적인 웹 서비스
를 제작할 때는 사용 빈도가 높지 않습니다. 하지만 운영체제별로 다른 서비스를 제공하고 싶을
때 os 모듈이 유용할 것입니다.

3.5.2 path

폴더와 파일의 경로를 쉽게 조작하도록 도와주는 모듈입니다. path 모듈이 필요한 이유 중 하나는 운영체제별로 경로 구분자가 다르기 때문입니다. 크게 윈도 타입과 POSIX 타입으로 구분됩니다. POSIX는 유닉스 기반의 운영체제들로 맥과 리눅스가 속해 있습니다.

- **윈도**: C:\Users\ZeroCho처럼 \로 구분합니다.
- **POSIX**: /home/zerocho처럼 /로 구분합니다.

따라서 맥이나 리눅스에서 예제를 실습하고 있다면 \ 대신 /가 나오는 것이 정상입니다.

이외에도 파일 경로에서 파일명이나 확장자만 따로 떼어주는 기능도 구현돼서 직접 구현하지 않고도 편리하게 사용할 수 있습니다.

path 모듈의 속성과 메서드를 알아봅시다.

path.js

```
const path = require('path');

const string = __filename;

console.log('path.sep:', path.sep);
console.log('path.delimiter:', path.delimiter);
console.log('------------------------------');
console.log('path.dirname():', path.dirname(string));
console.log('path.extname():', path.extname(string));
console.log('path.basename():', path.basename(string));
console.log('path.basename - extname:', path.basename(string, path.extname(string)));
console.log('------------------------------');
console.log('path.parse()', path.parse(string));
console.log('path.format():', path.format({
  dir: 'C:\\users\\zerocho',
  name: 'path',
  ext: '.js',
}));
console.log('path.normalize():', path.normalize('C://users\\\\zerocho\\path.js'));
console.log('------------------------------');
console.log('path.isAbsolute(C:\\):', path.isAbsolute('C:\\'));
console.log('path.isAbsolute(./home):', path.isAbsolute('./home'));
console.log('------------------------------');
console.log('path.relative():', path.relative('C:\\users\\zerocho\\path.js', 'C:\\'));
```

```
    console.log('path.join():', path.join(__dirname, '..', '..', '/users', '.',
➡ '/zerocho'));
    console.log('path.resolve():', path.resolve(__dirname, '..', 'users', '.',
➡ '/zerocho'));
```

__filename, __dirname은 각각 현재 파일과 현재 폴더의 경로를 표시합니다. 이는 3.3.4절에서 다뤘습니다.

콘솔

```
$ node path
path.sep: \
path.delimiter: ;
-----------------------------
path.dirname(): C:\Users\zerocho
path.extname(): .js
path.basename(): path.js
path.basename - extname: path
-----------------------------
path.parse() {
  root: 'C:\\',
  dir: 'C:\\Users\\zerocho',
  base: 'path.js',
  ext: '.js',
  name: 'path'
}
path.format(): C:\users\zerocho\path.js
path.normalize(): C:\users\zerocho\path.js
-----------------------------
path.isAbsolute(C:\\): true
path.isAbsolute(./home): false
-----------------------------
path.relative(): ..\..\..
path.join(): C:\Users\zerocho
path.resolve(): C:\zerocho
```

- **path.sep**: 경로의 구분자입니다. 윈도는 \, POSIX는 /입니다.

- **path.delimiter**: 환경 변수의 구분자입니다. process.env.PATH를 입력하면 여러 개의 경로가 이 구분자로 구분되어 있습니다. 윈도는 세미콜론(;)이고, POSIX는 콜론(:)입니다.

- **path.dirname(경로)**: 파일이 위치한 폴더 경로를 보여줍니다.

- **path.extname(경로)**: 파일의 확장자를 보여줍니다.

- **path.basename(경로, 확장자)**: 파일의 이름(확장자 포함)을 표시합니다. 파일의 이름만 표시하고 싶다면 basename의 두 번째 인수로 파일의 확장자를 넣으면 됩니다.

- **path.parse(경로)**: 파일 경로를 root, dir, base, ext, name으로 분리합니다.

- **path.format(객체)**: path.parse()한 객체를 파일 경로로 합칩니다.

- **path.normalize(경로)**: /나 \를 실수로 여러 번 사용했거나 혼용했을 때 정상적인 경로로 변환합니다.

- **path.isAbsolute(경로)**: 파일의 경로가 절대경로인지 상대경로인지를 true나 false로 알립니다.

- **path.relative(기준경로, 비교경로)**: 경로를 두 개 넣으면 첫 번째 경로에서 두 번째 경로로 가는 방법을 알립니다.

- **path.join(경로, ⋯)**: 여러 인수를 넣으면 하나의 경로로 합칩니다. 상대경로인 ..(부모 디렉터리)과 .(현 위치)도 알아서 처리합니다.

- **path.resolve(경로, ⋯)**: path.join()과 비슷하지만 차이가 있습니다. 차이점은 다음에 나오는 Note에서 설명합니다.

Note ≡ **join과 resolve의 차이**

path.join과 path.resolve 메서드는 비슷해 보이지만 동작 방식이 다릅니다. /를 만나면 path.resolve는 절대 경로로 인식해서 앞의 경로를 무시하고, path.join은 상대경로로 처리합니다. 코드로 보면 이해하기 쉽습니다.

```
path.join('/a', '/b', 'c'); /* 결과: /a/b/c/ */
path.resolve('/a', '/b', 'c'); /* 결과: /b/c */
```

Note ≡ **어떤 때 \\를 사용하고 어떤 때 \를 사용하나요?**

콘솔 결과를 보면, 어떤 때는 \\를 사용하고 어떤 때는 그냥 \를 사용해 윈도 경로를 표시했습니다. 기본적으로 경로는 \ 하나를 사용해서 표시합니다. 하지만 자바스크립트 문자열에서는 \가 특수 문자이므로 \를 두 개 붙여 경로를 표시해야 합니다. 예를 들어 \n은 자바스크립트 문자열에서 줄바꿈이라는 뜻이므로, C:\node와 같은 경로에서 의도하지 않은 오류가 발생할 수 있습니다. 이때는 C:\\node처럼 표시해야 합니다.

path 모듈은 위와 같은 경우에 발생하는 문제를 알아서 처리합니다. 이는 윈도에서 path 모듈이 꼭 필요한 이유이기도 합니다.

가끔 윈도에서 POSIX 스타일 경로를 사용할 때가 있고, 그 반대일 때도 있습니다. 이러한 경우 윈도에서는 path.posix.sep이나 path.posix.join()과 같이 사용하면 되고, POSIX에서는 path.win32.sep이나 path.win32.join()과 같이 사용하면 됩니다.

노드는 require.main 파일을 기준으로 상대경로를 인식합니다. 따라서 require.main과는 다른 디렉터리의 파일이 상대경로를 갖고 있다면 예상과 다르게 동작할 수 있습니다. 이 문제는 path 모듈을 통해 해결할 수 있습니다. fs 모듈을 살펴볼 때 한 번 더 짚고 넘어가겠습니다.

path 모듈 이전까지는 중요하다고 생각하는 API만 추려서 예제에 넣었습니다. 하지만 path 모듈은 속성 하나하나가 모두 유용하므로 전부 넣었습니다. path 모듈은 앞으로 노드 프로그래밍을 하면서 매우 자주 쓰게 될 모듈 중 하나입니다.

3.5.3 url

인터넷 주소를 쉽게 조작하도록 도와주는 모듈입니다. url 처리에는 크게 두 가지 방식이 있습니다. 하나는 노드 버전 7에서 추가된 WHATWG(웹 표준을 정하는 단체의 이름) 방식의 url이고, 다른 하나는 예전부터 노드에서 사용하던 방식의 url입니다. 요즘은 WHATWG 방식만 사용합니다. 브라우저에서도 WHATWG 방식을 사용하므로 호환성이 좋습니다.

주소의 각 부분별 명칭은 그림 3-7과 같습니다. 이는 WHATWG의 url 구분 방법이며, 코드로 보면 확실합니다.

❤ 그림 3-7 WHATWG와 노드의 주소 체계

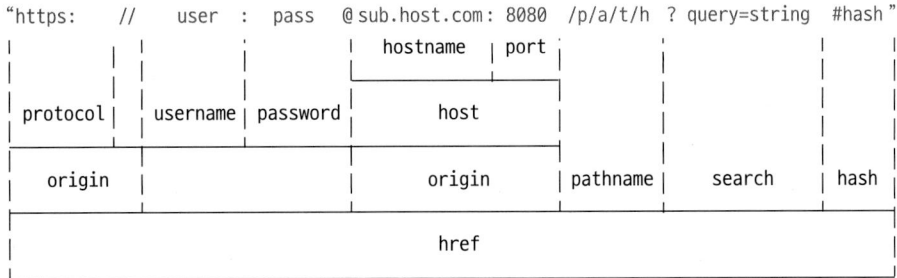

---
url.js

```
const url = require('url');                                      ------❶

const { URL } = url;
const myURL = new URL('http://www.gilbut.co.kr/book/bookList.aspx?sercate1=001001000#
anchor');
console.log('new URL():', myURL);
console.log('url.format():', url.format(myURL));
```

---

❶ url 모듈 안에 URL 생성자가 있습니다. 참고로 URL은 노드 내장 객체이기도 해서 require할 필요는 없습니다. 이 생성자에 주소를 넣어 객체로 만들면 주소가 부분별로 정리됩니다. 이 방식이 WHATWG의 url입니다. username, password, origin, searchParams 속성이 존재합니다.

콘솔

```
$ node url
new URL(): URL {
  href: 'http://www.gilbut.co.kr/book/bookList.aspx?sercate1=001001000#anchor',
  origin: 'http://www.gilbut.co.kr',
  protocol: 'http:',
  username: '',
  password: '',
  host: 'www.gilbut.co.kr',
  hostname: 'www.gilbut.co.kr',
  port: '',
  pathname: '/book/bookList.aspx',
  search: '?sercate1=001001000',
  searchParams: URLSearchParams { 'sercate1' => '001001000' },
  hash: '#anchor'
}
url.format(): http://www.gilbut.co.kr/book/bookList.aspx?sercate1=001001000#anchor
```

- **url.format(객체)**: 분해되었던 url 객체를 다시 원래 상태로 조립합니다.

주소가 host 부분 없이 pathname 부분만 오는 경우(예시: /book/bookList.apsx), WHATWG 방식은 이 주소를 처리할 수 없습니다. 4장에서 서버를 만들 때 host 부분 없이 pathname만 오는 주소를 보게 될 것입니다. 이럴 때는 new URL('/book/bookList.apsx', 'https://www.gilbut.co.kr')처럼 두 번째 인수로 host를 적어줘야 합니다.

search 부분(쿼리스트링)은 보통 주소를 통해 데이터를 전달할 때 사용됩니다. search는 물음표(?)로 시작하고, 그 뒤에 키=값 형식으로 데이터를 전달합니다. 여러 키가 있을 경우에는 &로 구분합니다. search 부분을 다루기 위해 searchParams라는 특수한 객체가 생성됩니다.

http://www.gilbut.co.kr/?page=3&limit=10&category=nodejs&category=javascript와 같은 주소에서는 ?page=3&limit=10&category=nodejs&category=javascript 부분이 search입니다.

다음 예제를 통해 searchParams 객체를 알아봅시다.

searchParams.js

```
const myURL = new URL('http://www.gilbut.co.kr/?page=3&limit=10&category=nodejs&category=javascript');
console.log('searchParams:', myURL.searchParams);
console.log('searchParams.getAll():', myURL.searchParams.getAll('category'));
console.log('searchParams.get():', myURL.searchParams.get('limit'));
console.log('searchParams.has():', myURL.searchParams.has('page'));

console.log('searchParams.keys():', myURL.searchParams.keys());
console.log('searchParams.values():', myURL.searchParams.values());

myURL.searchParams.append('filter', 'es3');
myURL.searchParams.append('filter', 'es5');
console.log(myURL.searchParams.getAll('filter'));

myURL.searchParams.set('filter', 'es6');
console.log(myURL.searchParams.getAll('filter'));

myURL.searchParams.delete('filter');
console.log(myURL.searchParams.getAll('filter'));

console.log('searchParams.toString():', myURL.searchParams.toString());
myURL.search = myURL.searchParams.toString();
```

```
$ node searchParams
searchParams: URLSearchParams {
  'page' => '3',
  'limit' => '10',
  'category' => 'nodejs',
  'category' => 'javascript' }
searchParams.getAll(): [ 'nodejs', 'javascript' ]
searchParams.get(): 10
searchParams.has(): true
searchParams.keys(): URLSearchParams Iterator { 'page', 'limit', 'category', 'category' }
searchParams.values(): URLSearchParams Iterator { '3', '10', 'nodejs', 'javascript' }
[ 'es3', 'es5' ]
[ 'es6' ]
[]
searchParams.toString(): page=3&limit=10&category=nodejs&category=javascript
```

URL과 URLSearchParams 모두 노드 내장 객체이므로 이번에는 require('url')을 생략했습니다.

URL 생성자를 통해 myURL이라는 주소 객체를 만들었습니다. myURL 안에는 searchParams 객체가 있습니다. 이 객체는 search 부분을 조작하는 다양한 메서드를 지원합니다. 2.2.2절의 FormData 객체 메서드와 비슷합니다. myURL.searchParams 대신 new URLSearchParams(myURL.search)로도 같은 결괏값을 얻을 수 있습니다.

- **getAll(키)**: 키에 해당하는 모든 값을 가져옵니다. category 키에는 nodejs와 javascript라는 두 가지 값이 들어 있습니다.

- **get(키)**: 키에 해당하는 첫 번째 값만 가져옵니다.

- **has(키)**: 해당 키가 있는지 없는지를 검사합니다.

- **keys()**: searchParams의 모든 키를 반복기(iterator)(ES2015 문법) 객체로 가져옵니다.

- **values()**: searchParams의 모든 값을 반복기 객체로 가져옵니다.

- **append(키, 값)**: 해당 키를 추가합니다. 같은 키의 값이 있다면 유지하고 하나 더 추가합니다.

- **set(키, 값)**: append와 비슷하지만 같은 키의 값들을 모두 지우고 새로 추가합니다.

- **delete(키)**: 해당 키를 제거합니다.

- **toString()**: 조작한 searchParams 객체를 다시 문자열로 만듭니다. 이 문자열을 search에 대입하면 주소 객체에 반영됩니다.

3.5.4 dns

DNS를 다룰 때 사용하는 모듈입니다. 주로 도메인을 통해 IP나 기타 DNS 정보를 얻고자 할 때
사용합니다.

dns.mjs

```
import dns from 'dns/promises';

const ip = await dns.lookup('gilbut.co.kr');
console.log('IP', ip);

const a = await dns.resolve('gilbut.co.kr', 'A');
console.log('A', a);

const mx = await dns.resolve('gilbut.co.kr', 'MX');
console.log('MX', mx);

const cname = await dns.resolve('www.gilbut.co.kr', 'CNAME');
console.log('CNAME', cname);

const any = await dns.resolve('gilbut.co.kr', 'ANY');
console.log('ANY', any);
```

콘솔

```
$ node dns.mjs
IP { address: '49.236.151.220', family: 4 }
A [ '49.236.151.220' ]
MX [
  { exchange: 'alt2.aspmx.l.google.com', priority: 5 },
  { exchange: 'aspmx3.googlemail.com', priority: 10 },
  { exchange: 'aspmx2.googlemail.com', priority: 10 },
  { exchange: 'aspmx.l.google.com', priority: 1 },
  { exchange: 'alt1.aspmx.l.google.com', priority: 5 }
]
CNAME [ 'slb-1088813.ncloudslb.com' ]
ANY [
  { address: '49.236.151.220', ttl: 14235, type: 'A' },
  { value: 'ns1-2.ns-ncloud.com', type: 'NS' },
  { value: 'ns1-1.ns-ncloud.com', type: 'NS' },
  {
    nsname: 'ns1-1.ns-ncloud.com',
```

```
        hostmaster: 'ns1-2.ns-ncloud.com',
        serial: 32,
        refresh: 21600,
        retry: 1800,
        expire: 1209600,
        minttl: 300,
        type: 'SOA'
    }
]
```

ip 주소는 간단하게 dns.lookup이나 dns.resolve(도메인)으로 얻을 수 있습니다. A(ipv4 주소), AAAA(ipv6 주소), NS(네임서버), SOA(도메인 정보), CNAME(별칭, 주로 www가 붙은 주소는 별칭 인 경우가 많습니다), MX(메일 서버) 등은 레코드라고 부르는데, 해당 레코드에 대한 정보는 dns. resolve(도메인, 레코드 이름)으로 조회하면 됩니다.

3.5.5 crypto

다양한 방식의 암호화를 도와주는 모듈입니다. 몇 가지 메서드는 익혀두면 실제 서비스에도 적용 할 수 있어 정말 유용합니다.

고객의 비밀번호는 반드시 암호화해야 합니다. 비밀번호를 암호화하지 않으면 비밀번호를 저장해 둔 데이터베이스가 해킹당하는 순간 고객들의 비밀번호도 고스란히 해커 손에 넘어가고 맙니다. 물론 데이터베이스가 해킹당하지 않도록 노력해야겠지만, 무엇보다 안전 장치를 이중으로 만들어 놓는 것이 좋습니다.

3.5.5.1 단방향 암호화

비밀번호는 보통 단방향 암호화 알고리즘을 사용해서 암호화합니다. 단방향 암호화란 복호화할 수 없는 암호화 방식을 뜻합니다. 복호화는 암호화된 문자열을 원래 문자열로 되돌려놓는 것을 의 미합니다. 즉, 단방향 암호화는 한번 암호화하면 원래 문자열을 찾을 수 없습니다. 복호화할 수 없 으므로 암호화라고 표현하는 대신 해시 함수라고 부르기도 합니다.

복호화할 수 없는 암호화가 왜 필요한지 의문이 들 수도 있습니다. 하지만 생각해보면 고객의 비 밀번호는 복호화할 필요가 없습니다. 먼저 고객의 비밀번호를 암호화해서 데이터베이스에 저장합 니다. 그리고 로그인할 때마다 입력받은 비밀번호를 같은 암호화 알고리즘으로 암호화한 후, 데이터베이스의 비밀번호와 비교하면 됩니다. 원래 비밀번호는 어디에도 저장되지 않고 암호화된 문자열로만 비교하는 것입니다.

단방향 암호화 알고리즘은 주로 해시 기법을 사용합니다. 해시 기법이란 어떠한 문자열을 고정된 길이의 다른 문자열로 바꿔버리는 방식입니다. 예를 들면 abcdefgh라는 문자열을 qvew로 바꿔버리고, ijklm이라는 문자열을 zvsf로 바꿔버리는 겁니다. 입력 문자열의 길이는 다르지만, 출력 문자열의 길이는 네 자리로 고정되어 있습니다.

노드에서 해시 함수는 다음과 같이 사용합니다.

hash.js

```javascript
const crypto = require('crypto');

console.log('base64:', crypto.createHash('sha512').update('비밀번호').digest('base64'));
console.log('hex:', crypto.createHash('sha512').update('비밀번호').digest('hex'));
console.log('base64:', crypto.createHash('sha512').update('다른 비밀번호')
.digest('base64'));
```

콘솔

```
$ node hash
base64: dvfV6nyLRRt3NxKSlTHOkkEGgqW2HRtfu19Ou/psUXvwlebbXCboxIPmDYOFRIpqav2eUTBFuHaZri5x+usy1g==
hex: 76f7d5ea7c8b451b773712929531ce92410682a5b61d1b5fbb5f4ebbfa6c517bf095e6db5c26e8c483e60d8385448a6a6afd9e513045b87699ae2e71faeb32d6
base64: cx49cjC8ctKtMzwJGBY853itZeb6qxzXGvuUJkbWTGn5VXAFbAwXGEOxU2Qksoj+aM2GWPhc1O7mmkyohXMsQw==
```

비밀번호라는 문자열을 해시를 사용해 바꿔봤습니다.

- **createHash(알고리즘)**: 사용할 해시 알고리즘을 넣습니다. md5, sha1, sha256, sha512 등이 가능하지만, md5와 sha1은 이미 취약점이 발견되었습니다. 현재는 sha512 정도로 충분하지만, 나중에 sha512마저도 취약해지면 더 강화된 알고리즘으로 바꿔야 합니다.
- **update(문자열)**: 변환할 문자열을 넣습니다.
- **digest(인코딩)**: 인코딩할 알고리즘을 넣습니다. base64, hex, latin1이 주로 사용되는데, 그중 base64가 결과 문자열이 가장 짧아서 애용됩니다. 결과물로 변환된 문자열을 반환합니다.

❤ 그림 3-8 해시 함수

가끔 nopqrst라는 문자열이 qvew로 변환되어 abcdefgh를 넣었을 때와 똑같은 출력 문자열로 바뀔 때도 있습니다. 이런 상황을 충돌이 발생했다고 표현합니다. 해킹용 컴퓨터의 역할은 어떠한 문자열이 같은 출력 문자열을 반환하는지 찾아내는 것입니다. 여러 입력 문자열이 같은 출력 문자열로 변환될 수 있으므로 비밀번호를 abcdefgh로 설정했어도 nopqrst로 뚫리는 사태가 발생하게 됩니다.

해킹용 컴퓨터의 성능이 발달함에 따라 기존 해시 알고리즘들이 위협받고 있습니다만, 그에 따라 해시 알고리즘도 더 강력하게 진화하고 있습니다. 언젠가 sha512도 취약점이 발견될 것입니다. 그렇게 된다면 더 강력한 알고리즘인 sha3으로 이전하면 됩니다.

현재는 주로 pbkdf2나 bcrypt, scrypt라는 알고리즘으로 비밀번호를 암호화하고 있습니다. 그 중 노드에서 지원하는 pbkdf2를 알아보겠습니다. pbkdf2는 간단히 말하면 기존 문자열에 salt라고 불리는 문자열을 붙인 후 해시 알고리즘을 반복해서 적용하는 겁니다.

pbkdf2.js

```
const crypto = require('crypto');

crypto.randomBytes(64, (err, buf) => {
  const salt = buf.toString('base64');
  console.log('salt:', salt);
  crypto.pbkdf2('비밀번호', salt, 100000, 64, 'sha512', (err, key) => {
    console.log('password:', key.toString('base64'));
  });
});
```

먼저 randomBytes() 메서드로 64바이트 길이의 문자열을 만듭니다. 이것이 salt가 됩니다. pbkdf2() 메서드에는 순서대로 비밀번호, salt, 반복 횟수, 출력 바이트, 해시 알고리즘을 인수로 넣습니다. 예시에서는 10만 번 반복해서 적용한다고 했습니다. 즉, sha512로 변환된 결괏값을 다시 sha512로 변환하는 과정을 10만 번 반복하는 겁니다.

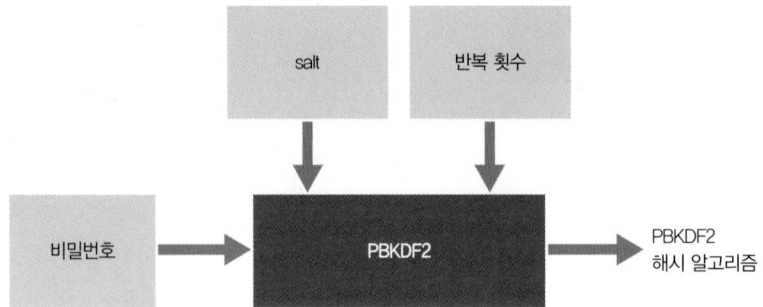

너무 많이 반복하는 것은 아닌지 걱정될 수도 있지만, 1초 정도밖에 걸리지 않습니다. 이는 컴퓨터의 성능에 좌우되므로 조금 느리다 싶으면 반복 횟수를 낮추고, 너무 빠르다 싶으면 1초 정도가 될 때까지 반복 횟수를 늘립니다.

싱글 스레드 프로그래밍을 할 때 1초 동안 블로킹이 되는 것은 아닌지 걱정할 수도 있습니다. 다행히 crypto.randomBytes와 crypto.pbkdf2 메서드는 내부적으로 스레드 풀을 사용해 멀티 스레딩으로 동작합니다. 이러한 메서드가 몇 개 있는데 3.6.4절에서 알아보겠습니다.

콘솔

```
$ node pbkdf2
salt: OnesIj8wznyKgHva1fmulYAgjf/OGLmJnwfy8pIABchHZF/Wn2AM2Cn/9170Y1AdehmJ0E5CzLZULps+d
aF6rA==
password: b4/FpSrZulVY28trzNXsl4vVfhOKBPxyVAvwnUCWvF1nnXS1zsU1Paq2p68VwUfhB0LDD44hJOf+t
Le3HMLVmQ==
```

randomBytes이므로 매번 실행할 때마다 결과가 달라집니다. 따라서 salt를 잘 보관하고 있어야 비밀번호도 찾을 수 있습니다.

pbkdf2는 간단하지만 bcrypt나 scrypt보다 취약하므로 나중에 더 나은 보안이 필요하면 bcrypt나 scrypt 방식을 사용하면 됩니다. 이 책에서는 나중에 회원의 비밀번호를 암호화할 때 bcrypt 방식을 사용합니다.

3.5.5.2 양방향 암호화

이번에는 양방향 대칭형 암호화를 알아보겠습니다. 암호화된 문자열을 복호화할 수 있으며, 키(열쇠)라는 것이 사용됩니다. 대칭형 암호화에서는 암호를 복호화하려면 암호화할 때 사용한 키와 같은 키를 사용해야 합니다.

다음은 노드로 양방향 암호화하는 방법입니다. 하지만 다음 코드를 완벽하게 이해하려면 암호학을 추가로 공부해야 합니다.

cipher.js

```js
const crypto = require('crypto');

const algorithm = 'aes-256-cbc';
const key = 'abcdefghijklmnopqrstuvwxyz123456';
const iv = '1234567890123456';

const cipher = crypto.createCipheriv(algorithm, key, iv);
let result = cipher.update('암호화할 문장', 'utf8', 'base64');
result += cipher.final('base64');
console.log('암호화:', result);

const decipher = crypto.createDecipheriv(algorithm, key, iv);
let result2 = decipher.update(result, 'base64', 'utf8');
result2 += decipher.final('utf8');
console.log('복호화:', result2);
```

- **crypto.createCipheriv(알고리즘, 키, iv)**: 암호화 알고리즘과 키, iv를 넣습니다. 암호화 알고리즘은 aes-256-cbc를 사용했으며, 다른 알고리즘을 사용해도 됩니다. aes-256-cbc 알고리즘의 경우 키는 32바이트여야 하고, iv는 16바이트여야 합니다. iv는 암호화할 때 사용하는 초기화 벡터를 의미하지만, 이 책에서 설명하기에는 내용이 많으므로 AES 암호화를 따로 공부하는 것이 좋습니다. 사용 가능한 알고리즘 목록은 crypto.getCiphers()를 호출하면 볼 수 있습니다.

- **cipher.update(문자열, 인코딩, 출력 인코딩)**: 암호화할 대상과 대상의 인코딩, 출력 결과물의 인코딩을 넣습니다. 보통 문자열은 utf8 인코딩을, 암호는 base64를 많이 사용합니다.

- **cipher.final(출력 인코딩)**: 출력 결과물의 인코딩을 넣으면 암호화가 완료됩니다.

- **crypto.createDecipheriv(알고리즘, 키, iv)**: 복호화할 때 사용합니다. 암호화할 때 사용했던 알고리즘과 키, iv를 그대로 넣어야 합니다.

- **decipher.update(문자열, 인코딩, 출력 인코딩)**: 암호화된 문장, 그 문장의 인코딩, 복호화할 인코딩을 넣습니다. createCipheriv의 update()에서 utf8, base64 순으로 넣었다면 createDecipheriv의 update()에서는 base64, utf8 순으로 넣으면 됩니다.

- **decipher.final(출력 인코딩)**: 복호화 결과물의 인코딩을 넣습니다.

```
$ node cipher
암호화: iiopeG2GsYlk6ccoBoFvEH2EBDMWv1kK9bNuDjYxiN0=
복호화: 암호화할 문장
```

원래 문장으로 제대로 복호화되었습니다.

지금까지 배운 메서드 이외에도 crypto 모듈은 양방향 비대칭형 암호화, HMAC 등의 다양한 암호화를 제공하고 있으니 암호화가 필요하면 모듈이 어떤 메서드들을 지원하는지 확인해보면 좋습니다. 이는 노드 공식 문서(https://nodejs.org/api/crypto.html)에서 확인할 수 있습니다. 좀 더 간단하게 암호화하고 싶다면 npm 패키지인 crypto-js(https://www.npmjs.com/package/crypto-js)를 추천합니다.

3.5.6 util

util이라는 이름처럼 각종 편의 기능을 모아둔 모듈입니다. 계속해서 API가 추가되고 있으며, 가끔 deprecated되어 사라지는 경우도 있습니다.

> Note ≡ **deprecated가 뭔가요?**
>
> deprecated는 프로그래밍 용어로, '중요도가 떨어져 더 이상 사용되지 않고 앞으로는 사라지게 될' 것이라는 뜻입니다. 새로운 기능이 나와서 기존 기능보다 더 좋을 때, 기존 기능을 deprecated 처리하곤 합니다. '이전 사용자를 위해 기능을 제거하지는 않지만 곧 없앨 예정이므로 더 이상 사용하지 말라'는 의미입니다.

util에서 자주 사용되는 두 메서드를 소개합니다.

util.js

```
const util = require('util');
const crypto = require('crypto');

const dontUseMe = util.deprecate((x, y) => {
  console.log(x + y);
}, 'dontUseMe 함수는 deprecated되었으니 더 이상 사용하지 마세요!');
dontUseMe(1, 2);

const randomBytesPromise = util.promisify(crypto.randomBytes);
randomBytesPromise(64)
```

```
  .then((buf) => {
    console.log(buf.toString('base64'));
  })
  .catch((error) => {
    console.error(error);
  });
```

- **util.deprecate**: 함수가 deprecated 처리되었음을 알립니다. 첫 번째 인수로 넣은 함수를 사용했을 때 경고 메시지가 출력됩니다. 두 번째 인수로 경고 메시지 내용을 넣으면 됩니다. 함수가 조만간 사라지거나 변경될 때 알려줄 수 있어 유용합니다.
- **util.promisify**: 콜백 패턴을 프로미스 패턴으로 바꿉니다. 바꿀 함수를 인수로 제공하면 됩니다. 이렇게 바꿔두면 async/await 패턴까지 사용할 수 있어 좋습니다. 3.5.5.1절의 randomBytes와 비교해보세요. 프로미스를 콜백으로 바꾸는 util.callbackify도 있지만 자주 사용되지는 않습니다.

콘솔

```
$ node util
3
(node:7264) DeprecationWarning: dontUseMe 함수는 deprecated되었으니 더 이상 사용하지 마세요!
(Use `node --trace-deprecation ...` to show where the warning was created)
60b4RQbrx1j130x4r95fpZac9lmcHyitqwAm8gKsHQKF8tcNhvcTfW031XaQqHlRKzaVkcENmIV25fDVs3SB
7g==
```

3.5.7 worker_threads

노드에서 멀티 스레드 방식으로 작업하는 방법을 소개합니다. worker_threads 모듈로 가능합니다.

먼저 간단한 사용 방법을 알아보겠습니다.

worker_threads.js

```
const {
  Worker, isMainThread, parentPort,
} = require('worker_threads');

if (isMainThread) { // 부모일 때
```

```
    const worker = new Worker(__filename);
    worker.on('message', message => console.log('from worker', message));
    worker.on('exit', () => console.log('worker exit'));
    worker.postMessage('ping');
  } else { // 워커일 때
    parentPort.on('message', (value) => {
      console.log('from parent', value);
      parentPort.postMessage('pong');
      parentPort.close();
    });
  }
```

isMainThread를 통해 현재 코드가 메인 스레드(기존에 동작하던 싱글 스레드를 메인 스레드 또는 부모 스레드라고 부릅니다)에서 실행되는지, 아니면 우리가 생성한 워커 스레드에서 실행되는지 구분됩니다. 메인 스레드에서는 new Worker를 통해 현재 파일(__filename)을 워커 스레드에서 실행시키고 있습니다. 물론 현재 파일의 else 부분만 워커스레드에서 실행됩니다.

부모에서는 워커 생성 후 worker.postMessage로 워커에 데이터를 보낼 수 있습니다. 워커는 parentPort.on('message') 이벤트 리스너로 부모로부터 메시지를 받고, parentPort.postMessage로 부모에게 메시지를 보냅니다. 부모는 worker.on('message')로 메시지를 받습니다. 참고로 메시지를 한 번만 받고 싶다면 once('message')를 사용하면 됩니다.

워커에서 on 메서드를 사용할 때는 직접 워커를 종료해야 한다는 점에 주의하세요. parentPort. close()를 하면 부모와의 연결이 종료됩니다. 종료될 때는 worker.on('exit')이 실행됩니다.

실제로 실행해보면 다음과 같습니다.

콘솔

```
$ node worker_threads
from parent ping
from worker pong
worker exit
```

아직까지는 워커 스레드를 사용해 복잡한 작업은 하지 않았습니다. 이번에는 여러 개의 워커 스레드에 데이터를 넘겨봅시다. postMessage로 데이터를 보내는 방법과는 다른 방법입니다.

▼ 그림 3-10 메인 스레드와 워커의 통신

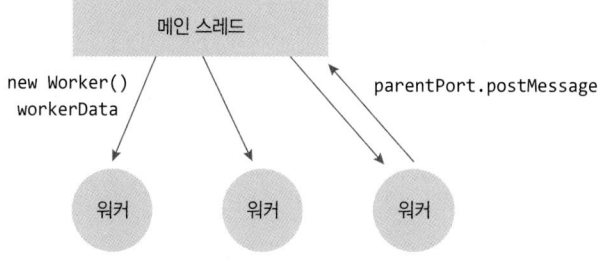

worker_data.js

```
const {
  Worker, isMainThread, parentPort, workerData,
} = require('worker_threads');

if (isMainThread) { // 부모일 때
  const threads = new Set();
  threads.add(new Worker(__filename, {
    workerData: { start: 1 },
  }));
  threads.add(new Worker(__filename, {
    workerData: { start: 2 },
  }));
  for (let worker of threads) {
    worker.on('message', message => console.log('from worker', message));
    worker.on('exit', () => {
      threads.delete(worker);
      if (threads.size === 0) {
        console.log('job done');
      }
    });
  }
} else { // 워커일 때
  const data = workerData;
  parentPort.postMessage(data.start + 100);
}
```

new Worker를 호출할 때 두 번째 인수의 workerData 속성으로 원하는 데이터를 보낼 수 있습니다. 워커에서는 workerData로 부모로부터 데이터를 받습니다. 현재 두 개의 워커가 돌아가고 있으며, 각각 부모로부터 숫자를 받아서 100을 더해 돌려줍니다. 돌려주는 순간 워커가 종료되어 worker. on('exit')이 실행됩니다. 워커 두 개가 모두 종료되면 job done이 로깅됩니다.

```
$ node worker_data
from worker 101
from worker 102
job done
```

이번에는 좀 더 실전적인 예제로 소수의 개수를 구하는 작업을 워커 스레드를 통해 해보겠습니다. 소수를 찾는 작업은 연산이 많이 들어가는 대표적인 작업입니다.

먼저 워커 스레드를 사용하지 않은 예제입니다.

prime.js

```javascript
const min = 2;
const max = 10000000;
const primes = [];

function findPrimes(start, end) {
  let isPrime = true;
  for (let i = start; i <= end; i++) {
    for (let j = min; j < Math.sqrt(end); j++) {
      if (i !== j && i % j === 0) {
        isPrime = false;
        break;
      }
    }
    if (isPrime) {
      primes.push(i);
    }
    isPrime = true;
  }
}

console.time('prime');
findPrimes(min, max);
console.timeEnd('prime');
console.log(primes.length);
```

2부터 1,000만까지의 숫자 중에 소수가 모두 몇 개 있는지를 알아내는 코드입니다. 코드를 실행해보겠습니다.

```
$ node prime
prime: 8.745s
664579
```

사용자의 컴퓨터 성능에 따라 다르지만 상당한 시간이 소요됩니다. 이번에는 워커 스레드를 사용해 여러 개의 스레드가 문제를 나눠서 풀도록 해보겠습니다. 미리 말하지만, 멀티 스레딩은 상당히 어렵습니다. 코드양도 많아집니다.

prime-worker.js

```javascript
const { Worker, isMainThread, parentPort, workerData } = require('worker_threads');

const min = 2;
let primes = [];

function findPrimes(start, end) {
  let isPrime = true;
  for (let i = start; i <= end; i++) {
    for (let j = min; j < Math.sqrt(end); j++) {
      if (i !== j && i % j === 0) {
        isPrime = false;
        break;
      }
    }
    if (isPrime) {
      primes.push(i);
    }
    isPrime = true;
  }
}

if (isMainThread) {
  const max = 10000000;
  const threadCount = 8;
  const threads = new Set();
  const range = Math.floor((max - min) / threadCount);
  let start = min;
  console.time('prime');
  for (let i = 0; i < threadCount - 1; i++) {
    const end = start + range - 1;
```

```
      threads.add(new Worker(__filename, { workerData: { start range: end } }));
      start += range;
    }
    threads.add(new Worker(__filename, { workerData: { start, range: max } }));
    for (let worker of threads) {
      worker.on('error', (err) => {
        throw err;
      });
      worker.on('exit', () => {
        threads.delete(worker);
        if (threads.size === 0) {
          console.timeEnd('prime');
          console.log(primes.length);
        }
      });
      worker.on('message', (msg) => {
        primes = primes.concat(msg);
      });
    }
  } else {
    findPrimes(workerData.start, workerData.range);
    parentPort.postMessage(primes);
  }
```

여덟 개의 스레드가 일을 나눠서 처리하게 했습니다. 멀티 스레딩을 할 때는 일을 나눠서 처리하
도록 하는 게 제일 어렵습니다. 어떠한 일은 공유하고 있는 데이터가 많아 일을 나누기가 어렵습
니다. 다행히 소수의 개수를 구하는 작업은 정해진 범위(2부터 1,000만)를 스레드들이 일정하게
나눠서 수행할 수 있습니다.

```
$ node prime-worker
prime: 1.752s
664579
```

속도가 여섯 배 정도 빨라졌습니다. 워커 스레드를 여덟 개 사용했다고 해서 여덟 배 빨라지는 것
은 아닙니다. 스레드를 생성하고 스레드 사이에서 통신하는 데 상당한 비용이 발생하므로, 이 점
을 고려해서 멀티 스레딩을 해야 합니다. 잘못하면 멀티 스레딩을 할 때 싱글 스레딩보다 더 느려
지는 현상도 발생할 수 있습니다.

다음 절에서는 다른 프로세스를 만들어 작업하는 방법을 알아보겠습니다.

3.5.8 child_process

노드에서 다른 프로그램을 실행하고 싶거나 명령어를 수행하고 싶을 때 사용하는 모듈입니다. 이 모듈을 통해 다른 언어의 코드(예를 들면, 파이썬)를 실행하고 결괏값을 받을 수 있습니다. 이름이 child_process(자식 프로세스)인 이유는 현재 노드 프로세스 외에 새로운 프로세스를 띄워서 명령을 수행하고 노드 프로세스에 결과를 알려주기 때문입니다.

먼저 명령 프롬프트의 명령어인 dir을 노드를 통해 실행해보겠습니다.

exec.js
```
const exec = require('child_process').exec;

const process = exec('dir');

process.stdout.on('data', function(data) {
  console.log(data.toString());
}); // 실행 결과

process.stderr.on('data', function(data) {
  console.error(data.toString());
}); // 실행 에러
```

exec의 첫 번째 인수로 명령어를 넣습니다.

리눅스나 맥이라면 exec('ls')를 대신 입력하면 됩니다. 실행하면 현재 폴더의 파일 목록들이 표시될 것입니다.

결과는 stdout(표준출력)과 stderr(표준에러)에 붙여둔 data 이벤트 리스너에 버퍼 형태로 전달됩니다. 성공적인 결과는 표준출력에서, 실패한 결과는 표준에러에서 표시됩니다. 버퍼는 3.6.2절에서 자세히 알아봅니다.

콘솔
```
$ node exec
(현재 폴더의 파일 목록 표시)
```

명령 프롬프트나 파워셸에서 한글이 제대로 표시되지 않는 경우에는 다음 명령어를 입력해 터미널을 utf8로 바꾼 뒤 다시 실행하면 됩니다.

```
$ chcp 65001
```

이번에는 파이썬 프로그램을 실행해보겠습니다. 실습하려면 파이썬 3가 설치되어 있어야 합니다.

test.py

```python
print('hello python')
```

spawn.js

```javascript
const spawn = require('child_process').spawn;

const process = spawn('python', ['test.py']);

process.stdout.on('data', function(data) {
  console.log(data.toString());
}); // 실행 결과

process.stderr.on('data', function(data) {
  console.error(data.toString());
}); // 실행 에러
```

파이썬 코드를 실행하는 명령어인 python test.py를 노드의 spawn을 통해 실행합니다. spawn의 첫 번째 인수로 명령어를, 두 번째 인수로 옵션 배열을 넣으면 됩니다. 결과는 exec과 마찬가지로 stdout, stderr의 데이터로 나옵니다.

콘솔

```
$ node spawn
hello python
```

exec과 spawn의 차이가 궁금할 것입니다. exec은 셸을 실행해서 명령어를 수행하고, spawn은 새로운 프로세스를 띄우면서 명령어를 실행합니다. spawn에서도 세 번째 인수로 { shell: true }를 제공하면 exec처럼 셸을 실행해서 명령어를 수행합니다. 셸을 실행하는지 마는지에 따라 수행할 수 있는 명령어에 차이가 있습니다.

3.5.9 기타 모듈들

이 책에서 언급하지 않은 모듈이 많으므로, 여기서는 각 모듈의 이름과 용도를 간단히 소개하고 넘어가겠습니다. 더 자세한 사항을 알고 싶다면 공식 문서를 참조하길 바랍니다. 여기에 언급되지 않은 모듈들은 추후에 나옵니다.

- **async_hooks**: 비동기 코드의 흐름을 추적할 수 있는 실험적인 모듈입니다.
- **dgram**: UDP와 관련된 작업을 할 때 사용합니다.
- **net**: HTTP보다 로우 레벨인 TCP나 IPC 통신을 할 때 사용합니다.
- **perf_hooks**: 성능 측정을 할 때 console.time보다 더 정교하게 측정합니다.
- **querystring**: URLSearchParams가 나오기 이전에 쿼리스트링을 다루기 위해 사용했던 모듈입니다. 요즘은 URLSearchParams를 사용하는 것을 권장합니다.
- **string_decoder**: 버퍼 데이터를 문자열로 바꾸는 데 사용합니다.
- **tls**: TLS와 SSL에 관련된 작업을 할 때 사용합니다.
- **tty**: 터미널과 관련된 작업을 할 때 사용합니다.
- **v8**: v8 엔진에 직접 접근할 때 사용합니다.
- **vm**: 가상 머신에 직접 접근할 때 사용합니다.
- **wasi**: 웹어셈블리를 실행할 때 사용하는 실험적인 모듈입니다.

지금까지 기본적인 모듈들을 알아봤습니다. 다음 절에서는 fs 모듈과 함께 동기 메서드와 비동기 메서드를 살펴보고 버퍼와 스트림을 배워보겠습니다.

3.6 파일 시스템 접근하기

NODE.JS

fs 모듈은 파일 시스템에 접근하는 모듈입니다. 즉, 파일을 생성하거나 삭제하고, 읽거나 쓸 수 있습니다. 또한, 폴더도 만들거나 지울 수 있습니다. 웹 브라우저에서 자바스크립트를 사용할 때는 일부를 제외하고는 파일 시스템 접근이 금지되어 있으므로 노드의 fs 모듈이 낯설 것입니다.

간단한 예제를 통해 fs 모듈의 사용 방법을 알아보겠습니다. readme.txt와 readFile.js를 만들고 readFile.js를 실행합니다.

readme.txt

저를 읽어주세요.

readFile.js
```
const fs = require('fs');

fs.readFile('./readme.txt', (err, data) => {
  if (err) {
    throw err;
  }
  console.log(data);
  console.log(data.toString());
});
```

fs 모듈을 불러온 뒤 읽을 파일의 경로를 지정합니다. 여기서는 파일의 경로가 현재 파일 기준이 아니라 node 명령어를 실행하는 콘솔 기준이라는 점에 유의해야 합니다. 지금은 크게 상관없으나 폴더 내부에 들어 있는 파일을 실행할 때 경로 문제가 발생할 수 있습니다. 만약 C:\ 디렉터리에서 node folder/file.js를 실행하면 C:\folder\readme.txt가 실행되는 게 아니라 C:\readme.txt가 실행됩니다.

파일을 읽은 후에 실행될 콜백 함수도 readFile 메서드의 인수로 같이 넣습니다. 이 콜백 함수의 매개변수로 에러 또는 데이터를 받습니다. 파일을 읽다가 무슨 문제가 생겼다면 에러가 발생할 것이고, 정상적으로 읽었다면 다음과 같이 콘솔에 결과가 나올 것입니다.

콘솔
```
$ node readFile
<Buffer ec a0 80 eb a5 bc 20 ec 9d bd ec 96 b4 ec a3 bc ec 84 b8 ec 9a 94 2e>
저를 읽어주세요.
```

console.log(data)를 했더니 Buffer라는 이상한 것이 출력됩니다. 그래서 data에 toString()을 붙여서 로그를 찍었더니 제대로 문자열이 출력됩니다. readFile의 결과물은 **버퍼**(buffer)라는 형식으로 제공됩니다. 지금은 단순히 버퍼를 메모리의 데이터라고 생각하면 됩니다. 이에 대한 내용은 3.6.2절에서 자세히 설명합니다. 버퍼는 사람이 읽을 수 있는 형식이 아니므로 toString을 사용해 문자열로 변환했습니다.

fs는 기본적으로 콜백 형식의 모듈이므로 실무에서 사용하기가 불편합니다. 따라서 fs 모듈을 프로미스 형식으로 바꿔주는 방법을 사용합니다.

readFilePromise.js

```
const fs = require('fs').promises;

fs.readFile('./readme.txt')
  .then((data) => {
    console.log(data);
    console.log(data.toString());
  })
  .catch((err) => {
    console.error(err);
  });
```

fs 모듈에서 promise 속성을 불러오면 프로미스 기반의 fs 모듈을 사용할 수 있게 됩니다. 앞으로는 프로미스 기반의 fs 모듈을 사용하겠습니다.

이번에는 파일을 만들어보겠습니다.

writeFile.js

```
const fs = require('fs');

fs.writeFile('./writeme.txt', '글이 입력됩니다', (err) => {
  if (err) {
    throw err;
  }
  fs.readFile('./writeme.txt', (err, data) => {
    if (err) {
      throw err;
    }
    console.log(data.toString());
  });
});
```

writeFile 메서드에 생성될 파일의 경로와 내용을 입력합니다. 도중에 에러가 발생하지 않았다면 같은 폴더 내에 writeme.txt가 생성되었을 것입니다. 직접 열어봐도 되지만, 파일 시스템을 공부하는 중이므로 readFile 메서드로 파일을 읽어봅니다.

```
$ node writeFile
글이 입력됩니다.
```

파일이 잘 만들어졌고, 그 후 파일 읽기도 성공했습니다. 이제 자바스크립트로도 파일 시스템에 간단히 접근할 수 있게 되었습니다. fs 모듈의 다른 메서드들을 배우기 전에 몇 가지 개념을 미리 살펴보겠습니다.

3.6.1 동기 메서드와 비동기 메서드

setTimeout 같은 타이머와 process.nextTick 외에도, 노드는 대부분의 메서드를 비동기 방식으로 처리합니다. 하지만 몇몇 메서드는 동기 방식으로도 사용할 수 있습니다. 특히 fs 모듈이 그러한 메서드를 많이 갖고 있습니다. 어떤 메서드가 동기 또는 비동기 방식으로 동작하고 언제 어떤 메서드를 사용해야 하는지를 알아보겠습니다.

파일 하나를 여러 번 읽어보겠습니다.

readme2.txt

저를 여러 번 읽어보세요.

async.js

```javascript
const fs = require('fs');

console.log('시작');
fs.readFile('./readme2.txt', (err, data) => {
  if (err) {
    throw err;
  }
  console.log('1번', data.toString());
});
fs.readFile('./readme2.txt', (err, data) => {
  if (err) {
    throw err;
  }
  console.log('2번', data.toString());
});
fs.readFile('./readme2.txt', (err, data) => {
```

```
  if (err) {
    throw err;
  }
  console.log('3번', data.toString());
});
console.log('끝');
```

같은 파일을 세 번 읽었습니다. 실행하기 전에 콘솔 결과를 예측해보세요.

콘솔

```
$ node async
시작
끝
2번 저를 여러 번 읽어보세요.
3번 저를 여러 번 읽어보세요.
1번 저를 여러 번 읽어보세요.
```

시작과 끝을 제외하고는 결과의 순서가 이 책과 다를 수도 있습니다. 괜찮습니다. 원래 의도된 바이기 때문입니다. 결과는 반복 실행할 때마다 달라집니다.

비동기 메서드들은 백그라운드에 해당 파일을 읽으라고만 요청하고 다음 작업으로 넘어갑니다. 따라서 파일 읽기 요청만 세 번을 보내고 console.log('끝')을 찍습니다. 나중에 읽기가 완료되면 백그라운드가 다시 메인 스레드에 알립니다. 메인 스레드는 그제서야 등록된 콜백 함수를 실행합니다.

이 방식은 상당히 좋습니다. 수백 개의 I/O 요청이 들어와도 메인 스레드는 백그라운드에 요청 처리를 위임합니다. 그 후로도 얼마든지 요청을 더 받을 수 있습니다. 나중에 백그라운드가 각각의 요청 처리가 완료되었다고 알리면 그때 콜백 함수를 처리하면 됩니다.

백그라운드에서는 요청 세 개를 거의 동시에 실행합니다. 백그라운드는 어떻게 파일 읽기 작업을 처리할까요? 이 부분은 3.6.4절에서 스레드 풀을 다루며 자세히 알아봅니다.

> **Note ☰ 동기와 비동기, 블로킹과 논블로킹**
>
> 동기와 비동기, 블로킹과 논블로킹이라는 네 개의 용어가 노드에서 혼용되고 있는데, 용어가 서로 다른 만큼 의미상의 차이가 있습니다.
>
> - **동기와 비동기**: 백그라운드 작업 완료 확인 여부
> - **블로킹과 논블로킹**: 함수가 바로 return되는지 여부

노드에서는 동기-블로킹 방식과 비동기-논블로킹 방식이 대부분입니다. 동기-논블로킹이나 비동기-블로킹은 없다고 봐도 됩니다.

동기-블로킹 방식에서는 백그라운드 작업 완료 여부를 계속 확인하며, 호출한 함수가 바로 return되지 않고 백그라운드 작업이 끝나야 return합니다. 비동기-논블로킹 방식에서는 호출한 함수가 바로 return되어 다음 작업으로 넘어가고, 백그라운드 작업 완료 여부는 신경 쓰지 않고 나중에 백그라운드가 알림을 줄 때 비로소 처리합니다.

❤ 그림 3-11 동기-블로킹 vs. 비동기-논블로킹

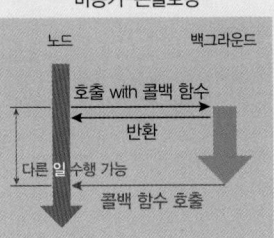

순서대로 출력하고 싶다면 다음 메서드를 사용할 수도 있습니다.

sync.js

```
const fs = require('fs');

console.log('시작');
let data = fs.readFileSync('./readme2.txt');
console.log('1번', data.toString());
data = fs.readFileSync('./readme2.txt');
console.log('2번', data.toString());
data = fs.readFileSync('./readme2.txt');
console.log('3번', data.toString());
console.log('끝');
```

코드의 모양이 많이 바뀌었습니다. readFile 대신 readFileSync라는 메서드를 사용했습니다. 그런데 콜백 함수를 넣는 대신 직접 return 값을 받아옵니다. 그 값을 다음 줄부터 바로 사용할 수 있습니다.

콘솔

```
$ node sync
시작
1번 저를 여러 번 읽어보세요.
2번 저를 여러 번 읽어보세요.
```

역시 콘솔도 순서대로 찍힙니다. 코드는 훨씬 더 이해하기 쉽지만 치명적인 단점이 있습니다.

readFileSync 메서드를 사용하면 요청이 수백 개 이상 들어올 때 성능에 문제가 생깁니다. Sync 메서드를 사용할 때는 이전 작업이 완료되어야 다음 작업을 진행할 수 있습니다. 즉, 백그라운드 가 작업하는 동안 메인 스레드는 아무것도 못하고 대기하고 있어야 하며, 메인 스레드가 일을 하 지 않고 노는 시간이 생기므로 비효율적입니다. 백그라운드는 fs 작업을 동시에 처리할 수도 있 는데, Sync 메서드를 사용하면 백그라운드조차 동시에 처리할 수 없게 됩니다. 비동기 fs 메서드 를 사용하면 백그라운드가 동시에 작업할 수도 있고, 메인 스레드는 다음 작업을 처리할 수 있습 니다.

동기 메서드들은 이름 뒤에 Sync가 붙어 있어 구분하기 쉽습니다. writeFileSync도 있습니다. 하 지만 동기 메서드를 사용해야 하는 경우는 극히 드뭅니다. 따라서 프로그램을 처음 실행할 때 초 기화 용도로만 사용하는 것을 권장합니다. 대부분의 경우에 비동기 메서드가 훨씬 더 효율적입 니다.

비동기 방식으로 하되 순서를 유지하고 싶다면 어떻게 해야 할까요?

asyncOrder.js

```js
const fs = require('fs');

console.log('시작');
fs.readFile('./readme2.txt', (err, data) => {
  if (err) {
    throw err;
  }
  console.log('1번', data.toString());
  fs.readFile('./readme2.txt', (err, data) => {
    if (err) {
      throw err;
    }
    console.log('2번', data.toString());
    fs.readFile('./readme2.txt', (err, data) => {
      if (err) {
        throw err;
      }
      console.log('3번', data.toString());
      console.log('끝');
```

```
      });
    });
  });
```

이전 readFile의 콜백에 다음 readFile을 넣으면 됩니다. 이른바 '콜백 지옥'이 펼쳐지지만 적어도 순서가 어긋나는 일은 없습니다.

```
$ node asyncOrder
시작
1번 저를 여러 번 읽어보세요.
2번 저를 여러 번 읽어보세요.
3번 저를 여러 번 읽어보세요.
끝
```

콜백 지옥은 Promise나 async/await으로 어느 정도 해결할 수 있습니다.

asyncOrderPromise.js

```js
const fs = require('fs').promises;

console.log('시작');
fs.readFile('./readme2.txt')
  .then((data) => {
    console.log('1번', data.toString());
    return fs.readFile('./readme2.txt');
  })
  .then((data) => {
    console.log('2번', data.toString());
    return fs.readFile('./readme2.txt');
  })
  .then((data) => {
    console.log('3번', data.toString());
    console.log('끝');
  })
  .catch((err) => {
    console.error(err);
  });
```

실행 결과는 asyncOrder.js와 같습니다.

지금까지 동기 메서드와 비동기 메서드의 차이를 알아봤습니다. 이제 readFile과 readFileSync에서 받아온 data를 data.toString()으로 변환하는 이유를 알아볼 차례입니다. 결론부터 말하자면 toString 메서드를 사용하는 이유는 data가 버퍼이기 때문입니다. 버퍼가 무엇인지 알아봅시다.

3.6.2 버퍼와 스트림 이해하기

파일을 읽거나 쓰는 방식에는 크게 두 가지 방식, 즉 버퍼를 이용하거나 스트림을 이용하는 방식이 있습니다. 버퍼링과 스트리밍이라는 용어를 들어본 적이 있나요? 아마 인터넷으로 영상을 시청할 때 두 용어를 본 적이 있을 겁니다. 영상을 로딩하고 있을 때는 버퍼링한다고 하고, 영상을 실시간으로 송출할 때는 스트리밍한다고 합니다.

버퍼링은 영상을 재생할 수 있을 때까지 데이터를 모으는 동작이고, 스트리밍은 방송인의 컴퓨터에서 시청자의 컴퓨터로 영상 데이터를 조금씩 전송하는 동작입니다. 스트리밍하는 과정에서 버퍼링을 할 수도 있습니다. 전송이 너무 느리면 화면을 내보내기까지 최소한의 데이터를 모아야 하고, 영상 데이터가 재생 속도보다 빨리 전송되어도 미리 전송받은 데이터를 저장할 공간이 필요하기 때문입니다.

노드의 버퍼와 스트림도 비슷한 개념입니다. 앞에서 readFile 메서드를 사용할 때 읽었던 파일이 버퍼 형식으로 출력되었습니다. 노드는 파일을 읽을 때 메모리에 파일 크기만큼 공간을 마련해두며 파일 데이터를 메모리에 저장한 뒤 사용자가 조작할 수 있도록 합니다. 이때 메모리에 저장된 데이터가 바로 버퍼입니다.

▼ 그림 3-12 버퍼

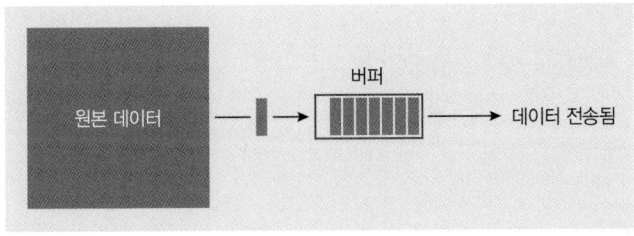

여기 버퍼를 직접 다룰 수 있는 클래스가 있습니다. 바로 Buffer입니다.

```
const buffer = Buffer.from('저를 버퍼로 바꿔보세요');
console.log('from():', buffer);
console.log('length:', buffer.length);
console.log('toString():', buffer.toString());

const array = [Buffer.from('띄엄 '), Buffer.from('띄엄 '), Buffer.from('띄어쓰기')];
const buffer2 = Buffer.concat(array);
console.log('concat():', buffer2.toString());

const buffer3 = Buffer.alloc(5);
console.log('alloc():', buffer3);
```

```
$ node buffer
from(): <Buffer ec a0 80 eb a5 bc 20 eb b2 84 ed 8d bc eb a1 9c 20 eb b0 94 ea bf 94 eb
b3 b4 ec 84 b8 ec 9a 94>
length: 32
toString(): 저를 버퍼로 바꿔보세요
concat(): 띄엄 띄엄 띄어쓰기
alloc(): <Buffer 00 00 00 00 00>
```

Buffer 객체는 여러 가지 메서드를 제공합니다.

- **from(문자열)**: 문자열을 버퍼로 바꿀 수 있습니다. length 속성은 버퍼의 크기를 알립니다. 바이트 단위입니다.

- **toString(버퍼)**: 버퍼를 다시 문자열로 바꿀 수 있습니다. 이때 base64나 hex를 인수로 넣으면 해당 인코딩으로도 변환 가능합니다.

- **concat(배열)**: 배열 안에 든 버퍼들을 하나로 합칩니다.

- **alloc(바이트)**: 빈 버퍼를 생성합니다. 바이트를 인수로 넣으면 해당 크기의 버퍼가 생성됩니다.

readFile 방식의 버퍼가 편리하기는 하지만 문제점도 있습니다. 만약 용량이 100MB인 파일이 있으면, 읽을 때 메모리에 100MB의 버퍼를 만들어야 합니다. 이 작업을 동시에 열 개만 해도 1GB에 달하는 메모리가 사용됩니다. 특히 서버처럼 몇 명이 이용할지 모르는 환경에서는 메모리 문제가 발생할 수 있습니다.

또한, 모든 내용을 버퍼에 다 쓴 후에야 다음 동작으로 넘어가므로 파일 읽기, 압축, 파일 쓰기 등의 조작을 연달아 할 때 매번 전체 용량을 버퍼로 처리해야 다음 단계로 넘어갈 수 있습니다.

그래서 버퍼의 크기를 작게 만들고 여러 번에 걸쳐 나눠 보내는 방식이 등장했습니다. 예를 들면 버퍼 1MB를 만든 후 100MB 파일을 100번에 걸쳐 나눠 보내는 것입니다. 이로써 메모리 1MB로 100MB 파일을 전송할 수 있습니다. 이를 편리하게 만든 것이 스트림입니다.

▼ 그림 3-13 스트림

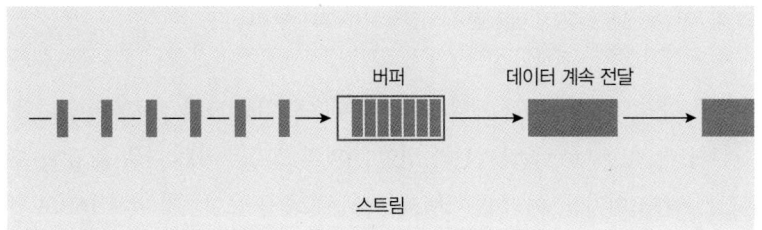

파일을 읽는 스트림 메서드로는 createReadStream이 있습니다. 다음과 같이 사용합니다.

---

readme3.txt

저는 조금씩 조금씩 나눠서 전달됩니다. 나눠진 조각을 chunk라고 부릅니다.

---

createReadStream.js

```js
const fs = require('fs');

const readStream = fs.createReadStream('./readme3.txt', { highWaterMark: 16 });
const data = [];

readStream.on('data', (chunk) => {
  data.push(chunk);
  console.log('data :', chunk, chunk.length);
});

readStream.on('end', () => {
  console.log('end :', Buffer.concat(data).toString());
});

readStream.on('error', (err) => {
  console.log('error :', err);
});
```

```
$ node createReadStream
data : <Buffer ec a0 80 eb 8a 94 20 ec a1 b0 ea b8 88 ec 94 a9> 16
data : <Buffer 20 ec a1 b0 ea b8 88 ec 94 a9 20 eb 82 98 eb 88> 16
data : <Buffer a0 ec 84 9c 20 ec a0 84 eb 8b ac eb 90 a9 eb 8b> 16
data : <Buffer 88 eb 8b a4 2e 20 eb 82 98 eb 88 a0 ec a7 84 20> 16
data : <Buffer ec a1 b0 ea b0 81 ec 9d 84 20 63 68 75 6e 6b eb> 16
data : <Buffer 9d bc ea b3 a0 20 eb b6 80 eb a6 85 eb 8b 88 eb> 16
data : <Buffer 8b a4 2e> 3
end : 저는 조금씩 조금씩 나눠서 전달됩니다. 나눠진 조각을 chunk라고 부릅니다.
```

먼저 createReadStream으로 읽기 스트림을 만듭니다. 첫 번째 인수로 읽을 파일 경로를 넣습니다. 두 번째 인수는 옵션 객체인데, highWaterMark라는 옵션이 버퍼의 크기(바이트 단위)를 정할 수 있는 옵션입니다. 기본값은 64KB이지만, 여러 번 나눠서 보내는 모습을 보여주기 위해 16B로 낮췄습니다.

readStream은 이벤트 리스너를 붙여서 사용합니다. 보통 data, end, error 이벤트를 사용합니다. 위 예제의 readStream.on('data')와 같이 이벤트 리스너를 붙이면 됩니다. 파일을 읽는 도중 에러가 발생하면 error 이벤트가 호출되고, 파일 읽기가 시작되면 data 이벤트가 발생합니다. 16B씩 읽도록 설정했으므로 파일의 크기가 16B보다 크다면 여러 번 발생할 수도 있습니다. 파일을 다 읽으면 end 이벤트가 발생합니다.

예제에서는 미리 data 배열을 만들어놓고 들어오는 chunk들을 하나씩 push한 뒤 마지막에 Buffer.concat()으로 합쳐서 다시 문자열을 만들었습니다.

파일의 크기가 99B라 무려 일곱 번에 걸쳐 데이터를 전송했습니다. 하지만 기본값으로는 64KB씩 전송하므로 대부분의 txt 파일들은 한 번에 전송됩니다.

이번에는 파일을 써보겠습니다.

```javascript
const fs = require('fs');

const writeStream = fs.createWriteStream('./writeme2.txt');
writeStream.on('finish', () => {
  console.log('파일 쓰기 완료');
});

writeStream.write('이 글을 씁니다.\n');
```

```
writeStream.write('한 번 더 씁니다.');
writeStream.end();
```

writeme2.txt를 열어보면 조금 전에 넣었던 문자열이 그대로 들어 있을 것입니다.

```
$ node createWriteStream
파일 쓰기 완료
```

먼저 createWriteStream으로 쓰기 스트림을 만듭니다. 첫 번째 인수로는 출력 파일명을 입력합니다. 두 번째 인수는 옵션인데, 여기서는 사용하지 않습니다.

finish 이벤트 리스너도 붙였습니다. 파일 쓰기가 종료되면 콜백 함수가 호출됩니다.

writeStream에서 제공하는 write 메서드로 넣을 데이터를 씁니다. 이는 여러 번 호출할 수 있습니다. 데이터를 다 썼다면 end 메서드로 종료를 알립니다. 이때 finish 이벤트가 발생합니다.

createReadStream으로 파일을 읽고 그 스트림을 전달받아 createWriteStream으로 파일을 쓸 수도 있습니다. 파일 복사와 비슷합니다. 스트림끼리 연결하는 것을 '파이핑한다'고 표현하는데, 액체가 흐르는 관(파이프(pipe))처럼 데이터가 흐른다고 해서 지어진 이름입니다.

readme4.txt

```
저를 writeme3.txt로 보내주세요.
```

pipe.js

```
const fs = require('fs');

const readStream = fs.createReadStream('readme4.txt');
const writeStream = fs.createWriteStream('writeme3.txt');
readStream.pipe(writeStream);
```

```
$ node pipe
```

readme4.txt와 똑같은 내용의 writeme3.txt가 생성되었을 것입니다. 미리 읽기 스트림과 쓰기 스트림을 만들어둔 후 두 개의 스트림 사이를 pipe 메서드로 연결하면 저절로 데이터가 writeStream으로 넘어갑니다. 따로 on('data')나 writeStream.write를 하지 않아도 알아서 전달되므로 편리합니다. 노드 8.5 버전이 나오기 전까지는 이 방식으로 파일을 복사하곤 했습니다. 새로운 파일 복사 방식은 3.6.3절에 나옵니다.

pipe는 스트림 사이에 여러 번 연결할 수 있습니다. 다음 코드는 파일을 읽은 후 gzip 방식으로 압축하는 코드입니다.

gzip.js
```
const zlib = require('zlib');
const fs = require('fs');

const readStream = fs.createReadStream('./readme4.txt');
const zlibStream = zlib.createGzip();
const writeStream = fs.createWriteStream('./readme4.txt.gz');
readStream.pipe(zlibStream).pipe(writeStream);
```

노드에서는 파일을 압축하는 zlib이라는 모듈도 제공합니다. 이 책에서는 많이 사용하지 않는 모듈이므로 따로 설명하지는 않습니다. 다만, zlib의 createGzip이라는 메서드가 스트림을 지원하므로 readStream과 writeStream 중간에서 파이핑을 할 수 있습니다. 버퍼 데이터가 전달되다가 gzip 압축을 거친 후 파일로 써집니다.

콘솔
```
$ node gzip
```

readme4.txt.gz 파일이 생성됩니다. 압축된 파일이라 내용물을 읽기는 힘듭니다.

stream 모듈의 pipeline 메서드를 사용해 여러 개의 파이프를 연결하는 방법도 있습니다.

pipeline.mjs
```
import { pipeline } from 'stream/promises';
import zlib from 'zlib';
import fs from 'fs';

await pipeline(
  fs.createReadStream('./readme4.txt'),
  zlib.createGzip(),
  fs.createWriteStream('./readme4.txt.gz'),
);
```

160

pipeline 메서드를 사용하면 좋은 점이 있습니다. 중간에 AbortController를 사용해 원할 때 파이프를 중단할 수 있습니다.

pipelineAbort.mjs

```javascript
import { pipeline } from 'stream/promises';
import zlib from 'zlib';
import fs from 'fs';

const ac = new AbortController();
const signal = ac.signal;

setTimeout(() => ac.abort(), 1); // 1ms 뒤에 중단
await pipeline(
  fs.createReadStream('./readme4.txt'),
  zlib.createGzip(),
  fs.createWriteStream('./readme4.txt.gz'),
  { signal },
);
```

pipeline의 마지막 인수로 { signal }을 추가하면 됩니다. 원하는 시점에 ac.abort()를 호출하면 중단됩니다.

이렇게 전체 파일을 모두 버퍼에 저장하는 readFile 메서드와 부분으로 나눠 읽는 createReadStream 메서드를 알아봤습니다. 그럼 이 두 메서드 간의 메모리 사용량 차이를 실제로 확인해보겠습니다.

다음은 1GB 용량의 텍스트 파일을 만드는 코드입니다. 실행 전에 현재 드라이브의 여유 용량이 충분한지 확인하고 실행해야 합니다. 시간이 조금 많이 소요될 수 있습니다.

createBigFile.js

```javascript
const fs = require('fs');
const file = fs.createWriteStream('./big.txt');

for (let i = 0; i <= 10000000; i++) {
  file.write('안녕하세요. 엄청나게 큰 파일을 만들어 볼 것입니다. 각오 단단히 하세요!\n');
}
file.end();
```

```
$ node createBigFile
```

readFile 메서드를 사용해 big.txt를 big2.txt로 복사해보겠습니다.

buffer-memory.js

```javascript
const fs = require('fs');

console.log('before: ', process.memoryUsage().rss);

const data1 = fs.readFileSync('./big.txt');
fs.writeFileSync('./big2.txt', data1);
console.log('buffer: ', process.memoryUsage().rss);
```

```
$ node buffer-memory
before:  18137088
buffer:  1019133952
```

처음에 18MB였던 메모리 용량이 순식간에 1GB를 넘었습니다. 1GB 용량의 파일을 복사하기 위해 메모리에 파일을 모두 올려둔 후 writeFileSync를 수행했기 때문입니다.

이번에는 스트림을 사용해 파일을 big3.txt로 복사해보겠습니다.

stream-memory.js

```javascript
const fs = require('fs');

console.log('before: ', process.memoryUsage().rss);

const readStream = fs.createReadStream('./big.txt');
const writeStream = fs.createWriteStream('./big3.txt');
readStream.pipe(writeStream);
readStream.on('end', () => {
  console.log('stream: ', process.memoryUsage().rss);
});
```

```
$ node stream-memory
before:  18087936
stream:  62472192
```

스트림을 사용해서 파일을 복사했더니 메모리를 62MB밖에 차지하지 않습니다. 이전 방식이 1GB 용량을 차지했던 것에 비하면 엄청난 개선 효과입니다. 큰 파일을 조각내어 작은 버퍼 단위로 옮겼기 때문입니다. 이렇게 스트림을 사용하면 효과적으로 데이터를 전송할 수 있습니다. 동영상 같은 큰 파일들을 전송할 때 이러한 이유로 스트림을 사용합니다.

이제 나머지 fs 메서드를 배워보겠습니다.

3.6.3 기타 fs 메서드 알아보기

fs는 파일 시스템을 조작하는 다양한 메서드를 제공합니다. 지금까지는 단순히 파일 읽기/쓰기를 했지만, 파일을 생성하고 삭제할 수도 있으며 폴더를 생성하고 삭제할 수도 있습니다.

다음 예제를 통해 실습해봅시다.

fsCreate.js
```js
const fs = require('fs').promises;
const constants = require('fs').constants;

fs.access('./folder', constants.F_OK | constants.W_OK | constants.R_OK)
  .then(() => {
    return Promise.reject('이미 폴더 있음');
  })
  .catch((err) => {
    if (err.code === 'ENOENT') {
      console.log('폴더 없음');
      return fs.mkdir('./folder');
    }
    return Promise.reject(err);
  })
  .then(() => {
    console.log('폴더 만들기 성공');
    return fs.open('./folder/file.js', 'w');
  })
  .then((fd) => {
    console.log('빈 파일 만들기 성공', fd);
    return fs.rename('./folder/file.js', './folder/newfile.js');
  })
  .then(() => {
    console.log('이름 바꾸기 성공');
```

```
  })
  .catch((err) => {
    console.error(err);
  });
```

```
$ node fsCreate
폴더 없음
폴더 만들기 성공
빈 파일 만들기 성공 3
이름 바꾸기 성공
$ node fsCreate
이미 폴더 있음
```

여기서는 네 가지 메서드를 소개합니다. 모두 비동기 메서드이므로 한 메서드의 콜백에서 다른 메서드를 호출합니다.

- **fs.access(경로, 옵션, 콜백)**: 폴더나 파일에 접근할 수 있는지를 체크합니다. 두 번째 인수로 상수들(constants를 통해 가져옵니다)을 넣었습니다. F_OK는 파일 존재 여부, R_OK는 읽기 권한 여부, W_OK는 쓰기 권한 여부를 체크합니다. 파일/폴더나 권한이 없다면 에러가 발생하는데, 파일/폴더가 없을 때의 에러 코드는 ENOENT입니다.

- **fs.mkdir(경로, 콜백)**: 폴더를 만드는 메서드입니다. 이미 폴더가 있다면 에러가 발생하므로 먼저 access 메서드를 호출해서 확인하는 것이 중요합니다.

- **fs.open(경로, 옵션, 콜백)**: 파일의 아이디(fd 변수)를 가져오는 메서드입니다. 파일이 없다면 파일을 생성한 뒤 그 아이디를 가져옵니다. 가져온 아이디를 사용해 fs.read 또는 fs.write로 읽거나 쓸 수 있습니다. 두 번째 인수로 어떤 동작을 할 것인지를 설정할 수 있습니다. 쓰려면 w, 읽으려면 r, 기존 파일에 추가하려면 a입니다. 앞의 예제에서는 w를 했으므로 파일이 없을 때 새로 만들 수 있었습니다. r이었다면 에러가 발생했을 것입니다.

- **fs.rename(기존 경로, 새 경로, 콜백)**: 파일의 이름을 바꾸는 메서드입니다. 기존 파일 위치와 새로운 파일 위치를 적으면 됩니다. 꼭 같은 폴더를 지정할 필요는 없으므로 잘라내기 같은 기능을 할 수도 있습니다.

이번에는 폴더 내용 확인 및 삭제와 관련된 메서드를 알아보겠습니다.

fsDelete.js

```
const fs = require('fs').promises;

fs.readdir('./folder')
  .then((dir) => {
    console.log('폴더 내용 확인', dir);
    return fs.unlink('./folder/newfile.js');
  })
  .then(() => {
    console.log('파일 삭제 성공');
    return fs.rmdir('./folder');
  })
  .then(() => {
    console.log('폴더 삭제 성공');
  })
  .catch((err) => {
    console.error(err);
  });
```

콘솔

```
$ node fsDelete
폴더 내용 확인 [ 'newfile.js' ]
파일 삭제 성공
폴더 삭제 성공
```

- **fs.readdir(경로, 콜백)**: 폴더 안의 내용물을 확인할 수 있습니다. 배열 안에 내부 파일과 폴더명이 나옵니다.
- **fs.unlink(경로, 콜백)**: 파일을 지울 수 있습니다. 파일이 없다면 에러가 발생하므로 먼저 파일이 있는지를 꼭 확인해야 합니다.
- **fs.rmdir(경로, 콜백)**: 폴더를 지울 수 있습니다. 폴더 안에 파일들이 있다면 에러가 발생하므로 먼저 내부 파일을 모두 지우고 호출해야 합니다.

node fsDelete를 한 번 더 실행하면 ENOENT 에러가 발생합니다. 존재하지 않는 파일을 지웠다는 에러입니다.

노드 8.5 버전 이후에는 createReadStream과 createWriteStream을 pipe하지 않아도 파일을 복사할 수 있습니다. 다음과 같이 하면 됩니다.

```
const fs = require('fs').promises;

fs.copyFile('readme4.txt', 'writeme4.txt')
  .then(() => {
    console.log('복사 완료');
  })
  .catch((error) => {
    console.error(error);
  });
```

```
$ node copyFile
복사 완료
```

readme.txt와 동일한 내용의 writeme4.txt가 생성되었을 것입니다. 첫 번째 인수로 복사할 파일을, 두 번째 인수로 복사될 경로를, 세 번째 인수로 복사 후 실행될 콜백 함수를 넣습니다.

마지막으로, 파일/폴더의 변경 사항을 감시할 수 있는 watch 메서드를 알아보겠습니다. 빈 텍스트 파일인 target.txt를 만들고 watch.js를 작성합니다.

```
const fs = require('fs');

fs.watch('./target.txt', (eventType, filename) => {
  console.log(eventType, filename);
});
```

watch.js를 실행하고 target.txt의 내용물을 수정해봅니다. 또한, 파일명을 변경하거나 파일을 삭제해봅시다.

```
$ node watch
// 내용물 수정 후
change target.txt
change target.txt
// 파일명 변경 또는 파일 삭제 후
rename target.txt
```

내용물을 수정할 때는 change 이벤트가 발생하고, 파일명을 변경하거나 파일을 삭제하면 rename 이벤트가 발생합니다. rename 이벤트가 발생한 후에는 더 이상 watch가 수행되지 않습니다. change 이벤트가 두 번씩 발생하기도 하므로 실무에서 사용할 때는 주의가 필요합니다.

3.6.4 스레드 풀 알아보기

이전 절에서는 파일 시스템 실습을 하면서 fs 모듈의 비동기 메서드들을 사용해봤습니다. 비동기 메서드들은 백그라운드에서 실행되고, 실행된 후에는 다시 메인 스레드의 콜백 함수나 프로미스의 then 부분이 실행됩니다. 이때 fs 메서드를 여러 번 실행해도 백그라운드에서 동시에 처리되는데, 바로 스레드 풀이 있기 때문입니다.

fs 외에도 내부적으로 스레드 풀을 사용하는 모듈로는 crypto, zlib, dns.lookup 등이 있습니다. 스레드 풀을 쓰는 crypto.pbkdf2 메서드의 예제로 스레드 풀의 존재를 확인해보겠습니다.

```js
threadpool.js
const crypto = require('crypto');

const pass = 'pass';
const salt = 'salt';
const start = Date.now();

crypto.pbkdf2(pass, salt, 1000000, 128, 'sha512', () => {
  console.log('1:', Date.now() - start);
});

crypto.pbkdf2(pass, salt, 1000000, 128, 'sha512', () => {
  console.log('2:', Date.now() - start);
});

crypto.pbkdf2(pass, salt, 1000000, 128, 'sha512', () => {
  console.log('3:', Date.now() - start);
});

crypto.pbkdf2(pass, salt, 1000000, 128, 'sha512', () => {
  console.log('4:', Date.now() - start);
});

crypto.pbkdf2(pass, salt, 1000000, 128, 'sha512', () => {
```

```
  console.log('5:', Date.now() - start);
});

crypto.pbkdf2(pass, salt, 1000000, 128, 'sha512', () => {
  console.log('6:', Date.now() - start);
});

crypto.pbkdf2(pass, salt, 1000000, 128, 'sha512', () => {
  console.log('7:', Date.now() - start);
});

crypto.pbkdf2(pass, salt, 1000000, 128, 'sha512', () => {
  console.log('8:', Date.now() - start);
});
```

콘솔

```
$ node threadpool
4: 1548
2: 1583
1: 1590
3: 1695
6: 3326
5: 3463
7: 3659
8: 3682
```

실행할 때마다 시간과 순서가 달라집니다. 스레드 풀이 작업을 동시에 처리하므로 여덟 개의 작업 중에서 어느 것이 먼저 처리될지 모릅니다. 하지만 하나의 규칙을 발견할 수는 있습니다. 1~4와 5~8이 그룹으로 묶여져 있고, 5~8이 1~4보다 시간이 더 소요됩니다. 바로 기본적인 스레드 풀의 개수가 네 개이기 때문입니다. 스레드 풀이 네 개이므로 처음 네 개의 작업이 동시에 실행되고, 그것들이 종료되면 다음 네 개의 작업이 실행됩니다. 만약 여러분 컴퓨터의 코어 개수가 4보다 작다면 다른 결과가 생길 수는 있습니다.

▼ 그림 3-14 스레드 풀 개수만큼 작업을 동시에 처리합니다.

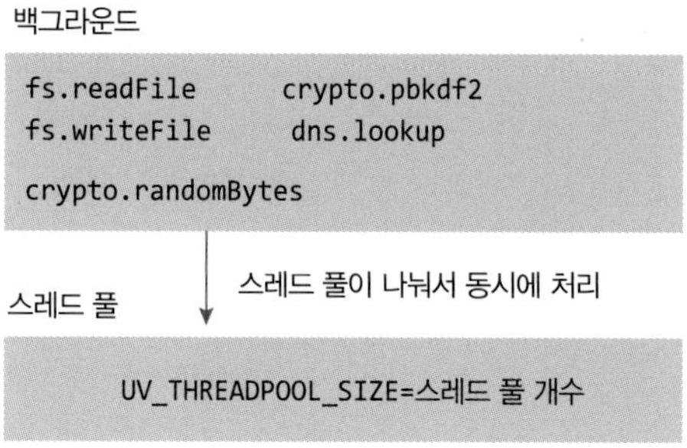

백그라운드

```
fs.readFile        crypto.pbkdf2
fs.writeFile       dns.lookup
crypto.randomBytes
```

스레드 풀   │ 스레드 풀이 나눠서 동시에 처리
          ↓

```
UV_THREADPOOL_SIZE=스레드 풀 개수
```

스레드 풀은 직접 컨트롤할 수 없지만, 개수는 조절할 수 있습니다.

윈도라면 명령 프롬프트에 SET UV_THREADPOOL_SIZE=1을, 맥과 리눅스라면 터미널에 UV_THREADPOOL_SIZE=1을 입력한 후 다시 node threadpool 명령어를 입력해보세요. 신기하게도 작업이 순서대로 실행될 것입니다. 스레드 풀 개수를 하나로 제한했으므로 작업이 한 번에 하나씩밖에 처리되지 않습니다. SET UV_THREADPOOL_SIZE=숫자와 같은 것은 process.env.UV_THREADPOOL_SIZE를 설정하는 명령어입니다.

스레드의 개수를 8개로 두면 다른 결과가 발생할 것입니다. 다만, 숫자를 크게 할 때는 자신의 컴퓨터 코어 개수와 같거나 그보다 많게 둬야 뚜렷한 효과가 발생합니다.

지금까지 노드로 파일 시스템에 접근하는 방법을 알아봤습니다. 자바스크립트로는 처음 접근해보는 분도 많을 것입니다. 예제를 반복하고 응용도 해보면 곧 익숙해질 것입니다. 다음 절에서는 스트림에서 사용했던 on에 대해 알아보겠습니다.

3.7 / 이벤트 이해하기

NODE.JS

스트림을 배울 때 on('data', 콜백) 또는 on('end', 콜백)을 사용했습니다. 바로 data라는 이벤트와 end라는 이벤트가 발생할 때 콜백 함수를 호출하도록 이벤트를 등록한 것입니다. createReadStream 같은 경우는 내부적으로 알아서 data와 end 이벤트를 호출하지만, 우리가 직접 이벤트를 만들 수도 있습니다.

다음 예제를 통해 이벤트를 만들고 호출하고 삭제해봅시다.

```
const EventEmitter = require('events');

const myEvent = new EventEmitter();
myEvent.addListener('event1', () => {
  console.log('이벤트 1');
});
myEvent.on('event2', () => {
  console.log('이벤트 2');
});
myEvent.on('event2', () => {
  console.log('이벤트 2 추가');
});
myEvent.once('event3', () => {
  console.log('이벤트 3');
}); // 한 번만 실행됨

myEvent.emit('event1'); // 이벤트 호출
myEvent.emit('event2'); // 이벤트 호출

myEvent.emit('event3');
myEvent.emit('event3'); // 실행 안 됨

myEvent.on('event4', () => {
  console.log('이벤트 4');
});
myEvent.removeAllListeners('event4');
myEvent.emit('event4'); // 실행 안 됨

const listener = () => {
  console.log('이벤트 5');
};
myEvent.on('event5', listener);
myEvent.removeListener('event5', listener);
myEvent.emit('event5'); // 실행 안 됨

console.log(myEvent.listenerCount('event2'));
```

```
$ node event
이벤트 1
이벤트 2
```

events 모듈을 사용하면 됩니다. myEvent라는 객체를 먼저 만듭니다. 객체는 이벤트 관리를 위한 메서드를 갖고 있습니다.

- **on(이벤트명, 콜백)**: 이벤트 이름과 이벤트 발생 시의 콜백을 연결합니다. 이렇게 연결하는 동작을 이벤트 리스닝이라고 합니다. event2처럼 이벤트 하나에 이벤트 여러 개를 달아줄 수도 있습니다.
- **addListener(이벤트명, 콜백)**: on과 기능이 같습니다.
- **emit(이벤트명)**: 이벤트를 호출하는 메서드입니다. 이벤트 이름을 인수로 넣으면 미리 등록해뒀던 이벤트 콜백이 실행됩니다.
- **once(이벤트명, 콜백)**: 한 번만 실행되는 이벤트입니다. myEvent.emit('event3')을 두 번 연속 호출했지만 콜백이 한 번만 실행됩니다.
- **removeAllListeners(이벤트명)**: 이벤트에 연결된 모든 이벤트 리스너를 제거합니다. event4가 호출되기 전에 리스너를 제거했으므로 event4의 콜백은 호출되지 않습니다.
- **removeListener(이벤트명, 리스너)**: 이벤트에 연결된 리스너를 하나씩 제거합니다. 리스너를 넣어야 한다는 것을 잊지 마세요. 역시 event5의 콜백도 호출되지 않습니다.
- **off(이벤트명, 콜백)**: 노드 10 버전에서 추가된 메서드로, removeListener와 기능이 같습니다.
- **listenerCount(이벤트명)**: 현재 리스너가 몇 개 연결되어 있는지 확인합니다.

이제는 스트림에서 봤던 on('data')와 on('end')에 대해서도 어느 정도 감이 올 겁니다. 겉으로 이 이벤트를 호출하는 코드는 없지만, 내부적으로는 chunk를 전달할 때마다 data 이벤트를 emit 하고 있습니다. 완료되었을 경우에는 end 이벤트를 emit한 것입니다.

이제 직접 이벤트를 만들 수 있으므로 다양한 동작을 직접 구현할 수 있으며, 웹 서버를 구축할 때 많이 사용됩니다.

지금까지 배운 개념들만으로도 서버를 만들기에 충분합니다. 하지만 서버를 운영할 때 코드에 에러가 발생하는 것은 치명적이므로, 마지막으로는 에러를 처리하는 방법을 배워보겠습니다. 다음 절에서 알아봅시다.

3.8 예외 처리하기

노드에서는 예외 처리가 정말 중요합니다. 예외란 보통 처리하지 못한 에러를 말합니다. 이러한 예외들은 실행 중인 노드 프로세스를 멈추게 만듭니다.

멀티 스레드 프로그램에서는 스레드 하나가 멈추면 그 일을 다른 스레드가 대신합니다. 하지만 노드의 메인 스레드는 하나뿐이므로 그 하나를 소중히 보호해야 합니다. 메인 스레드가 에러로 인해 멈춘다는 것은 스레드를 갖고 있는 프로세스가 멈춘다는 뜻이고, 전체 서버도 멈춘다는 뜻과 같습니다. 아무리 신중을 기해 만들었다고 해도 항상 예기치 못한 에러는 발생하는 법입니다.

따라서 에러를 처리하는 방법을 익혀둬야 합니다. 에러 로그가 기록되더라도 작업은 계속 진행될 수 있도록 말입니다.

문법상의 에러는 없다고 가정하겠습니다. 실제 배포용 코드에 문법 에러가 있어서는 안 됩니다. 좋은 에디터를 사용하거나 좋은 문법 검사 툴을 사용해서 오탈자나 문법 에러가 발생하지 않도록 합니다.

다음 예제에서는 프로세스가 멈추지 않도록 에러를 잡아보겠습니다. 에러가 발생할 것 같은 부분을 try/catch문으로 감싸면 됩니다.

error1.js
```
setInterval(() => {
  console.log('시작');
  try {
    throw new Error('서버를 고장내주마!');
  } catch (err) {
    console.error(err);
  }
}, 1000);
```

setInterval을 사용한 것은 프로세스가 멈추는지 여부를 체크하기 위해서입니다. 프로세스가 에러로 인해 멈추면 setInterval도 멈출 것입니다. setInterval 내부에 throw new Error()를 써서 에러를 강제로 발생시켰습니다.

```
$ node error1
시작
Error: 서버를 고장내주마!
...
시작
Error: 서버를 고장내주마!
...
// 계속 반복
```

에러는 발생하지만 try/catch로 잡을 수 있고 setInterval도 직접 멈추기 전(Ctrl+C)까지 계속 실행됩니다. 이렇게 에러가 발생할 것 같은 부분을 미리 try/catch로 감싸면 됩니다.

이번에는 노드 자체에서 잡아주는 에러에 대해 알아보겠습니다.

error2.js

```
const fs = require('fs');

setInterval(() => {
  fs.unlink('./abcdefg.js', (err) => {
    if (err) {
      console.error(err);
    }
  });
}, 1000);
```

fs.unlink로 존재하지 않는 파일을 지우고 있습니다. 에러가 발생하지만, 다행히 노드 내장 모듈의 에러는 실행 중인 프로세스를 멈추지 않습니다. 에러 로그를 기록해두고 나중에 원인을 찾아 수정하면 됩니다.

3.6절의 예제에서는 에러가 발생했을 때 에러를 throw했습니다. 그런데 throw하면 노드 프로세스가 멈춰버립니다. 따라서 throw하는 경우에는 반드시 try/catch문으로 throw한 에러를 잡아야 합니다.

```
$ node error2
[Error: ENOENT: no such file or directory, unlink 'C:\Users\zerocho\abcdefg.js'] {
  errno: -4058,
  code: 'ENOENT',
  syscall: 'unlink',
```

```
    path: 'C:\\Users\\zerocho\\abcdefg.js'
  }
[Error: ENOENT: no such file or directory, unlink 'C:\Users\zerocho\abcdefg.js'] {
  errno: -4058,
  code: 'ENOENT',
  syscall: 'unlink',
  path: 'C:\\Users\\zerocho\\abcdefg.js'
}
// 계속 반복
```

노드 16 버전부터 프로미스의 에러는 반드시 catch해야 합니다. catch하지 않으면 에러와 함께 노드 프로세스가 종료됩니다.

error3.js

```
const fs = require('fs').promises;

setInterval(() => {
  fs.unlink('./abcdefg.js').catch(console.error);
}, 1000);
```

콘솔

```
$ node error3
[Error: ENOENT: no such file or directory, unlink 'C:\Users\zerocho\abcdefg.js'] {
  errno: -4058,
  code: 'ENOENT',
  syscall: 'unlink',
  path: 'C:\\Users\\speak\\abcdefg.js'
}
// 계속 반복
```

이번에는 정말 예측이 불가능한 에러를 처리하는 방법을 알아보겠습니다.

error4.js

```
process.on('uncaughtException', (err) => {
  console.error('예기치 못한 에러', err);
});

setInterval(() => {
  throw new Error('서버를 고장내주마!');
}, 1000);
```

174

```
setTimeout(() => {
  console.log('실행됩니다');
}, 2000);
```

process 객체에 uncaughtException 이벤트 리스너를 달았습니다. 처리하지 못한 에러가 발생했을 때 이벤트 리스너가 실행되고 프로세스가 유지됩니다. 이 부분이 없다면 위 예제에서는 setTimeout이 실행되지 않습니다. 실행 후 1초 만에 setInterval에서 에러가 발생해 프로세스가 멈추기 때문입니다. 하지만 uncaughtException 이벤트 리스너가 연결되어 있으므로 프로세스가 멈추지 않습니다.

콘솔

```
$ node error4
예기치 못한 에러 Error: 서버를 고장내주마!
...
실행됩니다
예기치 못한 에러 Error: 서버를 고장내주마!
예기치 못한 에러 Error: 서버를 고장내주마!
// 계속 반복
```

try/catch로 처리하지 못한 에러가 발생했지만 코드가 제대로 실행되었습니다.

어떻게 보면 uncaughtException 이벤트 리스너로 모든 에러를 처리할 수 있을 것처럼 보입니다. 실제로 uncaughtException의 콜백 함수에 에러 발생 시 복구 작업을 하는 코드를 넣어둔 경우도 본 적이 있습니다. 하지만 노드 공식 문서에서는 uncaughtException 이벤트를 최후의 수단으로 사용할 것을 명시하고 있습니다. 노드는 uncaughException 이벤트 발생 후 다음 동작이 제대로 동작하는지를 보증하지 않습니다. 즉, 복구 작업 코드를 넣어뒀더라도 그것이 동작하는지 확신할 수 없습니다.

따라서 uncaughtException은 단순히 에러 내용을 기록하는 정도로 사용하고, 에러를 기록한 후 process.exit()으로 프로세스를 종료하는 것이 좋습니다. 에러가 발생하는 코드를 수정하지 않는 이상, 프로세스가 실행되는 동안 에러는 계속 발생할 것입니다.

서버 운영은 에러와의 싸움입니다. 모든 에러 상황에 대비하는 것이 최선이지만, 시간이나 비용, 인력 등의 제약으로 미처 대비하지 못한 에러가 발생할 수 있습니다. 따라서 에러가 발생했을 때 철저히 기록(로깅)하는 습관을 들이고, 주기적으로 로그를 확인하면서 보완해나가야 합니다. 운영 중인 서버가 에러로 인해 종료되었을 때 자동으로 재시작하는 방법은 15.1.5절에서 알아봅니다.

3.8.1 자주 발생하는 에러들

이번 절에는 자주 발생하는 에러들을 모아뒀습니다. 아직 배우지 않은 상황에서 발생하는 에러도 있습니다. 이 책으로 학습하는 과정에서 발생하는 에러들이 있다면 이 절을 찾아보면 됩니다. 자바스크립트 문법상에서 발생하는 에러는 포함하지 않았습니다.

- node: command not found: 노드를 설치했지만 이 에러가 발생하는 경우는 환경 변수가 제대로 설정되어 있지 않은 것입니다. 환경 변수에는 노드가 설치된 경로가 포함되어야 합니다. node 외의 다른 명령어도 마찬가지입니다. 그 명령어를 수행할 수 있는 파일이 환경 변수에 들어 있어야 명령어를 콘솔에서 사용할 수 있습니다.

- ReferenceError: 모듈 is not defined: 모듈을 require했는지 확인합니다.

- Error: Cannot find module 모듈명: 해당 모듈을 require했지만 설치하지 않았습니다. npm i 명령어로 설치하세요.

- Error [ERR_MODULE_NOT_FOUND]: 존재하지 않는 모듈을 불러오려 할 때 발생합니다.

- Error: Can't set headers after they are sent: 요청에 대한 응답을 보낼 때 응답을 두 번 이상 보냈습니다. 요청에 대한 응답은 한 번만 보내야 합니다. 응답을 보내는 메서드를 두 번 이상 사용하지 않았는지 체크해보세요.

- FATAL ERROR: CALL_AND_RETRY_LAST Allocation failed - JavaScript heap out of memory: 코드를 실행할 때 메모리가 부족해서 스크립트가 정상적으로 작동하지 않는 경우입니다. 코드가 잘못 구현되었을 확률이 높으므로 코드를 점검해보세요. 만약 코드는 정상이지만 노드가 활용할 수 있는 메모리가 부족한 경우라면 노드의 메모리를 늘릴 수 있습니다. 노드를 실행할 때 node --max-old-space-size=4096 파일명과 같은 명령어를 사용하면 됩니다. 4096은 4GB를 의미합니다. 여기에 원하는 용량을 적으면 됩니다.

- UnhandledPromiseRejectionWarning: Unhandled promise rejection: 프로미스 사용 시 catch 메서드를 붙이지 않으면 발생합니다. 항상 catch를 붙여 에러가 발생하는 상황에 대비하세요.

- EADDRINUSE 포트 번호: 해당 포트 번호에 이미 다른 프로세스가 연결되어 있습니다. 그 프로세스는 노드 프로세스일 수도 있고 다른 프로그램일 수도 있습니다. 그 프로세스를 종료하거나 다른 포트 번호를 사용해야 합니다.

> **Note ☰ 윈도에서 프로세스 종료하기**
>
> 명령 프롬프트에 다음 명령어를 입력합니다.
>
> **콘솔**
> ```
> $ netstat -ano | findstr 포트
> $ taskkill /pid 프로세스아이디 /f
> ```
>
> 예를 들어 포트가 3000이고 netstat -ano | findstr 3000을 수행한 결과의 프로세스 아이디가 12345였을 경우, taskkill /pid 12345 /f를 수행하면 해당 프로세스가 종료됩니다.

> **Note ☰ 맥/리눅스에서 프로세스 종료하기**
>
> 맥이나 리눅스 운영체제에서는 다음과 같은 방법으로 프로세스를 종료할 수 있습니다. 터미널에 다음 명령어를 입력합니다.
>
> **콘솔**
> ```
> $ lsof -i tcp:포트
> $ kill -9 프로세스아이디
> ```
>
> 예를 들어 포트가 3000이고 lsof -i tcp:3000을 수행한 결과의 프로세스 아이디가 12345였을 경우, kill -9 12345를 수행하면 해당 프로세스가 종료됩니다.

- **EACCES 또는 EPERM**: 노드가 작업을 수행하는 데 권한이 충분하지 않습니다. 파일/폴더 수정, 삭제, 생성 권한을 확인해보는 것이 좋습니다. 맥이나 리눅스 운영체제라면 명령어 앞에 sudo를 붙이는 것도 방법입니다.

- **EJSONPARSE**: package.json 등의 JSON 파일에 문법 오류가 있을 때 발생합니다. 자바스크립트 객체와는 형식이 조금 다르니 쉼표 같은 게 빠지거나 추가되지는 않았는지 확인해보세요.

- **ECONNREFUSED**: 요청을 보냈으나 연결이 성립하지 않을 때 발생합니다. 요청을 받는 서버의 주소가 올바른지, 서버가 꺼져 있지는 않은지 등을 확인해봐야 합니다.

- **ETARGET**: package.json에 기록한 패키지 버전이 존재하지 않을 때 발생합니다. 해당 버전이 존재하는지 확인하세요.

- **ETIMEOUT**: 요청을 보냈으나 응답이 시간 내에 오지 않을 때 발생합니다. 역시 요청을 받는 서버의 상태를 점검해봐야 합니다.

- **ENOENT: no such file or directory**: 지정한 폴더나 파일이 존재하지 않는 경우입니다. 맥이나 리눅스 운영체제에서는 대소문자도 구별하므로 확인해봐야 합니다.

이제 기본적인 내용은 충분히 배웠습니다. 지금부터는 웹 서버를 실제로 만들어보면서 배운 내용을 적용해봅시다. 다음 장에서는 서버의 개념을 살펴보고 http 모듈을 사용하는 방법을 배웁니다.

3.9 함께 보면 좋은 자료

- **노드 공식 문서**: https://nodejs.org/dist/latest-v18.x/docs/api/
- **NODE_OPTIONS**: https://nodejs.org/dist/latest-v18.x/docs/api/cli.html#cli_node_options_options
- **UV_THREADPOOL_SIZE**: https://nodejs.org/dist/latest-v18.x/docs/api/cli.html#cli_uv_threadpool_size_size
- **에러 코드**: https://nodejs.org/dist/latest-v18.x/docs/api/errors.html#errors_node_js_error_codes
- **uncaughtException**: https://nodejs.org/dist/latest-v18.x/docs/api/process.html#process_event_uncaughtexception

4^장

http 모듈로
서버 만들기

이 장에서는 드디어 실제로 돌아가는 서버를 만듭니다. 지금까지 배운 다양한 모듈을 사용할 예정이며, 전부 외우지 않아도 됩니다. 해당 모듈이 어떤 역할을 했는지 기억나지 않는다면 잠시 3장으로 돌아가서 관련 내용을 읽어보세요.

또한, 4장에서는 실제 서버 동작에 필요한 쿠키와 세션 처리를 살펴보고 요청 주소별 라우팅 방법도 배울 것입니다.

4.1 요청과 응답 이해하기

▼ 그림 4-1 클라이언트와 서버의 관계

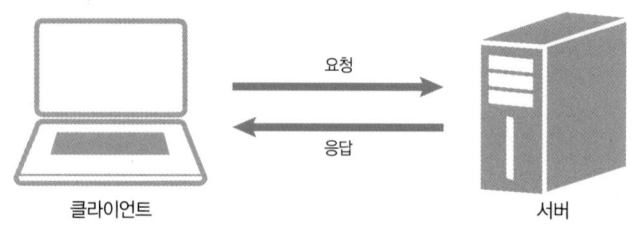

그림 4-1은 1장에서 본 그림입니다. 서버는 클라이언트가 있기에 동작합니다. 클라이언트에서 서버로 요청(request)을 보내고, 서버에서는 요청의 내용을 읽고 처리한 뒤 클라이언트에 응답(response)을 보냅니다.

따라서 서버에는 요청을 받는 부분과 응답을 보내는 부분이 있어야 합니다. 요청과 응답은 이벤트 방식이라고 생각하면 됩니다. 클라이언트로부터 요청이 왔을 때 어떤 작업을 수행할지 이벤트 리스너를 미리 등록해둬야 합니다.

이벤트 리스너를 가진 노드 서버를 만들어봅시다.

createServer.js
```
const http = require('http');

http.createServer((req, res) => {
  // 여기에 어떻게 응답할지 적어줍니다
});
```

http 서버가 있어야 웹 브라우저의 요청을 처리할 수 있으므로 http 모듈을 사용했습니다. http 모듈에는 createServer 메서드가 있습니다. 인수로 요청에 대한 콜백 함수를 넣을 수 있으며, 요청이 들어올 때마다 매번 콜백 함수가 실행됩니다. 따라서 이 콜백 함수에 응답을 적으면 됩니다.

createServer의 콜백 부분을 보면 req와 res 매개변수가 있습니다. 보통 request를 줄여 req라 표현하고, response를 줄여 res라 표현합니다(매개변수의 이름을 마음대로 바꿔도 되는 것은 아시죠?). req 객체는 요청에 관한 정보들을, res 객체는 응답에 관한 정보들을 담고 있습니다.

아직은 코드를 실행해도 아무 일도 일어나지 않습니다. 요청에 대한 응답도 넣어주지 않았고 서버와 연결하지도 않았기 때문입니다. 다음 예제에서 응답을 보내는 부분과 서버 연결 부분을 추가해 보겠습니다.

server1.js
```js
const http = require('http');

http.createServer((req, res) => {
  res.writeHead(200, { 'Content-Type': 'text/html; charset=utf-8' });
  res.write('<h1>Hello Node!</h1>');
  res.end('<p>Hello Server!</p>');
})
  .listen(8080, () => { // 서버 연결
    console.log('8080번 포트에서 서버 대기 중입니다!');
  });
```

코드를 설명하기에 앞서 먼저 첫 서버를 실행해봅시다.

콘솔
```
$ node server1
8080번 포트에서 서버 대기 중입니다!
```

콘솔에 위와 같은 문장이 나왔다면 성공입니다. 이제 웹 브라우저를 열어 http://localhost:8080 또는 http://127.0.0.1:8080에 접속합니다.

Note ≡ **localhost와 포트란?**
localhost는 현재 컴퓨터의 내부 주소를 가리키며, 외부에서는 접근할 수 없고 자신의 컴퓨터에서만 접근할 수 있습니다. 따라서 서버를 개발할 때 테스트용으로 많이 사용됩니다. localhost 대신 127.0.0.1을 주소로 사용해도 같습니다. 이러한 숫자 주소를 IP(Internet Protocol)라고 합니다.

포트는 서버 내에서 프로세스를 구분하는 번호입니다. 서버는 HTTP 요청을 대기하는 것 외에도 다양한 작업을 합니다. 데이터베이스와도 통신해야 하고, FTP 요청을 처리하기도 합니다. 따라서 서버는 프로세스에 포트를 다르게 할당해 들어오는 요청을 구분합니다. 유명한 포트 번호로는 21(FTP), 80(HTTP), 443(HTTPS), 3306(MYSQL)이 있습니다. 포트 번호는 IP 주소 뒤에 콜론(:)과 함께 붙여 사용합니다.

♥ 그림 4-2 IP와 포트

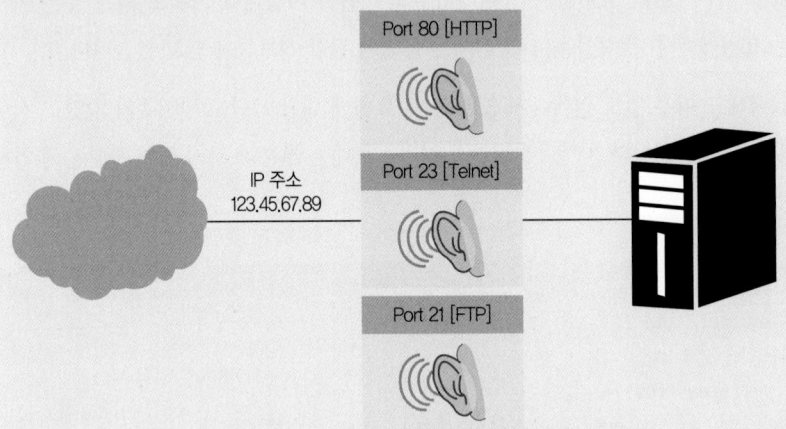

현재 예제에서는 임의의 포트 번호 8080에 노드 서버(프로세스)를 연결했습니다. 따라서 http://localhost:8080으로 접근해야 합니다.

그런데 http://gilbut.co.kr 같은 사이트들은 포트 번호를 따로 표시하지 않습니다. 바로 80번 포트를 사용하기 때문입니다. 80번 포트를 사용하면 주소에서 포트를 생략할 수 있습니다. https의 경우에는 443번 포트를 생략할 수 있습니다. 따라서 http://gilbut.co.kr:80으로 요청해도 길벗 홈페이지에 접속됩니다.

이 책에서 80번 포트를 사용하지 않는 이유는 충돌을 방지하기 위해서입니다. 일반적으로 컴퓨터에서 80번 포트는 이미 다른 서비스가 사용하고 있을 확률이 큽니다. 보통 포트 하나에 서비스를 하나만 사용할 수 있으므로 다른 서비스가 사용하고 있는 포트를 사용하려고 하면 에러가 발생합니다. 따라서 예제를 실행할 때는 다른 포트 번호들을 사용하고, 실제로 배포할 때는 80번 또는 443번 포트를 사용합니다.

한 가지 더 알아둘 점이 있습니다. 리눅스와 맥에서는 1024번 이하의 포트에 연결할 때 관리자 권한이 필요합니다. 따라서 명령어 앞에 sudo를 붙여야 합니다. 예를 들면 node server1 대신 sudo node server1을 입력해야 합니다. 예제에서는 8080번 포트를 사용하므로 sudo를 붙이지 않아도 됩니다.

 Warning | 포트 충돌

다른 서비스가 사용하고 있는 포트를 사용할 경우 Error: listen EADDRINUSE :::포트 번호 같은 에러가 발생합니다. 이런 경우, 그 서비스를 종료하거나 노드의 포트를 다른 번호로 바꾸면 됩니다. 서비스가 종료되지 않는다면 3.8.1절의 에러 해결 방법을 참고하세요.

❤ 그림 4-3 서버 실행 화면(http://localhost:8080/)

Hello Node!

Hello Server!

서버를 종료하려면 콘솔에서 [Ctrl]+[C]를 입력하면 됩니다. 성공적으로 첫 서버를 실행했으니 다시 코드의 내용을 살펴봅시다.

server1.js

```
const http = require('http');

http.createServer((req, res) => {
  res.writeHead(200, { 'Content-Type': 'text/html; charset=utf-8' });
  res.write('<h1>Hello Node!</h1>');
  res.end('<p>Hello Server!</p>');
})
  .listen(8080, () => { // 서버 연결
    console.log('8080번 포트에서 서버 대기 중입니다!');
  });
```

createServer 메서드 뒤에 listen 메서드를 붙이고 클라이언트에 공개할 포트 번호와 포트 연결 완료 후 실행될 콜백 함수를 넣습니다. 이제 이 파일을 실행하면 서버는 8080번 포트에서 요청이 오기를 기다립니다.

res 객체에는 res.writeHead와 res.write, res.end 메서드가 있습니다. res.writeHead는 응답에 대한 정보를 기록하는 메서드입니다. 첫 번째 인수로 성공적인 요청임을 의미하는 200을, 두 번째 인수로 응답에 대한 정보를 보내는데, 콘텐츠의 형식이 HTML임을 알리고 있습니다. 또한, 한글 표시를 위해 charset을 utf-8로 지정했습니다. 이 정보가 기록되는 부분을 **헤더**(header)라고 합니다.

res.write 메서드의 첫 번째 인수는 클라이언트로 보낼 데이터입니다. 지금은 HTML 모양의 문자열을 보냈지만 버퍼를 보낼 수도 있습니다. 또한, 여러 번 호출해서 데이터를 여러 개 보내도 됩니다. 데이터가 기록되는 부분을 **본문**(body)이라고 합니다. 헤더와 본문은 다음 절에서 자세히 알아보겠습니다.

183

res.end는 응답을 종료하는 메서드입니다. 만약 인수가 있다면 그 데이터도 클라이언트로 보내고 응답을 종료합니다. 따라서 위의 예제는 res.write에서 <h1>Hello Node!</h1> 문자열을, res.end 에서 <p>Hello Server!</p> 문자열을 클라이언트로 보낸 후 응답이 종료된 것입니다. 브라우저는 응답 내용을 받아서 렌더링합니다.

이 상황을 그림으로 표현하면 다음과 같습니다.

▼ 그림 4-4 서버 구조도

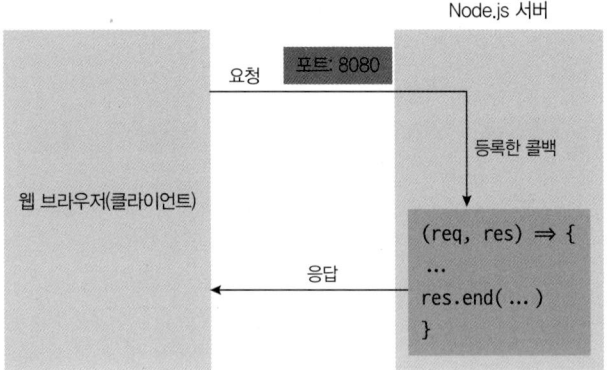

listen 메서드에 콜백 함수를 넣는 대신, 다음과 같이 서버에 listening 이벤트 리스너를 붙여도 됩니다. 추가로 error 이벤트 리스너도 붙여봤습니다.

server1-1.js

```
const http = require('http');

const server = http.createServer((req, res) => {
  res.writeHead(200, { 'Content-Type': 'text/html; charset=utf-8' });
  res.write('<h1>Hello Node!</h1>');
  res.end('<p>Hello Server!</p>');
});
server.listen(8080);

server.on('listening', () => {
  console.log('8080번 포트에서 서버 대기 중입니다!');
});
server.on('error', (error) => {
  console.error(error);
});
```

한 번에 여러 서버를 실행할 수도 있습니다. createServer를 원하는 만큼 호출하면 됩니다.

server1-2.js

```
const http = require('http');

http.createServer((req, res) => {
  res.writeHead(200, { 'Content-Type': 'text/html; charset=utf-8' });
  res.write('<h1>Hello Node!</h1>');
  res.end('<p>Hello Server!</p>');
})
  .listen(8080, () => { // 서버 연결
    console.log('8080번 포트에서 서버 대기 중입니다!');
  });

http.createServer((req, res) => {
  res.writeHead(200, { 'Content-Type': 'text/html; charset=utf-8' });
  res.write('<h1>Hello Node!</h1>');
  res.end('<p>Hello Server!</p>');
})
  .listen(8081, () => { // 서버 연결
    console.log('8081번 포트에서 서버 대기 중입니다!');
  });
```

각각 localhost:8080과 localhost:8081 주소로 서버에 접속할 수 있습니다. 이때 포트 번호가
달라야 한다는 점에 주의하세요. 포트 번호가 같으면 EADDRINUSE 에러가 발생합니다. 단, 실무에
서 이런 식으로 서버를 여러 개 띄우는 일은 드뭅니다.

res.write와 res.end에 일일이 HTML을 적는 것은 비효율적이므로 미리 HTML 파일을 만들어두
는 것이 바람직합니다. 그 HTML 파일은 fs 모듈로 읽어서 전송할 수 있습니다. 다음 예제를 통해
배워보겠습니다.

```html
<!DOCTYPE html>
<html>
<head>
    <meta charset="utf-8" />
    <title>Node.js 웹 서버</title>
</head>
<body>
    <h1>Node.js 웹 서버</h1>
    <p>만들 준비되셨나요?</p>
</body>
</html>
```

```js
const http = require('http');
const fs = require('fs').promises;

http.createServer(async (req, res) => {
  try {
    const data = await fs.readFile('./server2.html');
    res.writeHead(200, { 'Content-Type': 'text/html; charset=utf-8' });
    res.end(data);
  } catch (err) {
    console.error(err);
    res.writeHead(500, { 'Content-Type': 'text/plain; charset=utf-8' });
    res.end(err.message);
  }
})
  .listen(8081, () => {
    console.log('8081번 포트에서 서버 대기 중입니다!');
  });
```

요청이 들어오면 먼저 fs 모듈로 HTML 파일을 읽습니다. data 변수에 저장된 버퍼를 그대로 클라이언트에 보내면 됩니다. 이전 예제에서는 문자열을 보냈지만, 저렇게 버퍼를 보낼 수도 있습니다. 예기치 못한 에러가 발생한 경우에는 에러 메시지를 응답합니다. 에러 메시지는 일반 문자열이므로 text/plain을 사용했습니다.

Note ≡ **HTTP 상태 코드**

200이나 500과 같은 숫자는 HTTP 상태 코드입니다. res.writeHead에 첫 번째 인수로 상태 코드를 넣었는데, 브라우저는 서버에서 보내주는 상태 코드를 보고 요청이 성공했는지 실패했는지를 판단합니다. 여기서는 대표적인 상태 코드들을 알아보겠습니다.

- **2XX**: 성공을 알리는 상태 코드입니다. 대표적으로 200(성공), 201(작성됨)이 많이 사용됩니다.
- **3XX**: 리다이렉션(다른 페이지로 이동)을 알리는 상태 코드입니다. 어떤 주소를 입력했는데 다른 주소의 페이지로 넘어갈 때 이 코드가 사용됩니다. 대표적으로 301(영구 이동), 302(임시 이동)가 있습니다. 304(수정되지 않음)는 요청의 응답으로 캐시를 사용했다는 뜻입니다.
- **4XX**: 요청 오류를 나타냅니다. 요청 자체에 오류가 있을 때 표시됩니다. 대표적으로 400(잘못된 요청), 401(권한 없음), 403(금지됨), 404(찾을 수 없음)가 있습니다.
- **5XX**: 서버 오류를 나타냅니다. 요청은 제대로 왔지만 서버에 오류가 생겼을 때 발생합니다. 이 오류가 뜨지 않게 주의해서 프로그래밍해야 합니다. 이 오류를 res.writeHead로 클라이언트에 직접 보내는 경우는 거의 없고, 예기치 못한 에러가 발생하면 서버가 알아서 5XX대 코드를 보냅니다. 500(내부 서버 오류), 502(불량 게이트웨이), 503(서비스를 사용할 수 없음)이 자주 사용됩니다.

 Warning | **무조건 응답을 보내야 합니다**

요청 처리 과정 중에 에러가 발생했다고 해서 응답을 보내지 않으면 안 됩니다. 요청이 성공했든 실패했든 응답을 클라이언트로 보내서 요청이 마무리되었음을 알려야 합니다. 응답을 보내지 않는다면, 클라이언트는 서버로부터 응답이 오길 하염없이 기다리다가 일정 시간이 지난 후 Timeout(시간 초과) 처리합니다.

포트 번호를 8081번으로 바꿨습니다. server1.js를 종료했다면 8080번 포트를 계속 사용해도 됩니다. 하지만 종료하지 않았을 경우 server2.js가 같은 8080번 포트를 사용하면 에러가 발생하므로 8081번으로 바꿨습니다. 이렇게 포트만 다르게 해서 동시에 여러 노드 서버를 실행할 수도 있습니다.

콘솔

```
$ node server2
8081번 포트에서 서버 대기 중입니다!
```

▼ 그림 4-5 서버 실행 화면(http://localhost:8081)

Node.js 웹 서버

만들 준비되셨나요?

아직까지는 모든 요청에 대해 한 가지 응답밖에 할 수 없습니다. 다음 절에서는 요청별로 다른 응답을 하는 방법을 알아보겠습니다.

4.2 REST와 라우팅 사용하기

서버에 요청을 보낼 때는 주소를 통해 요청의 내용을 표현합니다. 주소가 /index.html이면 서버의 index.html을 보내달라는 뜻이고, /about.html이면 about.html을 보내달라는 뜻입니다.

항상 html만 요청할 필요는 없습니다. css나 js 또는 이미지 같은 파일을 요청할 수도 있고 특정 동작을 행하는 것을 요청할 수도 있습니다. 요청의 내용이 주소를 통해 표현되므로 서버가 이해하기 쉬운 주소를 사용하는 것이 좋습니다. 여기서 REST가 등장합니다.

REST는 REpresentational State Transfer의 줄임말로, 서버의 자원을 정의하고 자원에 대한 주소를 지정하는 방법을 가리킵니다. 일종의 약속이라고 봐도 무방합니다. 자원이라고 해서 꼭 파일일 필요는 없고 서버가 행할 수 있는 것들을 통틀어서 의미한다고 보면 됩니다. REST API에는 많은 규칙이 있는데, 모든 규칙을 지키는 것은 현실적으로 어려우므로 이 책에서는 기본적인 개념만 빌려 사용합니다.

주소는 의미를 명확히 전달하기 위해 명사로 구성됩니다. /user라면 사용자 정보에 관련된 자원을 요청하는 것이고, /post라면 게시글에 관련된 자원을 요청하는 것이라고 추측할 수 있습니다.

단순히 명사만 있으면 무슨 동작을 행하라는 것인지 알기 어려우므로 REST에서는 주소 외에도 HTTP 요청 메서드라는 것을 사용합니다. 폼 데이터를 전송할 때 GET 또는 POST 메서드를 지정해본 적이 있나요? 여기서 GET과 POST가 바로 요청 메서드입니다. 또한, PUT, PATCH, DELETE, OPTIONS 등의 메서드도 자주 사용됩니다.

- **GET**: 서버 자원을 가져오고자 할 때 사용합니다. 요청의 본문(body)에 데이터를 넣지 않습니다. 데이터를 서버로 보내야 한다면 쿼리스트링을 사용합니다.
- **POST**: 서버에 자원을 새로 등록하고자 할 때 사용합니다. 요청의 본문에 새로 등록할 데이터를 넣어 보냅니다.

- **PUT**: 서버의 자원을 요청에 들어 있는 자원으로 치환하고자 할 때 사용합니다. 요청의 본문에 치환할 데이터를 넣어 보냅니다.
- **PATCH**: 서버 자원의 일부만 수정하고자 할 때 사용합니다. 요청의 본문에 일부 수정할 데이터를 넣어 보냅니다.
- **DELETE**: 서버의 자원을 삭제하고자 할 때 사용합니다. 요청의 본문에 데이터를 넣지 않습니다.
- **OPTIONS**: 요청을 하기 전에 통신 옵션을 설명하기 위해 사용합니다. 12장에서 자주 보게 될 것입니다.

주소 하나가 요청 메서드를 여러 개 가질 수 있습니다. GET 메서드의 /user 주소로 요청을 보내면 사용자 정보를 가져오는 요청이라는 것을 알 수 있고, POST 메서드의 /user 주소로 요청을 보내면 새로운 사용자를 등록하려 한다는 것을 알 수 있습니다. 만약 위의 메서드로 표현하기 애매한 로그인 같은 동작이 있다면 그냥 POST를 사용하면 됩니다.

이렇게 주소와 메서드만 보고 요청의 내용을 알아볼 수 있다는 것이 장점입니다. 또한, GET 메서드 같은 경우에는 브라우저에서 캐싱(기억)할 수도 있어 같은 주소로 GET 요청을 할 때 서버에서 가져오는 것이 아니라 캐시에서 가져올 수도 있습니다. 이렇게 캐싱이 되면 성능이 좋아집니다.

❤ 그림 4-6 REST

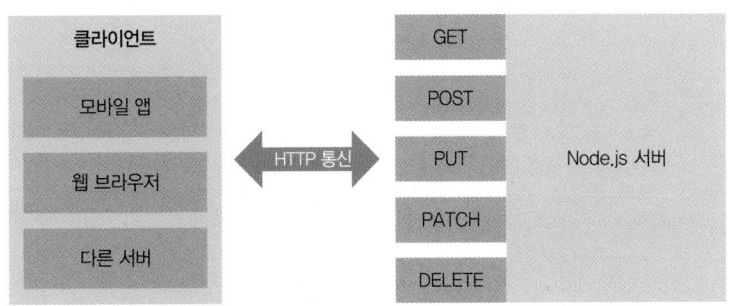

그리고 HTTP 통신을 사용하면 클라이언트가 누구든 상관없이 같은 방식으로 서버와 소통할 수 있습니다. iOS, 안드로이드, 웹, 다른 서버가 모두 같은 주소로 요청을 보낼 수 있습니다. 즉, 서버와 클라이언트가 분리되어 있다는 뜻입니다. 이렇게 서버와 클라이언트를 분리하면 추후에 서버를 확장할 때 클라이언트에 구애되지 않아 좋습니다.

이제 REST를 사용한 주소 체계로 RESTful한 웹 서버를 만들어보겠습니다. REST를 따르는 서버를 'RESTful하다'고 표현합니다. 코드를 작성하기 전에 표 4-1처럼 대략적인 주소를 먼저 설계하는 것이 좋습니다. 주소 구조를 미리 머릿속에 정리해둔 후 코딩을 시작하면 더욱 체계적으로 프로그래밍할 수 있습니다.

▼ 표 4-1 REST에 기반한 서버 주소 구조

HTTP 메서드	주소	역할
GET	/	restFront.html 파일 제공
GET	/about	about.html 파일 제공
GET	/users	사용자 목록 제공
GET	기타	기타 정적 파일 제공
POST	/user	사용자 등록
PUT	/user/사용자id	해당 id의 사용자 수정
DELETE	/user/사용자id	해당 id의 사용자 제거

restFront.css, restFront.html, restFront.js, about.html, restServer.js 파일을 만든 후 다음과 같이 작성합니다. 프런트엔드 코드는 그리 중요하지 않으므로 깃허브(GitHub) 저장소(https://github.com/zerocho/nodejs-book)에서 코드를 복사한 후 붙여 넣기를 해도 됩니다.

restFront.css

```css
a { color: blue; text-decoration: none; }
```

restFront.html

```html
<!DOCTYPE html>
<html lang="ko">
<head>
  <meta charset="utf-8" />
  <title>RESTful SERVER</title>
  <link rel="stylesheet" href="./restFront.css" />
</head>
<body>
<nav>
  <a href="/">Home</a>
  <a href="/about">About</a>
</nav>
<div>
  <form id="form">
    <input type="text" id="username">
    <button type="submit">등록</button>
  </form>
</div>
<div id="list"></div>
```

```html
<script src="https://unpkg.com/axios/dist/axios.min.js"></script>
<script src="./restFront.js"></script>
</body>
</html>
```

restFront.js

```javascript
async function getUser() { // 로딩 시 사용자 정보를 가져오는 함수
  try {
    const res = await axios.get('/users');
    const users = res.data;
    const list = document.getElementById('list');
    list.innerHTML = '';
    // 사용자마다 반복적으로 화면 표시 및 이벤트 연결
    Object.keys(users).map(function (key) {
      const userDiv = document.createElement('div');
      const span = document.createElement('span');
      span.textContent = users[key];
      const edit = document.createElement('button');
      edit.textContent = '수정';
      edit.addEventListener('click', async () => { // 수정 버튼 클릭
        const name = prompt('바꿀 이름을 입력하세요');
        if (!name) {
          return alert('이름을 반드시 입력하셔야 합니다');
        }
        try {
          await axios.put('/user/' + key, { name });
          getUser();
        } catch (err) {
          console.error(err);
        }
      });
      const remove = document.createElement('button');
      remove.textContent = '삭제';
      remove.addEventListener('click', async () => { // 삭제 버튼 클릭
        try {
          await axios.delete('/user/' + key);
          getUser();
        } catch (err) {
          console.error(err);
        }
      });
      userDiv.appendChild(span);
```

191

```
      userDiv.appendChild(edit);
      userDiv.appendChild(remove);
      list.appendChild(userDiv);
      console.log(res.data);
    });
  } catch (err) {
    console.error(err);
  }
}

window.onload = getUser; // 화면 로딩 시 getUser 호출
// 폼 제출(submit) 시 실행
document.getElementById('form').addEventListener('submit', async (e) => {
  e.preventDefault();
  const name = e.target.username.value;
  if (!name) {
    return alert('이름을 입력하세요');
  }
  try {
    await axios.post('/user', { name });
    getUser();
  } catch (err) {
    console.error(err);
  }
  e.target.username.value = '';
});
```

---

about.html

```
<!DOCTYPE html>
<html>
<head>
  <meta charset="utf-8" />
  <title>RESTful SERVER</title>
  <link rel="stylesheet" href="./restFront.css" />
</head>
<body>
<nav>
  <a href="/">Home</a>
  <a href="/about">About</a>
</nav>
<div>
  <h2>소개 페이지입니다.</h2>
  <p>사용자 이름을 등록하세요!</p>
```

```
    </div>
  </body>
</html>
```

restServer.js

```javascript
const http = require('http');
const fs = require('fs').promises;
const path = require('path');

http.createServer(async (req, res) => {
  try {
    console.log(req.method, req.url);
    if (req.method === 'GET') {
      if (req.url === '/') {
        const data = await fs.readFile(path.join(__dirname, 'restFront.html'));
        res.writeHead(200, { 'Content-Type': 'text/html; charset=utf-8' });
        return res.end(data);
      } else if (req.url === '/about') {
        const data = await fs.readFile(path.join(__dirname, 'about.html'));
        res.writeHead(200, { 'Content-Type': 'text/html; charset=utf-8' })
        return res.end(data);
      }
      // 주소가 /도 /about도 아니면
      try {
        const data = await fs.readFile(path.join(__dirname, req.url));
        return res.end(data);
      } catch (err) {
        // 주소에 해당하는 라우트를 찾지 못했다는 404 Not Found error 발생
      }
    }
    res.writeHead(404);
    return res.end('NOT FOUND');
  } catch (err) {
    console.error(err);
    res.writeHead(500, { 'Content-Type': 'text/plain; charset=utf-8' });
    res.end(err.message);
  }
})
  .listen(8082, () => {
    console.log('8082번 포트에서 서버 대기 중입니다');
  });
```

restServer.js가 핵심입니다. 코드를 보면 req.method로 HTTP 요청 메서드를 구분하고 있습니다. 메서드가 GET이면 다시 req.url로 요청 주소를 구분합니다. 주소가 /일 때는 restFront.html을 제공하고, 주소가 /about이면 about.html 파일을 제공합니다. 이외의 경우에는 주소에 적힌 파일을 제공합니다. /restFront.js라면 restFront.js 파일을 제공하고 /restFront.css라면 restFront.css 파일을 제공합니다. 만약 존재하지 않는 파일을 요청했거나 GET 메서드 요청이 아닌 경우라면 404 NOT FOUND 에러가 응답으로 전송됩니다. 응답 과정 중에 예기치 못한 에러가 발생한 경우에는 500 에러가 응답으로 전송됩니다(실무에서는 500을 전송하는 경우는 드뭅니다).

restServer.js의 나머지 부분을 모두 구현해서 프로그램을 완성하겠습니다.

restServer.js

```
const http = require('http');
const fs = require('fs').promises;
const path = require('path');

const users = {}; // 데이터 저장용

http.createServer(async (req, res) => {
  try {
    console.log(req.method, req.url);
    if (req.method === 'GET') {
      if (req.url === '/') {
        const data = await fs.readFile(path.join(__dirname, 'restFront.html'));
        res.writeHead(200, { 'Content-Type': 'text/html; charset=utf-8' });
        return res.end(data);
      } else if (req.url === '/about') {
        const data = await fs.readFile(path.join(__dirname, 'about.html'));
        res.writeHead(200, { 'Content-Type': 'text/html; charset=utf-8' });
        return res.end(data);
      } else if (req.url === '/users') {
        res.writeHead(200, { 'Content-Type': 'application/json; charset=utf-8' });
```

```
      return res.end(JSON.stringify(users));
    }
    // /도 /about도 /users도 아니면
    try {
      const data = await fs.readFile(path.join(__dirname, req.url));
      return res.end(data);
    } catch (err) {
      // 주소에 해당하는 라우트를 찾지 못했다는 404 Not Found error 발생
    }
  } else if (req.method === 'POST') {
    if (req.url === '/user') {
      let body = '';
      // 요청의 body를 stream 형식으로 받음
      req.on('data', (data) => {
        body += data;
      });
      // 요청의 body를 다 받은 후 실행됨
      return req.on('end', () => {
        console.log('POST 본문(Body):', body);
        const { name } = JSON.parse(body);
        const id = Date.now();
        users[id] = name;
        res.writeHead(201, { 'Content-Type': 'text/plain; charset=utf-8' });
        res.end('등록 성공');
      });
    }
  } else if (req.method === 'PUT') {
    if (req.url.startsWith('/user/')) {
      const key = req.url.split('/')[2];
      let body = '';
      req.on('data', (data) => {
        body += data;
      });
      return req.on('end', () => {
        console.log('PUT 본문(Body):', body);
        users[key] = JSON.parse(body).name;
        res.writeHead(200, { 'Content-Type': 'application/json; charset=utf-8' });
        return res.end(JSON.stringify(users));
      });
    }
  } else if (req.method === 'DELETE') {
    if (req.url.startsWith('/user/')) {
      const key = req.url.split('/')[2];
```

```
      delete users[key];
      res.writeHead(200, { 'Content-Type': 'application/json; charset=utf-8' });
      return res.end(JSON.stringify(users));
     }
    }
   res.writeHead(404);
   return res.end('NOT FOUND');
  } catch (err) {
   console.error(err);
   res.writeHead(500);
   res.writeHead(500, { 'Content-Type': 'text/plain; charset=utf-8' });
   res.end(err);
  }
 })
  .listen(8082, () => {
   console.log('8082번 포트에서 서버 대기 중입니다');
  });
```

다른 HTTP 요청 메서드들을 추가하고, 데이터베이스 대용으로 users라는 객체를 선언해 사용자 정보를 저장했습니다. POST /user 요청에서는 사용자를 새로 저장하고 있으며, PUT /user/아이디 요청에서는 해당 아이디의 사용자 데이터를 수정하고 있습니다. DELETE /user/아이디 요청에서는 해당 아이디의 사용자를 제거합니다.

POST와 PUT 요청을 처리할 때는 조금 특이한 것을 볼 수 있습니다. 바로 req.on('data')와 req.on('end')의 사용인데, 요청의 본문에 들어 있는 데이터를 꺼내기 위한 작업이라고 보면 됩니다. req와 res도 내부적으로는 스트림(각각 readStream과 writeStream)으로 되어 있으므로 요청/응답의 데이터가 스트림 형식으로 전달됩니다. 또한, on에서 볼 수 있듯이 이벤트도 달려 있습니다. 3.6.2절에서 배웠던 내용들입니다. 다만, 받은 데이터는 문자열이므로 JSON으로 만드는 JSON.parse 과정이 필요합니다.

콘솔

```
$ node restServer
8082번 포트에서 서버 대기 중입니다.
```

실행 화면은 다음과 같습니다(http://localhost:8082/). 네트워크 요청 사항을 보기 위해 크롬 개발자 도구(F12)의 Network 탭을 켜뒀습니다.

▼ 그림 4-7 Home 클릭 시

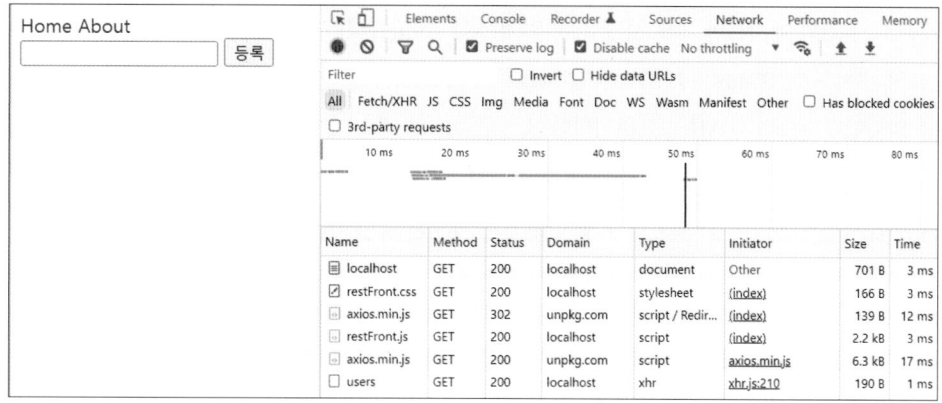

▼ 그림 4-8 About 클릭 시

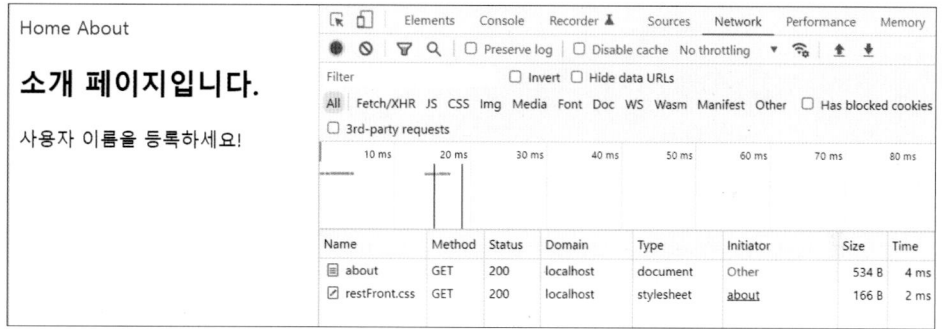

이제 웹 사이트에서 등록, 수정, 삭제를 해보면서 서버에 어떤 요청을 보내는지 확인해봅시다.
Method 탭이 보이지 않으면 Name 탭을 마우스 오른쪽 클릭해 Method에 체크하면 됩니다.

▼ 그림 4-9 서버에 보내는 요청들 확인하기

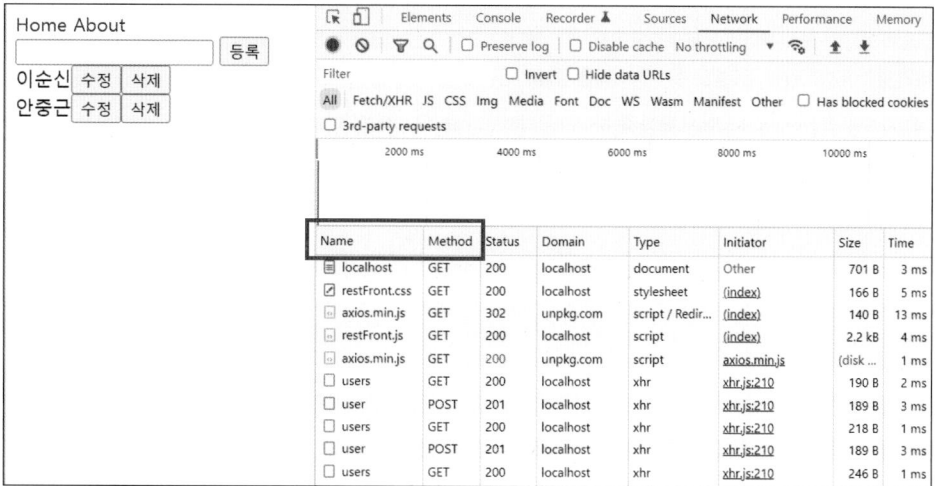

Network 탭에서 네트워크 요청 내용을 실시간으로 볼 수 있습니다. REST 방식으로 주소를 만들었으므로 주소와 메서드만 봐도 요청 내용을 유추할 수 있습니다. **Name**은 요청 주소를, **Method**는 요청 메서드를, **Status**는 HTTP 응답 코드를, **Protocol**은 통신 프로토콜을, **Type**은 요청의 종류를 의미합니다. xhr은 AJAX 요청입니다.

Network 탭에서 POST /users는 사용자를 등록하는 요청임을 알 수 있습니다. DELETE /users/1505550586127은 해당 키를 가진 사용자를 제거하는 요청입니다. 등록, 수정, 삭제가 발생할 때마다 GET /users로 갱신된 사용자 정보를 가져오고 있습니다.

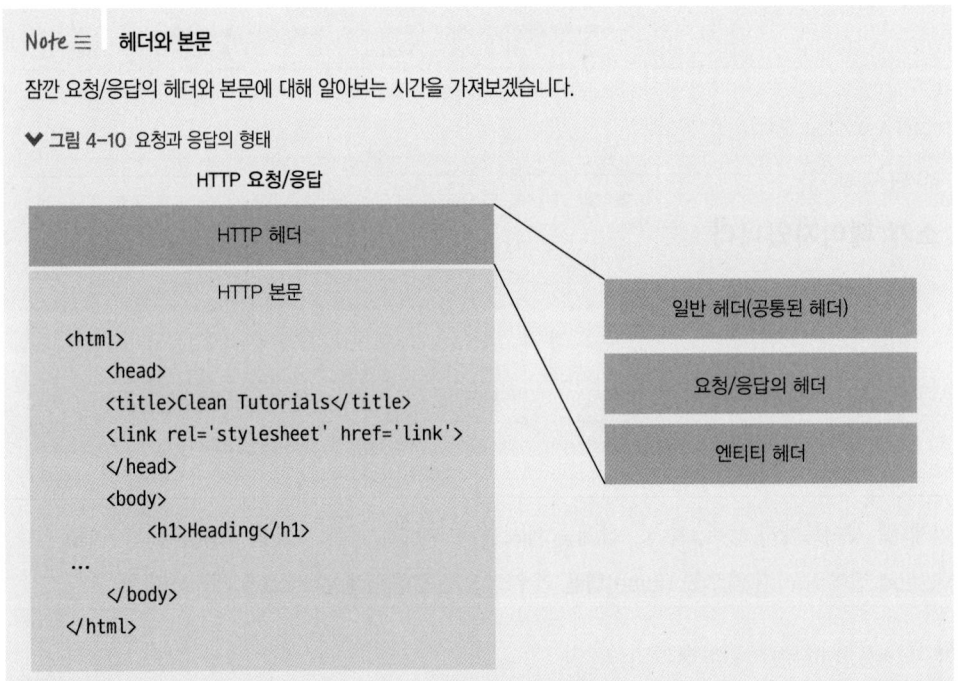

> **Note ≡ 헤더와 본문**
>
> 잠깐 요청/응답의 헤더와 본문에 대해 알아보는 시간을 가져보겠습니다.
>
> ❤ 그림 4-10 요청과 응답의 형태

요청과 응답은 모두 헤더와 본문을 갖고 있습니다. 헤더는 요청 또는 응답에 대한 정보를 갖고 있는 곳이고, 본문은 서버와 클라이언트 간에 주고받을 실제 데이터를 담아두는 공간입니다.

개발자 도구의 Network 탭에서 요청 중 하나를 클릭해보면 요청과 응답을 더 상세히 살펴볼 수 있습니다. 다음 그림을 보면 POST /user 요청의 헤더와 본문이 나와 있습니다.

▼ 그림 4-11 요청의 헤더와 본문

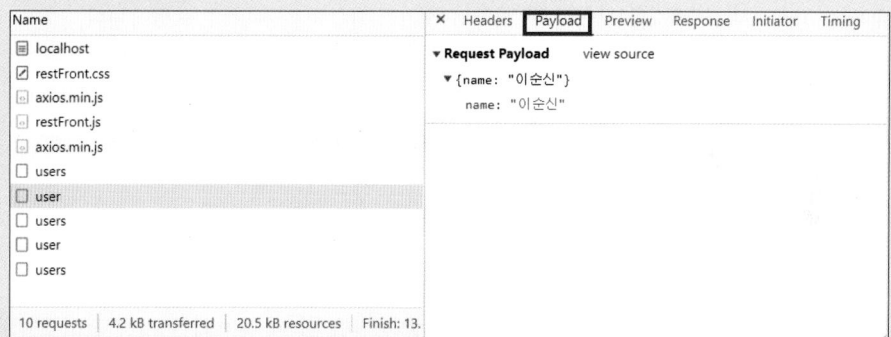

General은 공통된 헤더이고, Request Headers는 요청의 헤더, Response Headers는 응답의 헤더입니다. Headers 탭 우측의 Payload 탭에는 요청의 본문이 표시됩니다.

▼ 그림 4-12 요청의 본문

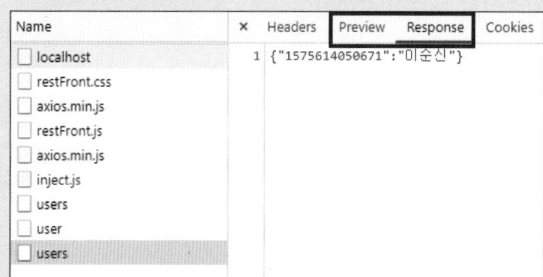

응답의 본문은 Preview나 Response 탭에서 확인할 수 있습니다. 다음은 GET /users의 응답 본문입니다.

▼ 그림 4-13 응답의 본문

Name	×	Headers	Preview	Response	Cookies
localhost	1	{"1575614050671":"이순신"}			
restFront.css					
axios.min.js					
restFront.js					
axios.min.js					
inject.js					
users					
user					
users					

res.end로 보냈던 문자열이 보입니다. JSON의 경우 Preview 탭에서 더 깔끔하게 확인할 수 있습니다.

이번 절에서 첫 번째 REST 서버를 만들어봤습니다. 주의할 점은 데이터가 메모리에 저장되므로 서버를 종료하면 데이터가 소실된다는 것입니다. 데이터를 영구적으로 저장하려면 데이터베이스를 사용해야 합니다. 7장과 8장에서는 데이터베이스를 다룹니다.

4.3 쿠키와 세션 이해하기

클라이언트에서 보내는 요청에는 한 가지 큰 단점이 있습니다. 바로 누가 요청을 보내는지 모른다는 것입니다. 물론 요청을 보내는 IP 주소나 브라우저의 정보를 받아올 수는 있습니다. 하지만 여러 컴퓨터가 공통으로 IP 주소를 갖거나 한 컴퓨터를 여러 사람이 사용할 수도 있습니다.

그렇다면 로그인을 구현하면 되지 않느냐고 생각할 수도 있습니다. 정답입니다. 하지만 로그인을 구현하려면 쿠키와 세션을 알고 있어야 합니다. 여러분이 웹 사이트에 방문해서 로그인할 때 내부적으로는 쿠키와 세션을 사용하고 있습니다. 로그인한 후에는 새로 고침(새로운 요청)을 해도 로그아웃되지 않지요? 바로 클라이언트가 서버에 여러분이 누구인지를 지속적으로 알려주고 있기 때문입니다.

여러분이 누구인지 기억하기 위해 서버는 요청에 대한 응답을 할 때 쿠키라는 것을 같이 보냅니다. 쿠키는 유효 기간이 있으며 name=zerocho와 같이 단순한 '키-값'의 쌍입니다. 서버로부터 쿠키가 오면, 웹 브라우저는 쿠키를 저장해뒀다가 다음에 요청할 때마다 쿠키를 동봉해서 보냅니다. 서버는 요청에 들어 있는 쿠키를 읽어서 사용자가 누구인지 파악합니다.

브라우저는 쿠키가 있다면 자동으로 동봉해서 보내주므로 따로 처리할 필요가 없습니다. 서버에서 브라우저로 쿠키를 보낼 때만 여러분이 코드를 작성해 처리하면 됩니다.

▼ 그림 4-14 쿠키

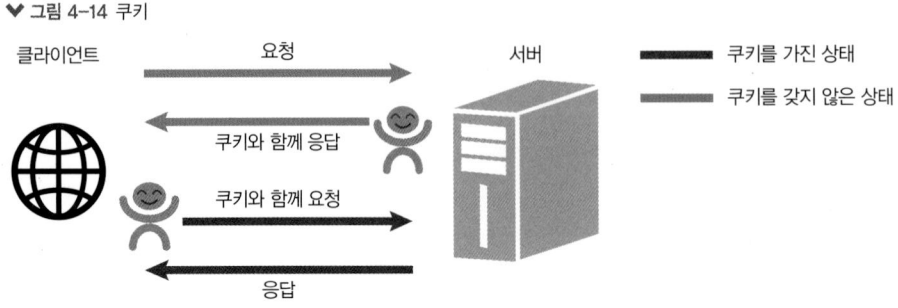

즉, 서버는 미리 클라이언트에 요청자를 추정할 만한 정보를 쿠키로 만들어 보내고, 그다음부터는 클라이언트로부터 쿠키를 받아 요청자를 파악합니다. 쿠키가 여러분이 누구인지 추적하고 있는 것입니다. 개인정보 유출 방지를 위해 쿠키를 주기적으로 지울 것을 권고하는 것은 바로 이러한 이유 때문입니다.

쿠키는 요청의 헤더(Cookie)에 담겨 전송됩니다. 브라우저는 응답의 헤더(Set-Cookie)에 따라 쿠키를 저장합니다.

이제 서버에서 직접 쿠키를 만들어 요청자의 브라우저에 넣어보겠습니다.

cookie.js

```
const http = require('http');

http.createServer((req, res) => {
  console.log(req.url, req.headers.cookie);
  res.writeHead(200, { 'Set-Cookie': 'mycookie=test' });
  res.end('Hello Cookie');
})
  .listen(8083, () => {
    console.log('8083번 포트에서 서버 대기 중입니다!');
  });
```

콘솔

```
$ node cookie
8083번 포트에서 서버 대기 중입니다!
```

쿠키는 name=zerocho;year=1994처럼 문자열 형식으로 존재합니다. 쿠키 간에는 세미콜론을 넣어 각각을 구분합니다.

createServer 메서드의 콜백에서는 req 객체에 담겨 있는 쿠키를 가져옵니다. 쿠키는 req.headers.cookie에 들어 있습니다. req.headers는 요청의 헤더를 의미합니다. 조금 전에 쿠키는 요청과 응답의 헤더를 통해 오간다고 이야기했지요?

응답의 헤더에 쿠키를 기록해야 하므로 res.writeHead 메서드를 사용했습니다. Set-Cookie는 브라우저한테 다음과 같은 값의 쿠키를 저장하라는 의미입니다. 실제로 응답을 받은 브라우저는 mycookie=test라는 쿠키를 저장합니다.

localhost:8083에 접속합니다. req.url과 req.headers.cookie에 대한 정보를 로깅하도록 했으며, req.url은 주소의 path와 search 부분을 알립니다.

화면에는 Hello Cookie가 뜨고 콘솔에서는 다음과 같은 메시지를 볼 수 있습니다.

콘솔

```
/ undefined
/favicon.ico { mycookie: 'test' }
```

만약 실행 결과가 위와 다르다면 브라우저의 쿠키를 모두 제거한 후에 다시 실행해야 합니다. 다른 사이트나 프로그램이 미리 쿠키를 넣어뒀을 수도 있기 때문입니다.

요청은 분명 한 번만 보냈는데 두 개가 기록되어 있습니다. /favicon.ico는 요청한 적이 없는데 말이죠. 첫 번째 요청('/')에서는 쿠키에 대한 정보가 없다고 나오며, 두 번째 요청('/favicon.ico')에서는 { mycookie: 'test' }가 기록되었습니다.

파비콘(favicon)이란 다음과 같이 웹 사이트 탭에 보이는 이미지를 뜻합니다.

▼ 그림 4-15 파비콘

브라우저는 파비콘이 뭔지 HTML에서 유추할 수 없으면 서버에 파비콘 정보에 대한 요청을 보냅니다. 현재 예제에서 HTML에 파비콘에 대한 정보를 넣어두지 않았으므로 브라우저가 추가로 /favicon.ico를 요청한 것입니다.

요청 두 개를 통해 우리는 서버가 제대로 쿠키를 심었음을 확인할 수 있습니다. 첫 번째 요청(/)을 보내기 전에는 브라우저가 어떠한 쿠키 정보도 갖고 있지 않습니다. 서버는 응답의 헤더에 mycookie=test라는 쿠키를 심으라고 브라우저에 명령(Set-Cookie)했습니다. 따라서 브라우저는 쿠키를 심었고, 두 번째 요청(/favicon.ico)의 헤더에 쿠키가 들어 있음을 확인할 수 있습니다.

아직까지는 단순한 쿠키만 심었을 뿐이며, 그 쿠키가 나인지 식별해주지는 못하고 있습니다. 다음 예제에서 사용자를 식별하는 방법을 알아봅시다. 다음 두 파일을 같은 폴더 안에 생성합니다.

cookie2.html

```html
<!DOCTYPE html>
<html>
<head>
    <meta charset="utf-8" />
    <title>쿠키&세션 이해하기</title>
</head>
```

```
<body>
<form action="/login">
    <input id="name" name="name" placeholder="이름을 입력하세요" />
    <button id="login">로그인</button>
</form>
</body>
</html>
```

cookie2.js

```
const http = require('http');
const fs = require('fs').promises;
const path = require('path');

const parseCookies = (cookie = '') =>
  cookie
    .split(';')
    .map(v => v.split('='))
    .reduce((acc, [k, v]) => {
      acc[k.trim()] = decodeURIComponent(v);
      return acc;
    }, {});                                                    ➊

http.createServer(async (req, res) => {
  const cookies = parseCookies(req.headers.cookie);

  // 주소가 /login으로 시작하는 경우
  if (req.url.startsWith('/login')) {
    const url = new URL(req.url, 'http://localhost:8084');
    const name = url.searchParams.get('name');
    const expires = new Date();
    // 쿠키 유효 시간을 현재 시간 + 5분으로 설정
    expires.setMinutes(expires.getMinutes() + 5);              ➋
    res.writeHead(302, {
      Location: '/',
      'Set-Cookie': `name=${encodeURIComponent(name)}; Expires=
➥ ${expires.toGMTString()}; HttpOnly; Path=/`,
    });
    res.end();

  // 주소가 /이면서 name이라는 쿠키가 있는 경우
  } else if (cookies.name) {
    res.writeHead(200, { 'Content-Type': 'text/plain; charset=utf-8' });   ➌
    res.end(`${cookies.name}님 안녕하세요`);
```

```
    } else { // 주소가 /이면서 name이라는 쿠키가 없는 경우
      try {
        const data = await fs.readFile(path.join(__dirname, 'cookie2.html'));
        res.writeHead(200, { 'Content-Type': 'text/html; charset=utf-8' });      ----❸
        res.end(data);
      } catch (err) {
        res.writeHead(500, { 'Content-Type': 'text/plain; charset=utf-8' });
        res.end(err.message);
      }
    }
  })
  .listen(8084, () => {
    console.log('8084번 포트에서 서버 대기 중입니다!');
  });
```

코드가 조금 복잡해졌습니다. 주소가 /login과 /로 시작하는 것까지 두 개이므로 주소별로 분기
처리했습니다. http://localhost:8084에 접속하면 /로 요청을 보내고, cookie2.html에서 form
을 통해 로그인 요청을 보낼 때 /login으로 요청을 보내게 됩니다. 소스 코드에서는 /login 부분
이 먼저 나오지만 실제로 제일 먼저 실행되는 곳은 else 부분입니다.

❶ 쿠키는 mycookie=test 같은 문자열입니다. parseCookies 함수는 쿠키 문자열을 쉽게 사용
   하기 위해 자바스크립트 객체 형식으로 바꾸는 함수입니다. 이 함수를 거치면 { mycookie:
   'test'}가 됩니다. 내부 내용은 중요한 게 아니므로 이해하지 않아도 됩니다. 그저
   parseCookies 함수가 문자열을 객체로 바꿔준다고만 알고 있으면 됩니다.

❷ 로그인 요청(GET /login)을 처리하는 부분입니다. form은 GET 요청인 경우 데이터를 쿼리스
   트링으로 보내기에 URL 객체로 쿼리스트링 부분을 분석했습니다. 그리고 쿠키의 만료 시간
   도 지금으로부터 5분 뒤로 설정했습니다. 이제 302 응답 코드, 리다이렉트 주소와 함께 쿠키
   를 헤더에 넣습니다. 브라우저는 이 응답 코드를 보고 페이지를 해당 주소로 리다이렉트합니
   다. 헤더에는 한글을 설정할 수 없으므로 name 변수를 encodeURIComponent 메서드로 인코딩했
   습니다. 또한, Set-Cookie의 값으로는 제한된 ASCII 코드만 들어가야 하므로 줄바꿈을 넣어
   서는 안 됩니다. 이 책에서는 지면 공간의 제약으로 인해 줄바꿈되었습니다.

❸ 그 외의 경우(/로 접속했을 때 등), 먼저 쿠키가 있는지 없는지를 확인합니다. 쿠키가 없다면 로그인할 수 있는 페이지를 보냅니다. 처음 방문한 경우에는 쿠키가 없으므로 cookie2.html 이 전송됩니다. 쿠키가 있다면 로그인한 상태로 간주해 인사말을 보냅니다.

Set-Cookie로 쿠키를 설정할 때 만료 시간(Expires)과 HttpOnly, Path 같은 옵션을 부여했습니다. 쿠키를 설정할 때는 각종 옵션을 넣을 수 있으며, 옵션 사이에 세미콜론(;)을 써서 구분하면 됩니다. 쿠키에는 들어가면 안 되는 글자들이 있는데, 대표적으로 한글과 줄바꿈이 있습니다. 한글은 encodeURIComponent로 감싸서 넣습니다.

- **쿠키명=쿠키값**: 기본적인 쿠키의 값입니다. mycookie=test 또는 name=zerocho와 같이 설정합니다.
- **Expires=날짜**: 만료 기한입니다. 이 기한이 지나면 쿠키가 제거됩니다. 기본값은 클라이언트가 종료될 때까지입니다.
- **Max-age=초**: Expires와 비슷하지만 날짜 대신 초를 입력할 수 있습니다. 해당 초가 지나면 쿠키가 제거됩니다. Expires보다 우선합니다.
- **Domain=도메인명**: 쿠키가 전송될 도메인을 특정할 수 있습니다. 기본값은 현재 도메인입니다.
- **Path=URL**: 쿠키가 전송될 URL을 특정할 수 있습니다. 기본값은 '/'이고, 이 경우 모든 URL 에서 쿠키를 전송할 수 있습니다.
- **Secure**: HTTPS일 경우에만 쿠키가 전송됩니다.
- **HttpOnly**: 설정 시 자바스크립트에서 쿠키에 접근할 수 없습니다. 쿠키 조작을 방지하기 위해 설정하는 것이 좋습니다.

콘솔

```
$ node cookie2
8084번 포트에서 서버 대기 중입니다!
```

---

http://localhost:8084/로 접속해보세요.

❤ 그림 4-16 로그인 이전

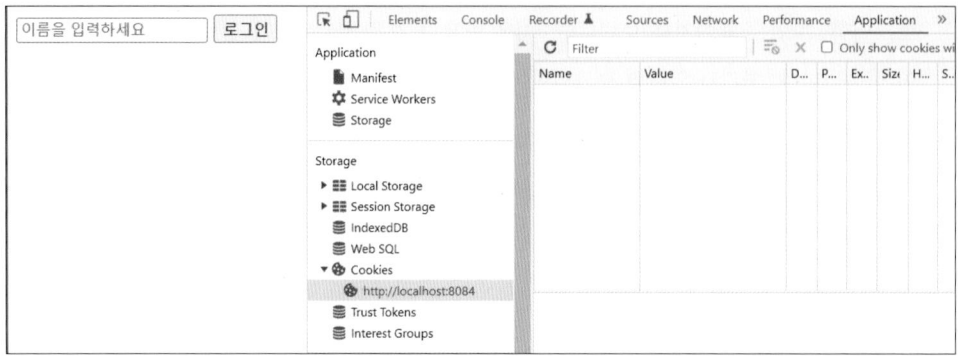

❤ 그림 4-17 로그인 이후

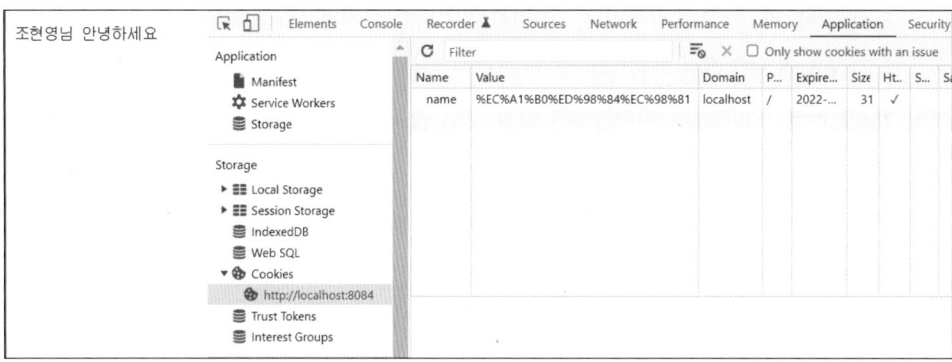

새로 고침을 해도 로그인이 유지됩니다. 원하는 대로 동작하기는 하지만, 이 방식은 상당히 위험합니다. 현재 **Application** 탭에서 보이는 것처럼 쿠키가 노출되어 있습니다. 또한, 쿠키가 조작될 위험도 있습니다. 따라서 이름 같은 민감한 개인정보를 쿠키에 넣어두는 것은 적절하지 못합니다.

다음과 같이 코드를 변경해 서버가 사용자 정보를 관리하도록 만듭시다.

session.js
```
const http = require('http');
const fs = require('fs').promises;
const path = require('path');

const parseCookies = (cookie = '') =>
  cookie
    .split(';')
    .map(v => v.split('='))
    .reduce((acc, [k, v]) => {
      acc[k.trim()] = decodeURIComponent(v);
```

```
      return acc;
    }, {});

const session = {};

http.createServer(async (req, res) => {
  const cookies = parseCookies(req.headers.cookie);
  if (req.url.startsWith('/login')) {
    const url = new URL(req.url, 'http://localhost:8085');
    const name = url.searchParams.get('name');
    const expires = new Date();
    expires.setMinutes(expires.getMinutes() + 5);
    const uniqueInt = Date.now();
    session[uniqueInt] = {
      name,
      expires,
    };
    res.writeHead(302, {
      Location: '/',
      'Set-Cookie': `session=${uniqueInt}; Expires=${expires.toGMTString()}; HttpOnly;
➡ Path=/`,
    });
    res.end();
    // 세션 쿠키가 존재하고, 만료 기간이 지나지 않았다면
  } else if (cookies.session && session[cookies.session].expires > new Date()) {
    res.writeHead(200, { 'Content-Type': 'text/plain; charset=utf-8' });
    res.end(`${session[cookies.session].name}님 안녕하세요`);
  } else {
    try {
      const data = await fs.readFile(path.join(__dirname, 'cookie2.html'));
      res.writeHead(200, { 'Content-Type': 'text/html; charset=utf-8' });
      res.end(data);
    } catch (err) {
      res.writeHead(500, { 'Content-Type': 'text/plain; charset=utf-8' });
      res.end(err.message);
    }
  }
})
  .listen(8085, () => {
    console.log('8085번 포트에서 서버 대기 중입니다!');
  });
```

cookie2.js와 비교해 조금 달라진 부분이 있습니다. 쿠키에 이름을 담아서 보내는 대신, uniqueInt라는 숫자 값을 보냈습니다. 사용자의 이름과 만료 시간은 uniqueInt 속성명 아래에 있는 session이라는 객체에 대신 저장합니다.

이제 cookie.session이 있고 만료 기한을 넘기지 않았다면 session 변수에서 사용자 정보를 가져와 사용합니다. 다른 부분은 동일합니다.

```
$ node session
8085번 포트에서 서버 대기 중입니다!
```

▼ 그림 4-18 로그인 이후

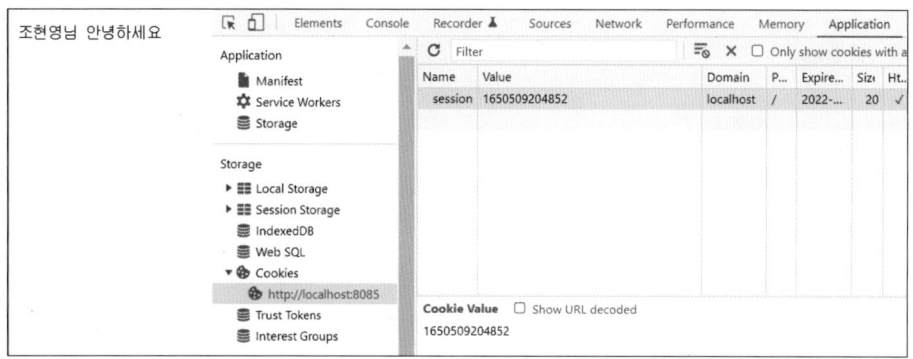

이 방식이 세션입니다. 서버에 사용자 정보를 저장하고 클라이언트와는 세션 아이디로만 소통합니다. 세션 아이디는 꼭 쿠키를 사용해서 주고받지 않아도 됩니다. 하지만 많은 웹 사이트가 쿠키를 사용합니다. 쿠키를 사용하는 방법이 제일 간단하기 때문입니다. 이 책에서도 쿠키를 사용해 세션 아이디를 주고받는 식으로 실습을 진행할 것입니다. 세션을 위해 사용하는 쿠키를 세션 쿠키라고 합니다.

물론 실제 배포용 서버에서는 세션을 위와 같이 변수에 저장하지 않습니다. 서버가 멈추거나 재시작되면 메모리에 저장된 변수가 초기화되기 때문입니다. 또한, 서버의 메모리가 부족하면 세션을 저장하지 못하는 문제도 생깁니다. 그래서 보통은 레디스(Redis)나 멤캐시드(Memcached) 같은 데이터베이스에 넣어둡니다.

서비스를 새로 만들 때마다 쿠키와 세션을 직접 구현할 수는 없습니다. 게다가 지금 코드로는 쿠키를 악용한 여러 가지 위협을 방어하지도 못합니다. 위의 방식 역시 세션 아이디 값이 공개되어 있어 누출되면 다른 사람이 사용할 수 있습니다. 따라서 절대로 위의 코드를 실제 서비스에 사용해서는 안 됩니다. 위의 코드는 여러분에게 개념을 설명하기 위한 코드이며, 보안상 매우 취약합니다.

안전하게 사용하려면 다른 사람들이 만든 검증된 코드를 사용하는 것이 좋습니다. 다른 사람의 코드(모듈)를 사용하는 방법은 5장에서 배웁니다. 또 6장에서 세션을 처리하는 모듈을 사용해 제대로 된 세션 기능을 도입해보겠습니다.

4.4 / https와 http2

NODE.JS

https 모듈은 웹 서버에 SSL 암호화를 추가합니다. GET이나 POST 요청을 할 때 오가는 데이터를 암호화해서 중간에 다른 사람이 요청을 가로채더라도 내용을 확인할 수 없게 합니다. 요즘은 로그인이나 결제가 필요한 창에서 https 적용이 필수가 되는 추세입니다.

SSL이 적용된 웹 사이트에 방문하면 그림 4-19와 같이 브라우저 주소창에 자물쇠 표시가 나옵니다.

▼ 그림 4-19 https 적용 화면

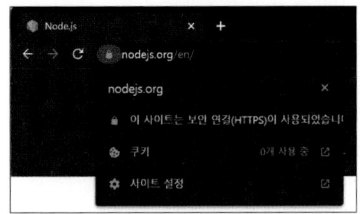

다음은 4.1절에 나왔던 http 서버 코드입니다.

server1.js
```
const http = require('http');

http.createServer((req, res) => {
  res.writeHead(200, { 'Content-Type': 'text/html; charset=utf-8' });
  res.write('<h1>Hello Node!</h1>');
```

```
    res.end('<p>Hello Server!</p>');
})
  .listen(8080, () => { // 서버 연결
    console.log('8080번 포트에서 서버 대기 중입니다!');
  });
```

이 서버에 암호화를 적용하려면 https 모듈을 사용해야 합니다. 하지만 https는 아무나 사용할 수 있는 것이 아닙니다. 암호화를 적용하는 만큼, 그것을 인증해줄 수 있는 기관도 필요합니다. 인증서는 인증 기관에서 구입해야 하는데, Let's Encrypt 같은 기관에서 무료로 발급해주기도 합니다.

인증서 발급 과정은 복잡하고 도메인도 필요하므로 인증서를 발급받는 방법은 이 책에서 소개하지 않겠습니다. 발급받은 인증서가 있다면 다음과 같이 하면 됩니다.

server1-3.js

```
const https = require('https');
const fs = require('fs');

https.createServer({
  cert: fs.readFileSync('도메인 인증서 경로'),
  key: fs.readFileSync('도메인 비밀 키 경로'),
  ca: [
    fs.readFileSync('상위 인증서 경로'),
    fs.readFileSync('상위 인증서 경로'),
  ],
}, (req, res) => {
  res.writeHead(200, { 'Content-Type': 'text/html; charset=utf-8' });
  res.write('<h1>Hello Node!</h1>');
  res.end('<p>Hello Server!</p>');
})
  .listen(443, () => {
    console.log('443번 포트에서 서버 대기 중입니다!');
  });
```

다른 것은 거의 비슷하지만, createServer 메서드가 인수를 두 개 받습니다. 두 번째 인수는 http 모듈과 같이 서버 로직이고, 첫 번째 인수는 인증서에 관련된 옵션 객체입니다. 인증서를 구입하면 pem이나 crt, 또는 key 확장자를 가진 파일들을 제공합니다. 파일들을 fs.readFileSync 메서드로 읽어서 cert, key, ca 옵션에 알맞게 넣으면 됩니다. 실제 서버에서는 80번 포트 대신 443번 포트를 사용하면 됩니다.

노드의 http2 모듈은 SSL 암호화와 더불어 최신 HTTP 프로토콜인 http/2를 사용할 수 있게 합니다. http/2는 요청 및 응답 방식이 기존 http/1.1보다 개선되어 훨씬 효율적으로 요청을 보냅니다. http/2를 사용하면 웹의 속도도 많이 개선됩니다.

그림 4-20을 보면 http/1.1과 http/2의 차이를 확연하게 느낄 수 있습니다. 실제로는 http/1.1도 파이프라인이라는 기술을 적용하므로 저 정도로 차이가 나지는 않습니다. 하지만 http/2가 훨씬 효율적인 것만은 분명합니다.

▼ 그림 4-20 HTTP/1.1과 HTTP/2의 비교

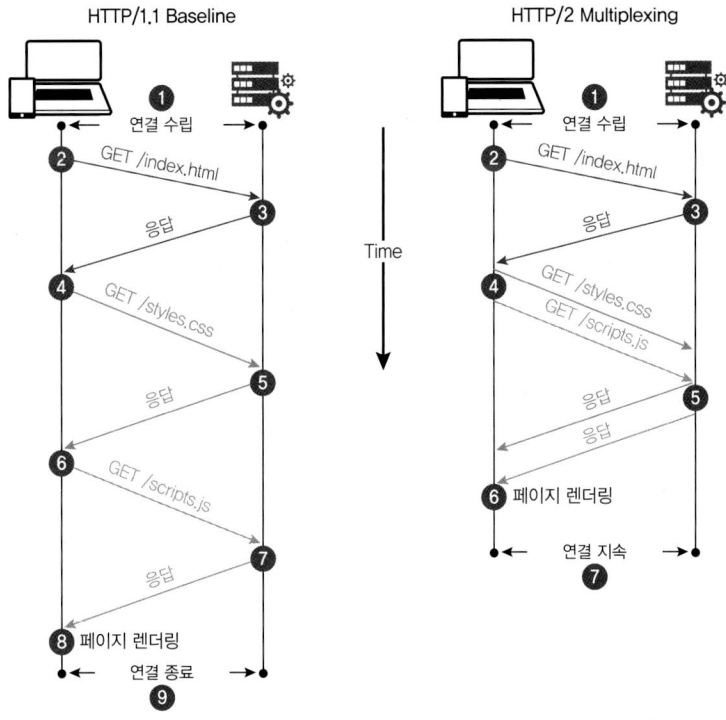

다음은 http2를 적용한 server1-4.js입니다.

server1-4.js
```
const http2 = require('http2');
const fs = require('fs');

http2.createSecureServer({
  cert: fs.readFileSync('도메인 인증서 경로'),
  key: fs.readFileSync('도메인 비밀 키 경로'),
  ca: [
    fs.readFileSync('상위 인증서 경로'),
```

```
      fs.readFileSync('상위 인증서 경로'),
    ],
  }, (req, res) => {
    res.writeHead(200, { 'Content-Type': 'text/html; charset=utf-8' });
    res.write('<h1>Hello Node!</h1>');
    res.end('<p>Hello Server!</p>');
  })
    .listen(443, () => {
      console.log('443번 포트에서 서버 대기 중입니다!');
    });
```

https 모듈과 거의 유사합니다. https 모듈을 http2로, createServer 메서드를 createSecure Server 메서드로 바꾸면 됩니다.

4.5 cluster

cluster 모듈은 기본적으로 싱글 프로세스로 동작하는 노드가 CPU 코어를 모두 사용할 수 있게 해주는 모듈입니다. 포트를 공유하는 노드 프로세스를 여러 개 둘 수도 있어, 요청이 많이 들어왔을 때 병렬로 실행된 서버의 개수만큼 요청이 분산되게 할 수 있습니다. 서버에 무리가 덜 가게 되는 셈입니다.

예를 들어 코어가 여덟 개인 서버가 있을 때, 노드는 보통 코어를 하나만 활용합니다. 하지만 cluster 모듈을 설정해 코어 하나당 노드 프로세스 하나가 돌아가게 할 수 있습니다. 성능이 꼭 여덟 배가 되는 것은 아니지만, 코어를 하나만 사용할 때에 비해 성능이 개선됩니다. 하지만 장점만 있는 것은 아니며, 메모리를 공유하지 못하는 등의 단점도 있습니다. 따라서 세션을 메모리에 저장하는 경우 문제가 될 수 있으며, 이는 레디스 등의 서버를 도입해 해결할 수 있습니다.

server1.js를 클러스터링해보겠습니다.

cluster.js
```
const cluster = require('cluster');
const http = require('http');
const numCPUs = require('os').cpus().length;
```

```
  if (cluster.isMaster) {
    console.log(`마스터 프로세스 아이디: ${process.pid}`);
    // CPU 개수만큼 워커를 생산
    for (let i = 0; i < numCPUs; i += 1) {
      cluster.fork();
    }
    // 워커가 종료되었을 때
    cluster.on('exit', (worker, code, signal) => {
      console.log(`${worker.process.pid}번 워커가 종료되었습니다.`);
      console.log('code', code, 'signal', signal);
    });
  } else {
    // 워커들이 포트에서 대기
    http.createServer((req, res) => {
      res.writeHead(200, { 'Content-Type': 'text/html; charset=utf-8' });
      res.write('<h1>Hello Node!</h1>');
      res.end('<p>Hello Cluster!</p>');
    }).listen(8086);

    console.log(`${process.pid}번 워커 실행`);
  }
```

worker_threads의 예제와 모양이 비슷합니다. 다만, 스레드가 아니라 프로세스입니다. 클러스터에는 마스터 프로세스와 워커 프로세스가 있습니다. 마스터 프로세스는 CPU 개수만큼 워커 프로세스를 만들고, 8086번 포트에서 대기합니다. 요청이 들어오면 만들어진 워커 프로세스에 요청을 분배합니다.

❤ 그림 4-21 클러스터링

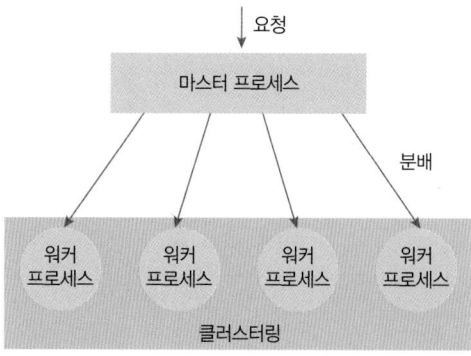

워커 프로세스가 실질적인 일을 하는 프로세스입니다. 이 책에서 실험한 컴퓨터는 CPU 코어가 여섯 개이므로 워커가 여섯 개 생성되었습니다. 실제로 여섯 개가 생성되었는지 확인해보겠습니다.

코드를 다음과 같이 수정합니다.

cluster.js

```
...
} else {
  // 워커들이 포트에서 대기
  http.createServer((req, res) => {
    res.writeHead(200, { 'Content-Type': 'text/html; charset=utf-8' });
    res.write('<h1>Hello Node!</h1>');
    res.end('<p>Hello Cluster!</p>');
    setTimeout(() => { // 워커가 존재하는지 확인하기 위해 1초마다 강제 종료
      process.exit(1);
    }, 1000);
  }).listen(8086);

  console.log(`${process.pid}번 워커 실행`);
}
```

요청이 들어올 때마다 1초 후에 서버가 종료되도록 했습니다. 이제 서버를 실행합니다. process.pid는 실행할 때마다 달라집니다. 각자 자신의 코어 개수에 맞게 워커가 실행되는지 확인해보세요.

콘솔

```
$ node cluster
마스터 프로세스 아이디: 21360
7368번 워커 실행
11040번 워커 실행
9004번 워커 실행
16452번 워커 실행
17272번 워커 실행
16136번 워커 실행
```

http://localhost:8086에 접속하면 1초 후 콘솔에 워커가 종료되었다는 메시지가 뜹니다. 여섯 번 새로 고침을 하면 모든 워커가 종료되어 서버가 응답하지 않습니다.

콘솔

```
16136번 워커가 종료되었습니다.
code 1 signal null
17272번 워커가 종료되었습니다.
code 1 signal null
16452번 워커가 종료되었습니다.
code 1 signal null
9004번 워커가 종료되었습니다.
code 1 signal null
11040번 워커가 종료되었습니다.
code 1 signal null
7368번 워커가 종료되었습니다.
code 1 signal null
```

코드(code)는 process.exit의 인수로 넣어준 코드가 출력되고, 신호(signal)는 존재하는 경우 프로세스를 종료한 신호의 이름이 출력됩니다.

워커 프로세스가 존재하기에 여섯 번까지는 오류가 발생해도 서버가 정상적으로 작동할 수 있다는 뜻입니다. 종료된 워커를 다시 켜면 오류가 발생해도 계속 버틸 수 있습니다. 다음과 같이 워커 프로세스가 종료되었을 때 새로 하나를 생성해봅시다.

cluster.js

```
...
  cluster.on('exit', (worker, code, signal) => {
    console.log(`${worker.process.pid}번 워커가 종료되었습니다.`);
    console.log('code', code, 'signal', signal);
    cluster.fork();
  });
...
```

콘솔

```
28592번 워커가 종료되었습니다.
code 1 signal null
10520번 워커 실행
10520번 워커가 종료되었습니다.
code 1 signal null
23248번 워커 실행
```

이제 워커 하나가 종료될 때마다 새로운 워커 하나가 생성됩니다. 하지만 이러한 방식으로 오류를 처리하려는 것은 좋지 않은 생각입니다. 오류 자체의 원인을 찾아 해결해야 합니다. 그래도 예기치 못한 에러로 인해 서버가 종료되는 현상을 방지할 수 있어 클러스터링을 적용해두는 것이 좋습니다.

직접 cluster 모듈로 클러스터링을 구현할 수도 있지만, 실무에서는 pm2 등의 모듈로 cluster 기능을 사용하곤 합니다. pm2 모듈은 15.1.5절에서 설명합니다.

다시 REST와 라우팅으로 돌아가 봅시다. 4.2절의 웹 서버 주소는 크게 HTML 또는 CSS 같은 정적 파일을 요청하는 주소와 서버의 users 자원을 요청하는 주소로 나뉘어져 있습니다. 만약 파일이나 자원의 수가 늘어나면 그에 따라 주소의 종류도 많아져야 합니다.

그런데 if문이 많아 이미 코드가 상당히 길어져서 보기도 어렵고 관리하기도 어렵습니다. 주소의 수가 많아질수록 코드는 계속 길어집니다. 여기에 쿠키와 세션을 추가하게 되면 더 복잡해질 것입니다. 다행히 이를 편리하게 만들어주는 모듈이 있습니다. 바로 Express 모듈입니다. Express 모듈은 다른 사람들이 만들어둔 모듈이므로 설치해야 사용할 수 있습니다.

다음 장에서는 다른 사람의 모듈을 설치할 수 있게 해주는 npm을 살펴보고, npm에서 모듈을 설치하고 내가 직접 만들어 배포하는 방법도 알아보겠습니다.

4.6 함께 보면 좋은 자료

NODE.JS

- **http 모듈 소개**: https://nodejs.org/dist/latest-v18.x/docs/api/http.html
- **쿠키 설명**: https://developer.mozilla.org/ko/docs/Web/HTTP/Cookies
- **세션 설명**: https://developer.mozilla.org/ko/docs/Web/HTTP/Session
- **https 모듈 소개**: https://nodejs.org/dist/latest-v18.x/docs/api/https.html
- **http2 모듈 소개**: https://nodejs.org/dist/latest-v18.x/docs/api/http2.html
- **cluster 모듈 소개**: https://nodejs.org/dist/latest-v18.x/docs/api/cluster.html

5^장

패키지 매니저

4장에서 코드를 직접 작성해보며 무엇을 느꼈나요? 모듈 없이 구현하면서 프로그래밍하는 재미를 느꼈을 수도 있고, 모든 기능을 직접 구현하기에는 너무 벅차다고 생각했을 수도 있습니다.

세상에는 무수히 많은 자바스크립트 프로그래머가 있습니다. 그들은 여러분과 같은 길을 먼저 걸으면서 많은 코드를 미리 작성해놓았습니다. 게다가 그 코드를 다른 사람이 볼 수 있게 공개해놓기도 했습니다.

이 장에서는 그런 코드들이 공개되어 있는 서버인 npm이라는 패키지 매니저를 알아봅니다.

▼ 그림 5-1 npm 로고

간단한 npm 사용법과 npm을 통해 다른 사람이 만들어둔 코드를 사용하는 방법, 자신의 코드를 npm에 배포해 다른 사람들이 쓸 수 있게 하는 방법 등을 알아보겠습니다.

5.1 npm 알아보기

npm은 Node Package Manager의 약어로, 이름 그대로 노드 패키지 매니저를 의미합니다. 1.1.2절에서는 노드가 자바스크립트 프로그램을 컴퓨터에서도 실행할 수 있게 해준다고 이야기했습니다. 대부분의 자바스크립트 프로그램은 패키지라는 이름으로 npm에 등록되어 있으므로 특정 기능을 하는 패키지가 필요하다면 npm에서 찾아 설치하면 됩니다.

npm에는 193만 개(2022년 4월 기준)에 달하는 패키지가 등록되어 있습니다. 이는 세계 최대 규모입니다. 방대한 양의 패키지들은 노드와 자바스크립트의 생태계를 더욱 견고하게 만들고 있습니다. 게다가 대부분 오픈 소스여서 노드를 사용해 웹을 개발할 때 많은 도움이 됩니다.

npm에 업로드된 노드 모듈을 패키지라고 부릅니다. 모듈이 다른 모듈을 사용할 수 있는 것처럼, 패키지가 다른 패키지를 사용할 수도 있습니다. 이런 관계를 의존 관계라고 합니다. 의존 관계는 다음 절에서 알아봅니다.

> Note ≡ yarn, pnpm
>
> npm의 대체자로 yarn(https://yarnpkg.com)과 pnpm(https://pnpm.io)이 있습니다. yarn은 페이스북이 내놓은 패키지 매니저로, 리액트(React)나 리액트 네이티브(React Native) 같은 페이스북 진영의 프레임워크를 사용할 때 종종 볼 수 있습니다. pnpm은 npm의 성능을 개선한 패키지 매니저입니다.
>
> ❤ 그림 5-2 yarn, pnpm
>
>
>
> npm의 사용 방법을 안다면 yarn이나 pnpm도 쉽게 익힐 수 있습니다. npm과 비교해서 편리성과 성능이 개선된 몇 가지 기능이 들어 있지만, 별도로 설치해야 합니다. npm 서버가 너무 느릴 경우 yarn이나 pnpm으로 전환하는 것을 고려해보세요.

NODE.JS

5.2 package.json으로 패키지 관리하기

서비스에 필요한 패키지를 하나씩 추가하다 보면 어느샌가 패키지 수가 100개를 훌쩍 넘어버리게 됩니다. 그리고 사용할 패키지는 저마다 고유한 버전이 있으므로 어딘가에 기록해둬야 합니다. 같은 패키지라도 버전별로 기능이 다를 수 있으므로 프로젝트를 설치할 때 패키지도 동일한 버전을 설치하지 않으면 문제가 생길 수 있습니다. 이때 설치한 패키지의 버전을 관리하는 파일이 바로 package.json입니다.

따라서 노드 프로젝트를 시작하기 전에는 폴더 내부에 무조건 package.json부터 만들고 시작해야 합니다. npm은 package.json을 만드는 명령어를 제공합니다.

먼저 콘솔로 프로젝트를 시작할 폴더로 이동한 후, 다음 명령어를 입력합니다.

```
$ npm init
This utility will walk you through creating a package.json file.
It only covers the most common items, and tries to guess sensible defaults.

See `npm help json` for definitive documentation on these fields
and exactly what they do.

Use `npm install <pkg>` afterwards to install a package and
save it as a dependency in the package.json file.

Press ^C at any time to quit.
package name: (폴더명) [프로젝트 이름 입력]
version: (1.0.0) [프로젝트 버전 입력]
description: [프로젝트 설명 입력]
entry point: index.js
test command: [엔터 키 클릭]
git repository: [엔터 키 클릭]
keywords: [엔터 키 클릭]
author: [여러분의 이름 입력]
license: (ISC) [엔터 키 클릭]
About to write to C:\Users\zerocho\npmtest\package.json:

{
  "name": "npmtest",
  "version": "0.0.1",
  "description": "hello package.json",
  "main": "index.js",
  "scripts": {
    "test": "echo \"Error: no test specified\" && exit 1"
  },
  "author": "ZeroCho",
  "license": "ISC"
}

Is this ok? (yes) yes
```

예시로 프로젝트 이름은 npmtest, 버전은 0.0.1, 설명은 hello package.json, author는 ZeroCho로 만들어봤습니다. 정보를 다 입력하면 package.json 미리 보기가 나옵니다. 올바르게 입력했다면 마지막에 yes를 입력합니다.

몇 가지 명령어는 지금은 필요 없으므로 Enter를 눌러 다음으로 넘어갔습니다. 나중에 필요할 때 package.json을 직접 수정하면 됩니다.

- **package name**: 패키지의 이름입니다. package.json의 name 속성에 저장됩니다.
- **version**: 패키지의 버전입니다. npm의 버전은 다소 엄격하게 관리됩니다. 5.3절에서 다룹니다.
- **entry point**: 자바스크립트 실행 파일 진입점입니다. 보통 마지막으로 module.exports를 하는 파일을 지정합니다. package.json의 main 속성에 저장됩니다.
- **test command**: 코드를 테스트할 때 입력할 명령어를 의미합니다. package.json scripts 속성 안의 test 속성에 저장됩니다.
- **git repository**: 코드를 저장해둔 깃(Git) 저장소 주소를 의미합니다. 나중에 소스에 문제가 생겼을 때 사용자들이 이 저장소에 방문해 문제를 제기할 수도 있고, 코드 수정본을 올릴 수도 있습니다. package.json의 repository 속성에 저장됩니다.
- **keywords**: 키워드는 npm 공식 홈페이지(https://npmjs.com)에서 패키지를 쉽게 찾을 수 있게 합니다. package.json의 keywords 속성에 저장됩니다.
- **license**: 해당 패키지의 라이선스를 넣으면 됩니다.

Note ☰ 라이선스

오픈 소스라고 해서 모든 패키지를 아무런 제약 없이 사용할 수 있는 것은 아닙니다. 라이선스(license)별로 제한 사항이 있으므로 설치 전에 반드시 라이선스를 확인해야 합니다.

ISC, MIT나 BSD 라이선스를 가진 패키지는 사용한 패키지와 라이선스만 밝히면 자유롭게 사용할 수 있습니다.

아파치(Apache) 라이선스 패키지는 사용은 자유롭지만 특허권에 대한 제한이 포함되어 있습니다.

GPL 라이선스 패키지를 사용할 때는 조심해야 합니다. GPL 계열의 패키지를 사용한 패키지를 배포할 때는 자신의 패키지도 GPL로 배포하고 소스 코드도 공개해야 하기 때문입니다.

라이선스별로 특징이 다르므로 오픈 소스를 사용하기 전에는 반드시 라이선스를 확인하고 세부 내용을 읽어보길 바랍니다. 그렇지 않으면 이후 상용 프로그램을 개발했을 때 법적 문제가 생길 수 있습니다.

---

npm init 실행이 완료되면 폴더에 다음과 같은 파일이 생성됩니다.

```json
{
  "name": "npmtest",
  "version": "0.0.1",
  "description": "hello package.json",
  "main": "index.js",
  "scripts": {
    "test": "echo \"Error: no test specified\" && exit 1"
  },
  "author": "ZeroCho",
  "license": "ISC"
}
```

미리 보기에 나왔던 그대로 생성되었습니다. 혹시 package.json의 내용이 다르다면 앞으로의 실습을 위해 위와 같이 내용을 수정해주세요(author는 여러분의 이름을 적으세요).

scripts 부분은 npm 명령어를 저장해두는 부분입니다. 콘솔에서 npm run [스크립트 명령어]를 입력하면 해당 스크립트가 실행됩니다. 예를 들어 npm run test를 수행하면 echo "Error: no test specified" && exit 1이 실행됩니다. echo "Error: no test specified"는 콘솔에 해당 문자열을 출력하라는 뜻이고, exit 1은 에러와 함께 종료하라는 뜻입니다. 콘솔에 직접 명령어를 실행해보세요.

```
$ npm run test
> npmtest@0.0.1 test
> echo "Error: no test specified" && exit 1

"Error: no test specified"
```

npmtest@0.0.1은 npmtest 패키지의 0.0.1 버전을 의미합니다. @이 버전을 표시하는 기호입니다.

test 스크립트 외에도 scripts 속성에 명령어 여러 개를 등록해두고 사용할 수 있습니다. 보통 start 명령어에 node [파일명]을 저장해두고 npm start로 실행합니다. start나 test 같은 스크립트는 run을 붙이지 않아도 실행됩니다.

이제 패키지들을 설치해봅시다. 6장에서 사용할 익스프레스(Express)를 설치해보겠습니다. npm install [패키지 이름]을 package.json이 있는 폴더의 콘솔에서 입력하면 됩니다.

```
콘솔
$ npm install express
added 50 packages, and audited 51 packages in 1s

2 packages are looking for funding
  run `npm fund` for details

found 0 vulnerabilities
```

간혹 메시지 중에 WARN이 나올 수 있는데 걱정하지 않아도 됩니다. ERROR만이 진짜 에러이고 WARN은 단순한 경고일 뿐입니다. 거슬린다면, 구글에서 콘솔에 출력된 메시지를 입력해 검색함으로써 적절한 해결 방법을 찾을 수 있습니다.

> Note ☰   vulnerability
>
> 패키지를 설치할 때 found 0 vulnerabilities 또는 [숫자] [심각도] severity vulnerability라는 문장이 출력됩니다. npm은 패키지를 설치할 때 패키지에 있을 수 있는 취약점을 자동으로 검사합니다. found 0 vulnerabilities는 취약점이 없음을 뜻하지만, 취약점이 있는 경우에는 다음과 같이 표시됩니다.
>
> ```
> 콘솔
> [숫자] [심각도] severity vulnerability
>
> To address all issues, run:
>   npm audit fix --force
>
> Run `npm audit` for details.
> ```
>
> npm audit은 패키지의 알려진 취약점을 검사할 수 있는 명령어입니다. npm에 패키지들이 워낙 많다 보니 일부 패키지는 악성 코드를 담고 있습니다. 이런 것들이 npm에 보고되는데, npm audit을 통해 내가 혹시 악성 코드가 담긴 패키지를 설치하지 않았는지 검사할 수 있습니다. npm audit fix를 입력하면 npm이 스스로 수정할 수 있는 취약점을 알아서 수정합니다. 주기적으로 수정해줍시다.

드디어 첫 패키지를 설치했습니다! 설치한 패키지가 package.json에 기록됩니다.

package.json
```
{
  "name": "npmtest",
  ...
  "license": "ISC",
  "dependencies": {
    "express": "^4.17.3",
  }
}
```

dependencies라는 속성이 새로 생겼고, express라는 이름과 함께 설치된 버전이 저장되었습니다. 설치된 버전은 이 책과 다를 수 있습니다. 버전 앞에 ^ 표시가 붙어 있는데, 여기에는 특별한 의미가 있습니다. 다음 절에서 자세히 알아보겠습니다.

> **Note ≡ --save 옵션**
>
> 패키지를 설치할 때, npm install 명령어에 --save 옵션을 붙이는 책이나 블로그를 많이 볼 수 있습니다. dependencies에 패키지 이름을 추가하는 옵션이지만 npm@5부터는 기본값으로 설정되어 있으므로 따로 붙이지 않아도 됩니다.

> **Note ≡ 프로젝트 이름과 설치하는 패키지 이름은 달라야 합니다**
>
> 방금 express를 설치했습니다. 이때 프로젝트 이름(package.json의 name, 현재 npmtest)은 express여서는 안 됩니다. 앞으로 많은 패키지를 설치할 텐데 그때마다 프로젝트 이름과 겹치지 않는지 확인해야 합니다.

추가로 node_modules라는 폴더도 생성되었습니다. 그 안에 설치한 패키지들이 들어 있습니다. 분명히 Express 하나만 설치했는데 패키지가 여러 개 들어 있습니다. 이는 Express가 의존하는 패키지들입니다. 패키지 하나가 다른 여러 패키지에 의존하고, 그 패키지들은 또 다른 패키지들에 의존합니다. 이렇게 의존 관계가 복잡하게 얽혀 있어 package.json이 필요한 것입니다.

▼ 그림 5-3 node_modules 폴더 안의 패키지

▼ 그림 5-4 의존 관계

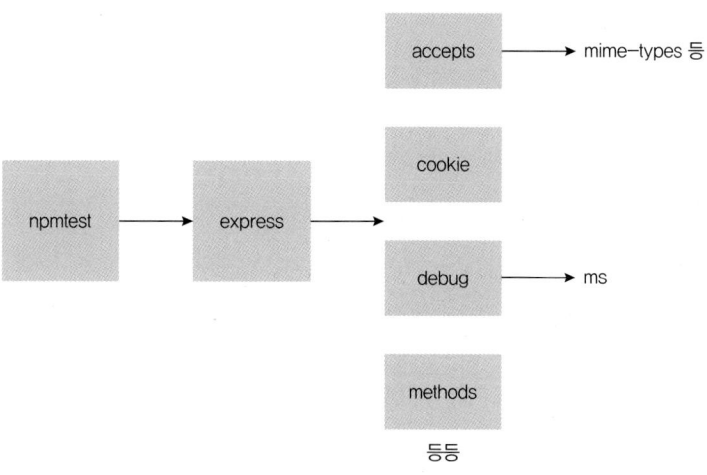

package-lock.json이라는 파일도 생성되었습니다. 내용을 보면, 직접 설치한 express 외에도 node_modules에 들어 있는 패키지들의 정확한 버전과 의존 관계가 담겨 있습니다. npm으로 패키지를 설치, 수정, 삭제할 때마다 패키지들 간의 정확한 내부 의존 관계를 이 파일에 저장합니다. 즉, package.json은 직접 설치한 패키지를 기록하는 파일이고, package-lock.json은 패키지 간의 의존 관계를 명시한 파일입니다.

있습니다. 예를 들어 fs(https://www.npmjs.com/package/fs)나 os(https://www.npmjs.com/package/os) 등의 패키지가 npm에 존재합니다. 다만 이러한 패키지를 설치할 이유는 없습니다. 또한, 실수로 내장 모듈과 동일한 이름의 패키지를 설치하더라도 require할 때 내장 모듈을 불러오므로 걱정하지 않아도 됩니다. 직접 검증해봅시다.

콘솔

```
$ npm i fs express
```

protocol.js

```
console.log(require.resolve('fs'));
console.log(require.resolve('express'));
console.log(require.resolve('node:fs'));
```

콘솔

```
$ node protocol
fs
C:\Users\zerocho\node_modules\express\index.js
node:fs
```

require.resolve로 해당 모듈을 어디에서 불러오는지 확인할 수 있습니다. 내장 모듈의 경우 이름만 표시됩니다. express와 같이 npm에서 설치한 패키지는 전체 경로가 표시됩니다. fs와 express 모두 npm을 통해 설치했지만, fs의 경우 내장 모듈을 불러오는 것을 알 수 있습니다.

명시적으로 내장 모듈을 사용함을 밝히고 싶다면 노드 프로토콜(node:)을 사용하세요. 예를 들어 require('fs') 대신 require('node:fs')로 불러오면 됩니다.

앞으로의 실습을 위해 npm을 통해 설치한 fs 패키지를 제거합시다.

콘솔

```
$ npm rm fs
```

이제 모듈 여러 개를 동시에 설치해보겠습니다. npm install [패키지1] [패키지2] [...]와 같이 패키지들을 나열하면 됩니다.

콘솔

```
$ npm install morgan cookie-parser express-session
added 12 packages, and audited 63 packages in 2s

2 packages are looking for funding
```

```
  run `npm fund` for details

found 0 vulnerabilities
```

설치한 패키지의 버전과 숫자, 소요된 시간 등은 이 책과 다를 수 있습니다. 설치한 패키지들이 dependencies 속성에 기록됩니다.

package.json
```json
{
  "name": "npmtest",
  ...
  "dependencies": {
    "cookie-parser": "^1.4.6",
    "express": "^4.17.3",
    "express-session": "^1.17.2",
    "morgan": "^1.10.0"
  }
}
```

개발용 패키지를 설치할 수도 있습니다. 실제 배포 시에는 사용되지 않고, 개발 중에만 사용되는 패키지들입니다. npm install --save-dev [패키지] [...]로 설치합니다. --save-dev가 개발용 패키지임을 나타냅니다.

여기서는 나중에 사용할 nodemon 패키지를 설치해보겠습니다. 소스 코드가 바뀔 때마다 자동으로 노드를 재실행해주는 패키지입니다.

콘솔
```
$ npm install --save-dev nodemon
added 116 packages, and audited 179 packages in 6s

18 packages are looking for funding
  run `npm fund` for details

found 0 vulnerabilities
```

package.json에 새로운 속성이 생겼습니다. 새로 생긴 devDependencies 속성에서는 개발용 패키지들만 따로 관리합니다.

package.json

```json
{
  ...
  "devDependencies": {
    "nodemon": "^2.0.16"
  }
}
```

dependencies와 devDependencies 외에도 peerDependencies가 package.json에 존재하는 경우가 있습니다.

예를 들어 A라는 라이브러리의 package.json에 다음과 같이 적혀 있다고 생각해봅시다.

package.json

```json
{
  ...
  "peerDependencies": {
    "jQuery": "^3.0.0"
  }
}
```

A라는 라이브러리가 jQuery 3 버전을 직접적으로 사용(import나 require)하지는 않지만, jQuery 3 버전이 설치되어 있다고 생각하고 코드를 작성했다는 의미입니다. 따라서 A라는 라이브러리를 사용하는 입장에서 jQuery를 미리 설치하지 않았거나 jQuery 3 버전이 아닌 다른 버전을 설치한 경우 에러가 발생하게 됩니다.

peerDependencies와 다른 버전이 설치되어 있다면 ERESOLVE unable to resolve dependency tree 에러 메시지가 표시됩니다. 이 에러를 해결하는 방법은 세 가지가 있는데, 최선의 해결책은 peerDependencies에 맞게 다시 설치하는 것입니다. 위의 예시에서는 jQuery 3 버전을 설치하면 되겠죠. 다만, 이 방법으로 해결이 안 되는 경우가 있습니다.

A 패키지의 peerDependencies가 jQuery 3 버전이고 B 패키지의 peerDependencies가 jQuery 2 버전인데, A, B 패키지를 동시에 사용하는 경우에는 jQuery 3 버전을 설치해야 할지, jQuery 2 버전을 설치해야 할지 알 수 없게 됩니다. 이럴 때는 npm i --force로 강제로 모든 버전을 설치하거나 npm i --legacy-peer-deps로 peerDependencies를 무시하는 방법이 있습니다. 하지만 최선은 애초에 peerDependencies가 서로 충돌하는 패키지를 같이 설치하지 않는 것입니다. 패키지를 설치할 때 peerDependencies가 있는지 꼭 확인해보세요.

npm에는 전역(global) 설치라는 옵션도 있습니다. 패키지를 현재 폴더의 node_modules에 설치하는 것이 아니라 npm이 설치되어 있는 폴더(윈도의 경우 기본 경로는 C:\Users\사용자명\AppData\Roaming\npm, 맥의 경우 기본 경로는 /usr/local/lib/node_modules)에 설치합니다. 이 폴더의 경로는 보통 시스템 환경 변수에 등록되어 있으므로 전역 설치한 패키지는 콘솔의 명령어로 사용할 수 있습니다. 전역 설치를 했다고 해서 패키지를 모든 곳에서 사용한다는 뜻은 아닙니다. 대부분 명령어로 사용하기 위해 전역 설치합니다.

그럼 전역 패키지 한 개를 설치해 사용해봅시다.

콘솔

```
$ npm install --global rimraf
changed 12 packages, and audited 13 packages in 2s

2 packages are looking for funding
  run `npm fund` for details

found 0 vulnerabilities
```

리눅스나 맥에서는 전역 설치 시에 관리자 권한이 필요한 경우가 있습니다. 그럴 때는 sudo를 앞에 붙여야 합니다. sudo npm install --global rimraf를 입력합니다.

> Note ≡ **명령어 줄여 쓰기**
>
> npm install 명령어는 npm i로 줄여 쓸 수 있습니다. --save-dev 옵션은 -D로, --global 옵션은 -g로 줄여 써도 됩니다.

방금 rimraf라는 패키지를 전역 설치했습니다. rimraf는 리눅스나 맥의 rm -rf 명령어를 윈도에서도 사용할 수 있게 해주는 패키지입니다. rm -rf는 지정한 파일이나 폴더를 지우는 명령어입니다. 전역 설치했으므로 rimraf 명령어를 콘솔에서 사용할 수 있습니다. 전역 설치한 패키지는 package.json에 기록되지 않습니다.

rimraf로 node_modules 폴더를 삭제해보겠습니다.

콘솔

```
$ rimraf node_modules
```

참고로 윈도에서 명령 프롬프트 대신 파워셸을 사용할 때는 rimraf 명령어가 먹히지 않을 수 있습니다. 그럴 때는 앞에 npx를 붙여 npx rimraf ...를 하면 됩니다. npx는 조금 뒤에 설명합니다.

현재 폴더 내에는 package.json과 package-lock.json밖에 없는 상태입니다. 설치한 패키지들을 지워버렸지만 package.json에 설치한 패키지 내역이 들어 있으므로 걱정하지 않아도 됩니다. npm install만 하면 알아서 다시 설치됩니다.

즉, node_modules는 언제든지 npm install로 설치할 수 있으므로 node_modules는 보관할 필요가 없다는 점을 알 수 있습니다. 깃 같은 버전 관리 프로그램과 같이 사용할 때도 node_modules는 커밋하지 않습니다. 중요한 파일은 package.json과 package-lock.json입니다. 다만, npm i를 할 때마다 package.json과 package-lock.json이 변하므로, 실제 서비스를 배포할 때는 npm i 대신 npm ci 명령어를 사용해서 package-lock.json에 적힌 대로 설치합니다.

Note ≡ npx

전역 설치를 기피하는 개발자들도 있습니다. 전역 설치한 패키지는 package.json에 기록되지 않아 다시 설치할 때 어려움이 있기 때문입니다. 이러한 경우를 위한 명령어로 npx가 있습니다.

콘솔

```
$ npm install --save-dev rimraf
$ npx rimraf node_modules
```

위와 같이 rimraf 모듈을 package.json의 devDependencies 속성에 기록한 후, 앞에 npx 명령어를 붙여 실행하면 됩니다. 그러면 패키지를 전역 설치한 것과 같은 효과(명령어로 사용 가능)를 얻을 수 있습니다. 패키지가 package.json에 기록되었으므로 버전 관리도 용이합니다. 이 책에서도 앞으로는 전역 설치 대신 npx를 사용합니다.

Note ≡ npm에 등록되지 않은 패키지

모든 패키지가 npm에 등록되어 있는 것은 아닙니다. 일부 패키지는 오픈 소스가 아니거나 개발 중인 패키지이므로 깃허브나 넥서스(Nexus) 등의 저장소에 보관되어 있을 수도 있습니다. 그러한 패키지들도 npm install [저장소 주소] 명령어를 통해 설치할 수 있습니다.

Note ≡ node_modules 내부 수정하기

종종 설치한 패키지 내부 소스 코드를 수정하고 싶을 때가 있습니다. 설치한 패키지에서 버그가 발생했는데, 당장 수정이 필요할 때 주로 그렇습니다. 문제는 수정한 그 당시에는 node_modules 내부 패키지가 잘 돌아가지만 한 번이라도 npm i를 입력하게 되면 수정한 내용이 초기화된다는 것입니다.

그래서 node_modules 내부의 수정 사항을 영구적으로 반영해주는 patch-package 패키지가 있습니다. package.json을 다음과 같이 수정하고 patch-package 패키지를 설치합시다.

```
package.json

"scripts": {
    "test": "echo \"Error: no test specified\" && exit 1",
    "postinstall": "patch-package"
  },
```

콘솔

```
$ npm i patch-package
(node_modules 내부의 원하는 패키지 수정하기)
$ npx patch-package [수정한 패키지 이름]
```

이러면 patches 폴더가 생성되고 그 안에 patch 확장자를 가진 파일이 생성됩니다. 이후 npm i를 해도 patch-package가 patch 파일을 읽어서 수정 사항을 적용합니다.

5.3 패키지 버전 이해하기

N O D E . J S

노드 패키지들의 버전은 항상 세 자리로 이뤄져 있습니다. 심지어 노드의 버전도 세 자리입니다. 버전이 세 자리인 이유는 SemVer 방식의 버전 넘버링을 따르기 때문입니다.

SemVer는 Semantic Versioning(유의적 버전)의 약어입니다. 버전을 구성하는 세 자리가 모두 의미를 갖고 있다는 뜻입니다.

각각의 패키지는 모두 버전이 다르고 패키지 간의 의존 관계도 복잡합니다. 어떤 패키지의 버전을 업그레이드했는데, 그것을 사용하는 다른 패키지에서 에러가 발생한다면 문제가 됩니다. 많은 패키지가 서로 얽히다 보면 이 문제는 점점 더 심각해집니다. 따라서 버전 번호를 어떻게 정하고 올려야 하는지를 명시하는 규칙이 등장했습니다. 이것이 바로 SemVer입니다.

버전의 첫 번째 자리는 메이저(major) 버전입니다. 메이저 버전이 0이면 초기 개발 중이라는 뜻입니다. 1부터는 정식 버전을 의미합니다. 메이저 버전은 하위 호환이 안 될 정도로 패키지의 내용이 수정되었을 때 올립니다. 예를 들어 1.5.0에서 2.0.0으로 올렸다는 것은, 1.5.0 버전 패키지를 사용하고 있던 사람들이 2.0.0으로 업데이트했을 때 에러가 발생할 확률이 크다는 뜻입니다.

두 번째 자리는 마이너(minor) 버전입니다. 마이너 버전은 하위 호환이 되는 기능 업데이트를 할 때 올립니다. 버전을 1.5.0에서 1.6.0으로 올렸다면, 1.5.0 사용자가 1.6.0으로 업데이트했을 때 아무 문제가 없어야 합니다.

세 번째 자리는 패치(patch) 버전입니다. 새로운 기능이 추가되었다기보다는 기존 기능에 문제가 있어 수정한 것을 내놓았을 때 패치 버전을 올립니다. 1.5.0에서 1.5.1처럼요. 당연히 업데이트 후 아무 문제가 없어야 합니다.

▼ 그림 5-5 SemVer

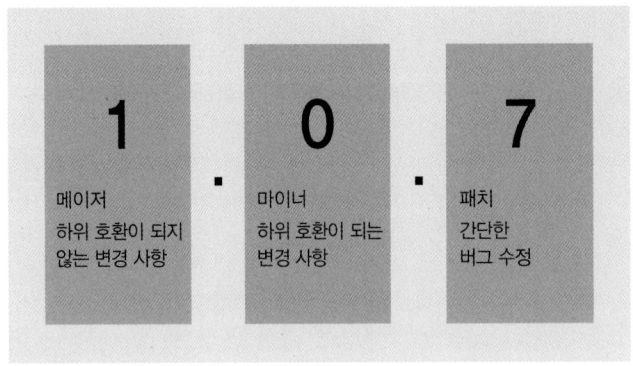

새 버전을 배포한 후에는 그 버전의 내용을 절대 수정하면 안 됩니다. 만약 수정 사항이 생기면 메이저 버전, 마이너 버전, 패치 버전 중 하나를 의미에 맞게 올려서 새로운 버전으로 배포해야 합니다. 이렇게 하면 배포된 버전 내용이 바뀌지 않아서 패키지 간 의존 관계에 큰 도움이 되며, 동일한 버전의 패키지는 언제나 동일한 동작을 수행한다고 믿을 수 있습니다.

버전의 숫자마다 의미가 부여되어 있으므로 다른 패키지를 사용할 때도 버전만 보고 에러 발생 여부를 가늠할 수 있습니다. 의존하는 패키지의 메이저 버전이 업데이트되었다면 기존 코드와 호환되지 않을 가능성이 크므로 미리 주의를 기울여야 합니다. 마이너나 패치 버전 업데이트는 비교적 안심하고 버전을 올릴 수 있습니다.

package.json에는 SemVer식 세 자리 버전 외에도 버전 앞에 ^이나 ~ 또는 >, < 같은 문자가 붙어 있습니다. 이 문자는 버전에는 포함되지 않지만 설치하거나 업데이트할 때 어떤 버전을 설치해야 하는지 알립니다.

가장 많이 보는 기호는 ^이며, 마이너 버전까지만 설치하거나 업데이트합니다. npm i express@^ 1.1.1이라면 1.1.1 이상부터 2.0.0 미만 버전까지 설치됩니다. 2.0.0은 설치되지 않습니다. 1.x.x 와 같이 표현할 수도 있습니다.

~ 기호를 사용한다면 패치 버전까지만 설치하거나 업데이트합니다. npm i express@~1.1.1이라면 1.1.1 이상부터 1.2.0 미만 버전까지 설치됩니다. 1.1.x와 같은 표현도 가능합니다. ~보다 ^이 많이 사용되는 이유는 마이너 버전까지는 하위 호환이 보장되기 때문입니다.

>, <, > =, < =, =은 알기 쉽게 초과, 미만, 이상, 이하, 동일을 뜻합니다. npm i express@>1.1.1처럼 사용합니다. 반드시 1.1.1 버전보다 높은 버전이 설치됩니다.

추가적으로 @latest도 사용하는데, 안정된 최신 버전의 패키지를 설치합니다. x로도 표현할 수 있습니다(예: npm i express@latest 또는 npm i express@x).

@next를 사용하면 가장 최근 배포판을 사용할 수 있습니다. @latest와 다른 점은 안정되지 않은 알파나 베타 버전의 패키지를 설치할 수 있다는 것입니다. 알파나 베타 버전은 1.1.1-alpha.0나 2.0.0-beta.1처럼 표시합니다. 출시 직전의 패키지에는 2.0.0-rc.0처럼 rc(Release Candidate)가 붙는 경우도 있습니다.

5.4 / 기타 npm 명령어

N O D E . J S

npm으로 설치한 패키지를 사용하다 보면 새로운 기능이 추가되거나 버그를 고친 새로운 버전이 나올 때가 있습니다. npm outdated 명령어로 업데이트할 수 있는 패키지가 있는지 확인해보면 됩니다.

▼ 그림 5-6 npm outdated

Package	Current	Wanted	Latest	Location
nodemon	1.19.4	1.19.4	2.0.1	npmtest
rimraf	2.6.3	2.7.1	3.0.0	npmtest

Current와 Wanted가 다르다면 업데이트가 필요한 경우입니다. 이럴 때는 npm update [패키지 이름]으로 업데이트할 수 있습니다. npm update를 하면 업데이트 가능한 모든 패키지가 Wanted에 적힌 버전으로 업데이트됩니다. Latest는 해당 패키지의 최신 버전이지만 package.json에 적힌 버전 범위와 다르다면 설치되지 않습니다.

npm uninstall [패키지 이름]은 해당 패키지를 제거하는 명령어입니다. 패키지가 node_modules 폴더와 package.json에서 사라집니다. npm rm [패키지 이름]으로 줄여 쓸 수도 있습니다.

npm search [검색어]로 npm의 패키지를 검색할 수 있습니다. 윈도나 맥에서는 브라우저를 통해 npm 공식 사이트(https://npmjs.com)에서 검색하면 편리할 것입니다. 하지만 GUI가 없는 리눅스에서는 이 명령어를 사용해 콘솔로 검색할 수 있습니다. npm search express 명령어로 express를 검색해봤습니다. package.json에 넣어둔 keywords가 이때 사용됩니다.

▼ 그림 5-7 npm search 결과 화면

```
NAME                     | DESCRIPTION         | AUTHOR          | DATE       | VERSION  | KEYWORDS
express                  | Fast,…              | =mikeal…        | 2022-04-29 | 4.18.1   | express framework sinatra web http rest
path-to-regexp           | Express style path… | =blakeembrey…   | 2022-05-06 | 6.2.1    | express regexp route routing
express-handlebars       | A Handlebars view…  | =ericf =sahat…  | 2022-05-13 | 6.0.6    | express express3 handlebars view layout
express-fileupload       | Simple express file…| =richardgirges… | 2022-05-24 | 1.4.0    | express file-upload upload forms multipa
cors                     | Node.js CORS…       | =dougwilson…    | 2018-11-04 | 2.8.5    | cors express connect middleware
connect-redis            | Redis session store…| =chirag04…      | 2022-03-18 | 6.1.3    | connect redis session express
express-http-proxy       | http proxy…         | =villadora…     | 2021-10-26 | 1.6.3    | express-http-proxy
helmet                   | help secure…        | =adam_baldwin…  | 2022-08-26 | 6.0.0    | express security headers backend
express-validator        | Express middleware… | =ctavan…        | 2022-06-19 | 6.14.2   | express validator validation validate sa
is-regex                 | Is this value a JS… | =ljharb         | 2021-08-06 | 1.1.4    | regex regexp is regular expression regul
connect-mongo            | MongoDB session…    | =jdesboeufs…    | 2021-09-17 | 4.6.0    | connect mongo mongodb session express
multer                   | Middleware for…     | =hacksparrow…   | 2022-05-30 | 1.4.5-1… | form post multipart form-data formdata e
regexp.prototype.flags   | ES6 spec-compliant… | =ljharb         | 2022-04-15 | 1.4.3    | RegExp.prototype.flags regex regular exp
express-useragent        | ExpressJS/Connect/T…| =biggora        | 2020-07-11 | 1.0.15   | useragent connect express trinte browser
safe-regex               | detect possibly…    | =davisjam       | 2019-10-21 | 2.1.1    | catastrophic exponential regex safe sand
express-basic-auth       | Plug & play basic…  | =lionc          | 2021-12-11 | 1.2.1    | express middleware basic auth authentica
express-async-errors     | Async/await error…  | =davidbanham    | 2018-10-12 | 3.1.1    | expressjs async/await async await es6
sails                    | API-driven…         | =rachaelshaw…   | 2022-08-11 | 1.5.3    | mvc web-framework express sailsjs sails.
passport                 | Simple, unobtrusive…| =jaredhanson    | 2022-05-20 | 0.6.0    | express connect auth authn authenticatio
http-proxy-middleware    | The one-liner…      | =chimurai       | 2022-04-20 | 2.0.6    | reverse proxy middleware http https conn
```

npm info [패키지 이름]은 패키지의 세부 정보를 파악하고자 할 때 사용하는 명령어입니다. package.json의 내용과 의존 관계, 설치 가능한 버전 정보 등이 표시됩니다.

npm login은 npm 로그인을 위한 명령어입니다. npm 공식 사이트에서 가입한 계정으로 로그인하면 됩니다. 나중에 패키지를 배포할 때 로그인이 필요합니다. 패키지를 배포하지 않을 것이라면 npm에 가입할 필요는 없습니다. 가입 방법은 다음 절에서 알아봅니다.

콘솔

```
$ npm login
Username: [사용자 이름 입력]
Password: [비밀번호 입력]
Email: (this IS public) [이메일 입력]
npm notice Please check your email for a one-time password (OTP)
Enter one-time password: [OTP 번호 입력]
Logged in as [사용자 이름] on https://registry.npmjs.org/
```

npm whoami는 로그인한 사용자가 누구인지 알립니다. 로그인된 상태가 아니라면 에러가 발생합니다.

npm logout은 npm login으로 로그인한 계정을 로그아웃할 때 사용합니다.

npm version [버전] 명령어를 사용하면 package.json의 버전을 올립니다. 원하는 버전의 숫자를 넣으면 됩니다. 또는 major, minor, patch라는 문자열을 넣어서 해당 부분의 숫자를 1 올릴 수도 있습니다. 예를 들면 다음과 같습니다.

  npm version 5.3.2, npm version minor

npm deprecate [패키지 이름] [버전] [메시지]는 해당 패키지를 설치할 때 경고 메시지를 띄우게 하는 명령어입니다. 자신의 패키지에만 이 명령어를 적용할 수 있습니다. deprecated 처리를 해두면, 다른 사용자들이 버그가 있는 버전의 패키지를 설치할 때 경고 메시지가 출력됩니다.

npm publish는 자신이 만든 패키지를 배포할 때 사용합니다. 다음 절에서 사용해봅니다.

npm unpublish는 배포한 패키지를 제거할 때 사용합니다. 24시간 이내에 배포한 패키지만 제거할 수 있습니다. 이러한 제약이 있는 이유는 의존성 관계 때문입니다. 다른 사람이 사용하고 있는 패키지를 제거하는 경우를 막기 위해서입니다.

이외에도 많은 명령어가 있는데, npm 공식 문서(https://docs.npmjs.com/)의 CLI Commands에서 확인할 수 있습니다.

5.5 / 패키지 배포하기

N O D E . J S

이 절에서는 패키지를 만들어 배포해보겠습니다. 코딩에 앞서 npm 계정을 만들어야 합니다.

1. npm 웹 사이트(https://www.npmjs.com) 우측 상단의 **Sign Up**을 눌러 회원 가입을 합니다.

2. 회원 가입 confirm 메일을 확인합니다.

3. 콘솔에서 npm login 명령어를 입력해 생성한 계정으로 로그인합니다. 보안이 강화돼서 가입 시 입력했던 이메일로 OTP 코드가 발송됩니다. OTP 코드도 입력해야 로그인됩니다.

❤ 그림 5-8 npm 회원 가입 버튼

이제 패키지로 만들 코드를 작성합니다. package.json의 main 부분의 파일명과 일치해야 합니다. 그래야 npm에서 이 파일이 패키지의 진입점임을 알 수 있습니다.

index.js
```js
module.exports = () => {
  return 'hello package';
};
```

이제 npm publish 명령어를 사용해 이 패키지를 배포해봅시다. 하지만 에러가 발생할 것입니다.

콘솔
```
$ npm publish
npm notice
// notice 생략
npm ERR! code E403
npm ERR! 403 403 Forbidden - PUT https://registry.npmjs.org/npmtest - You do not have
permission to publish "npmtest". Are you logged in as the correct user?
npm ERR! 403 In most cases, you or one of your dependencies are requesting
npm ERR! 403 a package version that is forbidden by your security policy, or
npm ERR! 403 on a server you do not have access to.

npm ERR! A complete log of this run can be found in:
npm ERR!     C:\Users\speak\AppData\Roaming\npm-cache\_logs\2022-04-
24T17_52_25_852Z-debug.log
```

npmtest라는 이름을 누군가가 이미 사용하고 있어 오류가 발생했습니다. npm은 패키지의 이름이 겹치는 것을 허용하지 않습니다. 따라서 패키지의 이름을 바꿔서 배포해야 합니다. 굳이 남이 사용하는 패키지 이름으로 배포하고 싶다면 네임스페이스를 쓰는 방법도 있습니다. 네임스페이스 사용법은 5.6절에 있는 링크를 참조하세요.

누군가가 이름을 사용하고 있는지 확인하려면 npm info [패키지 이름]을 콘솔에 입력합니다. 패키지에 대한 정보가 나온다면 누군가가 사용하고 있는 이름이고, npm ERR! code E404 에러가 발생한다면 사용해도 좋은 이름입니다.

package.json에서 원하는 이름으로 name을 바꾸고, 다시 npm publish 명령어를 입력합니다. 이 패키지는 연습용 패키지이므로 의미 없는 패키지 이름을 사용해 다른 사람에게 피해를 주지 않도록 합시다. 이 책에서는 이름을 npmtest-1234라고 바꾼 뒤 배포했습니다. 실습할 때는 npmtest나 npmtest-1234 외의 이름으로 배포해야 충돌이 발생하지 않습니다.

배포 명령어를 입력하고, 배포한 패키지가 npm에 제대로 등록되었는지 확인해보겠습니다.

콘솔

```
$ npm publish
// notice 생략
+ npmtest-1234@0.0.1
$ npm info npmtest-1234
npmtest-1234@0.0.1 | ISC | deps: none | versions: 1
hello package.json
// 중략
maintainers:
- zerocho <zerohch0@gmail.com>

dist-tags:
latest: 0.0.1

published 51 seconds ago by zerocho <zerohch0@gmail.com>
```

패키지에 대한 정보가 나오면 성공입니다. 이번에는 버전을 올려서 출시해보겠습니다. 버전을 올리기에 앞서, 버전을 올리지 않고 재출시하면 어떤 에러가 발생하는지 확인해봅시다.

> **콘솔**

```
$ npm publish
// notice 생략
npm ERR! code E403
npm ERR! 403 403 Forbidden - PUT https://registry.npmjs.org/npmtest-1234 - You cannot
publish over the previously published versions: 0.0.1.
```

이 에러 메시지가 보인다면 이미 출시한 버전이라는 뜻입니다. 따라서 이보다 더 높은 버전을 출시해야 합니다. 버전을 올리기 위해 npm version 명령어를 사용합니다.

> **콘솔**

```
$ npm version patch
v0.0.2
$ npm publish
// notice 생략
+ npmtest-1234@0.0.2
```

세 번째 자리를 올릴 것이므로 npm version patch 명령어를 사용했습니다. 버전을 올린 후 출시하면 성공적으로 출시됩니다.

이처럼 npm version 명령어와 npm publish 명령어를 사용해서 버전을 올린 후 배포할 수 있습니다. 다만, 실무에서는 버전을 올려 배포할 때 release-it이라는 패키지를 자주 사용합니다. release-it 패키지에 대한 문서 주소는 5.6절에 적어뒀습니다.

이번에는 배포한 패키지를 삭제해보겠습니다(72시간이 지나면 삭제할 수 없다는 점에 주의하세요). 삭제 명령어는 npm unpublish [패키지 이름] --force입니다. 패키지 이름에 여러분이 배포한 패키지 이름을 넣어주세요.

> **콘솔**

```
$ npm unpublish npmtest-1234 --force
npm WARN using --force Recommended protections disabled.
- npmtest-1234
$ npm info npmtest-1234
npm ERR! code E404
npm ERR! 404 Unpublished on 2022-04-17T08:51:10.506Z
...
```

삭제 후 npm info 명령어를 사용해 제대로 지워졌는지 확인해봤습니다. 404 에러가 발생한다면 지워진 것입니다.

지금까지 npm을 사용하는 방법과 패키지를 배포하는 방법을 알아봤습니다. 이제 여러분이 만든 유용한 코드들을 패키지로 만들어 배포해보세요. 다음 장에서는 익스프레스를 사용해서 웹 서버를 만들어보겠습니다.

> **Warning** | **npm 배포 시 주의 사항**
>
> npm에 배포할 때는 항상 신중해야 합니다. 여러분의 코드가 세상에 공개되는 것이므로 배포하기 전에 개인정보가 코드에 들어 있지 않은지 꼭 확인해야 합니다. 특히 다른 서비스와 연동하다가 실수로 서비스의 비밀 키를 넣어두는 경우가 많습니다. 다른 사람들이 그 키를 사용해서 과금을 유발할 수도 있으므로 배포 전에 반드시 확인하길 바랍니다.
>
> 그리고 실제로 사용할 패키지가 아님에도 이름을 선점하는 행위는 삼가길 바랍니다. 인터넷 도메인 주소를 판매 목적으로 선점하는 행위와 다를 바 없기 때문입니다. 또한, 기존에 있는 패키지와 비슷한 이름으로 새 패키지를 배포하거나 다른 패키지의 코드를 살짝 수정해서 새로 배포하는 경우에는 반드시 원작자의 허락을 받길 바랍니다.

5.6 함께 보면 좋은 자료

NODE.JS

- **npm 공식 웹 사이트**: https://npmjs.com
- **yarn 공식 웹 사이트**: https://yarnpkg.com
- **npm 명령어 설명서**: https://docs.npmjs.com/cli
- **패키지 간 비교 사이트**: https://npmcompare.com
- **패키지 다운로드 추이 확인**: https://www.npmtrends.com
- **패키지 이름에 네임스페이스 설정하기**: https://docs.npmjs.com/misc/scope
- **release-it**: https://github.com/release-it/release-it

6^장

익스프레스
웹 서버 만들기

4장에서 웹 서버를 만들 때 코드가 보기 좋지 않고 확장성도 떨어진다고 느꼈을 수도 있습니다. npm에는 서버를 제작하는 과정에서 겪게 되는 불편을 해소하고 편의 기능을 추가한 웹 서버 프레임워크가 있습니다. 대표적인 것이 익스프레스입니다.

익스프레스는 http 모듈의 요청과 응답 객체에 추가 기능들을 부여했습니다. 기존 메서드들도 계속 사용할 수 있지만, 편리한 메서드들을 추가해 기능을 보완했습니다. 또한, 코드를 분리하기 쉽게 만들어 관리하기도 용이합니다. 그리고 더 이상 if문으로 요청 메서드와 주소를 구별하지 않아도 됩니다.

Note ☰ **익스프레스밖에 없나요?**

익스프레스 외에도 koa나 hapi 같은 웹 서버 프레임워크가 있습니다. 하지만 npm 패키지의 다운로드 수를 비교할 수 있는 npmtrends(https://www.npmtrends.com/)에 따르면, 익스프레스가 다른 두 프레임워크에 비해 압도적으로 사용량이 많습니다.

물론 다운로드 수가 많다고 항상 더 좋은 것은 아닙니다. 하지만 다운로드 수가 많은 데는 그만한 이유가 있습니다. 많은 사람이 사용할수록 버그가 적고, 기능 추가나 유지 보수도 활발하게 일어납니다. 이것이 익스프레스가 지속적인 인기를 얻는 이유입니다.

▼ 그림 6-1 express, koa, hapi의 다운로드 수 비교

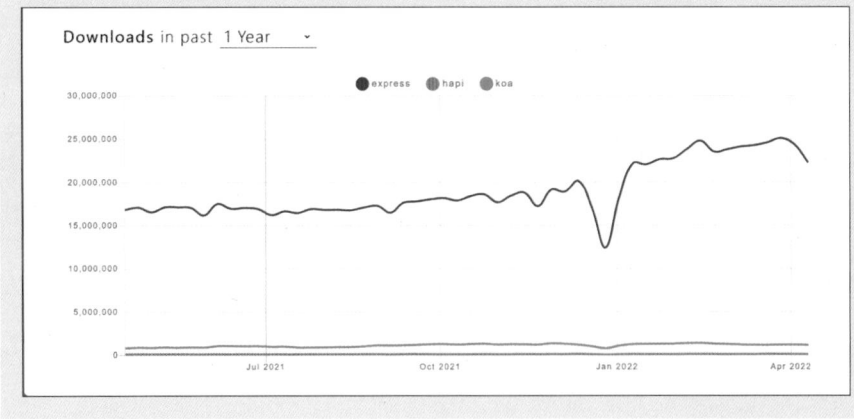

6.1 / 익스프레스 프로젝트 시작하기

이제 본격적으로 익스프레스 프로젝트를 시작해봅시다. 먼저 learn-express 폴더를 만듭니다. 항상 package.json을 제일 먼저 생성해야 합니다. package.json을 생성해주는 `npm init` 명령 어를 콘솔에서 호출해 단계적으로 내용물을 입력해도 되고 `npm init -y`를 입력해 파일을 만든 뒤 내용을 수정해도 됩니다. `version`이나 `description`, `author`, `license`는 원하는 대로 자유롭게 수 정해도 괜찮습니다.

package.json

```json
{
  "name": "learn-express",
  "version": "0.0.1",
  "description": "익스프레스를 배우자",
  "main": "app.js",
  "scripts": {
    "start": "nodemon app"
  },
  "author": "ZeroCho",
  "license": "MIT"
}
```

콘솔

```
$ npm i express
$ npm i -D nodemon
```

`scripts` 부분에 `start` 속성은 잊지 말고 넣어줘야 합니다. `nodemon app`을 하면 app.js를 nodemon으로 실행한다는 뜻입니다. 서버 코드에 수정 사항이 생길 때마다 매번 서버를 재시작 하기는 귀찮으므로 nodemon 모듈로 서버를 자동으로 재시작합니다. 따라서 앞으로 서버 코드 를 수정하면 nodemon이 서버를 자동으로 재시작하며, nodemon이 실행되는 콘솔에 rs를 입력 해서 수동으로 재시작할 수도 있습니다.

nodemon은 개발용으로만 사용할 것을 권장합니다. 배포 후에는 서버 코드가 빈번하게 변경될 일이 없으므로 nodemon을 사용하지 않아도 됩니다.

서버의 역할을 할 app.js를 다음과 같이 적습니다.

```
const express = require('express');

const app = express();
app.set('port', process.env.PORT || 3000);

app.get('/', (req, res) => {
  res.send('Hello, Express');
});

app.listen(app.get('port'), () => {
  console.log(app.get('port'), '번 포트에서 대기 중');
});
```

Express 모듈을 실행해 app 변수에 할당합니다. 익스프레스 내부에 http 모듈이 내장되어 있으므로 서버의 역할을 할 수 있습니다.

app.set('port', 포트)로 서버가 실행될 포트를 설정합니다. process.env 객체에 PORT 속성이 있다면 그 값을 사용하고, 없다면 기본값으로 3000번 포트를 이용하도록 되어 있습니다. 이렇게 app.set(키, 값)을 사용해서 데이터를 저장할 수 있으며, 나중에 데이터를 app.get(키)로 가져올 수 있습니다.

app.get(주소, 라우터)는 주소에 대한 GET 요청이 올 때 어떤 동작을 할지 적는 부분입니다. 매개변수 req는 요청에 관한 정보가 들어 있는 객체이고, res는 응답에 관한 정보가 들어 있는 객체입니다. 현재 GET / 요청 시 응답으로 Hello, Express를 전송합니다. 익스프레스에서는 res.write나 res.end 대신 res.send를 사용하면 됩니다.

GET 요청 외에도 POST, PUT, PATCH, DELETE, OPTIONS에 대한 라우터를 위한 app.post, app.put, app.patch, app.delete, app.options 메서드가 존재합니다.

listen을 하는 부분은 http 웹 서버와 동일합니다. 4장에서 서버를 구동했던 것과 동일하게 포트를 연결하고 서버를 실행합니다. 포트는 app.get('port')로 가져왔습니다.

```
$ npm start

> learn-express@0.0.1 start
> nodemon app

[nodemon] 2.0.16
```

```
[nodemon] to restart at any time, enter `rs`
[nodemon] watching dir(s): *.*
[nodemon] watching extensions: js,mjs,json
[nodemon] starting `node app.js`
3000 번 포트에서 대기 중
```

http://localhost:3000으로 접속하면 다음과 같은 페이지가 뜰 것입니다.

▼ 그림 6-2 localhost:3000 접속 화면

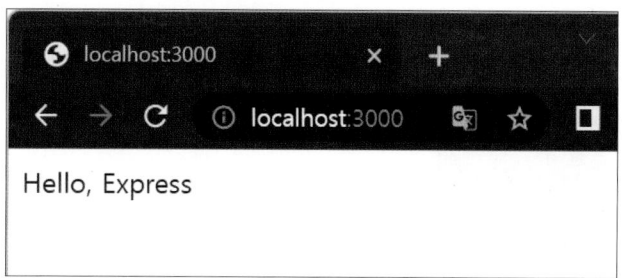

단순한 문자열 대신 HTML로 응답하고 싶다면 res.sendFile 메서드를 사용하면 됩니다. 단, 파일의 경로를 path 모듈을 사용해서 지정해야 합니다.

index.html

```html
<html>
<head>
  <meta charset="UTF-8" />
  <title>익스프레스 서버</title>
</head>
<body>
  <h1>익스프레스</h1>
  <p>배워봅시다.</p>
</body>
</html>
```

app.js

```js
const express = require('express');
const path = require('path');

const app = express();
app.set('port', process.env.PORT || 3000);
```

```
app.get('/', (req, res) => {
  // res.send('Hello, Express');
  res.sendFile(path.join(__dirname, '/index.html'));
});

app.listen(app.get('port'), () => {
  console.log(app.get('port'), '번 포트에서 대기 중');
});
```

localhost:3000에 접속하면 HTML이 표시됩니다.

▼ 그림 6-3 HTML 응답 화면

이제 익스프레스 서버에 다양한 기능을 추가해보겠습니다.

NODE.JS

6.2 / 자주 사용하는 미들웨어

미들웨어는 익스프레스의 핵심입니다. 요청과 응답의 중간(middle)에 위치하기 때문에 미들웨어 (middleware)라고 부르는 것입니다. 뒤에 나오는 라우터와 에러 핸들러 또한 미들웨어의 일종이므로 미들웨어가 익스프레스의 전부라고 해도 과언이 아닙니다. 미들웨어는 요청과 응답을 조작해 기능을 추가하기도 하고, 나쁜 요청을 걸러내기도 합니다.

미들웨어는 app.use와 함께 사용됩니다. app.use(미들웨어) 꼴입니다. 익스프레스 서버에 미들웨어를 연결해봅시다.

```
...
app.set('port', process.env.PORT || 3000);

app.use((req, res, next) => {
  console.log('모든 요청에 다 실행됩니다.');
  next();
});
app.get('/', (req, res, next) => {
  console.log('GET / 요청에서만 실행됩니다.');
  next();
}, (req, res) => {
  throw new Error('에러는 에러 처리 미들웨어로 갑니다.')
});

app.use((err, req, res, next) => {
  console.error(err);
  res.status(500).send(err.message);
});

app.listen(app.get('port'), () => {
...
```

app.use에 매개변수가 req, res, next인 함수를 넣으면 됩니다. 미들웨어는 위에서부터 아래로 순서대로 실행되면서 요청과 응답 사이에 특별한 기능을 추가할 수 있습니다. 이번에는 next라는 세 번째 매개변수를 사용했는데, 다음 미들웨어로 넘어가는 함수입니다. next를 실행하지 않으면 다음 미들웨어가 실행되지 않습니다.

주소를 첫 번째 인수로 넣어주지 않는다면 미들웨어는 모든 요청에서 실행되고, 주소를 넣는다면 해당하는 요청에서만 실행된다고 보면 됩니다.

▼ 표 6-1 미들웨어가 실행되는 경우

app.use(미들웨어)	모든 요청에서 미들웨어 실행
app.use('/abc', 미들웨어)	abc로 시작하는 요청에서 미들웨어 실행
app.post('/abc', 미들웨어)	abc로 시작하는 POST 요청에서 미들웨어 실행

app.use나 app.get 같은 라우터에 미들웨어를 여러 개 장착할 수 있습니다. 현재 app.get 라우터에 미들웨어가 두 개 연결되어 있습니다. 다만, 이때도 next를 호출해야 다음 미들웨어로 넘어갈 수 있습니다.

현재 app.get('/')의 두 번째 미들웨어에서 에러가 발생하고, 이 에러는 그 아래에 있는 에러 처리 미들웨어에 전달됩니다.

에러 처리 미들웨어는 매개변수가 err, req, res, next로 네 개입니다. 모든 매개변수를 사용하지 않더라도 매개변수가 반드시 네 개여야 합니다. 첫 번째 매개변수 err에는 에러에 관한 정보가 담겨 있습니다. res.status 메서드로 HTTP 상태 코드를 지정할 수 있으며, 기본값은 200(성공)입니다. 에러 처리 미들웨어를 직접 연결하지 않아도 기본적으로 익스프레스가 에러를 처리하긴 합니다. 하지만 실무에서는 직접 에러 처리 미들웨어를 연결해주는 것이 좋습니다. 에러 처리 미들웨어는 특별한 경우가 아니면 가장 아래에 위치하도록 합니다. 에러 처리 미들웨어는 6.5.3절에서 더 자세히 알아봅니다.

localhost:3000에 접속하면 다음과 같이 콘솔에 출력됩니다.

콘솔

```
모든 요청에 다 실행됩니다.
GET / 요청에서만 실행됩니다.
Error: 에러는 에러 처리 미들웨어로 갑니다.
...
```

▼ 그림 6-4 localhost:3000 접속 화면

미들웨어를 통해 요청과 응답에 다양한 기능을 추가할 수 있고, 이미 많은 사람이 유용한 기능들을 패키지로 만들어뒀습니다. 실무에 자주 사용하는 패키지들을 설치해봅시다.

콘솔

```
$ npm i morgan cookie-parser express-session dotenv
```

dotenv를 제외한 다른 패키지는 미들웨어입니다. dotenv는 process.env를 관리하기 위해 설치했습니다.

app.js를 다음과 같이 수정합니다. 또한, .env 파일도 생성합니다. 파일명이 .env이고 확장자는
없습니다.

app.js
```
const express = require('express');
const morgan = require('morgan');
const cookieParser = require('cookie-parser');
const session = require('express-session');
const dotenv = require('dotenv');
const path = require('path');

dotenv.config();
const app = express();
app.set('port', process.env.PORT || 3000);

app.use(morgan('dev'));
app.use('/', express.static(path.join(__dirname, 'public')));
app.use(express.json());
app.use(express.urlencoded({ extended: false }));
app.use(cookieParser(process.env.COOKIE_SECRET));
app.use(session({
  resave: false,
  saveUninitialized: false,
  secret: process.env.COOKIE_SECRET,
  cookie: {
    httpOnly: true,
    secure: false,
  },
  name: 'session-cookie',
}));

app.use((req, res, next) => {
  console.log('모든 요청에 다 실행됩니다.');
  next();
});
...
```

.env
```
COOKIE_SECRET=cookiesecret
```

설치했던 패키지들을 불러온 뒤 app.use에 연결합니다. req, res, next 같은 것들이 보이지 않아 당황스러울 수도 있는데, 미들웨어 내부에 들어 있습니다. next도 내부적으로 호출하기에 다음 미들웨어로 넘어갈 수 있습니다.

dotenv 패키지는 .env 파일을 읽어서 process.env로 만듭니다. dotenv 패키지의 이름이 dot(점)+env인 이유입니다. process.env.COOKIE_SECRET에 cookiesecret 값이 할당됩니다. 키=값 형식으로 추가하면 됩니다. process.env를 별도의 파일로 관리하는 이유는 보안과 설정의 편의성 때문입니다. 비밀 키들을 소스 코드에 그대로 적어두면 소스 코드가 유출되었을 때 키도 같이 유출됩니다. 따라서 .env 같은 별도의 파일에 비밀 키를 적어두고 dotenv 패키지로 비밀 키를 로딩하는 방식으로 관리하곤 합니다. 소스 코드가 유출되더라도 .env 파일만 잘 관리하면 비밀 키는 지킬 수 있습니다.

각각의 미들웨어를 살펴봅시다.

6.2.1 morgan

morgan 연결 후 localhost:3000에 다시 접속해보면 기존 로그 외에 추가적인 로그를 볼 수 있습니다.

콘솔

```
3000 번 포트에서 대기 중
모든 요청에 다 실행됩니다.
GET / 요청에서만 실행됩니다.
Error: 에러는 에러 처리 미들웨어로 갑니다.
// 에러 스택 트레이스 생략
GET / 500 7.409 ms - 50
```

현재 콘솔에 나오는 GET / 500 7.409ms - 50 로그는 morgan 미들웨어에서 나오는 것입니다. 요청과 응답에 대한 정보를 콘솔에 기록합니다.

morgan 미들웨어는 다음과 같이 사용합니다.

```
app.use(morgan('dev'));
```

인수로 dev 외에 combined, common, short, tiny 등을 넣을 수 있습니다. 인수를 바꾸면 로그가 달라지니 직접 테스트해보세요. 저는 개발 환경에서는 dev를, 배포 환경에서는 combined를 애용합니다.

dev 모드 기준으로 GET / 500 7.409 ms - 50은 각각 [HTTP 메서드] [주소] [HTTP 상태 코드] [응답 속도] - [응답 바이트]를 의미합니다. 이는 요청과 응답을 한눈에 볼 수 있어 편리합니다.

6.2.2 static

static 미들웨어는 정적인 파일들을 제공하는 라우터 역할을 합니다. 기본적으로 제공되기에 따로 설치할 필요 없이 express 객체 안에서 꺼내 장착하면 됩니다. 다음과 같이 사용합니다.

```
app.use('요청 경로', express.static('실제 경로'));

app.use('/', express.static(path.join(__dirname, 'public')));
```

함수의 인수로 정적 파일들이 담겨 있는 폴더를 지정하면 됩니다. 현재 public 폴더가 지정되어 있습니다. 예를 들어 public/stylesheets/style.css는 http://localhost:3000/stylesheets/style.css로 접근할 수 있습니다. public 폴더를 만들고 나서 css나 js, 이미지 파일들을 public 폴더에 넣으면 브라우저에서 접근할 수 있게 됩니다.

실제 서버의 폴더 경로에는 public이 들어 있지만, 요청 주소에는 public이 들어 있지 않다는 점에 주목해주세요. 서버의 폴더 경로와 요청 경로가 다르므로 외부인이 서버의 구조를 쉽게 파악할 수 없습니다. 이는 보안에 큰 도움이 됩니다.

또한, 정적 파일들을 알아서 제공해주므로 4.3절처럼 fs.readFile로 파일을 직접 읽어서 전송할 필요가 없습니다. 만약 요청 경로에 해당하는 파일이 없으면 알아서 내부적으로 next를 호출합니다. 파일을 발견했다면 다음 미들웨어는 실행되지 않습니다. 응답으로 파일을 보내고 next를 호출하지 않으니까요.

6.2.3 body-parser

요청의 본문에 있는 데이터를 해석해서 req.body 객체로 만들어주는 미들웨어입니다. 보통 폼 데이터나 AJAX 요청의 데이터를 처리합니다. 단, 멀티파트(이미지, 동영상, 파일) 데이터는 처리하지 못합니다. 이 경우에는 뒤에 나오는 multer 모듈을 사용하면 됩니다.

body-parser 미들웨어는 다음과 같이 사용합니다.

```
app.use(express.json());
app.use(express.urlencoded({ extended: false }));
```

다른 책이나 코드에서 body-parser를 설치하는 것을 볼 수도 있습니다. 하지만 익스프레스 4.17.0 버전부터 body-parser 미들웨어의 기능이 익스프레스에 내장되었으므로 따로 설치할 필요가 없습니다.

익스프레스는 JSON과 URL-encoded 형식의 데이터 외에도 Raw, Text 형식의 데이터를 추가로 해석할 수 있습니다.

Raw는 요청의 본문이 버퍼 데이터일 때, Text는 텍스트 데이터일 때 해석하는 미들웨어입니다.

```
app.use(express.raw());
app.use(express.text());
```

요청 데이터 종류에 대해 간단히 살펴봅시다. JSON은 JSON 형식의 데이터 전달 방식이고, URL-encoded는 주소 형식으로 데이터를 보내는 방식입니다. 폼 전송은 URL-encoded 방식을 주로 사용합니다. urlencoded 메서드를 보면 { extended: false }라는 옵션이 들어 있습니다. 이 옵션이 false이면 노드의 querystring 모듈을 사용해 쿼리스트링을 해석하고, true이면 qs 모듈을 사용해 쿼리스트링을 해석합니다. qs 모듈은 내장 모듈이 아니라 npm 패키지이며, querystring 모듈의 기능을 좀 더 확장한 모듈입니다.

4.2절에서 POST와 PUT 요청의 본문을 전달받으려면 req.on('data')와 req.on('end')로 스트림을 사용해야 했던 것을 기억하나요? body-parser를 사용하면 그럴 필요가 없습니다. 이 패키지가 내부적으로 스트림을 처리해 req.body에 추가합니다.

예를 들어, JSON 형식으로 { name: 'zerocho', book: 'nodejs' }를 본문으로 보낸다면 req.body에 그대로 들어갑니다. URL-encoded 형식으로 name=zerocho&book=nodejs를 본문으로 보낸다면 req.body에 { name: 'zerocho', book: 'nodejs' }가 들어갑니다.

6.2.4 cookie-parser

cookie-parser는 요청에 동봉된 쿠키를 해석해 req.cookies 객체로 만듭니다(4.3절의 parseCookies 함수와 기능이 비슷합니다). cookie-parser 미들웨어는 다음과 같이 사용합니다.

```
app.js
app.use(cookieParser(비밀 키));
```

해석된 쿠키들은 req.cookies 객체에 들어갑니다. 예를 들어 name=zerocho 쿠키를 보냈다면 req.cookies는 { name: 'zerocho' }가 됩니다. 유효 기간이 지난 쿠키는 알아서 걸러냅니다.

첫 번째 인수로 비밀 키를 넣어줄 수 있습니다. 서명된 쿠키가 있는 경우, 제공한 비밀 키를 통해 해당 쿠키가 내 서버가 만든 쿠키임을 검증할 수 있습니다. 쿠키는 클라이언트에서 위조하기 쉬우므로 비밀 키를 통해 만들어낸 서명을 쿠키 값 뒤에 붙입니다. 서명이 붙으면 쿠키가 name=zerocho.sign과 같은 모양이 됩니다. 서명된 쿠키는 req.cookies 대신 req.signedCookies 객체에 들어 있습니다.

cookie-parser가 쿠키를 생성할 때 쓰이는 것은 아닙니다. 쿠키를 생성/제거하려면 res.cookie, res.clearCookie 메서드를 사용해야 합니다. res.cookie(키, 값, 옵션) 형식으로 사용합니다. 옵션은 4.3절에서 살펴본 쿠키 옵션과 동일하며 domain, expires, httpOnly, maxAge, path, secure 등이 있습니다.

```
res.cookie('name', 'zerocho', {
  expires: new Date(Date.now() + 900000),
  httpOnly: true,
  secure: true,
});
res.clearCookie('name', 'zerocho', { httpOnly: true, secure: true });
```

쿠키를 지우려면, 키와 값 외에 옵션도 정확히 일치해야 쿠키가 지워집니다. 단, expires나 maxAge 옵션은 일치할 필요가 없습니다.

옵션 중에는 signed라는 옵션이 있는데, 이를 true로 설정하면 쿠키 뒤에 서명이 붙습니다. 내 서버가 쿠키를 만들었다는 것을 검증할 수 있으므로 대부분의 경우 서명 옵션을 켜두는 것이 좋습니다. 서명을 위한 비밀 키는 cookieParser 미들웨어에 인수로 넣은 process.env.COOKIE_SECRET이 됩니다.

6.2.5 express-session

세션 관리용 미들웨어입니다. 로그인 등의 이유로 세션을 구현하거나 특정 사용자를 위한 데이터를 임시적으로 저장해둘 때 매우 유용합니다. 세션은 사용자별로 req.session 객체 안에 유지됩니다.

```
app.use(session({
  resave: false,
  saveUninitialized: false,
  secret: process.env.COOKIE_SECRET,
  cookie: {
    httpOnly: true,
    secure: false,
  },
  name: 'session-cookie',
}));
```

express-session 1.5 버전 이전에는 내부적으로 cookie-parser를 사용하고 있어서 cookie-parser 미들웨어보다 뒤에 위치해야 했지만, 1.5 버전 이후부터는 사용하지 않게 되어 순서가 상관없어졌습니다. 그래도 현재 어떤 버전을 사용하고 있는지 모른다면 cookie-parser 미들웨어 뒤에 놓는 것이 안전합니다.

express-session은 인수로 세션에 대한 설정을 받습니다. resave는 요청이 올 때 세션에 수정 사항이 생기지 않더라도 세션을 다시 저장할지 설정하는 것이고, saveUninitialized는 세션에 저장할 내역이 없더라도 처음부터 세션을 생성할지 설정하는 것입니다. 현재는 둘 다 필요 없으므로 false로 했습니다.

express-session은 세션 관리 시 클라이언트에 쿠키를 보냅니다. 4.3절에서 배운 세션 쿠키가 이것입니다. 안전하게 쿠키를 전송하려면 쿠키에 서명을 추가해야 하고, 쿠키를 서명하는 데 secret의 값이 필요합니다. cookie-parser의 secret과 같게 설정하는 것이 좋습니다. 세션 쿠키의 이름은 name 옵션으로 설정합니다. 기본 이름은 connect.sid입니다.

cookie 옵션은 세션 쿠키에 대한 설정입니다. maxAge, domain, path, expires, sameSite, httpOnly, secure 등 일반적인 쿠키 옵션이 모두 제공됩니다. 현재 httpOnly를 true로 설정해 클라이언트에서 쿠키를 확인하지 못하도록 했고, secure는 false로 해서 https가 아닌 환경에서도 사용할 수 있게 했습니다. 배포 시에는 https를 적용하고 secure도 true로 설정하는 것이 좋습니다.

예제 코드에는 나와 있지 않지만, store라는 옵션도 있습니다. 현재는 메모리에 세션을 저장하도록 되어 있습니다. 문제는 서버를 재시작하면 메모리가 초기화되어 세션이 모두 사라진다는 것입니다. 따라서 배포 시에는 store에 데이터베이스를 연결해 세션을 유지하는 것이 좋습니다. 보통 레디스가 자주 쓰입니다. 레디스의 사용 방법은 15.1.8절에서 설명합니다.

```
req.session.name = 'zerocho'; // 세션 등록
req.sessionID; // 세션 아이디 확인
req.session.destroy(); // 세션 모두 제거
```

express-session으로 만들어진 req.session 객체에 값을 대입하거나 삭제해서 세션을 변경할 수 있습니다. 나중에 세션을 한 번에 삭제하려면 req.session.destroy 메서드를 호출하면 됩니다. 현재 세션의 아이디는 req.sessionID(또는 req.session.id)로 확인할 수 있습니다. 세션을 강제로 저장하기 위해 req.session.save 메서드가 존재하지만, 일반적으로 요청이 끝날 때 자동으로 호출되므로 직접 save 메서드를 호출할 일은 거의 없습니다.

실제 로그인은 9.3절에서 하지만, 세션 쿠키의 모양이 조금 독특하니 미리 알아두면 좋습니다. express-session에서 서명한 쿠키 앞에는 s:이 붙습니다. 실제로는 encodeURIComponent 함수가 실행되어 s%3A가 됩니다.

▼ 그림 6-5 s%3A로 시작하는 세션 쿠키

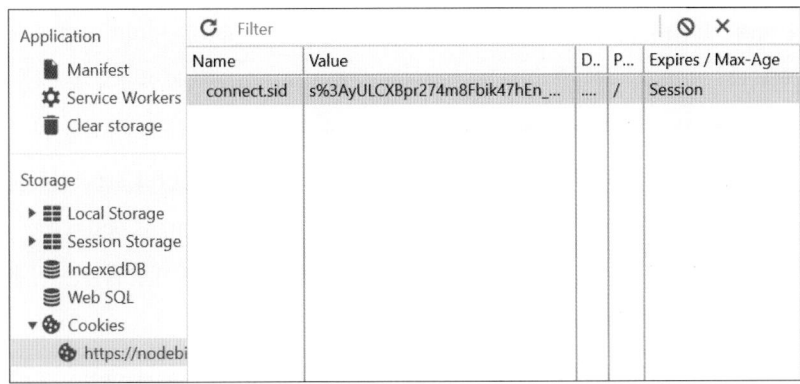

s%3A의 뒷부분이 실제 암호화된 쿠키 내용입니다. 앞에 s%3A가 붙은 경우, 이 쿠키가 express-session 미들웨어에 의해 암호화된 것이라고 생각하면 됩니다.

6.2.6 미들웨어의 특성 활용하기

미들웨어를 직접 만들어보기도 했고, 다른 사람이 만든 미들웨어 패키지를 설치해 장착해보기도
했습니다. 이번 절에서 미들웨어의 특성을 총정리해봅시다.

```
app.use((req, res, next) => {
  console.log('모든 요청에 다 실행됩니다.');
  next();
});
```

미들웨어는 req, res, next를 매개변수로 갖는 함수(에러 처리 미들웨어만 예외적으로 err, req,
res, next를 가집니다)로서 app.use나 app.get, app.post 등으로 장착합니다. 특정한 주소의 요청
에만 미들웨어가 실행되게 하려면 첫 번째 인수로 주소를 넣으면 됩니다.

```
app.use(
  morgan('dev'),
  express.static(path.join(__dirname, 'public')),
  express.json(),
  express.urlencoded({ extended: false }),
  cookieParser(process.env.COOKIE_SECRET),
);
```

위와 같이 동시에 여러 개의 미들웨어를 장착할 수도 있으며, 다음 미들웨어로 넘어가려면 next
함수를 호출해야 합니다. 위 미들웨어들은 내부적으로 next를 호출하고 있으므로 연달아 쓸 수 있
습니다. next를 호출하지 않는 미들웨어는 res.send나 res.sendFile 등의 메서드로 응답을 보내
야 합니다. express.static과 같은 미들웨어는 정적 파일을 제공할 때 next 대신 res.sendFile 메
서드로 응답을 보냅니다. 따라서 정적 파일을 제공하는 경우 express.json, express.urlencoded,
cookieParser 미들웨어는 실행되지 않습니다. 미들웨어 장착 순서에 따라 어떤 미들웨어는 실행
되지 않을 수도 있다는 것을 기억해둡시다.

만약 next도 호출하지 않고 응답도 보내지 않으면 클라이언트는 응답을 받지 못해 하염없이 기다
리게 됩니다.

❤ 그림 6-6 next의 동작

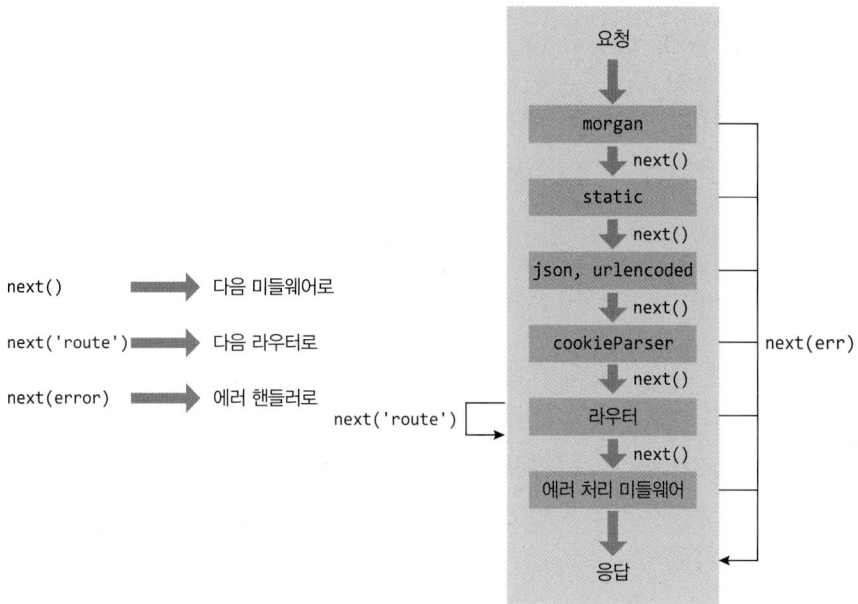

지금까지는 next에 아무런 인수를 넣지 않았지만 next 함수에 인수를 넣을 수도 있습니다. 단, 인수를 넣는다면 특수한 동작을 합니다. route라는 문자열을 넣으면 다음 라우터의 미들웨어로 바로 이동하고, 그 외의 인수를 넣는다면 바로 에러 처리 미들웨어로 이동합니다. 이때의 인수는 에러 처리 미들웨어의 err 매개변수가 됩니다. 라우터에서 에러가 발생할 때 에러를 next(err)를 통해 에러 처리 미들웨어로 넘깁니다.

❤ 그림 6-7 에러 처리 미들웨어로 에러 보내기

next(err)

(err, req, res, next) => { }

미들웨어 간에 데이터를 전달하는 방법도 있습니다. 세션을 사용한다면 req.session 객체에 데이터를 넣어도 되지만, 세션이 유지되는 동안에 데이터도 계속 유지된다는 단점이 있습니다. 만약 요청이 끝날 때까지만 데이터를 유지하고 싶다면 res.locals 객체에 데이터를 넣어두면 됩니다.

```
app.use((req, res, next) => {
  res.locals.data = '데이터 넣기';
  next();
}, (req, res, next) => {
```

```
    console.log(res.locals.data); // 데이터 받기
    next();
  });
```

현재 요청이 처리되는 동안 res.locals 객체를 통해 미들웨어 간에 데이터를 공유할 수 있습니다. 새로운 요청이 오면 res.locals는 초기화됩니다.

미들웨어를 사용할 때 유용한 패턴 한 가지를 소개합니다. 미들웨어 안에 미들웨어를 넣는 방식입니다. 다음 예제의 두 방식은 같은 기능을 합니다.

```
app.use(morgan('dev'));
// 또는
app.use((req, res, next) => {
  morgan('dev')(req, res, next);
});
```

이 패턴이 유용한 이유는 기존 미들웨어의 기능을 확장할 수 있기 때문입니다. 예를 들어 다음과 같이 분기 처리를 할 수도 있습니다. 조건문에 따라 다른 미들웨어를 적용하는 코드입니다.

```
app.use((req, res, next) => {
  if (process.env.NODE_ENV === 'production') {
    morgan('combined')(req, res, next);
  } else {
    morgan('dev')(req, res, next);
  }
});
```

앞으로 예제에서 위와 같은 패턴을 사용하는 경우를 볼 수 있습니다.

6.2.7 multer

이번에는 사용법이 다소 어려운 미들웨어를 알아보겠습니다. 이미지, 동영상 등을 비롯한 여러 가지 파일을 멀티파트 형식으로 업로드할 때 사용하는 미들웨어입니다. 멀티파트 형식이란 다음과 같이 enctype이 multipart/form-data인 폼을 통해 업로드하는 데이터의 형식을 의미합니다.

다음과 같은 multipart.html이 있다면 멀티파트 형식으로 데이터를 업로드할 수 있습니다. 아직 서버 쪽 라우터를 만들지 않았으므로 예제가 실행되지는 않습니다.

multipart.html
```
<form action="/upload" method="post" enctype="multipart/form-data">
  <input type="file" name="image" />
  <input type="text" name="title" />
  <button type="submit">업로드</button>
</form>
```

멀티파트 형식으로 업로드하는 데이터는 개발자 도구 **Network** 탭에서 다음과 같이 보입니다. 이미지 하나를 선택하고 title 인풋에 제목이라 적어서 업로드하면 다음과 같은 데이터가 전송됩니다.

▼ 그림 6-8 멀티파트 데이터 형식

```
▼ Form Data        view parsed

  ------WebKitFormBoundaryOa6rH3D3NJ1cNo85
  Content-Disposition: form-data; name="image"; filename="퇴사.jpg"
  Content-Type: image/jpeg


  ------WebKitFormBoundaryOa6rH3D3NJ1cNo85
  Content-Disposition: form-data; name="title"

제목
  ------WebKitFormBoundaryOa6rH3D3NJ1cNo85--
```

이러한 폼을 통해 업로드하는 파일은 body-parser로는 처리할 수 없고 직접 파싱(해석)하기도 어려우므로 multer라는 미들웨어를 따로 사용하면 편리합니다. multer를 설치합니다.

```
$ npm i multer
```

multer 패키지 안에는 여러 종류의 미들웨어가 들어 있습니다. 미들웨어를 살펴보기에 앞서 기본적인 설정부터 알아봅시다.

```
const multer = require('multer');

const upload = multer({
  storage: multer.diskStorage({
    destination(req, file, done) {
      done(null, 'uploads/');
    },
    filename(req, file, done) {
      const ext = path.extname(file.originalname);
      done(null, path.basename(file.originalname, ext) + Date.now() + ext);
    },
  }),
  limits: { fileSize: 5 * 1024 * 1024 },
});
```

multer 함수의 인수로 설정을 넣습니다. storage 속성에는 어디에(destination) 어떤 이름으로(filename) 저장할지를 넣었습니다. destination과 filename 함수의 req 매개변수에는 요청에 대한 정보가, file 객체에는 업로드한 파일에 대한 정보가 있습니다. done 매개변수는 함수입니다. 첫 번째 인수에는 에러가 있다면 에러를 넣고, 두 번째 인수에는 실제 경로나 파일 이름을 넣어주면 됩니다. req나 file의 데이터를 가공해서 done으로 넘기는 형식입니다.

현재 설정으로는 uploads라는 폴더에 [파일명+현재시간.확장자] 파일명으로 업로드하고 있습니다. 현재 시간을 넣어주는 이유는 업로드하는 파일명이 겹치는 것을 막기 위함입니다.

limits 속성에는 업로드에 대한 제한 사항을 설정할 수 있으며, 파일 사이즈(fileSize, 바이트 단위)는 5MB로 제한해뒀습니다.

다만, 위 설정을 실제로 활용하려면 서버에 uploads 폴더가 꼭 존재해야 합니다. 없다면 직접 만들어주거나 다음과 같이 fs 모듈을 사용해서 서버를 시작할 때 생성합니다.

```
const fs = require('fs');

try {
  fs.readdirSync('uploads');
```

```
  } catch (error) {
    console.error('uploads 폴더가 없어 uploads 폴더를 생성합니다.');
    fs.mkdirSync('uploads');
  }
```

설정이 끝나면 upload 변수가 생기는데, 여기에 다양한 종류의 미들웨어가 들어 있습니다.

먼저 파일을 하나만 업로드하는 경우(multipart.html과 같은 경우)에는 single 미들웨어를 사용합니다.

```
app.post('/upload', upload.single('image'), (req, res) => {
  console.log(req.file, req.body);
  res.send('ok');
});
```

single 미들웨어를 라우터 미들웨어 앞에 넣어두면, multer 설정에 따라 파일 업로드 후 req.file 객체가 생성됩니다. 인수는 input 태그의 name이나 폼 데이터의 키와 일치하게 넣으면 됩니다. 업로드 성공 시 결과는 req.file 객체 안에 들어 있으며, req.body에는 파일이 아닌 데이터인 title이 들어 있습니다.

req.file 객체는 다음과 같이 생겼습니다.

```
{
  fieldname: 'img',
  originalname: 'nodejs.png',
  encoding: '7bit',
  mimetype: 'image/png',
  destination: 'uploads/',
  filename: 'nodejs1514197844339.png',
  path: 'uploads\\nodejs1514197844339.png',
  size: 53357
}
```

여러 파일을 업로드하는 경우 HTML의 input 태그에는 multiple을 쓰면 됩니다.

multipart.html

```html
<form id="form" action="/upload" method="post" enctype="multipart/form-data">
  <input type="file" name="many" multiple />
  <input type="text" name="title" />
  <button type="submit">업로드</button>
</form>
```

미들웨어는 single 대신 array로 교체합니다.

```
app.post('/upload', upload.array('many'), (req, res) => {
  console.log(req.files, req.body);
  res.send('ok');
});
```

업로드 결과도 req.file 대신 req.files 배열에 들어 있습니다.

파일을 여러 개 업로드하지만 input 태그나 폼 데이터의 키가 다른 경우에는 fields 미들웨어를
사용합니다.

multipart.html

```
<form id="form" action="/upload" method="post" enctype="multipart/form-data">
  <input type="file" name="image1" />
  <input type="file" name="image2" />
  <input type="text" name="title" />
  <button type="submit">업로드</button>
</form>
```

fields 미들웨어의 인수로 input 태그의 name을 각각 적습니다.

```
app.post('/upload',
  upload.fields([{ name: 'image1' }, { name: 'image2' }]),
  (req, res) => {
    console.log(req.files, req.body);
    res.send('ok');
  },
);
```

업로드 결과도 req.files.image1, req.files.image2에 각각 들어 있습니다.

특수한 경우이지만, 파일을 업로드하지 않고도 멀티파트 형식으로 업로드하는 경우가 있습니다.
그럴 때는 none 미들웨어를 사용합니다.

multipart.html

```
<form id="form" action="/upload" method="post" enctype="multipart/form-data">
  <input type="text" name="title" />
  <button type="submit">업로드</button>
</form>
```

```
app.post('/upload', upload.none(), (req, res) => {
  console.log(req.body);
  res.send('ok');
});
```

파일을 업로드하지 않았으므로 req.body만 존재합니다.

▼ 그림 6-9 multer의 미들웨어

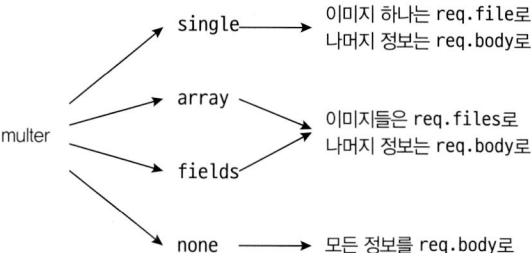

실제로 multer 예제를 실습하고 싶다면 app.js를 다음과 같이 수정합니다. multipart.html도 되돌립니다.

app.js

```
...
    httpOnly: true,
    secure: false,
  },
  name: 'session-cookie',
}));

const multer = require('multer');
const fs = require('fs');

try {
  fs.readdirSync('uploads');
} catch (error) {
  console.error('uploads 폴더가 없어 uploads 폴더를 생성합니다.');
  fs.mkdirSync('uploads');
}
const upload = multer({
  storage: multer.diskStorage({
    destination(req, file, done) {
```

```
      done(null, 'uploads/');
    },
    filename(req, file, done) {
      const ext = path.extname(file.originalname);
      done(null, path.basename(file.originalname, ext) + Date.now() + ext);
    },
  }),
  limits: { fileSize: 5 * 1024 * 1024 },
});
app.get('/upload', (req, res) => {
  res.sendFile(path.join(__dirname, 'multipart.html'));
});
app.post('/upload', upload.single('image'), (req, res) => {
  console.log(req.file);
  res.send('ok');
});

app.get('/', (req, res, next) => {
  console.log('GET / 요청에서만 실행됩니다.');
...
```

multipart.html

```
<form id="form" action="/upload" method="post" enctype="multipart/form-data">
  <input type="file" name="image1" />
  <input type="file" name="image2" />
  <input type="text" name="title" />
  <button type="submit">업로드</button>
</form>
```

localhost:3000/upload에 접속해서 실습하면 됩니다.

지금까지 자주 쓰이는 미들웨어를 알아봤습니다. 다른 미들웨어는 사용할 때 소개하겠습니다.

6.3 / Router 객체로 라우팅 분리하기

4.2절에서 라우터를 만들 때는 요청 메서드와 주소별로 분기 처리를 하느라 코드가 매우 복잡했습니다. if문으로 분기하면서 코딩했기 때문에 보기에도 좋지 않고 확장하기도 어려웠습니다. 익스프레스를 사용하는 이유 중 하나는 바로 라우팅을 깔끔하게 관리할 수 있다는 점입니다.

app.js에서 app.get 같은 메서드가 라우터 부분입니다. 라우터를 많이 연결하면 app.js 코드가 매우 길어지므로 익스프레스에서는 라우터를 분리할 수 있는 방법을 제공합니다. routes 폴더를 만들고 그 안에 index.js와 user.js를 작성합니다.

routes/index.js

```js
const express = require('express');

const router = express.Router();

// GET / 라우터
router.get('/', (req, res) => {
  res.send('Hello, Express');
});

module.exports = router;
```

routes/user.js

```js
const express = require('express');

const router = express.Router();

// GET /user 라우터
router.get('/', (req, res) => {
  res.send('Hello, User');
});

module.exports = router;
```

이렇게 만들어진 index.js와 user.js를 app.use를 통해 app.js에 연결합니다. 또한, 에러 처리 미들웨어 위에 404 상태 코드를 응답하는 미들웨어를 하나 추가합니다.

```
...
const path = require('path');

dotenv.config();
const indexRouter = require('./routes');
const userRouter = require('./routes/user');
...
  name: 'session-cookie',
}));

app.use('/', indexRouter);
app.use('/user', userRouter);

app.use((req, res, next) => {
  res.status(404).send('Not Found');
});

app.use((err, req, res, next) => {
...
```

indexRouter를 ./routes로 require할 수 있는 이유는 index.js는 생략할 수 있기 때문입니다. require('./routes/index.js')와 require('./routes')는 같습니다.

index.js와 user.js는 모양이 거의 비슷하지만, 다른 주소의 라우터 역할을 하고 있습니다. app.use로 연결할 때의 차이 때문입니다. indexRouter는 app.use('/')에 연결했고, userRouter는 app.use('/user')에 연결했습니다. indexRouter는 use의 '/'와 get의 '/'가 합쳐져 GET / 라우터가 되었고, userRouter는 use의 '/user'와 get의 '/'가 합쳐져 GET /user 라우터가 되었습니다. 이렇게 app.use로 연결할 때 주소가 합쳐진다는 것을 염두에 두면 됩니다.

서버를 실행한 뒤 localhost:3000과 localhost:3000/user로 접속하면 각각에 해당하는 응답을 받을 수 있습니다.

▼ 그림 6-10 localhost:3000, localhost:3000/user 화면

이전 절에서 next 함수에 다음 라우터로 넘어가는 기능이 있다고 소개했는데, 바로 next('route')
입니다. 이 기능은 라우터에 연결된 나머지 미들웨어들을 건너뛰고 싶을 때 사용합니다.

```
router.get('/', (req, res, next) => {
  next('route');
}, (req, res, next) => {
  console.log('실행되지 않습니다');
  next();
}, (req, res, next) => {
  console.log('실행되지 않습니다');
  next();
});
router.get('/', (req, res) => {
  console.log('실행됩니다');
  res.send('Hello, Express');
});
```

위 예제처럼 같은 주소의 라우터를 여러 개 만들어도 됩니다. 라우터가 몇 개든 간에 next()를 호
출하면 다음 미들웨어가 실행됩니다.

첫 번째 라우터의 첫 번째 미들웨어에서 next() 대신 next('route')를 호출했습니다. 이 경우에
는 두 번째, 세 번째 미들웨어는 실행되지 않습니다. 대신 주소와 일치하는 다음 라우터로 넘어갑
니다.

유용한 팁이 하나 더 있습니다. 라우터 주소에는 정규표현식을 비롯한 특수한 패턴을 사용할 수
있습니다. 여러 가지 패턴이 있지만, 자주 쓰이는 패턴 하나만 알아보겠습니다. 라우트 매개변수
라고 하는 패턴입니다.

```
router.get('/user/:id', (req, res) => {
  console.log(req.params, req.query);
});
```

주소에 :id가 있는데요. 문자 그대로 :id를 의미하는 것이 아닙니다. 이 부분에는 다른 값을 넣을
수 있습니다. /users/1이나 /users/123 등의 요청도 이 라우터가 처리하게 됩니다. 이 방식의 장
점은 :id에 해당하는 1이나 123을 조회할 수 있다는 점이며, req.params 객체 안에 들어 있습니
다. :id이면 req.params.id로, :type이면 req.params.type으로 조회할 수 있습니다.

단, 이 패턴을 사용할 때 주의할 점이 있습니다. 일반 라우터보다 뒤에 위치해야 한다는 것입니다.
다양한 라우터를 아우르는 와일드카드 역할을 하므로 일반 라우터보다는 뒤에 위치해야 다른 라
우터를 방해하지 않습니다.

```
router.get('/user/:id', (req, res) => {
  console.log('얘만 실행됩니다.');
});
router.get('/user/like', (req, res) => {
  console.log('전혀 실행되지 않습니다.');
});
```

/user/like와 같은 라우터는 /user/:id 같은 라우트 매개변수를 쓰는 라우터보다 위에 위치해야
합니다.

주소에 쿼리스트링을 쓸 때도 있습니다. 쿼리스트링의 키-값 정보는 req.query 객체 안에 들어 있
습니다.

예를 들어 /users/123?limit=5&skip=10이라는 주소의 요청이 들어왔을 때 req.params와 req.
query 객체는 다음과 같습니다.

```
{ id: '123' } { limit: '5', skip: '10' }
```

app.js에서 에러 처리 미들웨어 위에 넣어둔 미들웨어는 일치하는 라우터가 없을 때 404 상태 코
드를 응답하는 역할을 합니다. 미들웨어가 존재하지 않아도 익스프레스가 자체적으로 404 에러를
처리해주기는 하지만, 웬만하면 404 응답 미들웨어와 에러 처리 미들웨어를 연결해주는 것이 좋
습니다.

```
app.use((req, res, next) => {
  res.status(404).send('Not Found');
});
```

이 미들웨어를 제거하고 localhost:3000/abc에 접속하면 404 상태 코드와 함께 Cannot GET /
abc 메시지가 응답됩니다.

라우터에서 자주 쓰이는 활용법으로 app.route나 router.route가 있습니다.

다음과 같이 주소는 같지만 메서드는 다른 코드가 있을 때 이를 하나의 덩어리로 줄일 수 있습
니다.

```
router.get('/abc', (req, res) => {
  res.send('GET /abc');
});
```

```
router.post('/abc', (req, res) => {
  res.send('POST /abc');
});
```

다음과 같이 관련 있는 코드끼리 묶여 있어 더 보기 좋아집니다.

```
router.route('/abc')
  .get((req, res) => {
    res.send('GET /abc');
  })
  .post((req, res) => {
    res.send('POST /abc');
  });
```

라우터는 이 정도로만 알아보고, 다음 절에서 req, res 객체에 대해 알아봅시다.

6.4 req, res 객체 살펴보기

NODE.JS

익스프레스의 req, res 객체는 http 모듈의 req, res 객체를 확장한 것입니다. 기존 http 모듈의 메서드도 사용할 수 있고, 익스프레스가 추가한 메서드나 속성을 사용할 수도 있습니다. 예를 들어 res.writeHead, res.write, res.end 메서드를 그대로 사용할 수 있으면서 res.send나 res.sendFile 같은 메서드도 쓸 수 있습니다. 다만, 익스프레스의 메서드가 워낙 편리하므로 기존 http 모듈의 메서드는 잘 쓰이지 않습니다.

익스프레스가 많은 속성과 메서드를 추가했지만, 여기서는 자주 쓰이는 것 위주로만 알아보겠습니다. req 객체부터 살펴봅니다.

- **req.app**: req 객체를 통해 app 객체에 접근할 수 있습니다. req.app.get('port')와 같은 식으로 사용할 수 있습니다.
- **req.body**: body-parser 미들웨어가 만드는 요청의 본문을 해석한 객체입니다.
- **req.cookies**: cookie-parser 미들웨어가 만드는 요청의 쿠키를 해석한 객체입니다.
- **req.ip**: 요청의 ip 주소가 담겨 있습니다.

- **req.params**: 라우트 매개변수에 대한 정보가 담긴 객체입니다.

- **req.query**: 쿼리스트링에 대한 정보가 담긴 객체입니다.

- **req.signedCookies**: 서명된 쿠키들은 req.cookies 대신 여기에 담겨 있습니다.

- **req.get(헤더 이름)**: 헤더의 값을 가져오고 싶을 때 사용하는 메서드입니다.

res 객체도 살펴봅시다.

- **res.app**: req.app처럼 res 객체를 통해 app 객체에 접근할 수 있습니다.

- **res.cookie(키, 값, 옵션)**: 쿠키를 설정하는 메서드입니다.

- **res.clearCookie(키, 값, 옵션)**: 쿠키를 제거하는 메서드입니다.

- **res.end()**: 데이터 없이 응답을 보냅니다.

- **res.json(JSON)**: JSON 형식의 응답을 보냅니다.

- **res.locals**: 하나의 요청 안에서 미들웨어 간에 데이터를 전달하고 싶을 때 사용하는 객체입니다.

- **res.redirect(주소)**: 리다이렉트할 주소와 함께 응답을 보냅니다.

- **res.render(뷰, 데이터)**: 다음 절에서 다룰 템플릿 엔진을 렌더링해서 응답할 때 사용하는 메서드입니다.

- **res.send(데이터)**: 데이터와 함께 응답을 보냅니다. 데이터는 문자열일 수도, HTML일 수도, 버퍼일 수도, 객체나 배열일 수도 있습니다.

- **res.sendFile(경로)**: 경로에 위치한 파일을 응답합니다.

- **res.set(헤더, 값)**: 응답의 헤더를 설정합니다.

- **res.status(코드)**: 응답 시의 HTTP 상태 코드를 지정합니다.

req나 res 객체의 메서드는 다음과 같이 메서드 체이닝(method chaining)을 지원하는 경우가 많습니다. 메서드 체이닝을 활용하면 코드양을 줄일 수 있습니다.

```
res
  .status(201)
  .cookie('test', 'test')
  .redirect('/admin');
```

6.5 템플릿 엔진 사용하기

HTML을 사용해본 적이 있나요? HTML은 정적인 언어입니다. 주어진 기능만 사용할 수 있고, 사용자가 기능을 직접 추가할 수 없습니다. 물론 자바스크립트가 없을 때의 이야기입니다.

HTML로 1,000개나 되는 데이터를 모두 표현하고 싶다면 일일이 직접 코딩해서 넣어야 합니다. 자바스크립트로 표현하면 반복문으로 간단하게 처리할 수 있는데 말이죠. 템플릿 엔진은 자바스크립트를 사용해서 HTML을 렌더링할 수 있게 합니다. 따라서 기존 HTML과는 문법이 살짝 다를 수도 있고, 자바스크립트 문법이 들어 있기도 합니다.

이번 절에서는 대표적인 템플릿 엔진인 퍼그(Pug)와 넌적스(Nunjucks)를 살펴봅니다. 앞으로의 예제는 넌적스를 사용합니다.

> **Note ☰ | EJS를 사용하지 않는 이유가 있나요?**
>
> 노드 생태계에서 EJS나 Handlebars 같은 템플릿 엔진도 많이 사용하지만, 레이아웃 기능이 없으므로 개인적으로는 추천하지 않습니다.

> **Note ☰ | 템플릿 엔진 대신 리액트, 뷰 등을 써도 되나요?**
>
> 요즘에는 템플릿 엔진 대신 프런트엔드에서 리액트(React)나 뷰(Vue)를 더 많이 사용하는 추세입니다. 하지만 이 책의 주제와는 거리가 있으므로 리액트나 뷰에 대한 내용은 이 책에서 다루지 않습니다. 프런트엔드를 리액트나 뷰 등으로 제작한 뒤 노드 서버와 Restful한 방식으로 데이터를 주고받으면 됩니다. 이 책의 예제는 모두 넌적스로 되어 있지만, 리액트나 뷰를 별도로 공부해서 예제를 리액트나 뷰로 전환해보는 것도 좋은 경험이 될 것입니다.

6.5.1 퍼그(제이드)

예전 이름인 제이드(Jade)로 더 유명한 퍼그(Pug)는 꾸준한 인기를 얻고 있습니다. 문법이 간단해서 코드양이 줄어들기 때문입니다. 루비(Ruby)를 사용해봤다면 문법이 비슷해서 빠르게 적응할 수 있으며, 물론 루비를 잘 모르더라도 문법이 쉬워서 빠르게 배울 수 있습니다. 단, HTML과는 문법이 많이 달라서 호불호가 갈립니다.

▼ 그림 6-11 퍼그 로고

퍼그를 설치합니다.

```
콘솔

$ npm i pug
```

익스프레스와 연결하려면 app.js에 다음 부분이 들어 있어야 합니다.

```
app.js

...
app.set('port', process.env.PORT || 3000);
app.set('views', path.join(__dirname, 'views'));
app.set('view engine', 'pug');

app.use(morgan('dev'));
...
```

views는 템플릿 파일들이 위치한 폴더를 지정하는 것입니다. res.render 메서드가 이 폴더 기준으로 템플릿 엔진을 찾아서 렌더링합니다. res.render('index')라면 views/index.pug를 렌더링합니다. res.render('admin/main')이라면 views/admin/main.pug를 렌더링합니다.

view engine은 어떠한 종류의 템플릿 엔진을 사용할지를 나타냅니다. 현재 pug로 설정되어 있으므로 그대로 사용하면 됩니다.

이제부터 퍼그의 문법을 알아보면서 HTML과는 어떻게 다른지 살펴봅시다.

6.5.1.1 HTML 표현

기존 HTML과 다르게 화살괄호(< >)와 닫는 태그가 없습니다. 탭 또는 스페이스로만 태그의 부모 자식 관계를 규명합니다. 탭 한 번, 스페이스 두 번 또는 스페이스 네 번 모두 상관없습니다. 모든 파일에 동일한 종류의 들여쓰기를 적용하면 됩니다. 자식 태그는 부모 태그보다 들여쓰기되어 있어야 합니다. 들여쓰기에 오류가 있으면 제대로 렌더링되지 않으니 주의하길 바랍니다.

doctype html은 <!DOCTYPE html>과 같습니다. html, head, title 태그에서는 자식 태그일수록 한 단계씩 더 들여쓰기되어 있는 모습을 볼 수 있습니다. title= title 부분은 6.5.1.2절에서 다룹니다.

화살괄호가 없으므로 태그의 속성도 조금 다르게 표현합니다. 태그명 뒤에 소괄호로 묶어 적습니다.

퍼그	HTML

doctype html
html
  head
    title= title
    link(rel='stylesheet', href='/stylesheets/style.css')
	`<!DOCTYPE html>`
	`<html>`
	  `<head>`
	    `<title>익스프레스</title>`
	    `<link rel="stylesheet" href="/style.css" />`
	  `</head>`
	`</html>`

속성 중 아이디와 클래스가 있는 경우에는 다음과 같이 표현할 수 있습니다. div 태그인 경우 div 문자는 생략할 수 있습니다.

퍼그	HTML
#login-button	`<div id="login-button"></div>`
.post-image	`<div class="post-image"></div>`
span#highlight	`<span id="highlight"></span>`
p.hidden.full	`<p class="hidden full"></p>`

HTML 텍스트는 다음과 같이 태그 또는 속성 뒤에 한 칸을 띄고 입력하면 됩니다.

퍼그	HTML
p Welcome to Express	`<p>Welcome to Express</p>`
button(type='submit') 전송	`<button type="submit">전송</button>`

에디터에서 텍스트를 여러 줄 입력하고 싶다면 다음과 같이 파이프(|)를 넣습니다. HTML 코드에서는 한 줄로 나옵니다.

퍼그	HTML

p
  | 안녕하세요.
  | 여러 줄을 입력합니다.
  br
  | 태그도 중간에 넣을 수 있습니다.
	\<p\>
	  안녕하세요. 여러 줄을 입력합니다.
	  \<br /\>
	  태그도 중간에 넣을 수 있습니다.
	\</p\>

style이나 script 태그로 CSS 또는 자바스크립트 코드를 작성하고 싶다면 다음과 같이 태그 뒤에 점(.)을 붙입니다.

퍼그	HTML

style.
  h1 {
    font-size: 30px;
  }
script.
  const message = 'Pug';
  alert(message);
	\<style\>
	  h1 {
	    font-size: 30px;
	  }
	\</style\>
	\<script\>
	  const message = 'Pug';
	  alert(message);
	\</script\>

6.5.1.2 변수

HTML과 다르게 자바스크립트 변수를 템플릿에 렌더링할 수 있습니다. res.render를 호출할 때 보내는 변수를 퍼그가 처리합니다. routes/index.js의 코드를 보면 다음 부분이 있습니다.

```
router.get('/', (req, res, next) => {
  res.render('index', { title: 'Express' });
});
```

res.render(템플릿, 변수 객체)는 익스프레스가 res 객체에 추가한 템플릿 렌더링을 위한 메서드입니다. index.pug를 HTML로 렌더링하면서 { title: 'Express' }라는 객체를 변수로 집어넣습니다. layout.pug와 index.pug의 title 부분이 모두 Express로 치환됩니다. 즉, HTML에도 변수를 사용할 수 있게 된 셈입니다.

res.render 메서드에 두 번째 인수로 변수 객체를 넣는 대신, res.locals 객체를 사용해서 변수를 넣을 수도 있습니다.

```
router.get('/', (req, res, next) => {
  res.locals.title = 'Express';
  res.render('index');
});
```

위와 같이 하면 템플릿 엔진이 res.locals 객체를 읽어서 변수를 집어넣습니다. 이 방식의 장점은 현재 라우터뿐만 아니라 다른 미들웨어에서도 res.locals 객체에 접근할 수 있다는 것입니다. 따라서 다른 미들웨어에서 템플릿 엔진용 변수를 미리 넣을 수도 있습니다.

이제 퍼그에서 변수를 사용하는 방법을 살펴봅시다.

퍼그	HTML
h1= title p Welcome to #{title} button(class=title, type='submit') 전송 input(placeholder=title + ' 연습')	\<h1\>Express\</h1\> \<p\>Welcome to Express\</p\> \<button class="Express" type="submit"\>전송\</button\> \<input placeholder="Express 연습" /\>

서버로부터 받은 변수는 다양한 방식으로 퍼그에서 사용할 수 있습니다. 변수를 텍스트로 사용하고 싶다면 태그 뒤에 =을 붙인 후 변수를 입력합니다. 속성에도 =을 붙인 후 변수를 사용할 수 있습니다. 텍스트 중간에 변수를 넣으려면 #{변수}를 사용하면 됩니다. 그러면 변수가 그 자리에 들어갑니다. #{}의 내부와 = 기호 뒷부분은 자바스크립트로 해석하므로 input 태그의 경우처럼 자바스크립트 구문을 써도 됩니다.

서버에서 데이터를 클라이언트로 내려보낼 때 #{}와 =을 매우 빈번하게 사용하니 꼭 기억해두길 바랍니다.

내부에 직접 변수를 선언할 수도 있습니다. 빼기(-)를 먼저 입력하면 뒤에 자바스크립트 구문을 작성할 수 있습니다. 여기에 변수를 선언하면 다음 줄부터 해당 변수를 사용할 수 있습니다.

퍼그	HTML
- const node = 'Node.js' - const js = 'Javascript' p #{node}와 #{js}	\<p\>Node.js와 Javascript\</p\>

퍼그는 기본적으로 변수의 특수 문자를 HTML 엔티티(entity)로 이스케이프(escape)(문법과 관련 없는 문자로 바꾸는 행위)합니다. 이스케이프를 원하지 않는다면 = 대신 !=을 사용하면 됩니다.

퍼그	HTML
p= '\<strong\>이스케이프\</strong\>' p!= '\<strong\>이스케이프하지 않음\</strong\>'	\<p\><strong>이스케이프</strong>\</p\> \<p\>\<strong\>이스케이프하지 않음\</strong\>\</p\>

> **Note ≡ HTML 엔티티와 이스케이프**
>
> 자바스크립트 문자열과 HTML 텍스트를 혼용할 때 특수 문자 때문에 가끔 에러가 발생합니다. 예를 들어 '\<strong\> 강조\</strong\>' 같은 자바스크립트 문자열이 있다면, 이것을 HTML에 사용했을 때 태그로 오해할 소지가 있습니다.
>
> 이를 방지하기 위해 특수 문자를 HTML 엔티티라는 코드로 변환합니다. 대표적인 HTML 엔티티는 다음과 같습니다.
>
> - \<: <
> - \>: >
> - &: &
> - 띄어쓰기:
> - ": "
> - ': '

6.5.1.3 반복문

HTML과 다르게 반복문도 사용할 수 있으며, 반복 가능한 변수인 경우에만 해당됩니다.

다음과 같이 each로 반복문을 돌릴 수 있습니다. each 대신 for를 써도 됩니다.

퍼그	HTML

```ul```
``` each fruit in ['사과', '배', '오렌지', '바나나', '복숭아']```
```   li= fruit```
	```<ul>```
	``` <li>사과</li>```
	``` <li>배</li>```
	``` <li>오렌지</li>```
	``` <li>바나나</li>```
	``` <li>복숭아</li>```
	```</ul>```

반복문 사용 시 인덱스도 가져올 수 있습니다.

퍼그	HTML

ul
  each fruit, index in ['사과', '배', '오렌지',
'바나나', '복숭아']
    li= (index + 1) + '번째 ' + fruit
	`<ul>`
	  `<li>`1번째 사과`</li>`
	  `<li>`2번째 배`</li>`
	  `<li>`3번째 오렌지`</li>`
	  `<li>`4번째 바나나`</li>`
	  `<li>`5번째 복숭아`</li>`
	`</ul>`

6.5.1.4 조건문

조건문으로 편리하게 분기 처리할 수 있으며 if, else if, else를 사용할 수 있습니다. 다음은 isLoggedIn 변수로 로그인 여부에 따라 다르게 HTML을 렌더링하는 예시입니다.

퍼그	HTML

if isLoggedIn
  div 로그인 되었습니다.
else
  div 로그인이 필요합니다.
	`<!-- isLoggedIn이 true일 때 -->`
	`<div>`로그인 되었습니다.`</div>`
	`<!-- isLoggedIn이 false일 때 -->`
	`<div>`로그인이 필요합니다.`</div>`

case문도 가능합니다.

퍼그	HTML

case fruit
  when 'apple'
    p 사과입니다.
  when 'banana'
    p 바나나입니다.
  when 'orange'
    p 오렌지입니다.
  default
    p 사과도 바나나도 오렌지도 아닙니다.
	`<!-- fruit이 apple일 때 -->`
	`<p>`사과입니다.`</p>`
	`<!-- fruit이 banana일 때 -->`
	`<p>`바나나입니다.`</p>`
	`<!-- fruit이 orange일 때 -->`
	`<p>`오렌지입니다.`</p>`
	`<!-- 기본값 -->`
	`<p>`사과도 바나나도 오렌지도 아닙니다.`</p>`

6.5.1.5 include

다른 퍼그나 HTML 파일을 넣을 수 있습니다.

헤더나 푸터, 내비게이션처럼 웹을 제작할 때 공통되는 부분을 따로 관리할 수 있어 페이지마다 동일한 HTML을 넣어야 하는 번거로움을 없앱니다. include 파일 경로와 같은 형태로 사용합니다.

퍼그	HTML

header.pug
 	
```\nheader\n   a(href='/') Home\n   a(href='/about') About\n```
 	
--- 	
 	
footer.pug
 	
```\nfooter\n   div 푸터입니다\n```
 	
--- 	
 	
main.pug
 	
```\ninclude header\nmain\n   h1 메인 파일\n   p 다른 파일을 include할 수 있습니다.\ninclude footer\n```
	HTML
	
	```\n<header>\n <a href="/">Home</a>\n <a href="/about">About</a>\n</header>\n<main>\n <h1>메인 파일</h1>\n <p>다른 파일을 include할 수 있습니다.</p>\n</main>\n<footer>\n <div>푸터입니다.</div>\n</footer>\n```

6.5.1.6 extends와 block

레이아웃을 정할 수 있으며, 공통되는 레이아웃 부분을 따로 관리할 수 있어 좋습니다. include와도 함께 사용하곤 합니다.

퍼그	HTML

layout.pug
 	
``pug
doctype html
html
  head
    title= title
    link(rel='stylesheet', href='/style.css')
    block style
  body
    header 헤더입니다.
    block content
    footer 푸터입니다.
    block script
``
 	
body.pug
 	
``pug
extends layout
 	
block content
  main
    p 내용입니다.
 	
block script
  script(src="/main.js")
``
	HTML
	
	``html
	<!DOCTYPE html>
	<html>
	  <head>
	    <title>Express</title>
	    <link rel="stylesheet" href="/style.css" />
	  </head>
	  <body>
	    <header>헤더입니다.</header>
	    <main>
	      <p>내용입니다.</p>
	    </main>
	    <footer>푸터입니다.</footer>
	    <script src="/main.js"></script>
	  </body>
	</html>
	``

레이아웃이 될 파일에는 공통된 마크업을 넣되, 페이지마다 달라지는 부분을 block으로 비워둡니다. block은 여러 개 만들어도 됩니다. block [블록명]과 같은 형태로 block을 선언합니다.

block이 되는 파일에서는 extends 키워드로 레이아웃 파일을 지정하고 block 부분을 넣습니다. block 선언보다 한 단계 더 들여쓰기되어 있어야 합니다. 나중에 익스프레스에서 res.render('body')를 사용해 하나의 HTML로 합쳐 렌더링할 수 있습니다. 퍼그 확장자는 생략 가능하며 block 부분이 서로 합쳐집니다.

이제 퍼그의 문법은 충분히 배웠습니다. views 폴더에 layout.pug, index.pug, error.pug 파일을 만들어봅시다.

layout.pug

```pug
doctype html
html
  head
    title= title
    link(rel='stylesheet', href='/style.css')
  body
    block content
```

index.pug

```pug
extends layout

block content
  h1= title
  p Welcome to #{title}
```

error.pug

```pug
extends layout

block content
  h1= message
  h2= error.status
  pre #{error.stack}
```

index.pug를 보면 extends layout과 block content가 있습니다. layout.pug의 block content 부분에 index.pug의 block content를 넣습니다. index.pug는 res.render로부터 title이라는 변수를 받아 렌더링합니다.

error.pug도 block content 부분이 layout.pug와 연결됩니다. res.render로부터 message와 error 변수를 받아 렌더링합니다.

퍼그 문법에 익숙해지기가 쉽지 않다면, 다음 절에서 다루는 템플릿 엔진인 넌적스도 살펴보세요.

6.5.2 넌적스

넌적스(Nunjucks)는 퍼그의 HTML 문법 변화에 적응하기 힘든 분에게 유용한 템플릿 엔진이며, 파이어폭스를 개발한 모질라에서 만들었습니다. HTML 문법을 그대로 사용하되 추가로 자바스크립트 문법을 사용할 수 있으며, 파이썬의 템플릿 엔진인 Twig와 문법이 상당히 유사합니다.

넌적스를 설치합니다.

콘솔

```
$ npm i nunjucks
```

view engine을 퍼그 대신 넌적스로 교체합니다.

app.js

```
...
const path = require('path');
const nunjucks = require('nunjucks');

dotenv.config();
const indexRouter = require('./routes');
const userRouter = require('./routes/user');

const app = express();
app.set('port', process.env.PORT || 3000);
app.set('view engine', 'html');

nunjucks.configure('views', {
  express: app,
  watch: true,
});

app.use(morgan('dev'));
...
```

퍼그와는 연결 방법이 다소 다릅니다. configure의 첫 번째 인수로 views 폴더의 경로를 넣고, 두 번째 인수로 옵션을 넣습니다. 이때 express 속성에 app 객체를 연결합니다. watch 옵션이 true이면 HTML 파일이 변경될 때 템플릿 엔진을 다시 렌더링합니다.

파일은 pug와 같은 특수한 확장자 대신 html을 그대로 사용해도 됩니다. 넌적스임을 구분하려면 확장자로 njk를 쓰면 됩니다. 단, 이때는 view engine도 njk로 바꿔야 합니다.

이제 넌적스의 문법을 살펴보겠습니다. 퍼그와 예제가 같으므로 비교하면서 보길 바랍니다.

6.5.2.1 변수

res.render 호출 시 보내는 변수를 넌적스가 처리합니다. routes/index.js의 코드를 보면 다음과
같은 부분이 있습니다.

```
router.get('/', (req, res, next) => {
  res.render('index', { title: 'Express' });
});
```

넌적스

```
<h1>{{title}}</h1>
<p>Welcome to {{title}}</p>
<button class="{{title}}" type="submit">전송</button>
<input placeholder="{{title}} 연습" />
```

넌적스에서 변수는 {{ }}로 감쌉니다.

HTML

```
<h1>Express</h1>
<p>Welcome to Express</p>
<button class="Express" type="submit">전송</button>
<input placeholder="Express 연습" />
```

내부에 변수를 사용할 수도 있습니다. 변수를 선언할 때는 {% set 변수 = '값' %}를 사용합니다.

넌적스	HTML
{% set node = 'Node.js' %} {% set js = 'Javascript' %} <p>{{node}}와 {{js}}</p>	<p>Node.js와 Javascript</p>

HTML을 이스케이프하고 싶지 않다면 {{ 변수 \| safe }}를 사용합니다.

넌적스	HTML
<p>{{'이스케이프'}}</p> <p>{{'이스케이프하지 않음' | safe }}</p>	<p><strong>이스케이프</strong></p> <p>이스케이프하지 않음</p>

6.5.2.2 반복문

넌적스에서는 특수한 문을 {% %} 안에 씁니다. 따라서 반복문도 이 안에 쓰면 됩니다. for in문과 endfor 사이에 위치하면 됩니다.

넌적스	HTML

`<ul>`
`  {% set fruits = ['사과', '배', '오렌지', '바나나', '복숭아'] %}`
`  {% for item in fruits %}`
`  <li>{{item}}</li>`
`  {% endfor %}`
`</ul>`
	`<ul>`
	`  <li>사과</li>`
	`  <li>배</li>`
	`  <li>오렌지</li>`
	`  <li>바나나</li>`
	`  <li>복숭아</li>`
	`</ul>`

반복문에서 인덱스를 사용하고 싶다면 `loop.index`라는 특수한 변수를 사용할 수 있습니다.

넌적스	HTML

`<ul>`
`  {% set fruits = ['사과', '배', '오렌지', '바나나', '복숭아'] %}`
`  {% for item in fruits %}`
`  <li>{{loop.index}}번째 {{item}}</li>`
`  {% endfor %}`
`</ul>`
	`<ul>`
	`  <li>1번째 사과</li>`
	`  <li>2번째 배</li>`
	`  <li>3번째 오렌지</li>`
	`  <li>4번째 바나나</li>`
	`  <li>5번째 복숭아</li>`
	`</ul>`

6.5.2.3 조건문

조건문은 {% if 변수 %} {% elif %} {% else %} {% endif %}로 이뤄져 있습니다.

넌적스	HTML

`{% if isLoggedIn %}`
`<div>로그인 되었습니다.</div>`
`{% else %}`
`<div>로그인이 필요합니다.</div>`
`{% endif %}`
	`<!-- isLoggedIn이 true일 때 -->`
	`<div>로그인 되었습니다.</div>`
	`<!-- isLoggedIn이 false일 때 -->`
	`<div>로그인이 필요합니다.</div>`

case문은 없지만 elif(else if 역할)를 통해 분기 처리할 수 있습니다.

넌적스	HTML
{% if fruit === 'apple' %} <p>사과입니다.</p> {% elif fruit === 'banana' %} <p>바나나입니다.</p> {% elif fruit === 'orange' %} <p>오렌지입니다.</p> {% else %} <p>사과도 바나나도 오렌지도 아닙니다.</p> {% endif %}	<!-- fruit이 apple일 때 --> <p>사과입니다.</p> <!-- fruit이 banana일 때 --> <p>바나나입니다.</p> <!-- fruit이 orange일 때 --> <p>오렌지입니다.</p> <!-- 기본값 --> <p>사과도 바나나도 오렌지도 아닙니다.</p>

{{ }} 안에서는 다음과 같이 사용합니다.

넌적스	HTML
<div>{{'참' if isLoggedIn}}</div> <div>{{'참' if isLoggedIn else '거짓'}}</div>	<!-- isLoggedIn이 true일 때 --> <div>참</div> <!-- isLoggedIn이 false일 때 --> <div>거짓</div>

6.5.2.4 include

다른 HTML 파일을 넣을 수 있습니다.

헤더나 푸터, 내비게이션처럼 웹 제작 시 공통되는 부분을 따로 관리할 수 있어 페이지마다 동일한 HTML을 넣어야 하는 번거로움을 없앱니다. include 파일 경로와 같은 형태로 사용합니다.

넌적스	HTML

header.html
 	
`<header>`
  `<a href="/">`Home`</a>`
  `<a href="/about">`About`</a>`
`</header>`
 	
footer.html
 	
`<footer>`
  `<div>`푸터입니다.`</div>`
`</footer>`
 	
main.html
 	
`{% include "header.html" %}`
`<main>`
  `<h1>`메인 파일`</h1>`
  `<p>`다른 파일을 include할 수 있습니다.`</p>`
`</main>`
`{% include "footer.html" %}`
	`<header>`
	  `<a href="/">`Home`</a>`
	  `<a href="/about">`About`</a>`
	`</header>`
	`<main>`
	  `<h1>`메인 파일`</h1>`
	  `<p>`다른 파일을 include할 수 있습니다.
	`</p>`
	`</main>`
	`<footer>`
	  `<div>`푸터입니다.`</div>`
	`</footer>`

6

익스프레스 웹 서버 만들기

6.5.2.5 extends와 block

레이아웃을 정할 수 있으며, 공통되는 레이아웃 부분을 따로 관리할 수 있어 좋습니다. include와도 함께 사용하곤 합니다.

85

넌적스	HTML

layout.html
 	
``html
<!DOCTYPE html>
<html>
  <head>
    <title>{{title}}</title>
    <link rel="stylesheet" href="/style.css" />
    {% block style %}
    {% endblock %}
  </head>
  <body>
    <header>헤더입니다.</header>
    {% block content %}
    {% endblock %}
    <footer>푸터입니다.</footer>
    {% block script %}
    {% endblock %}
  </body>
</html>
``
 	
body.html
 	
``html
{% extends 'layout.html' %}
 	
{% block content %}
<main>
  <p>내용입니다.</p>
</main>
{% endblock %}
 	
{% block script %}
<script src="/main.js"></script>
{% endblock %}
``
	``html
	<!DOCTYPE html>
	<html>
	  <head>
	    <title>Express</title>
	    <link rel="stylesheet" href="/style.css" />
	  </head>
	  <body>
	    <header>헤더입니다.</header>
	    <main>
	      <p>내용입니다.</p>
	    </main>
	    <footer>푸터입니다.</footer>
	    <script src="/main.js"></script>
	  </body>
	</html>
	``

레이아웃이 될 파일에는 공통된 마크업을 넣되, 페이지마다 달라지는 부분을 block으로 비워둡니다. block은 여러 개 만들어도 됩니다. block을 선언하는 방법은 {% block [블록명] %}입니다. {% endblock %}로 블록을 종료합니다.

block이 되는 파일에서는 {% extends 경로 %} 키워드로 레이아웃 파일을 지정하고 block 부분을 넣습니다. 나중에 익스프레스에서 res.render('body')를 사용해 하나의 HTML로 합친 후 렌더링할 수 있습니다. 같은 이름의 block 부분이 서로 합쳐집니다.

이제 넌적스의 문법은 충분히 배웠습니다. views 폴더에 layout.html, index.html, error.html 파일을 만들어봅시다.

layout.html

```html
<!DOCTYPE html>
<html>
  <head>
    <title>{{title}}</title>
    <link rel="stylesheet" href="/style.css" />
  </head>
  <body>
    {% block content %}
    {% endblock %}
  </body>
</html>
```

index.html

```html
{% extends 'layout.html' %}

{% block content %}
<h1>{{title}}</h1>
<p>Welcome to {{title}}</p>
{% endblock %}
```

error.html

```html
{% extends 'layout.html' %}

{% block content %}
<h1>{{message}}</h1>
<h2>{{error.status}}</h2>
<pre>{{error.stack}}</pre>
{% endblock %}
```

index.html을 보면 {% extends 'layout.html' %}와 {% block content %}가 있습니다. layout.html의 {% block content %} 부분에 index.html의 {% block content %}를 넣습니다. index.html은 res.render로부터 title이라는 변수를 받아 렌더링합니다.

error.html도 {% block content %} 부분이 layout.html과 연결됩니다. res.render로부터 message와 error 변수를 받아 렌더링합니다.

6.5.3 에러 처리 미들웨어

지금까지 템플릿 엔진을 살펴봤습니다. 이제 404 응답 미들웨어와 에러 처리 미들웨어를 다음과 같이 수정해 에러 발생 시 error.html에 에러 내용을 표시합니다.

```
app.js

...
app.use((req, res, next) => {
  const error =  new Error(`${req.method} ${req.url} 라우터가 없습니다.`);
  error.status = 404;
  next(error);
});

app.use((err, req, res, next) => {
  res.locals.message = err.message;
  res.locals.error = process.env.NODE_ENV !== 'production' ? err : {};
  res.status(err.status || 500);
  res.render('error');
});
...
```

만약 404 에러가 발생한다면 res.locals.message는 '${req.method} ${req.url} 라우터가 없습니다.'가 됩니다. next(error)에서 넘겨준 인수가 에러 처리 미들웨어의 err로 연결되기 때문입니다.

에러 처리 미들웨어는 error라는 템플릿 파일(넌적스이므로 error.html 파일)을 렌더링합니다. 렌더링 시 res.locals.message와 res.locals.error에 넣어준 값을 함께 렌더링합니다. res.render에 변수를 대입하는 것 외에도, 이렇게 res.locals 속성에 값을 대입해 템플릿 엔진에 변수를 주입할 수 있습니다.

error 객체의 스택 트레이스(error.html의 error.stack)는 시스템 환경(process.env.NODE_ENV)이 production(배포 환경)이 아닌 경우에만 표시됩니다. 배포 환경인 경우에는 에러 메시지만 표시됩니다. 에러 스택 트레이스가 노출되면 보안에 취약할 수 있기 때문입니다.

서버를 실행하고 localhost:3000/abc에 접속하면 에러 메시지와 함께 응답 코드, 스택 트레이스를 확인할 수 있습니다.

❤ 그림 6-12 에러 스택 트레이스

위 그림에서 404 아래의 Error 부분이 스택 트레이스입니다. 스택 트레이스를 통해 서버 폴더 구조를 유추할 수 있으므로 배포 환경에서는 숨기는 것입니다.

이제 서버 만들기를 위한 기본 준비가 다 끝났습니다. 앞으로 한 가지만 더 배우면 실제 서비스를 만들 수 있습니다. 사용자들이 보낸 데이터들을 저장하는 곳, 바로 데이터베이스입니다.

NODE.JS

6.6 함께 보면 좋은 자료

- **Express 공식 홈페이지**: http://expressjs.com
- **퍼그 공식 홈페이지**: https://pugjs.org
- **넌적스 공식 홈페이지**: https://mozilla.github.io/nunjucks
- morgan: https://github.com/expressjs/morgan
- body-parser: https://github.com/expressjs/body-parser
- cookie-parser: https://github.com/expressjs/cookie-parser

- static: https://github.com/expressjs/serve-static
- express-session: https://github.com/expressjs/session
- multer: https://github.com/expressjs/multer
- dotenv: https://github.com/motdotla/dotenv

7^장

MySQL

지금까지는 모든 데이터를 변수에 저장했습니다. 변수에 저장했다는 것은 컴퓨터 메모리에 저장했다는 뜻입니다. 따라서 서버가 종료되면 메모리가 정리되면서 저장했던 데이터도 사라져버립니다. 이를 방지하기 위해서는 데이터베이스를 사용해야 합니다.

다양한 데이터베이스가 있지만, 이 책에서는 MySQL과 몽고디비(mongoDB) 두 가지를 사용합니다. MySQL은 SQL 언어를 사용하는 관계형 데이터베이스 관리 시스템의 대표 주자이고, 몽고디비는 NoSQL의 대표 주자입니다. 이 장에서는 MySQL을, 다음 장에서는 몽고디비를 다룹니다.

▼ 그림 7-1 MySQL 로고

이 책은 데이터베이스를 깊게 다루는 책이 아니므로 예제 실습에 필요한 정도만 알아보겠습니다. 먼저 데이터베이스의 개념부터 살펴봅시다.

7.1 / 데이터베이스란?

데이터베이스는 관련성을 가지며 중복이 없는 데이터들의 집합입니다. 이러한 데이터베이스를 관리하는 시스템을 DBMS(DataBase Management System)(데이터베이스 관리 시스템)라고 합니다.

보통 서버의 하드 디스크나 SSD 등의 저장 매체에 데이터를 저장합니다. 저장 매체가 고장 나거나 사용자가 직접 데이터를 지우지 않는 이상 계속 데이터가 보존되므로 서버 종료 여부와 상관없이 데이터를 계속 사용할 수 있습니다.

▼ 그림 7-2 데이터베이스는 흔히 원기둥 세 개를 겹친 모양으로 표현합니다.

또한, 서버에 데이터베이스를 올리면 여러 사람이 동시에 사용할 수 있습니다. 사람들에게 각각 다른 권한을 줘서 어떤 사람은 읽기만 가능하고, 어떤 사람은 모든 작업을 가능하게 할 수 있습니다.

데이터베이스를 관리하는 DBMS 중에는 **RDBMS**(Relational DBMS)라고 부르는 관계형 DBMS가 많이 사용됩니다. 대표적인 RDBMS로 Oracle, MySQL, MSSQL 등이 있습니다. 이들은 SQL이라는 언어를 사용해 데이터를 관리합니다. 하지만 RDBMS별로 SQL문이 조금씩 다르므로 실습을 위해서는 이 책에서 사용하는 MySQL을 설치해야 합니다.

7.2 MySQL 설치하기

NODE.JS

그럼 MySQL을 설치해보겠습니다. 운영체제에 따라 조금씩 방식이 다릅니다.

7.2.1 윈도

먼저 윈도에서 MySQL을 설치해봅시다. MySQL은 윈도를 위해 따로 인스톨러(Installer)를 제공하므로 편리하게 설치할 수 있습니다. MySQL의 공식 사이트(https://dev.mysql.com/downloads/installer/)에서 **Download** 버튼을 눌러 인스톨러를 내려받습니다.

▼ 그림 7-3 MySQL Installer 다운로드 화면

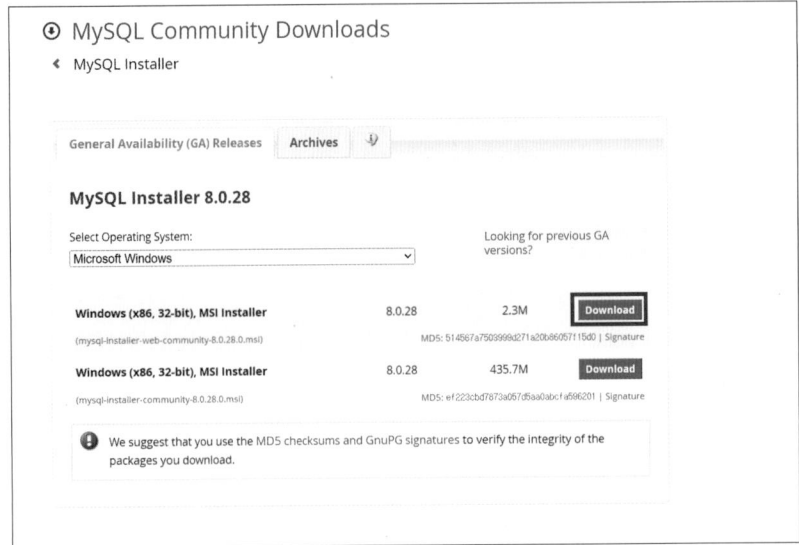

용량이 작은 mysql-installer-web-community를 내려받습니다. 로그인할 필요 없이 No thanks, just start my download.를 클릭하면 다운로드가 시작됩니다.

▼ 그림 7-4 로그인하지 않아도 됩니다.

내려받은 파일을 실행하면 MySQL Installer가 화면에 나타납니다. 설치 진행 중에 Choosing a Setup Type 부분에서 Custom을 선택한 후 Next 버튼을 누릅니다.

❤ 그림 7-5 Custom을 선택합니다.

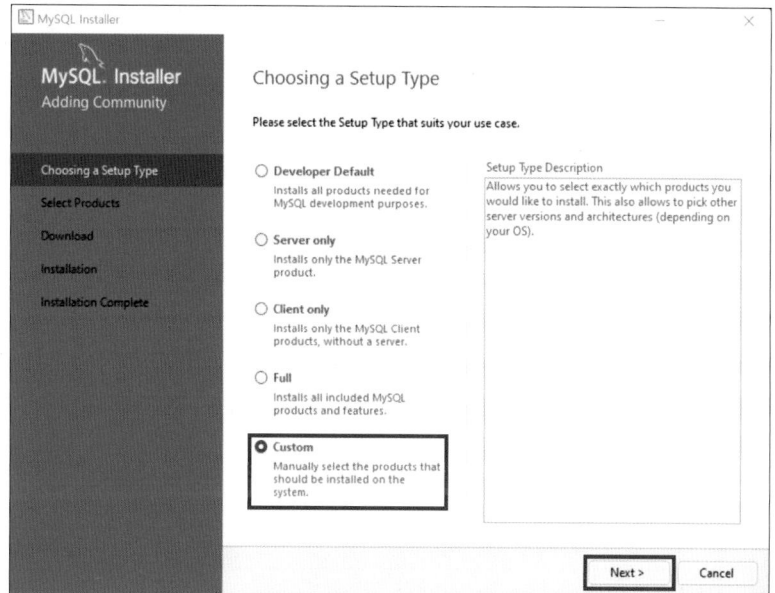

MySQL Installer가 기본적으로 설치하는 제품이 전부 필요한 것은 아니므로 MySQL Server와 MySQL Workbench만 선택해 설치합니다. Available Products:에서 X86과 X64 중 현재 자신의 운영체제에 맞는 MySQL Server와 MySQL Workbench를 골라 Products/Features To Be Installed:로 옮긴 후 Next 버튼을 누릅니다.

❤ 그림 7-6 MySQL Server와 MySQL Workbench 선택

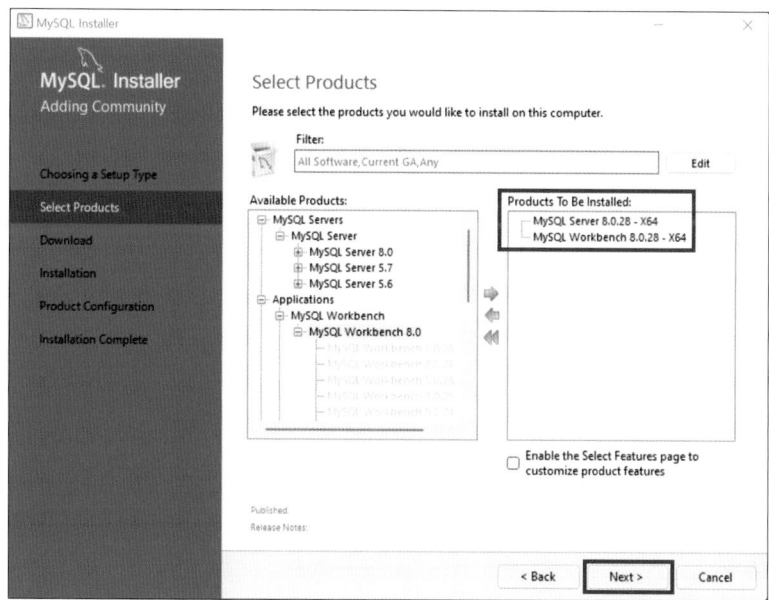

Execute 버튼을 눌러 워크벤치를 내려받습니다.

▼ 그림 7-7 내려받기 화면

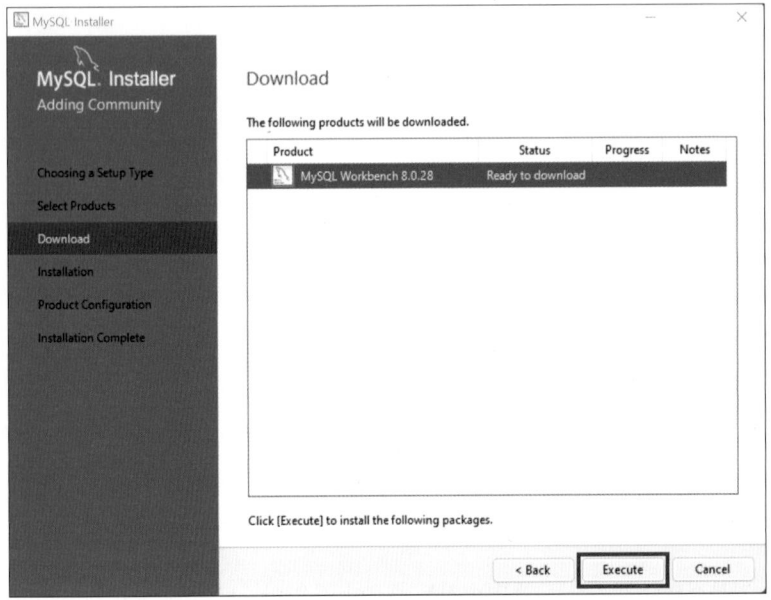

설치 완료 후 Next 버튼을 눌러 넘어갑니다. 설치에 필요한 파일들을 Execute 버튼을 눌러 설치합니다. 중간에 Visual C++ 같은 다른 파일들을 설치할 것인지를 묻는데, 모두 설치하면 됩니다.

▼ 그림 7-8 설치 화면

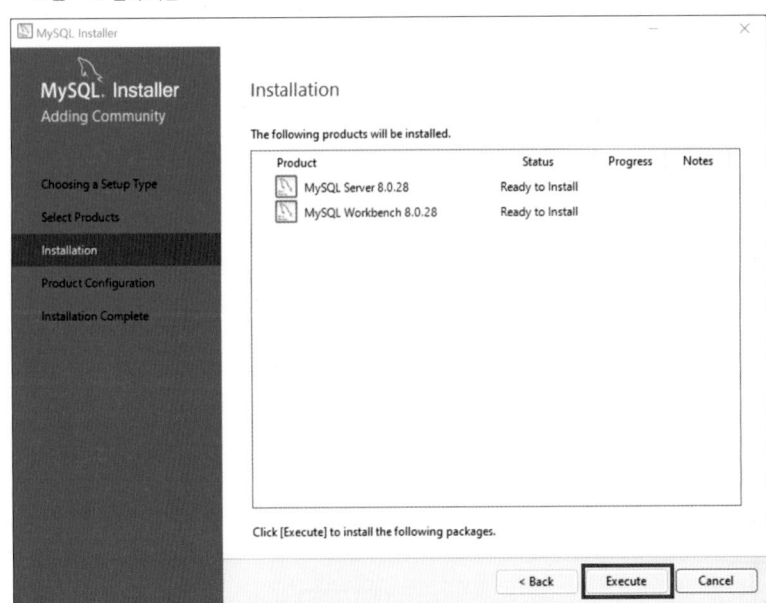

▼ 그림 7-9 설치 완료 화면

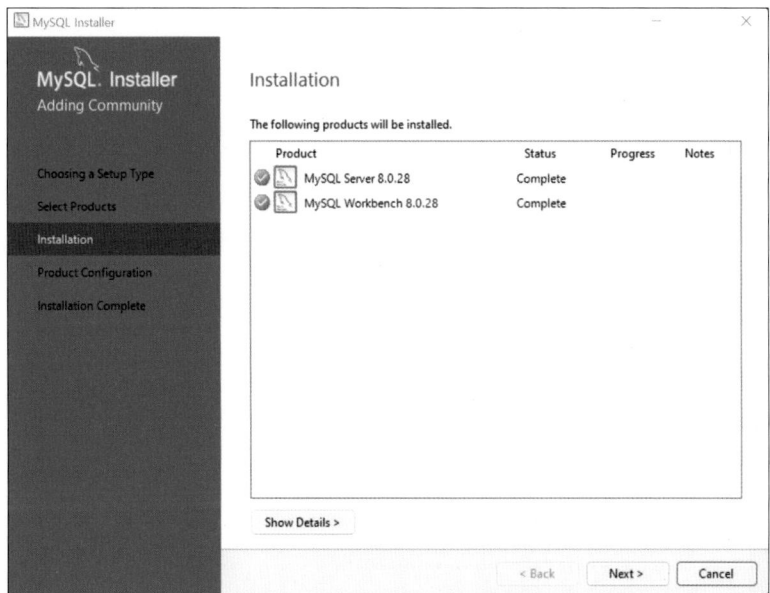

이제 MySQL 기본 설정을 할 차례입니다.

▼ 그림 7-10 MySQL 설정 화면

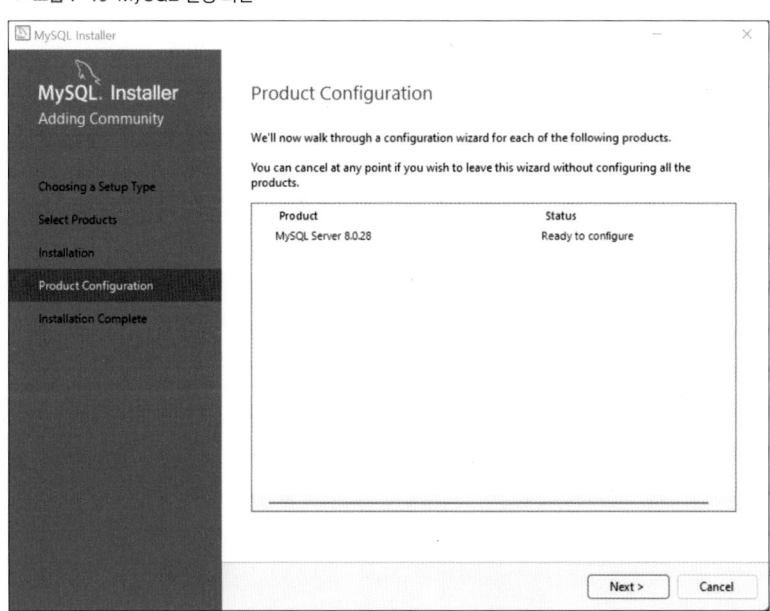

Type and Networking 메뉴에서는 별도 클릭 없이 Next 버튼을 눌러 넘어갑니다. Authentication Method 메뉴에서는 Use Legacy Authentication Method를 선택합니다.

❤ 그림 7-11 Use Legacy Authentication Method를 선택해야 합니다.

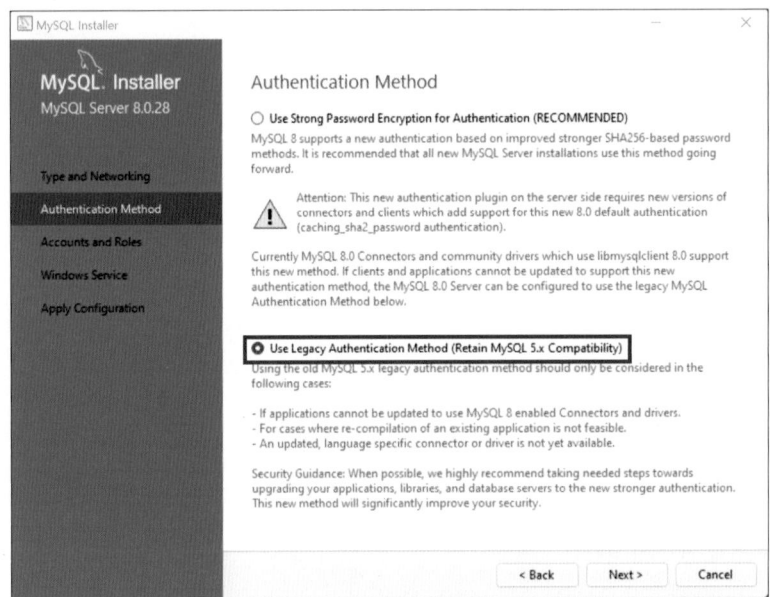

비밀번호 설정 화면이 나오면 비밀번호를 설정합니다. 이 비밀번호를 기억하고 있어야 나중에 MySQL에 접속할 수 있습니다. 혹시 Next 버튼이 보이지 않는다면 Alt+N 단축키로 다음 화면으로 넘어갈 수 있습니다. 비밀번호를 설정한 후에는 계속 Next 버튼을 눌러 기본 설정 그대로 사용하면 됩니다.

▼ 그림 7-12 root 비밀번호 설정 화면

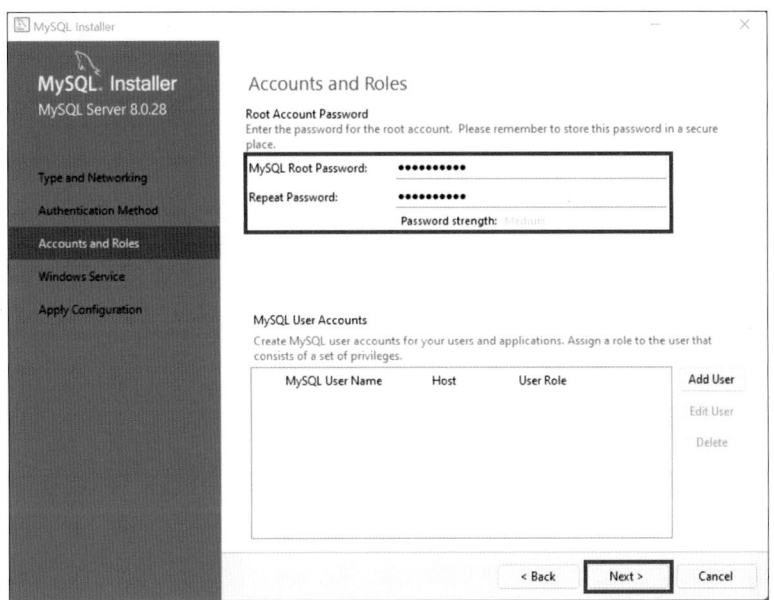

Windows Service 메뉴는 Next 버튼을 눌러 넘어갑니다. 마지막으로, 다음과 같은 설정 적용 화면
이 나옵니다. Execute 버튼을 눌러 모든 설정을 적용하면 됩니다.

▼ 그림 7-13 설정 반영 전 화면

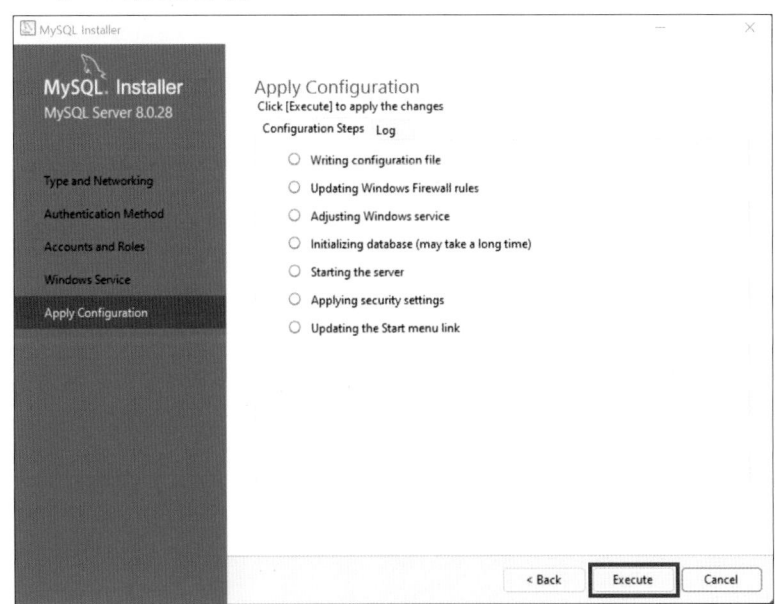

Finish 버튼을 눌러 설정을 완료합니다.

▼ 그림 7-14 설정 반영 완료 후 화면

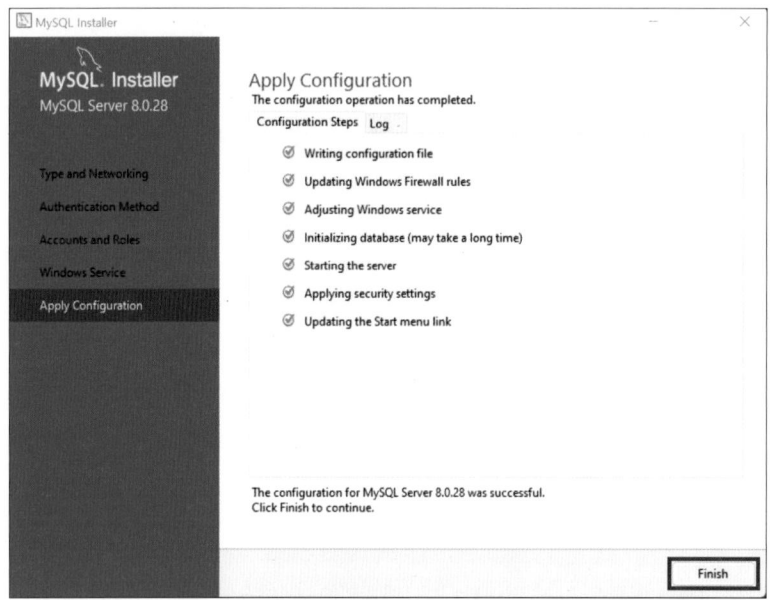

Next 버튼을 눌러 넘어갑니다.

▼ 그림 7-15 설정 완료 화면

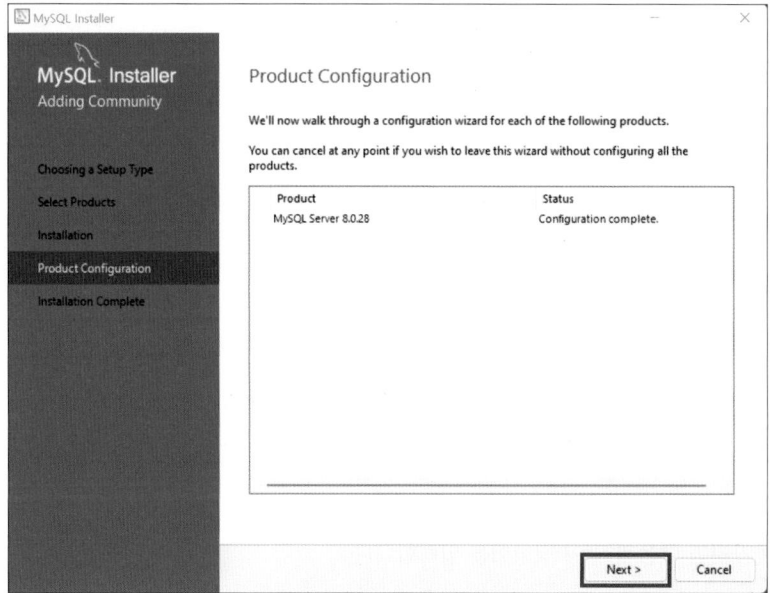

다시 Finish 버튼을 눌러 설치를 완료합니다. MySQL Workbench가 실행됩니다.

▼ 그림 7-16 최종 단계

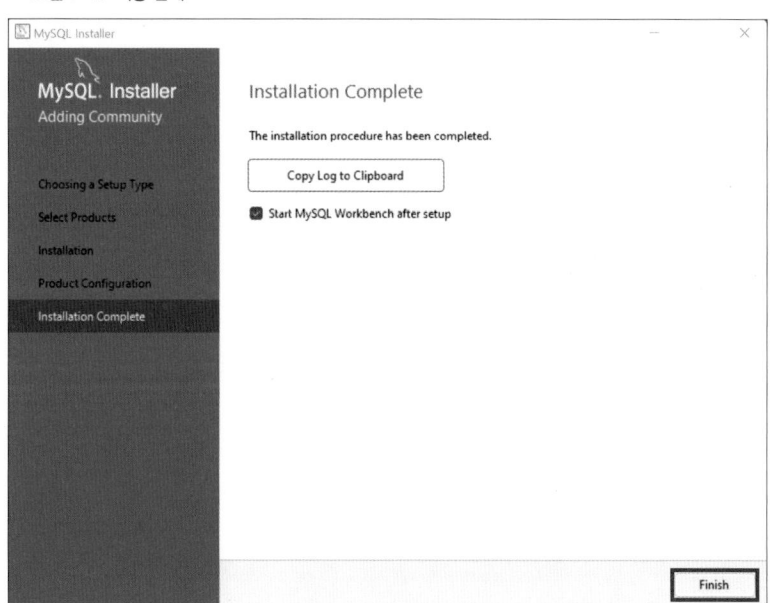

설치가 완료되었다면 MySQL에 접속해보겠습니다. MySQL이 설치된 폴더로 이동한 후, 명령 프롬프트를 통해 MySQL에 접속합니다. 설치된 폴더 경로는 사용자마다 다를 수 있습니다. 이 책의 경우에는 C:\Program Files\MySQL\MySQL Server 8.0\bin입니다.

콘솔

```
$ mysql -h localhost -u root -p
Enter password: [비밀번호 입력]
mysql>
```

mysql -h 뒤에는 접속할 주소를, -u 뒤에는 사용자 이름을 입력합니다. 각각 localhost와 root를 넣습니다. -p는 비밀번호를 사용하겠다는 뜻입니다. 이렇게 명령어를 입력하면 비밀번호 입력창이 나타나는데, 여기에 MySQL을 설치할 때 설정했던 비밀번호를 입력하면 됩니다.

프롬프트가 mysql>로 바뀌었다면 접속된 것입니다. 앞으로 여기에 SQL 명령어를 입력하면 됩니다. 다시 콘솔로 돌아가려면 다음과 같이 명령어를 입력합니다.

프롬프트

```
mysql> exit
Bye
```

7.2.2 맥

맥에서는 Homebrew를 통해 MySQL을 설치하는 것이 좋습니다. Homebrew는 다음 명령어로 설치할 수 있습니다.

콘솔

```
$ /bin/bash -c "$(curl -fsSL https://raw.githubusercontent.com/Homebrew/install/
➡ master/install.sh)"
```

Homebrew 설치를 완료하고 나면 Homebrew를 통해 MySQL을 설치합니다.

콘솔

```
$ brew install mysql
$ brew services start mysql
$ mysql_secure_installation
```

Note ≡ **권한 에러 발생 시**

설치 중에 다음과 같은 권한 에러가 발생할 수 있습니다.

콘솔

```
Error: The following directories are not writable by your user:
/usr/local/share/info

You should change the ownership of these directories to your user.
  sudo chown -R $(whoami) /usr/local/share/info

And make sure that your user has write permission.
  chmod u+w /usr/local/share/info
```

이때는 에러 메시지에 나온 대로 명령어를 입력하면 됩니다. 사용자의 환경에 따라 입력해야 하는 명령어가 달라질 수 있습니다.

콘솔

```
$ sudo chown -R $(whoami) /usr/local/share/info
$ chmod u+w /usr/local/share/info
```

설치 후 brew services start mysql 명령어로 MySQL을 시작하고 mysql_secure_installation 명령어로 root 비밀번호를 설정합니다. validate_password 플러그인을 설치할 것인지를 물으면 모두 n을 입력하고 Enter를 눌러 건너뜁니다. 나중에 실제 서버를 운영할 때는 설정해주는 것이 보안상 좋습니다.

비밀번호까지 설정했다면 MySQL에 접속해봅시다. 접속 방법은 윈도와 같습니다. 한 가지 차이점은 굳이 MySQL이 설치된 폴더로 이동하지 않아도 된다는 것입니다. 경로에 상관없이 콘솔에 mysql -h localhost -u root -p 명령어를 입력하면 됩니다.

콘솔

```
$ mysql -h localhost -u root -p
Enter password: [비밀번호 입력]
mysql>
```

7.2.3 리눅스(우분투)

우분투에서는 GUI를 사용하지 않으므로 다음 명령어를 순서대로 입력해 MySQL을 설치합니다. 중간에 sudo mysql을 입력하면 MySQL 프롬프트로 전환되는데, 여기서 MySQL 비밀번호를 설정한다고 보면 됩니다.

콘솔

```
$ sudo apt-get update
$ sudo apt-get install -y mysql-server-8.0
$ sudo mysql
(MySQL 프롬프트로 전환)
mysql> ALTER USER 'root'@'localhost' IDENTIFIED WITH mysql_native_password by '비밀번호';
mysql> exit;
```

비밀번호를 설정한 후 콘솔로 돌아와서 다시 진행합니다.

콘솔

```
$ sudo mysql_secure_installation
```

sudo mysql_secure_installation을 입력하면 'root 사용자의 비밀번호를 입력하라(Enter password for user root)'고 뜹니다. 조금 전에 설정한 비밀번호를 입력합니다.

VALIDATE PASSWORD 플러그인을 설치할 것인지를 묻는데, n을 입력하고 Enter 를 눌러 건너뜁니다. 나중에 실제 서버를 운영할 때는 설정해주는 것이 보안상 좋습니다.

그다음 질문인 Change the password for root에만 n을 입력하고, 나머지 질문(Remove anonymous users, Disallow root login remotely, Remove test database, Reloading privilege tables now)에는 모두 y를 입력해서 넘어갑니다.

MySQL 설치가 완료되었다면 MySQL에 접속해봅시다. 접속 방법은 윈도와 같습니다. 한 가지 차이점은 굳이 MySQL이 설치된 폴더로 이동하지 않아도 된다는 것입니다. 경로에 상관없이 콘솔에 mysql -h localhost -u root -p 명령어를 입력하면 됩니다.

콘솔

```
$ mysql -h localhost -u root -p
Enter password: [비밀번호 입력]
mysql>
```

7.3 / 워크벤치 설치하기

콘솔로는 데이터를 한눈에 보기에 무리가 있으므로 워크벤치(MySQL Workbench)라는 프로그램을 사용하면 데이터베이스 내부에 저장된 데이터를 시각적으로 관리할 수 있어 편리합니다. 하지만 필수적인 것은 아니며 콘솔로도 동일한 작업을 할 수 있습니다. 콘솔로 진행해도 괜찮다면 7.3.4 절로 넘어가면 됩니다.

▼ 그림 7-17 워크벤치 로고

워크벤치도 MySQL 공식 사이트(https://dev.mysql.com/downloads/workbench/)에서 내려받아 설치합니다.

7.3.1 윈도

윈도의 경우 MySQL과 함께 워크벤치를 설치했으므로 7.3.4절로 넘어가도 좋습니다.

7.3.2 맥

맥에서는 Homebrew를 통해 설치하는 게 훨씬 간단합니다.

콘솔

```
$ brew install --cask mysqlworkbench
```

Launchpad에 들어가면 워크벤치가 설치되어 있습니다. 실행 후 경고창이 뜨면 **열기** 버튼을 누르면 됩니다.

7

MySQL

❤ 그림 7-18 워크벤치 경고창

이제 7.3.4절로 넘어갑시다.

7.3.3 리눅스(우분투)

우분투에서는 GUI를 사용하지 않으므로 워크벤치를 설치하지 않습니다. 대신 MySQL 프롬프트를 사용해 진행합니다.

7.3.4 커넥션 생성하기

윈도나 맥에서 워크벤치를 설치했다면 커넥션을 생성해봅시다.

먼저 워크벤치를 실행합니다. 다음 그림처럼 Local instance MySQL80이 존재하지 않는다면 MySQL Connections 옆의 ⊕ 버튼을 누릅니다.

❤ 그림 7-19 워크벤치 실행 화면

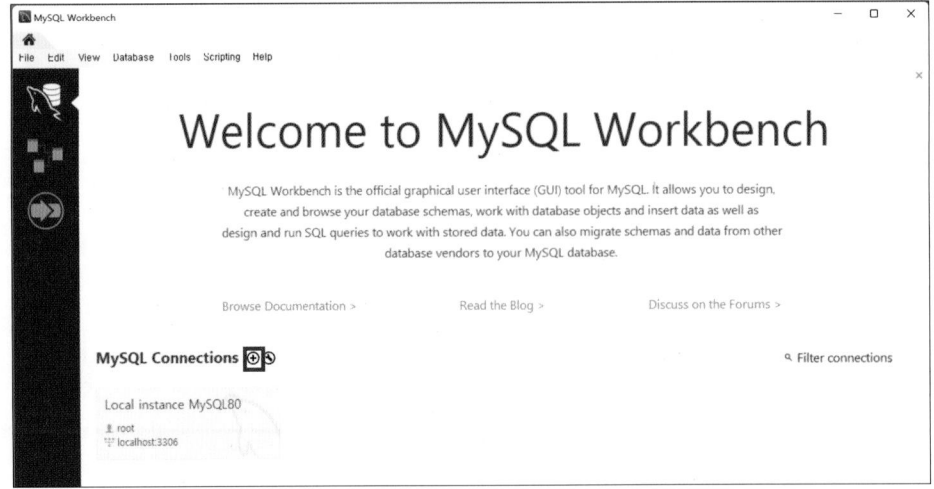

커넥션 생성 화면에서 Connection Name에 localhost라 적고 Password에서 Store in Vault... 버튼을 누릅니다.

▼ 그림 7-20 커넥션 생성 화면

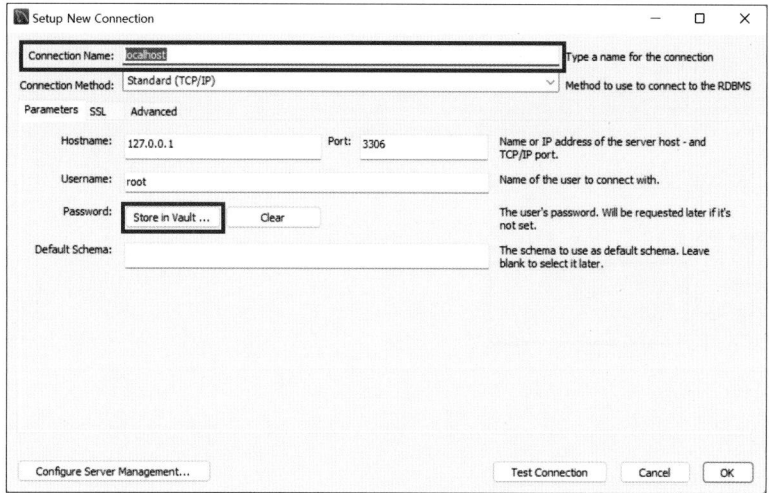

MySQL 설치 시 설정했던 비밀번호를 입력하고 OK를 누릅니다. Setup New Connection 화면에서도 OK를 눌러 커넥션을 생성하면 됩니다.

▼ 그림 7-21 비밀번호 저장하기

MySQL Connections에 새로 생성된 localhost를 누릅니다.

♥ 그림 7-22 localhost 접속하기

다음은 접속 화면입니다.

♥ 그림 7-23 커넥션 성공 화면

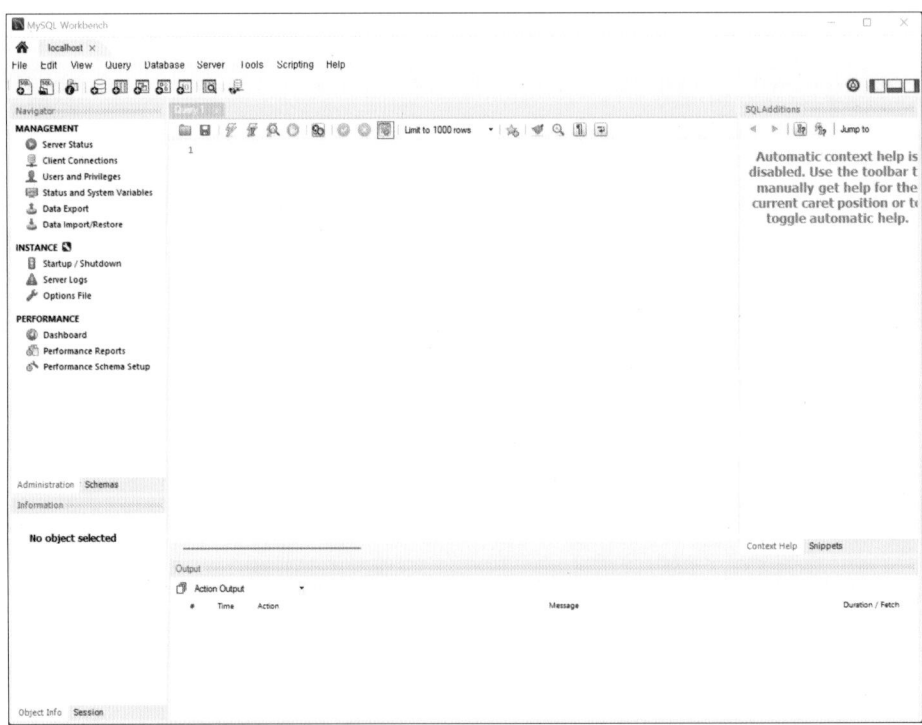

7.4 데이터베이스 및 테이블 생성하기

MySQL을 설치했다면 이제 데이터베이스를 생성할 수 있습니다. 이제부터는 MySQL 프롬프트로 진행합니다. 하지만 워크벤치를 사용하는 방법도 설명하겠습니다. 프롬프트 사용이 익숙하지 않은 윈도나 맥 사용자는 워크벤치를 사용해도 됩니다. 다만, 프롬프트로 생성하는 것과 결과가 조금 다를 수 있으므로 실습 시에는 프롬프트로 진행하는 것을 권장합니다.

7.4.1 데이터베이스 생성하기

먼저 7.2절의 방법대로 MySQL 프롬프트에 접속합니다. CREATE SCHEMA [데이터베이스명]이 데이터베이스를 생성하는 명령어입니다. SCHEMA(스키마)라고 되어 있는데, MySQL에서 데이터베이스와 스키마는 같은 개념입니다. nodejs라는 이름의 데이터베이스를 생성한 다음, use nodejs; 명령어를 추가로 입력해 앞으로 nodejs 데이터베이스를 사용하겠다는 것을 MySQL에 알립니다.

콘솔

```
mysql> CREATE SCHEMA `nodejs` DEFAULT CHARACTER SET utf8mb4 DEFAULT COLLATE utf8mb4_
➡ general_ci;
Query OK, 1 row affected (0.01sec)
mysql> use nodejs;
Database changed
```

CREATE SCHEMA 뒤에 DEFAULT CHARACTER SET utf8mb4 DEFAULT COLLATE utf8mb4_general_ci를 붙여 한글과 이모티콘을 사용할 수 있게 만듭니다. utf8mb4여야 데이터베이스에서 한글과 이모티콘을 사용할 수 있고, COLLATE는 해당 CHARACTER SET을 어떤 형식으로 정렬할 것인지를 의미합니다. MySQL 8 버전의 기본 COLLATE는 utf8mb4_0900_ai_ci이지만 한글 문제가 있으므로 여기서는 utf8mb4_general_ci를 사용합니다.

SQL 구문을 입력할 때는 마지막에 세미콜론(;)을 붙여야 해당 구문이 실행됩니다. 세미콜론을 붙이지 않으면 프롬프트가 다음 줄로 넘어가서 다른 입력이 들어오기를 계속 기다립니다.

CREATE SCHEMA와 같이 MySQL이 기본적으로 알고 있는 구문은 예약어라고 합니다. 예약어는 소문자로 써도 되지만, 가급적 대문자로 쓰는 것이 좋습니다. nodejs와 같은 사용자가 직접 만든 이름과 구분하기 위해서입니다.

워크벤치 사용 시

커넥션에 접속한 뒤 데이터베이스를 생성하기 위해 상단 메뉴의 데이터베이스 모양 버튼(⊞)을 누릅니다.

데이터베이스의 이름을 nodejs로 입력하고, Charset/Collation을 각각 utf8mb4와 utf8mb4_general_ci로 바꿉니다. 그러고 나서 Apply 버튼을 누릅니다.

▼ 그림 7-24 데이터베이스 생성 창

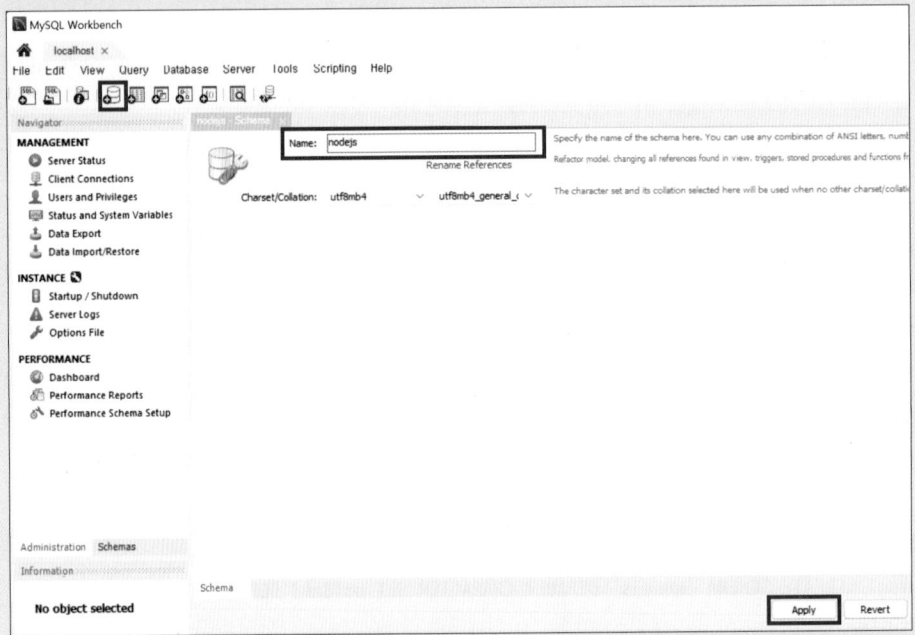

다음과 같이 워크벤치가 저절로 SQL문을 생성해주는 것을 볼 수 있습니다. nodejs라는 이름의 데이터베이스를 생성하라는 명령어입니다. 워크벤치가 자동으로 생성해주는 SQL들은 알아두는 게 좋습니다. 다만, Collation에 관련된 명령어가 없는 경우에는 다음 그림과 같이 DEFAULT COLLATE utf8mb4_general_ci를 직접 적어넣습니다. Apply 버튼을 눌러 명령어를 실행합니다.

▼ 그림 7-25 데이터베이스 생성 SQL

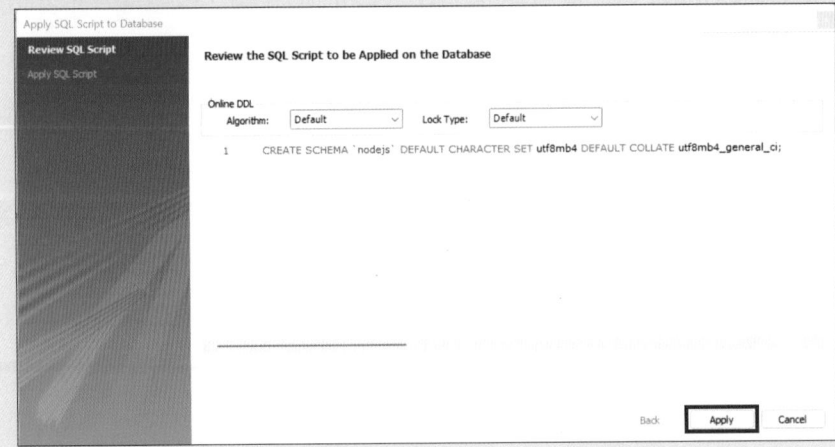

Apply 버튼을 누르면 SQL 적용 화면으로 넘어갑니다. 여기서 체크박스에 체크 표시를 하고 Finish 버튼을 누르면 됩니다. 앞으로 SQL 적용 화면은 생략하도록 하겠습니다.

▼ 그림 7-26 SQL 적용 화면

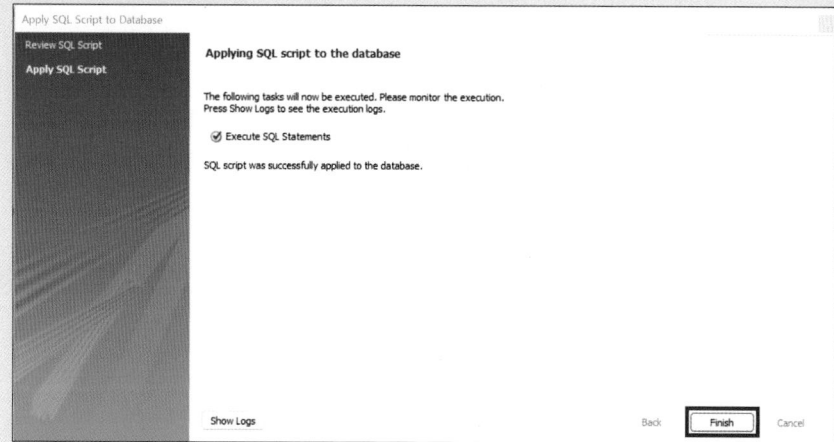

실행 완료 후 왼쪽 하단에서 Schemas 탭을 누르면 다음 그림과 같이 nodejs라는 데이터베이스가 생성된 것을 볼 수 있습니다. Collation이 utf8mb4_0900_ai_ci로 보이는 것은 워크벤치의 버그입니다.

▼ 그림 7-27 생성 완료 후 화면

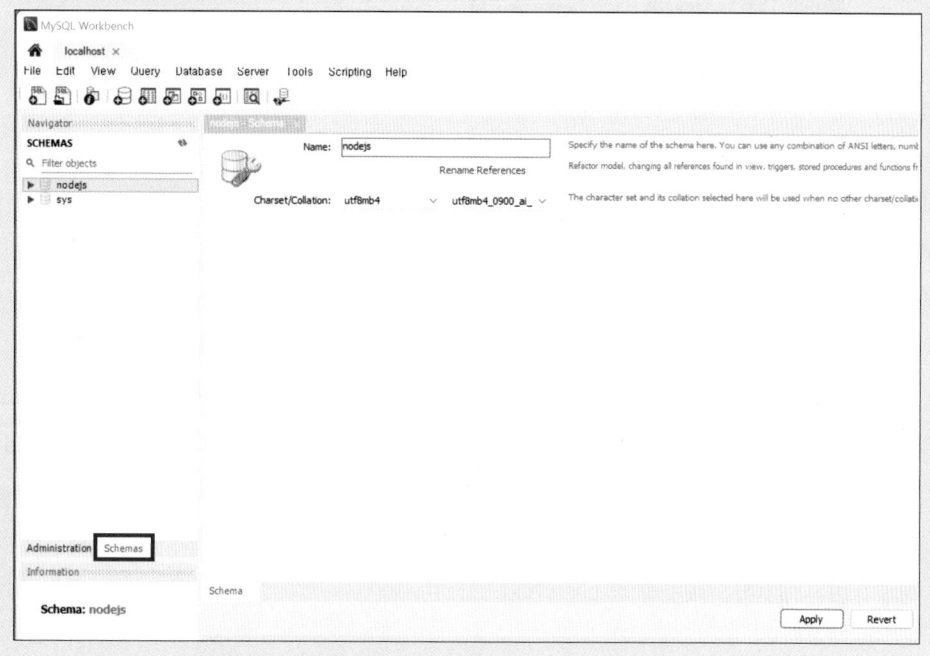

7.4.2 테이블 생성하기

데이터베이스를 생성했다면 테이블을 만듭니다. 테이블이란 데이터가 들어갈 수 있는 틀을 의미하며, 테이블에 맞는 데이터만 들어갈 수 있습니다. 사용자의 정보를 저장하는 테이블을 만들어봅시다.

MySQL 프롬프트에 다음과 같이 입력합니다(오타가 나지 않도록 주의해야 합니다). 한 줄로 적어도 되지만, 보기 불편하므로 Enter를 누른 후 줄을 바꿔서 입력하는 것이 좋습니다. 세미콜론(;)을 입력하기 전까지는 실행되지 않습니다.

콘솔

```
mysql> CREATE TABLE nodejs.users (
    -> id INT NOT NULL AUTO_INCREMENT,
    -> name VARCHAR(20) NOT NULL,
    -> age INT UNSIGNED NOT NULL,
    -> married TINYINT NOT NULL,
    -> comment TEXT NULL,
    -> created_at DATETIME NOT NULL DEFAULT now(),
    -> PRIMARY KEY(id),
    -> UNIQUE INDEX name_UNIQUE (name ASC))
    -> COMMENT = '사용자 정보'
    -> ENGINE = InnoDB;
Query OK, 0 row affected (0.09 sec)
```

한 글자라도 잘못 입력하면 에러가 발생하니 조심해야 합니다. 명령어를 살펴봅시다. CREATE TABLE [데이터베이스명.테이블명]은 테이블을 생성하는 명령어입니다. CREATE TABLE nodejs.users를 입력했으므로 nodejs 데이터베이스 내에 users 테이블을 생성하는 것입니다. 아까 use nodejs; 명령어를 실행했으니 CREATE TABLE users처럼 데이터베이스명은 생략해도 됩니다.

그 아래에는 한 줄에 하나씩 콤마(,)로 구분해 컬럼들을 만들었습니다. 순서대로 id(고유 식별자), name(이름), age(나이), married(결혼 여부), comment(자기소개), created_at(로우 생성일)입니다. PRIMARY KEY부터는 다른 옵션이며, 조금 뒤에 설명합니다. 컬럼을 정의해두면 앞으로 데이터를 넣을 때 컬럼 규칙에 맞는 정보들만 넣을 수 있습니다. 생년월일이나 몸무게와 같이 컬럼으로 만들어두지 않은 정보들은 저장할 수 없습니다.

❤ 그림 7-28 컬럼과 로우

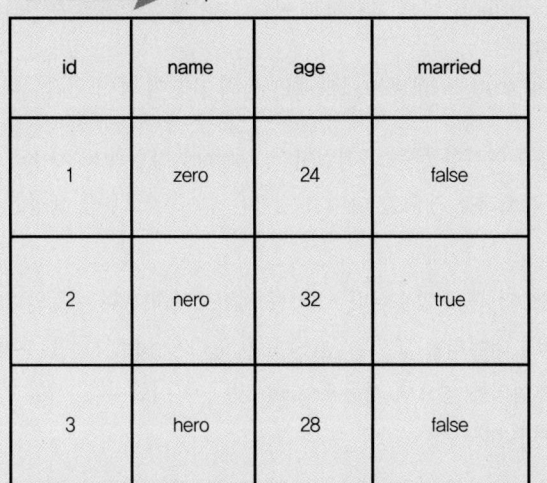

데이터베이스에서는 id, name, age, married로 시작되는 세로줄을 컬럼(column)이라고 합니다. age 컬럼에는 24, 32, 28처럼 모두 age에 관한 정보만 들어 있습니다.

반대로 1, zero, 24, false 같은 가로줄은 로우(row)라고 합니다. 컬럼명을 제외하면 현재 로우가 세 개 들어 있습니다.

컬럼과 로우가 교차하는 칸 하나는 필드라고 합니다. 컬럼은 세로 필드의 집합이고, 로우는 가로 필드의 집합입니다.

테이블에 데이터를 넣을 때는 미리 컬럼을 정의해두고, 컬럼에 맞춰 데이터를 넣으면 됩니다.

각각의 컬럼 이름 옆에는 INT, VARCHAR, TINYINT, TEXT, DATETIME 등이 적혀 있습니다. 이는 컬럼의 자료형을 뜻합니다.

- INT는 정수를 의미합니다. 소수까지 저장하고 싶다면 FLOAT이나 DOUBLE 자료형을 사용하면 됩니다.

- VARCHAR(자릿수) 외에도 CHAR(자릿수)라는 자료형도 있습니다. CHAR는 고정 길이이고, VARCHAR는 가변 길이입니다. 예를 들어 CHAR(10)이면 반드시 길이가 10인 문자열만 넣어야 하고, VARCHAR(10)일 경우에는 길이가 0~10인 문자열을 넣을 수 있습니다. CHAR에 주어진 길이보다 짧은 문자열을 넣는다면 부족한 자릿수만큼 스페이스가 채워집니다.

- TEXT는 긴 글을 저장할 때 사용하며, VARCHAR와 헷갈릴 수 있습니다. 수백 자 이내의 문자열은 보통 VARCHAR로 많이 처리하고, 그보다 길면 TEXT로 처리하곤 합니다.

- TINYINT는 −128부터 127까지의 정수를 저장할 때 사용합니다. 1 또는 0만 저장한다면 불 값(Boolean)과 같은 역할을 할 수 있습니다.

- DATETIME은 날짜와 시간에 대한 정보를 담고 있습니다. 날짜 정보만 담는 DATE와 시간 정보 만 담는 TIME 자료형도 있습니다. 이외에도 많은 자료형이 있으나 이 정도가 자주 쓰입니다.

자료형 뒤에도 NOT NULL, NULL, UNSIGNED, AUTO_INCREMENT, DEFAULT 등의 옵션이 붙어 있습니다.

- NULL과 NOT NULL은 빈칸을 허용할지 여부를 묻는 옵션입니다. comment 컬럼만 NULL이고, 나 머지는 모두 NOT NULL입니다. 자기소개를 제외한 나머지 컬럼은 반드시 로우를 생성할 때 데이터를 입력해야 합니다.

- id 컬럼에는 추가로 AUTO_INCREMENT가 붙어 있습니다. 숫자를 저절로 올리겠다는 뜻입니다. 예를 들어 처음에 Zero라는 사람의 데이터를 넣으면 MySQL은 알아서 id로 1번을 부여합 니다. 다음에 Nero라는 사람의 데이터를 넣으면 자동으로 id 2번을 부여합니다. 이를 가능 하게 하는 옵션이 AUTO_INCREMENT입니다.

- UNSIGNED는 숫자 자료형에 적용되는 옵션입니다. 숫자 자료형은 기본적으로 음수 범위를 지 원합니다. 예를 들어 INT는 −2147483648~2147483647까지의 숫자를 저장할 수 있습니 다. 만약 UNSIGNED가 적용되어 있다면 음수는 무시되고 0~4294967295까지 저장할 수 있 습니다. FLOAT과 DOUBLE에는 UNSIGNED 적용이 불가능합니다. 나이처럼 음수가 나올 수 없는 컬럼은 체크해두는 것이 좋습니다.

- ZEROFILL은 숫자의 자릿수가 고정되어 있을 때 사용할 수 있습니다. 가끔 자료형으로 INT 대신 INT(자릿수)처럼 표현하는 경우가 있습니다. 이때 ZEROFILL을 설정해둔다면 비어 있는 자리에 모두 0을 넣습니다. 예를 들어 INT(4)인데 숫자 1을 넣었다면 0001이 되는 식입니 다. 실습 예제에서는 age 컬럼에 UNSIGNED 옵션만 주었습니다.

- created_at에는 DEFAULT now()라는 옵션이 붙어 있습니다. 데이터베이스 저장 시 해당 컬 럼에 값이 없을 때 MySQL이 기본값을 대신 넣습니다. now()는 현재 시각을 넣으라는 뜻 입니다. now() 대신 CURRENT_TIMESTAMP를 적어도 같은 뜻이 됩니다. 사용자 정보를 넣으면 created_at 컬럼에는 넣는 순간의 시각이 자동으로 기록됩니다.

- 해당 컬럼이 기본 키인 경우에 PRIMARY KEY 옵션을 설정합니다. 기본 키란 로우를 대표하는 고유한 값을 의미합니다. 데이터베이스에 데이터를 넣을 때 로우 단위로 넣습니다. 이때 로 우들을 구별할 고유한 식별자가 필요합니다. 이름, 나이, 결혼 여부 컬럼은 다른 사람과 내 용이 겹칠 수 있습니다. 자기소개는 내용을 입력하지 않아도 되므로 고유하지 않습니다. 따 라서 id라는 새로운 컬럼을 하나 만들어 고유한 번호를 부여한 것입니다. 주민등록번호나

314

학번과 비슷한 개념입니다. MySQL에는 PRIMARY KEY(id)라는 옵션으로 id 컬럼이 기본 키임을 알렸습니다.

- UNIQUE INDEX는 해당 값이 고유해야 하는지에 대한 옵션이며, name 컬럼이 해당됩니다. 인덱스의 이름은 name_UNIQUE로, name 컬럼을 오름차순(ASC)으로 기억하겠다는 것입니다. 내림차순은 DESC입니다. PRIMARY KEY나 UNIQUE INDEX의 경우에는 데이터베이스가 별도로 컬럼을 관리하므로 조회 시 속도가 빨라집니다. 기본 키인 id도 사실 고유해야 하지만, PRIMARY KEY는 자동으로 UNIQUE INDEX를 포함하므로 따로 적지 않아도 됩니다.

여기까지는 컬럼에 대한 설정이었습니다. 이어서 COMMENT, ENGINE은 테이블 자체에 대한 설정입니다.

- COMMENT는 테이블에 대한 보충 설명을 의미합니다. 이 테이블이 무슨 역할을 하는지 적어두면 됩니다. 필수는 아닙니다.
- ENGINE은 여러 가지가 있지만, MyISAM과 InnoDB가 제일 많이 사용됩니다. 이 책에서는 InnoDB를 엔진으로 사용하겠습니다.

만들어진 테이블을 확인하는 명령어는 DESC 테이블명입니다.

콘솔

```
mysql> DESC users;
```

▼ 그림 7-29 DESC 명령어 결과

```
mysql> DESC users;
+------------+-------------+------+-----+-------------------+-------------------+
| Field      | Type        | Null | Key | Default           | Extra             |
+------------+-------------+------+-----+-------------------+-------------------+
| id         | int         | NO   | PRI | NULL              | auto_increment    |
| name       | varchar(20) | NO   | UNI | NULL              |                   |
| age        | int unsigned| NO   |     | NULL              |                   |
| married    | tinyint(1)  | NO   |     | NULL              |                   |
| comment    | text        | YES  |     | NULL              |                   |
| created_at | datetime    | NO   |     | CURRENT_TIMESTAMP | DEFAULT_GENERATED |
+------------+-------------+------+-----+-------------------+-------------------+
6 rows in set (0.00 sec)
```

테이블을 잘못 만들었을 경우 DROP TABLE [테이블명] 명령어를 입력하면 제거되고, 제거 후 다시 테이블을 생성하면 됩니다.

콘솔

```
mysql> DROP TABLE users;
```

갑자기 많은 개념이 나와서 당황스러울 수 있습니다. 워크벤치로 테이블을 만드는 것을 보면 조금 이해하기 쉬울 것입니다.

Note ☰   워크벤치 사용 시

nodejs 데이터베이스 아래에서 Tables를 마우스 오른쪽 클릭하면 메뉴가 뜹니다. 여기서 Create Table...을 선택합니다.

❤ 그림 7-30 테이블 생성 메뉴

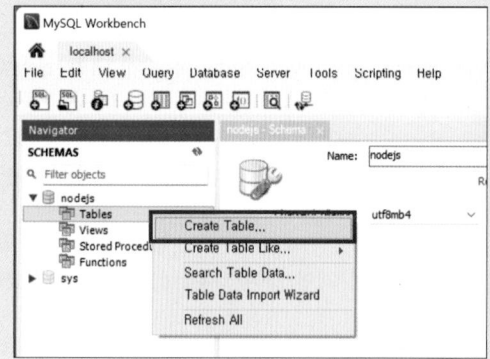

사용자의 이름, 나이, 결혼 여부, 자기소개 메시지를 저장하고 싶다면 다음과 같이 만들면 됩니다. Column Name의 빈칸을 눌러 입력합니다.

❤ 그림 7-31 테이블 생성 화면

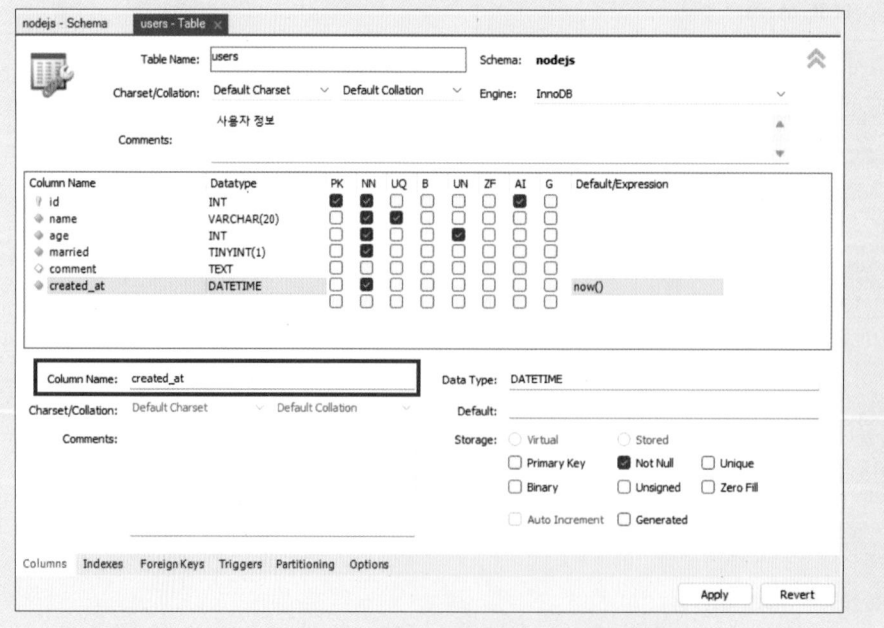

Table Name은 테이블의 이름을 의미합니다. Comments는 테이블의 설명입니다. Column Name 다음에 있는 Datatype은 저장할 데이터의 자료형을 뜻합니다. 참고로 Datatype은 옵션에서 골라도 되고 직접 입력해도 됩니다. 그림 7-32처럼 입력합니다.

▼ 그림 7-32 컬럼 정의 화면

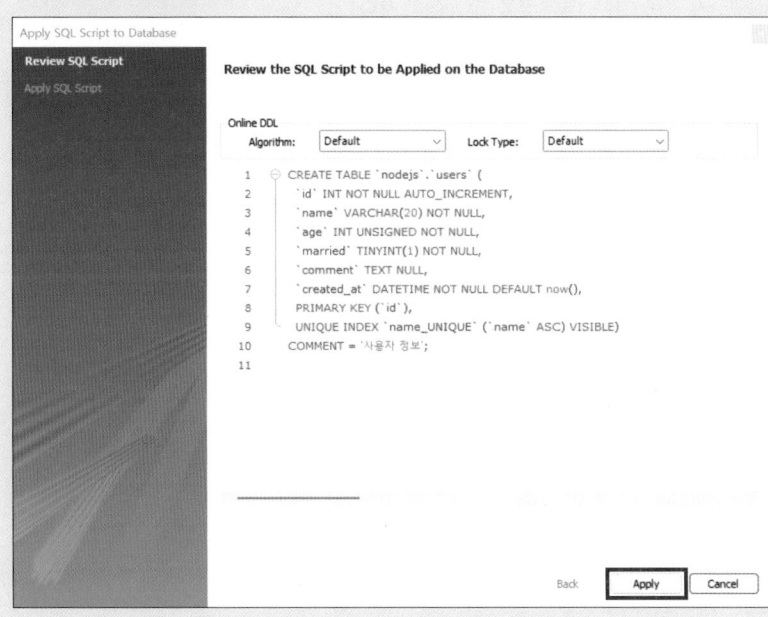

Column Name	Datatype	PK	NN	UQ	B	UN	ZF	AI	G	Default/Expression
id	INT	✓	✓					✓		
name	VARCHAR(20)		✓	✓						
age	INT		✓			✓				
married	TINYINT(1)		✓							
comment	TEXT									
created_at	DATETIME		✓							now()

자료형 오른쪽을 보면 여러 체크박스에 체크 표시가 되어 있습니다. 다음과 같이 체크 표시합니다.

- PK(PRIMARY KEY)는 기본 키 여부를 체크합니다. id 컬럼이 users 테이블의 기본 키였습니다. 기본 키인 id 컬럼에는 AI(AUTO_INCREMENT)가 추가로 체크 표시되어 있습니다.

- NN은 빈칸을 허용할지 여부를 묻는 NOT NULL입니다. comment만 체크 표시가 되어 있지 않습니다. 사실 created_at의 경우에는 DEFAULT 값이 있으므로 NOT NULL을 체크하지 않아도 항상 DEFAULT 값이 입력됩니다.

- UQ는 UNIQUE INDEX와 같습니다. name 컬럼이 UNIQUE INDEX이므로 UQ에 체크 표시했습니다.

- UN은 UNSIGNED, ZF는 ZEROFILL입니다.

- Default/Expression은 기본값을 설정해두는 곳입니다. created_at에 현재 시간을 저장해야 하므로 now()나 CURRENT_TIMESTAMP를 입력합니다.

이제 Apply 버튼을 눌러 테이블을 생성해봅시다.

▼ 그림 7-33 테이블 생성 SQL

Apply SQL Script to Database

Review SQL Script

Apply SQL Script

Review the SQL Script to be Applied on the Database

Online DDL
Algorithm: Default   Lock Type: Default

```
1   CREATE TABLE `nodejs`.`users` (
2     `id` INT NOT NULL AUTO_INCREMENT,
3     `name` VARCHAR(20) NOT NULL,
4     `age` INT UNSIGNED NOT NULL,
5     `married` TINYINT(1) NOT NULL,
6     `comment` TEXT NULL,
7     `created_at` DATETIME NOT NULL DEFAULT now(),
8     PRIMARY KEY (`id`),
9     UNIQUE INDEX `name_UNIQUE` (`name` ASC) VISIBLE)
10    COMMENT = '사용자 정보';
11
```

Back   Apply   Cancel

윈도와 맥에서는 워크벤치가 자동으로 SQL문을 생성해주므로 직접 작성하지 않아도 됩니다. Apply 버튼을 누르면 테이블이 생성됩니다.

만약 테이블을 잘못 만들었다면, 다음 그림과 같이 해당 테이블 이름을 클릭한 후 마우스 오른쪽 클릭해 Drop Table 을 선택하면 됩니다. 이는 테이블을 삭제하는 옵션입니다. 삭제 후 테이블을 다시 만듭니다.

▼ 그림 7-34 테이블 삭제 메뉴

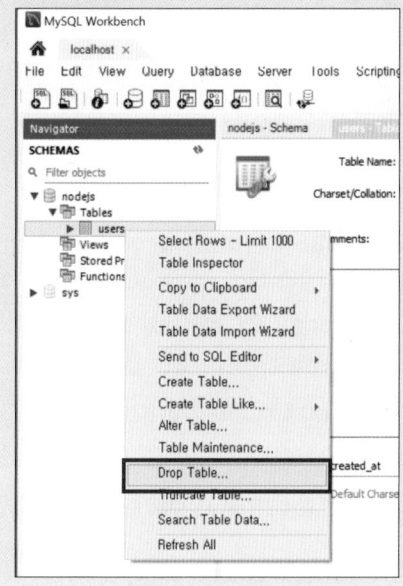

이번에는 사용자의 댓글을 저장하는 테이블을 만들어봅시다.

콘솔

```
mysql> CREATE TABLE nodejs.comments (
    -> id INT NOT NULL AUTO_INCREMENT,
    -> commenter INT NOT NULL,
    -> comment VARCHAR(100) NOT NULL,
    -> created_at DATETIME NOT NULL DEFAULT now(),
    -> PRIMARY KEY(id),
    -> INDEX commenter_idx (commenter ASC),
    -> CONSTRAINT commenter
    -> FOREIGN KEY (commenter)
    -> REFERENCES nodejs.users (id)
    -> ON DELETE CASCADE
```

```
-> ON UPDATE CASCADE)
-> COMMENT = '댓글'
-> ENGINE=InnoDB;
Query OK, 0 row affected (0.09 sec)
```

comments 테이블에는 id, commenter(댓글을 쓴 사용자 아이디), comment(댓글 내용), created_at(로우 생성일) 컬럼이 있습니다.

commenter 컬럼에는 댓글을 작성한 사용자의 id를 저장할 것입니다. 이렇게 다른 테이블의 기본 키를 저장하는 컬럼을 **외래 키**(foreign key)라고 합니다. CONSTRAINT [제약조건명] FOREIGN KEY [컬럼명] REFERENCES [참고하는 컬럼명]으로 외래 키를 지정할 수 있습니다.

comments 테이블에서는 commenter 컬럼과 users 테이블의 id 컬럼을 연결했습니다. 다른 테이블의 기본 키이므로 commenter 컬럼에 인덱스도 걸어봤습니다.

그 후 **ON UPDATE**와 **ON DELETE**는 모두 **CASCADE**로 설정했습니다. 사용자 정보가 수정되거나 삭제되면 그것과 연결된 댓글 정보도 같이 수정하거나 삭제한다는 뜻입니다. 그래야 데이터가 불일치하는 현상이 나타나지 않습니다.

다음 명령어로 users 테이블과 comments 테이블이 제대로 생성되었는지 확인합니다.

콘솔

```
mysql> SHOW TABLES;
```

▼ 그림 7-35 SHOW 명령어 결과

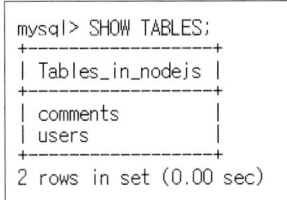

comments와 users, 이렇게 두 개가 나오면 성공입니다.

nodejs 데이터베이스에서 Tables를 마우스 오른쪽 클릭한 후 Create Table...을 선택해 새 테이블과 새 컬럼을 만듭니다.

▼ 그림 7-36 댓글 테이블 생성 화면

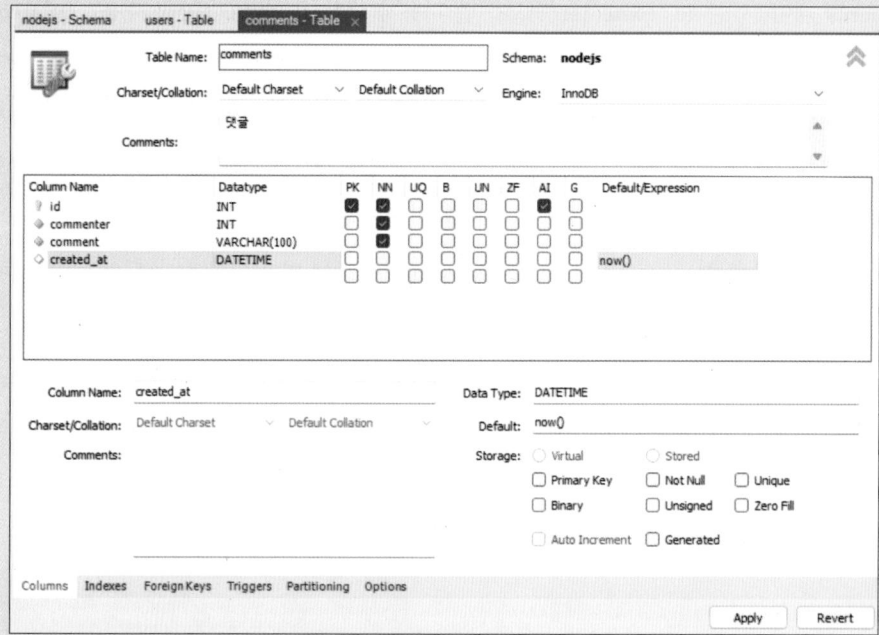

댓글 테이블을 만들 때는 사용자 테이블을 만들 때와 달리 추가 작업이 필요합니다. 댓글 테이블은 사용자 테이블과 관계가 있습니다. 특정 사용자가 입력한 댓글을 저장하기 때문입니다. 따라서 댓글 테이블과 사용자 테이블을 연결하는 작업이 필요합니다. 컬럼 설정을 완료한 후에 Foreign Keys 탭으로 이동합니다.

외래 키 관계는 다음 그림과 같이 commenter 컬럼과 users 테이블의 id 컬럼을 연결하면 됩니다. 오른쪽 Foreign Key Options의 On Update와 On Delete는 모두 CASCADE로 바꿉니다.

Apply 버튼을 누르면 SQL문이 생성됩니다.

▼ 그림 7-37 Foreign Keys 연결 화면

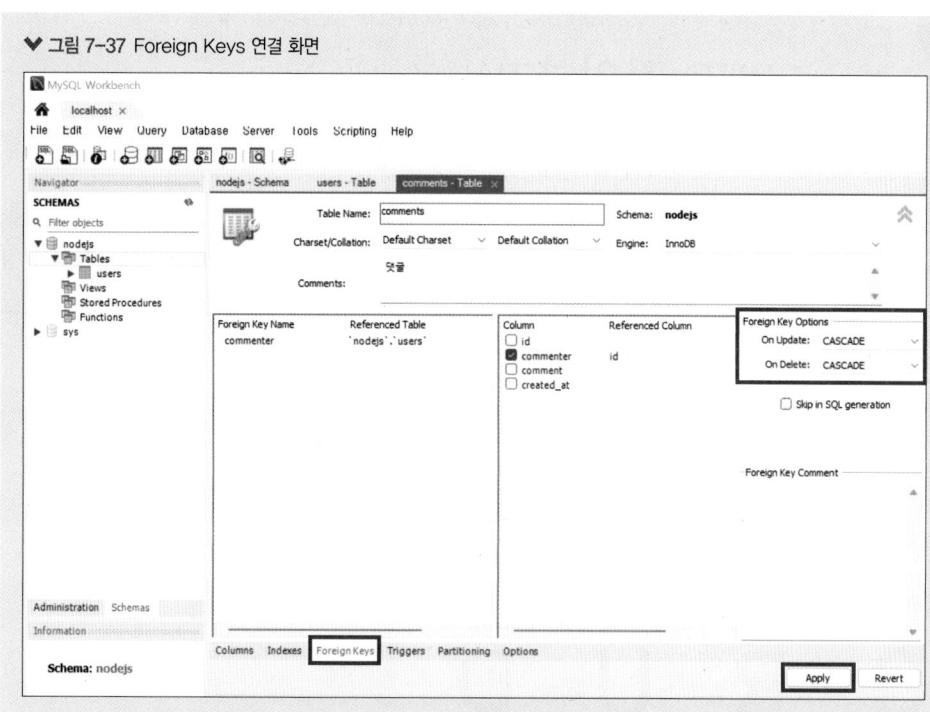

SQL문을 확인하고 **Apply** 버튼을 누르면 comments 테이블이 생성됩니다. 워크벤치에서는 users 테이블 위에 comments 테이블이 생성된 것을 확인하면 됩니다.

▼ 그림 7-38 comments 테이블 생성 SQL

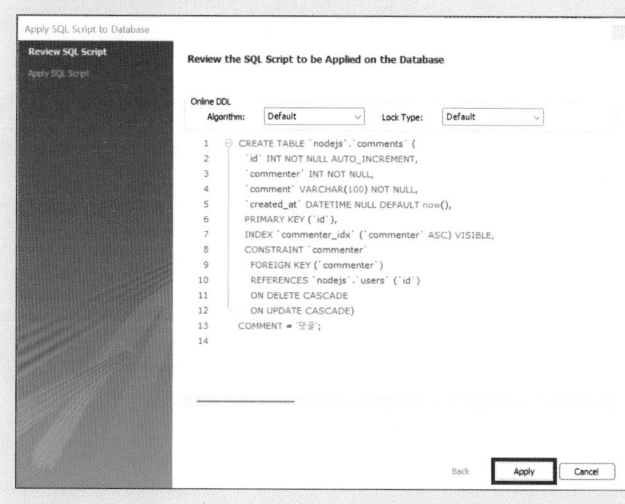

테이블을 만들었으니 이제 테이블 안에 데이터를 넣어보겠습니다.

7.5 CRUD 작업하기

CRUD는 Create, Read, Update, Delete의 첫 글자를 모은 두문자어로, 데이터베이스에서 많이 수행하는 네 가지 작업을 일컫습니다. 그 방법만 익혀도 웬만한 프로그램은 다 만들 수 있을 정도로 CRUD 작업은 많이 사용됩니다. SQL문 위주로 진행하지만, SQL에 익숙하지 않다면 워크벤치로 진행해도 됩니다.

▼ 그림 7-39 CRUD 작업

7.5.1 Create(생성)

Create(생성)는 데이터를 생성해서 데이터베이스에 넣는 작업입니다. users 테이블에 데이터를 몇 개 넣어보겠습니다. use nodejs; 명령어를 사용했다면 테이블명으로 nodejs.users 대신 users만 사용해도 됩니다.

```
mysql> INSERT INTO nodejs.users (name, age, married, comment) VALUES ('zero', 24, 0,
➡ '자기소개1');
Query OK, 1 row affected (0.01 sec)
mysql> INSERT INTO nodejs.users (name, age, married, comment) VALUES ('nero', 32, 1,
➡ '자기소개2');
Query OK, 1 row affected (0.02 sec)
```

데이터를 넣는 명령어는 INSERT INTO [테이블명] ([컬럼1], [컬럼2], ...) VALUES ([값1], [값 2], ...)입니다. 즉, name에 zero, age에 24, married에 0, comment에 자기소개1이 들어가는 것입니다. id는 AUTO_INCREMENT에 의해, created_at은 DEFAULT 값에 의해 자동으로 들어갑니다.

comments 테이블에도 데이터를 넣어보겠습니다.

```
mysql> INSERT INTO nodejs.comments (commenter, comment) VALUES (1, '안녕하세요. zero의
댓글입니다');
Query OK, 1 row affected (0.02 sec)
```

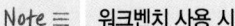 Note ≡ 워크벤치 사용 시

GUI를 사용하면 편리하게 작업할 수 있습니다. users 테이블에 마우스 커서를 올려보면 아이콘이 세 개 뜨는데, 세 번째 아이콘(圓)을 선택하면 현재 테이블에 들어 있는 데이터들이 나옵니다.

▼ 그림 7-40 테이블 내용 조회 버튼

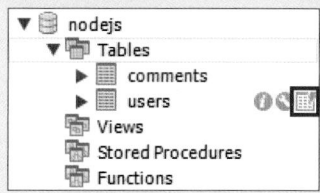

아직 아무것도 넣지 않았으므로 다음 그림과 같이 데이터가 없습니다.

▼ 그림 7-41 빈 테이블

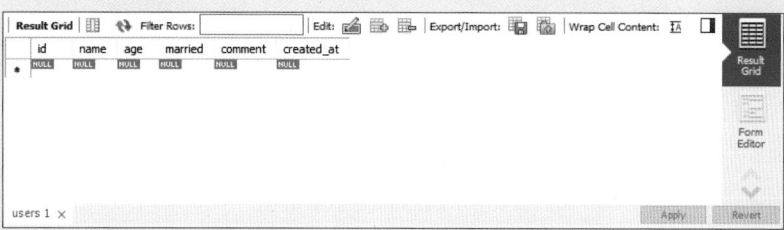

이제 빈 테이블에 다음과 같이 데이터를 몇 개 넣고 Apply 버튼을 누릅니다.

▼ 그림 7-42 users 테이블 데이터 입력 화면

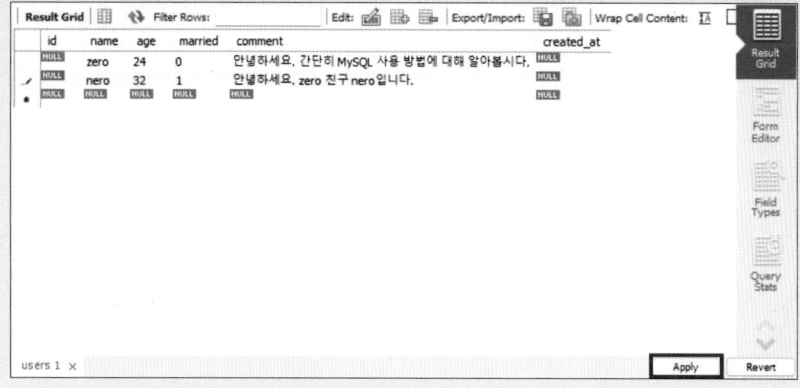

다음과 같이 데이터를 저장하는 SQL문이 생성됩니다. 이때 id와 created_at 컬럼에는 데이터를 넣을 필요가 없습니다. 각각 AI와 Default/Expression: now()에 의해 자동으로 생성되기 때문입니다. Apply 버튼을 누릅니다.

▼ 그림 7-43 users 테이블 데이터 생성 SQL

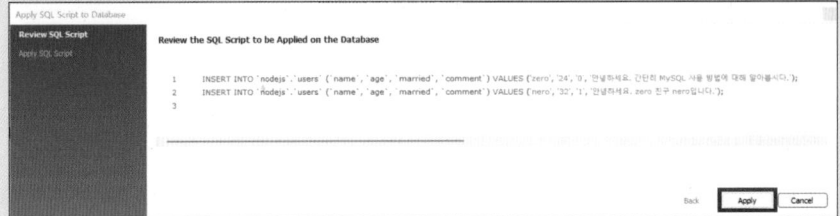

INSERT INTO문을 두 번 호출해서 로우 두 개를 저장합니다. 컬럼에 맞춰 users 테이블에 주어진 데이터를 넣습니다. Apply 버튼을 누르면 데이터가 생성됩니다.

▼ 그림 7-44 users 테이블 데이터 생성 완료 화면

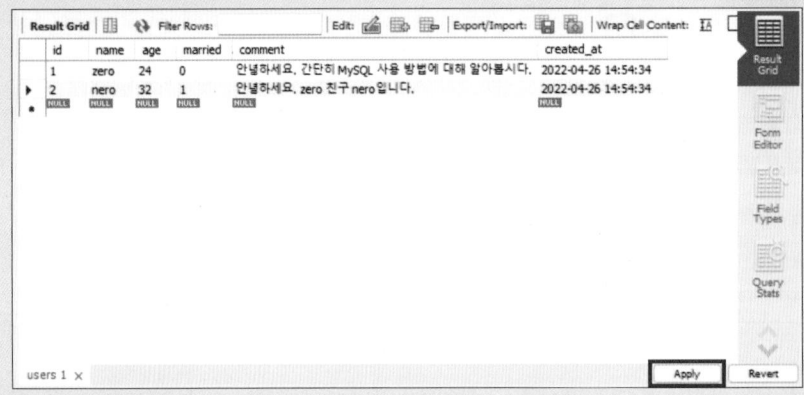

마찬가지로 comments 테이블을 선택해 데이터를 넣은 후 Apply 버튼을 누릅니다.

▼ 그림 7-45 comments 테이블 데이터 생성 화면

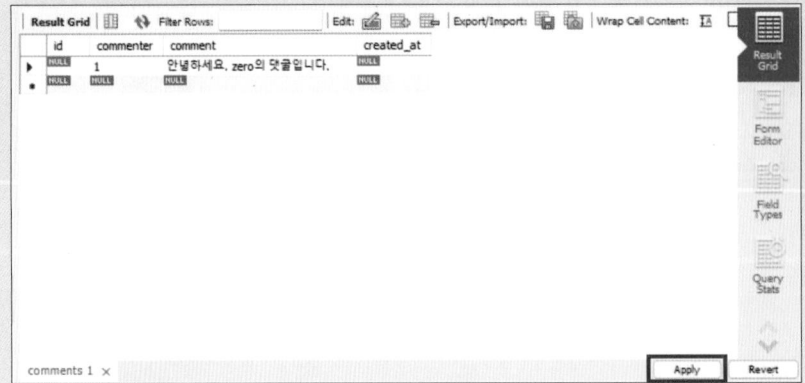

324

다음과 같이 SQL문이 생성됩니다. 다시 **Apply** 버튼을 누릅니다.

▼ 그림 7-46 comments 테이블 데이터 생성 SQL

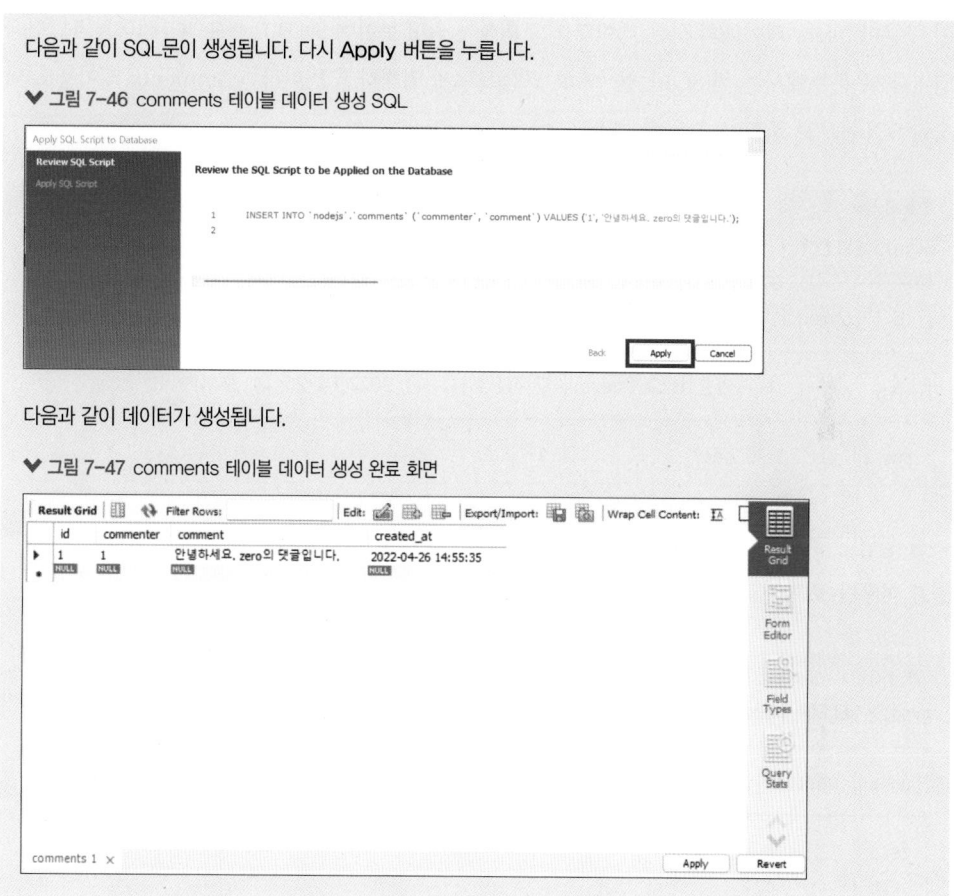

다음과 같이 데이터가 생성됩니다.

▼ 그림 7-47 comments 테이블 데이터 생성 완료 화면

7.5.2 Read(조회)

Read(조회)는 데이터베이스에 있는 데이터를 조회하는 작업입니다.

콘솔

```
mysql> SELECT * FROM nodejs.users;
+----+------+-----+---------+----------+---------------------+
| id | name | age | married | comment  | created_at          |
+----+------+-----+---------+----------+---------------------+
|  1 | zero | 24  |       0 | 자기소개1 | 2022-04-26 14:06:33 |
|  2 | nero | 32  |       1 | 자기소개2 | 2022-04-26 14:25:40 |
+----+------+-----+---------+----------+---------------------+
2 rows in set (0.00 sec)
```

이 구문이 users 테이블의 모든 데이터를 조회하는 SQL문이며 SELECT * FROM [테이블명] 형식입니다. 우분투에서는 위 SQL문을 mysql 프롬프트에 입력하면 됩니다. comments 테이블도 비슷한 SQL문으로 조회할 수 있습니다.

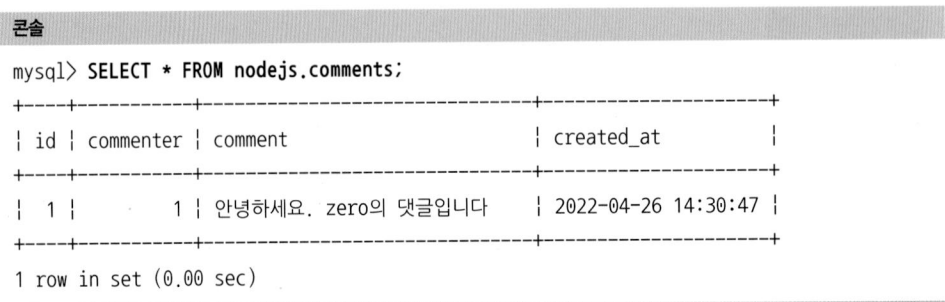

```
mysql> SELECT * FROM nodejs.comments;
+----+-----------+--------------------------------------+---------------------+
| id | commenter | comment                              | created_at          |
+----+-----------+--------------------------------------+---------------------+
|  1 |         1 | 안녕하세요. zero의 댓글입니다        | 2022-04-26 14:30:47 |
+----+-----------+--------------------------------------+---------------------+
1 row in set (0.00 sec)
```

특정 컬럼만 조회할 수도 있습니다. 조회를 원하는 컬럼을 SELECT 다음에 넣으면 됩니다. 이름과 결혼 여부만 조회하고 싶다면 다음과 같이 합니다.

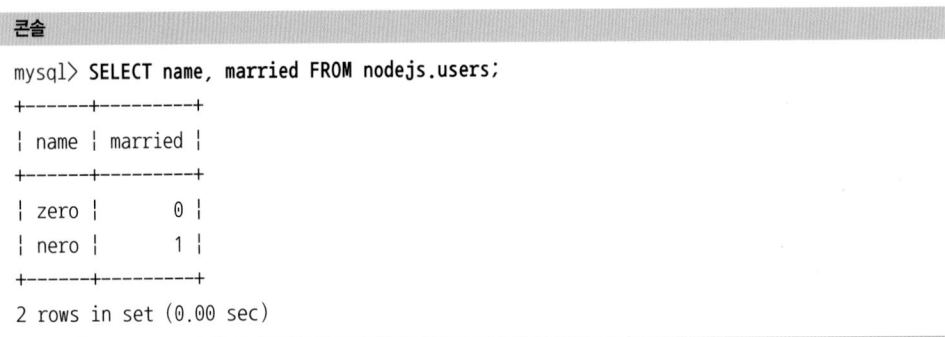

```
mysql> SELECT name, married FROM nodejs.users;
+------+---------+
| name | married |
+------+---------+
| zero |       0 |
| nero |       1 |
+------+---------+
2 rows in set (0.00 sec)
```

WHERE 절을 사용하면 특정 조건을 가진 데이터만 조회할 수도 있습니다. 다음은 결혼을 했고 나이가 30세 이상인 사용자를 조회하는 SQL문입니다. AND로 여러 조건을 묶어줄 수도 있습니다.

```
mysql> SELECT name, age FROM nodejs.users WHERE married = 1 AND age > 30;
+------+-----+
| name | age |
+------+-----+
| nero |  32 |
+------+-----+
1 row in set (0.00 sec)
```

AND가 조건들을 모두 만족하는 데이터를 찾는다면, OR는 조건들 중 어느 하나라도 만족하는 데이
터를 찾습니다.

```
mysql> SELECT id, name FROM nodejs.users WHERE married = 0 OR age > 30;
+----+------+
| id | name |
+----+------+
|  1 | zero |
|  2 | nero |
+----+------+
2 rows in set (0.01 sec)
```

ORDER BY [컬럼명] [ASC|DESC] 키워드를 사용하면 정렬도 가능합니다. 나이가 많은 순서대로 정
렬해보겠습니다. DESC는 내림차순, ASC는 오름차순이므로 DESC를 사용하면 됩니다.

```
mysql> SELECT id, name FROM nodejs.users ORDER BY age DESC;
+----+------+
| id | name |
+----+------+
|  2 | nero |
|  1 | zero |
+----+------+
2 rows in set (0.01 sec)
```

조회할 로우 개수를 설정할 수도 있습니다. LIMIT [숫자] 키워드를 사용합니다. 하나만 조회하려
면 LIMIT 1을 SQL문 끝에 붙이면 됩니다.

```
mysql> SELECT id, name FROM nodejs.users ORDER BY age DESC LIMIT 1;
+----+------+
| id | name |
+----+------+
|  2 | nero |
+----+------+
1 row in set (0.00 sec)
```

로우 개수를 설정하면서 몇 개를 건너뛸지 설정할 수도 있습니다. 이는 게시판 등의 페이지네이션 기능을 구현할 때 유용합니다. 예를 들어 첫 번째 페이지에서 1~20번 게시물을 조회했다면, 두 번째 페이지에서는 21~40번 게시물을 조회해야 합니다. 이때 처음 20개를 건너뛰고 다음 20개 게시물을 조회하라는 식의 명령이 가능합니다. OFFSET [건너뛸 숫자] 키워드를 사용합니다.

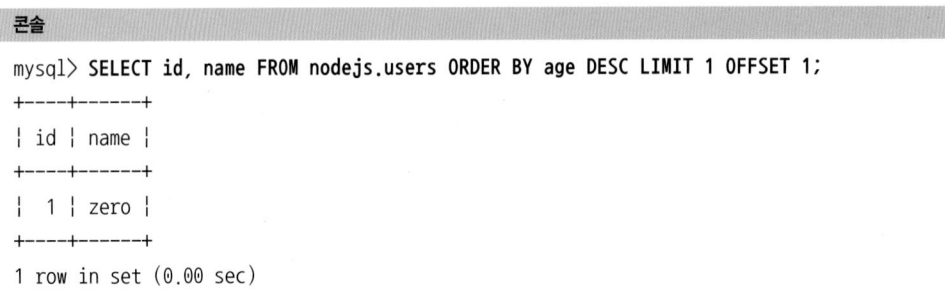

```
콘솔

mysql> SELECT id, name FROM nodejs.users ORDER BY age DESC LIMIT 1 OFFSET 1;
+----+------+
| id | name |
+----+------+
|  1 | zero |
+----+------+
1 row in set (0.00 sec)
```

이외에도 많은 키워드가 있지만 이 정도만 알면 앞으로의 예제를 구현하기에 충분합니다.

Note ☰ **워크벤치 사용 시**

7.5.1절에서 넣었던 데이터들을 손쉽게 확인할 수 있습니다. 조회하길 원하는 테이블에 마우스 커서를 올린 후 세 번째 아이콘(▦)을 선택합니다. 아래 두 그림과 같이 결과가 표시됩니다.

▼ 그림 7-48 users 테이블 데이터 조회 화면

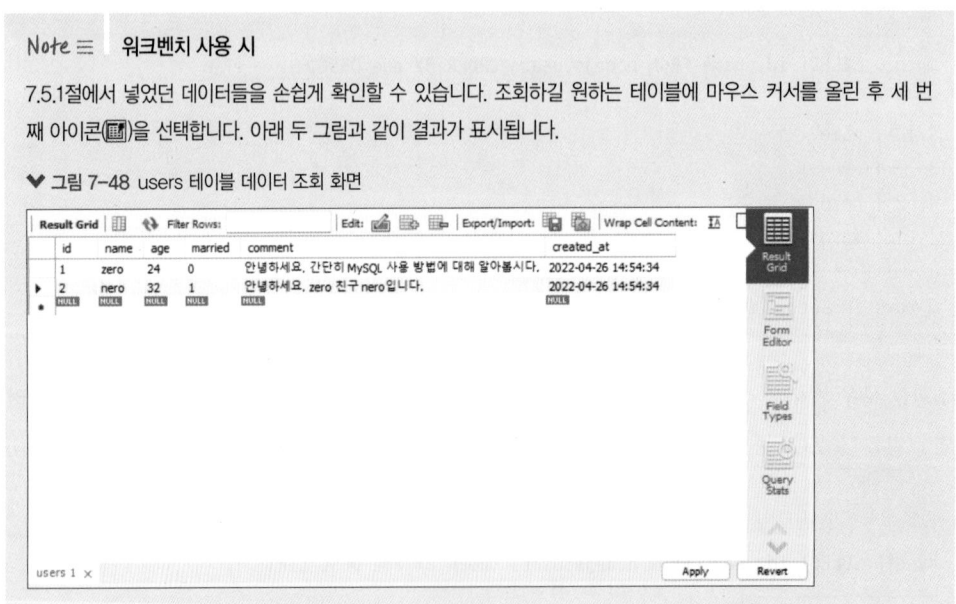

▼ 그림 7-49 comments 테이블 데이터 조회 화면

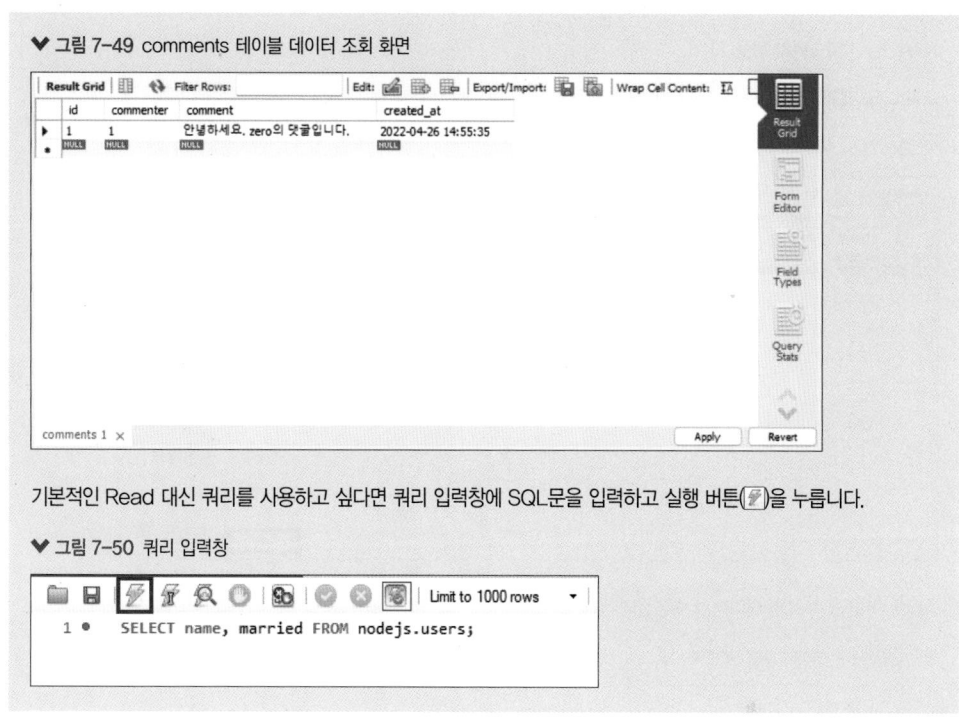

기본적인 Read 대신 쿼리를 사용하고 싶다면 쿼리 입력창에 SQL문을 입력하고 실행 버튼(⚡)을 누릅니다.

▼ 그림 7-50 쿼리 입력창

7.5.3 Udate(수정)

Update(수정)는 데이터베이스에 있는 데이터를 수정하는 작업입니다. 일부 데이터를 수정해봅시다.

다음 SQL문을 프롬프트에 입력합니다.

콘솔

```
mysql> UPDATE nodejs.users SET comment = '바꿀 내용' WHERE id = 2;
Query OK, 1 row affected (0.01 sec)
Rows matched: 1 Changed: 1 Warnings: 0
```

수정 명령어는 UPDATE [테이블명] SET [컬럼명=바꿀 값] WHERE [조건]입니다. 위의 명령어처럼 WHERE id = 2로 id가 2인 로우(nero)의 컬럼을 수정할 수 있습니다. users 테이블에서 id가 2인 로우의 comment를 주어진 내용으로 바꾸라는 뜻입니다. 조건도 AND나 OR로 여러 개를 동시에 사용할 수 있습니다.

Note ≡   워크벤치 사용 시

users 테이블의 2번 로우의 comment를 바꿔봤습니다. Apply 버튼을 누르면 SQL문이 생성됩니다.

▼ 그림 7-51 데이터 수정 화면

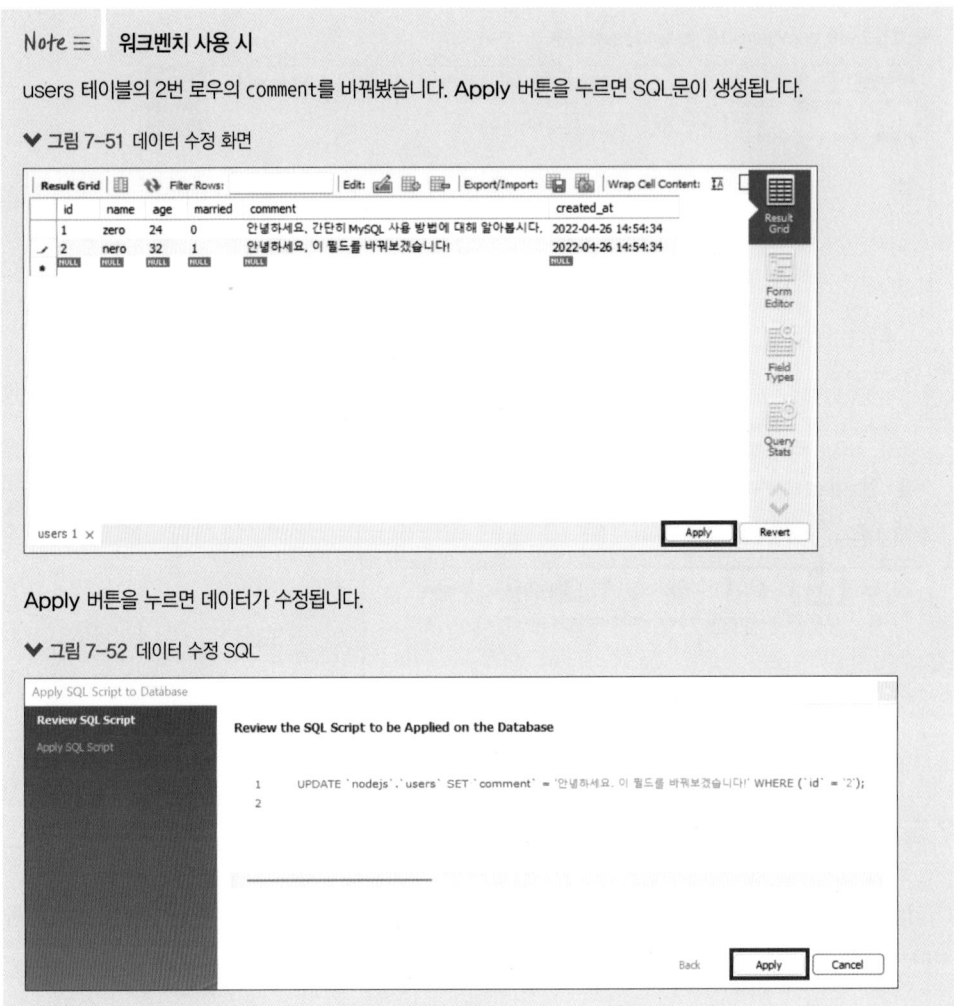

Apply 버튼을 누르면 데이터가 수정됩니다.

▼ 그림 7-52 데이터 수정 SQL

7.5.4 Delete(삭제)

Delete(삭제)는 데이터베이스에 있는 데이터를 삭제하는 작업입니다. 직접 로우를 제거해봅시다.

다음 SQL문을 프롬프트에 입력합니다.

콘솔

```
mysql> DELETE FROM nodejs.users WHERE id = 2;
Query OK, 1 row affected (0.00 sec)
```

삭제 명령어는 DELETE FROM [테이블명] WHERE [조건]입니다. 조건이 WHERE id = 2인데, 이는 users 테이블에서 id가 2인 로우(nero)를 제거하라는 뜻입니다. 삭제 조건 역시 AND나 OR로 여러 개를 동시에 사용할 수 있습니다.

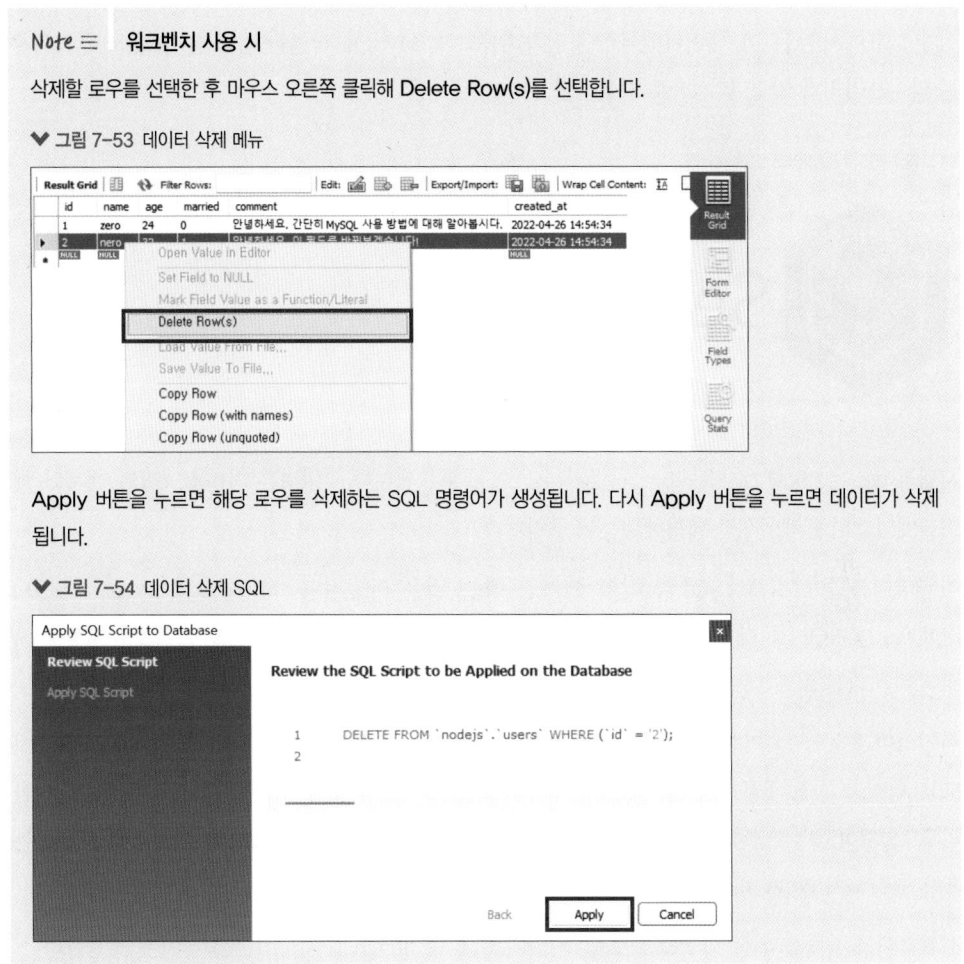

Note ☰ **워크벤치 사용 시**

삭제할 로우를 선택한 후 마우스 오른쪽 클릭해 Delete Row(s)를 선택합니다.

▼ 그림 7-53 데이터 삭제 메뉴

Apply 버튼을 누르면 해당 로우를 삭제하는 SQL 명령어가 생성됩니다. 다시 Apply 버튼을 누르면 데이터가 삭제됩니다.

▼ 그림 7-54 데이터 삭제 SQL

여기까지 CRUD 작업을 해봤습니다. 이제 MySQL을 노드와 연동해 서버에서 데이터베이스를 조작할 수 있게 해야 합니다.

노드와 MySQL을 연동해줄 뿐만 아니라 SQL문 작성을 도와주는 라이브러리가 있습니다. 자바스크립트로 코드를 작성하면 SQL문을 만듭니다. 다음 절에서 알아봅시다.

7.6 시퀄라이즈 사용하기

이제 노드에서 MySQL 데이터베이스에 접속해봅시다. MySQL 작업을 쉽게 할 수 있도록 도와주는 라이브러리가 있습니다. 바로 시퀄라이즈(Sequelize)입니다.

▼ 그림 7-55 시퀄라이즈 로고

시퀄라이즈는 ORM(Object-relational Mapping)으로 분류됩니다. ORM은 자바스크립트 객체와 데이터베이스의 릴레이션을 매핑해주는 도구입니다.

시퀄라이즈를 단지 MySQL과 같이 써야만 하는 것은 아닙니다. MariaDB, PostgreSQL, SQLite, MSSQL 등 다른 데이터베이스도 같이 쓸 수 있습니다. 문법이 어느 정도 호환되므로 프로젝트를 다른 SQL 데이터베이스로 전환할 때도 편리합니다.

시퀄라이즈를 쓰는 이유는 자바스크립트 구문을 알아서 SQL로 바꿔주기 때문입니다. 따라서 SQL 언어를 직접 사용하지 않고도 자바스크립트만으로 MySQL을 조작할 수 있으며, SQL을 몰라도 MySQL을 어느 정도 다룰 수 있게 됩니다. 물론 SQL을 모르는 채로 시퀄라이즈를 사용하는 것은 권장하지 않습니다(하지만 이 책의 예제를 실습할 때는 SQL을 몰라도 큰 문제가 없습니다).

시퀄라이즈 실습을 위한 새 프로젝트를 생성하겠습니다. learn-sequelize 폴더 안에 생성합니다.

package.json
```
{
  "name": "learn-sequelize",
  "version": "0.0.1",
  "description": "시퀄라이즈를 배우자",
  "main": "app.js",
  "scripts": {
    "start": "nodemon app"
  },
```

```
  "author": "ZeroCho",
  "license": "MIT"
}
```

이제 시퀄라이즈에 필요한 sequelize와 sequelize-cli, mysql2 패키지를 설치합니다.

```
$ npm i express morgan nunjucks sequelize sequelize-cli mysql2
$ npm i -D nodemon
```

sequelize-cli는 시퀄라이즈 명령어를 실행하기 위한 패키지이고, mysql2는 MySQL과 시퀄라이즈를 이어주는 드라이버입니다. mysql2 자체는 데이터베이스 프로그램이 아니므로 오해하면 안 됩니다.

설치 완료 후 sequelize init 명령어를 호출하면 됩니다. 전역 설치 없이 명령어로 사용하려면 앞에 npx를 붙이면 됩니다.

```
$ npx sequelize init
Sequelize CLI [Node: 18.0.0, CLI: 6.4.1, ORM: 6.19.0]
Created "config\config.json"
Successfully created models folder at ...
Successfully created migrations folder at ...
Successfully created seeders folder at ...
```

config, models, migrations, seeders 폴더가 생성되었습니다. models 폴더 안의 index.js가 생성되었는지 확인합니다. sequelize-cli가 자동으로 생성해주는 코드는 그대로 사용할 때 에러가 발생하고 필요 없는 부분도 많으므로 다음과 같이 수정합니다.

```
const Sequelize = require('sequelize');

const env = process.env.NODE_ENV || 'development';
const config = require('../config/config')[env];
const db = {};

const sequelize = new Sequelize(config.database, config.username, config.password,
➡ config);
```

```
db.sequelize = sequelize;

module.exports = db;
```

Sequelize는 시퀄라이즈 패키지이자 생성자입니다. config/config.json에서 데이터베이스 설정을 불러온 후 new Sequelize를 통해 MySQL 연결 객체를 생성합니다. 연결 객체를 나중에 재사용하기 위해 db.sequelize에 넣어뒀습니다.

7.6.1 MySQL 연결하기

이제 시퀄라이즈를 통해 익스프레스 앱과 MySQL을 연결해야 합니다. app.js를 생성하고 익스프레스와 시퀄라이즈 연결 코드를 작성해봅시다.

app.js
```javascript
const express = require('express');
const path = require('path');
const morgan = require('morgan');
const nunjucks = require('nunjucks');

const { sequelize } = require('./models');

const app = express();
app.set('port', process.env.PORT || 3001);
app.set('view engine', 'html');
nunjucks.configure('views', {
  express: app,
  watch: true,
});
sequelize.sync({ force: false })
  .then(() => {
    console.log('데이터베이스 연결 성공');
  })
  .catch((err) => {
    console.error(err);
  });

app.use(morgan('dev'));
app.use(express.static(path.join(__dirname, 'public')));
app.use(express.json());
```

```
app.use(express.urlencoded({ extended: false }));

app.use((req, res, next) => {
  const error =  new Error(`${req.method} ${req.url} 라우터가 없습니다.`);
  error.status = 404;
  next(error);
});

app.use((err, req, res, next) => {
  res.locals.message = err.message;
  res.locals.error = process.env.NODE_ENV !== 'production' ? err : {};
  res.status(err.status || 500);
  res.render('error');
});

app.listen(app.get('port'), () => {
  console.log(app.get('port'), '번 포트에서 대기 중');
});
```

require('./models')는 require('./models/index.js')와 같습니다. 폴더 내의 index.js 파일은 require할 때 이름을 생략할 수 있습니다. db.sequelize를 불러와서 sync 메서드를 사용해 서버를 실행할 때 MySQL과 연동되도록 했습니다. 내부에 force: false 옵션이 있는데, 이 옵션을 true 로 설정하면 서버를 실행할 때마다 테이블을 재생성합니다. 테이블을 잘못 만든 경우에 true로 설정하면 됩니다.

MySQL과 연동할 때는 config 폴더 안의 config.json 정보가 사용됩니다. 다음과 같이 수정합니다. 자동으로 생성한 config.json에 operatorAliases 속성이 들어 있다면 삭제합니다.

config/config.json

```
{
  "development": {
    "username": "root",
    "password": "[root 비밀번호]",
    "database": "nodejs",
    "host": "127.0.0.1",
    "dialect": "mysql"
  },
  ...
}
```

development.password와 development.database를 현재 MySQL 커넥션과 일치하게 수정하면 됩니다. test와 production 쪽은 각각 테스트 용도와 배포 용도로 접속하기 위해 사용되는 것이므로 여기서는 설정하지 않습니다.

password 속성에는 여러분의 MySQL 비밀번호를 입력하고, database 속성에는 nodejs를 입력하세요.

이 설정은 process.env.NODE_ENV가 development일 때 적용됩니다(기본적으로 development입니다). 나중에 배포할 때는 process.env.NODE_ENV를 production으로 설정해둡니다. 따라서 배포 환경을 위해 데이터베이스를 설정할 때는 config/config.json의 production 속성을 수정하면 됩니다. 마찬가지로 테스트 환경(process.env.NODE_ENV가 test)일 때는 test 속성을 수정합니다.

npm start로 서버를 실행하면 3001번 포트에서 서버가 돌아갑니다. 라우터를 만들지 않았기에 실제로 접속할 수는 없지만 다음과 같은 로그가 뜹니다.

콘솔

```
$ npm start
> learn-sequelize@0.0.1 start
> nodemon app

[nodemon] 2.0.16
[nodemon] to restart at any time, enter `rs`
[nodemon] watching dir(s): *.*
[nodemon] watching extensions: js,mjs,json
[nodemon] starting `node app.js`
3001 번 포트에서 대기 중
Executing (default): SELECT 1+1 AS result
데이터베이스 연결 성공
```

마지막 두 로그가 뜨면 연결이 성공한 것입니다. 연결에 실패한 경우 에러 메시지가 로깅됩니다. 에러는 주로 MySQL 데이터베이스를 실행하지 않았거나(Error: connect ECONNREFUSED 127.0.0.1:3306), 비밀번호가 틀렸거나(Error: Access denied for user 'root'@'localhost' (using password: YES)), 존재하지 않는 데이터베이스를 적었을 때(Error: Unknown database) 발생합니다.

7.6.2 모델 정의하기

이제 MySQL에서 정의한 테이블을 시퀄라이즈에서도 정의해야 합니다. MySQL의 테이블은 시퀄라이즈의 모델과 대응됩니다. 시퀄라이즈는 모델과 MySQL의 테이블을 연결해주는 역할을 합니다. User와 Comment 모델을 만들어 users 테이블과 comments 테이블에 연결해봅시다. 시퀄라이즈는 기본적으로 모델 이름은 단수형으로, 테이블 이름은 복수형으로 사용합니다.

models/user.js

```js
const Sequelize = require('sequelize');

class User extends Sequelize.Model {
  static initiate(sequelize) {
    User.init({
      name: {
        type: Sequelize.STRING(20),
        allowNull: false,
        unique: true,
      },
      age: {
        type: Sequelize.INTEGER.UNSIGNED,
        allowNull: false,
      },
      married: {
        type: Sequelize.BOOLEAN,
        allowNull: false,
      },
      comment: {
        type: Sequelize.TEXT,
        allowNull: true,
      },
      created_at: {
        type: Sequelize.DATE,
        allowNull: false,
        defaultValue: Sequelize.NOW,
      },
    }, {
      sequelize,
      timestamps: false,
      underscored: false,
      modelName: 'User',
      tableName: 'users',
```

```
        paranoid: false,
        charset: 'utf8',
        collate: 'utf8_general_ci',
      });
    }

    static associate(db) {}
  };

  module.exports = User;
```

User 모델을 만들고 모듈로 exports했습니다. User 모델은 Sequelize.Model을 확장한 클래스로 선언합니다. 클래스 문법을 사용하지만 클래스에 대한 지식이 없어도 사용할 수 있습니다. 패턴만 숙지하면 됩니다. 모델은 크게 static initiate 메서드와 static associate 메서드로 나뉘어집니다.

static initiate 메서드에는 테이블에 대한 설정을 하고, static associate 메서드에는 다른 모델과의 관계를 적습니다. static initiate 메서드부터 살펴봅시다. 모델.init 메서드의 첫 번째 인수가 테이블 컬럼에 대한 설정이고, 두 번째 인수가 테이블 자체에 대한 설정입니다.

시퀄라이즈는 알아서 id를 기본 키로 연결하므로 id 컬럼은 적어줄 필요가 없습니다. 나머지 컬럼의 스펙을 입력합니다. MySQL 테이블과 컬럼 내용이 일치해야 정확하게 대응됩니다.

단, 시퀄라이즈의 자료형은 MySQL의 자료형과는 조금 다릅니다. 시퀄라이즈는 MySQL 외의 다른 데이터베이스도 처리할 수 있어야 하므로 MySQL의 자료형과는 다를 수밖에 없습니다. VARCHAR는 STRING으로, INT는 INTEGER로, TINYINT는 BOOLEAN으로, DATETIME은 DATE로 적습니다. INTEGER.UNSIGNED는 UNSIGNED 옵션이 적용된 INT를 의미합니다. 여기에 ZEROFILL 옵션도 사용하고 싶다면 INTEGER.UNSIGNED.ZEROFILL을 적습니다.

allowNull은 NOT NULL 옵션과 동일합니다. unique는 UNIQUE 옵션입니다. defaultValue는 기본값(DEFAULT)을 의미합니다. Sequelize.NOW로 현재 시간을 기본값으로 사용할 수 있습니다. SQL의 now()와 같습니다.

▼ 표 7-1 MySQL과 시퀄라이즈의 비교

MySQL	시퀄라이즈
VARCHAR(100)	STRING(100)
INT	INTEGER
TINYINT	BOOLEAN
DATETIME	DATE
INT UNSIGNED	INTEGER.UNSIGNED
NOT NULL	allowNull: false
UNIQUE	unique: true
DEFAULT now()	defaultValue: Sequelize.NOW

모델.init 메서드의 두 번째 인수는 테이블 옵션입니다.

- **sequelize**: static initiate 메서드의 매개변수와 연결되는 옵션으로 db.sequelize 객체를 넣어야 합니다. 나중에 model/index.js에서 연결합니다.

- **timestamps**: 현재 값이 false로 되어 있습니다. timestamps 속성이 true이면 시퀄라이즈는 createdAt과 updatedAt 컬럼을 추가합니다. 각각 로우가 생성될 때와 수정될 때의 시간이 자동으로 입력됩니다. 하지만 예제에서는 직접 created_at 컬럼을 만들었으므로 timestamps 속성이 필요하지 않습니다. 따라서 속성값을 false로 해서 자동으로 날짜 컬럼을 추가하는 기능을 해제했습니다.

- **underscored**: 시퀄라이즈는 기본적으로 테이블명과 컬럼명을 캐멀 케이스(camel case)(예시: createdAt)로 만듭니다. 이를 스네이크 케이스(snake case)(예시: created_at)로 바꾸는 옵션입니다.

- **modelName**: 모델 이름을 설정할 수 있습니다. 노드 프로젝트에서 사용합니다.

- **tableName**: 실제 데이터베이스의 테이블 이름이 됩니다. 기본적으로는 모델 이름을 소문자 및 복수형으로 만듭니다. 모델 이름이 User라면 테이블 이름은 users가 됩니다.

- **paranoid**: true로 설정하면 deletedAt이라는 컬럼이 생깁니다. 로우를 삭제할 때 완전히 지워지지 않고 deletedAt에 지운 시각이 기록됩니다. 로우를 조회하는 명령을 내렸을 때는 deletedAt의 값이 null인 로우(삭제되지 않았다는 뜻)를 조회합니다. 이렇게 하는 이유는 나중에 로우를 복원하기 위해서입니다. 로우를 복원해야 하는 상황이 생길 것 같다면 미리 true로 설정해두세요.

- **charset과 collate**: 각각 utf8과 utf8_general_ci로 설정해야 한글이 입력됩니다. 이모티콘까지 입력할 수 있게 하고 싶다면 utf8mb4와 utf8mb4_general_ci를 입력합니다.

Comment 모델도 만들어봅시다.

```
models/comment.js
const Sequelize = require('sequelize');

class Comment extends Sequelize.Model {
  static initiate(sequelize) {
    Comment.init({
      comment: {
        type: Sequelize.STRING(100),
        allowNull: false,
      },
      created_at: {
        type: Sequelize.DATE,
        allowNull: true,
        defaultValue: Sequelize.NOW,
      },
    }, {
      sequelize,
      timestamps: false,
      modelName: 'Comment',
      tableName: 'comments',
      paranoid: false,
      charset: 'utf8mb4',
      collate: 'utf8mb4_general_ci',
    });
  }

  static associate(db) {
    db.Comment.belongsTo(db.User, { foreignKey: 'commenter', targetKey: 'id' });
  }
};

module.exports = Comment;
```

이미 눈치챘을지도 모르지만, Comment 모델이 조금 이상합니다. users 테이블과 연결된 commenter 컬럼이 없습니다. 이 부분은 모델을 정의할 때 넣어도 되지만, 시퀄라이즈 자체에서 관계를 따로 정의할 수 있습니다. 이에 대해서는 조금 뒤에 알아봅니다. 모델을 생성했다면 models/index.js와 연결합니다.

```
models/index.js
const Sequelize = require('sequelize');
const User = require('./user');
const Comment = require('./comment');
...
db.sequelize = sequelize;

db.User = User;
db.Comment = Comment;

User.initiate(sequelize);
Comment.initiate(sequelize);

User.associate(db);
Comment.associate(db);

module.exports = db;
```

db라는 객체에 User와 Comment 모델을 담아뒀습니다. 앞으로 db 객체를 require해서 User 와 Comment 모델에 접근할 수 있습니다. User.initiate와 Comment.initiate는 각각의 모델의 static initiate 메서드를 호출하는 것입니다. 모델.init이 실행되어야 테이블이 모델로 연결됩니다. 다른 테이블과의 관계를 연결하는 static associate 메서드도 미리 실행해둡니다.

이제 users 테이블과 comments 테이블 간의 관계를 설정해봅시다.

7.6.3 관계 정의하기

이 절에서는 users 테이블과 comments 테이블 간의 관계를 정의해보겠습니다. 사용자 한 명은 댓글을 여러 개 작성할 수 있습니다. 하지만 댓글 하나에 사용자(작성자)가 여러 명일 수는 없습니다. 이러한 관계를 일대다(一對多)(이하 1:N) 관계라고 합니다. 1:N 관계에서는 사용자가 1이고, 댓글이 N입니다.

다른 관계로 일대일, 다대다 관계가 있습니다. 일대일 관계로는 사용자와 사용자에 대한 정보 테이블을 예로 들 수 있습니다. 사용자 한 명은 자신의 정보를 담고 있는 테이블과만 관계가 있습니다. 정보 테이블도 한 사람만을 가리킵니다. 이러한 관계를 일대일(이후 1:1) 관계라고 합니다.

다대다 관계로는 게시글 테이블과 해시태그(#) 테이블 관계를 예로 들 수 있습니다. 한 게시글에는 해시태그가 여러 개 달릴 수 있고, 한 해시태그도 여러 게시글에 달릴 수 있습니다. 이러한 관계를 다대다(이후 N:M) 관계라고 합니다.

MySQL에서는 JOIN이라는 기능으로 여러 테이블 간의 관계를 파악해 결과를 도출합니다. 시퀄라이즈는 JOIN 기능도 알아서 구현합니다. 대신 테이블 간에 어떠한 관계가 있는지 시퀄라이즈에 알려야 합니다.

7.6.3.1 1:N

시퀄라이즈에서는 1:N 관계를 hasMany라는 메서드로 표현합니다. users 테이블의 로우 하나를 불러올 때 연결된 comments 테이블의 로우들도 같이 불러올 수 있습니다. 반대로 belongsTo 메서드도 있습니다. comments 테이블의 로우를 불러올 때 연결된 users 테이블의 로우를 가져옵니다.

▼ 그림 7-56 1:N 관계

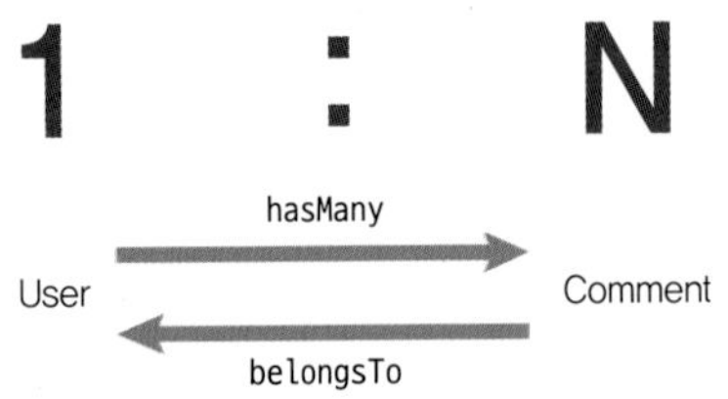

모델 각각의 static associate 메서드에 넣습니다.

models/user.js

```
...
  static associate(db) {
    db.User.hasMany(db.Comment, { foreignKey: 'commenter', sourceKey: 'id' });
  }
};
```

```
...
  static associate(db) {
    db.Comment.belongsTo(db.User, { foreignKey: 'commenter', targetKey: 'id' });
  }
};
```

왜 db라는 매개변수를 사용하는지 궁금할 수 있습니다. '최상단에 const Comment = require('./comment') 식으로 불러오면 되지 않을까'라고 생각할 수 있지만, 이 경우 순환 참조 문제가 발생합니다. comment.js에서 user.js를 require하는데 user.js에서도 comment.js를 require하면 문제가 발생하기 때문입니다. 이와 같이 서로가 서로를 require하는 방식을 순환 참조라고 합니다. 이는 자바스크립트에서는 지양해야 하는 방식입니다. 따라서 index.js에서 각 모델을 불러와 db 매개변수로 넘기는 방식을 취한 것입니다.

어떤 모델에 hasMany를 쓰고, 어떤 모델에 belongsTo를 쓰는지 헷갈릴 것입니다. 다른 모델의 정보가 들어가는 테이블에는 belongsTo를 사용합니다. 예제에서는 commenter 컬럼이 추가되는 Comment 모델에 belongsTo를 사용하면 됩니다. 사용자는 한 명이고, 그에 속한 댓글은 여러 개이므로 댓글 로우에 사용자(commenter)가 누구인지 적어야 합니다.

시퀄라이즈는 위에서 정의한 대로 모델 간 관계를 파악해서 Comment 모델에 foreignKey(외래 키)인 commenter 컬럼을 추가합니다. Comment 모델의 외래 키 컬럼은 commenter이고, User 모델의 id 컬럼을 가리키고 있습니다.

▼ 그림 7-57 시퀄라이즈 용어 설명

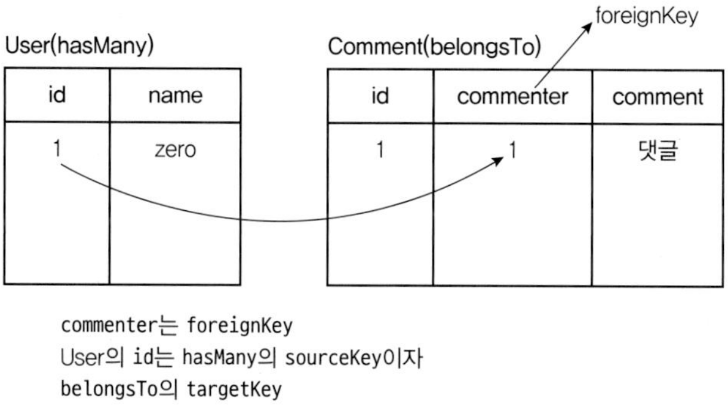

commenter는 foreignKey
User의 id는 hasMany의 sourceKey이자
belongsTo의 targetKey

hasMany 메서드에서는 sourceKey 속성에 id를 넣고, belongsTo 메서드에서는 targetKey 속성에 id를 넣습니다. sourceKey의 id와 targetKey의 id 모두 User 모델의 id입니다. hasMany에서는 sourceKey를 쓰고, belongsTo에서는 targetKey를 쓴다고 생각하면 됩니다.

foreignKey를 따로 지정하지 않는다면, 이름이 '모델명+기본 키'인 컬럼이 모델에 생성됩니다. 예를 들어 commenter를 foreignKey로 직접 넣어주지 않았다면 user(모델명)+기본 키(id)가 합쳐진 UserId가 foreignKey로 생성됩니다.

npm start 명령어로 서버를 시작하고 나서 콘솔을 보면 다음과 같은 메시지가 나옵니다. 시퀄라이즈가 스스로 실행하는 SQL문입니다.

콘솔

```
$ npm start
Executing (default): CREATE TABLE IF NOT EXISTS `users` (`id` INTEGER NOT NULL auto_
increment , `name` VARCHAR(20) NOT NULL UNIQUE, `age` INTEGER UNSIGNED NOT NULL,
`married` TINYINT(1) NOT NULL, `comment` TEXT, `created_at` DATETIME NOT NULL DEFAULT
now(), PRIMARY KEY (`id`)) ENGINE=InnoDB;
Executing (default): SHOW INDEX FROM `users` FROM `nodejs`
Executing (default): CREATE TABLE IF NOT EXISTS `comments` (`id` INTEGER NOT NULL auto_
increment , `comment` VARCHAR(100) NOT NULL, `created_at` DATETIME DEFAULT now(),
`commenter` INTEGER, PRIMARY KEY (`id`), FOREIGN KEY (`commenter`) REFERENCES `users`
(`id`) ON DELETE SET NULL ON UPDATE CASCADE) ENGINE=InnoDB;
Executing (default): SHOW INDEX FROM `comments` FROM `nodejs`
```

시퀄라이즈는 워크벤치가 테이블을 만들 때 실행했던 구문과 비슷한 SQL문을 만듭니다(7.4.2절 참조). CREATE TABLE 뒤에 IF NOT EXISTS라고 되어 있는데, 이 부분은 테이블이 존재하지 않을 경우에 실행된다는 뜻입니다. 이미 워크벤치 또는 콘솔로 테이블을 만들어뒀으므로 구문은 실행되지 않습니다. 대신 실수로 테이블을 삭제했을 때는 위의 구문으로 인해 다시 테이블이 생성됩니다.

예제에는 사용되지 않았지만, 1:1 관계와 N:M 관계도 알아봅시다.

7.6.3.2 1:1

1:1 관계에서는 hasMany 메서드 대신 hasOne 메서드를 사용합니다. 사용자 정보를 담고 있는 가상의 Info 모델이 있다고 하면 다음과 같이 표현할 수 있습니다.

```
db.User.hasOne(db.Info, { foreignKey: 'UserId', sourceKey: 'id' });
db.Info.belongsTo(db.User, { foreignKey: 'UserId', targetKey: 'id' });
```

1:1 관계라고 해도 belongsTo와 hasOne이 반대이면 안 됩니다. belongsTo를 사용하는 Info 모델에 UserId 컬럼이 추가되기 때문입니다.

▼ 그림 7-58 1:1 관계

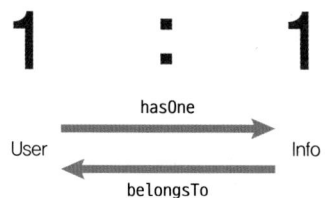

7.6.3.3 N:M

아까 설명했던 게시글과 해시태그 모델 간의 다대다(N:M) 관계를 그림으로 표현해봤습니다.

▼ 그림 7-59 N:M 관계

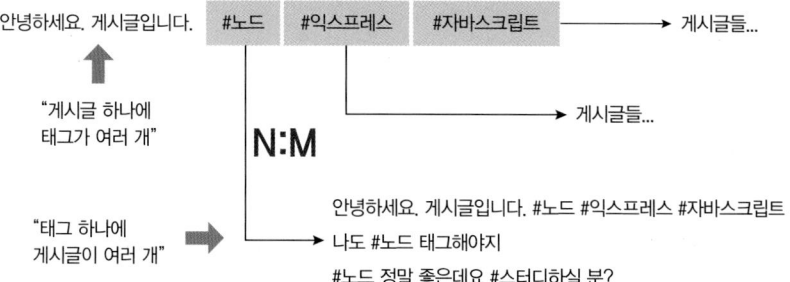

시퀄라이즈에는 N:M 관계를 표현하기 위한 belongsToMany 메서드가 있습니다. 게시글 정보를 담고 있는 가상의 Post 모델과 해시태그 정보를 담고 있는 가상의 Hashtag 모델이 있다고 하면 다음과 같이 표현할 수 있습니다.

```
db.Post.belongsToMany(db.Hashtag, { through: 'PostHashtag' });
db.Hashtag.belongsToMany(db.Post, { through: 'PostHashtag' });
```

양쪽 모델에 모두 belongsToMany 메서드를 사용하며, N:M 관계 특성상 새로운 모델이 생성됩니다(그림 7-59). through 속성에 그 이름을 적으면 됩니다. 새로 생성된 PostHashtag 모델에는 게시글과 해시태그의 아이디가 저장됩니다. 9장의 예제에서 N:M 관계를 사용하는 것을 볼 수 있습니다.

❤ 그림 7-60 N:M 관계 테이블

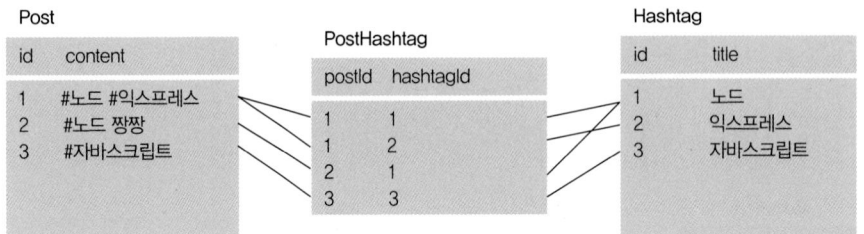

N:M에서는 데이터를 조회할 때 여러 단계를 거쳐야 합니다. #노드 해시태그를 사용한 게시물을 조회하는 경우를 생각해보겠습니다. 먼저 #노드 해시태그를 Hashtag 모델에서 조회하고, 가져온 태그의 아이디(1)를 바탕으로 PostHashtag 모델에서 hashtagId가 1인 postId들을 찾아 Post 모델에서 정보를 가져옵니다.

자동으로 만들어진 모델들도 다음과 같이 접근할 수 있습니다.

```
db.sequelize.models.PostHashtag
```

다음 절에서는 모델들을 사용해 CRUD 작업을 진행하겠습니다.

7.6.4 쿼리 알아보기

시퀄라이즈로 CRUD 작업을 하려면 먼저 시퀄라이즈 쿼리를 알아야 합니다. SQL문을 자바스크립트로 생성하는 것이라 시퀄라이즈만의 방식이 있습니다. 7.5절의 SQL문에 상응하는 옵션들입니다. 쿼리는 프로미스를 반환하므로 then을 붙여 결괏값을 받을 수 있습니다. async/await 문법과 같이 사용할 수도 있습니다.

로우를 생성하는 쿼리부터 알아보겠습니다. 첫 줄이 SQL문이고, 그 아래는 시퀄라이즈 쿼리입니다.

```
INSERT INTO nodejs.users (name, age, married, comment) VALUES ('zero', 24, 0, '자기소개1');
const { User } = require('../models');
User.create({
  name: 'zero',
  age: 24,
  married: false,
  comment: '자기소개1',
});
```

models 모듈에서 User 모델을 불러와 create 메서드를 사용하면 됩니다. 앞으로 나오는 모든 메서드는 User 모델을 불러왔다는 전제하에 소개합니다.

한 가지 주의할 점은 데이터를 넣을 때 MySQL의 자료형이 아니라 시퀄라이즈 모델에 정의한 자료형대로 넣어야 한다는 것입니다. 이것이 married가 0이 아니라 false인 이유입니다. 시퀄라이즈가 알아서 MySQL 자료형으로 바꿉니다. 자료형이나 옵션에 부합하지 않는 데이터를 넣었을 때는 시퀄라이즈가 에러를 발생시킵니다.

이번에는 로우를 조회하는 쿼리들입니다.

다음은 users 테이블의 모든 데이터를 조회하는 SQL문입니다. findAll 메서드를 사용하면 됩니다.

```
SELECT * FROM nodejs.users;
User.findAll({});
```

다음은 Users 테이블의 데이터 하나만 가져오는 SQL문입니다. 앞으로 데이터를 하나만 가져올 때는 findOne 메서드를, 여러 개 가져올 때는 findAll 메서드를 사용한다고 생각하면 됩니다.

```
SELECT * FROM nodejs.users LIMIT 1;
User.findOne({});
```

attributes 옵션을 사용해서 원하는 컬럼만 가져올 수도 있습니다.

```
SELECT name, married FROM nodejs.users;
User.findAll({
  attributes: ['name', 'married'],
});
```

where 옵션이 조건들을 나열하는 옵션입니다.

```
SELECT name, age FROM nodejs.users WHERE married = 1 AND age > 30;
const { Op } = require('sequelize');
const { User } = require('../models');
User.findAll({
  attributes: ['name', 'age'],
  where: {
    married: true,
    age: { [Op.gt]: 30 },
  },
});
```

MySQL에서는 undefined라는 자료형을 지원하지 않으므로 where 옵션에는 undefined가 들어가면 안 됩니다. 빈 값을 넣고자 하면 null을 대신 사용하세요.

age 부분이 조금 특이한데요. 시퀄라이즈는 자바스크립트 객체를 사용해서 쿼리를 생성해야 하므로 Op.gt 같은 특수한 연산자들이 사용됩니다. Sequelize 객체 내부의 Op 객체를 불러와 사용합니다. { [Op.gt]: 30 }은 ES2015 문법이니 2.1.3절을 참고하길 바랍니다.

자주 쓰이는 연산자로는 Op.gt(초과), Op.gte(이상), Op.lt(미만), Op.lte(이하), Op.ne(같지 않음), Op.or(또는), Op.in(배열 요소 중 하나), Op.notIn(배열 요소와 모두 다름) 등이 있습니다.

Op.or를 한번 사용해봅시다.

```
SELECT id, name FROM users WHERE married = 0 OR age > 30;
const { Op } = require('sequelize');
const { User } = require('../models');
User.findAll({
  attributes: ['id', 'name'],
  where: {
    [Op.or]: [{ married: false0 }, { age: { [Op.gt]: 30 } }],
  },
});
```

Op.or 속성에 OR 연산을 적용할 쿼리들을 배열로 나열하면 됩니다.

```
SELECT id, name FROM users ORDER BY age DESC;
User.findAll({
  attributes: ['id', 'name'],
  order: [['age', 'DESC']],
});
```

시퀄라이즈의 정렬 방식입니다. order 옵션으로 가능합니다. 배열 안에 배열이 있다는 점에 주의하세요. 정렬은 꼭 컬럼 하나로만 하는 게 아니라 컬럼 두 개 이상으로 할 수도 있기 때문입니다.

다음은 조회할 로우 개수를 설정하는 방법입니다. LIMIT 1인 경우에는 findAll 대신 findOne 메서드를 사용해도 되지만, 다음과 같이 limit 옵션으로 할 수도 있습니다.

```
SELECT id, name FROM users ORDER BY age DESC LIMIT 1;
User.findAll({
  attributes: ['id', 'name'],
  order: [['age', 'DESC']],
  limit: 1,
});
```

limit 옵션으로 가능합니다. OFFSET도 역시 offset 속성으로 구현할 수 있습니다.

```
SELECT id, name FROM users ORDER BY age DESC LIMIT 1 OFFSET 1;
User.findAll({
  attributes: ['id', 'name'],
  order: ['age', 'DESC'],
  limit: 1,
  offset: 1,
});
```

이번에는 로우를 수정하는 쿼리입니다.

```
UPDATE nodejs.users SET comment = '바꿀 내용' WHERE id = 2;
User.update({
  comment: '바꿀 내용',
}, {
  where: { id: 2 },
});
```

update 메서드로 수정할 수 있습니다. 첫 번째 인수는 수정할 내용이고, 두 번째 인수는 어떤 로우를 수정할지에 대한 조건입니다. where 옵션에 조건들을 적습니다.

로우를 삭제하는 쿼리는 다음과 같습니다.

```
DELETE FROM nodejs.users WHERE id = 2;
User.destory({
  where: { id: 2 },
});
```

destroy 메서드로 삭제합니다. where 옵션에 조건들을 적습니다.

7.6.4.1 관계 쿼리

findOne이나 findAll 메서드를 호출할 때 프로미스의 결과로 모델을 반환합니다(findAll은 모두 찾는 것이므로 모델의 배열을 반환합니다).

```
const user = await User.findOne({});
console.log(user.nick); // 사용자 닉네임
```

User 모델의 정보에도 바로 접근할 수 있지만, 더 편리한 점은 관계 쿼리를 지원한다는 것입니다. MySQL로 따지면 JOIN 기능입니다. 현재 User 모델은 Comment 모델과 hasMany-belongsTo 관

계가 맺어져 있습니다. 만약 특정 사용자를 가져오면서 그 사람의 댓글까지 모두 가져오고 싶다면 include 속성을 사용합니다.

```
const user = await User.findOne({
  include: [{
    model: Comment,
  }]
});
console.log(user.Comments); // 사용자 댓글
```

어떤 모델과 관계가 있는지를 include 배열에 넣어주면 됩니다. 배열인 이유는 다양한 모델과 관계가 있을 수 있기 때문입니다. 댓글은 여러 개일 수 있으므로(hasMany) user.Comments로 접근 가능합니다. 또는 다음과 같이 댓글에 접근할 수도 있습니다.

```
const user = await User.findOne({});
const comments = await user.getComments();
console.log(comments); // 사용자 댓글
```

관계를 설정했다면 getComments(조회) 외에도 setComments(수정), addComment(하나 생성), addComments(여러 개 생성), removeComments(삭제) 메서드를 지원합니다. 동사 뒤에 모델의 이름이 붙는 형식입니다.

동사 뒤의 모델 이름을 바꾸고 싶다면 관계를 설정할 때 as 옵션을 사용할 수 있습니다.

```
// 관계 설정할 때 as로 등록
db.User.hasMany(db.Comment, { foreignKey: 'commenter', sourceKey: 'id', as: 'Answers'
});
// 쿼리할 때는
const user = await User.findOne({});
const comments = await user.getAnswers();
console.log(comments); // 사용자 댓글
```

as를 설정하면 include할 때 추가되는 댓글 객체도 user.Answers로 바뀝니다.

include나 관계 쿼리 메서드에도 where이나 attributes 같은 옵션을 사용할 수 있습니다.

```
const user = await User.findOne({
  include: [{
    model: Comment,
    where: {
      id: 1,
    },
```

```
      attributes: ['id'],
    }]
  });
  // 또는
  const comments = await user.getComments({
    where: {
      id: 1,
    },
    attributes: ['id'],
  });
```

댓글을 가져올 때는 id가 1인 댓글만 가져오고, 컬럼도 id 컬럼만 가져오도록 하고 있습니다.

관계 쿼리 시 조회는 위와 같이 하지만 수정, 생성, 삭제 때는 조금 다른 점이 있습니다.

```
  const user = await User.findOne({});
  const comment = await Comment.create();
  await user.addComment(comment);
  // 또는
  await user.addComment(comment.id);
```

여러 개를 추가할 때는 배열로 추가할 수 있습니다.

```
  const user = await User.findOne({});
  const comment1 = await Comment.create();
  const comment2 = await Comment.create();
  await user.addComment([comment1, comment2]);
```

관계 쿼리 메서드의 인수로 추가할 댓글 모델을 넣거나 댓글의 아이디를 넣으면 됩니다. 수정이나 삭제도 마찬가지입니다.

7.6.4.2 SQL 쿼리하기

만약 시퀄라이즈의 쿼리를 사용하기 싫거나 어떻게 해야 할지 모르겠다면 직접 SQL문을 통해 쿼리할 수도 있습니다.

```
  const [result, metadata] = await sequelize.query('SELECT * from comments');
  console.log(result);
```

웬만하면 시퀄라이즈의 쿼리를 사용하는 것을 추천하지만, 시퀄라이즈 쿼리로 할 수 없는 경우에는 위와 같이 하면 됩니다.

7.6.5 쿼리 수행하기

조금 전에 배웠던 쿼리로 CRUD 작업을 해봅시다. 모델에서 데이터를 받아 페이지를 렌더링하는 방법과 JSON 형식으로 데이터를 가져오는 방법 두 가지를 알아보겠습니다.

간단하게 사용자 정보를 등록하고 사용자가 등록한 댓글을 가져오는 서버입니다. 먼저 다음과 같이 views 폴더를 만들고 그 안에 sequelize.html 파일과 error.html 파일을 만듭니다. 4.2절의 restFront.html처럼 AJAX를 사용해 서버와 통신합니다. 직접 입력하기에는 코드양이 상당히 많습니다. 프런트엔드 코드가 중요한 것은 아니므로 https://github.com/zerocho/nodejs-book 에서 코드를 복사하는 것을 권장합니다.

views/sequelize.html

```html
<!DOCTYPE html>
<html>
  <head>
    <meta charset="utf-8">
    <title>시퀄라이즈 서버</title>
    <style>
      table { border: 1px solid black; border-collapse: collapse; }
      table th, table td { border: 1px solid black; }
    </style>
  </head>
  <body>
    <div>
      <form id="user-form">
        <fieldset>
          <legend>사용자 등록</legend>
          <div><input id="username" type="text" placeholder="이름"></div>
          <div><input id="age" type="number" placeholder="나이"></div>
          <div><input id="married" type="checkbox"><label for="married">결혼 여부
</label></div>
          <button type="submit">등록</button>
        </fieldset>
      </form>
    </div>
    <br>
    <table id="user-list">
      <thead>
      <tr>
        <th>아이디</th>
        <th>이름</th>
```

```html
        <th>나이</th>
        <th>결혼 여부</th>
      </tr>
    </thead>
    <tbody>
      {% for user in users %}
      <tr>
        <td>{{user.id}}</td>
        <td>{{user.name}}</td>
        <td>{{user.age}}</td>
        <td>{{ '기혼' if user.married else '미혼'}}</td>
      </tr>
      {% endfor %}
    </tbody>
  </table>
  <br>
  <div>
    <form id="comment-form">
      <fieldset>
        <legend>댓글 등록</legend>
        <div><input id="userid" type="text" placeholder="사용자 아이디"></div>
        <div><input id="comment" type="text" placeholder="댓글"></div>
        <button type="submit">등록</button>
      </fieldset>
    </form>
  </div>
  <br>
  <table id="comment-list">
    <thead>
    <tr>
      <th>아이디</th>
      <th>작성자</th>
      <th>댓글</th>
      <th>수정</th>
      <th>삭제</th>
    </tr>
    </thead>
    <tbody></tbody>
  </table>
  <script src="https://unpkg.com/axios/dist/axios.min.js"></script>
  <script src="/sequelize.js"></script>
</body>
</html>
```

```
<h1>{{message}}</h1>
<h2>{{error.status}}</h2>
<pre>{{error.stack}}</pre>
```

public 폴더 안에 sequelize.js 파일도 만듭니다.

```
// 사용자 이름을 눌렀을 때 댓글 로딩
document.querySelectorAll('#user-list tr').forEach((el) => {
  el.addEventListener('click', function () {
    const id = el.querySelector('td').textContent;
    getComment(id);
  });
});
// 사용자 로딩
async function getUser() {
  try {
    const res = await axios.get('/users');
    const users = res.data;
    console.log(users);
    const tbody = document.querySelector('#user-list tbody');
    tbody.innerHTML = '';
    users.map(function (user) {
      const row = document.createElement('tr');
      row.addEventListener('click', () => {
        getComment(user.id);
      });
      // 로우 셀 추가
      let td = document.createElement('td');
      td.textContent = user.id;
      row.appendChild(td);
      td = document.createElement('td');
      td.textContent = user.name;
      row.appendChild(td);
      td = document.createElement('td');
      td.textContent = user.age;
      row.appendChild(td);
      td = document.createElement('td');
      td.textContent = user.married ? '기혼' : '미혼';
      row.appendChild(td);
      tbody.appendChild(row);
```

```
      });
    } catch (err) {
      console.error(err);
    }
  }
}
// 댓글 로딩
async function getComment(id) {
  try {
    const res = await axios.get(`/users/${id}/comments`);
    const comments = res.data;
    const tbody = document.querySelector('#comment-list tbody');
    tbody.innerHTML = '';
    comments.map(function (comment) {
      // 로우 셀 추가
      const row = document.createElement('tr');
      let td = document.createElement('td');
      td.textContent = comment.id;
      row.appendChild(td);
      td = document.createElement('td');
      td.textContent = comment.User.name;
      row.appendChild(td);
      td = document.createElement('td');
      td.textContent = comment.comment;
      row.appendChild(td);
      const edit = document.createElement('button');
      edit.textContent = '수정';
      edit.addEventListener('click', async () => { // 수정 클릭 시
        const newComment = prompt('바꿀 내용을 입력하세요');
        if (!newComment) {
          return alert('내용을 반드시 입력하셔야 합니다');
        }
        try {
          await axios.patch(`/comments/${comment.id}`, { comment: newComment });
          getComment(id);
        } catch (err) {
          console.error(err);
        }
      });
      const remove = document.createElement('button');
      remove.textContent = '삭제';
      remove.addEventListener('click', async () => { // 삭제 클릭 시
        try {
          await axios.delete(`/comments/${comment.id}`);
```

```javascript
          getComment(id);
        } catch (err) {
          console.error(err);
        }
      });
      // 버튼 추가
      td = document.createElement('td');
      td.appendChild(edit);
      row.appendChild(td);
      td = document.createElement('td');
      td.appendChild(remove);
      row.appendChild(td);
      tbody.appendChild(row);
    });
  } catch (err) {
    console.error(err);
  }
}
// 사용자 등록 시
document.getElementById('user-form').addEventListener('submit', async (e) => {
  e.preventDefault();
  const name = e.target.username.value;
  const age = e.target.age.value;
  const married = e.target.married.checked;
  if (!name) {
    return alert('이름을 입력하세요');
  }
  if (!age) {
    return alert('나이를 입력하세요');
  }
  try {
    await axios.post('/users', { name, age, married });
    getUser();
  } catch (err) {
    console.error(err);
  }
  e.target.username.value = '';
  e.target.age.value = '';
  e.target.married.checked = false;
});
// 댓글 등록 시
document.getElementById('comment-form').addEventListener('submit', async (e) => {
  e.preventDefault();
```

```
    const id = e.target.userid.value;
    const comment = e.target.comment.value;
    if (!id) {
      return alert('아이디를 입력하세요');
    }
    if (!comment) {
      return alert('댓글을 입력하세요');
    }
    try {
      await axios.post('/comments', { id, comment });
      getComment(id);
    } catch (err) {
      console.error(err);
    }
    e.target.userid.value = '';
    e.target.comment.value = '';
});
```

HTML 쪽보다는 서버 코드 위주로 보면 됩니다. script 태그에는 버튼들을 눌렀을 때 서버의 라우터로 AJAX 요청을 보내는 코드가 들어 있습니다.

조금 뒤에 만들 라우터들을 미리 app.js에 연결합니다.

app.js
```
...
const { sequelize } = require('./models');
const indexRouter = require('./routes');
const usersRouter = require('./routes/users');
const commentsRouter = require('./routes/comments');

const app = express();
...
app.use(express.urlencoded({ extended: false }));

app.use('/', indexRouter);
app.use('/users', usersRouter);
app.use('/comments', commentsRouter);

app.use((req, res, next) => {
  const error =  new Error(`${req.method} ${req.url} 라우터가 없습니다.`);
...
```

라우터의 내용은 다음과 같습니다. sequelize.js에 나오는 GET, POST, PUT, DELETE 요청에 해당하는 라우터를 만듭니다. routes 폴더를 만들고 그 안에 index.js를 작성하면 됩니다.

```
routes/index.js
const express = require('express');
const User = require('../models/user');

const router = express.Router();

router.get('/', async (req, res, next) => {
  try {
    const users = await User.findAll();
    res.render('sequelize', { users });
  } catch (err) {
    console.error(err);
    next(err);
  }
});

module.exports = router;
```

먼저 GET /로 접속했을 때의 라우터입니다. User.findAll 메서드로 모든 사용자를 찾은 후, sequelize.html을 렌더링할 때 결괏값인 users를 넣습니다.

시퀄라이즈는 프로미스를 기본적으로 지원하므로 async/await과 try/catch문을 사용해서 각각 조회 성공 시와 실패 시의 정보를 얻을 수 있습니다. 이렇게 미리 데이터베이스에서 데이터를 조회한 후 템플릿 렌더링에 사용할 수 있습니다.

다음은 users.js입니다. router.route 메서드로 같은 라우트 경로는 하나로 묶었습니다.

```
routes/users.js
const express = require('express');
const User = require('../models/user');
const Comment = require('../models/comment');

const router = express.Router();

router.route('/')
  .get(async (req, res, next) => {
    try {
      const users = await User.findAll();
```

```
      res.json(users);
    } catch (err) {
      console.error(err);
      next(err);
    }
  })
  .post(async (req, res, next) => {
    try {
      const user = await User.create({
        name: req.body.name,
        age: req.body.age,
        married: req.body.married,
      });
      console.log(user);
      res.status(201).json(user);
    } catch (err) {
      console.error(err);
      next(err);
    }
  });

router.get('/:id/comments', async (req, res, next) => {
  try {
    const comments = await Comment.findAll({
      include: {
        model: User,
        where: { id: req.params.id },
      },
    });
    console.log(comments);
    res.json(comments);
  } catch (err) {
    console.error(err);
    next(err);
  }
});

module.exports = router;
```

GET /users와 POST /users 주소로 요청이 들어올 때의 라우터입니다. 각각 사용자를 조회하는
요청과 사용자를 등록하는 요청을 처리합니다. GET /에서도 사용자 데이터를 조회했지만, GET /
users에서는 데이터를 JSON 형식으로 반환한다는 것에 차이가 있습니다.

GET /users/:id/comments 라우터에는 findAll 메서드에 옵션이 추가되어 있습니다. include 옵션에서 model 속성에는 User 모델을, where 속성에는 :id로 받은 아이디 값을 넣었습니다. :id는 라우트 매개변수로 6.3절에서 설명했습니다. req.params.id로 값을 가져올 수 있습니다. GET /users/1/comments라면 사용자 id가 1인 댓글을 불러옵니다. 조회된 댓글 객체에는 include로 넣어준 사용자 정보도 들어 있으므로 작성자의 이름이나 나이 등을 조회할 수 있습니다.

다음은 comments.js입니다.

routes/comments.js

```
const express = require('express');
const { Comment } = require('../models');

const router = express.Router();

router.post('/', async (req, res, next) => {
  try {
    const comment = await Comment.create({
      commenter: req.body.id,
      comment: req.body.comment,
    });
    console.log(comment);
    res.status(201).json(comment);
  } catch (err) {
    console.error(err);
    next(err);
  }
});

router.route('/:id')
  .patch(async (req, res, next) => {
    try {
      const result = await Comment.update({
        comment: req.body.comment,
      }, {
        where: { id: req.params.id },
      });
      res.json(result);
    } catch (err) {
      console.error(err);
      next(err);
    }
  })
```

```
    .delete(async (req, res, next) => {
      try {
        const result = await Comment.destroy({ where: { id: req.params.id } });
        res.json(result);
      } catch (err) {
        console.error(err);
        next(err);
      }
    }
  });

module.exports = router;
```

댓글에 관련된 CRUD 작업을 하는 라우터입니다. POST /comments, PATCH /comments/:id, DELETE /comments/:id를 등록했습니다.

POST /comments 라우터는 댓글을 생성하는 라우터입니다. commenter 속성에 사용자 아이디를 넣어 사용자와 댓글을 연결합니다.

PATCH /comments/:id와 DELETE /comments/:id 라우터는 각각 댓글을 수정, 삭제하는 라우터입니다. 수정과 삭제에는 각각 update와 destroy 메서드를 사용합니다. 쿼리가 기억나지 않는다면 7.6.4절을 복습하세요.

이제 npm start로 서버를 실행하고 http://localhost:3001로 접속합니다. 콘솔에는 시퀄라이즈가 수행하는 SQL문이 나오므로 어떤 동작을 하는지 확인할 수 있습니다.

콘솔

```
Executing (default): SELECT `id`, `name`, `age`, `married`, `comment`, `created_at`
FROM `users` AS `users`;
// 이하 생략
```

Executing으로 시작하는 SQL 구문을 보고 싶지 않다면 config/config.json의 dialect 속성 밑에 "logging": false를 추가하면 됩니다.

접속 시 GET / 라우터에서 User.findAll 메서드를 호출하므로 그에 따른 SQL문이 실행되는 모습입니다.

▼ 그림 7-61 접속 화면

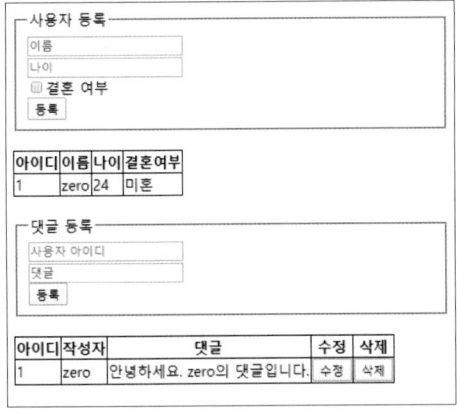

사용자의 이름을 누르면 사용자가 등록한 댓글이 나옵니다. 만약 사용자가 나오지 않는다면 7.5.1 절의 작업을 다시 수행해주세요.

▼ 그림 7-62 사용자 이름 클릭 시 화면

사용자 등록
이름
나이
☐ 결혼 여부
등록

아이디	이름	나이	결혼여부
1	zero	24	미혼

댓글 등록
사용자 아이디
댓글
등록

아이디	작성자	댓글	수정	삭제
1	zero	안녕하세요. zero의 댓글입니다.	수정	삭제

사용자의 아이디와 댓글의 아이디가 둘 다 1이지만 아무런 관련이 없습니다. 그저 첫 번째로 등록된 사용자, 첫 번째로 등록된 댓글이라는 뜻입니다.

사용자와 댓글을 몇 개 더 등록해보겠습니다. 첫 번째 댓글은 수정도 해봤습니다.

❤ 그림 7-63 nero 사용자 등록과 zero 댓글 작성 후 화면

┌─사용자 등록─────────────────────┐
│ 이름   │
│ 나이   │
│ ☐ 결혼 여부   │
│ 등록   │
└─────────────────────────────────┘

아이디	이름	나이	결혼여부
1	zero	24	미혼
4	nero	32	기혼

┌─댓글 등록──────────────────────┐
│ 사용자 아이디   │
│ 댓글   │
│ 등록   │
└─────────────────────────────────┘

아이디	작성자	댓글	수정	삭제
1	zero	수정한 댓글입니다!	수정	삭제
2	zero	댓글을 등록합니다.	수정	삭제

❤ 그림 7-64 nero 댓글 작성 후 화면

┌─사용자 등록─────────────────────┐
│ 이름   │
│ 나이   │
│ ☐ 결혼 여부   │
│ 등록   │
└─────────────────────────────────┘

아이디	이름	나이	결혼여부
1	zero	24	미혼
4	nero	32	기혼

┌─댓글 등록──────────────────────┐
│ 사용자 아이디   │
│ 댓글   │
│ 등록   │
└─────────────────────────────────┘

아이디	작성자	댓글	수정	삭제
4	nero	네로의 댓글	수정	삭제

이 장에서는 MySQL과 시퀄라이즈를 간단히 알아봤습니다. SQL문을 따로 배우지 않아서 정밀한 데이터베이스 작업을 하는 데는 무리가 따르지만, 지금까지 배운 내용이면 앞으로 실습을 진행하기에 충분합니다. 하지만 그렇다고 해도 SQL은 따로 배워두는 것이 좋습니다. 시퀄라이즈로 모든 데이터베이스 작업을 할 수는 없으므로, 나중에는 직접 SQL을 사용해야 하는 경우가 생길 수 있기 때문입니다.

다음 장에서는 MySQL과는 다른 유형의 데이터베이스인 몽고디비를 알아보겠습니다.

7.7 함께 보면 좋은 자료

- **데이터베이스 설명**: https://ko.wikipedia.org/wiki/데이터베이스
- **MySQL 매뉴얼**: https://dev.mysql.com/doc/refman/8.0/en
- **워크벤치 매뉴얼**: https://dev.mysql.com/doc/workbench/en
- **시퀄라이즈 문서**: http://docs.sequelizejs.com

8^장

몽고디비

이 장에서는 조금 다른 유형의 데이터베이스를 살펴보겠습니다. MySQL만 알고 있어도 많은 곳에서 사용할 수 있지만, 다른 유형의 데이터베이스인 몽고디비(mongoDB)를 알아둔다면 더욱더 다양한 프로그램을 만들 수 있습니다.

▼ 그림 8-1 몽고디비 로고

몽고디비의 특징 중 하나는 자바스크립트 문법을 사용한다는 것입니다. 노드도 자바스크립트를 사용하므로 데이터베이스마저 몽고디비를 사용한다면 자바스크립트만 사용해 웹 애플리케이션을 만들 수 있는 것입니다. 하나의 언어만 사용하면 되므로 생산성도 매우 높습니다. 하지만 몽고디비는 흔히 사용하는 RDBMS가 아니라 특색이 뚜렷한 NoSQL이므로 특징을 잘 알고 사용해야 합니다.

8.1 NoSQL vs. SQL

MySQL은 SQL을 사용하는 대표적인 데이터베이스입니다. 반면에 SQL을 사용하지 않는, NoSQL(Not only SQL)이라고 부르는 데이터베이스도 있습니다. 몽고디비는 NoSQL의 대표 주자입니다.

SQL과 NoSQL은 여러 측면에서 다른데, 그중에서 대표적인 차이점 몇 가지만 알아보겠습니다. 여기서 설명하는 NoSQL의 특징은 몽고디비의 특징이므로 다른 NoSQL 데이터베이스와는 차이가 있을 수 있습니다.

▼ 표 8-1 SQL과 NoSQL의 비교

SQL(MySQL)	NoSQL(몽고디비)
규칙에 맞는 데이터 입력	자유로운 데이터 입력
테이블 간 JOIN 지원	컬렉션 간 JOIN 미지원
안정성, 일관성	확장성, 가용성
용어(테이블, 로우, 컬럼)	용어(컬렉션, 다큐먼트, 필드)

먼저 NoSQL에는 고정된 테이블이 없습니다. 테이블에 상응하는 컬렉션이라는 개념이 있긴 하지만, 컬럼을 따로 정의하지는 않습니다. 예를 들어 MySQL은 users 테이블을 만들 때 name, age, married 등의 컬럼과 자료형, 옵션 등을 정의하지만, 몽고디비는 그냥 users 컬렉션을 만들고 끝입니다. users 컬렉션에는 어떠한 데이터든 들어갈 수 있습니다. 어떤 다큐먼트(MySQL의 로우에 해당하는 개념)에는 name, age, married 데이터가, 다른 다큐먼트에는 name, comment, createdAt, updatedAt 등의 데이터가 들어갈 수 있습니다.

몽고디비에는 MySQL과 달리 JOIN 기능이 없습니다. JOIN을 흉내 낼 수는 있지만, 하나의 쿼리로 여러 테이블을 합치는 작업이 항상 가능하지는 않습니다. 동시에 쿼리를 수행하는 경우 쿼리가 섞여 예상치 못한 결과를 낼 가능성이 있다는 것도 단점입니다.

이러한 단점에도 몽고디비를 사용하는 이유는 확장성과 가용성 때문입니다. 데이터의 일관성을 보장해주는 기능이 약한 대신 데이터를 빠르게 넣을 수 있고, 쉽게 여러 서버에 데이터를 분산할 수 있습니다.

용어도 조금 다릅니다. MySQL의 테이블, 로우, 컬럼을 몽고디비에서는 각각 컬렉션, 다큐먼트, 필드라고 부릅니다.

애플리케이션을 만들 때 꼭 한 가지 데이터베이스만 사용해야 하는 것은 아닙니다. 많은 기업이 SQL과 NoSQL을 동시에 사용하고 있습니다. SQL과 NoSQL은 각각 특징이 다르므로 알맞은 곳에 사용하면 됩니다.

예를 들어 항공사 예약 시스템의 경우 비행기 표에 관한 정보가 모든 항공사에 일관성 있게 전달되어야 하므로 예약 처리 부분의 데이터베이스는 MySQL을 사용합니다. 대신 핵심 기능 외의 빅데이터, 메시징, 세션 관리 등에는 확장성과 가용성을 위해 몽고디비를 사용할 수도 있습니다.

8.2 몽고디비 설치하기

N O D E . J S

몽고디비는 공식 사이트(https://mongodb.com/try/download/community)에서 내려받을 수 있습니다.

8.2.1 윈도

몽고디비 공식 사이트의 다운로드 화면에서 DOWNLOAD 버튼을 눌러 파일을 내려받습니다.

▼ 그림 8-2 몽고디비 다운로드 화면

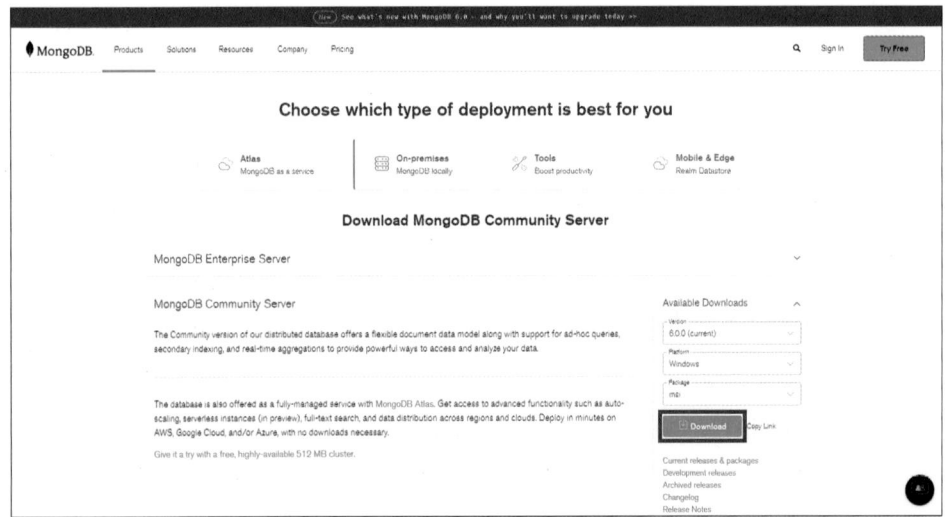

내려받은 파일을 실행하면 설치 화면이 나타납니다. Next 버튼을 눌러 다음으로 넘어갑니다.

▼ 그림 8-3 설치 화면

동의 요구 화면에서 체크박스에 체크 표시를 하고 Next 버튼을 눌러 다음으로 넘어갑니다.

▼ 그림 8-4 동의 요구 화면

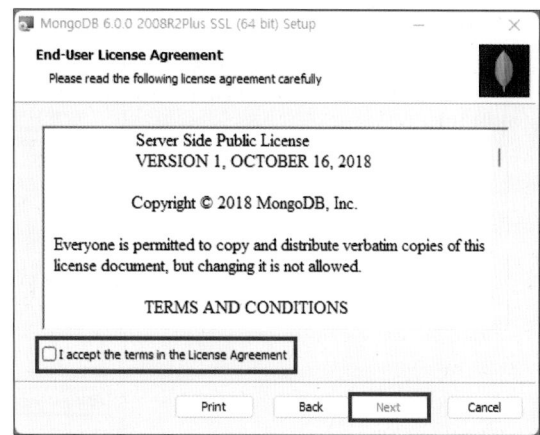

Complete 버튼을 눌러 제공하는 모든 프로그램 기능을 설치합니다.

▼ 그림 8-5 설치 유형 설정 화면

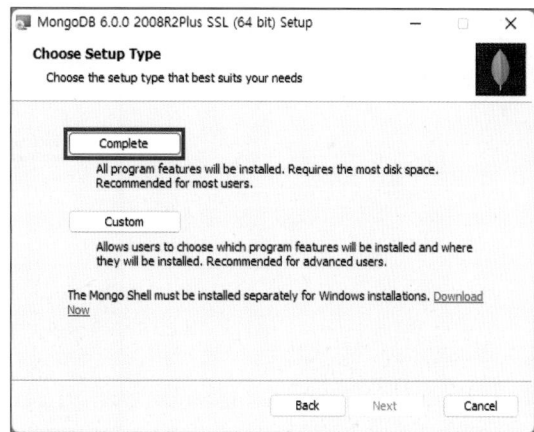

Service Configuration 화면에서는 체크박스를 해제합니다.

▼ 그림 8-6 서비스 설정 화면

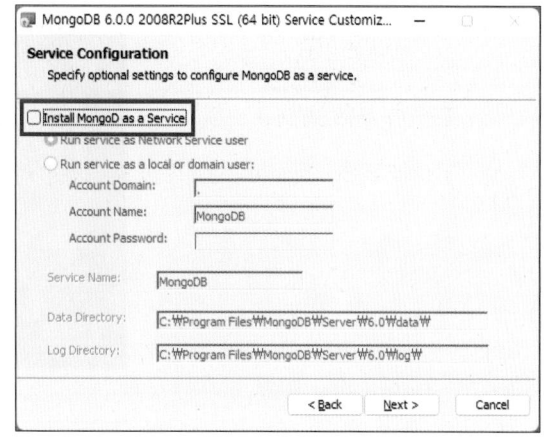

Install MongoDB Compass에 체크 표시를 해서 몽고디비 컴퍼스도 같이 설치합니다. Next 버튼을 눌러 다음으로 넘어갑니다.

▼ 그림 8-7 몽고디비 컴퍼스 설치 화면

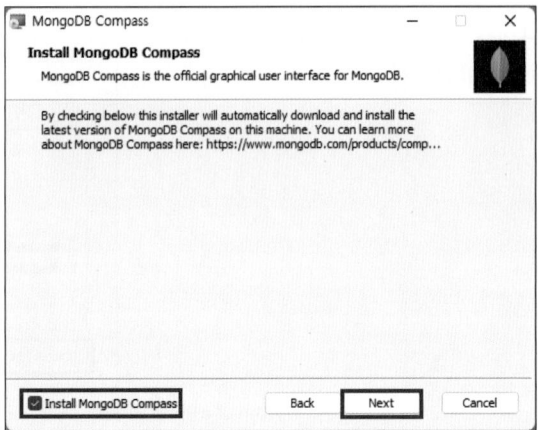

Install 버튼을 누르면 사용자 계정 컨트롤이 뜨는데, **예** 버튼을 누르면 설치가 시작됩니다.

▼ 그림 8-8 설치 시작 화면

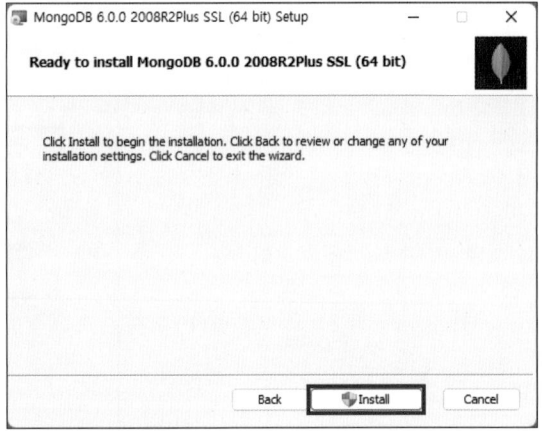

Finish 버튼을 눌러 설치를 완료합니다.

▼ 그림 8-9 설치 완료 화면

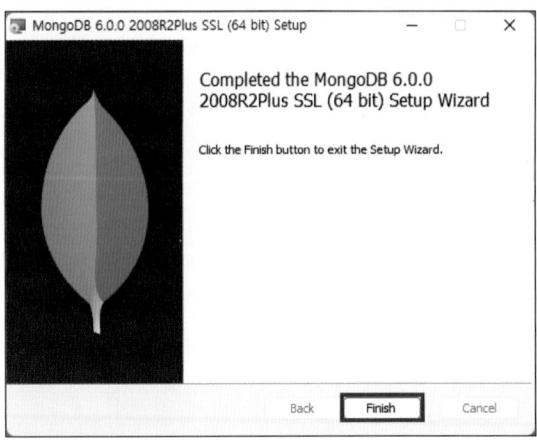

이제 설치가 완료되었습니다. 설치 완료 후에는 해야 할 작업이 있습니다.

서버를 실행하기 전에 데이터가 저장될 폴더(C:\data\db)를 먼저 만듭니다. C:\에 data 폴더를 만들고 다시 그 안에 db 폴더를 만들면 됩니다.

몽고디비가 설치된 경로(기본적으로 C:\Program Files\MongoDB\Server\6.0\bin)로 이동해서 몽고디비를 실행합니다. C:\data\db 폴더가 없으면 실행되지 않으므로 반드시 폴더를 먼저 만들어야 합니다. 콘솔에서 mongod --ipv6 명령어를 입력해 몽고디비를 실행합니다. 방화벽 관련 팝업이 뜨면 **허용** 버튼을 눌러 접속을 허가합니다.

콘솔

```
$ cd "C:\Program Files\MongoDB\Server\6.0\bin"
$ mongod --ipv6
// 생략
{"t":{"$date":"2022-04-30T13:39:36.694+09:00"},"s":"I",  "c":"NETWORK",  "id":23016,
"ctx":"listener","msg":"Waiting for connections","attr":{"port":27017,"ssl":"off"}}
```

에러 메시지 없이 계속 실행 중이라면 실행에 성공한 것입니다. 기본적으로 27017번 포트에서 실행됩니다. 몽고디비를 사용할 일이 있을 때마다 mongod --ipv6 명령어로 먼저 서버를 실행해야 합니다.

몽고디비를 실행한 후 몽고디비 셸을 실행해야 합니다. 몽고디비 셸은 https://mongodb.com/try/download/shell에서 설치합니다. 다음 화면에서 **Platform**을 MSI가 적힌 자신의 운영체제로 바꾼 후 **Download** 버튼을 눌러 설치합니다.

❤ 그림 8-10 몽고디비 셸 설치 화면

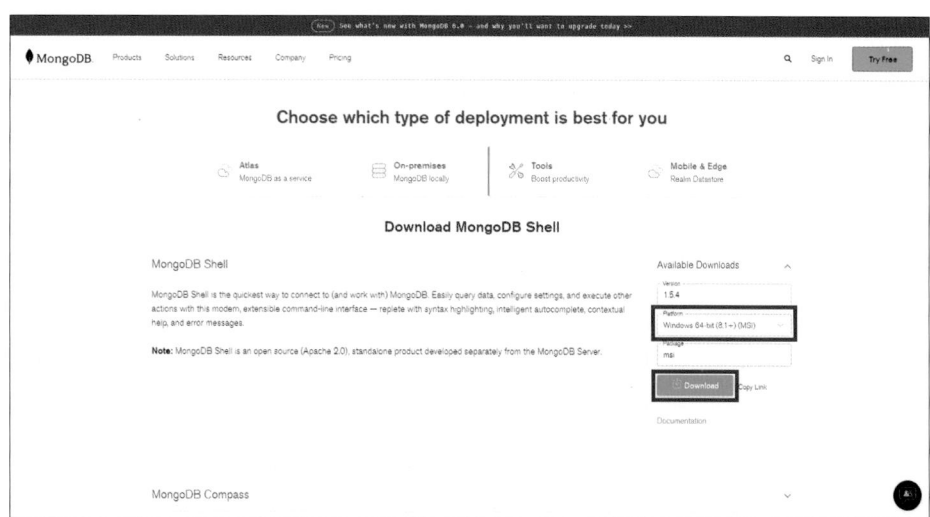

내려받은 msi 파일을 실행하면 설치 화면이 뜹니다. Next 버튼을 눌러 진행 합니다.

▼ 그림 8-11 설치 화면

설치 경로 화면이 나타납니다. 기본적으로 적혀 있는 경로를 복사해두고, Next 버튼을 눌러 다음으로 넘어갑니다.

▼ 그림 8-12 설치 경로 화면

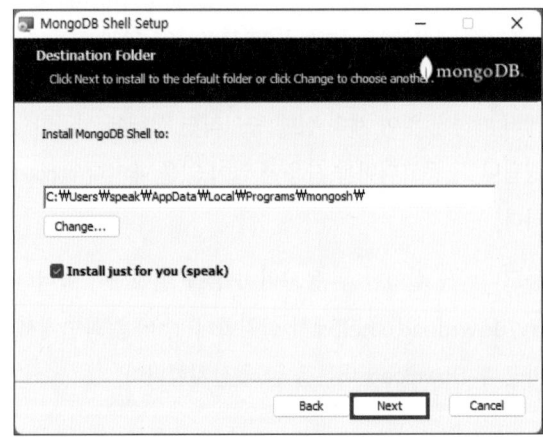

다음 화면에서는 Install 버튼을 눌러 설치합니다.

▼ 그림 8-13 설치 시작 화면

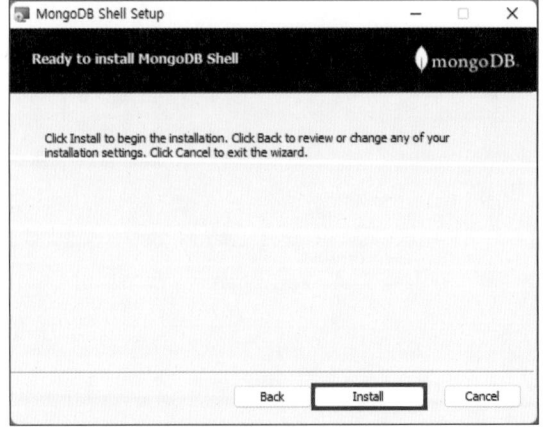

설치가 완료되면 Finish 버튼을 눌러 창을 닫고, 명령 프롬프트를 열어 몽고디비 셸을 실행합니다.

▼ 그림 8-14 설치 완료 화면

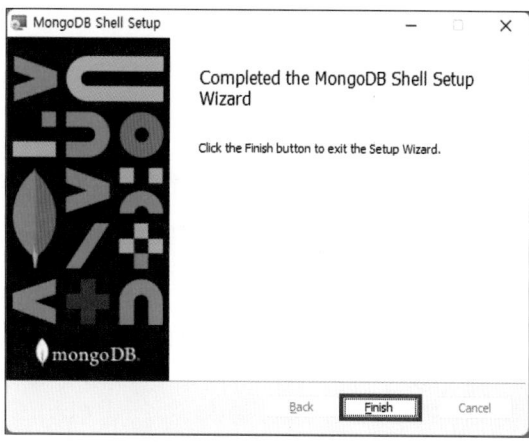

콘솔

```
$ cd (그림 8-12에서 복사한 경로)
$ mongosh
Current Mongosh Log ID: 62f9d47a0416778d0f29ae9e
Connecting to:          mongodb://127.0.0.1:27017/?directConnection=true&serverSe-
lectionTimeoutMS=2000&appName=mongosh+1.5.4
Using MongoDB:          6.0.0
Using Mongosh:          1.5.4
(생략)
test>
```

프롬프트가 test>로 바뀌었다면 성공입니다. 현재 누구나 몽고디비에 접속할 수 있으므로 관리자 계정을 추가합니다.

```
test> use admin
switched to db admin
admin> db.createUser({ user: '이름', pwd: '비밀번호', roles: ['root'] })
Successfully added user: { "user" : "root", "roles" : [ "root" ] }
```

db.createUser 메서드로 계정을 생성할 수 있습니다. user에 사용자 이름을 넣고, pwd 자리에 사용할 비밀번호를 입력합니다. 이 비밀번호는 기억하고 있어야 합니다. roles로는 현재 모든 권한이 있는 root를 부여했습니다. 나중에 실무에서는 상황에 맞는 역할을 부여하면 됩니다.

아까 mongod --ipv6를 입력했던 콘솔을 종료한 뒤, 이번에는 mongod --ipv6 --auth 명령어로 접속합니다. --auth는 로그인이 필요하다는 뜻입니다.

```
$ mongod --ipv6 --auth
```

mongosh를 입력한 콘솔도 종료하고 다시 mongosh admin -u 이름 -p 비밀번호 명령어로 접속합니다.

```
$ mongosh admin -u [이름] -p [비밀번호]
Current Mongosh Log ID: 62f9d501a04fc0bcbc7f2791
Connecting to:          mongodb://<credentials>@127.0.0.1:27017/admin?directConnection=
true&serverSelectionTimeoutMS=2000&appName=mongosh+1.5.4
Using MongoDB:          6.0.0
Using Mongosh:          1.5.4
(생략)
admin>
```

방금 입력한 명령어는 이름과 비밀번호가 잘 생성되었는지 확인하기 위한 것이었으므로, 앞으로 몽고디비 프롬프트를 이용할 때는 단순히 mongosh만 입력하면 됩니다.

> **Note ≡ 매번 mongod 명령어로 몽고디비를 실행하기 귀찮다면**
>
> 명령 프롬프트를 관리자 권한으로 실행한 뒤 다음 명령어를 순서대로 입력합니다.
>
>
> ```
> $ cd "C:\Program Files\MongoDB\Server\6.0"
> $ mkdir log
> $ cd log
> $ notepad mongod.log
> (새 파일을 만드시겠습니까 팝업에서 예를 클릭 후 메모장 닫음)
> $ cd ../bin
> $ mongod --dbpath "C:\data\db" --logpath "C:\Program Files\MongoDB\Server\6.0\log\
> mongod.log" --ipv6 --install --serviceName "MongoDB"
> ```
>
> 명령어 입력 후 윈도 작업 표시줄 검색창에서 services.msc 파일을 검색해 실행합니다.
>
> ▼ 그림 8-15 services.msc 파일 실행
>
>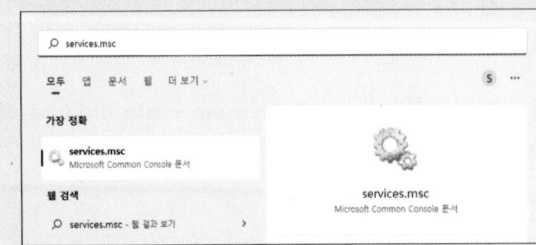

MongoDB를 찾아 서비스 **시작** 버튼을 누릅니다.

❤ 그림 8-16 services.msc 화면

MongoDB의 상태가 **실행 중**으로 바뀌었으면 성공입니다.

❤ 그림 8-17 시작 후 화면

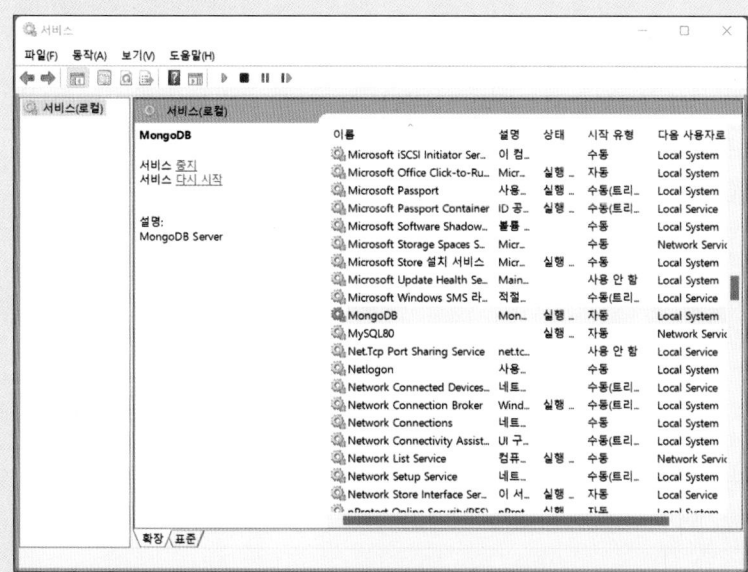

필요할 때 버튼을 눌러 중지하거나 다시 시작할 수 있습니다.

이 작업을 수행하면 앞으로 `mongod --ipv6 --auth` 명령어를 입력하지 않아도 됩니다.

8.2.2 맥

맥에서는 Homebrew를 통해 몽고디비를 설치하는 것이 좋습니다. Homebrew는 다음 명령어로 설치할 수 있습니다.

콘솔

```
$ /bin/bash -c "$(curl -fsSL https://raw.githubusercontent.com/Homebrew/install/master/
➡ install.sh)"
```

Homebrew 설치를 완료한 후 Homebrew를 통해 몽고디비를 설치합니다.

콘솔

```
$ brew tap mongodb/brew
$ brew install mongodb-community
$ brew install mongosh
```

맥의 경우 /usr/local/var/mongodb에 데이터가 저장됩니다.

몽고디비를 실행합니다.

콘솔

```
$ brew services start mongodb-community
==> Successfully started `mongodb-community` (label: homebrew.mxcl.mongodb-community)
```

이제 몽고디비 프롬프트에 접속합니다. 윈도처럼 콘솔에 mongosh 명령어를 입력하면 됩니다. 프롬프트가 test>로 바뀌면 접속 성공입니다.

콘솔

```
$ mongosh
test>
```

혹시 접속이 되지 않는다면 brew services restart mongodb-community로 서비스를 재시작한 뒤 다시 mongosh로 접속합니다.

현재 누구나 몽고디비에 접속할 수 있으므로 관리자 계정을 추가합니다.

```
test> use admin
switched to db admin
admin> db.createUser({ user: '이름', pwd: '비밀번호', roles: ['root'] })
Successfully added user: { "user" : "root", "roles" : [ "root" ] }
```

db.createUser 메서드로 계정을 생성할 수 있습니다. user에 사용자 이름을 넣고, pwd 자리에 사용할 비밀번호를 입력합니다. 이 비밀번호는 기억하고 있어야 합니다. roles로는 현재 모든 권한이 있는 root를 부여했습니다. 나중에 실무에서는 상황에 맞는 역할을 부여하면 됩니다.

Ctrl+C를 눌러 프롬프트를 종료한 후, 몽고디비가 인증을 사용하도록 설정합시다.

콘솔

```
$ brew services stop mongodb-community
Stopping `mongodb-community`... (might take a while)
==> Successfully stopped `mongodb-community` (label: homebrew.mxcl.mongodb-community)
```

인텔 맥의 경우

```
$ vim /usr/local/etc/mongod.conf
```

애플 실리콘(Apple Silicon) 맥의 경우

```
$ vim /opt/homebrew/etc/mongod.conf
```

vim을 통해 /usr/local/etc/mongod.conf 또는 /opt/homebrew/etc/mongod.conf에 다음두 줄을 추가합니다. A를 눌러 입력 모드로 전환할 수 있고, Esc를 눌러 명령어 모드로 전환할수 있습니다. 입력 모드에서 입력한 후 명령어 모드에서 :wq!로 저장합니다.

/usr/local/etc/mongod.conf 또는 /opt/homebrew/etc/mongod.conf

```
...
security:
  authorization: enabled
```

다시 mongod를 실행하고, mongosh admin -u [이름] -p [비밀번호] 명령어로 접속합니다.

콘솔

```
$ brew services start mongodb-community
$ mongosh admin -u [이름] -p [비밀번호]
```

8
애플리케이션

8.2.3 리눅스(우분투)

우분투에서는 GUI를 사용하지 않으므로 콘솔에 다음 명령어들을 순서대로 입력해 몽고디비를 설치합니다. 명령어가 수시로 바뀌므로 공식 사이트(https://docs.mongodb.com/manual/tutorial/install-mongodb-on-ubuntu/)를 참고하는 것이 좋습니다.

콘솔

```
$ sudo apt-get update
$ sudo apt-get install gnupg
$ wget -q0 - https://www.mongodb.org/static/pgp/server-6.0.asc | sudo apt-key add -
$ echo "deb [ arch=amd64,arm64 ] https://repo.mongodb.org/apt/ubuntu focal/mongodb-
org/6.0 multiverse" | sudo tee /etc/apt/sources.list.d/mongodb-org-6.0.list
$ sudo apt-get update
$ sudo apt-get install -y mongodb-org
$ sudo apt-get install - y mongodb-mongosh
```

설치 완료 후 몽고디비를 실행해봅시다.

콘솔

```
$ sudo systemctl start mongod
$ sudo systemctl enable mongod
```

나중에 몽고디비를 종료하거나 재시작하려면 각각 다음 명령어를 입력하면 됩니다.

콘솔

```
$ sudo systemctl stop mongod
$ sudo systemctl restart mongod
```

이제 몽고디비 프롬프트에 접속할 수 있습니다. 윈도처럼 콘솔에 mongosh 명령어를 입력하면 됩니다. 프롬프트가 test>로 바뀌면 접속 성공입니다.

콘솔

```
$ mongosh
test>
```

현재 누구나 몽고디비에 접속할 수 있으므로 관리자 계정을 추가합니다.

```
test> use admin
switched to db admin
admin> db.createUser({ user: '이름', pwd: '비밀번호', roles: ['root'] })
Successfully added user: { "user" : "root", "roles" : [ "root" ] }
```

db.createUser 메서드로 계정을 생성할 수 있습니다. user에 사용자 이름을 넣고, pwd 자리에 사용할 비밀번호를 입력합니다. 이 비밀번호는 기억하고 있어야 합니다. roles로는 현재 모든 권한이 있는 root를 부여했습니다. 나중에 실무에서는 상황에 맞는 역할을 부여하면 됩니다.

Ctrl + C 를 눌러 프롬프트를 종료한 후, 몽고디비가 인증을 사용하도록 설정합시다.

```
$ sudo systemctl stop mongod
$ vim /etc/mongod.conf
```

vim을 통해 /etc/mongod.conf에 다음 두 줄을 추가합니다. A 를 눌러 입력 모드로 전환할 수 있고, Esc 를 눌러 명령어 모드로 전환할 수 있습니다. 입력 모드에서 입력 후 명령어 모드에서 :wq!로 저장합니다.

```
...
security:
  authorization: enabled
```

다시 mongod를 실행하고, mongosh admin -u [이름] -p [비밀번호] 명령어로 접속합니다.

```
$ sudo systemctl start mongod
$ mongosh admin -u [이름] -p [비밀번호]
```

8.3 컴퍼스 설치하기

몽고디비는 관리 도구로 컴퍼스(compass)를 제공합니다. 컴퍼스도 몽고디비 공식 사이트(https://mongodb.com/download-center/compass)에서 내려받을 수 있습니다. 컴퍼스를 사용하면 GUI를 통해 데이터를 시각적으로 관리할 수 있어 편리합니다. 하지만 필수적인 것은 아니며, 콘솔로도 같은 작업을 할 수 있습니다. 콘솔로 진행해도 괜찮다면 8.4절로 바로 넘어가면 됩니다.

8.3.1 윈도

윈도의 경우 몽고디비와 함께 컴퍼스를 설치했으므로 8.3.4절로 넘어가도 좋습니다.

8.3.2 맥

맥에서는 공식 사이트(https://www.mongodb.com/try/download/compass)에서 컴퍼스를 설치합니다. 애플 실리콘 맥이라면 Platform을 macOS arm64 (M1)으로 선택해야 합니다.

▼ 그림 8-18 몽고디비 공식 사이트에서 컴퍼스 다운로드

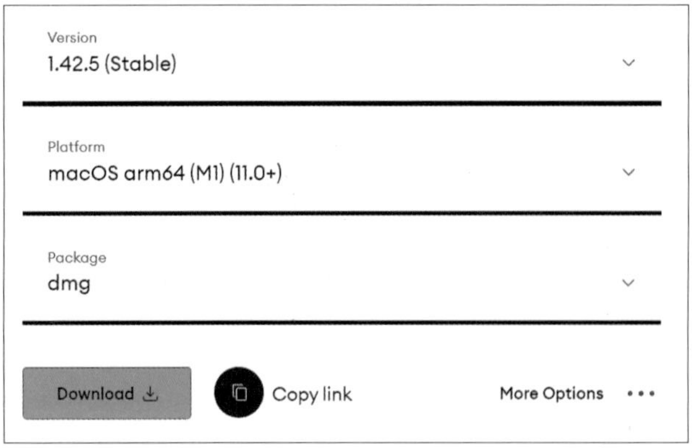

이제 8.3.4절로 넘어갑시다.

8.3.3 리눅스(우분투)

우분투에서는 GUI를 사용하지 않으므로 컴퍼스를 설치하지 않습니다. 대신 몽고디비 프롬프트를 사용해 진행합니다.

8.3.4 커넥션 생성하기

8.2절의 방법대로 몽고디비를 실행한 후 컴퍼스로 접속합니다. MongoDB Compass Community 프로그램을 실행하면 됩니다.

New Connection 화면에서 Advanced Connection Options를 클릭합니다.

▼ 그림 8-19 컴퍼스 실행 화면

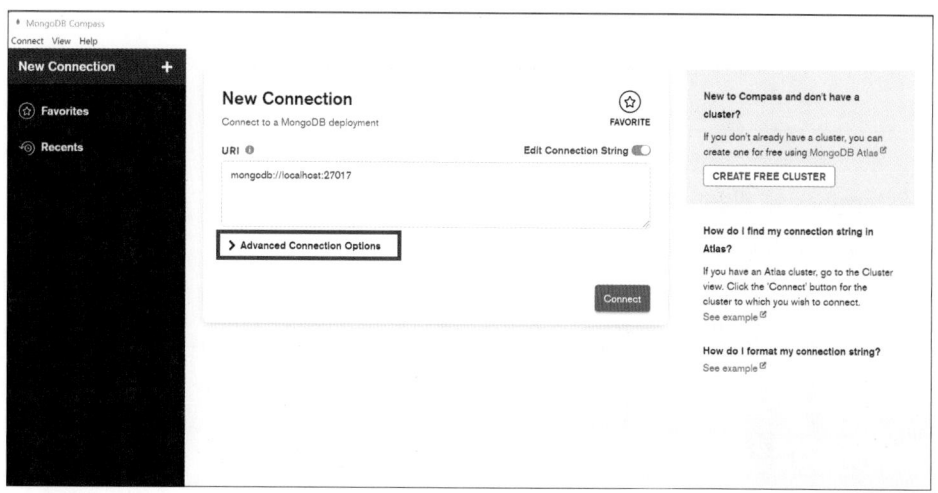

Authentication을 Username/Password로 바꾸고, 몽고디비 계정 이름과 비밀번호를 입력합니다. Connect 버튼을 눌러 localhost:27017에 접속합니다.

▼ 그림 8-20 새 연결 생성 화면

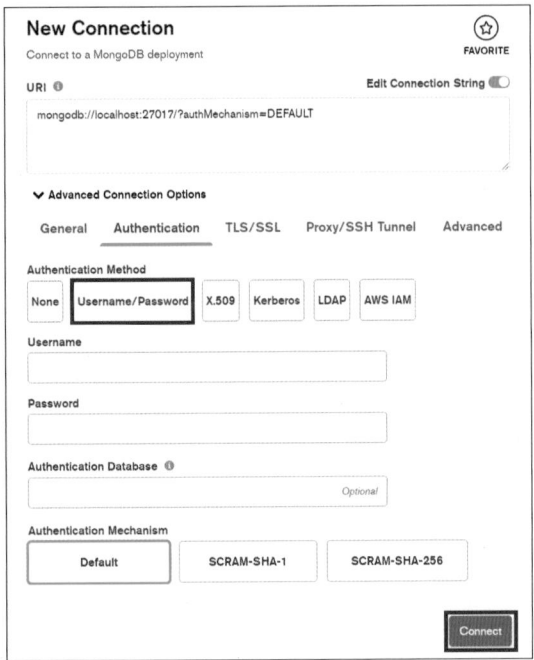

다음은 localhost에 접속한 화면입니다. Databases 탭을 눌러 확인해보면 기본적으로 admin, config, local 데이터베이스가 있습니다.

▼ 그림 8-21 localhost 접속 화면

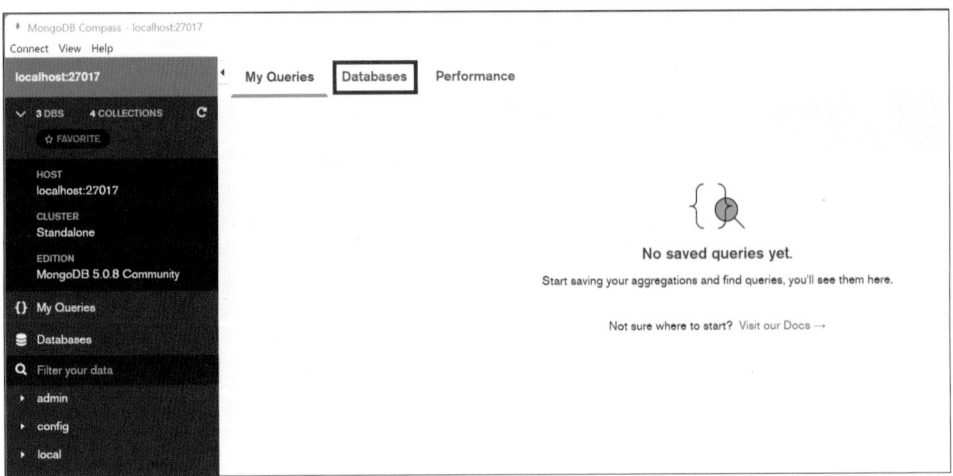

8.4 데이터베이스 및 컬렉션 생성하기

이제 nodejs라는 이름의 데이터베이스와 7장의 MySQL 테이블에 상응하는 컬렉션을 만들어봅시다. 몽고디비 프롬프트에 접속한 후 진행하면 됩니다.

데이터베이스를 만드는 명령어는 use [데이터베이스명]입니다.

콘솔
```
> use nodejs
switched to db nodejs
```

데이터베이스 목록을 확인하는 명령어는 show dbs입니다.

콘솔
```
> show dbs
admin 0.000GB
config 0.000GB
local 0.000GB
```

방금 생성한 nodejs가 없습니다! 하지만 당황하지 마세요. 데이터를 최소 한 개 이상 넣어야 목록에 표시됩니다. 현재 사용 중인 데이터베이스를 확인하는 명령어는 db입니다.

콘솔
```
> db
nodejs
```

비록 데이터베이스 목록에는 없지만, 현재 nodejs 데이터베이스를 사용하고 있음을 확인할 수 있습니다.

컬렉션은 따로 생성할 필요가 없습니다. 다큐먼트를 넣는 순간 컬렉션도 자동으로 생성됩니다. 하지만 다음과 같이 직접 컬렉션을 생성하는 명령어가 있긴 합니다.

```
> db.createCollection('users')
{ "ok" : 1 }
> db.createCollection('comments')
{ "ok" : 1 }
```

생성한 컬렉션 목록을 확인해봅시다.

```
> show collections
comments
users
```

Note ☰   컴퍼스 사용 시

컴퍼스의 localhost 접속 화면에서 Create database 버튼을 눌러 데이터베이스를 생성해보겠습니다.

▼ 그림 8-22 localhost 접속 화면

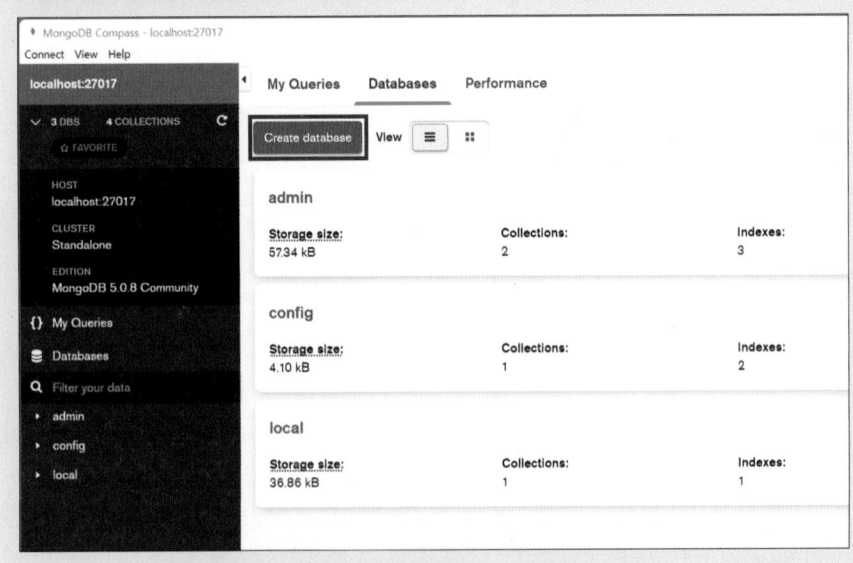

데이터베이스 이름은 nodejs, 컬렉션 이름은 users로 입력한 후 Create Database 버튼을 누릅니다.

▼ 그림 8-23 데이터베이스 생성 화면

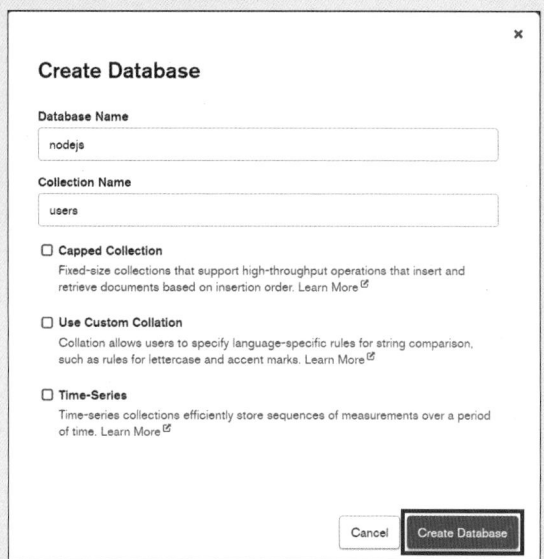

▼ 그림 8-24 nodejs 데이터베이스 생성 완료

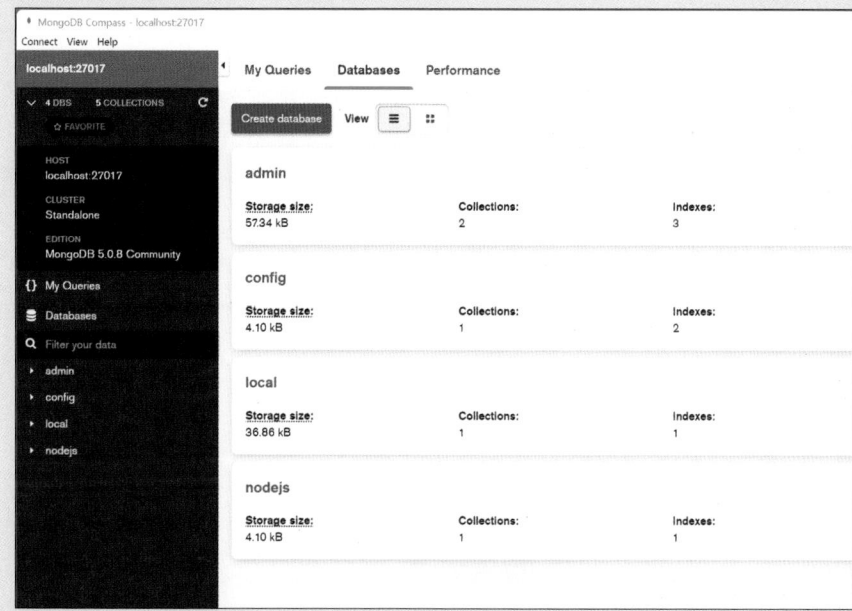

컬렉션은 MySQL의 테이블에 대응되는 개념입니다. 하지만 컬럼을 정의할 필요는 없습니다. 단순히 이름만 정하면 됩니다. 조금 전에 생성한 users 컬렉션 외에 comments 컬렉션도 생성해보겠습니다.

nodejs 데이터베이스를 클릭한 후 Create collection 버튼을 누릅니다.

▼ 그림 8-25 nodejs의 컬렉션 목록

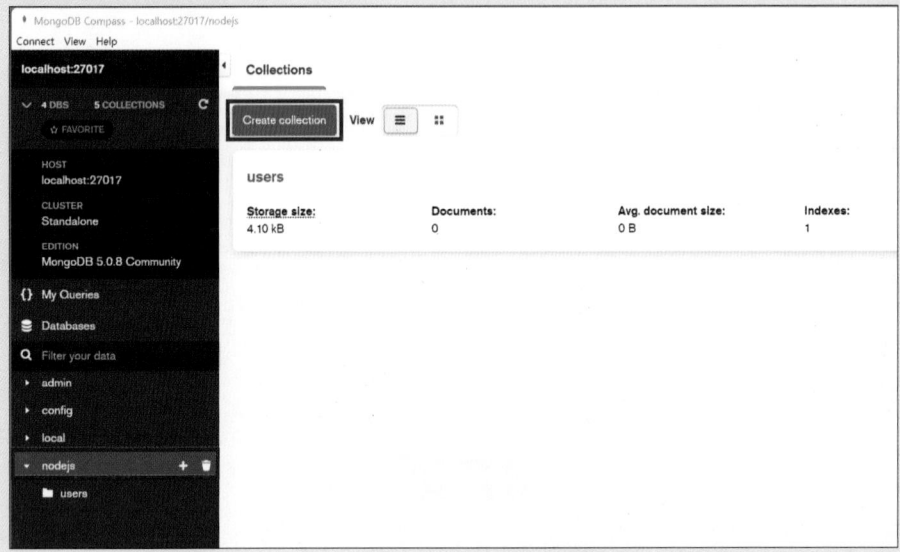

컬렉션 이름을 comments로 입력하고 Create Collection 버튼을 누릅니다.

▼ 그림 8-26 comments 컬렉션 생성 화면

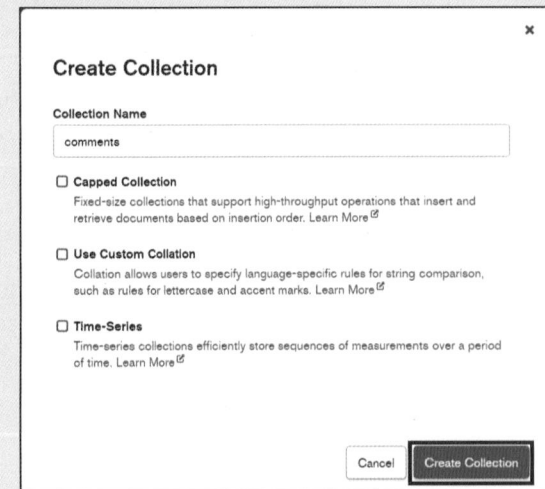

▼ 그림 8-27 comments 컬렉션 생성 완료

8.5 CRUD 작업하기

이제 몽고디비에서 CRUD 작업을 해봅시다. MySQL의 CRUD 작업과 똑같은 데이터를 사용하므로 비교하면서 봐도 됩니다.

8.5.1 Create(생성)

컬렉션에 컬럼을 정의하지 않아도 되므로 컬렉션에는 아무 데이터나 넣을 수 있습니다. 이러한 자유로움이 몽고디비의 장점입니다. 단, 무엇이 들어올지 모른다는 단점도 있습니다.

몽고디비의 자료형은 MySQL과 조금 다릅니다. 여기서 몽고디비의 자료형을 알아봅시다. 기본적으로 몽고디비는 자바스크립트 문법을 사용하므로 자바스크립트의 자료형을 따릅니다. 하지만 추가로 몇 가지 자료형이 더 있습니다.

Date나 정규표현식 같은 자바스크립트 객체를 자료형으로 사용할 수 있고, Binary Data, ObjectId, Int, Long, Decimal, Timestamp, JavaScript 등의 추가적인 자료형이 있습니다. Undefined와 Symbol은 몽고디비에서 자료형으로 사용하지 않습니다. 추가적인 자료형 중에서 ObjectId와 Binary Data, Timestamp 외에는 잘 사용되지 않습니다. ObjectId는 MySQL에서 기본 키로 쓰이는 값과 비슷한 역할을 한다고 생각하면 됩니다. 고유한 값을 가지므로 다큐먼트를 조회할 때 사용할 수 있습니다.

몽고디비 프롬프트를 실행해 다음 명령어를 입력합니다. 먼저 nodejs 데이터베이스를 사용한다는 것을 알립니다.

콘솔

```
$ mongosh
test> use nodejs;
switched to db nodejs
nodejs> db.users.insertOne({ name: 'zero', age: 24, married: false, comment: '안녕하세요.
➡ 간단히 몽고디비 사용 방법에 대해 알아봅시다.', createdAt: new Date() });
{
    acknowledged: true,
    insertedId: ObjectId("5a1687007af03c3700826f70")
}
nodejs> db.users.insertOne({ name: 'nero', age: 32, married: true, comment: '안녕하세요.
➡ zero 친구 nero입니다.', createdAt: new Date() });
{
    acknowledged: true,
    insertedId: ObjectId("62fba0deb068d84d69d7c740")
}
```

db.컬렉션명.insertOne(다큐먼트)로 다큐먼트를 생성할 수 있습니다. 자바스크립트 객체처럼 생성하면 됩니다. new Date()는 현재 시간을 입력하라는 뜻입니다. 명령이 성공적으로 수행되었다면 acknowledged: true와 insertedId: ObjectId("5a1687007af03c3700826f70")이라는 응답이 옵니다. 이 문자는 사용자마다 다릅니다. 이 오브젝트 아이디가 검색할 때 쓰이는 키입니다. 실패했다면 에러 내용이 응답으로 옵니다.

comments 컬렉션에도 데이터를 넣어봅시다. zero의 댓글을 넣을 것이므로 zero의 아이디를 알아야 합니다. 8.5.2절에서 배울 메서드를 잠시 사용하겠습니다.

```
nodejs> db.users.find({ name: 'zero' }, { _id: 1 })
[ { "_id" : ObjectId("5a1687007af03c3700826f70") } ]
```

zero의 아이디가 ObjectId("5a1687007af03c3700826f70")이라고 나왔습니다. 다음 명령어를 입력
할 때 책의 문자열을 그대로 입력하지 말고, 여러분의 결과에 나온 문자열을 입력하세요.

```
nodejs> db.comments.insertOne({ commenter: ObjectId('5a1687007af03c3700826f70'),
➡ comment: '안녕하세요. zero의 댓글입니다.', createdAt: new Date() });
{
  acknowledged: true,
  insertedId: ObjectId("62fba1b6b068d84d69d7c741")
}
```

8
몽고디비

Note ☰ **컴퍼스 사용 시**

컴퍼스를 사용하면 손쉽게 데이터를 생성할 수 있습니다. 먼저 users 컬렉션으로 들어갑니다.

몽고디비에서는 하나의 데이터를 다큐먼트라고 부릅니다. ADD DATA 버튼을 누르고 Insert Document 버튼을
눌러 다큐먼트를 생성해봅시다. 데이터의 구조 자체는 MySQL과 비슷하지만 자료형은 조금 다릅니다.

▼ 그림 8-28 users 컬렉션 화면

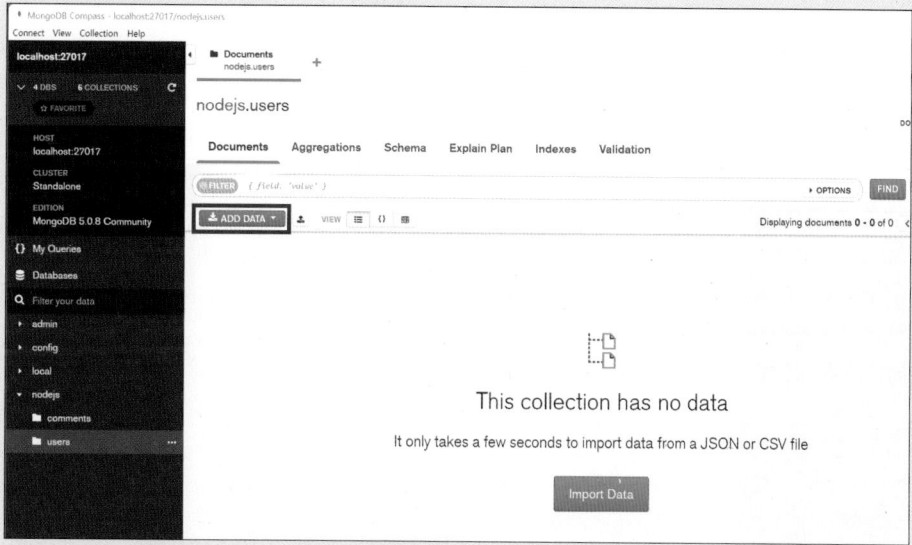

먼저 몽고디비에는 MySQL의 id 대신 ObjectId가 있습니다. 필드 이름은 _id로 표현합니다. 몽고디비에서 자동으
로 생성해주는 _id를 그대로 사용하면 됩니다. 데이터를 넣고 자료형을 바꾼 후 Insert 버튼을 눌러 저장합니다.

▼ 그림 8-29 첫 번째 다큐먼트 생성 화면

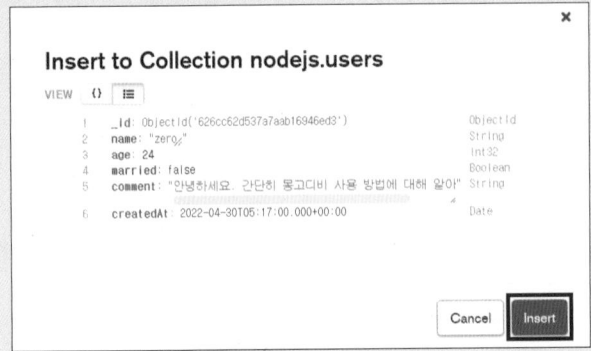

▼ 그림 8-30 두 번째 다큐먼트 생성 화면

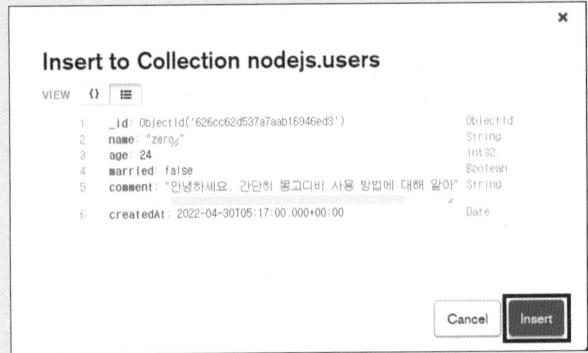

이제 comments 컬렉션으로 이동해 데이터를 넣어볼 것입니다. 이동하기 전에 zero의 `ObjectId`를 복사해둡니다.

▼ 그림 8-31 comments 컬렉션 화면

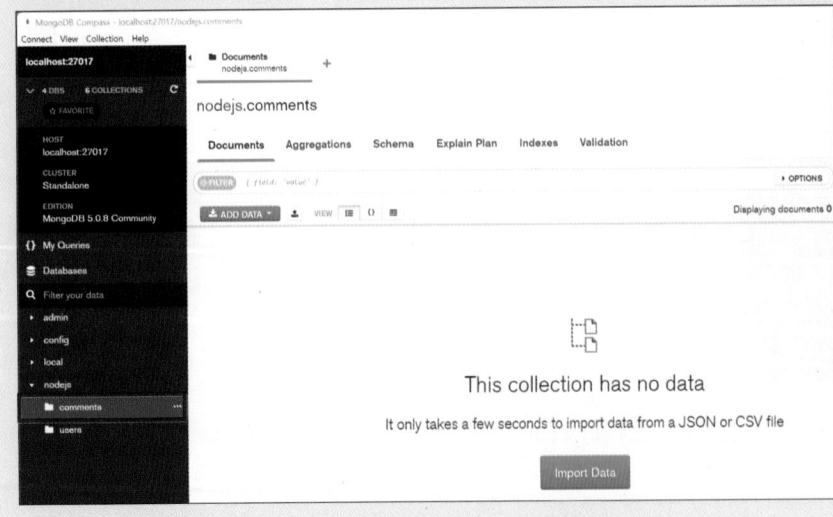

데이터를 입력하고 **Insert** 버튼을 누릅니다. 이때 commenter의 ObjectId는 아까 복사한 zero의 ObjectId여야 합니다.

❤ 그림 8-32 comments 다큐먼트 생성 화면

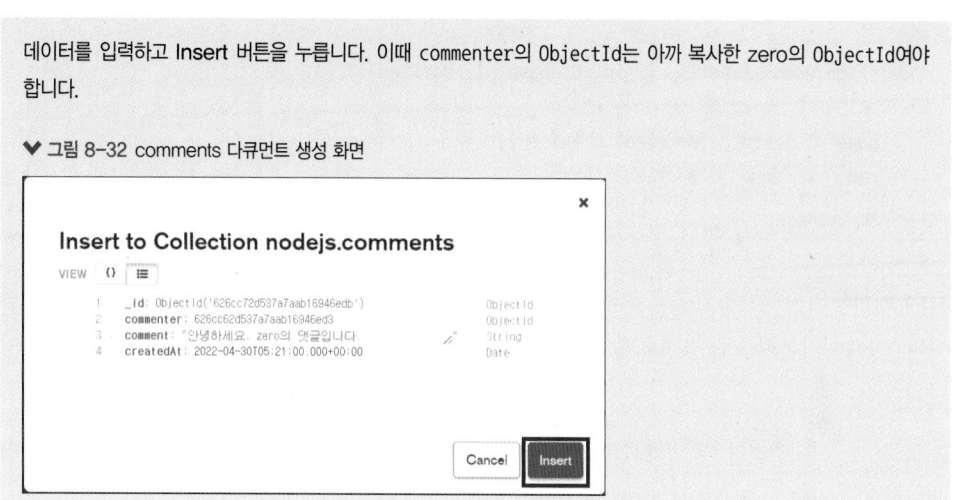

8.5.2 Read(조회)

조금 전에 생성한 다큐먼트들을 조회해보겠습니다.

콘솔

```
nodejs> db.users.find({});
[
  { "_id" : ObjectId("5a1687007af03c3700826f70"), "name" : "zero", "age" : 24, "mar-
ried" : false, "comment" : "안녕하세요. 간단히 몽고디비 사용 방법을 알아봅시다.", "createdAt"
 : ISODate("2022-04-30T05:00:00Z") },
  { "_id" : ObjectId("5a16877b7af03c3700826f71"), "name" : "nero", "age" : 32, "mar-
ried" : true, "comment" : "안녕하세요. zero 친구 nero입니다.", "createdAt" : ISODate("2017-
11-23T01:00:00Z") }
]
nodejs> db.comments.find({})
[ { "_id" : ObjectId("5a1687e67af03c3700826f73"), "commenter" : ObjectId("5a1687007af-
03c3700826f70"), "comment" : "안녕하세요. zero의 댓글입니다.", "createdAt" : ISODate("2022-
04-30T05:30:00Z") } ]
```

find({})는 컬렉션 내의 모든 다큐먼트를 조회하라는 뜻입니다.

특정 필드만 조회하고 싶다면 다음과 같이 하면 됩니다. name과 married 필드만 가져오겠습니다.

```
nodejs> db.users.find({}, { _id: 0, name: 1, married: 1 });
[
  { "name" : "zero", "married" : false },
  { "name" : "nero", "married" : true }
]
```

find 메서드의 두 번째 인수로 조회할 필드를 넣었습니다. 1 또는 true로 표시한 필드만 가져옵니다. _id는 기본적으로 가져오게 되어 있으므로 0 또는 false를 입력해 가져오지 않도록 해야합니다.

조회 시 조건을 주려면 첫 번째 인수 객체에 기입하면 됩니다. age가 30 초과, married가 true인 다큐먼트의 이름과 나이를 조회해보겠습니다.

```
nodejs> db.users.find({ age: { $gt: 30 }, married: true }, { _id: 0, name: 1, age: 1 });
[ { "name" : "nero", "age" : 32 } ]
```

$gt라는 특수한 속성을 사용했습니다. 이는 시퀄라이즈의 쿼리와 비슷합니다. 몽고디비는 자바스크립트 객체를 사용해서 명령어 쿼리를 생성해야 하므로 $gt 같은 특수한 연산자가 사용됩니다.

자주 쓰이는 연산자로는 $gt(초과), $gte(이상), $lt(미만), $lte(이하), $ne(같지 않음), $or(또는), $in(배열 요소 중 하나) 등이 있습니다.

몽고디비에서 OR 연산은 $or를 사용합니다. age가 30 초과이거나 married가 false인 다큐먼트를 조회해보겠습니다. $or에 주어진 배열 안의 조건들을 하나라도 만족하는 다큐먼트를 모두 찾습니다.

```
nodejs> db.users.find({ $or: [{ age: { $gt: 30 } }, { married: false }] }, { _id: 0,
➡ name: 1, age: 1 });
[
  { "name" : "zero", "age" : 24 },
  { "name" : "nero", "age" : 32 }
]
```

정렬도 가능합니다. sort 메서드를 사용하면 됩니다. 나이가 많은 순서대로 정렬해보겠습니다. -1은 내림차순, 1은 오름차순이므로 -1을 사용합니다.

```
nodejs> db.users.find({}, { _id: 0, name: 1, age: 1 }).sort({ age: -1 })
[
  { "name" : "nero", "age" : 32 },
  { "name" : "zero", "age" : 24 }
]
```

조회할 다큐먼트 개수를 설정할 수도 있습니다. limit 메서드를 사용합니다.

```
nodejs> db.users.find({}, { _id: 0, name: 1, age: 1 }).sort({ age: -1 }).limit(1)
[ { "name" : "nero", "age" : 32 } ]
```

다큐먼트 개수를 설정하면서 몇 개를 건너뛸지 설정할 수도 있습니다. skip 메서드를 사용합니다.

```
nodejs> db.users.find({}, { _id: 0, name: 1, age: 1 }).sort({ age: -1 }).limit(1).
    skip(1)
[ { "name" : "zero", "age" : 24 } ]
```

이외에도 많은 쿼리가 있지만, 이 정도만 알면 앞으로의 예제를 구현하기에 충분합니다.

> Note ☰ **컴퍼스 사용 시**
>
> 컴퍼스를 사용하면 데이터를 조회하기 쉽습니다. 해당 컬렉션을 클릭하면 데이터가 표시되고, 조건을 주려면 FILTER
> 부분을 이용하면 됩니다.

▼ 그림 8-33 users 컬렉션 조회 화면

▼ 그림 8-34 comments 컬렉션 조회 화면

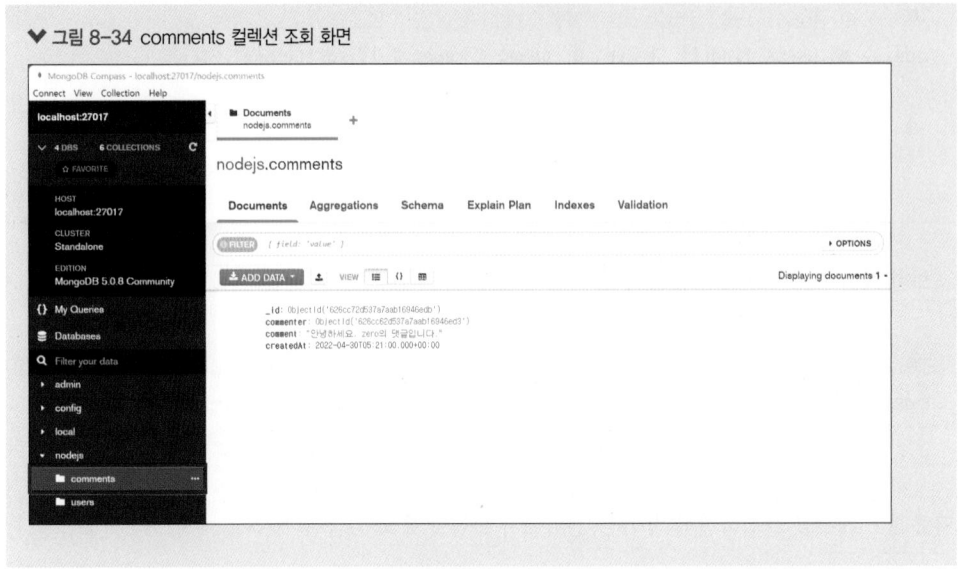

8.5.3 Update(수정)

이번에는 기존 데이터를 수정해보겠습니다. 몽고디비 프롬프트에 다음 명령어를 입력합니다.

콘솔
```
nodejs> db.users.updateOne({ name: 'nero' }, { $set: { comment: '안녕하세요. 이 필드를
⇒ 바꿔보겠습니다!' } });
{
  acknowledged: true,
  insertedId: null,
  matchedCount: 1,
  modifiedCount: 0,
  upsertedCount: 0
}
```

첫 번째 객체는 수정할 다큐먼트를 지정하는 객체이고, 두 번째 객체는 수정할 내용을 입력하는
객체입니다. $set이라는 연산자가 사용되었는데요. 이 연산자는 어떤 필드를 수정할지 정하는 연
산자입니다. 만약 이 연산자를 사용하지 않고 일반 객체를 넣는다면, 다큐먼트가 통째로 두 번째
인수로 주어진 객체로 수정되고 맙니다. 따라서 일부 필드만 수정하고 싶을 때는 반드시 $set 연
산자를 지정해야 합니다.

수정에 성공했다면, 첫 번째 객체에 해당하는 다큐먼트 수(matchedCount)와 수정된 다큐먼트 수(modifiedCount)가 나옵니다. updateOne은 하나의 다큐먼트만 수정합니다. 여러 건을 수정하려면 updateMany 메서드를 사용하세요.

Note ≡ **컴퍼스 사용 시**

컴퍼스를 사용하면 데이터를 간단하게 수정할 수 있습니다. 연필 버튼(✏)을 누르면 데이터를 수정할 수 있게 화면이 바뀝니다.

▼ 그림 8-35 연필 버튼 클릭

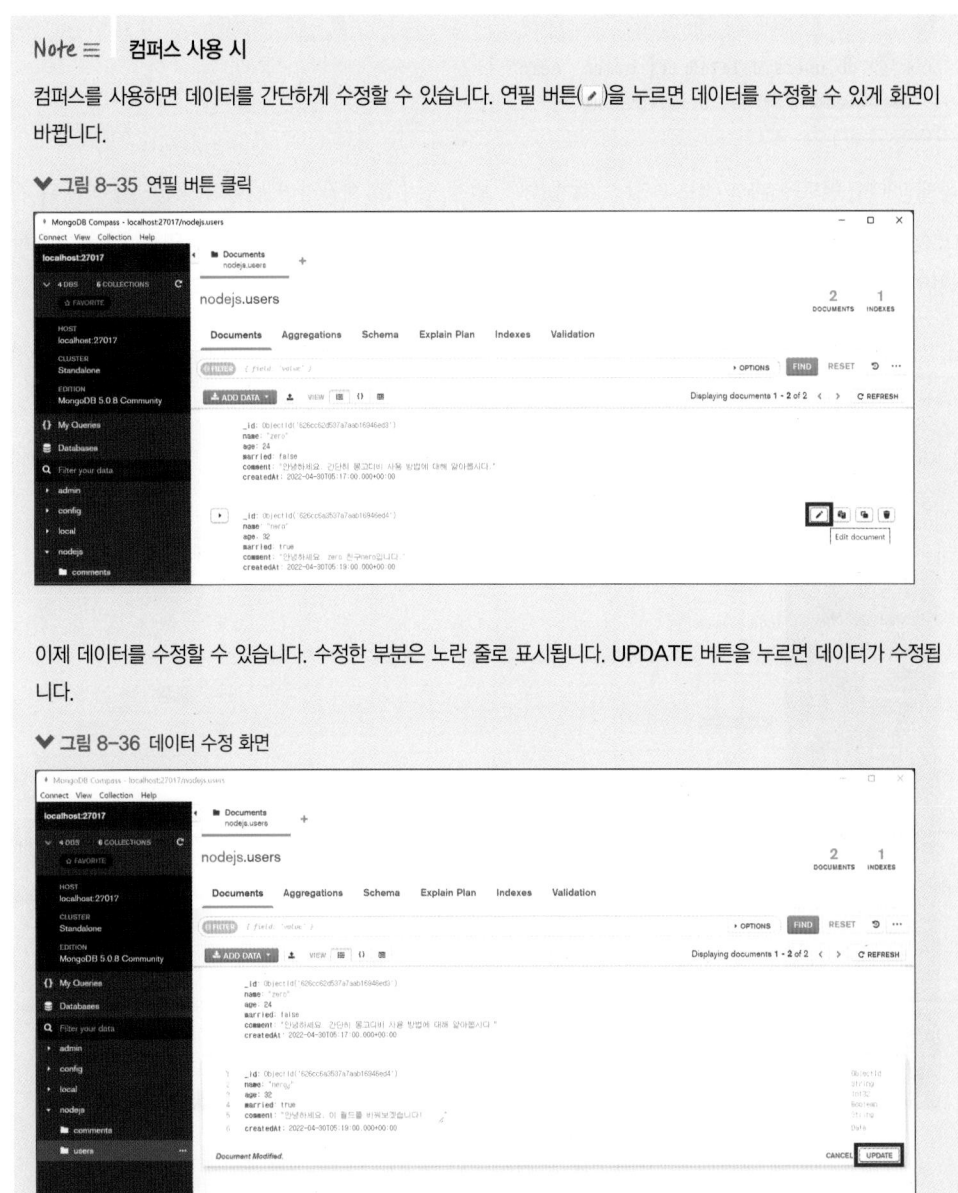

이제 데이터를 수정할 수 있습니다. 수정한 부분은 노란 줄로 표시됩니다. **UPDATE** 버튼을 누르면 데이터가 수정됩니다.

▼ 그림 8-36 데이터 수정 화면

8.5.4 Delete(삭제)

이번에는 데이터를 삭제해보겠습니다. 몽고디비 프롬프트에 다음 명령어를 입력합니다.

콘솔

```
nodejs> db.users.deleteOne({ name: 'nero' })
{ acknowledged: true, deletedCount: 1 }
```

삭제할 다큐먼트에 대한 정보가 담긴 객체를 첫 번째 인수로 제공하면 됩니다. 성공 시 삭제된 개수(deletedCount)가 반환됩니다. deleteOne은 하나의 다큐먼트만 수정합니다. 여러 건을 삭제하려면 deleteMany 메서드를 사용하세요.

Note ☰ **컴퍼스 사용 시**

컴퍼스를 사용하면 간단하게 데이터를 삭제할 수 있습니다. 휴지통 버튼(🗑)을 누르면 데이터를 삭제할 것인지 물어봅니다.

▼ 그림 8-37 휴지통 버튼 클릭

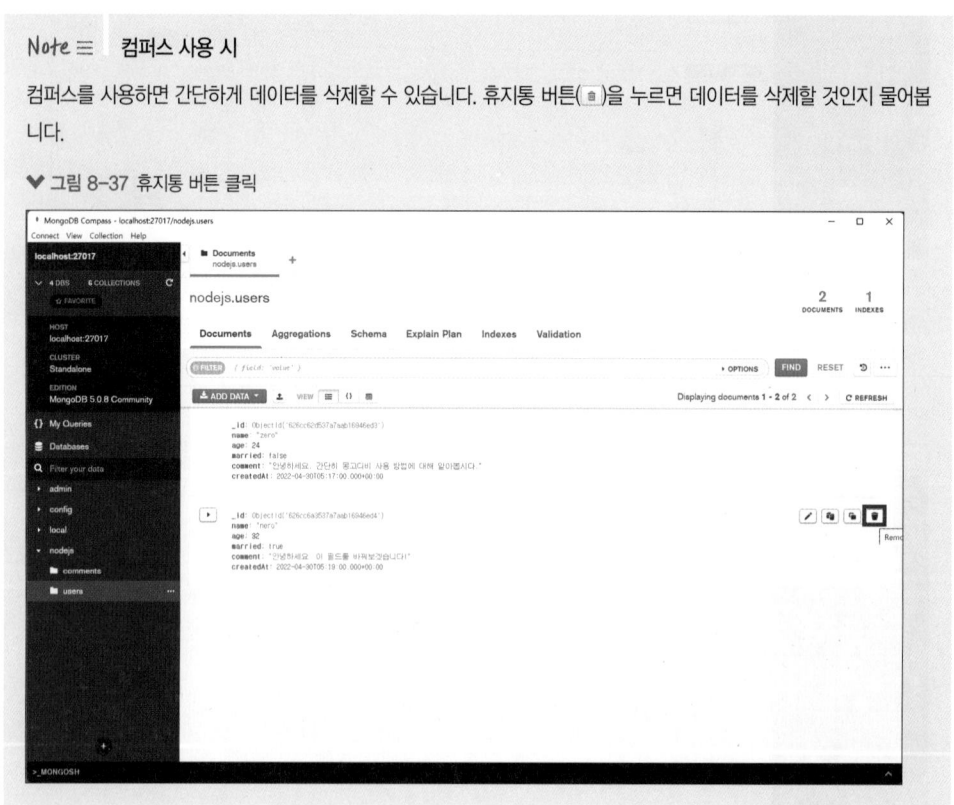

DELETE 버튼을 누르면 데이터가 삭제됩니다.

▼ 그림 8-38 데이터 삭제 화면

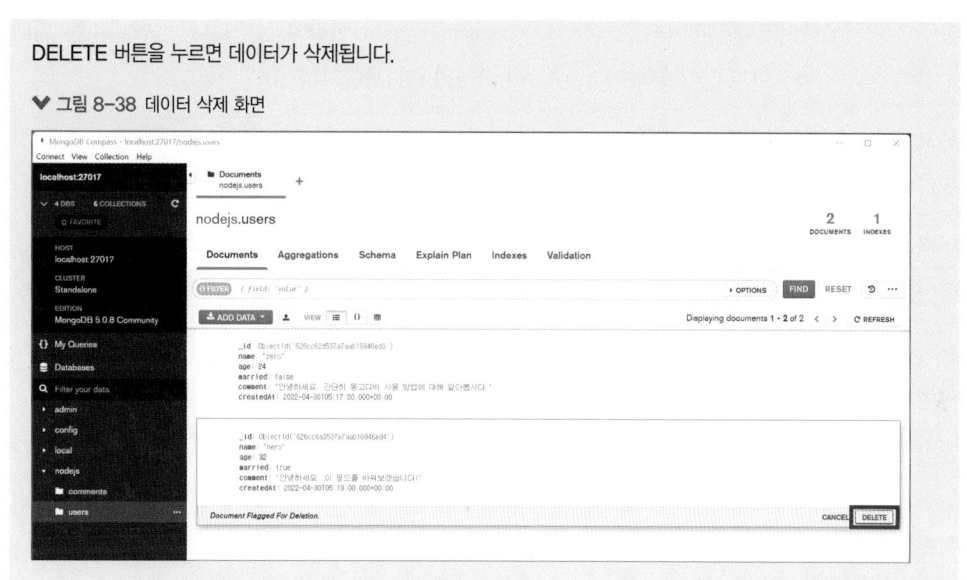

여기까지 CRUD 작업을 해봤습니다. 이제 몽고디비를 노드와 연동해 서버에서 데이터베이스를 조작할 수 있게 해야 합니다.

노드와 몽고디비를 연동해줄 뿐만 아니라 쿼리까지 만들어주는 라이브러리가 있습니다. 몽고디비 자체로도 자바스크립트 쿼리를 사용하지만, 이 라이브러리를 사용하면 더 쉽게 만들 수 있습니다. 다음 절에서 알아봅시다.

8.6 / 몽구스 사용하기

MySQL에 시퀄라이즈가 있다면 몽고디비에는 몽구스(Mongoose)가 있습니다.

▼ 그림 8-39 몽구스 로고

elegant mongodb object modeling for node.js

몽구스는 시퀄라이즈와 달리 ODM(Object Document Mapping)이라고 불립니다. 몽고디비는 릴레이션이 아니라 다큐먼트를 사용하므로 ORM이 아니라 ODM입니다.

몽고디비 자체가 이미 자바스크립트인데도 군이 자바스크립트 객체와 매핑하는 이유가 궁금할 것입니다. 그 이유는 몽고디비에 없어서 불편한 기능들을 몽구스가 보완해주기 때문입니다.

먼저 스키마(schema)라는 것이 생겼습니다. 몽고디비는 테이블이 없어서 자유롭게 데이터를 넣을 수 있지만, 때로는 자유로움이 불편함을 초래합니다. 실수로 잘못된 자료형의 데이터를 넣을 수도 있고, 다른 다큐먼트에는 없는 필드의 데이터를 넣을 수도 있습니다. 몽구스는 몽고디비에 데이터를 넣기 전에 노드 서버 단에서 데이터를 한 번 필터링하는 역할을 합니다.

또한, MySQL에 있는 JOIN 기능을 populate라는 메서드로 어느 정도 보완합니다. 따라서 관계가 있는 데이터를 쉽게 가져올 수 있습니다. 비록 쿼리 한 번에 데이터를 합쳐서 가져오는 것은 아니지만, 이 작업을 우리가 직접 하지 않아도 되므로 편리합니다.

ES2015 프로미스 문법과 강력하고 가독성이 높은 쿼리 빌더를 지원하는 것도 장점입니다.

지금부터는 몽구스 실습을 위한 새 프로젝트를 생성하겠습니다. learn-mongoose 폴더를 만들고, 그 안에 package.json을 생성합니다.

package.json

```json
{
  "name": "learn-mongoose",
  "version": "0.0.1",
  "description": "몽구스를 배우자",
  "main": "app.js",
  "scripts": {
    "start": "nodemon app"
  },
  "author": "ZeroCho",
  "license": "MIT"
}
```

이제 몽구스와 필요한 패키지를 설치합니다.

```
$ npm i express morgan nunjucks mongoose
$ npm i -D nodemon
```

8.6.1 몽고디비 연결하기

이제 노드와 몽고디비를 몽구스를 통해 연결해보겠습니다. 몽고디비는 주소를 사용해 연결합니다. 주소 형식은 mongodb://[username:password@]host[:port][/[database][?options]]와 같습니다. [ ] 부분은 있어도 되고 없어도 됨을 의미합니다.

username과 password에 몽고디비 계정 이름과 비밀번호를 넣습니다. host가 localhost, port가 27017, 계정이 있는 database가 admin이므로 주소는 다음과 같이 됩니다.

mongodb://이름:비밀번호@localhost:27017/admin

먼저 schemas 폴더를 루트 디렉터리에 생성합니다. 폴더 안에 index.js 파일을 생성한 후 내용을 다음과 같이 넣습니다.

```
const mongoose = require('mongoose');

const connect = () => {

  if (process.env.NODE_ENV !== 'production') {          ┄┄┄┄┄❶
    mongoose.set('debug', true);
  }

  mongoose.connect('mongodb://root:nodejsbook@localhost:27017/admin', {
    dbName: 'nodejs',
    useNewUrlParser: true,
  }).then(() => {                                        ┄┄┄┄┄❷
    console.log("몽고디비 연결 성공");
  }).catch((err) => {
    console.error("몽고디비 연결 에러", err);
  });
};
```

```
mongoose.connection.on('error', (error) => {
  console.error('몽고디비 연결 에러', error);
});
mongoose.connection.on('disconnected', () => {
  console.error('몽고디비 연결이 끊겼습니다. 연결을 재시도합니다.');
  connect();
});
```
❸

```
module.exports = connect;
```

❶ 개발 환경일 때만 콘솔을 통해 몽구스가 생성하는 쿼리 내용을 확인할 수 있게 하는 코드입니다.

❷ 몽구스와 몽고디비를 연결하는 부분입니다. 몽고디비 주소로 접속을 시도합니다. 비밀번호 (nodejsbook 부분)를 자신의 비밀번호로 바꾸는 것을 잊지 마세요! 접속을 시도하는 주소의 데이터베이스는 admin이지만, 실제로 사용할 데이터베이스는 nodejs이므로 두 번째 인수로 dbName 옵션을 줘서 nodejs 데이터베이스를 사용하게 했습니다. 마지막 인수로 주어진 콜백 함수를 통해 연결 여부를 확인합니다.

useNewUrlParser: true는 입력하지 않아도 되지만 콘솔에 경고 메시지가 나타나므로 넣었습니다.

❸ 몽구스 커넥션에 이벤트 리스너를 달아뒀습니다. 에러 발생 시 에러 내용을 기록하고, 연결 종료 시 재연결을 시도합니다.

app.js를 만들고 schemas/index.js와 연결합니다.

app.js
```
const express = require('express');
const path = require('path');
const morgan = require('morgan');
const nunjucks = require('nunjucks');

const connect = require('./schemas');

const app = express();
app.set('port', process.env.PORT || 3002);
app.set('view engine', 'html');
nunjucks.configure('views', {
  express: app,
  watch: true,
```

```
});
connect();

app.use(morgan('dev'));
app.use(express.static(path.join(__dirname, 'public')));
app.use(express.json());
app.use(express.urlencoded({ extended: false }));

app.use((req, res, next) => {
  const error = new Error(`${req.method} ${req.url} 라우터가 없습니다.`);
  error.status = 404;
  next(error);
});

app.use((err, req, res, next) => {
  res.locals.message = err.message;
  res.locals.error = process.env.NODE_ENV !== 'production' ? err : {};
  res.status(err.status || 500);
  res.render('error');
});

app.listen(app.get('port'), () => {
  console.log(app.get('port'), '번 포트에서 대기 중');
});
```

몽고디비가 잘 연결되는지 보기 위해 서버를 실행하겠습니다. 서버를 실행하기 전에 8.2절에서 배웠던 대로 몽고디비 서버를 먼저 실행(mongod --ipv6 --auth)해야 합니다. 몽고디비 서버가 켜졌다면, 콘솔을 하나 더 열어 learn-mongoose 폴더로 이동한 후 npm start로 웹 서버를 실행해 봅시다.

서버를 실행하면 3002번 포트에서 서버가 돌아갑니다. 라우터를 만들지 않았기에 실제로 접속할 수는 없지만 다음과 같은 로그가 뜹니다.

콘솔

```
$ npm start
> learn-mongoose@0.0.1 start
> nodemon app

[nodemon] 2.0.16
[nodemon] to restart at any time, enter `rs`
[nodemon] watching dir(s): *.*
```

```
[nodemon] watching extensions: js,mjs,json
[nodemon] starting `node app.js`
3002 번 포트에서 대기 중
몽고디비 연결 성공
Mongoose: users.createIndex({ name: 1 }, { unique: true, background: true })
```

마지막 두 로그가 뜨면 연결이 성공한 것입니다. 연결에 실패한 경우 에러 메시지가 로깅됩니다.
에러는 주로 몽고디비 데이터베이스를 실행하지 않았거나(몽고디비 연결 성공이 뜨지 않고 30초
뒤 MongooseServerSelectionError: connect ECONNREFUSED ::1:27017 에러 발생) 비밀번호가 틀
렸을 때(MongoServerError: Authentication Failed) 발생합니다.

8.6.2 스키마 정의하기

시퀄라이즈에서 테이블을 만들었던 것처럼 몽구스 스키마(schema)를 만들어봅시다. schemas 폴
더에 user.js와 comment.js를 만듭니다.

schemas/user.js
```
const mongoose = require('mongoose');

const { Schema } = mongoose;
const userSchema = new Schema({
  name: {
    type: String,
    required: true,
    unique: true,
  },
  age: {
    type: Number,
    required: true,
  },
  married: {
    type: Boolean,
    required: true,
  },
  comment: String,
  createdAt: {
    type: Date,
    default: Date.now,
```

```
  },
});

module.exports = mongoose.model('User', userSchema);
```

몽구스 모듈에서 Schema 생성자를 사용해 스키마를 만듭니다. 시퀄라이즈에서 모델을 정의하는 것과 비슷합니다. 필드를 각각 정의합니다.

몽구스는 알아서 _id를 기본 키로 생성하므로 _id 필드는 적어줄 필요가 없습니다. 나머지 필드의 스펙만 입력합니다.

몽구스 스키마에서 특이한 점은 String, Number, Date, Buffer, Boolean, Mixed, ObjectId, Array를 값으로 가질 수 있다는 점입니다. 몽고디비의 자료형과는 조금 다르며, 편의를 위해 종류 수를 줄여뒀습니다.

name 필드의 자료형은 String이고 필수이며 고유한 값이어야 합니다. age 필드는 Number 자료형이고 필수이며, married 필드는 불 값 자료형이고 필수입니다. comment 필드는 String 자료형입니다. required나 default 등의 옵션이 필요하지 않다면 간단하게 자료형만 명시하면 됩니다. createdAt 필드는 Date 자료형이고 기본값은 Date.now(데이터 생성 당시의 시간)입니다.

마지막에는 몽구스의 model 메서드로 스키마와 몽고디비 컬렉션을 연결하는 모델을 만듭니다.

댓글 스키마도 만들어봅시다.

schemas/comment.js
```
const mongoose = require('mongoose');

const { Schema } = mongoose;
const { Types: { ObjectId } } = Schema;
const commentSchema = new Schema({
  commenter: {
    type: ObjectId,
    required: true,
    ref: 'User',
  },
  comment: {
    type: String,
    required: true,
  },
  createdAt: {
    type: Date,
```

```
      default: Date.now,
    },
  });

module.exports = mongoose.model('Comment', commentSchema);
```

commenter 속성만 보면 됩니다. 자료형이 ObjectId입니다. 옵션으로 ref 속성의 값이 User로 주어져 있습니다. commenter 필드에 User 스키마의 사용자 ObjectId가 들어간다는 뜻입니다. 나중에 몽구스가 JOIN과 비슷한 기능을 할 때 사용됩니다.

> **Note ≡   컬렉션 이름 바꾸기**
>
> 몽구스는 model 메서드의 첫 번째 인수로 컬렉션 이름을 만듭니다. 첫 번째 인수가 User라면 첫 글자를 소문자로 만든 뒤 복수형으로 바꿔서 users 컬렉션을 생성합니다. Comment라면 comments 컬렉션이 됩니다. 이러한 '강제 개명'이 싫다면 세 번째 인수로 컬렉션 이름을 줄 수 있습니다.
>
> ```
> mongoose.model('User', userSchema, 'user_table');
> ```
>
> 이제 users 컬렉션 대신 user_table 컬렉션이 생성됩니다.

8.6.3 쿼리 수행하기

7.6.4절처럼 몽구스를 사용해서 쿼리를 수행해보겠습니다.

views 폴더 안에 mongoose.html과 error.html 파일을 만듭니다. 직접 입력하기에는 코드양이 상당히 많은데, 프런트엔드 코드가 중요한 것은 아니므로 https://github.com/zerocho/nodejs-book에서 코드를 복사하는 것을 권장합니다.

views/mongoose.html

```html
<!DOCTYPE html>
<html>
  <head>
    <meta charset="utf-8">
    <title>몽구스 서버</title>
    <style>
      table { border: 1px solid black; border-collapse: collapse; }
      table th, table td { border: 1px solid black; }
    </style>
  </head>
```

```html
<body>
  <div>
    <form id="user-form">
      <fieldset>
        <legend>사용자 등록</legend>
        <div><input id="username" type="text" placeholder="이름"></div>
        <div><input id="age" type="number" placeholder="나이"></div>
        <div><input id="married" type="checkbox"><label for="married">결혼 여부
  </label></div>
        <button type="submit">등록</button>
      </fieldset>
    </form>
  </div>
  <br>
  <table id="user-list">
    <thead>
    <tr>
      <th>아이디</th>
      <th>이름</th>
      <th>나이</th>
      <th>결혼 여부</th>
    </tr>
    </thead>
    <tbody>
    {% for user in users %}
    <tr>
      <td>{{user.id}}</td>
      <td>{{user.name}}</td>
      <td>{{user.age}}</td>
      <td>{{ '기혼' if user.married else '미혼'}}</td>
    </tr>
    {% endfor %}
    </tbody>
  </table>
  <br>
  <div>
    <form id="comment-form">
      <fieldset>
        <legend>댓글 등록</legend>
        <div><input id="userid" type="text" placeholder="사용자 아이디"></div>
        <div><input id="comment" type="text" placeholder="댓글"></div>
        <button type="submit">등록</button>
      </fieldset>
```

```html
        </form>
      </div>
      <br>
      <table id="comment-list">
        <thead>
        <tr>
          <th>아이디</th>
          <th>작성자</th>
          <th>댓글</th>
          <th>수정</th>
          <th>삭제</th>
        </tr>
        </thead>
        <tbody></tbody>
      </table>
      <script src="https://unpkg.com/axios/dist/axios.min.js"></script>
      <script src="/mongoose.js"></script>
  </body>
</html>
```

```html
<h1>{{message}}</h1>
<h2>{{error.status}}</h2>
<pre>{{error.stack}}</pre>
```

public 폴더 안에 mongoose.js 파일도 만듭니다. 7.6.4절의 public/sequelize.js와는 조금 다릅니다.

```javascript
// 사용자 이름을 눌렀을 때 댓글 로딩
document.querySelectorAll('#user-list tr').forEach((el) => {
  el.addEventListener('click', function () {
    const id = el.querySelector('td').textContent;
    getComment(id);
  });
});
// 사용자 로딩
async function getUser() {
  try {
    const res = await axios.get('/users');
    const users = res.data;
```

```javascript
    console.log(users);
    const tbody = document.querySelector('#user-list tbody');
    tbody.innerHTML = '';
    users.map(function (user) {
      const row = document.createElement('tr');
      row.addEventListener('click', () => {
        getComment(user._id);
      });
      // 로우 셀 추가
      let td = document.createElement('td');
      td.textContent = user._id;
      row.appendChild(td);
      td = document.createElement('td');
      td.textContent = user.name;
      row.appendChild(td);
      td = document.createElement('td');
      td.textContent = user.age;
      row.appendChild(td);
      td = document.createElement('td');
      td.textContent = user.married ? '기혼' : '미혼';
      row.appendChild(td);
      tbody.appendChild(row);
    });
  } catch (err) {
    console.error(err);
  }
}
// 댓글 로딩
async function getComment(id) {
  try {
    const res = await axios.get(`/users/${id}/comments`);
    const comments = res.data;
    const tbody = document.querySelector('#comment-list tbody');
    tbody.innerHTML = '';
    comments.map(function (comment) {
      // 로우 셀 추가
      const row = document.createElement('tr');
      let td = document.createElement('td');
      td.textContent = comment._id;
      row.appendChild(td);
      td = document.createElement('td');
      td.textContent = comment.commenter.name;
      row.appendChild(td);
```

```javascript
      td = document.createElement('td');
      td.textContent = comment.comment;
      row.appendChild(td);
      const edit = document.createElement('button');
      edit.textContent = '수정';
      edit.addEventListener('click', async () => { // 수정 클릭 시
        const newComment = prompt('바꿀 내용을 입력하세요');
        if (!newComment) {
          return alert('내용을 반드시 입력하셔야 합니다');
        }
        try {
          await axios.patch(`/comments/${comment._id}`, { comment: newComment });
          getComment(id);
        } catch (err) {
          console.error(err);
        }
      });
      const remove = document.createElement('button');
      remove.textContent = '삭제';
      remove.addEventListener('click', async () => { // 삭제 클릭 시
        try {
          await axios.delete(`/comments/${comment._id}`);
          getComment(id);
        } catch (err) {
          console.error(err);
        }
      });
      // 버튼 추가
      td = document.createElement('td');
      td.appendChild(edit);
      row.appendChild(td);
      td = document.createElement('td');
      td.appendChild(remove);
      row.appendChild(td);
      tbody.appendChild(row);
    });
  } catch (err) {
    console.error(err);
  }
}
// 사용자 등록 시
document.getElementById('user-form').addEventListener('submit', async (e) => {
  e.preventDefault();
```

```javascript
    const name = e.target.username.value;
    const age = e.target.age.value;
    const married = e.target.married.checked;
    if (!name) {
      return alert('이름을 입력하세요');
    }
    if (!age) {
      return alert('나이를 입력하세요');
    }
    try {
      await axios.post('/users', { name, age, married });
      getUser();
    } catch (err) {
      console.error(err);
    }
    e.target.username.value = '';
    e.target.age.value = '';
    e.target.married.checked = false;
  });
  // 댓글 등록 시
  document.getElementById('comment-form').addEventListener('submit', async (e) => {
    e.preventDefault();
    const id = e.target.userid.value;
    const comment = e.target.comment.value;
    if (!id) {
      return alert('아이디를 입력하세요');
    }
    if (!comment) {
      return alert('댓글을 입력하세요');
    }
    try {
      await axios.post('/comments', { id, comment });
      getComment(id);
    } catch (err) {
      console.error(err);
    }
    e.target.userid.value = '';
    e.target.comment.value = '';
  });
```

HTML 쪽보다는 서버 코드 위주로 보면 됩니다. script 태그에는 버튼들을 눌렀을 때 서버의 라우터로 AJAX 요청을 보내는 코드가 들어 있습니다.

조금 뒤에 만들 라우터들을 미리 app.js에 연결합니다.

app.js

```
...
const connect = require('./schemas');
const indexRouter = require('./routes/index');
const usersRouter = require('./routes/users');
const commentsRouter = require('./routes/comments');

const app = express();
...
app.use(express.urlencoded({ extended: false }));

app.use('/', indexRouter);
app.use('/users', usersRouter);
app.use('/comments', commentsRouter);

app.use((req, res, next) => {
  const error =  new Error(`${req.method} ${req.url} 라우터가 없습니다.`);
...
```

이제 라우터를 작성해보겠습니다.

routes/index.js

```
const express = require('express');
const User = require('../schemas/user');

const router = express.Router();

router.get('/', async (req, res, next) => {
  try {
    const users = await User.find({});
    res.render('mongoose', { users });
  } catch (err) {
    console.error(err);
    next(err);
  }
});

module.exports = router;
```

먼저 GET /로 접속했을 때의 라우터입니다. User.find({}) 메서드로 모든 사용자를 찾은 뒤, mongoose.html을 렌더링할 때 users 변수로 넣습니다. find 메서드는 User 스키마를 require한 뒤 사용할 수 있습니다. 몽고디비의 db.users.find({}) 쿼리와 같습니다.

몽구스도 기본적으로 프로미스를 지원하므로 async/await과 try/catch문을 사용해서 각각 조회 성공 시와 실패 시의 정보를 얻을 수 있습니다. 이렇게 미리 데이터베이스에서 데이터를 조회한 후 템플릿 렌더링에 사용할 수 있습니다.

다음은 users.js입니다.

routes/users.js

```js
const express = require('express');
const User = require('../schemas/user');
const Comment = require('../schemas/comment');

const router = express.Router();

router.route('/')
  .get(async (req, res, next) => {
    try {
      const users = await User.find({});
      res.json(users);
    } catch (err) {
      console.error(err);
      next(err);
    }
  })
  .post(async (req, res, next) => {
    try {
      const user = await User.create({
        name: req.body.name,
        age: req.body.age,
        married: req.body.married,
      });
      console.log(user);
      res.status(201).json(user);
    } catch (err) {
      console.error(err);
      next(err);
    }
  });
```

```
router.get('/:id/comments', async (req, res, next) => {
  try {
    const comments = await Comment.find({ commenter: req.params.id })
      .populate('commenter');
    console.log(comments);
    res.json(comments);
  } catch (err) {
    console.error(err);
    next(err);
  }
});

module.exports = router;
```

GET /users와 POST /users 주소로 요청이 들어올 때의 라우터입니다. 각각 사용자를 조회하는 요청과 사용자를 등록하는 요청을 처리합니다. GET /에서도 사용자 데이터를 조회했지만 GET /users 에서는 데이터를 JSON 형식으로 반환한다는 점에서 차이가 있습니다.

사용자를 등록할 때는 먼저 모델 .create 메서드로 저장합니다. 몽고디비와 메서드가 다르므로 몽구스용 메서드를 따로 외워야 합니다. 정의한 스키마에 부합하지 않는 데이터를 넣었을 때는 몽구스가 에러를 발생시킵니다. _id는 자동으로 생성됩니다.

GET /users/:id/comments 라우터는 댓글 다큐먼트를 조회하는 라우터입니다. find 메서드에는 옵션이 추가되어 있습니다. 먼저 댓글을 쓴 사용자의 아이디로 댓글을 조회한 뒤 populate 메서드로 관련 있는 컬렉션의 다큐먼트를 불러올 수 있습니다. Comment 스키마 commenter 필드의 ref가 User로 되어 있으므로, 자동으로 users 컬렉션에서 사용자 다큐먼트를 찾아 합칩니다. commenter 필드가 사용자 다큐먼트로 치환됩니다. 이제 commenter 필드는 ObjectId가 아니라 그 ObjectId를 가진 사용자 다큐먼트가 됩니다.

routes/comments.js

```
const express = require('express');
const Comment = require('../schemas/comment');

const router = express.Router();

router.post('/', async (req, res, next) => {
  try {
    const comment = await Comment.create({
      commenter: req.body.id,
```

```
      comment: req.body.comment,
    });
    console.log(comment);
    const result = await Comment.populate(comment, { path: 'commenter' });
    res.status(201).json(result);
  } catch (err) {
    console.error(err);
    next(err);
  }
});

router.route('/:id')
  .patch(async (req, res, next) => {
    try {
      const result = await Comment.updateOne({
        _id: req.params.id,
      }, {
        comment: req.body.comment,
      });
      res.json(result);
    } catch (err) {
      console.error(err);
      next(err);
    }
  })
  .delete(async (req, res, next) => {
    try {
      const result = await Comment.deleteOne({ _id: req.params.id });
      res.json(result);
    } catch (err) {
      console.error(err);
      next(err);
    }
  });

module.exports = router;
```

댓글에 관련된 CRUD 작업을 하는 라우터입니다. POST /comments, PATCH /comments/:id, DELETE /comments/:id를 등록했습니다.

POST /comments 라우터는 다큐먼트를 등록하는 라우터입니다. Comment.create 메서드로 댓글을 저장합니다. 그 후 populate 메서드로 프로미스의 결과로 반환된 comment 객체에 다른 컬렉션 다큐먼트를 불러옵니다. path 옵션으로 어떤 필드를 합칠지 설정하면 됩니다. 합쳐진 결과를 클라이언트로 응답합니다.

PATCH /comments/:id 라우터는 다큐먼트를 수정하는 라우터입니다. 수정에는 updateOne 메서드를 사용합니다. updateOne 메서드의 첫 번째 인수로는 어떤 다큐먼트를 수정할지를 나타낸 쿼리 객체를 제공하고, 두 번째 인수로는 수정할 필드와 값이 들어 있는 객체를 제공합니다. 시퀄라이즈와는 인수의 순서가 반대입니다. 몽고디비와 다르게 $set 연산자를 사용하지 않아도 기입한 필드만 바꿉니다. 따라서 실수로 다큐먼트를 통째로 수정할 일이 없어 안전합니다.

DELETE /comments/:id 라우터는 다큐먼트를 삭제하는 라우터입니다. deleteOne 메서드를 사용해 삭제합니다. deleteOne 메서드에도 어떤 다큐먼트를 삭제할지에 대한 조건을 첫 번째 인수에 넣습니다.

npm start로 웹 서버를 실행해봅시다.

콘솔

```
$ npm start
> learn-mongoose@0.0.1 start
> nodemon app

[nodemon] 2.0.16
[nodemon] to restart at any time, enter `rs`
[nodemon] watching: *.*
[nodemon] watching extensions: js,mjs,json
[nodemon] starting `node app.js`
3002 번 포트에서 대기 중
몽고디비 연결 성공
Mongoose: users.createIndex({ name: 1 }, { unique: true, background: true })
```

서버 실행 후 http://localhost:3002에 접속하면 7.6.5절과 같은 화면이 나옵니다. 아이디가 ObjectId라는 점만 다르고 7.6.5절의 애플리케이션과 하는 동작은 같습니다. 대신 몽구스와 시퀄라이즈, 몽고디비와 MySQL의 차이점 때문에 코드가 다릅니다. 두 데이터베이스를 비교해서 보면 됩니다.

┌─ 사용자 등록 ────────────────┐
│ 이름   │
│ 나이   │
│ ☐ 결혼 여부   │
│ 등록   │
└──────────────────────────────┘

아이디	이름	나이	결혼여부
5dfa2b77e12e0d9560c7bdbd	zero	24	미혼
5dfa37f34548039d8c14e258	nero	32	기혼

┌─ 댓글 등록 ────────────────┐
│ 사용자 아이디   │
│ 댓글   │
│ 등록   │
└──────────────────────────────┘

아이디	작성자	댓글	수정	삭제
5dfa2d3be12e0d9560c7bdc0	zero	수정한 댓글입니다.	수정	삭제
5dfa39bdee2e8c8d14166551	zero	댓글을 추가합니다.	수정	삭제

이제 애플리케이션을 만들기 위한 준비는 끝났습니다. 하지만 아직 모든 것을 다루지는 않았습니다. 로그인 구현, 이미지 업로드, JWT 토큰 인증, 실시간 데이터 전송, 외부 API 연동 등은 예제를 진행하면서 다룰 것입니다. 다음 장부터는 애플리케이션을 만들어보면서 지금까지 배운 내용을 응용해봅시다.

8.7 함께 보면 좋은 자료

NODE.JS

- **몽고디비 문서**: https://docs.mongodb.com
- **몽고디비 자료형 설명**: https://docs.mongodb.com/manual/reference/bson-types
- **컴퍼스 매뉴얼**: https://docs.mongodb.com/compass/master
- **몽구스 문서**: http://mongoosejs.com/docs/guide.html

9장

익스프레스로
SNS 서비스 만들기

이제부터는 지금까지 배운 것을 바탕으로 실제 웹 서비스를 제작해보겠습니다. 앞에서 배운 내용은 다시 설명하지 않으니 실습하다가 잊어버린 내용이 있다면 언제든지 되돌아가 개념을 복습하길 바랍니다. 프로미스보다 async/await 문법을 적극적으로 사용하므로 async/await에 어느 정도 익숙해지고 나서 보는 게 좋습니다.

이 장에서는 로그인, 이미지 업로드, 게시글 작성, 해시태그 검색, 팔로잉 등의 기능이 있는 SNS 서비스인 NodeBird 앱을 만들어봅니다. 노드, 익스프레스 그리고 npm에 있는 오픈 소스와 함께라면 복잡할 것 같은 SNS 서비스도 금방 제작할 수 있습니다.

▼ 그림 9-1 NodeBird 완성 화면

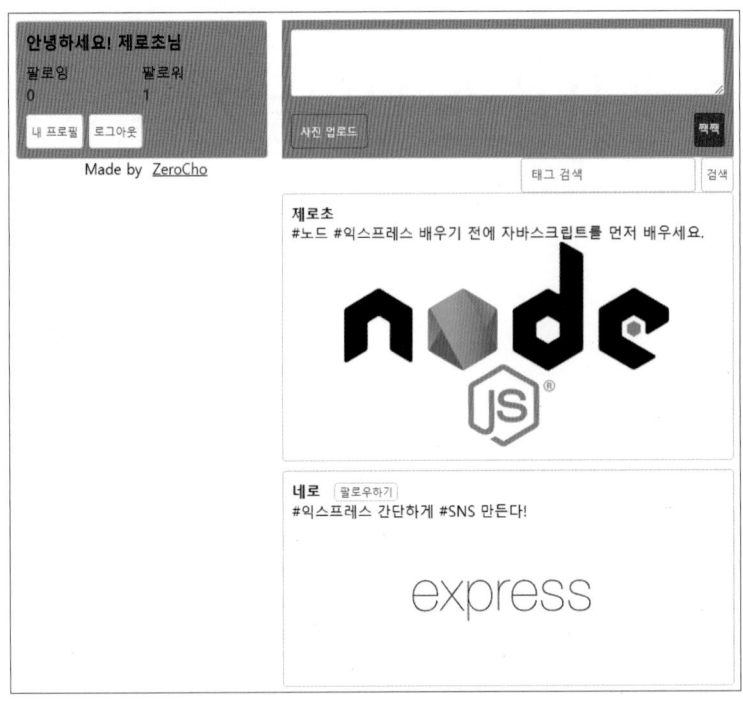

9.1 프로젝트 구조 갖추기

SNS 중에는 140자의 단문 메시지를 보내고 사람들이 메시지의 내용을 공유할 수 있는 서비스가 있습니다. 이와 유사한 서비스를 노드로 만들어보겠습니다. 프런트엔드 쪽 코드가 많이 들어가지만, 노드와 익스프레스 코드 위주로 보면 됩니다.

먼저 nodebird라는 폴더를 만듭니다. 항상 package.json을 제일 먼저 생성해야 합니다. package.json을 생성해주는 npm init 명령어를 콘솔에서 호출해도 되고 직접 만들어도 됩니다. version이나 description, author, license는 원하는 대로 자유롭게 수정해도 괜찮습니다. scripts 부분에 start 속성은 잊지 말고 넣어줘야 합니다.

package.json

```json
{
  "name": "nodebird",
  "version": "0.0.1",
  "description": "익스프레스로 만드는 SNS 서비스",
  "main": "app.js",
  "scripts": {
    "start": "nodemon app"
  },
  "author": "ZeroCho",
  "license": "MIT"
}
```

nodebird 폴더 안에 package.json을 생성했다면 이제 시퀄라이즈를 설치합니다. 이 프로젝트에서는 NoSQL 대신 SQL(MySQL)을 데이터베이스로 사용할 것입니다. 사용자와 게시물 간, 게시물과 해시태그 간의 관계가 중요하므로 관계형 데이터베이스인 MySQL을 선택했습니다.

콘솔

```
$ npm i sequelize mysql2 sequelize-cli
$ npx sequelize init
```

npm i sequelize mysql2 sequelize-cli 명령어를 호출하면 node_modules 폴더와 package-lock.json이 생성됩니다. 또한, npx sequelize init 명령어를 호출하면 config, migrations, models, seeders 폴더가 생성됩니다. npx 명령어를 사용하는 이유는 전역 설치(npm i -g)를 피하기 위해서입니다.

이제 다른 폴더도 생성합니다. 템플릿 파일을 넣을 views 폴더, 라우터를 넣을 routes 폴더, 정적 파일을 넣을 public 폴더가 필요합니다. 9.3절에서 설명할 passport 패키지를 위한 passport 폴더도 만듭니다.

마지막으로, 익스프레스 서버 코드가 담길 app.js와 설정값들을 담을 .env 파일을 nodebird 폴더 안에 생성합니다. 폴더 구조는 다음과 같습니다.

▼ 그림 9-2 nodebird 폴더 구조

이와 같은 구조라면 폴더 구조가 올바르게 설정된 것입니다. 여기에 몇 개의 폴더가 추가되기는 하지만 이 구조를 크게 벗어나지 않을 것입니다.

이 구조는 고정된 구조가 아니므로 편의에 따라 바꿔도 됩니다. 서비스가 성장하고 규모가 커질수록 폴더 구조도 복잡해지므로 각자 서비스에 맞는 구조를 적용해야 합니다.

먼저 필요한 npm 패키지들을 설치하고 app.js를 작성합니다. 템플릿 엔진은 넌적스를 사용할 것입니다.

콘솔

```
$ npm i express cookie-parser express-session morgan multer dotenv nunjucks
$ npm i -D nodemon
```

모두 6장에서 설명한 패키지들입니다. app.js와 .env는 다음과 같이 작성합니다.

```
const express = require('express');
const cookieParser = require('cookie-parser');
const morgan = require('morgan');
const path = require('path');
const session = require('express-session');
const nunjucks = require('nunjucks');
const dotenv = require('dotenv');

dotenv.config();
const pageRouter = require('./routes/page');

const app = express();
app.set('port', process.env.PORT || 8001);
app.set('view engine', 'html');
nunjucks.configure('views', {
  express: app,
  watch: true,
});

app.use(morgan('dev'));
app.use(express.static(path.join(__dirname, 'public')));
app.use(express.json());
app.use(express.urlencoded({ extended: false }));
app.use(cookieParser(process.env.COOKIE_SECRET));
app.use(session({
  resave: false,
  saveUninitialized: false,
  secret: process.env.COOKIE_SECRET,
  cookie: {
    httpOnly: true,
    secure: false,
  },
}));

app.use('/', pageRouter);

app.use((req, res, next) => {
  const error = new Error(`${req.method} ${req.url} 라우터가 없습니다.`);
  error.status = 404;
  next(error);
});
```

```
app.use((err, req, res, next) => {
  res.locals.message = err.message;
  res.locals.error = process.env.NODE_ENV !== 'production' ? err : {};
  res.status(err.status || 500);
  res.render('error');
});

app.listen(app.get('port'), () => {
  console.log(app.get('port'), '번 포트에서 대기 중');
});
```

라우터로는 현재 pageRouter만 있지만, 추후에 더 추가할 예정입니다. 라우터 이후에는 404 응답
미들웨어와 에러 처리 미들웨어가 있습니다. 마지막으로, 앱을 8001번 포트에 연결했습니다.

.env

```
COOKIE_SECRET=cookiesecret
```

하드 코딩된 비밀번호가 유일하게 남아 있는 파일이 있습니다. 시퀄라이즈 설정을 담아둔 config.
json입니다. JSON 파일이라 process.env를 사용할 수 없습니다. 시퀄라이즈의 비밀번호를 숨기
는 방법은 15.1.2절에서 알아봅니다.

기본적인 라우터와 템플릿 엔진도 만들어봅시다. routes 폴더 안에는 page.js를, views 폴더 안
에는 layout.html, main.html, profile.html, join.html, error.html을 생성합니다. 약간의 디
자인을 위해 main.css를 public 폴더 안에 생성합니다.

routes/page.js

```
const express = require('express');
const { renderProfile, renderJoin, renderMain } = require('../controllers/page');

const router = express.Router();

router.use((req, res, next) => {
  res.locals.user = null;
  res.locals.followerCount = 0;
  res.locals.followingCount = 0;
  res.locals.followingIdList = [];
  next();
});

router.get('/profile', renderProfile);
```

```
router.get('/join', renderJoin);

router.get('/', renderMain);

module.exports = router;
```

GET /profile, GET /join, GET /까지 페이지 세 개로 구성되어 있습니다. router.use로 라
우터용 미들웨어를 만들어 템플릿 엔진에서 사용할 user, followingCount, followerCount,
followingIdList 변수를 res.locals로 설정했습니다. 지금은 각각 null, 0, 0, []이지만 나중에 값
을 넣을 것입니다. res.locals로 값을 설정하는 이유는 user와 followingCount, followerCount,
followingIdList 변수는 모든 템플릿 엔진에서 공통으로 사용하기 때문입니다.

여기서 특이한 점은 컨트롤러의 존재입니다. 이전과는 다르게 라우터의 미들웨어를 다른 곳에서
불러오고 있습니다. renderProfile, renderJoin, renderMain과 같이 라우터 마지막에 위치해 클
라이언트에 응답을 보내는 미들웨어를 컨트롤러라고 합니다. 우리는 아직 컨트롤러를 작성하지
않았습니다. 프로젝트에 controllers 폴더를 만들고 그 안에 page.js를 만듭니다.

controllers/page.js

```
exports.renderProfile = (req, res) => {
  res.render('profile', { title: '내 정보 - NodeBird' });
};

exports.renderJoin = (req, res) => {
  res.render('join', { title: '회원 가입 - NodeBird' });
};

exports.renderMain = (req, res, next) => {
  const twits = [];
  res.render('main', {
    title: 'NodeBird',
    twits,
  });
};
```

컨트롤러라고 해서 특별한 것은 아니고 res.send, res.json, res.redirect, res.render 등이 존재
하는 미들웨어일 뿐입니다. 다만 컨트롤러를 분리하면 좋은 점이 있는데, 11장에서 테스트를 진
행할 때 분리한 이유를 알게 됩니다. 지금은 실무에서 코드를 편하게 관리하기 위해 컨트롤러를
따로 분리한다고 알아두면 됩니다.

renderProfile과 renderJoin은 각각 내 정보 페이지와 회원 가입 페이지를 화면에 렌더링합니다. renderMain 컨트롤러는 메인 페이지를 렌더링하면서 넌적스에 twits(게시글 목록)를 전달합니다. twits는 지금은 빈 배열이지만 나중에 값을 넣습니다.

그다음은 클라이언트 코드입니다. css나 html 파일들은 그리 중요하지 않으니 https://github.com/zerocho/nodejs-book에서 직접 코드를 복사하는 것을 권장합니다.

views/layout.html

```html
<!DOCTYPE html>
<html>
  <head>
    <meta charset="UTF-8">
    <title>{{title}}</title>
    <meta name="viewport" content="width=device-width, user-scalable=no">
    <meta http-equiv="X-UA-Compatible" content="IE=edge">
    <link rel="stylesheet" href="/main.css">
  </head>
  <body>
    <div class="container">
      <div class="profile-wrap">
        <div class="profile">
          {% if user and user.id %}
            <div class="user-name">{{'안녕하세요! ' + user.nick + '님'}}</div>
            <div class="half">
              <div>팔로잉</div>
              <div class="count following-count">{{followingCount}}</div>
            </div>
            <div class="half">
              <div>팔로워</div>
              <div class="count follower-count">{{followerCount}}</div>
            </div>
```

```html
      <input id="my-id" type="hidden" value="{{user.id}}">
      <a id="my-profile" href="/profile" class="btn">내 프로필</a>
      <a id="logout" href="/auth/logout" class="btn">로그아웃</a>
    {% else %}
      <form id="login-form" action="/auth/login" method="post">
        <div class="input-group">
          <label for="email">이메일</label>
          <input id="email" type="email" name="email" required autofocus>
        </div>
        <div class="input-group">
          <label for="password">비밀번호</label>
          <input id="password" type="password" name="password" required>
        </div>
        <a id="join" href="/join" class="btn">회원 가입</a>
        <button id="login" type="submit" class="btn">로그인</button>
        <a id="kakao" href="/auth/kakao" class="btn">카카오톡</a>
      </form>
    {% endif %}
    </div>
    <footer>
      Made by 
      <a href="https://www.zerocho.com" target="_blank">ZeroCho</a>
    </footer>
  </div>
  {% block content %}
  {% endblock %}
  </div>
  <script src="https://unpkg.com/axios/dist/axios.min.js"></script>
  <script>
    window.onload = () => {
      if (new URL(location.href).searchParams.get('error')) {
        alert(new URL(location.href).searchParams.get('error'));
      }
    };
  </script>
  {% block script %}
  {% endblock %}
  </body>
</html>
```

layout.html에서는 if문을 중점적으로 보면 됩니다. 렌더링할 때 user가 존재하면 사용자 정보와 팔로잉, 팔로워 수를 보여주고, 존재하지 않으면 로그인 메뉴를 보여줍니다.

```
{% extends 'layout.html' %}

{% block content %}
    <div class="timeline">
        {% if user %}
        <div>
            <form id="twit-form" action="/post" method="post" enctype=
"multipart/form-data">
                <div class="input-group">
                    <textarea id="twit" name="content" maxlength="140"></textarea>
                </div>
                <div class="img-preview">
                    <img id="img-preview" src="" style="display: none;" width="250"
alt="미리 보기">
                    <input id="img-url" type="hidden" name="url">
                </div>
                <div>
                    <label id="img-label" for="img">사진 업로드</label>
                    <input id="img" type="file" accept="image/*">
                    <button id="twit-btn" type="submit" class="btn">짹짹</button>
                </div>
            </form>
        </div>
        {% endif %}
        <div class="twits">
            <form id="hashtag-form" action="/hashtag">
                <input type="text" name="hashtag" placeholder="태그 검색">
                <button class="btn">검색</button>
            </form>
            {% for twit in twits %}
            <div class="twit">
                <input type="hidden" value="{{twit.User.id}}" class="twit-user-id">
                <input type="hidden" value="{{twit.id}}" class="twit-id">
                <div class="twit-author">{{twit.User.nick}}</div>
                {% if not followingIdList.includes(twit.User.id) and twit.User.id !==
user.id %}
                    <button class="twit-follow">팔로우하기</button>
                {% endif %}
                <div class="twit-content">{{twit.content}}</div>
                {% if twit.img %}
                    <div class="twit-img"><img src="{{twit.img}}" alt="섬네일"></div>
```

```
              {% endif %}
          </div>
        {% endfor %}
      </div>
    </div>
{% endblock %}


{% block script %}
  <script>
    if (document.getElementById('img')) {
      document.getElementById('img').addEventListener('change', function(e) {
        const formData = new FormData();
        console.log(this, this.files);
        formData.append('img', this.files[0]);
        axios.post('/post/img', formData)
          .then((res) => {
            document.getElementById('img-url').value = res.data.url;
            document.getElementById('img-preview').src = res.data.url;
            document.getElementById('img-preview').style.display = 'inline';
          })
          .catch((err) => {
            console.error(err);
          });
      });
    }
    document.querySelectorAll('.twit-follow').forEach(function(tag) {
      tag.addEventListener('click', function() {
        const myId = document.querySelector('#my-id');
        if (myId) {
          const userId = tag.parentNode.querySelector('.twit-user-id').value;
          if (userId !== myId.value) {
            if (confirm('팔로잉하시겠습니까?')) {
              axios.post(`/user/${userId}/follow`)
                .then(() => {
                  location.reload();
                })
                .catch((err) => {
                  console.error(err);
                });
            }
          }
        }
      });
    });
```

```
    });
  </script>
{% endblock %}
```

main.html에서는 user 변수가 존재할 때 게시글 업로드 폼을 보여줍니다. for문도 추가되었으며, 렌더링 시 twits 배열 안의 요소들을 읽어서 게시글로 만듭니다. 지금은 빈 배열이지만 나중에 twits에 게시글 데이터를 넣으면 됩니다.

if not followingIdList.includes(twit.User.id) and twit.User.id !== user.id는 나의 팔로잉 아이디 목록에 게시글 작성자의 아이디가 없으면 팔로우 버튼을 보여주기 위한 구문입니다. 또한, 게시글 작성자가 나인 경우 나를 팔로우할 수는 없게 했습니다. if not과 and를 써서 여러 가지 조건을 조합했으며, 넌적스 문법입니다.

views/profile.html

```
{% extends 'layout.html' %}

{% block content %}
  <div class="timeline">
    <div class="followings half">
      <h2>팔로잉 목록</h2>
      {% if user.Followings %}
        {% for following in user.Followings %}
          <div>{{following.nick}}</div>
        {% endfor %}
      {% endif %}
    </div>
    <div class="followers half">
      <h2>팔로워 목록</h2>
      {% if user.Followers %}
        {% for follower in user.Followers %}
          <div>{{follower.nick}}</div>
        {% endfor %}
      {% endif %}
    </div>
  </div>
{% endblock %}
```

profile.html은 사용자의 팔로워와 사용자가 팔로잉 중인 목록을 보여줍니다.

views/join.html

```
{% extends 'layout.html' %}

{% block content %}
  <div class="timeline">
    <form id="join-form" action="/auth/join" method="post">
      <div class="input-group">
        <label for="join-email">이메일</label>
        <input id="join-email" type="email" name="email"></div>
      <div class="input-group">
        <label for="join-nick">닉네임</label>
        <input id="join-nick" type="text" name="nick"></div>
      <div class="input-group">
        <label for="join-password">비밀번호</label>
        <input id="join-password" type="password" name="password">
      </div>
      <button id="join-btn" type="submit" class="btn">회원 가입</button>
    </form>
  </div>
{% endblock %}

{% block script %}
  <script>
    window.onload = () => {
      if (new URL(location.href).searchParams.get('error')) {
        alert('이미 존재하는 이메일입니다.');
      }
    };
  </script>
{% endblock %}
```

join.html은 회원 가입하는 폼을 보여줍니다.

views/error.html

```
{% extends 'layout.html' %}

{% block content %}
  <h1>{{message}}</h1>
  <h2>{{error.status}}</h2>
  <pre>{{error.stack}}</pre>
{% endblock %}
```

error.html은 서버에 에러가 발생했을 때 에러 내역을 보여줍니다. 에러는 콘솔로 봐도 되지만 브라우저 화면으로 보면 좀 더 편리합니다. 단, 배포 시에는 에러 내용을 보여주지 않는 게 보안상 좋습니다.

마지막으로, 디자인을 위한 CSS 파일입니다.

public/main.css

```css
* { box-sizing: border-box; }
html, body { margin: 0; padding: 0; height: 100%; }
.btn {
  display: inline-block;
  padding: 0 5px;
  text-decoration: none;
  cursor: pointer;
  border-radius: 4px;
  background: white;
  border: 1px solid silver;
  color: crimson;
  height: 37px;
  line-height: 37px;
  vertical-align: top;
  font-size: 12px;
}
input[type='text'], input[type='email'], input[type='password'], textarea {
  border-radius: 4px;
  height: 37px;
  padding: 10px;
  border: 1px solid silver;
}
.container { width: 100%; height: 100%; }
@media screen and (min-width: 800px) {
  .container { width: 800px; margin: 0 auto; }
}
.input-group { margin-bottom: 15px; }
.input-group label { width: 25%; display: inline-block; }
.input-group input { width: 70%; }
.half { float: left; width: 50%; margin: 10px 0; }
#join { float: right; }
.profile-wrap {
  width: 100%;
  display: inline-block;
  vertical-align: top;
```

```css
  margin: 10px 0;
}
@media screen and (min-width: 800px) {
  .profile-wrap { width: 290px; margin-bottom: 0; }
}
.profile {
  text-align: left;
  padding: 10px;
  margin-right: 10px;
  border-radius: 4px;
  border: 1px solid silver;
  background: lightcoral;
}
.user-name { font-weight: bold; font-size: 18px; }
.count { font-weight: bold; color: crimson; font-size: 18px; }
.timeline {
  margin-top: 10px;
  width: 100%;
  display: inline-block;
  border-radius: 4px;
  vertical-align: top;
}
@media screen and (min-width: 800px) { .timeline { width: 500px; } }
#twit-form {
  border-bottom: 1px solid silver;
  padding: 10px;
  background: lightcoral;
  overflow: hidden;
}
#img-preview { max-width: 100%; }
#img-label {
  float: left;
  cursor: pointer;
  border-radius: 4px;
  border: 1px solid crimson;
  padding: 0 10px;
  color: white;
  font-size: 12px;
  height: 37px;
  line-height: 37px;
}
#img { display: none; }
#twit { width: 100%; min-height: 72px; }
```

```css
#twit-btn {
  float: right;
  color: white;
  background: crimson;
  border: none;
}
.twit {
  border: 1px solid silver;
  border-radius: 4px;
  padding: 10px;
  position: relative;
  margin-bottom: 10px;
}
.twit-author { display: inline-block; font-weight: bold; margin-right: 10px; }
.twit-follow {
  padding: 1px 5px;
  background: #fff;
  border: 1px solid silver;
  border-radius: 5px;
  color: crimson;
  font-size: 12px;
  cursor: pointer;
}
.twit-img { text-align: center; }
.twit-img img { max-width: 75%; }
.error-message { color: red; font-weight: bold; }
#search-form { text-align: right; }
#join-form { padding: 10px; text-align: center; }
#hashtag-form { text-align: right; }
footer { text-align: center; }
```

이제 npm start로 서버를 실행하고 http://localhost:8001에 접속하면 다음과 같은 화면이 나타날 것입니다.

▼ 그림 9-3 NodeBird 메인 화면

▼ 그림 9-4 NodeBird 회원 가입 화면

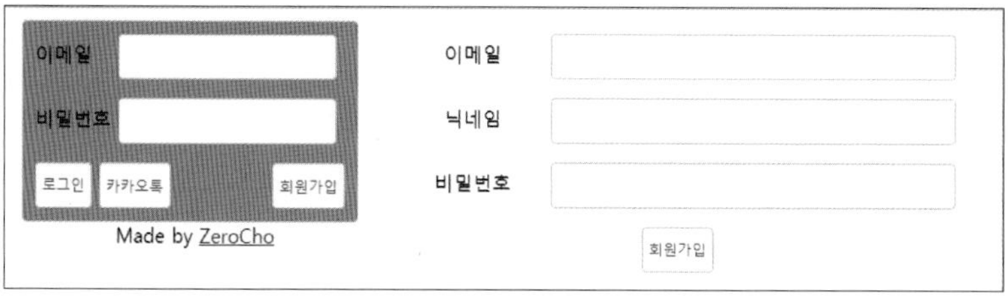

프런트 구성이 완료되었습니다. 다음 절에서는 데이터베이스를 세팅하겠습니다.

9.2 데이터베이스 세팅하기

이번 절에서는 MySQL과 시퀄라이즈로 데이터베이스를 설정합니다.

로그인 기능이 있으므로 사용자 테이블이 필요하고, 게시글을 저장할 게시글 테이블도 필요합니다. 해시태그를 사용하므로 해시태그 테이블도 만들어야 합니다. 팔로잉 기능도 있는데, 이는 조금 뒤에 설명합니다.

models 폴더 안에 user.js와 post.js, hashtag.js를 생성합니다.

models/user.js

```
const Sequelize = require('sequelize');

class User extends Sequelize.Model {
  static initiate(sequelize) {
    User.init({
      email: {
        type: Sequelize.STRING(40),
        allowNull: true,
        unique: true,
      },
      nick: {
        type: Sequelize.STRING(15),
        allowNull: false,
      },
```

```
      password: {
        type: Sequelize.STRING(100),
        allowNull: true,
      },
      provider: {
        type: Sequelize.ENUM('local', 'kakao'),
        allowNull: false,
        defaultValue: 'local',
      },
      snsId: {
        type: Sequelize.STRING(30),
        allowNull: true,
      },
    }, {
      sequelize,
      timestamps: true,
      underscored: false,
      modelName: 'User',
      tableName: 'users',
      paranoid: true,
      charset: 'utf8',
      collate: 'utf8_general_ci',
    });
  }

  static associate(db) {}
};

module.exports = User;
```

사용자 정보를 저장하는 모델입니다. 이메일, 닉네임, 비밀번호를 저장하고, SNS 로그인을 했을 경우에는 provider와 snsId를 저장합니다. provider 컬럼을 보면 처음 보는 ENUM이라는 속성을 갖고 있습니다. 이는 넣을 수 있는 값을 제한하는 데이터 형식입니다. 종류로는 이메일/비밀번호 로그인(local)이나 카카오 로그인(kakao) 둘 중 하나만 선택할 수 있게 했으며, 이를 어겼을 때 에러가 발생합니다. 기본적으로 이메일/비밀번호 로그인이라 가정해서 defaultValue를 local로 주었습니다.

테이블 옵션으로 timestamps와 paranoid가 true로 주어졌으므로 createdAt, updatedAt, deletedAt 컬럼도 생성됩니다.

```js
const Sequelize = require('sequelize');

class Post extends Sequelize.Model {
  static initiate(sequelize) {
    Post.init({
      content: {
        type: Sequelize.STRING(140),
        allowNull: false,
      },
      img: {
        type: Sequelize.STRING(200),
        allowNull: true,
      },
    }, {
      sequelize,
      timestamps: true,
      underscored: false,
      modelName: 'Post',
      tableName: 'posts',
      paranoid: false,
      charset: 'utf8mb4',
      collate: 'utf8mb4_general_ci',
    });
  }

  static associate(db) {}
}

module.exports = Post;
```

게시글 모델은 게시글 내용과 이미지 경로를 저장합니다. 게시글 등록자의 아이디를 담은 컬럼은 나중에 관계를 설정할 때 시퀄라이즈가 알아서 생성합니다.

```js
const Sequelize = require('sequelize');

class Hashtag extends Sequelize.Model {
  static initiate(sequelize) {
    Hashtag.init({
      title: {
        type: Sequelize.STRING(15),
```

```
      allowNull: false,
      unique: true,
    },
  }, {
    sequelize,
    timestamps: true,
    underscored: false,
    modelName: 'Hashtag',
    tableName: 'hashtags',
    paranoid: false,
    charset: 'utf8mb4',
    collate: 'utf8mb4_general_ci',
    });
  }

  static associate(db) {}
};

module.exports = Hashtag;
```

해시태그 모델은 태그 이름을 저장합니다. 해시태그 모델을 따로 두는 것은 나중에 태그로 검색하기 위해서입니다.

이제 생성한 모델들을 시퀄라이즈에 등록합니다. models/index.js에는 시퀄라이즈가 자동으로 생성한 코드들이 들어 있을 것입니다. 그것을 다음과 같이 통째로 바꿉니다.

models/index.js
```
const Sequelize = require('sequelize');
const User = require('./user');
const Post = require('./post');
const Hashtag = require('./hashtag');
const env = process.env.NODE_ENV || 'development';
const config = require('../config/config')[env];

const db = {};
const sequelize = new Sequelize(
  config.database, config.username, config.password, config,
);

db.sequelize = sequelize;
db.User = User;
db.Post = Post;
```

```
db.Hashtag = Hashtag;

User.initiate(sequelize);
Post.initiate(sequelize);
Hashtag.initiate(sequelize);

User.associate(db);
Post.associate(db);
Hashtag.associate(db);

module.exports = db;
```

각각의 모델들을 시퀄라이즈 객체에 연결했습니다. 다만, 모델이 많이 늘어나면 initiate와 associate 부분도 따라서 늘어날 수 있습니다. 실무에서는 모델이 100개가 넘어가는 경우도 흔하므로 그럴 때는 models/index.js를 다음과 같이 작성하면 좋습니다.

models/index.js
```
const Sequelize = require('sequelize');
const fs = require('fs');
const path = require('path');
const env = process.env.NODE_ENV || 'development';
const config = require('../config/config')[env];

const db = {};
const sequelize = new Sequelize(
  config.database, config.username, config.password, config,
);

db.sequelize = sequelize;

const basename = path.basename(__filename);
fs
  .readdirSync(__dirname) // 현재 폴더의 모든 파일을 조회
  .filter(file => { // 숨김 파일, index.js, js 확장자가 아닌 파일 필터링
    return (file.indexOf('.') !== 0) && (file !== basename) && (file.slice(-3) === '.js');
  })
  .forEach(file => { // 해당 파일의 모델을 불러와서 init
    const model = require(path.join(__dirname, file));
    console.log(file, model.name);
    db[model.name] = model;
```

```
    model.initiate(sequelize);
  });

Object.keys(db).forEach(modelName => { // associate 호출
  if (db[modelName].associate) {
    db[modelName].associate(db);
  }
});

module.exports = db;
```

사실 이 코드는 npx sequelize init 명령어를 수행했을 때 자동으로 생성되는 models/index.js 와 거의 비슷합니다. 이제 모델이 무수히 많더라도 자동으로 시퀄라이즈가 모델을 파악할 수 있게 됩니다. 다만 이 코드에는 단점도 있습니다. models 폴더에 미완성인 모델이 있을 때 해당 모델 도 시퀄라이즈가 읽어들여 연결해버립니다. 시퀄라이즈가 모델을 읽어 테이블을 자동으로 생성한 다는 점을 고려할 때, 미완성 테이블이 생길 수도 있는 것입니다. 또한, models 폴더에 모델이 아 닌 다른 파일을 넣지 않도록 주의해야 합니다. 이 경우에는 model.initiate나 model.associate 메 서드가 존재하지 않아 에러가 발생하게 됩니다. 수동 연결과 자동 연결 모두 장단점이 있으므로, 여러분의 선택에 맡기겠습니다.

이번에는 각 모델 간의 관계를 associate 함수 내에 정의해보겠습니다.

models/user.js

```
  ...
  static associate(db) {
    db.User.hasMany(db.Post);
    db.User.belongsToMany(db.User, {
      foreignKey: 'followingId',
      as: 'Followers',
      through: 'Follow',
    });
    db.User.belongsToMany(db.User, {
      foreignKey: 'followerId',
      as: 'Followings',
      through: 'Follow',
    });
  }
};
```

User 모델과 Post 모델은 1(User):N(Post) 관계에 있으므로 hasMany로 연결되어 있습니다. user. getPosts, user.addPosts 같은 관계 메서드들이 생성됩니다.

같은 모델끼리도 N:M 관계를 가질 수 있습니다. 팔로잉 기능이 대표적인 N:M 관계입니다. 사용자 한 명이 팔로워를 여러 명 가질 수도 있고, 한 사람이 여러 명을 팔로잉할 수도 있습니다. User 모델과 User 모델 간에 N:M 관계가 있는 것입니다.

▼ 그림 9-5 같은 테이블 간 N:M 관계

같은 테이블 간 N:M

User(Follower)		Follow		User(Following)	
id	nick	followerId	followingId	id	nick
1	zero	1	2	1	zero
2	nero	1	3	2	nero
3	hero	3	1	3	hero

같은 테이블 간 N:M 관계에서는 모델 이름과 컬럼 이름을 따로 정해야 합니다. 모델 이름이 UserUser일 수는 없으니까요. through 옵션을 사용해 생성할 모델 이름을 Follow로 정했습니다.

Follow 모델에서 사용자 아이디를 저장하는 컬럼 이름이 둘 다 UserId이면 누가 팔로워이고 누가 팔로잉 중인지 구분되지 않으므로 따로 설정해야 합니다. foreignKey 옵션에 각각 followerId, followingId를 넣어줘서 두 사용자 아이디를 구별했습니다.

같은 테이블 간의 N:M 관계에서는 as 옵션도 넣어야 합니다. 둘 다 User 모델이라 구분되지 않기 때문입니다. 주의할 점은 as는 foreignKey와 반대되는 모델을 가리킨다는 것입니다. foreignKey 가 followerId(팔로워 아이디)이면 as는 Followings(팔로잉)이고, foreignKey가 followingId(팔로잉 아이디)이면 as는 Followers(팔로워)여야 합니다. 팔로워(Followers)를 찾으려면 먼저 팔로잉 하는 사람의 아이디(followingId)를 찾아야 하는 것이라고 생각하면 됩니다.

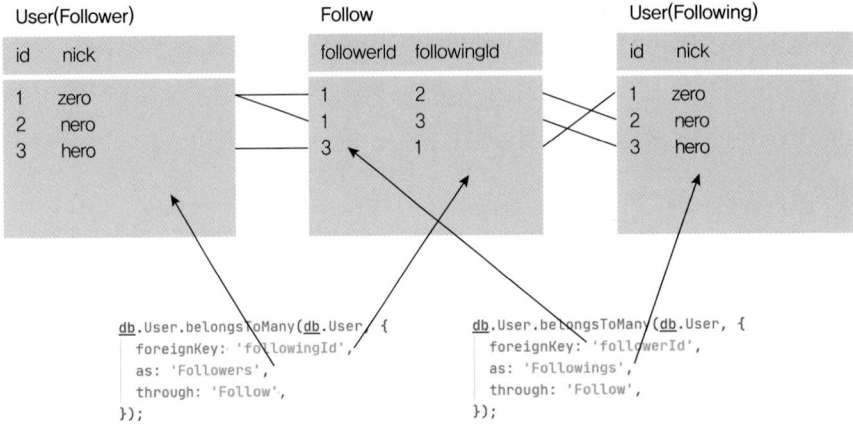

as에 특정한 이름을 지정했으니 user.getFollowers, user.getFollowings 같은 관계 메서드를 사용할 수 있습니다. include할 때도 as에 같은 값을 넣으면 관계 쿼리가 작동합니다.

Post 모델도 작성해봅시다.

models/post.js

```
...
  static associate(db) {
    db.Post.belongsTo(db.User);
    db.Post.belongsToMany(db.Hashtag, { through: 'PostHashtag' });
  }
};
```

User 모델과 Post 모델은 1(User):N(Post) 관계이므로 belongsTo로 연결되어 있습니다. 시퀄라이즈는 Post 모델에 User 모델의 id를 가리키는 UserId 컬럼을 추가합니다. 어디에 컬럼이 추가되는 것인지는 관계를 생각해보면 쉽습니다. 사용자가 한 명이고 그에 속한 게시글이 여러 개이므로 각각의 게시글에 게시글의 주인이 누구인지 넣어야 합니다. belongsTo는 게시글에 붙습니다. post.getUser, post.addUser와 같은 관계 메서드가 생성됩니다.

Post 모델과 Hashtag 모델은 N:M 관계입니다. 7.6.3.3절에서 설명한 것과 동일합니다. N:M 관계이므로 PostHashtag라는 중간 모델이 생기고, 각각 postId와 hashtagId라는 foreignKey도 추가됩니다. as는 따로 지정하지 않았으니 post.getHashtags, post.addHashtags, hashtags.getPosts 같은 기본 이름의 관계 메서드들이 생성됩니다.

```
...
  static associate(db) {
    db.Hashtag.belongsToMany(db.Post, { through: 'PostHashtag' });
  }
};
```

Hashtag 모델은 Post 모델과 N:M 관계이므로 관계를 설정했습니다. 이에 대한 설명은 Post 모델과 같습니다.

NodeBird의 모델은 총 다섯 개, 즉 직접 생성한 User, Hashtag, Post와 시퀄라이즈가 관계를 파악해 생성한 PostHashtag, Follow까지입니다.

자동으로 생성된 모델도 다음과 같이 접근할 수 있습니다. 다음 모델을 통해 쿼리 호출이나 관계 메서드 사용도 가능합니다.

```
db.sequelize.models.PostHashtag
db.sequelize.models.Follow
```

이제 생성한 모델을 데이터베이스 및 서버와 연결합니다. 아직 데이터베이스를 만들지 않았으므로 데이터베이스부터 만들겠습니다. 데이터베이스의 이름은 nodebird입니다.

7장에서는 MySQL 프롬프트를 통해 SQL문으로 데이터베이스를 만들었습니다. 하지만 시퀄라이즈는 config.json을 읽어 데이터베이스를 생성해주는 기능이 있습니다. 따라서 config.json을 먼저 수정합니다. MySQL 비밀번호를 password에 넣고 데이터베이스 이름을 nodebird로 바꿉니다. 자동으로 생성한 config.json에 operatorAliases 속성이 들어 있다면 삭제합니다.

```
{
  "development": {
    "username": "root",
    "password": "[root 비밀번호]",
    "database": "nodebird",
    "host": "127.0.0.1",
    "dialect": "mysql"
  },
}
```

콘솔에서 npx sequelize db:create 명령어를 입력하면 데이터베이스가 생성됩니다.

```
$ npx sequelize db:create
Sequelize CLI [Node: 18.0.0, CLI: 6.4.1, ORM: 6.19.0]

Loaded configuration file "config\config.json".
Using environment "development".
Database nodebird created.
```

데이터베이스를 생성했으니 모델을 서버와 연결합니다.

app.js

```
...
dotenv.config();
const pageRouter = require('./routes/page');
const { sequelize } = require('./models');

const app = express();
app.set('port', process.env.PORT || 8001);
app.set('view engine', 'html');
nunjucks.configure('views', {
  express: app,
  watch: true,
});
sequelize.sync({ force: false })
  .then(() => {
    console.log('데이터베이스 연결 성공');
  })
  .catch((err) => {
    console.error(err);
  });

app.use(morgan('dev'));
...
```

서버 쪽 세팅이 완료되었습니다. 이제 서버를 실행합니다. 시퀄라이즈는 테이블 생성 쿼리문에 IF NOT EXISTS를 넣어주므로 테이블이 없을 때 테이블을 자동으로 생성합니다.

```
$ npm start
> nodebird@0.0.1 start
> nodemon app
```

```
[nodemon] 2.0.16
[nodemon] to restart at any time, enter `rs`
[nodemon] watching dir(s): *.*
[nodemon] watching extensions: js,mjs,json
[nodemon] starting `node app.js`
8001 번 포트에서 대기 중
Executing (default): CREATE TABLE IF NOT EXISTS `users` (`id` INTEGER NOT NULL auto_
increment , `title` VARCHAR(15) NOT NULL UNIQUE, `createdAt` DATETIME NOT NULL,
`updatedAt` DATETIME NOT NULL, PRIMARY KEY (`id`)) ENGINE=InnoDB DEFAULT CHARSET=utf8mb4
COLLATE utf8mb4_general_ci;
...
데이터베이스 연결 성공
```

데이터베이스 세팅이 완료되었으므로 사용자 정보를 저장할 수 있습니다. 이제 로그인을 구현하
도록 하겠습니다.

9.3 Passport 모듈로 로그인 구현하기

NODE.JS

SNS 서비스이므로 로그인이 필요합니다. 회원 가입과 로그인을 직접 구현할 수도 있지만, 세션과
쿠키 처리 등 복잡한 작업이 많으므로 검증된 모듈을 사용하는 것이 좋습니다. 바로 Passport를
사용하는 것입니다. 이 모듈은 이름처럼 우리의 서비스를 사용할 수 있게 해주는 여권 같은 역할
을 합니다.

요즘에는 서비스에 로그인할 때 아이디와 비밀번호를 사용하지 않고 구글, 페이스북, 카카오톡 같
은 기존의 SNS 서비스 계정으로 로그인하기도 합니다. 이 또한 Passport를 사용해서 해결할 수
있습니다. 이번 절에서는 자체 회원 가입 및 로그인을 하는 방법뿐만 아니라 한국에서 많이 사용
하는 SNS인 카카오톡을 이용해 로그인하는 방법도 알아봅니다.

먼저 Passport 관련 패키지들을 설치합니다.

콘솔

```
$ npm i passport passport-local passport-kakao bcrypt
```

설치 후 Passport 모듈을 미리 app.js와 연결합시다. Passport 모듈은 조금 뒤에 만듭니다.

```
app.js

...
const dotenv = require('dotenv');
const passport = require('passport');

dotenv.config();
const pageRouter = require('./routes/page');
const { sequelize } = require('./models');
const passportConfig = require('./passport');

const app = express();
passportConfig(); // 패스포트 설정
app.set('port', process.env.PORT || 8001);
app.set('view engine', 'html');
...
app.use(session({
  resave: false,
  saveUninitialized: false,
  secret: process.env.COOKIE_SECRET,
  cookie: {
    httpOnly: true,
    secure: false,
  },
}));
app.use(passport.initialize());
app.use(passport.session());

app.use('/', pageRouter);
...
```

require('./passport')는 require('./passport/index.js')와 같습니다. 폴더 내의 index.js 파일은 require할 때 이름을 생략할 수 있습니다.

passport.initialize 미들웨어는 요청(req 객체)에 passport 설정을 심고, passport.session 미들웨어는 req.session 객체에 passport 정보를 저장합니다. req.session 객체는 express-session에서 생성하는 것이므로 passport 미들웨어는 express-session 미들웨어보다 뒤에 연결해야 합니다.

passport 폴더 내부에 index.js 파일을 만들고 Passport 관련 코드를 작성해봅시다.

```
passport/index.js
const passport = require('passport');
const local = require('./localStrategy');
const kakao = require('./kakaoStrategy');
const User = require('../models/user');

module.exports = () => {
  passport.serializeUser((user, done) => {
    done(null, user.id);
  });

  passport.deserializeUser((id, done) => {
    User.findOne({ where: { id } })
      .then(user => done(null, user))
      .catch(err => done(err));
  });

  local();
  kakao();
};
```

모듈 내부를 보면 passport.serializeUser와 passport.deserializeUser가 있습니다. 이 부분이 Passport를 이해하는 핵심입니다.

serializeUser는 로그인 시 실행되며, req.session(세션) 객체에 어떤 데이터를 저장할지 정하는 메서드입니다. 매개변수로 user를 받고 나서 done 함수에 두 번째 인수로 user.id를 넘기고 있으며, 매개변수 user가 어디서 오는지는 나중에 설명합니다. 지금은 그냥 사용자 정보가 들어 있다고 생각하면 됩니다.

done 함수의 첫 번째 인수는 에러가 발생할 때 사용하는 것이고, 두 번째 인수에는 저장하고 싶은 데이터를 넣습니다. 로그인 시 사용자 데이터를 세션에 저장하는데(4.3절을 떠올려보세요), 세션에 사용자 정보를 모두 저장하면 세션의 용량이 커지고 데이터 일관성에 문제가 발생하므로 사용자의 아이디만 저장하라고 명령한 것입니다.

serializeUser가 로그인할 때만 실행된다면 deserializeUser는 각 요청마다 실행됩니다. passport.session 미들웨어가 이 메서드를 호출합니다. serializeUser의 done의 두 번째 인수로 넣었던 데이터가 deserializeUser의 매개변수가 됩니다. 여기서는 사용자의 아이디입니다. 조금 전에 serializeUser에서 세션에 저장했던 아이디를 받아 데이터베이스에서 사용자 정보를 조회합니다. 조회한 정보를 req.user에 저장하므로 앞으로 req.user를 통해 로그인한 사용자의 정보를 가져올 수 있습니다.

▼ 그림 9-7 serializeUser와 deserializeUser의 관계

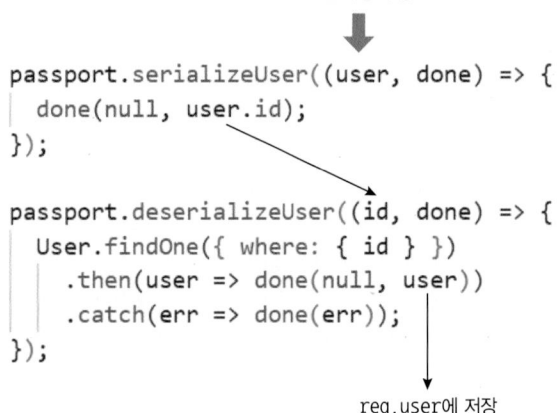

즉, serializeUser는 사용자 정보 객체에서 아이디만 추려 세션에 저장하는 것이고, deserializeUser는 세션에 저장한 아이디를 통해 사용자 정보 객체를 불러오는 것입니다. 이는 세션에 불필요한 데이터를 담아두지 않기 위한 과정입니다.

전체 과정은 다음과 같습니다.

1. /auth/login 라우터를 통해 로그인 요청이 들어옴

2. 라우터에서 passport.authenticate 메서드 호출

3. 로그인 전략(LocalStrategy) 수행

4. 로그인 성공 시 사용자 정보 객체와 함께 req.login 호출

5. req.login 메서드가 passport.serializeUser 호출

6. req.session에 사용자 아이디만 저장해서 세션 생성

7. express-session에 설정한 대로 브라우저에 connect.sid 세션 쿠키 전송

8. 로그인 완료

1~4번은 아직 구현하지 않았으며, 로컬 로그인을 구현하면서 상응하는 코드를 보게 될 것입니다. 다음은 로그인 이후의 과정입니다.

1. 요청이 들어옴(어떠한 요청이든 상관없음)

2. 라우터에 요청이 도달하기 전에 passport.session 미들웨어가 passport.deserializeUser 메서드 호출

3. connect.sid 세션 쿠키를 읽고 세션 객체를 찾아서 req.session으로 만듦

4. req.session에 저장된 아이디로 데이터베이스에서 사용자 조회

5. 조회된 사용자 정보를 req.user에 저장

6. 라우터에서 req.user 객체 사용 가능

passport/index.js의 localStrategy와 kakaoStrategy 파일은 각각 로컬 로그인과 카카오 로그인 전략에 대한 파일입니다. Passport는 로그인 시의 동작을 전략(strategy)이라는 용어로 표현하고 있습니다. 전략이라는 이름이 거창하긴 하지만, 그냥 로그인 과정을 어떻게 처리할지 설명하는 파일이라고 생각하면 됩니다. 9.3.1절과 9.3.2절에서 이 파일들을 작성합니다.

9.3.1 로컬 로그인 구현하기

로컬 로그인이란 다른 SNS 서비스를 통해 로그인하지 않고 자체적으로 회원 가입 후 로그인하는 것을 의미합니다. 즉, 아이디/비밀번호 또는 이메일/비밀번호를 통해 로그인하는 것입니다.

Passport에서 이를 구현하려면 passport-local 모듈이 필요한데, 이미 설치했으므로 로컬 로그인 전략만 세우면 됩니다. 로그인에만 해당하는 전략이므로 회원 가입은 따로 만들어야 합니다.

회원 가입, 로그인, 로그아웃 라우터를 먼저 만들어봅시다. 이러한 라우터에는 접근 조건이 있습니다. 로그인한 사용자는 회원 가입과 로그인 라우터에 접근하면 안 됩니다. 이미 로그인을 했으니까요. 마찬가지로 로그인하지 않은 사용자는 로그아웃 라우터에 접근하면 안 됩니다. 따라서 라우터에 접근 권한을 제어하는 미들웨어가 필요합니다. 미들웨어를 만들어보며 Passport가 req 객체에 추가해주는 req.isAuthenticated 메서드를 사용해봅시다.

middlewares 폴더를 만들고 그 안에 index.js를 작성합니다.

middlewares/index.js

```
exports.isLoggedIn = (req, res, next) => {
  if (req.isAuthenticated()) {
    next();
  } else {
```

```
      res.status(403).send('로그인 필요');
    }
  };

  exports.isNotLoggedIn = (req, res, next) => {
    if (!req.isAuthenticated()) {
      next();
    } else {
      const message = encodeURIComponent('로그인한 상태입니다.');
      res.redirect(`/?error=${message}`);
    }
  };
```

Passport는 req 객체에 isAuthenticated 메서드를 추가합니다. 로그인 중이면 req.isAuthenticated()
가 true이고, 그렇지 않으면 false입니다. 따라서 로그인 여부를 이 메서드로 파악할 수 있습니다.
라우터 중에 로그아웃 라우터나 이미지 업로드 라우터 등은 로그인한 사람만 접근할 수 있게 해야
하고, 회원 가입 라우터나 로그인 라우터는 로그인하지 않은 사람만 접근할 수 있게 해야 합니다.
이럴 때 라우터에 로그인 여부를 검사하는 미들웨어를 넣어 걸러낼 수 있습니다.

isLoggedIn과 isNotLoggedIn 미들웨어를 만들었습니다. 이 미들웨어가 page 라우터에 어떻게 사
용되는지 봅시다.

routes/page.js
```
const express = require('express');
const { isLoggedIn, isNotLoggedIn } = require('../middlewares');
const { renderProfile, renderJoin, renderMain } = require('../controllers/page');

const router = express.Router();

router.use((req, res, next) => {
  res.locals.user = req.user;
  res.locals.followerCount = 0;
  res.locals.followingCount = 0;
  res.locals.followingIdList = [];
  next();
});

router.get('/profile', isLoggedIn, renderProfile);
```

```
router.get('/join', isNotLoggedIn, renderJoin);
...
```

자신의 프로필은 로그인해야 볼 수 있으므로 isLoggedIn 미들웨어를 사용합니다. req.
isAuthenticated()가 true여야 next가 호출되어 res.render가 있는 미들웨어로 넘어갈 수 있습니
다. false라면 로그인 창이 있는 메인 페이지로 리다이렉트됩니다.

회원 가입 페이지는 로그인하지 않은 사람에게만 보여야 합니다. 따라서 isNotLoggedIn 미들웨어
로 req.isAuthenticated()가 false일 때만 next를 호출하도록 했습니다.

로그인 여부로만 미들웨어를 만들 수 있는 것이 아니라 팔로잉 여부, 관리자 여부 등의 미들웨어
를 만들 수 있으므로 다양하게 활용할 수 있습니다. res.locals.user 속성에 req.user를 넣은 점
에 주목해주세요. 넌적스에서 user 객체를 통해 사용자 정보에 접근할 수 있게 되었습니다.

이제 회원 가입, 로그인, 로그아웃 라우터와 컨트롤러를 작성해봅시다.

routes/auth.js

```
const express = require('express');
const passport = require('passport');

const { isLoggedIn, isNotLoggedIn } = require('../middlewares');
const { join, login, logout } = require('../controllers/auth');

const router = express.Router();

// POST /auth/join
router.post('/join', isNotLoggedIn, join);

// POST /auth/login
router.post('/login', isNotLoggedIn, login);

// GET /auth/logout
router.get('/logout', isLoggedIn, logout);

module.exports = router;
```

controllers/auth.js

```
const bcrypt = require('bcrypt');
const passport = require('passport');
const User = require('../models/user');
```

```
exports.join = async (req, res, next) => {
  const { email, nick, password } = req.body;
  try {
    const exUser = await User.findOne({ where: { email } });
    if (exUser) {
      return res.redirect('/join?error=exist');
    }
    const hash = await bcrypt.hash(password, 12);
    await User.create({
      email,
      nick,
      password: hash,
    });
    return res.redirect('/');
  } catch (error) {
    console.error(error);
    return next(error);
  }
}

exports.login = (req, res, next) => {
  passport.authenticate('local', (authError, user, info) => {
    if (authError) {
      console.error(authError);
      return next(authError);
    }
    if (!user) {
      return res.redirect(`/?error=${info.message}`);
    }
    return req.login(user, (loginError) => {
      if (loginError) {
        console.error(loginError);
        return next(loginError);
      }
      return res.redirect('/');
    });
  })(req, res, next); // 미들웨어 내의 미들웨어에는 (req, res, next)를 붙입니다
};

exports.logout = (req, res) => {
  req.logout(() => {
    res.redirect('/');
  });
};
```

❶

❷

❸

나중에 app.js와 연결할 때 /auth 접두사를 붙일 것이므로 라우터의 주소는 각각 /auth/join, /auth/login, /auth/logout이 됩니다.

❶ 회원 가입 컨트롤러입니다. 기존에 같은 이메일로 가입한 사용자가 있는지 조회한 뒤, 있다면 회원 가입 페이지로 되돌려보냅니다. 단, 주소 뒤에 에러를 쿼리스트링으로 표시합니다. 없다면 비밀번호를 암호화하고 사용자 정보를 생성합니다.

회원 가입 시 비밀번호는 암호화해서 저장해야 합니다. 이번에는 bcrypt 모듈을 사용했습니다(crypto 모듈의 pbkdf2 메서드를 사용해서 암호화할 수도 있습니다). bcrypt 모듈의 hash 메서드를 사용하면 손쉽게 비밀번호를 암호화할 수 있습니다. bcrypt의 두 번째 인수는 pbkdf2의 반복 횟수와 비슷한 기능을 합니다. 숫자가 커질수록 비밀번호를 알아내기 어려워지지만 암호화 시간도 오래 걸립니다. 12 이상을 추천하며, 31까지 사용할 수 있습니다. 프로미스를 지원하는 함수이므로 await을 사용했습니다.

❷ 로그인 컨트롤러입니다. 로그인 요청이 들어오면 passport.authenticate('local') 미들웨어가 로컬 로그인 전략을 수행합니다. 미들웨어인데 라우터 미들웨어 안에 들어 있으며, 미들웨어에 사용자 정의 기능을 추가하고 싶을 때 이렇게 할 수 있습니다. 이럴 때는 내부 미들웨어에 (req, res, next)를 인수로 제공해서 호출하면 됩니다.

전략 코드는 잠시 후에 작성합니다. 전략이 성공하거나 실패하면 authenticate 메서드의 콜백 함수가 실행됩니다. 콜백 함수의 첫 번째 매개변수(authErr) 값이 있다면 실패한 것입니다. 두 번째 매개변수 자리는 사용자 정보입니다. 이 자리에 값이 있다면 성공한 것이고, 이 값으로 req.login 메서드를 호출합니다. Passport는 req 객체에 login과 logout 메서드를 추가합니다. req.login은 passport.serializeUser를 호출하고, req.login에 제공하는 user 객체가 serializeUser로 넘어가게 됩니다. 또한, 이때 connect.sid 세션 쿠키가 브라우저에 전송됩니다.

❸ 로그아웃 컨트롤러입니다. req.logout 메서드는 req.user 객체와 req.session 객체를 제거합니다. req.logout 메서드는 콜백 함수를 인수로 받고, 세션 정보를 지운 후 콜백 함수가 실행됩니다. 콜백 함수에서는 메인 페이지로 되돌아가면 됩니다. 로그인이 해제되어 있을 것입니다.

로그인 전략을 구현했습니다. passport-local 모듈에서 Strategy 생성자를 불러와 그 안에 전략을 구현하면 됩니다.

```
const passport = require('passport');
const LocalStrategy = require('passport-local').Strategy;
const bcrypt = require('bcrypt');

const User = require('../models/user');

module.exports = () => {
  passport.use(new LocalStrategy({
    usernameField: 'email',
    passwordField: 'password',
    passReqToCallback: false,
  }, async (email, password, done) => {
    try {
      const exUser = await User.findOne({ where: { email } });
      if (exUser) {
        const result = await bcrypt.compare(password, exUser.password);
        if (result) {
          done(null, exUser);
        } else {
          done(null, false, { message: '비밀번호가 일치하지 않습니다.' });
        }
      } else {
        done(null, false, { message: '가입되지 않은 회원입니다.' });
      }
    } catch (error) {
      console.error(error);
      done(error);
    }
  }));
};
```

❶ LocalStrategy 생성자의 첫 번째 인수로 주어진 객체는 전략에 관한 설정을 하는 곳입니다. usernameField와 passwordField에는 일치하는 로그인 라우터의 req.body 속성명을 적으면 됩니다. req.body.email에 이메일이, req.body.password에 비밀번호가 담겨 들어오므로 email 과 password를 각각 넣었습니다.

❷ 실제 전략을 수행하는 async 함수입니다. LocalStrategy 생성자의 두 번째 인수로 들어갑니다. 첫 번째 인수에서 넣어준 email과 password는 각각 async 함수의 첫 번째와 두 번째 매개변수가 됩니다. 세 번째 매개변수인 done 함수는 passport.authenticate의 콜백 함수입니다.

전략의 내용은 다음과 같습니다. 먼저 사용자 데이터베이스에서 일치하는 이메일이 있는지 찾은 후, 있다면 bcrypt의 compare 함수로 비밀번호를 비교합니다. 비밀번호까지 일치한다면 done 함수의 두 번째 인수로 사용자 정보를 넣어 보냅니다. 두 번째 인수를 사용하지 않는 경우는 로그인에 실패했을 때뿐입니다. done 함수의 첫 번째 인수를 사용하는 경우는 서버 쪽에서 에러가 발생했을 때이고, 세 번째 인수를 사용하는 경우는 로그인 처리 과정에서 비밀번호가 일치하지 않거나 존재하지 않는 회원인 경우와 같은 사용자 정의 에러가 발생했을 때입니다.

▼ 그림 9-8 done과 passport.authenticate의 관계

1. 로그인 성공 시

```
                        done(null, exUser);
                              ⬇      ⬇
passport.authenticate('local', (authError, user, info) => {
```

2. 로그인 실패 시

```
                        done(null, false, { message: '비밀번호가 일치하지 않습니다.' });
                              ⬇     ⬇      ⬇
passport.authenticate('local', (authError, user, info) => {
```

3. 서버 에러 시

```
                        done(error);
                              ⬇
passport.authenticate('local', (authError, user, info) => {
```

done이 호출된 후에는 다시 passport.authenticate의 콜백 함수에서 나머지 로직이 실행됩니다. 로그인에 성공했다면 메인 페이지로 리다이렉트되면서 로그인 폼 대신 회원 정보가 뜰 것입니다. 아직 auth 라우터를 연결하지 않았으므로 코드가 동작하지 않습니다. 카카오 로그인까지 구현한 후 연결해봅시다.

9.3.2 카카오 로그인 구현하기

카카오 로그인이란 로그인 인증 과정을 카카오에 맡기는 것을 뜻합니다. 사용자는 번거롭게 새로운 사이트에 회원 가입하지 않아도 돼서 좋고, 서비스 제공자는 로그인 과정을 안심하고 검증된 SNS에 맡길 수 있어 좋습니다.

SNS 로그인의 특징은 회원 가입 절차가 따로 없다는 것입니다. 처음 로그인할 때는 회원 가입 처리를 해야 하고, 두 번째 로그인부터는 로그인 처리를 해야 합니다. 따라서 SNS 로그인 전략은 로컬 로그인 전략보다 다소 복잡합니다.

passport-kakao 모듈로부터 Strategy 생성자를 불러와 전략을 구현합니다.

passport/kakaoStrategy.js

```
const passport = require('passport');
const KakaoStrategy = require('passport-kakao').Strategy;

const User = require('../models/user');

module.exports = () => {
  passport.use(new KakaoStrategy({                                    ┄┄┄┄● ①
    clientID: process.env.KAKAO_ID,
    callbackURL: '/auth/kakao/callback',
  }, async (accessToken, refreshToken, profile, done) => {
    console.log('kakao profile', profile);
    try {
      const exUser = await User.findOne({                             ┄┄┄┄● ②
        where: { snsId: profile.id, provider: 'kakao' },
      });
      if (exUser) {
        done(null, exUser);
      } else {
        const newUser = await User.create({
          email: profile._json?.kakao_account?.email,
          nick: profile.displayName,
          snsId: profile.id,                                          ┄┄┄┄● ③
          provider: 'kakao',
        });
        done(null, newUser);
      }
    } catch (error) {
      console.error(error);
      done(error);
    }
  }));
};
```

① 로컬 로그인과 마찬가지로 카카오 로그인에 대한 설정을 합니다. clientID는 카카오에서 발급
해주는 아이디입니다. 노출되지 않아야 하므로 process.env.KAKAO_ID로 설정했으며, 나중에
아이디를 발급받아 .env 파일에 넣을 것입니다. callbackURL은 카카오로부터 인증 결과를 받
을 라우터 주소입니다. 아래에서 라우터를 작성할 때 이 주소를 사용합니다.

❷ 먼저 기존에 카카오를 통해 회원 가입한 사용자가 있는지 조회합니다. 있다면 이미 회원 가입 되어 있는 경우이므로 사용자 정보와 함께 done 함수를 호출하고 전략을 종료합니다.

❸ 없다면 회원 가입을 진행합니다. 카카오에서는 인증 후 callbackURL에 적힌 주소로 accessToken, refreshToken과 profile을 보냅니다. profile에 사용자 정보들이 들어 있습니다. 카카오에서 보내주는 것이므로 데이터는 console.log 메서드로 확인해보는 것이 좋습니다. profile 객체에서 원하는 정보를 꺼내와 회원 가입을 하면 됩니다. email의 경우 profile 의 속성이 undefined일 수도 있어 옵셔널 체이닝 문법을 사용했습니다. 사용자를 생성한 뒤 done 함수를 호출합니다.

이제 카카오 로그인 라우터를 만들어봅시다. 로그아웃 라우터 아래에 추가하면 됩니다. 회원 가입 을 따로 코딩할 필요가 없고 카카오 로그인 전략이 대부분의 로직을 처리하므로 라우터가 상대적 으로 간단합니다. 코드가 매우 간단하므로 컨트롤러도 굳이 다른 파일에 분리하지 않았습니다.

routes/auth.js

```
...
router.get('/logout', isLoggedIn, logout);

// GET /auth/kakao
router.get('/kakao', passport.authenticate('kakao'));

// GET /auth/kakao/callback
router.get('/kakao/callback', passport.authenticate('kakao', {
  failureRedirect: '/?error=카카오로그인 실패',
}), (req, res) => {
  res.redirect('/'); // 성공 시에는 /로 이동
});

module.exports = router;
```

GET /auth/kakao로 접근하면 카카오 로그인 과정이 시작됩니다. layout.html의 **카카오톡** 버튼에 /auth/kakao 링크가 붙어 있습니다. GET /auth/kakao에서 로그인 전략(KakaoStrategy)을 수행하 는데, 처음에는 카카오 로그인 창으로 리다이렉트합니다. 그 창에서 로그인 후 성공 여부 결과를 GET /auth/kakao/callback으로 받습니다. 이 라우터에서는 카카오 로그인 전략(KakaoStrategy) 을 다시 수행합니다.

로컬 로그인과 다른 점은 passport.authenticate 메서드에 콜백 함수를 제공하지 않는다는 점입 니다. 카카오 로그인은 로그인 성공 시 내부적으로 req.login을 호출하므로 우리가 직접 호출할

필요가 없습니다. 콜백 함수 대신 로그인에 실패했을 때 어디로 이동할지를 failureRedirect 속성에 적고, 성공 시에도 어디로 이동할지를 다음 미들웨어에 적습니다.

추가한 auth 라우터를 app.js에 연결합니다.

```
app.js
...
const pageRouter = require('./routes/page');
const authRouter = require('./routes/auth');
const { sequelize } = require('./models');
...
app.use('/', pageRouter);
app.use('/auth', authRouter);
...
```

아직 끝난 것이 아닙니다. kakaoStrategy.js에서 사용하는 clientID를 발급받아야 합니다. 카카오 로그인을 위해서는 카카오 개발자 계정과 카카오 로그인용 애플리케이션 등록이 필요합니다. https://developers.kakao.com에 접속해 카카오 회원 가입 또는 로그인을 합니다.

▼ 그림 9-9 https://developers.kakao.com 접속

로그인 후 **내 애플리케이션** 메뉴에 가서 **애플리케이션 추가하기** 버튼을 누릅니다.

▼ 그림 9-10 애플리케이션 추가하기 버튼 클릭

kakao developers
전체 애플리케이션 (0)
애플리케이션 이름
애플리케이션 추가하기

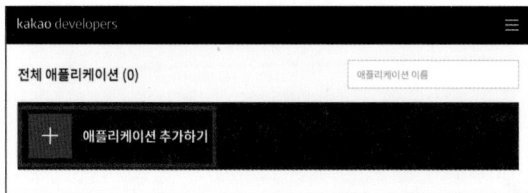

다음 그림과 같이 카카오용 NodeBird 앱을 만듭니다. **앱 아이콘**은 등록하지 않아도 되고, **앱 이름**과 **회사 이름**은 여러분이 원하는 대로 입력하면 됩니다.

▼ 그림 9-11 앱 정보 작성 화면

애플리케이션 추가
앱 아이콘
이미지 업로드
JPG, GIF, PNG
권장 사이즈 128px, 최대 250KB
앱 이름
NodeBird
회사 이름
NodeBird
• 입력된 정보는 사용자가 카카오 로그인을 할 때 표시됩니다.
• 정보가 정확하지 않은 경우 서비스 이용이 제한될 수 있습니다.
취소
저장

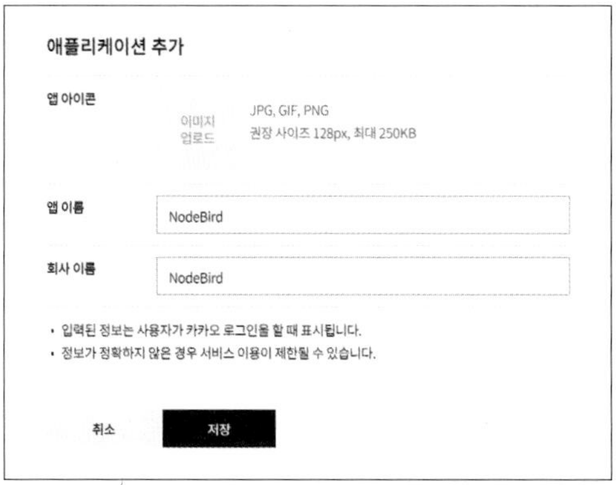

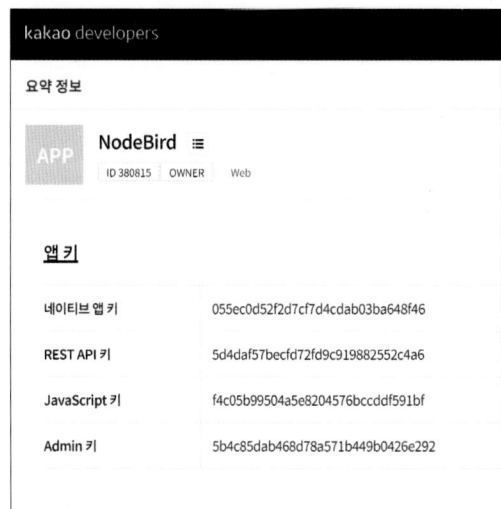

생성한 NodeBird 앱으로 들어가면 앱 키가 보입니다.

▼ 그림 9-12 앱 생성 후 화면

kakao developers
요약 정보
APP
NodeBird
ID 380815
OWNER
Web
앱 키
네이티브 앱 키
055ec0d52f2d7cf7d4cdab03ba648f46
REST API 키
5d4daf57becfd72fd9c919882552c4a6
JavaScript 키
f4c05b99504a5e8204576bccddf591bf
Admin 키
5b4c85dab468d78a571b449b0426e292

그림 9-11의 REST API 키를 복사해 .env 파일에 넣습니다. 여러분의 키는 이 책의 키와 다릅니다. 따라서 이 책의 키 대신 여러분의 키를 넣어야 합니다.

.env

```
COOKIE_SECRET=cookiesecret
KAKAO_ID=5d4daf57becfd72fd9c919882552c4a6
```

앱 설정 > 플랫폼에서 **Web 플랫폼 등록** 메뉴를 선택합니다.

▼ 그림 9-13 플랫폼 등록 버튼 클릭

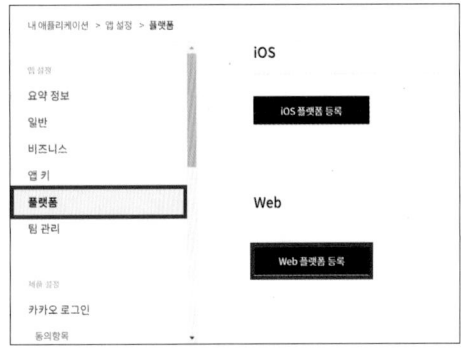

사이트 도메인에는 http://localhost:8001을 입력합니다. 만약 8001 외의 다른 포트를 사용하고 있다면 해당 포트를 적어야 합니다.

Enter를 눌러 여러 개의 주소를 입력할 수도 있습니다. 입력 후 **저장** 버튼을 누릅니다.

▼ 그림 9-14 사이트 도메인 추가

Web 플랫폼 등록

사이트 도메인
JavaScript SDK, 카카오링크, 카카오맵, 메시지 API 사용시 등록이 필요합니다.
여러개의 도메인은 콤마(,)로 추가해주세요. 최대 10까지 등록 가능합니다. 추가 등록은 포함(대표톡)
으로 문의주세요.
예시: (O) https://example.com (X) https://www.example.com

```
http://localhost:8001
```

기본 도메인
기본 도메인은 첫 번째 사이트 도메인으로, 카카오링크와 카카오톡 메시지 API를 통해 발송되는 메시지
의 Web 링크 기본값으로 사용합니다.

```
http://localhost:8001
```

취소   저장

제품 설정 > **카카오 로그인** 메뉴에서 OFF 상태의 **활성화 설정** 상태 스위치를 클릭해 ON 상태로 활성화시킵니다. 그 후 **Redirect URL 등록** 버튼을 클릭해 Redirect URI를 수정합니다. http://localhost:8001/auth/kakao/callback을 입력한 후 **저장** 버튼을 누릅니다. /auth/kakao/callback 부분은 kakaoStrategy.js의 callbackURL과 일치해야 합니다.

▼ 그림 9-15 Redirect URI 등록

제품 설정 > 카카오 로그인 > 동의 항목 메뉴로 가서 로그인 동의 항목을 작성합니다. 원하는 정보가 있다면 **설정** 버튼을 누르고 **동의 단계**와 **동의 목적**을 입력하면 됩니다.

예제에서는 닉네임과 카카오 계정(이메일)이 반드시 필요합니다. 닉네임 동의 단계에서는 **필수 동의**를 선택하고 **동의 목적**을 입력한 후 **저장** 버튼을 누릅니다.

▼ 그림 9-16 로그인 동의 항목(닉네임)

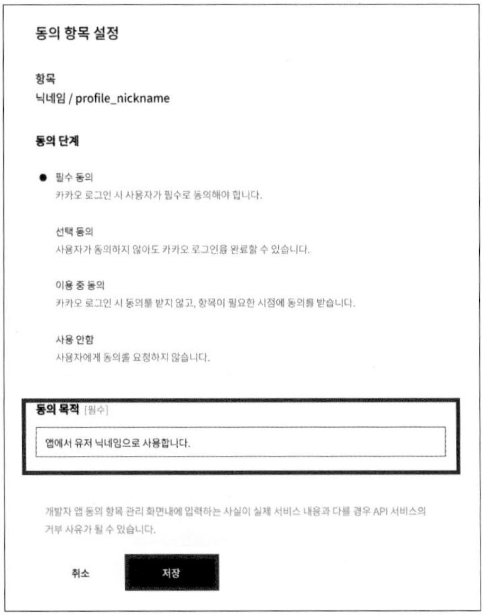

이메일 동의 단계에서는 **선택 동의**를 선택하고, 혹시나 값이 없는 경우를 대비해 **카카오 계정으로 정보 수집 후 제공** 체크박스에 체크 표시를 한 후 **동의 목적**을 입력합니다. 입력 완료 후 **저장** 버튼을 누릅니다.

▼ 그림 9-17 로그인 동의 항목(이메일)

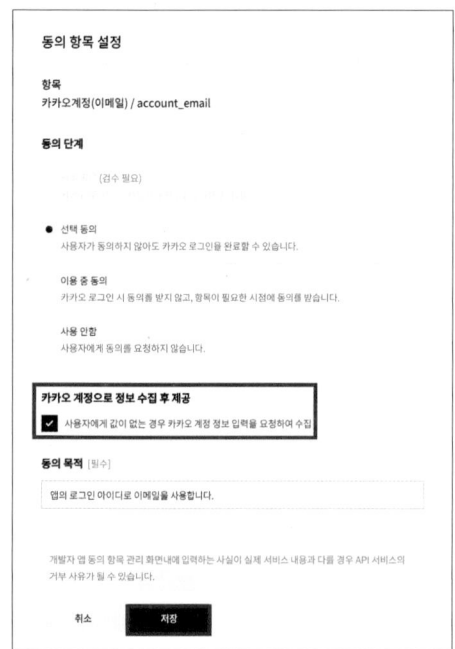

이제 NodeBird 서비스에서 **카카오톡** 버튼을 눌러 GET /auth/kakao 라우터로 요청을 보내면 카카오 인증이 시작됩니다.

▼ 그림 9-18 카카오톡 버튼 클릭

GET /auth/kakao 라우터의 passport.authenticate('kakao')에서 카카오 로그인 창으로 리다이렉트합니다. 이미 카카오에 로그인되어 있다면 로그인 화면이 뜨지 않습니다.

❤ 그림 9-19 카카오 로그인 화면

카카오 계정으로 로그인하면 NodeBird 애플리케이션에 카카오 닉네임과 이메일을 제공할지 묻
는 화면으로 넘어갑니다. **전체 동의하기**에 체크하고 **동의하고 계속하기** 버튼을 누릅니다.

❤ 그림 9-20 애플리케이션 제공 항목 동의 화면

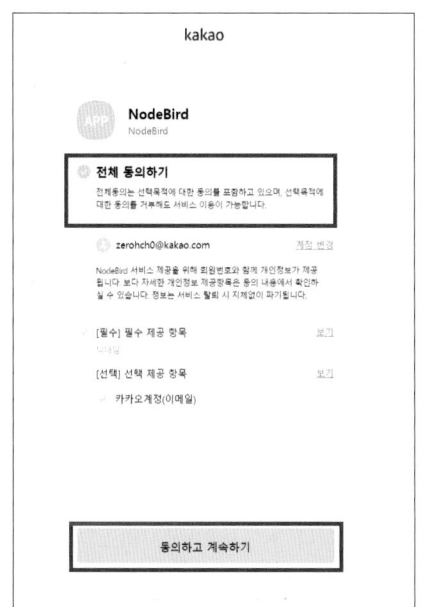

로컬 로그인과 카카오 로그인을 모두 해보면서 Passport의 인증 과정을 다시 한 번 되짚어보세
요. 로컬 로그인한 계정은 10장에서도 사용하므로 기억하고 있어야 합니다. 카카오 로그인 외에
구글(passport-google-oauth2), 페이스북(passport-facebook), 네이버(passport-naver), 트
위터(passport-twitter) 로그인도 가능합니다. 따라서 npm에서 찾아 사용하면 됩니다.

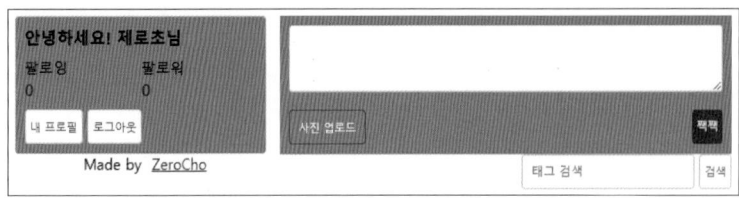

Note ≡ **카카오 로그아웃**

로그아웃 버튼을 누르면 NodeBird 서비스에서 로그아웃됩니다. 다만, 카카오에서 로그아웃되는 것은 아니므로 다음 번에 카카오를 통해 NodeBird에 로그인할 때는 카카오 로그인 없이 바로 서비스에 로그인됩니다. 카카오에서도 로그아웃하고 싶다면 공식 문서(https://developers.kakao.com/docs/latest/ko/kakaologin/rest-api#logout)를 참조하면 됩니다.

N O D E . J S

9.4 / multer 패키지로 이미지 업로드 구현하기

SNS 서비스인 만큼 이미지 업로드도 중요합니다. 6.2.7절에서 배운 multer 모듈을 사용해 멀티파트 형식의 이미지를 업로드합니다.

패키지를 먼저 설치합시다.

콘솔

```
$ npm i multer
```

이미지를 어떻게 저장할 것인지는 서비스의 특성에 따라 달라집니다. NodeBird 서비스는 input 태그를 통해 이미지를 선택할 때 바로 업로드를 진행하고, 업로드된 사진 주소를 다시 클라이언트에 알릴 것입니다. 게시글을 저장할 때는 데이터베이스에 직접 이미지 데이터를 넣는 대신 이미지 경로만 저장합니다. 이미지는 서버 디스크(uploads 폴더)에 저장됩니다.

그럼 post 라우터와 컨트롤러를 작성해보겠습니다.

```
const express = require('express');
const multer = require('multer');
const path = require('path');
const fs = require('fs');

const { afterUploadImage, uploadPost } = require('../controllers/post');
const { isLoggedIn } = require('../middlewares');

const router = express.Router();

try {
  fs.readdirSync('uploads');
} catch (error) {
  console.error('uploads 폴더가 없어 uploads 폴더를 생성합니다.');
  fs.mkdirSync('uploads');
}

const upload = multer({
  storage: multer.diskStorage({
    destination(req, file, cb) {
      cb(null, 'uploads/');
    },
    filename(req, file, cb) {
      const ext = path.extname(file.originalname);
      cb(null, path.basename(file.originalname, ext) + Date.now() + ext);
    },
  }),
  limits: { fileSize: 5 * 1024 * 1024 },
});

// POST /post/img
router.post('/img', isLoggedIn, upload.single('img'), afterUploadImage);

// POST /post
const upload2 = multer();
router.post('/', isLoggedIn, upload2.none(), uploadPost);

module.exports = router;
```

```js
const { Post, Hashtag } = require('../models');

exports.afterUploadImage = (req, res) => {
  console.log(req.file);
  res.json({ url: `/img/${req.file.filename}` });
};

exports.uploadPost = async (req, res, next) => {
  try {
    const post = await Post.create({
      content: req.body.content,
      img: req.body.url,
      UserId: req.user.id,
    });
    const hashtags = req.body.content.match(/#[^\s#]*/g);
    if (hashtags) {
      const result = await Promise.all(
        hashtags.map(tag => {
          return Hashtag.findOrCreate({
            where: { title: tag.slice(1).toLowerCase() },
          })
        }),
      );
      await post.addHashtags(result.map(r => r[0]));
    }
    res.redirect('/');
  } catch (error) {
    console.error(error);
    next(error);
  }
};
```

multer 부분은 6.2.7절의 코드와 거의 유사합니다. POST /post/img 라우터와 POST /post 라우터 두 개를 만듭니다. app.use('/post')를 할 것이므로 앞에 /post 경로가 붙었습니다.

POST /post/img 라우터에서는 이미지 하나를 업로드받은 뒤 이미지의 저장 경로를 클라이언트로 응답합니다. static 미들웨어가 /img 경로의 정적 파일을 제공하므로 클라이언트에서 업로드한 이미지에 접근할 수 있습니다.

POST /post 라우터는 게시글 업로드를 처리하는 라우터입니다. 이전 라우터에서 이미지를 업로드 했다면 이미지 주소도 req.body.url로 전송됩니다. 데이터 형식이 multipart이긴 하지만, 이미지 데이터가 들어 있지 않으므로 none 메서드를 사용했습니다. 이미지 주소가 온 것이지, 이미지 데이터 자체가 온 것은 아닙니다. 이미지는 이미 POST /post/img 라우터에서 저장되었습니다.

게시글을 데이터베이스에 저장한 후, 게시글 내용에서 해시태그를 정규표현식(/#[^\s#]+/g)으로 추출해냅니다. 추출한 해시태그는 데이터베이스에 저장하는데, 먼저 slice(1).toLowerCase()를 사용해 해시태그에서 #을 떼고 소문자로 바꿉니다. 저장할 때는 findOrCreate 메서드를 사용했습니다. 이 시퀄라이즈 메서드는 데이터베이스에 해시태그가 존재하면 가져오고, 존재하지 않으면 생성한 후 가져옵니다. 결괏값으로 [모델, 생성 여부]를 반환하므로 result.map(r => r[0])으로 모델만 추출해냈습니다. 마지막으로, 해시태그 모델들을 post.addHashtags 메서드로 게시글과 연결합니다.

▼ 그림 9-22 해시태그와 게시글 연결

```
        ['#노드', '#익스프레스', '#제로초']

               ⬇ hashtags.map

[findOrCreate, findOrCreate, findOrCreate]

               ⬇ Promise.all로 모두 실행

[[모델, bool], [모델, bool], [모델, bool]]

               ⬇ result.map(r => r[0])

        [모델, 모델, 모델]

               ⬇

        post.addHashtags(   )
```

Note ≡ **실제 서버 운영 시**

현재 multer 패키지는 이미지를 서버 디스크에 저장합니다. 디스크에 저장하면 간단하기는 하지만, 서버에 문제가 생겼을 때 이미지가 제공되지 않거나 손실될 수도 있습니다. 따라서 AWS S3나 클라우드 스토리지(Cloud Storage) 같은 정적 파일 제공 서비스를 사용해 이미지를 따로 저장하고 제공하는 것이 좋습니다. 이러한 서비스를 사용하고 싶다면 multer-s3나 multer-google-storage 같은 패키지를 찾아보면 됩니다. 이에 대해서는 16장에서 알아봅니다.

게시글 작성 기능이 추가되었으므로 이제부터 메인 페이지 로딩 시 메인 페이지와 게시글을 함께 로딩하도록 하겠습니다.

```
const { User, Post } = require('../models');

exports.renderProfile = (req, res) => {
  res.render('profile', { title: '내 정보 - NodeBird' });
};

exports.renderJoin = (req, res) => {
  res.render('join', { title: '회원 가입 - NodeBird' });
};

exports.renderMain = async (req, res, next) => {
  try {
    const posts = await Post.findAll({
      include: {
        model: User,
        attributes: ['id', 'nick'],
      },
      order: [['createdAt', 'DESC']],
    });
    res.render('main', {
      title: 'NodeBird',
      twits: posts,
    });
  } catch (err) {
    console.error(err);
    next(err);
  }
}
```

먼저 데이터베이스에서 게시글을 조회한 뒤 결과를 twits에 넣어 렌더링합니다. 조회할 때 게시글 작성자의 아이디와 닉네임을 JOIN해서 제공하고, 게시글의 순서는 최신순으로 정렬했습니다. 지금까지 이미지 업로드 기능을 만들었습니다. 그럼 남은 기능들을 마저 추가하고 서버를 실행해봅시다.

9.5 프로젝트 마무리하기

이미지 업로드까지 마무리되었으니 이제 팔로잉 기능과 해시태그 검색 기능만 추가하면 됩니다.

다른 사용자를 팔로우하는 기능을 만들기 위해 routes/user.js와 controllers/user.js를 작성합니다.

routes/user.js

```
const express = require('express');

const { isLoggedIn } = require('../middlewares');
const { follow } = require('../controllers/user');

const router = express.Router();

// POST /user/:id/follow
router.post('/:id/follow', isLoggedIn, follow);

module.exports = router;
```

controllers/user.js

```
const User = require('../models/user');

exports.follow = async (req, res, next) => {
  try {
    const user = await User.findOne({ where: { id: req.user.id } });
    if (user) { // req.user.id가 followerId, req.params.id가 followingId
      await user.addFollowing(parseInt(req.params.id, 10));
      res.send('success');
    } else {
      res.status(404).send('no user');
    }
  } catch (error) {
    console.error(error);
    next(error);
  }
};
```

POST /user/:id/follow 라우터입니다. :id 부분이 req.params.id가 됩니다. 먼저 팔로우할 사용자를 데이터베이스에서 조회한 후, 시퀄라이즈에서 추가한 addFollowing 메서드로 현재 로그인한 사용자와의 관계를 지정합니다.

팔로잉 관계가 생겼으므로 req.user에도 팔로워와 팔로잉 목록을 저장합니다. 앞으로 사용자 정보를 불러올 때는 팔로워와 팔로잉 목록도 같이 불러오게 됩니다. req.user를 바꾸려면 deserializeUser를 조작해야 합니다.

passport/index.js

```
...
    passport.deserializeUser((id, done) => {
      User.findOne({
        where: { id },
        include: [{
          model: User,
          attributes: ['id', 'nick'],
          as: 'Followers',
        }, {
          model: User,
          attributes: ['id', 'nick'],
          as: 'Followings',
        }],
      })
        .then(user => done(null, user))
        .catch(err => done(err));
    });
...
```

세션에 저장된 아이디로 사용자 정보를 조회할 때 팔로잉 목록과 팔로워 목록도 같이 조회합니다. include에서 계속 attributes를 지정하고 있는데, 이는 실수로 비밀번호를 조회하는 것을 방지하기 위해서입니다. 브라우저에 회원의 비밀번호가 전송돼서는 안 됩니다.

> Note ☰ deserializeUser 캐싱하기
>
> 라우터가 실행되기 전에 deserializeUser가 먼저 실행됩니다. 따라서 모든 요청이 들어올 때마다 매번 사용자 정보를 조회하게 됩니다. 서비스의 규모가 커질수록 더 많은 요청이 들어오게 되고, 그에 따라 데이터베이스에도 더 큰 부담이 주어집니다. 사용자 정보가 빈번하게 바뀌는 것이 아니라면 캐싱을 해두는 것이 좋습니다. 다만, 캐싱이 유지되는 동안 팔로워와 팔로잉 정보가 갱신되지 않는 단점이 있으므로 캐싱 시간은 서비스 정책에 따라 조절해야 합니다.
>
> 실제 서비스에서는 메모리에 캐싱하기보다는 레디스 같은 데이터베이스에 사용자 정보를 캐싱합니다.

팔로잉/팔로워 숫자와 팔로우 버튼을 표시하기 위해 routes/page.js를 수정합니다.

```
...
router.use((req, res, next) => {
  res.locals.user = req.user;
  res.locals.followerCount = req.user?.Followers?.length || 0;
  res.locals.followingCount = req.user?.Followings?.length || 0;
  res.locals.followingIdList = req.user?.Followings?.map(f => f.id) || [];
  next();
});
...
```

로그인한 경우에는 req.user가 존재하므로 팔로잉/팔로워 수와 팔로잉 아이디 리스트를 넣습니다. 팔로잉 아이디 리스트를 넣는 이유는 팔로잉 아이디 리스트에 게시글 작성자의 아이디가 존재하지 않으면 팔로우 버튼을 보여주기 위해서입니다.

```
const express = require('express');
const { isLoggedIn, isNotLoggedIn } = require('../middlewares');
const {
  renderProfile, renderJoin, renderMain, renderHashtag,
} = require('../controllers/page');

const router = express.Router();
...
router.get('/hashtag', renderHashtag);

module.exports = router;
```

해시태그로 조회하는 GET /hashtag 라우터입니다. 쿼리스트링으로 해시태그 이름을 받고 해시태그 값이 없는 경우 메인 페이지로 돌려보냅니다. 데이터베이스에서 해당 해시태그가 존재하는지 검색한 후, 해시태그가 있다면 시퀄라이즈에서 제공하는 getPosts 메서드로 모든 게시글을 가져옵니다. 가져올 때는 include를 통해 작성자 정보를 합칩니다. 조회 후 메인 페이지를 렌더링하면서 전체 게시글 대신 조회된 게시글만 twits에 넣어 렌더링합니다.

```
controllers/page.js
```

```javascript
const { User, Post, Hashtag } = require('../models');
...
exports.renderHashtag = async (req, res, next) => {
  const query = req.query.hashtag;
  if (!query) {
    return res.redirect('/');
  }
  try {
    const hashtag = await Hashtag.findOne({ where: { title: query } });
    let posts = [];
    if (hashtag) {
      posts = await hashtag.getPosts({ include: [{ model: User }] });
    }

    return res.render('main', {
      title: `${query} | NodeBird`,
      twits: posts,
    });
  } catch (error) {
    console.error(error);
    return next(error);
  }
};
```

마지막으로, routes/post.js와 routes/user.js를 app.js에 연결합니다. 업로드한 이미지를 제공할 라우터(/img)도 express.static 미들웨어로 uploads 폴더와 연결합니다. express.static을 여러 번 쓸 수 있다는 사실을 기억해두세요. 이제 uploads 폴더 내 사진들이 /img 주소로 제공됩니다.

```
app.js
```

```javascript
...
const pageRouter = require('./routes/page');
const authRouter = require('./routes/auth');
const postRouter = require('./routes/post');
const userRouter = require('./routes/user');
const { sequelize } = require('./models');
const passportConfig = require('./passport');

...
app.use(morgan('dev'));
app.use(express.static(path.join(__dirname, 'public')));
```

```
app.use('/img', express.static(path.join(__dirname, 'uploads')));
app.use(express.json());
...
app.use('/', pageRouter);
app.use('/auth', authRouter);
app.use('/post', postRouter);
app.use('/user', userRouter);
...
```

서버를 실행하고 NodeBird에 접속해 로그인, 게시글 작성, 팔로잉, 해시태그 검색 등의 기능을
사용해보세요.

▼ 그림 9-23 프로필 페이지 화면

▼ 그림 9-24 해시태그 검색 화면

9.5.1 스스로 해보기

여기서는 추가로 해볼 만한 작업을 몇 가지 소개하니 스스로 해보길 바랍니다. 지금은 기본 기능만 있지만, 살을 붙여나가다 보면 점점 완성도 있는 SNS 앱이 될 것입니다.

- 팔로잉 끊기(시퀄라이즈의 destroy 메서드와 라우터 활용)
- 프로필 정보 변경하기(시퀄라이즈의 update 메서드와 라우터 활용)
- 게시글 좋아요 누르기 및 좋아요 취소하기(사용자 – 게시글 모델 간 N:M 관계 정립 후 라우터 활용)
- 게시글 삭제하기(등록자와 현재 로그인한 사용자가 같을 때, 시퀄라이즈의 destroy 메서드와 라우터 활용)
- 사용자 이름을 누르면 그 사용자의 게시글만 보여주기
- 매번 데이터베이스를 조회하지 않도록 deserializeUser 캐싱하기(객체 선언 후 객체에 사용자 정보 저장, 객체 안에 캐싱된 값이 있으면 조회)

9.5.2 핵심 정리

- 서버는 요청에 응답하는 것이 핵심 임무이므로 요청을 수락하든 거절하든 상관없이 반드시 응답해야 합니다. 이때 한 번만 응답해야 에러가 발생하지 않습니다.
- 개발 시 서버를 매번 수동으로 재시작하지 않으려면 nodemon을 사용하는 것이 좋습니다.
- dotenv 패키지와 .env 파일로 유출되면 안 되는 비밀 키를 관리합시다.
- 라우터는 routes 폴더에, 데이터베이스는 models 폴더에, html 파일은 views 폴더에 각각 구분해서 저장하면 프로젝트 규모가 커져도 관리하기 쉽습니다.
- 라우터에서 응답을 보내는 미들웨어를 컨트롤러라고 합니다. 컨트롤러도 따로 분리하면 (controllers 폴더) 코드를 관리할 때 편합니다.
- 데이터베이스를 구성하기 전에 데이터 간 1:1, 1:N, N:M 관계를 잘 파악합시다.
- middlewares/index.js처럼 라우터 내에 미들웨어를 사용할 수 있다는 것을 기억합시다.
- Passport의 인증 과정을 기억해둡시다. 특히 serializeUser와 deserializeUser가 언제 호출되는지 파악하고 있어야 합니다.
- 프런트엔드 form 태그의 인코딩 방식이 multipart일 때는 multer 같은 multipart 처리용 패키지를 사용하는 것이 좋습니다.

함께 보면 좋은 자료

- Passport 공식 문서: http://www.passportjs.org

- passport-local 공식 문서: https://www.npmjs.com/package/passport-local

- passport-kakao 공식 문서: https://www.npmjs.com/package/passport-kakao

- bcrypt 공식 문서: https://www.npmjs.com/package/bcrypt

- 카카오 로그인: https://developers.kakao.com/docs/latest/ko/kakaologin/common

10^장

웹 API
서버 만들기

이 장에서는 NodeBird 앱의 REST API 서버를 만들어보겠습니다. 노드는 자바스크립트 문법을 사용하므로 웹 API 서버에서 데이터를 전달할 때 사용하는 JSON을 100% 활용하기에 좋습니다.

API 서버는 프런트엔드와 분리되어 운영되므로 모바일 서버로도 사용할 수 있습니다. 노드를 모바일 서버로 사용하려면 이번 장과 같이 서버를 REST API 구조로 구성하면 됩니다. 특히 JWT 토큰은 모바일 앱과 노드 서버 간에 사용자 인증을 구현할 때 자주 사용됩니다.

사용자 인증, 사용량 제한 등의 기능을 구현해 NodeBird의 웹 API 서버를 만들어봅시다. 이번 장을 위해 NodeBird 앱에 게시글을 다양하게 올려두세요.

10.1 / API 서버 이해하기

먼저 API와 웹 API 서버의 개념을 알아봅시다. API는 Application Programming Interface의 약어로, 다른 애플리케이션에서 현재 프로그램의 기능을 사용할 수 있게 허용하는 접점을 의미합니다.

웹 API는 다른 웹 서비스의 기능을 사용하거나 자원을 가져올 수 있는 창구입니다. 흔히 API를 '열었다' 또는 '만들었다'고 표현하는데, 이는 다른 프로그램에서 현재 기능을 사용할 수 있게 허용했음을 뜻합니다. 다른 사람에게 정보를 제공하고 싶은 부분만 API를 열어놓고, 제공하고 싶지 않은 부분은 API를 만들지 않는 것입니다. 또한, API를 열어놓았다 하더라도 모든 사람이 정보를 가져갈 수 있는 것이 아니라 인증된 사람만 일정 횟수 내에서 가져가게 제한을 둘 수도 있습니다.

위와 같은 서버에 API를 올려서 URL을 통해 접근할 수 있게 만든 것을 웹 API 서버라고 합니다. 이 장에서 만들 서버도 NodeBird의 정보를 제공하는 웹 API입니다. 단, 정보를 모든 사람이 아니라 인증된 사용자에게만 제공할 것입니다.

여기서 **크롤링**(crawling)이라는 개념을 알아두면 좋습니다. 크롤링을 해서 웹 사이트의 데이터를 수집했다는 말을 들어본 적이 있을 겁니다. 크롤링은 웹 사이트가 자체적으로 제공하는 API가 없거나 API 이용에 제한이 있을 때 사용하는 방법입니다. 표면적으로 보이는 웹 사이트의 정보를 일정 주기로 수집해 자체적으로 가공하는 기술입니다. 하지만 웹 사이트에서 직접 제공하는 API가 아니므로 원하는 정보를 얻지 못할 가능성이 있습니다. 또한, 웹 사이트에서 제공하길 원치 않는 정보를 수집한다면 법적인 문제가 발생할 수도 있습니다. 웹 사이트가 어떤 페이지의 크롤링을 허용하는지 확인하려면 도메인/robots.txt에 접속하면 됩니다.

서비스 제공자 입장에서도 주기적으로 크롤링을 당하면 웹 서버의 트래픽이 증가해 서버에 무리가 가므로 웹 서비스를 만들 때 공개해도 되는 정보들은 API로 만들어 API를 통해 가져가게 하는 것이 좋습니다.

10.2 프로젝트 구조 갖추기

NODE.JS

이번 프로젝트는 NodeBird 서비스와 데이터베이스를 공유합니다. 다른 서비스가 NodeBird의 데이터나 서비스를 이용할 수 있도록 창구를 만드는 것이므로 프런트 쪽은 거의 다루지 않습니다.

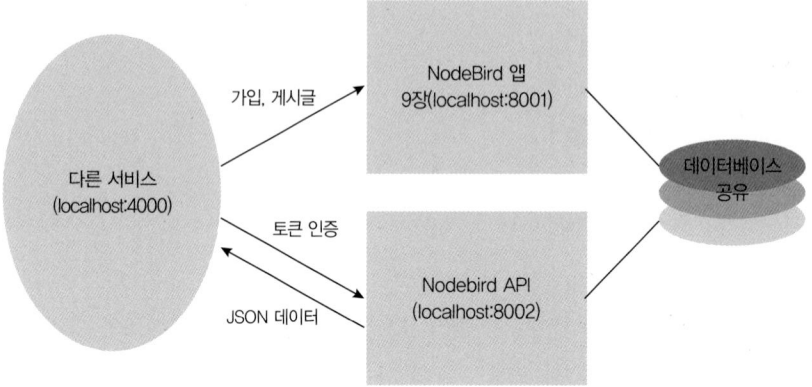

우리는 다른 서비스에 NodeBird 서비스의 게시글, 해시태그, 사용자 정보를 JSON 형식으로 제공할 것입니다. 단, 인증을 받은 사용자에게만 일정한 할당량 안에서 API를 호출할 수 있도록 허용할 것입니다.

우선 nodebird-api 폴더를 만들고 package.json 파일을 생성합니다. npm init으로 생성한 후 dependencies들을 설치해도 되고, 아래 package.json을 복사해도 됩니다. 새로 추가된 패키지는 uuid이며, 고유한 랜덤 문자열을 만들어내는 데 사용됩니다.

nodebird-api/package.json

```
{
  "name": "nodebird-api",
  "version": "0.0.1",
  "description": "NodeBird API 서버",
  "main": "app.js",
  "scripts": {
    "start": "nodemon app",
    "test": "echo \"Error: no test specified\" && exit 1"
  },
  "author": "Zero Cho",
  "license": "ISC",
  "dependencies": {
    "bcrypt": "^5.0.0",
    "cookie-parser": "^1.4.5",
    "dotenv": "^16.0.0",
    "express": "^4.17.1",
    "express-session": "^1.17.1",
    "morgan": "^1.10.0",
    "mysql2": "^2.1.0",
```

```
    "nunjucks": "^3.2.1",
    "passport": "^0.5.2",
    "passport-kakao": "^1.0.1",
    "passport-local": "^1.0.0",
    "sequelize": "^6.0.0",
    "uuid": "^8.3.2"
  },
  "devDependencies": {
    "nodemon": "^2.0.3"
  }
}
```

package.json에 적힌 패키지를 설치합니다.

콘솔

```
$ npm i
```

NodeBird에서 config, models, passport, middlewares 폴더와 내용물들을 모두 복사해서 nodebird-api 폴더에 붙여 넣습니다. controllers와 routes 폴더에서는 auth.js만 그대로 사용합니다. 마지막으로는 .env 파일을 복사합니다. 다른 폴더와 파일은 새로 나올 때마다 직접 생성하면 됩니다.

다음은 에러를 표시할 파일입니다. views 폴더를 만들고 그 안에 error.html 파일을 생성합니다.

nodebird-api/views/error.html

```
<h1>{{message}}</h1>
<h2>{{error.status}}</h2>
<pre>{{error.stack}}</pre>
```

nodebird-api/app.js

```
const express = require('express');
const path = require('path');
const cookieParser = require('cookie-parser');
const passport = require('passport');
const morgan = require('morgan');
const session = require('express-session');
const nunjucks = require('nunjucks');
const dotenv = require('dotenv');

dotenv.config();
```

```javascript
const authRouter = require('./routes/auth');
const indexRouter = require('./routes');
const { sequelize } = require('./models');
const passportConfig = require('./passport');

const app = express();
passportConfig();
app.set('port', process.env.PORT || 8002);
app.set('view engine', 'html');
nunjucks.configure('views', {
  express: app,
  watch: true,
});
sequelize.sync({ force: false })
  .then(() => {
    console.log('데이터베이스 연결 성공');
  })
  .catch((err) => {
    console.error(err);
  });

app.use(morgan('dev'));
app.use(express.static(path.join(__dirname, 'public')));
app.use(express.json());
app.use(express.urlencoded({ extended: false }));
app.use(cookieParser(process.env.COOKIE_SECRET));
app.use(session({
  resave: false,
  saveUninitialized: false,
  secret: process.env.COOKIE_SECRET,
  cookie: {
    httpOnly: true,
    secure: false,
  },
}));
app.use(passport.initialize());
app.use(passport.session());

app.use('/auth', authRouter);
app.use('/', indexRouter);

app.use((req, res, next) => {
  const error = new Error(`${req.method} ${req.url} 라우터가 없습니다.`);
```

```
      error.status = 404;
    next(error);
});

app.use((err, req, res, next) => {
  res.locals.message = err.message;
  res.locals.error = process.env.NODE_ENV !== 'production' ? err : {};
  res.status(err.status || 500);
  res.render('error');
});

app.listen(app.get('port'), () => {
  console.log(app.get('port'), '번 포트에서 대기 중');
});
```

포트 번호를 8002로 했으므로 9장의 NodeBird 앱 서버(8001번 포트) 및 추후에 만들 클라이언트인 NodeCat 서버(4000번 포트)와 같이 실행할 수 있습니다. 콘솔을 하나 더 열어서 서버를 실행하면 됩니다.

도메인을 등록하는 기능이 새로 생겼으므로 도메인 모델을 추가해봅시다. 도메인은 인터넷 주소를 뜻합니다.

nodebird-api/models/domain.js

```
const Sequelize = require('sequelize');

class Domain extends Sequelize.Model {
  static initiate(sequelize) {
    Domain.init({
      host: {
        type: Sequelize.STRING(80),
        allowNull: false,
      },
      type: {
        type: Sequelize.ENUM('free', 'premium'),
        allowNull: false,
      },
      clientSecret: {
        type: Sequelize.UUID,
        allowNull: false,
      },
    }, {
```

```
      sequelize,
      timestamps: true,
      paranoid: true,
      modelName: 'Domain',
      tableName: 'domains',
    });
  }

  static associate(db) {
    db.Domain.belongsTo(db.User);
  }
};

module.exports = Domain;
```

도메인 모델에는 인터넷 주소(host)와 도메인 종류(type), 클라이언트 비밀 키(clientSecret)가 들어갑니다.

type 컬럼은 ENUM 속성입니다. 무료(free)나 프리미엄(premium) 둘 중 하나만 값으로 입력할 수 있게 했고, 이를 어겼을 때는 에러가 발생합니다.

클라이언트 비밀 키는 다른 개발자들이 NodeBird의 API를 사용할 때 필요한 비밀 키입니다. 이 키가 유출되면 다른 사람을 사칭해 요청을 보낼 수 있으므로, 유출되지 않도록 주의해야 합니다. 한 가지 안전 장치로서, 요청을 보낸 도메인까지 일치해야 요청을 보낼 수 있게 제한을 둘 것입니다. clientSecret 컬럼은 UUID라는 타입을 가집니다. UUID는 충돌 가능성이 매우 적은 랜덤한 문자열입니다.

도메인 모델은 사용자 모델과 일대다 관계를 갖는데, 사용자 한 명이 여러 도메인을 소유할 수도 있기 때문입니다.

nodebird-api/models/user.js

```
...
  static associate(db) {
    db.User.hasMany(db.Post);
    db.User.belongsToMany(db.User, {
      foreignKey: 'followingId',
      as: 'Followers',
      through: 'Follow',
    });
    db.User.belongsToMany(db.User, {
```

```
      foreignKey: 'followerId',
      as: 'Followings',
      through: 'Follow',
    });
    db.User.hasMany(db.Domain);
  }
};
```

다음은 로그인하는 화면입니다. 카카오 로그인은 제외했습니다. 카카오 로그인을 추가하려면 카카오 개발자 사이트에서 http://localhost:8002 도메인을 추가로 등록해야 합니다.

nodebird-api/views/login.html
```
<!DOCTYPE html>
<html>
  <head>
    <meta charset="UTF-8">
    <title>API 서버 로그인</title>
    <style>
      .input-group label { width: 200px; display: inline-block; }
    </style>
  </head>
  <body>
    {% if user and user.id %}
      <span class="user-name">안녕하세요! {{user.nick}}님</span>
      <a href="/auth/logout">
        <button>로그아웃</button>
      </a>
      <fieldset>
        <legend>도메인 등록</legend>
        <form action="/domain" method="post">
          <div>
            <label for="type-free">무료</label>
            <input type="radio" id="type-free" name="type" value="free">
            <label for="type-premium">프리미엄</label>
            <input type="radio" id="type-premium" name="type" value="premium">
          </div>
          <div>
            <label for="host">도메인</label>
            <input type="text" id="host" name="host" placeholder="ex) zerocho.com">
          </div>
          <button>저장</button>
        </form>
```

```
      </fieldset>
      <table>
        <tr>
          <th>도메인 주소</th>
          <th>타입</th>
          <th>클라이언트 비밀 키</th>
        </tr>
        {% for domain in domains %}
          <tr>
            <td>{{domain.host}}</td>
            <td>{{domain.type}}</td>
            <td>{{domain.clientSecret}}</td>
          </tr>
        {% endfor %}
      </table>
    {% else %}
      <form action="/auth/login" id="login-form" method="post">
        <h2>NodeBird 계정으로 로그인하세요.</h2>
        <div class="input-group">
          <label for="email">이메일</label>
          <input id="email" type="email" name="email" required autofocus>
        </div>
        <div class="input-group">
          <label for="password">비밀번호</label>
          <input id="password" type="password" name="password" required>
        </div>
        <div>회원 가입은 localhost:8001에서 하세요.</div>
        <button id="login" type="submit">로그인</button>
      </form>
      <script>
        window.onload = () => {
          if (new URL(location.href).searchParams.get('error')) {
            alert(new URL(location.href).searchParams.get('error'));
          }
        };
      </script>
    {% endif %}
  </body>
</html>
```

위 코드에는 도메인을 등록하는 화면도 포함되어 있습니다. 로그인하지 않았다면 로그인 창이 먼
저 뜨고, 로그인한 사용자에게는 도메인 등록 화면을 보여줍니다.

```
const express = require('express');
const { renderLogin, createDomain } = require('../controllers');
const { isLoggedIn } = require('../middlewares');

const router = express.Router();

router.get('/', renderLogin);

router.post('/domain', isLoggedIn, createDomain);

module.exports = router;
```

```
const { v4: uuidv4 } = require('uuid');
const { User, Domain } = require('../models');

exports.renderLogin = async (req, res, next) => {
  try {
    const user = await User.findOne({
      where: { id: req.user?.id || null },
      include: { model: Domain },
    });
    res.render('login', {
      user,
      domains: user?.Domains,
    });
  } catch (err) {
    console.error(err);
    next(err);
  }
}

exports.createDomain = async (req, res, next) => {
  try {
    await Domain.create({
      UserId: req.user.id,
      host: req.body.host,
      type: req.body.type,
      clientSecret: uuidv4(),
    });
    res.redirect('/');
```

```
    } catch (err) {
      console.error(err);
      next(err);
    }
  };
```

GET / 라우터와 도메인 등록 라우터(POST /domain)입니다.

GET /는 접속 시 로그인 화면을 보여주며, 도메인 등록 라우터는 폼으로부터 온 데이터를 도메인 모델에 저장합니다. 시퀄라이즈 where에는 undefined가 들어가면 안 되므로 req.user?.id || null을 사용했습니다.

도메인 등록 라우터에서는 clientSecret의 값을 uuid 패키지를 통해 생성합니다. uuid 중에서도 4 버전을 사용하며, 1b9d6bcd-bbfd-4b2d-9b5d-ab8dfbbd4bed와 같은 36자리 문자열 형식으로 생겼습니다. 세 번째 마디의 첫 번째 숫자 4가 버전을 알려줍니다. const { v4: uuidv4 } 부분이 특이한데, 패키지의 변수나 함수를 불러올 때 이름을 바꿀 수 있습니다. v4에서 uuidv4로 바꿨습니다.

이제 서버를 실행하고 http://localhost:8002로 접속합니다. 지금부터 여러분은 NodeBird API가 아니라 API 서비스를 이용하는 사용자의 입장입니다. API를 사용하려면 허가를 받아야 합니다. 카카오 로그인을 하기 위해 카카오 개발자 사이트에 애플리케이션을 만들었던 것과 비슷한 상황입니다.

❤ 그림 10-3 http://localhost:8002 접속 화면

NodeBird 계정으로 로그인하세요.

이메일
비밀번호
회원가입은 localhost:8001에서 하세요.
로그인

사용자 정보는 NodeBird 앱과 공유하므로 NodeBird 앱의 아이디로 로그인하면 됩니다. 카카오 로그인은 제외했으니 로컬로 가입한 이메일을 통해 로그인합니다. 로그인 후에는 도메인 등록 화면이 나타납니다.

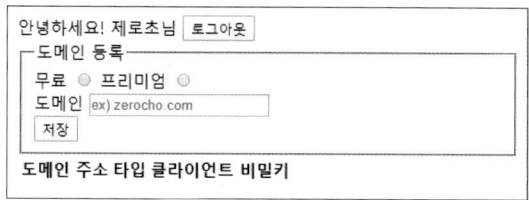

도메인을 등록하는 이유는 등록한 도메인에서만 API를 사용할 수 있게 하기 위해서입니다. 웹 브라우저에서 요청을 보낼 때, 응답을 하는 곳과 도메인이 다르면 CORS(Cross-Origin Resource Sharing) 에러가 발생할 수 있습니다. 브라우저가 현재 웹 사이트에서 함부로 다른 서버에 접근하는 것을 막는 조치입니다. CORS 문제를 해결하려면 API 서버 쪽에서 미리 허용할 도메인을 등록해야 합니다. 서버에서 서버로 요청을 보내는 경우에는 CORS 문제가 발생하지 않습니다. CORS는 브라우저에서 발생하는 에러이기 때문입니다. 이에 대한 내용은 10.7절에서 자세히 다룹니다.

무료와 프리미엄은 나중에 사용량 제한을 구현하기 위한 구분값입니다. 프리미엄 도메인에는 더 많은 사용량을 허가할 것입니다.

이제 localhost:4000 도메인을 등록합니다. NodeBird API를 사용할 도메인 주소이며, 다른 개발자들이 만든 서버라고 생각하면 됩니다. 클라이언트 비밀 키는 랜덤한 문자열이므로 이 책과 다를 수 있습니다.

▼ 그림 10-5 도메인 등록 후 화면

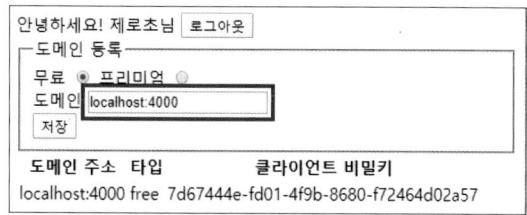

발급받은 비밀 키는 locahost:4000 서비스에서 NodeBird API를 호출할 때 인증 용도로 사용합니다. 비밀 키가 유출되면 다른 사람이 마치 여러분이 호출한 것마냥 API를 사용할 수 있으므로 조심해야 합니다.

10.3 / JWT 토큰으로 인증하기

다시 API 서비스를 제공하는 입장(localhost:8002)이 되어봅시다. NodeBird 앱이 아닌 다른 클라이언트가 NodeBird의 데이터를 가져갈 수 있게 해야 하는 만큼 별도의 인증 과정이 필요합니다. 이 책은 JWT 토큰을 사용해 인증하는 방법을 사용합니다.

JWT는 JSON Web Token의 약어로, JSON 형식의 데이터를 저장하는 토큰입니다. JWT는 다음과 같이 세 부분으로 구성되어 있습니다.

헤더.페이로드.시그니처

- **헤더**(HEADER): 토큰 종류와 해시 알고리즘 정보가 들어 있습니다.

- **페이로드**(PAYLOAD): 토큰의 내용물이 인코딩된 부분입니다.

- **시그니처**(SIGNATURE): 일련의 문자열로, 시그니처를 통해 토큰이 변조되었는지 여부를 확인할 수 있습니다.

시그니처는 JWT 비밀 키로 만들어집니다. 이 비밀 키가 노출되면 JWT 토큰을 위조할 수 있으므로 비밀 키를 철저히 숨겨야 합니다. 시그니처 자체는 숨기지 않아도 됩니다. 비밀 키를 사용하는 방법은 나중에 알아봅니다.

JWT 토큰 예시

eyJhbGciOiJIUzI1NiIsInR5cCI6IkpXVCJ9.**eyJpZCI6IjEiLCJuYW1lIjoi7KGw7ZiE7JiBIiwibWVzc2FnZS**I6Iuuwl0uztCJ9.7IIeFTuda7i66CoiabRSnoVyljOV9UqAetMwpidpXbw

---

JWT에는 민감한 내용을 넣으면 안 됩니다. 내용을 볼 수 있기 때문입니다. 위의 토큰 내용이 궁금한가요? 매우 복잡해 보이지만 https://jwt.io 사이트에서 내용을 쉽게 확인할 수 있습니다.

▼ 그림 10-6 JWT 토큰의 내용은 노출됩니다.

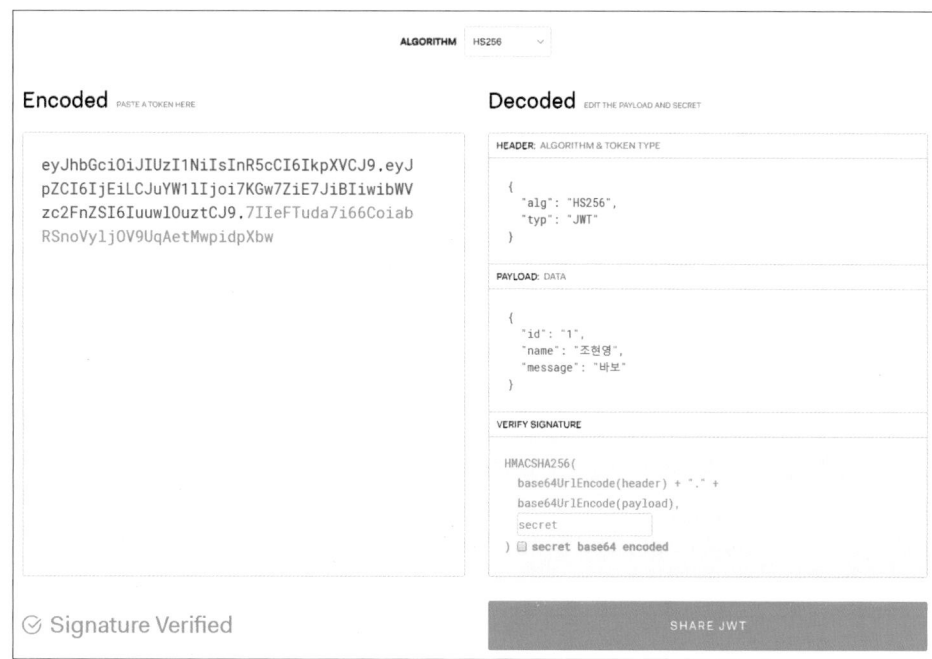

우측 하단의 secret 부분이 JWT 비밀 키입니다. 오른쪽에서 볼 수 있듯, 페이로드 부분이 노출되어 내용을 알 수 있습니다. 저런 토큰을 남에게 보내면 안 되겠죠?

그럼 내용이 노출되는 토큰을 왜 사용할까요? 모순적이지만, 내용이 들어 있기 때문입니다. 가령 내용이 없는 랜덤한 토큰이라고 생각해봅시다. 랜덤한 토큰을 받으면 토큰의 주인이 누구인지, 그 사람의 권한은 무엇인지를 각 요청마다 체크해야 합니다. 이러한 작업은 보통 데이터베이스를 조회해야 하는 복잡한 작업인 경우가 많습니다.

JWT 토큰은 JWT 비밀 키를 알지 않는 이상 변조가 불가능합니다. 변조한 토큰은 시그니처를 비밀 키를 통해 검사할 때 들통납니다. 변조할 수 없으므로 내용물이 바뀌지 않았는지 걱정할 필요가 없습니다. 다시 말하면 내용물을 믿고 사용할 수 있습니다. 즉, 사용자 이름, 권한 같은 것을 넣어두고 안심하며 사용해도 된다는 것이죠. 단, 외부에 노출되어도 좋은 정보에 한해서입니다. 비밀번호를 제외하고 사용자의 이메일이나 사용자의 권한 같은 것들을 넣어두면 데이터베이스 조회 없이도 그 사용자를 믿고 권한을 줄 수 있습니다.

JWT 토큰의 단점은 용량이 크다는 것입니다. 내용물이 들어 있으므로 랜덤한 토큰을 사용할 때보다 용량이 클 수밖에 없습니다. 요청 때마다 토큰이 오가서 데이터양이 증가합니다. 이렇게 장단점이 뚜렷하므로 적절한 때 사용하면 좋습니다. 비용을 생각해보면 판단하기 쉽습니다. 랜덤 문자열을 사용해서 매번 사용자 정보를 조회하는 작업의 비용이 더 큰지, 내용물이 들어 있는 JWT 토큰을 사용해서 발생하는 데이터 비용이 더 큰지 비교하면 됩니다.

그럼 웹 서버에 JWT 토큰 인증 과정을 구현해봅시다. 먼저 JWT 모듈을 설치합니다.

콘솔

```
$ npm i jsonwebtoken
```

이제 JWT를 사용해서 본격적으로 API를 만들어보겠습니다. 다른 사용자가 API를 쓰려면 JWT 토큰을 발급받고 인증을 받아야 합니다. 이 부분은 대부분의 라우터에 공통되므로 미들웨어로 만들어두는 게 좋습니다.

nodebird-api/.env

```
COOKIE_SECRET=cookiesecret
KAKAO_ID=5d4daf57becfd72fd9c919882552c4a6
JWT_SECRET=jwtSecret
```

nodebird-api/middlewares/index.js

```js
const jwt = require('jsonwebtoken');
...
exports.verifyToken = (req, res, next) => {
  try {
    res.locals.decoded = jwt.verify(req.headers.authorization, process.env.JWT_SECRET);
    return next();
  } catch (error) {
    if (error.name === 'TokenExpiredError') { // 유효 기간 초과
      return res.status(419).json({
        code: 419,
        message: '토큰이 만료되었습니다',
      });
    }
    return res.status(401).json({
      code: 401,
      message: '유효하지 않은 토큰입니다',
    });
  }
};
```

요청 헤더에 저장된 토큰(req.headers.authorization)을 사용합니다. 사용자가 쿠키처럼 헤더에 토큰을 넣어 보낼 것입니다. jwt.verify 메서드로 토큰을 검증할 수 있습니다. 메서드의 첫 번째 인수로는 토큰을, 두 번째 인수로는 토큰의 비밀 키를 넣습니다.

토큰의 비밀 키가 일치하지 않는다면 인증을 받을 수 없습니다. 그런 경우에는 에러가 발생해 catch문으로 이동하게 됩니다. 또한, 올바른 토큰이더라도 유효 기간이 지난 경우라면 역시 catch 문으로 이동합니다. 유효 기간 만료 시 419 상태 코드를 응답하는데, 코드는 400번대 숫자 중에서 마음대로 선택해도 됩니다.

인증에 성공한 경우에는 토큰의 내용이 반환되어 res.locals.decoded에 저장됩니다. 토큰의 내용은 조금 전에 넣은 사용자 아이디와 닉네임, 발급자, 유효 기간 등입니다. res.locals에 저장했으므로 다음 미들웨어에서 토큰의 내용물을 사용할 수 있습니다.

nodebird-api/routes/v1.js

```
const express = require('express');

const { verifyToken } = require('../middlewares');
const { createToken, tokenTest } = require('../controllers/v1');

const router = express.Router();

// POST /v1/token
router.post('/token', createToken);

// POST /v1/test
router.get('/test', verifyToken, tokenTest);

module.exports = router;
```

nodebird-api/controllers/v1.js

```
const jwt = require('jsonwebtoken');
const { Domain, User } = require('../models');

exports.createToken = async (req, res) => {
  const { clientSecret } = req.body;
  try {
    const domain = await Domain.findOne({
      where: { clientSecret },
      include: {
        model: User,
```

```javascript
      attribute: ['nick', 'id'],
    },
  });
  if (!domain) {
    return res.status(401).json({
      code: 401,
      message: '등록되지 않은 도메인입니다. 먼저 도메인을 등록하세요',
    });
  }
  const token = jwt.sign({
    id: domain.User.id,
    nick: domain.User.nick,
  }, process.env.JWT_SECRET, {
    expiresIn: '1m', // 1분
    issuer: 'nodebird',
  });
  return res.json({
    code: 200,
    message: '토큰이 발급되었습니다',
    token,
  });
  } catch (error) {
    console.error(error);
    return res.status(500).json({
      code: 500,
      message: '서버 에러',
    });
  }
};

exports.tokenTest = (req, res) => {
  res.json(res.locals.decoded);
};
```

토큰을 발급하는 라우터(POST /v1/token)와 사용자가 토큰을 테스트해볼 수 있는 라우터(GET /v1/test)를 만들었습니다.

라우터의 이름은 v1으로, 버전 1이라는 뜻입니다. 버전은 1.0.0처럼 SemVer식으로 정해도 됩니다. 라우터에 버전을 붙인 이유는 한번 버전이 정해진 후에는 라우터를 함부로 수정하면 안 되기 때문입니다. 다른 사람이나 서비스가 기존 API를 쓰고 있다는 사실을 항상 염두에 둬야 합니다. API 서버의 코드를 바꾸면 API를 사용 중인 다른 사람에게 영향을 미칩니다. 특히 기존에 있던

라우터가 수정되는 순간 API를 사용하는 프로그램들이 오작동할 수 있습니다. 따라서 기존 사용자에게 영향을 미칠 정도로 수정해야 한다면, 버전을 올린 라우터를 새로 추가하고 이전 API를 쓰는 사람들에게는 새로운 API가 나왔음을 알리는 것이 좋습니다. 이전 API를 없앨 때도 어느 정도 기간을 두고 미리 공지해서 사람들이 다음 API로 충분히 넘어갔을 때 없애는 것이 좋습니다.

버전을 반드시 라우터에 표시할 필요는 없습니다. 헤더에 버전을 표시해도 되고, 쿼리스트링이나 본문에 버전을 표시해도 됩니다. 이 책에서는 라우터에 버전을 표시하는 것으로 통일하겠습니다.

POST /v1/token 라우터에서는 전달받은 클라이언트 비밀 키로 도메인이 등록된 것인지를 먼저 확인합니다. 등록되지 않은 도메인이라면 에러 메시지로 응답하고, 등록된 도메인이라면 토큰을 발급해서 응답합니다. 토큰은 jwt.sign 메서드로 발급받을 수 있습니다. 다음 코드를 살펴봅시다.

```
const token = jwt.sign({
  id: domain.user.id,
  nick: domain.user.nick,
}, process.env.JWT_SECRET, {
  expiresIn: '1m', // 유효 기간
  issuer: 'nodebird', // 발급자
});
```

sign 메서드의 첫 번째 인수는 토큰의 내용입니다. 사용자의 아이디와 닉네임을 넣었습니다. 두 번째 인수는 토큰의 비밀 키입니다. 이 비밀 키가 유출되면 다른 사람이 NodeBird 서비스의 토큰을 임의로 만들어낼 수 있으므로 조심해야 합니다. 세 번째 인수는 토큰의 설정입니다. 유효 기간을 1분으로, 발급자를 nodebird로 적었습니다. 1m으로 표기된 부분은 vercel/ms(https://github.com/vercel/ms)의 형식을 사용한 것인데, 그냥 60 * 1000처럼 밀리초 단위로 적어도 됩니다. 발급되고 나서 1분이 지나면 토큰이 만료되므로, 만료되었다면 토큰을 재발급받아야 합니다. 유효 기간은 서비스 정책에 따라 알아서 정하면 됩니다.

GET /v1/test 라우터는 사용자가 발급받은 토큰을 테스트해볼 수 있는 라우터입니다. 토큰을 검증하는 미들웨어를 거친 후, 검증이 성공했다면 토큰의 내용물을 응답으로 보냅니다.

라우터의 응답을 살펴보면 모두 일정한 형식을 갖추고 있습니다. JSON 형태에 code, message 속성이 존재하고, 토큰이 있는 경우 token 속성도 존재합니다. 이렇게 일정한 형식을 갖춰야 응답받는 쪽에서 처리하기가 좋습니다. code는 HTTP 상태 코드를 사용해도 되고, 임의로 숫자를 부여해도 됩니다. 일관성만 있다면 문제없습니다. 사용자들이 code만 봐도 어떤 문제인지 알 수 있게 하면 됩니다. code를 이해하지 못할 경우를 대비해 message도 같이 보냅니다.

code가 200번대 숫자가 아니면 에러이고, 에러의 내용은 message에 담아 보내는 것으로 현재 API 서버의 규칙을 정했습니다.

방금 만든 라우터를 서버에 연결합니다.

nodebird-api/app.js

```
...
dotenv.config();

const v1 = require('./routes/v1');
const authRouter = require('./routes/auth');
...
app.use(passport.session());

app.use('/v1', v1);
app.use('/auth', authRouter);
...
```

Note ≡ JWT 토큰으로 로그인하려면

최근에는 JWT 토큰을 사용해서 회원 로그인하는 방법이 많이 사용되고 있습니다. 세션을 사용하지 않고 로그인할 수 있기 때문입니다. 로그인 완료 시 세션에 데이터를 저장하고 세션 쿠키를 발급하는 대신 JWT 토큰을 본문으로 발급하면 됩니다. 브라우저는 본문으로 발급받은 토큰을 로컬 스토리지 등에 저장했다가 다음부터 요청을 보낼 때 authorization 헤더에 토큰을 넣어 보냅니다.

passport에서는 다음과 같이 authenticate 메서드의 두 번째 인수로 session: false 옵션을 주면 세션을 사용하지 않을 수 있습니다.

```
...
exports.login = (req, res, next) => {
  passport.authenticate('local', { session: false }, (authError, user, info) => {
    if (authError) {
...
```

세션에 데이터를 저장하지 않으므로 serializeUser와 deserializeUser는 사용하지 않습니다. 그 후 모든 라우터에 verifyToken 미들웨어를 넣어 클라이언트에서 보낸 토큰(authorization 헤더)을 검사한 후 토큰이 유효하면 라우터로 넘어가고, 그렇지 않으면 401이나 419 에러를 응답하면 됩니다.

사용자 권한 확인을 위해 데이터베이스를 사용하지 않으므로(JWT 토큰 내부에 넣어두면 됩니다) 서비스의 규모가 클수록 데이터베이스의 부담을 줄일 수 있습니다. 또한, 서버가 여러 대일 때는 세션 공유가 까다로운데, JWT 토큰을 사용하면 세션 공유를 하지 않아도 됩니다.

10.4 다른 서비스에서 호출하기

NODE.JS

API 제공 서버를 만들었으니 API를 사용하는 서비스도 만들어봅시다. 이 서비스는 다른 서버에 요청을 보내므로 클라이언트 역할을 합니다. API 제공자가 아닌 API 사용자의 입장에서 진행하는 것입니다. 이들은 NodeBird 앱의 데이터를 가져오고 싶어 하는 사용자입니다. 보통 그 데이터를 가공해 2차적인 서비스를 하려는 회사가 API를 이용하곤 합니다. 예를 들어 쇼핑몰들이 있으면, 쇼핑몰들의 최저가를 알려주는 서비스가 2차 서비스가 됩니다. 우리의 2차 서비스 이름은 NodeCat입니다.

nodebird-api 폴더와 같은 위치에 nodecat이라는 새로운 폴더를 만듭니다. 별도의 서버이므로 nodebird-api와 코드가 섞이지 않게 주의합니다.

nodecat/package.json

```json
{
  "name": "nodecat",
  "version": "0.0.1",
  "description": "NodeBird 2차 서비스",
  "main": "app.js",
  "scripts": {
    "start": "nodemon app"
  },
  "author": "Zero Cho",
  "license": "ISC",
  "dependencies": {
    "axios": "^0.27.2",
```

```
    "cookie-parser": "^1.4.6",
    "dotenv": "^16.0.1",
    "express": "^4.18.1",
    "express-session": "^1.17.3",
    "morgan": "^1.10.0",
    "nunjucks": "^3.2.3"
  },
  "devDependencies": {
    "nodemon": "^2.0.16"
  }
}
```

```
$ npm i
```

이 서버의 주목적은 nodebird-api의 API를 통해 데이터를 가져오는 것입니다. 가져온 데이터는 JSON 형태이므로 퍼그나 넌적스 같은 템플릿 엔진으로 데이터를 렌더링할 수도 있습니다. 서버 파일과 에러를 표시할 파일을 생성합니다.

nodecat/app.js

```js
const express = require('express');
const morgan = require('morgan');
const cookieParser = require('cookie-parser');
const session = require('express-session');
const nunjucks = require('nunjucks');
const dotenv = require('dotenv');

dotenv.config();
const indexRouter = require('./routes');

const app = express();
app.set('port', process.env.PORT || 4000);
app.set('view engine', 'html');
nunjucks.configure('views', {
  express: app,
  watch: true,
});

app.use(morgan('dev'));
app.use(cookieParser(process.env.COOKIE_SECRET));
app.use(session({
```

```
    resave: false,
    saveUninitialized: false,
    secret: process.env.COOKIE_SECRET,
    cookie: {
      httpOnly: true,
      secure: false,
    },
  }));

  app.use('/', indexRouter);

  app.use((req, res, next) => {
    const error = new Error(`${req.method} ${req.url} 라우터가 없습니다.`);
    error.status = 404;
    next(error);
  });

  app.use((err, req, res, next) => {
    res.locals.message = err.message;
    res.locals.error = process.env.NODE_ENV !== 'production' ? err : {};
    res.status(err.status || 500);
    res.render('error');
  });

  app.listen(app.get('port'), () => {
    console.log(app.get('port'), '번 포트에서 대기 중');
  });
```

사용하지 않는 미들웨어는 걷어내고 최소한으로 app.js를 구성했습니다.

```
<h1>{{message}}</h1>
<h2>{{error.status}}</h2>
<pre>{{error.stack}}</pre>
```

API를 사용하려면 먼저 사용자 인증을 받아야 하므로 사용자 인증이 원활하게 진행되는지 테스트하는 라우터를 만들어봅시다. 조금 전에 발급받은 clientSecret을 .env에 넣습니다. 여러분이 발급받은 클라이언트 비밀 키는 이 책과 다를 것입니다. 이 책에 적힌 비밀 키 대신 여러분이 발급받은 clientSecret 키를 .env에 넣으세요.

```
COOKIE_SECRET=nodecat
CLIENT_SECRET=7d67444e-fd01-4f9b-8680-f72464d02a57
```

```js
const express = require('express');
const { test } = require('../controllers');

const router = express.Router();

// POST /test
router.get('/test', test);

module.exports = router;
```

```js
const axios = require('axios');

exports.test = async (req, res, next) => { // 토큰 테스트 라우터
  try {
    if (!req.session.jwt) { // 세션에 토큰이 없으면 토큰 발급 시도
      const tokenResult = await axios.post('http://localhost:8002/v1/token', {
        clientSecret: process.env.CLIENT_SECRET,
      });
      if (tokenResult.data?.code === 200) { // 토큰 발급 성공
        req.session.jwt = tokenResult.data.token; // 세션에 토큰 저장
      } else { // 토큰 발급 실패
        return res.json(tokenResult.data); // 발급 실패 사유 응답
      }
    }
    // 발급받은 토큰 테스트
    const result = await axios.get('http://localhost:8002/v1/test', {
      headers: { authorization: req.session.jwt },
    });
    return res.json(result.data);
  } catch (error) {
    console.error(error);
    if (error.response?.status === 419) { // 토큰 만료 시
      return res.json(error.response.data);
    }
    return next(error);
```

```
  }
};
```

GET /test 라우터는 NodeCat 서비스가 토큰 인증 과정을 테스트해보는 라우터입니다. 이 라우터의 동작 과정은 다음과 같습니다. 요청이 왔을 때 세션에 발급받은 토큰이 저장되어 있지 않다면, POST http://localhost:8002/v1/token 라우터로부터 토큰을 발급받습니다. 이때 HTTP 요청의 본문에 클라이언트 비밀 키를 실어 보냅니다.

발급에 성공했다면(응답 데이터의 code 속성이 200이면 성공한 것이라고 약속함), 발급받은 토큰으로 다시 GET http://localhost:8002/v1/test에 접근해 토큰이 유효한지 테스트해봅니다. 이때는 JWT 토큰을 요청의 본문 대신 authorization 헤더에 넣었습니다. 보통 인증용 토큰은 이 헤더에 주로 넣어 전송합니다.

실제로 GET /test 라우터를 사용해봅시다. 콘솔을 하나 더 띄워 서버(localhost:4000)를 실행합니다. nodebird-api(localhost:8002)도 실행 중이어야 합니다.

NodeCat과 NodeBird API 서버에서 모두 실행

```
$ npm start
// 각각 다른 포트에서 대기 중
4000 번 포트에서 대기 중
8002번 포트에서 대기 중
```

http://localhost:4000/test로 접속하면 됩니다. 요청을 받는 http://localhost:8002와 다른 주소임을 기억하세요. localhost:8002는 API 서비스를 제공하는 nodebird-api 서버이고, localhost:4000은 API 서비스를 사용하는 NodeCat 서버입니다. 접속하면 다음과 같이 발급받은 토큰의 내용이 표시됩니다.

▼ 그림 10-7 토큰 테스트 화면

```
{"id":1,"nick":"제로초","iat":1577251700,"exp":1577251760,"iss":"nodebird"}
```

잘 동작하는 것 같지만 아직 코드에 부족한 부분이 있습니다. 1분을 기다린 후 http://localhost:4000/test 라우터에 다시 접속하면, 토큰이 만료되었다는 메시지가 나타납니다.

▼ 그림 10-8 토큰 만료 화면

```
{"code":419,"message":"토큰이 만료되었습니다"}
```

토큰의 유효 기간이 1분이었으므로 1분 후에는 발급받은 토큰을 갱신해야 합니다. API 서버에서 에러 코드와 에러 메시지를 상세하게 보내줄수록 클라이언트가 무슨 일이 일어났는지 이해하기 쉽습니다. 토큰이 만료되었을 때 갱신하는 코드를 추가해야 한다는 것을 잊지 말길 바랍니다. 이 부분은 다음 절에서 작성합니다.

10.5 SNS API 서버 만들기

다시 API 제공자(nodebird-api)의 입장으로 돌아와서 나머지 API 라우터를 완성해봅시다.

nodebird-api/routes/v1.js

```
const express = require('express');

const { verifyToken } = require('../middlewares');
const { createToken, tokenTest, getMyPosts, getPostsByHashtag } = require('../
controllers/v1');

const router = express.Router();
...
// GET /v1/posts/my
router.get('/posts/my', verifyToken, getMyPosts);

// GET /v1/posts/hashtag/:title
router.get('/posts/hashtag/:title', verifyToken, getPostsByHashtag);

module.exports = router;
```

nodebird-api/controllers/v1.js

```
const jwt = require('jsonwebtoken');
const { Domain, User, Post, Hashtag } = require('../models');
...
exports.tokenTest = (req, res) => {
  res.json(res.locals.decoded);
};
```

```javascript
exports.getMyPosts = (req, res) => {
  Post.findAll({ where: { userId: res.locals.decoded.id } })
    .then((posts) => {
      console.log(posts);
      res.json({
        code: 200,
        payload: posts,
      });
    })
    .catch((error) => {
      console.error(error);
      return res.status(500).json({
        code: 500,
        message: '서버 에러',
      });
    });
};

exports.getPostsByHashtag = async (req, res) => {
  try {
    const hashtag = await Hashtag.findOne({ where: { title: req.params.title } });
    if (!hashtag) {
      return res.status(404).json({
        code: 404,
        message: '검색 결과가 없습니다',
      });
    }
    const posts = await hashtag.getPosts();
    return res.json({
      code: 200,
      payload: posts,
    });
  } catch (error) {
    console.error(error);
    return res.status(500).json({
      code: 500,
      message: '서버 에러',
    });
  }
};
```

GET /posts/my 라우터와 GET /posts/hashtag/:title 라우터를 추가했습니다. 내가 올린 포스트와 해시태그 검색 결과를 가져오는 라우터입니다. 이렇게 사용자에게 제공해도 되는 정보를 API로 만들면 됩니다.

사용하는 측(NodeCat)에서는 위의 API를 이용하는 코드를 추가합니다. 토큰을 발급받는 부분이 반복되므로 이를 함수로 만들어 재사용하는 것이 좋습니다. routes/index.js와 controllers/index.js를 통째로 바꿉니다.

nodecat/routes/index.js

```
const express = require('express');
const { searchByHashtag, getMyPosts } = require('../controllers');

const router = express.Router();

router.get('/myposts', getMyPosts);

router.get('/search/:hashtag', searchByHashtag);

module.exports = router;
```

nodecat/.env

```
...
API_URL=http://localhost:8002/v1
ORIGIN=http://localhost:4000
```

nodecat/controllers/index.js

```
const axios = require('axios');

const URL = process.env.API_URL;
axios.defaults.headers.origin = process.env.ORIGIN; // origin 헤더 추가

const request = async (req, api) => {
  try {
    if (!req.session.jwt) { // 세션에 토큰이 없으면
      const tokenResult = await axios.post(`${URL}/token`, {
        clientSecret: process.env.CLIENT_SECRET,
      });
      req.session.jwt = tokenResult.data.token; // 세션에 토큰 저장
    }
    return await axios.get(`${URL}${api}`, {
```

❶

```
        headers: { authorization: req.session.jwt },
      }); // API 요청
    } catch (error) {
      if (error.response?.status === 419) { // 토큰 만료 시 토큰 재발급받기
        delete req.session.jwt;
        return request(req, api);
      } // 419 외의 다른 에러이면
      throw error;
    }
  };


exports.getMyPosts = async (req, res, next) => {
  try {
    const result = await request(req, '/posts/my');
    res.json(result.data);
  } catch (error) {
    console.error(error);
    next(error);
  }
};


exports.searchByHashtag = async (req, res, next) => {
  try {
    const result = await request(
      req, `/posts/hashtag/${encodeURIComponent(req.params.hashtag)}`,
    );
    res.json(result.data);
  } catch (error) {
    if (error.code) {
      console.error(error);
      next(error);
    }
  }
};
```

❶ request 함수는 NodeBird API에 요청을 보내는 함수입니다. 자주 재사용되므로 함수로 분리했습니다. 먼저 요청의 헤더 origin 값을 localhost:4000으로 설정합니다. 어디서 요청을 보내는지 파악하기 위해 사용하며, 나중에 주소가 바뀌면 이 값도 따라서 바꾸면 됩니다. 세션에 토큰이 없으면 clientSecret을 사용해 토큰을 발급받는 요청을 보내고, 발급받은 후에는 토큰을 이용해 API 요청을 보냅니다. 토큰은 재사용을 위해 세션에 저장합니다. 만약 토큰

이 만료되면 419 에러가 발생하는데, 이때는 토큰을 지우고 request 함수를 재귀적으로 호출해 다시 요청을 보냅니다.

결괏값의 코드에 따라 성공 여부를 알 수 있고, 실패한 경우에도 실패 종류를 알 수 있으므로 사용자 입장에서 프로그래밍에 활용할 수 있습니다.

❷ GET /myposts 라우터는 API를 사용해 자신이 작성한 포스트를 JSON 형식으로 가져오는 라우터입니다. 현재는 JSON으로만 응답하지만 템플릿 엔진을 사용해 화면을 렌더링할 수도 있습니다.

❸ GET /search/:hashtag 라우터는 API를 사용해 해시태그를 검색하는 라우터입니다.

각각 접속해보면 다음과 같은 결과가 나옵니다. 참고로 localhost:4000에 접속하면 GET / 라우터가 없다는 에러가 발생합니다. GET / 라우터는 만들지 않았기 때문입니다.

▼ 그림 10-9 localhost:4000/myposts 접속 화면

```
{"code":200,"payload":[{"id":1,"content":"#제로초 #노드","img":"","createdAt":"2022-05-
13T07:36:55.000Z","updatedAt":"2022-05-13T07:36:55.000Z","UserId":1},{"id":2,"content":"일반
글","img":"","createdAt":"2022-05-13T07:37:00.000Z","updatedAt":"2022-05-
13T07:37:00.000Z","UserId":1},{"id":3,"content":"#노드 #쉬워요","img":"","createdAt":"2022-05-
13T07:37:05.000Z","updatedAt":"2022-05-13T07:37:05.000Z","UserId":1}]}
```

자신의 게시글 목록을 불러오는 것이므로 당연히 사람마다 결과가 다를 것입니다. 또한, NodeBird 앱에 올린 게시글을 가져오는 것이므로 게시글을 올리지 않았다면 아무 정보도 표시되지 않습니다. 클라이언트 비밀 키가 유출되면 다른 사람이 여러분의 게시글을 가져갈 수도 있으니 항상 조심하길 바랍니다.

그림 10-10 localhost:4000/search/노드 접속 화면은 노드 해시태그가 달린 게시글들을 검색한 결과입니다. 이렇게 데이터가 JSON 형식으로 오므로 원하는 대로 사용할 수 있습니다.

▼ 그림 10-10 localhost:4000/search/노드 접속 화면

```
{"code":200,"payload":[{"id":1,"content":"#제로초 #노드","img":"","createdAt":"2022-05-
13T07:36:55.000Z","updatedAt":"2022-05-13T07:36:55.000Z","UserId":1,"PostHashtag":
{"createdAt":"2022-05-13T07:36:55.000Z","updatedAt":"2022-05-
13T07:36:55.000Z","PostId":1,"HashtagId":2}},{"id":3,"content":"#노드 #쉬워
요","img":"","createdAt":"2022-05-13T07:37:05.000Z","updatedAt":"2022-05-
13T07:37:05.000Z","UserId":1,"PostHashtag":{"createdAt":"2022-05-
13T07:37:05.000Z","updatedAt":"2022-05-13T07:37:05.000Z","PostId":3,"HashtagId":2}}]}
```

1분 뒤 요청이 만료되고 나서 다시 요청을 보내면, 알아서 토큰을 재발급한 후 다시 요청을 보냅니다. 이 경우 nodebird-api의 콘솔에는 다음과 같은 세 개의 요청이 기록됩니다. 시퀄라이즈 쿼리는 생략했습니다.

```
POST /v1/posts/hashtag/노드 419 0.962 ms - 56
POST /v1/token 200 23.383 ms - 252
POST /v1/posts/hashtag/노드 200 8.288 ms - 395
```

먼저 요청을 보낼 때 토큰이 만료되었으므로 419 에러가 발생합니다. 그때 request 함수의 catch 문에 의해 다시 request 함수가 실행되고, 토큰을 새로 가져온 뒤 요청을 다시 보냅니다. 이 과정 은 NodeCat 콘솔에서는 POST /search/노드 하나의 요청으로만 기록됩니다.

10.6 사용량 제한 구현하기

N O D E . J S

일차적으로 인증된 사용자(토큰을 발급받은 사용자)만 API를 사용할 수 있게 필터를 두긴 했지만, 아직 충분하지는 않습니다. 인증된 사용자라고 해도 과도하게 API를 사용하면 API 서버에 무리 가 갑니다. 따라서 일정 기간 내에 API를 사용할 수 있는 횟수를 제한해 서버의 트래픽을 줄이는 것이 좋습니다. 유료 서비스라면 과금 체계별로 횟수에 차이를 둘 수도 있습니다. 예를 들면, 무료 로 이용하는 사람은 1시간에 열 번을 허용하고 유료로 이용하는 사람은 1시간에 100번을 허용하 는 식입니다.

이러한 기능 또한 npm에 패키지로 만들어져 있습니다. 이 기능을 제공하는 express-rate-limit 패키지를 소개합니다. nodebird-api 서버에 다음 패키지를 설치합시다.

```
$ npm i express-rate-limit
```

verifyToken 미들웨어 아래에 apiLimiter 미들웨어와 deprecated 미들웨어를 추가합니다.

```
const jwt = require('jsonwebtoken');
const rateLimit = require('express-rate-limit');
...
exports.apiLimiter = rateLimit({
  windowMs: 60 * 1000, // 1분
```

```
      max: 1,
      handler(req, res) {
        res.status(this.statusCode).json({
          code: this.statusCode, // 기본값 429
          message: '1분에 한 번만 요청할 수 있습니다.',
        });
      },
    });

    exports.deprecated = (req, res) => {
      res.status(410).json({
        code: 410,
        message: '새로운 버전이 나왔습니다. 새로운 버전을 사용하세요.',
      });
    };
```

이제 apiLimiter 미들웨어를 라우터에 넣으면 라우터에 사용량 제한이 걸립니다. 이 미들웨어의 옵션으로는 windowMs(기준 시간), max(허용 횟수), handler(제한 초과 시 콜백 함수) 등이 있습니다. 현재 설정은 1분에 한 번 호출 가능하게 되어 있으며, 사용량 제한을 초과하면 429 상태 코드와 함께 허용량을 초과했다는 응답을 전송합니다.

deprecated 미들웨어는 사용하면 안 되는 라우터에 붙여줄 것입니다. 410 코드와 함께 새로운 버전을 사용하라는 메시지를 응답합니다.

표 10-1과 같이 클라이언트로 보내는 응답 코드를 정리해두면 좋습니다. 이는 클라이언트가 프로그래밍을 할 때 많은 도움이 됩니다.

❤ 표 10-1 API 응답 목록

응답 코드	메시지
200	JSON 데이터입니다.
401	유효하지 않은 토큰입니다.
410	새로운 버전이 나왔습니다. 새로운 버전을 사용하세요.
419	토큰이 만료되었습니다.
429	1분에 한 번만 요청할 수 있습니다.
500~	기타 서버 에러

사용량 제한이 추가되었으므로 기존 API 버전과 호환되지 않습니다. 새로운 v2 라우터를 만들어
봅시다. 기본적으로는 v1과 동일하므로 v1과 다른 코드만 굵게 표시했습니다.

nodebird-api/routes/v2.js

```javascript
const express = require('express');

const { verifyToken, apiLimiter } = require('../middlewares');
const { createToken, tokenTest, getMyPosts, getPostsByHashtag } = require('../
controllers/v2');

const router = express.Router();

// POST /v2/token
router.post('/token', apiLimiter, createToken);

// POST /v2/test
router.get('/test', apiLimiter, verifyToken, tokenTest);

// GET /v2/posts/my
router.get('/posts/my', apiLimiter, verifyToken, getMyPosts);

// GET /v2/posts/hashtag/:title
router.get('/posts/hashtag/:title', apiLimiter, verifyToken, getPostsByHashtag);

module.exports = router;
```

nodebird-api/controllers/v2.js

```javascript
...
exports.createToken = async (req, res) => {
  const { clientSecret } = req.body;
  try {
    const domain = await Domain.findOne({
      where: { clientSecret },
      include: {
        model: User,
        attribute: ['nick', 'id'],
      },
    });
    if (!domain) {
      return res.status(401).json({
        code: 401,
        message: '등록되지 않은 도메인입니다. 먼저 도메인을 등록하세요',
```

507

```
      });
    }
    const token = jwt.sign({
      id: domain.User.id,
      nick: domain.User.nick,
    }, process.env.JWT_SECRET, {
      expiresIn: '30m', // 30분
      issuer: 'nodebird',
    });
    return res.json({
      code: 200,
      message: '토큰이 발급되었습니다',
      token,
    });
  } catch (error) {
    console.error(error);
    return res.status(500).json({
      code: 500,
      message: '서버 에러',
    });
  }
};
...
```

토큰 유효 기간을 30분으로 늘렸고, 라우터에 사용량 제한 미들웨어를 추가했습니다.

기존 v1 라우터를 사용할 때는 경고 메시지를 띄워줍시다.

---

nodebird-api/routes/v1.js

```
const express = require('express');

const { verifyToken, deprecated } = require('../middlewares');
const { createToken, tokenTest, getMyPosts, getPostsByHashtag } = require('../
controllers/v1');

const router = express.Router();

router.use(deprecated);

// POST /v1/token
router.post('/token', createToken);
...
```

라우터 앞에 deprecated 미들웨어를 추가해 v1으로 접근한 모든 요청에 deprecated 응답을 보내도록 합니다.

실제 서비스 운영 시에는 v2가 나왔다고 바로 v1을 닫아버리거나 410 에러를 응답하기보다는 일정한 기간을 두고 옮겨가는 것이 좋습니다. 사용자가 변경된 부분을 자신의 코드에 반영할 시간이 필요하기 때문입니다. 노드의 LTS 방식도 참고할 만한 방식입니다.

앞으로 이런 식으로 v3, v4 라우터를 추가하면서 v1, v2와 같은 이전 라우터는 순차적으로 제거하면 됩니다.

새로 만든 라우터를 서버와 연결합니다.

nodebird-api/app.js

```
...
const v1 = require('./routes/v1');
const v2 = require('./routes/v2');
const authRouter = require('./routes/auth');
...
app.use('/v1', v1);
app.use('/v2', v2);
app.use('/auth', authRouter);
...
```

사용자 입장(NodeCat)으로 돌아와서 새로 생긴 버전을 호출해봅시다. 버전만 v1에서 v2로 바꾸면 됩니다.

nodecat/.env

```
...
API_URL=http://localhost:8002/v2
...
```

만약 v2로 바꾸지 않고 v1을 계속 사용한다면 410 에러가 발생합니다.

▼ 그림 10-11 deprecated된 API 사용 화면

```
{"code":410,"message":"새로운 버전이 나왔습니다. 새로운 버전을 사용하세요."}
```

1분에 한 번보다 더 많이 API를 호출하면 429 에러가 발생합니다.

▼ 그림 10-12 사용량 초과 화면

```
{"code":429,"message":"1분에 한 번만 요청할 수 있습니다."}
```

이 예제는 사용량을 초과하는 것을 보여주고자 1분에 한 번으로 사용량을 제한했습니다. 실제 서비스에서는 서비스 정책에 맞게 제한량을 조절하세요. 다음 코드에서는 1분에 열 번으로 수정했습니다.

nodebird-api/middlewares/index.js

```javascript
...
exports.apiLimiter = rateLimit({
  windowMs: 60 * 1000, // 1분
  max: 10,
  handler(req, res) {
    res.status(this.statusCode).json({
      code: this.statusCode, // 기본값 429
      message: '1분에 열 번만 요청할 수 있습니다.',
    });
  },
});
...
```

현재는 nodebird-api 서버가 재시작되면 사용량이 초기화되므로 실제 서비스에서 사용량을 저장할 데이터베이스를 따로 마련하는 것이 좋습니다. 보통 레디스가 많이 사용됩니다. 단, express-rate-limit은 데이터베이스와 연결하는 것을 지원하지 않으므로 npm에서 새로운 패키지를 찾아보거나 직접 구현해야 합니다.

10.7 CORS 이해하기

NODE.JS

이전 절에서 NodeCat이 nodebird-api를 호출하는 것은 서버에서 서버로 API를 호출한 것입니다. 만약 NodeCat의 프런트에서 nodebird-api의 서버 API를 호출하면 어떻게 될까요?

routes/index.js에 프런트 화면을 렌더링하는 라우터를 추가합니다.

nodecat/routes/index.js

```javascript
const express = require('express');
const { searchByHashtag, getMyPosts, renderMain } = require('../controllers');

const router = express.Router();

router.get('/myposts', getMyPosts);

router.get('/search/:hashtag', searchByHashtag);

router.get('/', renderMain);

module.exports = router;
```

nodecat/controllers/index.js

```javascript
...
exports.renderMain = (req, res) => {
  res.render('main', { key: process.env.CLIENT_SECRET });
};
```

프런트 화면도 추가합니다.

nodecat/views/main.html

```html
<!DOCTYPE html>
<html>
  <head>
    <title>프런트 API 요청</title>
  </head>
  <body>
  <div id="result"></div>
  <script src="https://unpkg.com/axios/dist/axios.min.js"></script>
  <script>
    axios.post('http://localhost:8002/v2/token', {
      clientSecret: '{{key}}',
    })
      .then((res) => {
        document.querySelector('#result').textContent = JSON.stringify(res.data);
      })
      .catch((err) => {
        console.error(err);
      });
  </script>
```

```
    </body>
  </html>
```

clientSecret의 {{key}} 부분이 넌적스에 의해 실제 키로 치환돼서 렌더링됩니다. 단, 실제 서비스에서는 서버에서 사용하는 비밀 키와 프런트에서 사용하는 비밀 키를 따로 두는 게 좋습니다. 보통 서버에서 사용하는 비밀 키가 더 강력하기 때문입니다. 프런트에서 사용하는 비밀 키는 모든 사람에게 노출된다는 단점도 존재합니다. 따라서 데이터베이스에서 clientSecret 외에 frontSecret 같은 컬럼을 추가해 따로 관리하는 것을 권장합니다.

http://localhost:4000에 접속하면 에러가 발생하며 제대로 동작하지 않습니다. 브라우저 콘솔 창을 보면 에러를 확인할 수 있습니다.

▼ 그림 10-13 Access-Control-Allow-Origin 에러

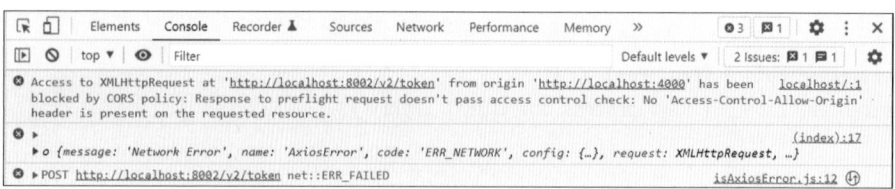

Access-Control-Allow-Origin이라는 헤더가 없다는 내용의 에러입니다. 이처럼 브라우저와 서버의 도메인이 일치하지 않으면, 기본적으로 요청이 차단됩니다. 브라우저에서 서버로 요청을 보낼 때만 이 현상이 발생하고, 서버에서 서버로 요청을 보낼 때는 발생하지 않습니다. 현재 요청을 보내는 클라이언트(localhost:4000)와 요청을 받는 서버(localhost:8002)의 도메인이 다릅니다. 이 문제를 CORS(Cross-Origin Resource Sharing) 문제라고 부릅니다.

▼ 그림 10-14 CORS 에러

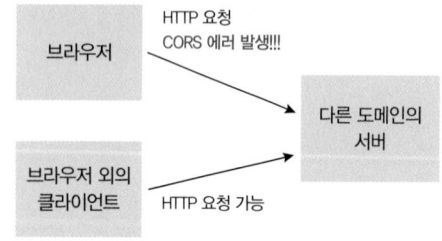

Network 탭을 보면 보낸 적이 없는 OPTIONS 메서드가 표시되고, POST 요청은 CORS error로 실패했다고 뜹니다. OPTIONS 메서드는 실제 요청을 보내기 전에 서버가 요청의 도메인, 헤더와 메서드 등을 허용하는지 체크하는 역할을 합니다.

❤ 그림 10-15 OPTIONS Method의 등장

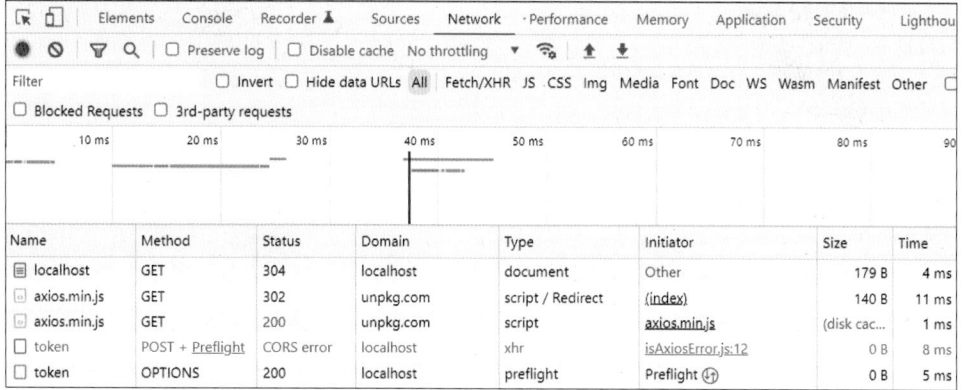

NodeBird API 서버 콘솔에도 OPTIONS 요청이 기록됩니다.

NodeBird API 콘솔

```
OPTIONS /v2/token 200 0.302 ms - 4
```

CORS 문제를 해결하려면 응답 헤더에 Access-Control-Allow-Origin이라는 헤더를 넣어야 합니다. 이 헤더는 클라이언트 도메인의 요청을 허락하겠다는 의미를 갖고 있습니다. res.set 메서드로 직접 넣어도 되지만, npm에 편하게 설치할 수 있는 패키지가 있습니다. 바로 cors입니다.

응답 헤더를 조작하려면 NodeCat이 아니라 NodeBird API 서버에서 바꿔야 합니다. 응답은 API 서버가 보내는 것이기 때문입니다. NodeBird API에 cors 모듈을 설치하면 됩니다.

NodeBird API 콘솔

```
$ npm i cors
```

cors 패키지를 설치한 후 v2.js에 적용합니다.

nodebird-api/routes/v2.js

```
const express = require('express');
const cors = require('cors');

const { verifyToken, apiLimiter } = require('../middlewares');
const { createToken, tokenTest, getMyPosts, getPostsByHashtag } = require('../
controllers/v2');

const router = express.Router();
```

```
router.use(cors({
  credentials: true,
}));
...
```

router.use로 v2의 모든 라우터에 적용했습니다. 이제 응답에 Access-Control-Allow-Origin 헤더가 추가되어 나갑니다. credentials: true라는 옵션도 주었는데, 이 옵션을 활성화해야 다른 도메인 간에 쿠키가 공유됩니다. 프런트와 서버의 도메인이 다른 경우에는 이 옵션을 활성화하지 않으면 로그인이 되지 않을 수 있습니다. 참고로 axios에서도 도메인이 다른데, 쿠키를 공유해야 하는 경우 withCredentials: true 옵션을 줘서 요청을 보내야 합니다.

다시 http://localhost:4000에 접속해보면 토큰이 발급된 것을 볼 수 있습니다. 이 토큰을 사용해서 다른 API 요청을 보내면 됩니다. 토큰이 발급되지 않고 429 에러가 발생한다면, 이전 절에서 적용한 사용량 제한 때문에 그런 것이므로 제한이 풀릴 때 다시 시도하면 됩니다.

▼ 그림 10-16 CORS 요청 성공

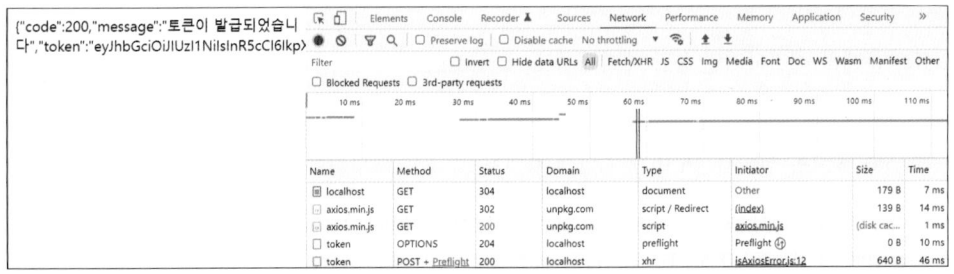

▼ 그림 10-17 Access-Control-Allow-Origin: *

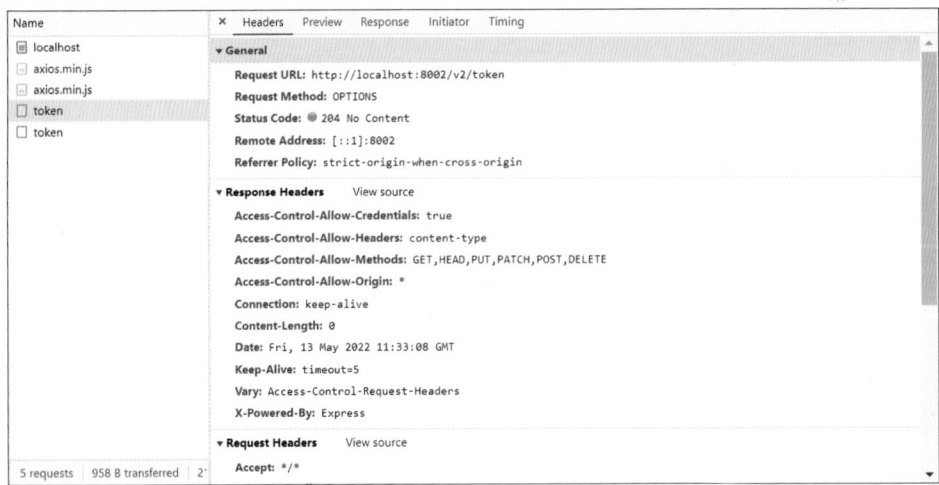

응답 헤더를 보면 Access-Control-Allow-Origin이 *로 되어 있습니다. *는 모든 클라이언트의 요청을 허용한다는 뜻입니다. credentials: true 옵션은 Access-Control-Allow-Credentials 헤더를 true로 만듭니다.

하지만 이것 때문에 새로운 문제가 생겼습니다. 요청을 보내는 주체가 클라이언트라서 비밀 키 (process.env.CLIENT_SECRET)가 모두에게 노출됩니다. 방금 CORS 요청도 허용했으므로 이 비밀 키를 갖고 다른 도메인들이 API 서버에 요청을 보낼 수 있습니다.

이 문제를 막기 위해 처음에 비밀 키 발급 시 허용한 도메인을 적게 했습니다. 따라서 호스트와 비밀 키가 모두 일치할 때만 CORS를 허용하게 수정하면 됩니다.

nodebird-api/routes/v2.js

```js
const express = require('express');

const { verifyToken, apiLimiter, corsWhenDomainMatches } = require('../middlewares');
const { createToken, tokenTest, getMyPosts, getPostsByHashtag } = require('../
controllers/v2');

const router = express.Router();

router.use(corsWhenDomainMatches);

// POST /v2/token
router.post('/token', apiLimiter, createToken);
...
```

nodebird-api/middlewares/index.js

```js
const jwt = require('jsonwebtoken');
const rateLimit = require('express-rate-limit');
const cors = require('cors');
const { Domain } = require('../models');
...
exports.corsWhenDomainMatches = async (req, res, next) => {
  const domain = await Domain.findOne({
    where: { host: new URL(req.get('origin')).host },
  });
  if (domain) {
    cors({
      origin: req.get('origin'),
      credentials: true,
    })(req, res, next);
```

```
  } else {
    next();
  }
};
```

먼저 도메인 모델로 클라이언트의 도메인(`req.get('origin')`)과 호스트가 일치하는 것이 있는지 검사합니다. http나 https 같은 프로토콜을 떼어낼 때는 주소를 URL 객체로 만들어 host 속성을 사용합니다. 일치하는 것이 있다면 CORS를 허용해서 다음 미들웨어로 보내고, 일치하는 것이 없다면 CORS 없이 next를 호출합니다.

cors 미들웨어 사용 방식에 특이한 점이 있습니다. 9장의 `passport.authenticate` 미들웨어처럼 cors 미들웨어에도 (req, res, next) 인수를 직접 줘서 호출했습니다. 이는 미들웨어의 작동 방식을 커스터마이징하고 싶을 때 사용하는 방법이라고 설명했습니다. 다음 두 코드가 같은 역할을 한다는 것을 기억해두면 다양하게 활용할 수 있습니다.

```
router.use(cors());
// 아래처럼도 사용 가능
router.use((req, res, next) => {
  cors()(req, res, next);
});
```

cors 미들웨어의 인수에는 origin 속성이 추가되었는데요. origin 속성에 허용할 도메인만 따로 적으면 됩니다. *처럼 모든 도메인을 허용하는 대신 기입한 도메인만 허용합니다. 여러 개의 도메인을 허용하고 싶다면 배열을 사용하면 됩니다.

다시 http://localhost:4000에 접속하면 성공적으로 토큰을 가져옵니다. 응답의 헤더를 확인해보면 Access-Control-Allow-Origin이 * 대신 http://localhost:4000으로 적용되어 있습니다. 이렇게 특정한 도메인만 허용하므로 허용되지 않은 다른 도메인에서 요청을 보내는 것을 차단할 수 있습니다.

▼ 그림 10-18 특정 도메인만 CORS 허용

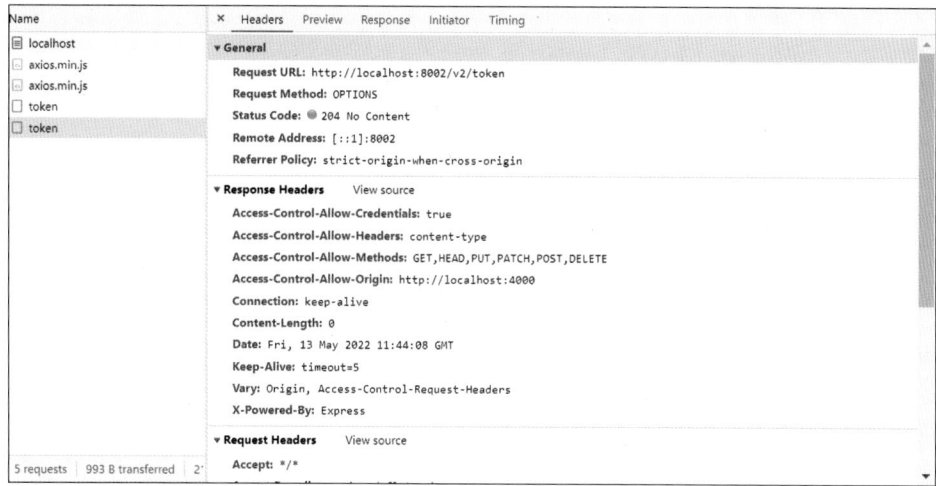

현재 클라이언트와 서버에서 같은 비밀 키를 써서 문제가 될 수 있습니다. 따라서 그림 10-19와 같이 다양한 환경의 비밀 키를 발급하는 카카오처럼 환경별로 키를 구분해서 발급하는 것이 바람직합니다. 카카오의 경우 REST API 키가 서버용 비밀 키이고, 자바스크립트 키가 클라이언트용 비밀 키입니다. 이렇게 여러 키를 발급하는 것을 직접 구현해보길 바랍니다.

▼ 그림 10-19 다양한 환경의 비밀 키를 발급하는 카카오

CORS 문제를 해결하는 다른 방법으로는 프록시(대리인) 서버를 사용하는 것이 있습니다. 서버에서 서버로 요청을 보내 때는 CORS 문제가 발생하지 않는다는 것을 이용한 방법입니다.

▼ 그림 10-20 프록시 서버의 원리

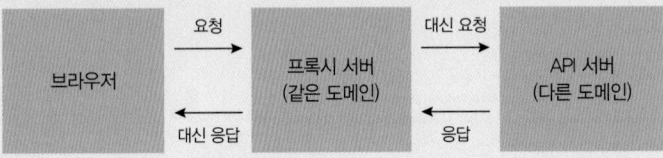

위 그림처럼 브라우저와 도메인이 같은 서버를 만든 후, 브라우저에서는 API 서버 대신 프록시 서버에 요청을 보냅니다. 그 후 프록시 서버에서 요청을 받아 다시 API 서버로 요청을 보냅니다. 서버-서버 간의 요청이므로 CORS 문제가 발생하지 않습니다.

프록시 서버는 직접 구현해도 되지만, npm에서 http-proxy-middleware 같은 패키지를 사용하면 쉽게 익스프레스와 연동할 수 있습니다.

10.8 프로젝트 마무리하기

지금까지 기존 서비스와 연동되는 웹 API 서버를 제작해봤습니다. 이제 구글이나 페이스북, 카카오 등의 서비스에서 제공하는 API를 여러분도 직접 만들 수 있습니다. 앞으로 서비스를 제작할 때 다른 사용자가 데이터를 편하게 가져갈 수 있도록 웹 API 서버를 같이 만들어보세요. 공개하고 싶은 정보만 공개하고, 가리고 싶은 정보는 가릴 수 있습니다. 사용자가 API를 어떻게 사용하는지를 보고, 서비스 운영에 관한 새로운 아이디어를 얻을 수도 있습니다.

다음 장에서는 NodeBird 서비스가 잘 작동하는지 테스트해보겠습니다.

10.8.1 스스로 해보기

- 팔로워나 팔로잉 목록을 가져오는 API 만들기(nodebird-api에 새로운 라우터 추가)
- 무료인 도메인과 프리미엄 도메인 간에 사용량 제한을 다르게 적용하기(apiLimiter를 두 개 만들어서 도메인별로 다르게 적용. 9.3.1절의 POST /auth/login 라우터 참조)
- 클라이언트용 비밀 키와 서버용 비밀 키를 구분해서 발급하기(Domain 모델 수정)
- 클라이언트를 위해 API 문서 작성하기(swagger나 apidoc 사용)

10.8.2 핵심 정리

- API는 다른 애플리케이션의 기능을 사용할 수 있게 해주는 창구입니다. 현재 NodeCat이 NodeBird의 API를 사용하고 있습니다.
- 모바일 서버를 구성할 때 서버를 REST API 방식으로 구현하면 됩니다.
- API 사용자가 API를 쉽게 사용할 수 있도록 사용 방법, 요청 형식, 응답 내용에 관한 문서를 준비합시다.
- JWT 토큰의 내용은 공개되며 변조될 수 있다는 점을 기억합시다. 단, 시그니처를 확인하면 변조되었는지 체크할 수 있습니다.
- 토큰을 사용해 API의 오남용을 막습니다. 요청 헤더에 토큰이 있는지를 항상 확인하는 것이 좋습니다.
- app.use 외에도 router.use를 활용해 라우터 간에 공통되는 로직을 처리할 수 있습니다.
- cors나 passport.authenticate처럼 미들웨어 내에서 미들웨어를 실행할 수 있습니다. 미들웨어를 선택적으로 적용하거나 커스터마이징할 때 이 기법을 사용합니다.
- 브라우저와 서버의 도메인이 다르면 요청이 거절된다는 특성(CORS)을 이해합시다. 서버와 서버 간의 요청에서는 CORS 문제가 발생하지 않습니다.

10.8.3 함께 보면 좋은 자료

- API 설명: https://ko.wikipedia.org/wiki/API
- JWT 토큰 설명: https://jwt.io/
- JSONWebToken 공식 문서: https://www.npmjs.com/package/jsonwebtoken

- axios 공식 문서: https://github.com/axios/axios

- CORS 공식 문서: https://www.npmjs.com/package/cors

- express-rate-limit 공식 문서: https://www.npmjs.com/package/express-rate-limit

- UUID 공식 문서: https://www.npmjs.com/package/uuid

- ms 공식 문서: https://github.com/vercel/ms

11장

노드 서비스
테스트하기

이번 장에서는 NodeBird 서비스에 테스팅을 적용해보겠습니다. 실제 서비스를 개발 완료한 후, 개발자나 QA들은 자신이 만든 서비스가 제대로 동작하는지 테스트해봅니다. 이때 기능이 많다면 일일이 수작업으로 테스트하기에는 작업량이 너무 많을 수 있습니다. 이런 경우 테스트를 자동화해 프로그램이 프로그램을 테스트하도록 하기도 합니다.

또한, 테스트 환경과 실제 서비스 환경은 다르므로 테스트하는 데 제약이 따를 수도 있고, 테스트 결과와 실제 동작 결과가 다를 수도 있습니다. 이럴 때는 테스트 환경에서 실제 환경을 최대한 흉내 내서 작업합니다.

단, 테스트를 아무리 철저하게 하더라도 에러가 발생하는 것을 완전히 막을 수는 없습니다. 보통 에러는 개발자가 예상하지 못한 케이스에서 발생하므로, 예상하지 못한다면 그에 대한 테스트도 작성할 수 없습니다. 하지만 모든 에러를 없애지는 못한다고 하더라도 테스트를 작성하는 게 좋습니다. 간단한 에러로 인해 프로그램이 고장 나는 것은 막을 수 있기 때문입니다.

이번 장에서는 여러 가지 테스트 기법 중 유닛 테스트, 통합 테스트, 부하 테스트, 테스트 커버리지 체크를 살펴봅니다.

11.1 / 테스트 준비하기

테스트에 사용할 패키지는 jest입니다. 이 패키지는 페이스북에서 만든 오픈 소스로, 테스팅에 필요한 툴들을 대부분 갖추고 있어 편리합니다.

9장의 NodeBird 프로젝트를 그대로 사용하고, 여기에 jest 패키지를 설치합니다. 테스팅 툴은 개발할 때만 사용하므로 -D 옵션을 사용합니다.

콘솔

```
$ npm i -D jest
```

package.json에는 test라는 명령어를 등록해둡니다. 명령어를 실행할 때 jest가 실행됩니다.

```
package.json
{
  "name": "nodebird",
  "version": "0.0.1",
  "description": "익스프레스로 만드는 SNS 서비스",
  "main": "app.js",
  "scripts": {
    "start": "nodemon app",
    "test": "jest"
  },
  ...
}
```

middlewares 폴더 안에 index.test.js를 만듭니다. 테스트용 파일은 파일명과 확장자 사이에 test나 spec을 넣으면 됩니다.

npm test로 테스트 코드를 실행할 수 있습니다. 파일명에 test나 spec이 들어간 파일들을 모두 찾아 실행합니다.

```
콘솔
$ npm test

> nodebird@0.0.1 test
> jest

 FAIL  middlewares/index.test.js
  ● Test suite failed to run

    Your test suite must contain at least one test.
(생략)
Test Suites: 1 failed, 1 total
Tests:       0 total
Snapshots:   0 total
Time:        0.58 s, estimated 1 s
Ran all test suites.
```

테스트를 아무것도 작성하지 않았으므로 에러가 발생합니다. 이런 경우, 테스트가 **실패**했다고 표현합니다. 첫 번째 테스트 코드를 작성해봅시다.

```
test('1 + 1은 2입니다.', () => {
  expect(1 + 1).toEqual(2);
});
```

test 함수의 첫 번째 인수로는 테스트에 대한 설명을 적고, 두 번째 인수인 함수에는 테스트 내용을 적습니다. expect 함수의 인수로 실제 코드를, toEqual 함수의 인수로 예상되는 결괏값을 넣으면 됩니다.

콘솔

```
$ npm test
> nodebird@0.0.1 test
> jest

 PASS  middlewares/index.test.js
  √ 1 + 1은 2입니다. (2ms)

Test Suites: 1 passed, 1 total
Tests:       1 passed, 1 total
Snapshots:   0 total
Time:        0.498 s, estimated 1 s
Ran all test suites.
```

expect에 넣은 값과 toEqual에 넣은 값이 일치하면 테스트를 **통과**하게 됩니다. 두 값을 다르게 해서도 테스트해보세요. toEqual의 값을 3으로 바꾼 후 테스트를 재실행했습니다.

middlewares/index.test.js

```
test('1 + 1은 2입니다.', () => {
  expect(1 + 1).toEqual(3);
});
```

콘솔

```
$ npm test
> nodebird@0.0.1 test
> jest

 FAIL  middlewares/index.test.js
  × 1 + 1은 2입니다. (4ms)
```

● 1 + 1은 2입니다.

```
expect(received).toEqual(expected) // deep equality

Expected: 3
Received: 2

  1 | test('1 + 1은 2입니다.', () => {
> 2 |   expect(1 + 1).toEqual(3);
    |                 ^
  3 | });
  4 |

  at Object.<anonymous> (middlewares/index.test.js:2:17)

Test Suites: 1 failed, 1 total
Tests:       1 failed, 1 total
Snapshots:   0 total
Time:        0.611 s, estimated 1 s
Ran all test suites.
```

테스트가 실패하면 정확히 어떤 부분에서 실패했는지 시각적으로 보여줍니다. 따라서 코드에 대해 테스트를 작성해두면 어떤 부분에 문제가 있는지를 명확히 파악할 수 있습니다.

Note ≡   노드의 test 내장 모듈

노드 18 버전에서는 내장 테스팅 모듈인 test가 도입되었습니다. 다만, jest에 비해 기능이 많이 빈약하므로 아직까지는 실무에서 jest를 사용하는 것이 좋습니다. test 모듈은 정말 간단한 테스트를 수행할 때만 사용하면 됩니다.

node-test.mjs

```
import test from 'node:test';
import assert from 'assert';

test('1 + 1은 2입니다.', () => {
  assert.strictEqual(1 + 1, 2);
});
```

```
$ node node-test.mjs
(node:26872) ExperimentalWarning: The test runner is an experimental feature. This
feature could change at any time
(Use `node --trace-warnings ...` to show where the warning was created)
TAP version 13
ok 1 - 1 + 1은 2입니다.
  ---
  duration_ms: 0.0002922
  ...
1..1
# tests 1
# pass 1
# fail 0
# skipped 0
# todo 0
# duration_ms 0.0521153
```

test 모듈은 반드시 node:test로 import나 require해야 합니다. assert 모듈은 jest의 expect와 비슷한 역할을 한다고 보면 됩니다. strictEqual 메서드에서 첫 번째 인수와 두 번째 인수가 같으면 테스트가 성공합니다.

11.2 / 유닛 테스트

이제 실제 NodeBird의 코드를 테스트해봅시다. middlewares/index.js에 있는 isLoggedIn과 isNotLoggedIn 함수를 테스트해보겠습니다.

middlewares/index.test.js

```
const { isLoggedIn, isNotLoggedIn } = require('./');

describe('isLoggedIn', () => {
  test('로그인되어 있으면 isLoggedIn이 next를 호출해야 함', () => {

  });
});
```

```
  test('로그인되어 있지 않으면 isLoggedIn이 에러를 응답해야 함', () => {

  });
});

describe('isNotLoggedIn', () => {
  test('로그인되어 있으면 isNotLoggedIn이 에러를 응답해야 함', () => {

  });

  test('로그인되어 있지 않으면 isNotLoggedIn이 next를 호출해야 함', () => {

  });
});
```

isLoggedIn 함수와 isNotLoggedIn 함수를 불러와 네 개의 테스트를 작성했습니다. 아직 내용은 입력하지 않았습니다. describe 함수는 처음 보는 것일 텐데요. 테스트를 그룹화해주는 역할을 합니다. test 함수와 마찬가지로 첫 번째 인수는 그룹에 대한 설명, 두 번째 인수인 함수는 그룹에 대한 내용입니다.

테스트 내용을 작성하기에 앞서 잠깐 middlewares/index.js를 다시 보고 오겠습니다.

middlewares/index.js

```
exports.isLoggedIn = (req, res, next) => {
  if (req.isAuthenticated()) {
    next();
  } else {
    res.status(403).send('로그인 필요');
  }
};

exports.isNotLoggedIn = (req, res, next) => {
  if (!req.isAuthenticated()) {
    next();
  } else {
    const message = encodeURIComponent('로그인한 상태입니다.');
    res.redirect(`/?error=${message}`);
  }
};
```

실제 코드에서는 익스프레스가 req, res 객체와 next 함수를 인수로 넣었기에 사용할 수 있었지만, 테스트 환경에서는 어떻게 넣어야 할지 고민이 됩니다. req 객체에는 isAuthenticated 메서드가 존재하고 res 객체에도 status, send, redirect 메서드가 존재하는데, 코드가 성공적으로 실행되게 하려면 이것들을 모두 구현해야 합니다.

이럴 때는 과감하게 가짜 객체와 함수를 만들어 넣으면 됩니다. 테스트의 역할은 코드나 함수가 제대로 실행되는지를 검사하고 값이 일치하는지를 검사하는 것이므로, 테스트 코드의 객체가 실제 익스프레스 객체가 아니어도 됩니다. 이렇게 가짜 객체, 가짜 함수를 넣는 행위를 모킹(mocking)이라고 합니다.

middlewares/index.test.js

```
const { isLoggedIn, isNotLoggedIn } = require('./');

describe('isLoggedIn', () => {
  const res = {
    status: jest.fn(() => res),
    send: jest.fn(),
  };
  const next = jest.fn();

  test('로그인되어 있으면 isLoggedIn이 next를 호출해야 함', () => {
    const req = {
      isAuthenticated: jest.fn(() => true),
    };
    isLoggedIn(req, res, next);
    expect(next).toBeCalledTimes(1);
  });

  test('로그인되어 있지 않으면 isLoggedIn이 에러를 응답해야 함', () => {
    const req = {
      isAuthenticated: jest.fn(() => false),
    };
    isLoggedIn(req, res, next);
    expect(res.status).toBeCalledWith(403);
    expect(res.send).toBeCalledWith('로그인 필요');
  });
});

...
```

먼저 isLoggedIn부터 테스트해보겠습니다. req, res, next를 모킹했습니다. 함수를 모킹할 때는 jest.fn 메서드를 사용합니다. 함수의 반환값을 지정하고 싶다면 jest.fn(() => 반환값)을 사용하면 됩니다. isAuthenticated는 로그인 여부를 알려주는 함수이므로 테스트 내용에 따라 true나 false를 반환하고, res.status는 res.status(403).send('hello')처럼 메서드 체이닝이 가능해야 하므로 res를 반환하고 있습니다.

실제로는 req나 res 객체에 많은 속성과 메서드가 들어 있겠지만, 지금 테스트에서는 isAuthenticated나 status, send만 사용하므로 나머지는 과감하게 제외하면 됩니다. 실제 테스트가 실행되기 전에만 모킹한 객체를 선언하면 됩니다.

res 객체는 describe 함수 안에 선언했는데, 왜 req 객체는 test 함수 안에 선언했는지 궁금할 수 있습니다. res 객체는 여러 테스트에서도 사용하는 모양이 같으므로 여러 테스트에서 재활용이 가능하지만, req 객체는 isAuthenticated 메서드가 다른 모양이므로 각각의 test에 따로 선언했습니다.

test 함수 내부에서는 모킹된 객체와 함수를 사용해 isLoggedIn 미들웨어를 호출한 후 expect로 원하는 내용대로 실행되었는지 체크하면 됩니다. toBeCalledTimes(숫자)는 정확하게 몇 번 호출되었는지를 체크하는 메서드이고, toBeCalledWith(인수)는 특정 인수와 함께 호출되었는지 체크하는 메서드입니다.

테스트를 돌려보면 모두 통과합니다.

콘솔

```
$ npm test
> nodebird@0.0.1 test
> jest

  PASS  middlewares/index.test.js
    isLoggedIn
      √ 로그인되어 있으면 isLoggedIn이 next를 호출해야 함 (3ms)
      √ 로그인되어 있지 않으면 isLoggedIn이 에러를 응답해야 함 (2ms)
    isNotLoggedIn
      √ 로그인되어 있으면 isNotLoggedIn이 에러를 응답해야 함
      √ 로그인되어 있지 않으면 isNotLoggedIn이 next를 호출해야 함 (1ms)

Test Suites: 1 passed, 1 total
Tests:       4 passed, 4 total
Snapshots:   0 total
Time:        2.689s
Ran all test suites.
```

원하는 결과가 실행되었으므로 테스트를 통과합니다. 황당하지만, 작성하지 않은 두 개의 테스트도 통과합니다. 바로 이것이 테스트한다고 해서 에러가 발생하지 않는다고 단정할 수 없는 이유입니다. 테스트 대상을 잘못 선정하거나 잘못된 방식으로 테스트한 경우에는 테스트를 작성했더라도 에러가 발생할 수 있습니다. 테스트를 올바르게 작성하는 데는 많은 훈련과 연습이 필요합니다.

isNotLoggedIn 부분도 마저 작성하겠습니다.

middlewares/index.test.js

```
...

describe('isNotLoggedIn', () => {
  const res = {
    redirect: jest.fn(),
  };
  const next = jest.fn();

  test('로그인되어 있으면 isNotLoggedIn이 에러를 응답해야 함', () => {
    const req = {
      isAuthenticated: jest.fn(() => true),
    };
    isNotLoggedIn(req, res, next);
    const message = encodeURIComponent('로그인한 상태입니다.');
    expect(res.redirect).toBeCalledWith(`/?error=${message}`);
  });

  test('로그인되어 있지 않으면 isNotLoggedIn이 next를 호출해야 함', () => {
    const req = {
      isAuthenticated: jest.fn(() => false),
    };
    isNotLoggedIn(req, res, next);
    expect(next).toHaveBeenCalledTimes(1);
  });
});
```

테스트는 통과할 것입니다. 이렇게 작은 단위의 함수나 모듈이 의도된 대로 정확히 작동하는지 테스트하는 것을 **유닛 테스트**(unit test) 또는 단위 테스트라고 합니다. 나중에 함수를 수정하면 기존에 작성해둔 테스트는 실패하게 됩니다. 따라서 함수가 수정되었을 때 어떤 부분이 고장 나는지를 테스트를 통해 알 수 있습니다. 테스트 코드도 기존 코드가 변경된 것에 맞춰 수정해야 합니다.

user 컨트롤러도 테스트해보겠습니다. controllers/user.js 파일을 다시 한 번 보겠습니다.

controllers/user.js

```javascript
const User = require('../models/user');

exports.follow = async (req, res, next) => {
  try {
    const user = await User.findOne({ where: { id: req.user.id } });
    if (user) { // req.user.id가 followerId, req.params.id가 followingId
      await user.addFollowing(parseInt(req.params.id, 10));
      res.send('success');
    } else {
      res.status(404).send('no user');
    }
  } catch (error) {
    console.error(error);
    next(error);
  }
};
```

여기서 follow 함수를 테스트해봅시다. controllers/user.test.js를 작성합니다.

controllers/user.test.js

```javascript
const { follow } = require('./user');

describe('follow', () => {
  const req = {
    user: { id: 1 },
    params: { id: 2 },
  };
  const res = {
    status: jest.fn(() => res),
    send: jest.fn(),
  };
  const next = jest.fn();

  test('사용자를 찾아 팔로잉을 추가하고 success를 응답해야 함', async () => {
    await follow(req, res, next);
    expect(res.send).toBeCalledWith('success');
  });

  test('사용자를 못 찾으면 res.status(404).send(no user)를 호출함', async () => {
    await follow(req, res, next);
    expect(res.status).toBeCalledWith(404);
```

```
    expect(res.send).toBeCalledWith('no user');
  });

  test('DB에서 에러가 발생하면 next(error)를 호출함', async () => {
    const message = 'DB에러';
    await follow(req, res, next);
    expect(next).toBeCalledWith(message);
  });
});
```

follow 함수는 async 함수이므로 await을 붙여야 함수가 전부 실행 완료된 후 expect 함수가 실행됩니다. 그런데 이 테스트는 실패합니다.

```
$ npm test
> nodebird@0.0.1 test
> jest


 PASS   middlewares/index.test.js
 FAIL   controllers/user.test.js
  ● Console

    console.error
      TypeError: Cannot convert undefined or null to object
    console.error
      TypeError: Cannot convert undefined or null to object
    console.error
      TypeError: Cannot convert undefined or null to object

  ● follow > 사용자를 찾아 팔로잉을 추가하고 success를 응답해야 함

    expect(jest.fn()).toBeCalledWith(...expected)

    Expected: "success"

    Number of calls: 0

      14 |   test('사용자를 찾아 팔로잉을 추가하고 success를 응답해야 함', async () => {
      15 |     await follow(req, res, next);
    > 16 |     expect(res.send).toBeCalledWith('success');
         |                      ^
      17 |   });
```

532

```
  18 ¦
  19 ¦    test('사용자를 못 찾으면 res.status(404).send(no user)를 호출함', async () => {
```

at Object.<anonymous> (**controllers/user.test.js**:15:22)

● follow > 사용자를 못 찾으면 res.status(404).send(no user)를 호출함

expect(jest.fn()).toBeCalledWith(...expected)

Expected: 404

Number of calls: 0

```
  19 ¦    test('사용자를 못 찾으면 res.status(404).send(no user)를 호출함', async () => {
  20 ¦      await follow(req, res, next);
> 21 ¦      expect(res.status).toBeCalledWith(404);
     ¦                         ^
  22 ¦      expect(res.send).toBeCalledWith('no user');
  23 ¦    });
  24 ¦
```

at Object.<anonymous> (**controllers/user.test.js**:21:24)

● follow > DB에서 에러가 발생하면 next(error)를 호출함

expect(jest.fn()).toBeCalledWith(...expected)

Expected: "테스트용 에러"
Received
        1: [TypeError: Cannot convert undefined or null to object]
        2: [TypeError: Cannot convert undefined or null to object]
        3: [TypeError: Cannot convert undefined or null to object]

Number of calls: 3

```
  26 ¦      const error = '테스트용 에러';
  27 ¦      await follow(req, res, next);
> 28 ¦      expect(next).toBeCalledWith(error);
     ¦                   ^
  29 ¦    });
  30 ¦ });
  31 ¦
```

```
                at Object.<anonymous> (controllers/user.test.js:21:18)
```

```
Test Suites: 1 failed, 1 passed, 2 total
Tests:       3 failed, 4 passed, 7 total
Snapshots:   0 total
Time:        1.985 s, estimated 2 s
Ran all test suites.
```

바로 User 모델 때문입니다. follow 컨트롤러 안에는 User라는 모델이 들어 있습니다. 이 모델은 실제 데이터베이스와 연결되어 있으므로 테스트 환경에서는 사용할 수 없습니다. 따라서 User 모델도 모킹해야 합니다.

jest에서는 모듈도 모킹할 수 있습니다. jest.mock 메서드를 사용합니다.

controllers/user.test.js

```js
jest.mock('../models/user');
const User = require('../models/user');
const { follow } = require('./user');

describe('follow', () => {
  const req = {
    user: { id: 1 },
    params: { id: 2 },
  };
  const res = {
    status: jest.fn(() => res),
    send: jest.fn(),
  };
  const next = jest.fn();

  test('사용자를 찾아 팔로잉을 추가하고 success를 응답해야 함', async () => {
    User.findOne.mockReturnValue({
      addFollowing(id) {
        return Promise.resolve(true);
      }
    });
    await follow(req, res, next);
    expect(res.send).toBeCalledWith('success');
  });

  test('사용자를 못 찾으면 res.status(404).send(no user)를 호출함', async () => {
    User.findOne.mockReturnValue(null);
```

534

```
    await follow(req, res, next);
    expect(res.status).toBeCalledWith(404);
    expect(res.send).toBeCalledWith('no user');
  });

  test('DB에서 에러가 발생하면 next(error)를 호출함', async () => {
    const message = 'DB에러';
    User.findOne.mockReturnValue(Promise.reject(message));
    await follow(req, res, next);
    expect(next).toBeCalledWith(message);
  });
});
```

jest.mock 메서드에 모킹할 모듈의 경로를 인수로 넣고 그 모듈을 불러옵니다. 이러면 해당 모 듈(User)의 메서드는 전부 가짜 메서드가 됩니다. 예를 들어 User.findOne 등의 가짜 메서드 가 됩니다. 가짜 메서드에는 mockReturnValue 등의 메서드가 생성됩니다. 따라서 User.findOne. mockReturnValue 메서드로 User.findOne의 가짜 반환값을 지정할 수 있습니다.

첫 번째 테스트에서는 mockReturnValue 메서드를 통해 User.findOne이 { addFollowing() } 객체 를 반환하도록 했습니다. 이는 DB로부터 사용자를 찾은 후 팔로잉을 추가하는 상황을 테스트하 기 위함입니다. user 컨트롤러를 다시 한 번 보시죠.

controllers/user.js
```
const User = require('../models/user');

exports.follow = async (req, res, next) => {
  try {
    const user = await User.findOne({ where: { id: req.user.id } });
    if (user) { // req.user.id가 followerId, req.params.id가 followingId
      await user.addFollowing(parseInt(req.params.id, 10));
      res.send('success');
    } else {
      res.status(404).send('no user');
    }
  } catch (error) {
    console.error(error);
    next(error);
  }
};
```

user 변수가 { addFollowing() } 객체로 모킹되므로 await user.addFollowing을 호출할 수 있습니다. 모킹을 할 때는 모킹된 결과물이 실제 코드에서 어떤 역할을 할지 미리 예상하는 것이 중요합니다.

두 번째 테스트에서는 User.findOne이 null을 반환해 사용자를 찾지 못한 상황을 테스트합니다. 세 번째 테스트에서는 Promise.reject로 에러가 발생하도록 했습니다. DB 연결에 에러가 발생한 상황을 모킹한 것입니다. 실제 코드에서는 catch문으로 이동하게 됩니다.

이제 다시 npm test 명령어를 실행하면 테스트를 통과합니다.

콘솔

```
$ npm test
> nodebird@0.0.1 test
> jest

 PASS   middlewares/index.test.js
 PASS   controllers/user.test.js
  ● Console

    console.error
      DB에러



Test Suites: 2 passed, 2 total
Tests:       7 passed, 7 total
Snapshots:   0 total
Time:        1.865 s, estimated 2 s
Ran all test suites.
```

실제 데이터베이스에 팔로잉을 등록하는 것이 아니므로 제대로 테스트되는 것인지 걱정할 수도 있습니다. 이처럼 테스트를 해도 실제 서비스의 실제 데이터베이스에서는 문제가 발생할 수 있습니다. 그럴 때는 유닛 테스트 말고 다른 종류의 테스트를 진행해야 합니다. 이를 점검하기 위해 통합 테스트나 시스템 테스트를 하곤 합니다.

Note ☰   **서비스로 분리하기**

여러분 중에서는 매번 테스트를 할 때마다 req, res, next를 모킹하는 것에 불만을 갖는 분도 있을 것입니다. 중요한 비즈니스 로직이 아닌 익스프레스 객체를 모킹하고 있는 것이 무의미하다고 느낄 수도 있습니다.

그래서 실제로 컨트롤러에서 서비스라는 계층을 분리하기도 합니다.

services/user.js

```
const User = require('../models/user');

exports.follow = async (userId, followingId) => {
  const user = await User.findOne({ where: { id: userId } });
  if (user) {
    await user.addFollowing(parseInt(followingId, 10));
    return 'ok';
  } else {
    return 'no user';
  }
};
```

controllers/user.js

```
const { follow } = require('../services/user');

exports.follow = async (req, res, next) => {
  try {
    const result = await follow(req.user.id, req.params.id);
    if (result === 'ok') {
      res.send('success');
    } else if (result === 'no user') {
      res.status(404).send('no user');
    }
  } catch (error) {
    console.error(error);
    next(error);
  }
};
```

서비스는 익스프레스의 req, res, next에 관해 알지 못합니다. 반대로 컨트롤러는 User와 같은 모델에 대해 알지 못합니다. 이와 같은 원칙으로 분리하면 됩니다. 그러면 컨트롤러 테스트에서는 모델을 모킹할 필요가 없어지고 서비스 테스트에서는 req, res, next를 모킹할 필요가 없어 테스트가 좀 더 쉬워집니다.

서비스에 대한 테스트는 다음과 같이 달라집니다.

services/user.test.js

```
jest.mock('../models/user');
const User = require('../models/user');
const { follow } = require('./user');
```

```
describe('follow', () => {
  test('사용자를 찾아 팔로잉을 추가하고 ok를 반환함', async () => {
    User.findOne.mockReturnValue({
      addFollowing(id) {
        return Promise.resolve(true);
      }
    });
    const result = await follow(1, 2);
    expect(result).toEqual('ok');
  });

  test('사용자를 못 찾으면 no user를 반환함', async () => {
    User.findOne.mockReturnValue(null);
    const result = await follow(1, 2);
    expect(result).toEqual('no user');
  });

  test('DB에서 에러가 발생하면 throw', async () => {
    const message = 'DB에러';
    User.findOne.mockReturnValue(Promise.reject(message));
    try {
      await follow(1, 2);
    } catch (err) {
      expect(err).toEqual(message);
    }
  });
});
```

req, res, next를 모킹하지 않아도 됩니다. 에러가 발생할 때는 catch문에서 에러와 에러 메시지를 toEqual로 비교하면 됩니다.

컨트롤러에 대한 테스트는 다음과 같이 바뀝니다. User 모델 대신 user 서비스를 모킹하는 것에 주목하세요.

controllers/user.test.js

```
jest.mock('../services/user');
const { follow } = require('./user');
const { follow: followService } = require('../services/user');

describe('follow', () => {
  const req = {
    user: { id: 1 },
    params: { id: 2 },
```

```
  };
  const res = {
    status: jest.fn(() => res),
    send: jest.fn(),
  };
  const next = jest.fn();

  test('사용자를 찾아 팔로잉을 추가하고 success를 응답해야 함', async () => {
    followService.mockReturnValue('ok');
    await follow(req, res, next);
    expect(res.send).toBeCalledWith('success');
  });

  test('사용자를 못 찾으면 res.status(404).send(no user)를 호출함', async () => {
    followService.mockReturnValue('no user');
    await follow(req, res, next);
    expect(res.status).toBeCalledWith(404);
    expect(res.send).toBeCalledWith('no user');
  });

  test('DB에서 에러가 발생하면 next(error)를 호출함', async () => {
    const message = 'DB에러';
    followService.mockReturnValue(Promise.reject(message));
    await follow(req, res, next);
    expect(next).toBeCalledWith(message);
  });
});
```

다만, 컨트롤러에서 서비스를 분리하는 주된 이유가 테스트를 쉽게 하려는 것보다는 비즈니스 로직에만 더 집중하려
는 것임을 기억하세요! 이 책의 프로젝트들은 그렇게 복잡하지 않아 서비스 계층을 분리하지 않으므로 코드를 다시 원
래대로 되돌려놓고 실습을 진행하세요.

다른 미들웨어들에 대해서도 앞에서 배운 대로 모킹을 활용해 유닛 테스트를 작성해보세요. 다음
절에서는 유닛 테스트가 얼마나 진행되었는지 확인하는 테스트 커버리지를 살펴보겠습니다.

11.3 테스트 커버리지

유닛 테스트를 작성하다 보면, 전체 코드 중에서 어떤 부분이 테스트되고 어떤 부분이 테스트되지 않는지 궁금해집니다. 어떤 부분이 테스트되지 않는지를 알아야 나중에 그 부분의 테스트 코드를 작성할 수 있습니다. 전체 코드 중에서 테스트되고 있는 코드의 비율과 테스트되고 있지 않은 코드의 위치를 알려주는 jest의 기능이 있습니다. 바로 커버리지(coverage) 기능입니다.

커버리지 기능을 사용하기 위해 package.json에 jest 설정을 입력합니다.

package.json

```json
{
  "name": "nodebird",
  "version": "0.0.1",
  "description": "익스프레스로 만드는 SNS 서비스",
  "main": "app.js",
  "scripts": {
    "start": "nodemon app",
    "test": "jest",
    "coverage": "jest --coverage"
  },
```

jest 명령어 뒤에 --coverage 옵션을 붙이면 jest가 테스트 커버리지를 분석합니다.

콘솔

```
$ npm run coverage
> nodebird@0.0.1 coverage
> jest --coverage

 PASS  middlewares/index.test.js
 PASS  controllers/user.test.js
  ● Console

    console.error
      DB에러


-------------|---------|----------|---------|---------|-------------------
File         | % Stmts | % Branch | % Funcs | % Lines | Uncovered Line #s
```

```
------------|---------|----------|---------|---------|-------------------
All files   |    84   |    100   |    60   |    84   |
 controllers |   100   |    100   |   100   |   100   |
  user.js    |   100   |    100   |   100   |   100   |
 middlewares |   100   |    100   |   100   |   100   |
  index.js   |   100   |    100   |   100   |   100   |
 models      |  33.33  |    100   |     0   |  33.33  |
  user.js    |  33.33  |    100   |     0   |  33.33  | 5-47
------------|---------|----------|---------|---------|-------------------

Test Suites: 2 passed, 2 total
Tests:       7 passed, 7 total
Snapshots:   0 total
Time:        2.063s
Ran all test suites.
```

테스트 결과가 출력되고, 추가적으로 표가 하나 더 출력됩니다. 표의 열을 살펴보면, 각각 File(파일과 폴더 이름), % Stmt(구문 비율), % Branch(if문 등의 분기점 비율), % Funcs(함수 비율), % Lines(코드 줄 수 비율), Uncovered Line #s(커버되지 않은 줄 위치)입니다. 퍼센티지가 높을수록 많은 코드가 테스트되었다는 뜻입니다.

표를 보면, 전체 파일(All files) 중에서는 84%의 구문과 100%의 분기점, 60%의 함수, 84%의 코드 줄 수가 커버되었음을 알 수 있습니다. 여기서는 명시적으로 테스트하고 require한 코드만 커버리지 분석이 된다는 점에 주의해야 합니다. All files라 하더라도 현재 controllers/user.js, models/user.js, middlewares/index.js만 포함되어 있습니다. 따라서 테스트 커버리지가 100%라 하더라도 실제로 모든 코드를 테스트한 것은 아닐 수 있습니다.

models/user.js에서는 33.33%의 구문과 100%의 분기점, 0%의 함수, 33.33%의 코드 줄이 커버되었습니다. 또한, 다섯 번째 줄부터 47번째 줄까지는 테스트되지 않았다는 것을 보여줍니다. 이 줄들을 다음 코드에서 굵게 표시해봤습니다.

models/user.js

```
const Sequelize = require('sequelize');

class User extends Sequelize.Model {
  static initiate(sequelize) {
    User.init({
      email: {
        type: Sequelize.STRING(40),
```

```
        allowNull: true,
        unique: true,
      },
      nick: {
        type: Sequelize.STRING(15),
        allowNull: false,
      },
      password: {
        type: Sequelize.STRING(100),
        allowNull: true,
      },
      provider: {
        type: Sequelize.ENUM('local', 'kakao'),
        allowNull: false,
        defaultValue: 'local',
      },
      snsId: {
        type: Sequelize.STRING(30),
        allowNull: true,
      },
    }, {
      sequelize,
      timestamps: true,
      underscored: false,
      modelName: 'User',
      tableName: 'users',
      paranoid: true,
      charset: 'utf8',
      collate: 'utf8_general_ci',
    });
  }

  static associate(db) {
    db.User.hasMany(db.Post);
    db.User.belongsToMany(db.User, {
      foreignKey: 'followingId',
      as: 'Followers',
      through: 'Follow',
    });
    db.User.belongsToMany(db.User, {
      foreignKey: 'followerId',
      as: 'Followings',
      through: 'Follow',
```

```
      });
    }
  };


module.exports = User;
```

5~47번째 줄에는 함수 호출이 위치하고 있습니다. 이 부분은 테스트를 하나도 작성하지 않았으므로 % Funcs가 0%로 나오는 것입니다. 테스트 커버리지를 올리기 위해 테스트를 작성해봅시다.

models/user.test.js

```
const Sequelize = require('sequelize');
const User = require('./user');
const config = require('../config/config')['test'];
const sequelize = new Sequelize(
  config.database, config.username, config.password, config,
);

describe('User 모델', () => {
  test('static initiate 메서드 호출', () => {
    expect(User.initiate(sequelize)).toBe(undefined);
  });
  test('static associate 메서드 호출', () => {
    const db = {
      User: {
        hasMany: jest.fn(),
        belongsToMany: jest.fn(),
      },
      Post: {},
    };
    User.associate(db);
    expect(db.User.hasMany).toHaveBeenCalledWith(db.Post);
    expect(db.User.belongsToMany).toHaveBeenCalledTimes(2);
  });
});
```

initiate와 associate 메서드가 제대로 호출되는지 테스트해봤습니다. db 객체는 모킹했습니다.

방금 models 폴더에 모델이 아닌 테스트 파일을 생성했으므로 models/index.js를 수정해야 합니다. 모델을 시퀄라이즈와 자동으로 연결할 때 test 파일들도 걸러내도록 합시다.

```
...
fs
  .readdirSync(__dirname) // 현재 폴더의 모든 파일을 조회
  .filter(file => { // 숨김 파일, 테스트 파일, index.js, js 확장자가 아닌 파일 필터링
    return (file.indexOf('.') !== 0) && !file.includes('test') && (file !== basename)
➡ && (file.slice(-3) === '.js');
  })
  .forEach(file => { // 해당 파일의 모델을 불러와서 init
    const model = require(path.join(__dirname, file));
    console.log(file, model.name);
    db[model.name] = model;
    model.initiate(sequelize);
  });
...
```

다시 테스트를 수행하면 성공합니다.

```
$ npm test
> nodebird@0.0.1 test
> jest

(성공 메시지 생략)
```

테스트 커버리지도 살펴봅시다. 커버리지 표 부분만 확인해보겠습니다.

```
$ npm run coverage
(표 이외 부분 생략)
```

File	% Stmts	% Branch	% Funcs	% Lines	Uncovered Line #s
All files	100	100	100	100	
controllers	100	100	100	100	
user.js	100	100	100	100	
middlewares	100	100	100	100	
index.js	100	100	100	100	
models	100	100	100	100	
user.js	100	100	100	100	

테스트 커버리지가 대폭 올라간 것을 볼 수 있습니다. 현재 테스트 커버리지가 100%이지만, 모든 코드가 테스트되고 있는 상황은 아닙니다. 따라서 테스트 커버리지를 높이는 것에 너무 집착하기보다는 필요한 부분 위주로 올바르게 테스트하는 것이 좋습니다.

11.4 / 통합 테스트

이번 절에서는 하나의 라우터를 통째로 테스트해볼 것입니다. routes 폴더에 auth.test.js를 작성합니다. 하나의 라우터에는 여러 개의 미들웨어가 붙어 있고 다양한 라이브러리가 사용됩니다. 이런 것들이 모두 유기적으로 잘 작동하는지 테스트하는 것이 **통합 테스트**(integration test)입니다.

supertest를 설치합니다.

콘솔

```
$ npm i -D supertest
```

supertest 패키지를 사용해 auth.js의 라우터들을 테스트할 것입니다. supertest를 사용하기 위해서는 app 객체를 모듈로 만들어 분리해야 합니다. app.js 파일에서 app 객체를 모듈로 만든 후, server.js에서 불러와 listen합니다. server.js는 app의 포트 리스닝만 담당합니다. 서버 실행 부분을 분리했으므로 app.js에는 순수한 서버 코드만 남게 됩니다.

app.js

```
...
app.use((err, req, res, next) => {
  console.error(err);
  res.locals.message = err.message;
  res.locals.error = process.env.NODE_ENV !== 'production' ? err : {};
  res.status(err.status || 500);
  res.render('error');
});

module.exports = app;
```

```javascript
const app = require('./app');

app.listen(app.get('port'), () => {
  console.log(app.get('port'), '번 포트에서 대기 중');
});
```

npm start 명령어도 바뀐 파일에 맞게 변경합니다.

```json
{
  "name": "nodebird",
  "version": "0.0.1",
  "description": "익스프레스로 만드는 SNS 서비스",
  "main": "server.js",
  "scripts": {
    "start": "nodemon server",
    "test": "jest",
    ...
  }
}
```

또한, 테스트용 데이터베이스도 설정합니다. 통합 테스트에서는 데이터베이스 코드를 모킹하지 않으므로 데이터베이스에 실제로 테스트용 데이터가 저장됩니다. 그런데 실제 서비스 중인 데이터베이스에 테스트용 데이터가 들어가면 안 되므로, 테스트용 데이터베이스를 따로 만드는 것이 좋습니다.

config/config.json에서 test 속성을 수정합니다. 테스트 환경에서는 test 속성의 정보를 사용해 데이터베이스에 연결하게 됩니다.

```json
{
  "development": {
    "username": "root",
    "password": "nodejsbook",
    "database": "nodebird",
    "host": "127.0.0.1",
    "dialect": "mysql"
  },
  "test": {
    "username": "root",
    "password": "비밀번호",
```

```
    "database": "nodebird_test",
    "host": "127.0.0.1",
    "dialect": "mysql"
  },
  ...
}
```

콘솔에 nodebird_test 데이터베이스를 생성하는 명령어를 입력합니다.

콘솔

```
$ npx sequelize db:create --env test
Sequelize CLI [Node: 18.0.0, CLI: 6.4.1, ORM: 6.19.0]

Loaded configuration file "config\config.json".
Using environment "test".
Database nodebird_test created.
```

이제 테스트 코드를 작성하면 됩니다. routes/auth.test.js 파일을 작성합니다. 로그인 라우터에 대한 테스트를 작성해봤습니다.

routes/auth.test.js

```
const request = require('supertest');
const { sequelize } = require('../models');
const app = require('../app');

beforeAll(async () => {                               ──❶
  await sequelize.sync();
});

describe('POST /login', () => {
  test('로그인 수행', (done) => {
    request(app)
      .post('/auth/login')
      .send({
        email: 'zerohch0@gmail.com',                  ──❷
        password: 'nodejsbook',
      })
      .expect('Location', '/')
      .expect(302, done);
  });
});
```

547

❶ beforeAll이라는 함수가 추가되었습니다. 모든 테스트를 실행하기 전에 수행해야 할 코드를 넣는 공간입니다. 여기에 sequelize.sync()를 넣어 데이터베이스에 테이블을 생성하고 있습니다. 비슷한 함수로 afterAll(모든 테스트가 끝난 후), beforeEach(각각의 테스트 수행 전), afterEach(각각의 테스트 수행 후)가 있습니다. 테스트를 위한 값이나 외부 환경을 설정할 때 테스트 전후로 수행할 수 있도록 사용하는 라이프사이클 함수입니다.

❷ supertest 패키지로부터 request 함수를 불러와서 app 객체를 인수로 넣습니다. 여기에 get, post, put, patch, delete 등의 메서드로 원하는 라우터에 요청을 보낼 수 있습니다. 데이터는 send 메서드에 담아서 보냅니다. 그 후 예상되는 응답의 결과를 expect 메서드의 인수로 제공하면 그 값이 일치하는지 테스트합니다. 현재 테스트에서는 Location 헤더가 /인지, 응답의 상태 코드가 302인지 테스트하고 있습니다. request 함수는 비동기 함수이므로 jest가 테스트가 언제 종료되는지 스스로 판단하기 어렵습니다. 따라서 마지막에 test 함수의 콜백 함수의 매개변수인 done을 expect 메서드의 두 번째 인수로 넣어서 테스트가 마무리되었음을 알려야 합니다.

supertest를 사용하면 app.listen을 수행하지 않고도 서버 라우터를 실행할 수 있습니다. 통합 테스트를 할 때는 모킹을 최소한으로 하는 것이 좋지만, 직접적인 테스트 대상이 아닌 경우에는 모킹해도 됩니다.

테스트를 실행하면 실패합니다.

콘솔

```
$ npm test
(다른 테스트 로그 생략)
 FAIL  routes/auth.test.js
  ● POST /login > 로그인 수행

    expected "Location" of "/", got "/?error..."
(생략)
POST /auth/login 302 22.548 ms - 141
Test Suites: 1 failed, 3 passed, 4 total
Tests:       1 failed, 9 passed, 10 total
Snapshots:   0 total
Time:        4.532 s, estimated 5 s
Ran all test suites.
```

테스트용 데이터베이스에는 현재 회원 정보가 없습니다. 따라서 로그인할 때 에러가 발생하게 됩니다. 로그인 라우터를 테스트하기 전에 회원 가입 라우터부터 테스트해서 회원 정보를 넣어야 합니다.

routes/auth.test.js
```
const request = require('supertest');
const { sequelize } = require('../models');
const app = require('../app');

beforeAll(async () => {
  await sequelize.sync();
});

describe('POST /join', () => {                        ┐
  test('로그인 안 했으면 가입', (done) => {              │
    request(app)                                       │
      .post('/auth/join')                              │
      .send({                                          │
        email: 'zerohch0@gmail.com',                   │
        nick: 'zerocho',                               ├──❶
        password: 'nodejsbook',                        │
      })                                               │
      .expect('Location', '/')                         │
      .expect(302, done);                              │
  });                                                  │
});                                                    ┘

describe('POST /join', () => {                        
  const agent = request.agent(app);            ──────❷
  beforeEach((done) => {                              ┐
    agent                                             │
      .post('/auth/login')                            │
      .send({                                         │
        email: 'zerohch0@gmail.com',                  ├──❸
        password: 'nodejsbook',                       │
      })                                              │
      .end(done);                                     │
  });                                                 ┘
```

```
test('이미 로그인했으면 redirect /', (done) => {
  const message = encodeURIComponent('로그인한 상태입니다.');
  agent
    .post('/auth/join')
    .send({
      email: 'zerohch0@gmail.com',
      nick: 'zerocho',
      password: 'nodejsbook',
    })
    .expect('Location', `/?error=${message}`)
    .expect(302, done);
});
});
```

❹

❶ 첫 번째 describe에서는 회원 가입을 테스트합니다.

❷ 두 번째 describe에서는 로그인한 상태에서 회원 가입을 시도하는 경우를 테스트합니다. 이
  때, 코드의 순서가 매우 중요합니다. 로그인한 상태여야 회원 가입을 테스트할 수 있으므로 로
  그인 요청과 회원 가입 요청이 순서대로 이뤄져야 합니다. 이때 agent를 만들어서 하나 이상
  의 요청에서 재사용할 수 있습니다.

❸ beforeEach는 각각의 테스트 실행에 앞서 먼저 실행되는 부분입니다. 회원 가입 테스트를 위
  해 아까 생성한 agent 객체로 로그인을 먼저 수행합니다. end(done)으로 beforeEach 함수가
  마무리되었음을 알려야 합니다.

❹ 로그인된 agent로 회원 가입 테스트를 진행합니다. 로그인한 상태이므로 '로그인한 상태입니
  다'라는 에러 메시지와 함께 리다이렉트됩니다.

테스트를 수행하면 성공합니다.

콘솔

```
$ npm test
(다른 테스트 및 Console 생략)
POST /auth/login 302 242.585 ms - 23
POST /auth/join 302 10.592 ms - 115

Test Suites: 4 passed, 4 total
Tests:       11 passed, 11 total
Snapshots:   0 total
Time:        6.111s
Ran all test suites.
```

그런데 테스트를 다시 수행하면, 앞에서 성공했던 테스트가 이번에는 실패합니다.

콘솔

```
$ npm test
(다른 테스트 및 Console 생략)
  ● POST /join > 로그인 안 했으면 가입

    expected "Location" of "/", got "/join?error=exist"
(생략)
POST /auth/login 302 242.168 ms - 23
POST /auth/join 302 9.900 ms - 115

Test Suites: 1 failed, 3 passed, 3 total
Tests:       1 failed, 10 passed, 11 total
Snapshots:   0 total
Time:        3.424 s
Ran all test suites.
```

테스트가 실패하는 이유는 이전 테스트에서 이미 zerohch0@gmail.com의 계정을 생성했기 때문입니다. 이처럼 테스트 후 데이터베이스에 데이터가 남아 있으면 다음 테스트에 영향을 미칠 수도 있습니다. 따라서 테스트 종료 시 데이터를 정리하는 코드를 추가해야 합니다. 보통 afterAll에 정리하는 코드를 추가합니다.

routes/auth.test.js

```
...
  test('이미 로그인했으면 redirect /', (done) => {
    const message = encodeURIComponent('로그인한 상태입니다.');
    agent
      .post('/auth/join')
      .send({
        email: 'zerohch0@gmail.com',
        nick: 'zerocho',
        password: 'nodejsbook',
      })
      .expect('Location', `/?error=${message}`)
      .expect(302, done);
  });
});

afterAll(async () => {
```

```
    await sequelize.sync({ force: true });
  });
```

간단하게 sync 메서드에 force: true를 넣어 테이블을 다시 만들게 했습니다. 시퀄라이즈를 쓰지 않더라도 afterAll에 데이터를 정리하는 코드를 넣으면 됩니다. npm test를 두 번 실행합시다. 처음에는 실패하지만, afterAll에서 테이블이 초기화되어 두 번째에는 성공합니다. 결과는 생략하겠습니다.

회원 가입 테스트는 끝났으니 로그인과 로그아웃까지 테스트해보겠습니다.

routes/auth.test.js

```
...
describe('POST /login', () => {
  test('가입되지 않은 회원', (done) => {
    const message = encodeURIComponent('가입되지 않은 회원입니다.');
    request(app)
      .post('/auth/login')
      .send({
        email: 'zerohch1@gmail.com',
        password: 'nodejsbook',
      })
      .expect('Location', `/?error=${message}`)
      .expect(302, done);
  });

  test('로그인 수행', (done) => {
    request(app)
      .post('/auth/login')
      .send({
        email: 'zerohch0@gmail.com',
        password: 'nodejsbook',
      })
      .expect('Location', '/')
      .expect(302, done);
  });

  test('비밀번호 틀림', (done) => {
    const message = encodeURIComponent('비밀번호가 일치하지 않습니다.');
    request(app)
      .post('/auth/login')
      .send({
```

```
      email: 'zerohch0@gmail.com',
      password: 'wrong',
    })
    .expect('Location', `/?error=${message}`)
    .expect(302, done);
  });
});

describe('GET /logout', () => {
  test('로그인되어 있지 않으면 403', (done) => {
    request(app)
      .get('/auth/logout')
      .expect(403, done);
  });

  const agent = request.agent(app);
  beforeEach((done) => {
    agent
      .post('/auth/login')
      .send({
        email: 'zerohch0@gmail.com',
        password: 'nodejsbook',
      })
      .end(done);
  });

  test('로그아웃 수행', (done) => {
    agent
      .get('/auth/logout')
      .expect('Location', `/`)
      .expect(302, done);
  });
});

afterAll(async () => {
  await sequelize.sync({ force: true });
});
```

이런 식으로 다른 라우터도 통합 테스트를 진행하면 됩니다. 다른 라우터 중에서도 로그인해야 접근할 수 있는 라우터가 있을 것입니다. 그럴 때는 마찬가지로 beforeEach 같은 함수에서 미리 로그인한 agent를 마련하면 됩니다.

11.5 부하 테스트

이번 절에서는 다른 종류의 테스트를 진행해보겠습니다. 바로 부하 테스트(load test)입니다. 서버가 얼마만큼의 요청을 견딜 수 있는지(또는 수용할 수 있는지) 테스트하는 방법입니다.

내 코드가 실제로 배포되었을 때 어떤 문법적, 논리적 문제가 있을지는 유닛 테스트와 통합 테스트를 통해 어느 정도 확인할 수 있습니다. 그러나 내 서버가 몇 명의 동시 접속자나 일일 사용자를 수용할 수 있는지 예측하는 일은 매우 어렵습니다. 특히 실제 서비스 중이 아니라 개발 중일 때는 예측하는 것이 더 어려워집니다.

코드에 문법적, 논리적 문제가 없더라도 서버의 하드웨어 제약 때문에 서비스가 중단될 수 있습니다. 대표적인 것이 OOM(Out of Memory) 문제입니다. 서버는 접속자들의 정보를 저장하기 위해 각각의 접속자마다 일정한 메모리를 할당합니다. 이렇게 사용하는 메모리의 양이 증가하다가 서버의 메모리 용량을 초과하게 되면 문제가 발생합니다. 부하 테스트를 통해 이를 어느 정도 미리 예측할 수 있습니다.

artillery를 설치하고 npm start 명령어로 서버를 실행합니다.

콘솔

```
$ npm i -D artillery
$ npm start
```

새로운 콘솔을 하나 더 띄운 후 다음 명령어를 입력합니다. npx artillery quick --count 100 -n 50 http://localhost:8001 명령어는 http://localhost:8001에 빠르게 부하 테스트를 하는 방법입니다. --count 옵션은 가상의 사용자 수를 의미하고, -n 옵션은 요청 횟수를 의미합니다. 100명의 가상 사용자가 50번씩 요청을 보내므로 총 5,000번의 요청이 서버로 전달됩니다. 너무 많다고 생각할 수도 있지만, 실제 서비스를 할 때 5,000번의 요청은 그렇게 많은 양의 요청이 아닙니다. 다만, 절대적인 숫자가 중요한 것이 아니라 하나의 요청이 얼마나 많은 작업을 하는지가 더 중요합니다.

콘솔

```
$ npx artillery quick --count 100 -n 50 http://localhost:8001
(중간 로그 생략)
All VUs finished. Total time: 18 seconds
```

```
-------------------------------
Summary report @ 14:16:52(+0900)
-------------------------------

http.codes.200: ...................................................... 5000
http.request_rate: ................................................... 140/
sec
http.requests: ....................................................... 5000
http.response_time:
  min: ............................................................... 22
  max: ............................................................... 801
  median: ............................................................ 301.9
  p95: ............................................................... 507.8
  p99: ............................................................... 699.4
http.responses: ...................................................... 5000
vusers.completed: .................................................... 100
vusers.created: ...................................................... 100
vusers.created_by_name.0: ............................................ 100
vusers.failed: ....................................................... 0
vusers.session_length:
  min: ............................................................... 14660.
  max: ............................................................... 16211.9
  median: ............................................................ 16159.
  p95: ............................................................... 16159.7
  p99: ............................................................... 16159.7
```

콘솔을 보면, 테스트하는 데 총 18초가 소요되었습니다. 가상의 사용자 100명이 생성(vusers.created)되었고, 그들의 테스트가 전부 완료(vusers.completed)되었으며, 모든 요청과 응답이 각각 5,000번 수행되었음(http.requests, http.responses)을 알 수 있습니다. 처리 속도(http.request_rate)는 어떨까요? 초당 140번의 요청이 처리되었습니다. http.codes.200은 HTTP 상태 코드를 나타냅니다. 5,000건의 요청 모두 200(성공) 응답 코드를 받았습니다. 혹시라도 에러가 발생한다면 해당 응답 코드 항목이 추가로 생깁니다.

http.response_time(응답 지연 속도)을 주목해서 보면 좋은데, 최소(min) 22ms(밀리초), 최대(max) 801ms가 걸렸습니다. 중간값(median)은 301.9ms이고, 하위 95%(p95) 값은 507.8ms, 하위 99%(p99) 값은 699.4ms입니다. 이 수치는 해석하기 나름이지만, 보통 median과 p95의 차이가 크지 않은 것이 좋습니다. 수치의 차이가 적을수록 대부분의 요청이 비슷한 속도로 처리되었다는 의미이기 때문입니다.

지금은 http://localhost:8001 서버에 요청을 보내고 있습니다. 이 서버는 개발용 서버인 데다가 여러분의 컴퓨터이
므로 무리한 요청으로 인해 서버가 중지되어도 큰 문제가 없습니다. 하지만 실제 서비스 중인 서버에 무리하게 부하
테스트를 하면 실제 서비스가 중단될 수 있습니다. 또한, AWS나 GCP 같은 클라우드에서 종량제 요금을 선택한 경
우 과다한 요금이 청구될 수 있습니다.

따라서 실제 서비스에 부하 테스트를 하기보다는 실제 서버와 같은 사양의 서버(보통 staging 서버라고 합니다)를 만
든 후, 그 서버에 부하 테스트를 진행하는 것이 좋습니다.

부하 테스트를 할 때 단순히 한 페이지에만 요청을 보내는 것이 아니라 실제 사용자의 행동을 모
방해 시나리오를 작성할 수 있습니다. 이때는 JSON 형식의 설정 파일을 작성해야 합니다.

loadtest.json
```json
{
  "config":{
    "target": "http://localhost:8001",
    "http": {
      "timeout": 30
    },
    "phases": [
      {
        "duration": 30,
        "arrivalRate": 20
      }
    ]
  },
  "scenarios": [{
    "flow": [
      {
        "get": {
          "url": "/"
        }
      }, {
        "post": {
          "url": "/auth/login",
          "json": {
            "email": "zerohch0@gmail.com",
            "password": "nodejsbook"
          },
          "followRedirect": false
        }
```

```
  }, {
    "get": {
      "url": "/hashtag?hashtag=nodebird"
    }
  }
]
}]
}
```

config 객체에서 target을 현재 서버로 잡고, phases에서 30초 동안(duration) 매초 20명의 사용자(arrivalRate)를 생성하도록 했습니다. 즉, 600명이 접속하는 상황입니다. timeout은 30초로, 요청이 30초 이내에 처리되지 않으면 실패로 간주됩니다.

이제 이 가상 사용자들이 어떠한 동작을 할지 scenarios 속성에 적습니다. 첫 번째 flow로는 먼저 메인 페이지(GET /)에 접속하고, 로그인(POST /auth/login)을 한 후 해시태그 검색(GET /hashtag?hashtag=nodebird)을 합니다. 로그인할 때 요청의 본문으로 email과 password를 JSON 형식으로 보냈습니다. followRedirect는 false로 설정되어 있는데, 로그인 성공 후 redirect 동작은 테스트에서 무시하겠다는 뜻입니다. 아직 flow가 하나뿐이지만, 첫 번째 flow와는 다른 일련의 과정을 시뮬레이션하고 싶다면 두 번째 flow로 만들면 됩니다.

> **Note ☰ YAML 형식으로 설정하기**
>
> artillery 공식 문서에서는 JSON 형식 대신 YAML 형식으로 설정을 만들어 사용합니다. 두 방법 모두 유효하니 편한 것을 고르면 됩니다. YAML은 코드가 간결한 형식이고, JSON은 자바스크립트 개발자에게 익숙한 형식입니다. npx artillery convert 파일명 명령어로 설정 파일을 JSON과 YAML 간에 변환할 수 있습니다.

npx artillery run 파일명 명령어로 부하 테스트를 실행합니다. 600명의 접속자가 각각 세 번의 요청을 보내서(한 번의 redirect는 무시) 총 1,800번의 요청이 전송됩니다. 각각의 요청이 모두 데이터베이스에 최소 한 번씩 접근하므로 서버와 DB에 상당한 무리가 갈 수 있습니다.

콘솔

```
$ npx artillery run loadtest.json
All VUs finished. Total time: 52 seconds


--------------------------------
Summary report @ 16:03:31(+0900)
--------------------------------
```

```
http.codes.200: ......................................... 1200
http.codes.302: ......................................... 600
http.request_rate: ...................................... 25/sec
http.requests: .......................................... 1800
http.response_time:
    min: ................................................ 38
    max: ................................................ 13237
    median: ............................................. 5487.5
    p95: ................................................ 12213.1
    p99: ................................................ 12711.5
http.responses: ......................................... 1800
vusers.completed: ....................................... 600
vusers.created: ......................................... 600
vusers.created_by_name.0: ............................... 600
vusers.failed: .......................................... 0
vusers.session_length:
    min: ................................................ 504.9
    max: ................................................ 26538.4
    median: ............................................. 16819.2
    p95: ................................................ 26115.6
    p99: ................................................ 26115.6
```

중간 로그를 생략하긴 했지만, 시나리오를 짠 뒤부터는 중간 로그도 챙겨보는 것이 좋습니다. http.response_time을 보면 문제가 심각하다는 것을 알게 됩니다. 일단 median 값이 5.4초이고, p95가 12.2초, p99가 12.7초입니다. 즉, median과 p95의 간격이 두 배 이상 차이가 납니다. 이런 경우에는 요청이 점점 더 많아질수록 느려지게 됩니다.

또한, 중간 로그부터 봤다면 테스트를 진행할수록 요청을 처리하는 속도가 점점 느려짐을 알 수 있습니다. 이는 서버가 지금 부하 테스트를 하는 정도의 요청을 감당하지 못한다는 뜻이므로, 이에 대한 해결 방법을 고민해봐야 합니다. 서버의 사양을 업그레이드하거나, 서버를 여러 개 두거나, 코드를 더 효율적으로 개선하는 방법이 있습니다. 지금 상황에서는 노드가 싱글 코어만 사용하고 있으므로 클러스터링 같은 기법을 통해 서버를 여러 개 실행하는 것을 우선적으로 시도해봄 직 합니다. 15장에서 pm2 패키지에 대해 학습한 후 pm2 패키지를 적용해 클러스터링하면 성능이 개선됩니다.

보통의 경우는 요청-응답 시 데이터베이스에 접근할 때 시간이 가장 많이 소요됩니다. 서버는 여러 대로 늘리기 쉽지만, 데이터베이스는 늘리기 어려우므로 하나의 데이터베이스에 많은 요청이 몰리곤 합니다. 따라서 최대한 데이터베이스에 접근하는 요청을 줄이면 좋습니다. 반복적으로 가져오는 데이터는 캐싱을 한다든지 해서 데이터베이스에 접근하는 일을 줄이도록 합시다.

서버의 성능과 네트워크 상황에 따라 다르지만 arrivalRate를 줄이거나 늘려서 자신의 서버가 어느 정도의 요청을 수용할 수 있을지 체크해보는 것이 좋습니다. 또한, 한 번만 테스트하는 게 아니라 여러 번 같은 설정값으로 테스트해 평균치를 내보는 게 좋습니다.

다만, artillery만으로는 네트워크가 느린 것인지, 서버가 느린 것인지, DB가 느린 것인지까지는 파악할 수 없습니다. 좀 더 정교한 모니터링과 성능 측정을 원한다면 datadog이나 newrelic 같은 상용 서비스를 적용해보면 좋습니다.

11.6 프로젝트 마무리하기

코드를 테스트할 때 어느 범위까지 테스트해야 하는지 고민될 수 있습니다. 보통 자신의 코드는 최대한 많이 테스트하는 것이 좋지만, npm을 통해 설치한 패키지나 다른 사람의 라이브러리 자체는 테스트하지 않습니다. 그 패키지나 라이브러리를 테스트하는 것은 그들의 몫입니다. 우리는 우리의 프로그램에서 그 패키지나 라이브러리를 사용하는 부분을 테스트하면 됩니다. 테스트하기 어려운 패키지는 모킹하고, 테스트할 수 있는 패키지는 그대로 테스트합니다. 단, 모킹을 할 때는 실제 상황에서 에러가 발생할 수 있음을 염두에 둬야 합니다.

아직 소개하지 않은 테스트 기법들도 많습니다. 대표적으로 시스템 테스트와 인수 테스트가 있습니다. 회사에서 QA들이 테스트 목록을 두고 체크해나가며 진행하는 테스트가 주로 시스템 테스트이고, 알파 테스트나 베타 테스트처럼 특정 사용자 집단이 실제 서비스를 사용하는 것처럼 진행하는 테스트가 인수 테스트입니다. 가능한 한 다양한 종류의 테스트를 주기적으로 수행해 서비스를 안정적으로 유지하고 점검하는 것이 좋습니다.

NodeBird 서비스는 여기서 마치고, 다음 장에서는 웹 소켓과 서버센트 이벤트(Server Sent Events, SSE)를 사용해 실시간 애플리케이션을 제작해보겠습니다.

11.6.1 스스로 해보기

- 모든 함수에 대한 유닛 테스트 작성하기(테스트 커버리지 100% 도전하기)
- 모든 라우터에 대한 통합 테스트 작성하기
- 부하 테스트를 통해 병목점 및 개선점 찾기

11.6.2 핵심 정리

- 테스트를 작성한다고 해서 에러가 발생하지 않는 것은 아닙니다. 하지만 자신의 코드에 대한 믿음을 가질 수는 있습니다.
- 테스트를 올바르게 작성하지 않으면 테스트를 하지 않는 것보다 못한 상황이 발생합니다.
- 테스트를 작성하면 나중에 코드 변경 사항이 생겼을 때 어떤 부분에 영향을 미치는지 쉽게 파악할 수 있습니다. 이러한 긍정적인 영향과 테스트하는 데 드는 공수를 계산해 테스트할 범위를 정해야 합니다.
- 실제 서비스에서 모든 기능을 테스트하기는 어려우므로 우선순위를 정해 우선순위가 높은 기능 위주로 테스트합니다.
- 테스트 커버리지가 100%라고 해서 에러가 발생하지 않는 것은 아닙니다.

11.6.3 함께 보면 좋은 자료

- 노드의 내장 test 모듈: https://nodejs.org/dist/latest-v18.x/docs/api/test.html
- 노드의 assert 모듈: https://nodejs.org/dist/latest-v18.x/docs/api/assert.html
- jest 공식 문서: https://jestjs.io/
- artillery 공식 문서: https://www.artillery.io/docs
- datadog 홈페이지: https://datadoghq.com
- newrelic 홈페이지: https://newrelic.com/kr

12^장

웹 소켓으로
실시간 데이터
전송하기

이 장에서는 웹 소켓을 사용해 실시간으로 데이터를 주고받는 방법을 배워보겠습니다. 실시간으로 데이터를 전달할 수 있으면 만들 수 있는 앱 유형이 더 다양해집니다. 웹 소켓의 개념을 먼저 익히고 웹 소켓을 사용해 GIF 채팅방을 만들어보겠습니다.

❤ 그림 12-1 GIF 채팅방 화면

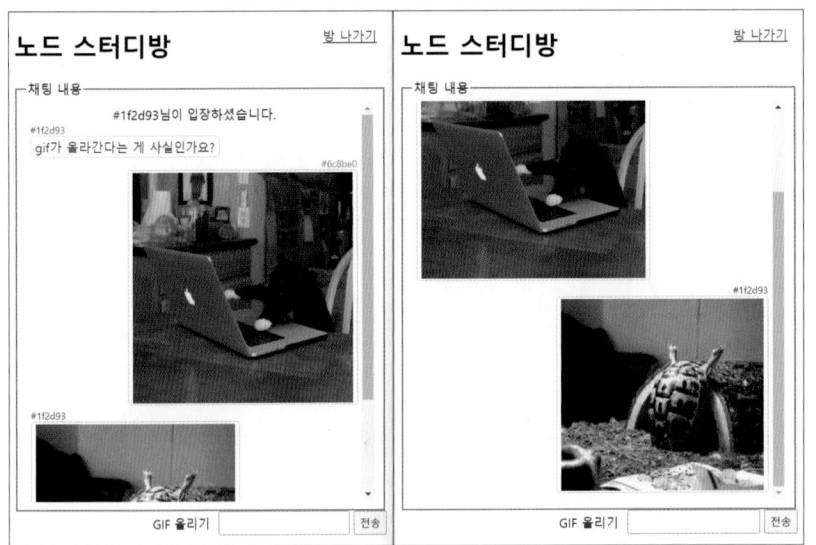

12.1 / 웹 소켓 이해하기

노드 생태계에서는 **웹 소켓**이란 말을 들으면 Socket.IO를 먼저 떠올리는 경우가 많습니다. 하지만 Socket.IO는 웹 소켓을 활용한 라이브러리이지 웹 소켓 그 자체는 아닙니다. 나중에 Socket.IO를 사용하기 위해서는 기반 기술인 웹 소켓을 먼저 알아야 합니다.

웹 소켓은 HTML5에 새로 추가된 스펙으로 실시간 양방향 데이터 전송을 위한 기술이며, HTTP 와 다르게 WS라는 프로토콜을 사용합니다. 따라서 브라우저와 서버가 WS 프로토콜을 지원하면 사용할 수 있습니다. 최신 브라우저는 대부분 웹 소켓을 지원하고, 노드에서는 ws나 Socket.IO 같은 패키지를 통해 웹 소켓을 사용할 수 있습니다.

웹 소켓이 나오기 이전에는 HTTP 기술을 사용해 실시간 데이터 전송을 구현했습니다. 그중 한 가지가 **폴링**(polling)이라는 방식입니다. HTTP가 클라이언트에서 서버로 향하는 단방향 통신이므 로 주기적으로 서버에 새로운 업데이트가 있는지 확인하는 요청을 보내고, 있다면 새로운 내용을 가져오는 단순 무식한 방법이었습니다.

그러다가 HTML5가 나오면서 웹 브라우저와 웹 서버가 지속적으로 연결된 라인을 통해 실시간 으로 데이터를 주고받을 수 있는 웹 소켓이 등장했습니다. 처음에 웹 소켓 연결이 이뤄지고 나면, 그다음부터는 계속 연결된 상태로 있어 따로 업데이트가 있는지 요청을 보낼 필요가 없습니다. 업데이트할 내용이 생겼다면 서버에서 바로 클라이언트에 알립니다. HTTP 프로토콜과 포트를 공유할 수 있으므로 다른 포트에 연결할 필요도 없습니다. 폴링 방식에 비해 성능도 매우 개선되 었습니다.

참고로 **서버센트 이벤트**(Server Sent Events)(이하 SSE)라는 기술도 등장했습니다. 이는 Event Source라는 객체를 사용하는데요. 처음에 한 번만 연결하면 서버가 클라이언트에 지속적으로 데 이터를 보냅니다. 웹 소켓과 다른 점은 클라이언트에서 서버로는 데이터를 보낼 수 없다는 점입 니다. 즉, 서버에서 클라이언트로 데이터를 보내는 단방향 통신입니다. 웹 소켓만이 진정한 양방 향 통신입니다. 양방향 통신이므로 SSE에서 할 수 있는 것은 웹 소켓으로도 모두 할 수 있습니다. 하지만 주식 차트 업데이트나 SNS에서 새로운 게시물 가져오기 등 굳이 양방향 통신을 할 필요가 없는 경우도 많습니다. 서버에서 일방적으로 데이터를 내려주기만 하면 되기 때문이죠. 다음 장에 서 경매 시스템을 만들 때 SSE 기술을 사용해볼 것입니다.

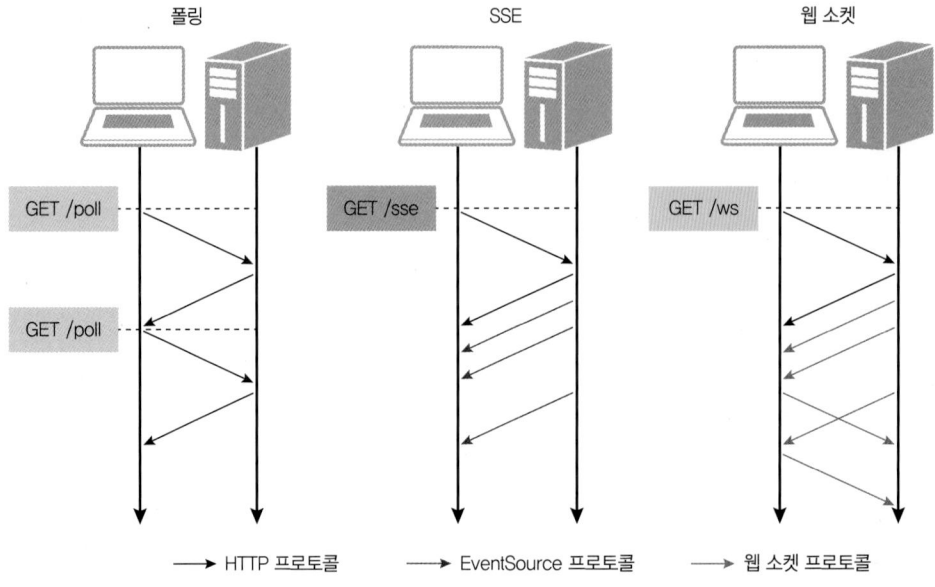

❤ 그림 12-3 폴링 vs. SSE vs. 웹 소켓

Socket.IO는 웹 소켓을 편리하게 사용할 수 있도록 도와주는 라이브러리입니다. Socket.IO는 웹 소켓을 지원하지 않는 IE9과 같은 브라우저에서는 알아서 웹 소켓 대신 폴링 방식을 사용해 실시간 데이터 전송을 가능하게 합니다. 클라이언트 측에서 웹 소켓 연결이 끊겼다면 자동으로 재연결을 시도하고, 채팅방을 쉽게 구현할 수 있도록 메서드를 준비해뒀습니다.

Socket.IO를 사용하기 전에 ws 모듈로 웹 소켓이 무엇인지 직접 체험해보겠습니다.

12.2 ws 모듈로 웹 소켓 사용하기

먼저 gif-chat이라는 새로운 프로젝트를 만듭니다.

package.json

```
{
  "name": "gif-chat",
  "version": "0.0.1",
  "description": "GIF 웹 소켓 채팅방",
  "main": "app.js",
```

```
  "scripts": {
    "start": "nodemon app"
  },
  "author": "Zero Cho",
  "license": "ISC",
  "dependencies": {
    "cookie-parser": "^1.4.6",
    "dotenv": "^16.0.1",
    "express": "^4.18.1",
    "express-session": "^1.17.3",
    "morgan": "^1.10.0",
    "nunjucks": "^3.2.1"
  },
  "devDependencies": {
    "nodemon": "^2.0.16"
  }
}
```

패키지를 설치하고 .env와 app.js, routes/index.js 파일을 작성합니다.

콘솔

```
$ npm i
```

.env

```
COOKIE_SECRET=gifchat
```

app.js

```javascript
const express = require('express');
const path = require('path');
const morgan = require('morgan');
const cookieParser = require('cookie-parser');
const session = require('express-session');
const nunjucks = require('nunjucks');
const dotenv = require('dotenv');

dotenv.config();
const indexRouter = require('./routes');

const app = express();
app.set('port', process.env.PORT || 8005);
app.set('view engine', 'html');
nunjucks.configure('views', {
```

```javascript
  express: app,
  watch: true,
});

app.use(morgan('dev'));
app.use(express.static(path.join(__dirname, 'public')));
app.use(express.json());
app.use(express.urlencoded({ extended: false }));
app.use(cookieParser(process.env.COOKIE_SECRET));
app.use(session({
  resave: false,
  saveUninitialized: false,
  secret: process.env.COOKIE_SECRET,
  cookie: {
    httpOnly: true,
    secure: false,
  },
}));

app.use('/', indexRouter);

app.use((req, res, next) => {
  const error = new Error(`${req.method} ${req.url} 라우터가 없습니다.`);
  error.status = 404;
  next(error);
});

app.use((err, req, res, next) => {
  res.locals.message = err.message;
  res.locals.error = process.env.NODE_ENV !== 'production' ? err : {};
  res.status(err.status || 500);
  res.render('error');
});

app.listen(app.get('port'), () => {
  console.log(app.get('port'), '번 포트에서 대기 중');
});
```

routes/index.js

```javascript
const express = require('express');

const router = express.Router();
```

```
router.get('/', (req, res) => {
  res.render('index');
});

module.exports = router;
```

이제 ws 모듈을 설치해 노드에 웹 소켓을 구현해봅시다.

```
$ npm i ws@8
```

웹 소켓을 익스프레스 서버에 연결합니다. socket.js는 조금 뒤에 만듭니다.

app.js

```
...
dotenv.config();
const webSocket = require('./socket');
const indexRouter = require('./routes');

const app = express();
...
app.use((err, req, res, next) => {
  res.locals.message = err.message;
  res.locals.error = process.env.NODE_ENV !== 'production' ? err : {};
  res.status(err.status || 500);
  res.render('error');
});

const server = app.listen(app.get('port'), () => {
  console.log(app.get('port'), '번 포트에서 대기 중');
});

webSocket(server);
```

이제 웹 소켓 로직이 들어 있는 socket.js 파일을 작성해봅시다.

socket.js

```
const WebSocket = require('ws');

module.exports = (server) => {
```

```
const wss = new WebSocket.Server({ server });

wss.on('connection', (ws, req) => { // 웹 소켓 연결 시
  const ip = req.headers['x-forwarded-for'] || req.socket.remoteAddress;
  console.log('새로운 클라이언트 접속', ip);
  ws.on('message', (message) => { // 클라이언트로부터 메시지 수신 시
    console.log(message.toString());
  });
  ws.on('error', (error) => { // 에러 시
    console.error(error);
  });
  ws.on('close', () => { // 연결 종료 시
    console.log('클라이언트 접속 해제', ip);
    clearInterval(ws.interval);
  });

  ws.interval = setInterval(() => { // 3초마다 클라이언트로 메시지 전송
    if (ws.readyState === ws.OPEN) {
      ws.send('서버에서 클라이언트로 메시지를 보냅니다.');
    }
  }, 3000);
});
};
```

ws 모듈을 불러온 후 익스프레스 서버를 웹 소켓 서버와 연결했습니다. 익스프레스(HTTP)와 웹
소켓(WS)은 같은 포트를 공유할 수 있으므로 별도의 작업이 필요하지 않습니다.

▼ 그림 12-4 웹 소켓 구조도

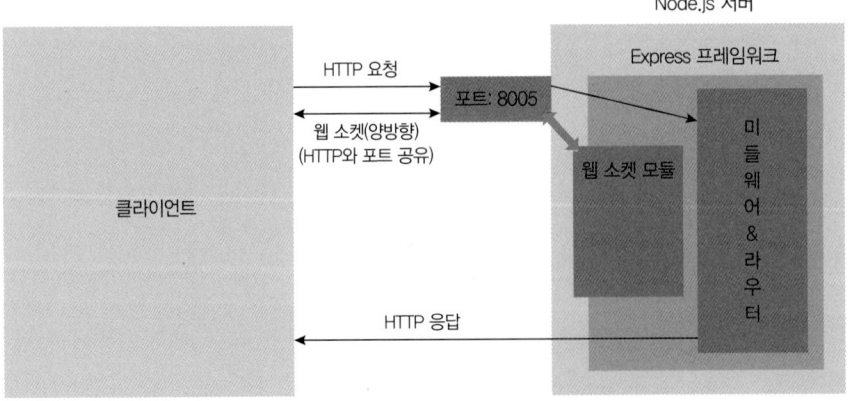

연결 후에는 웹 소켓 서버(wss)에 이벤트 리스너를 붙입니다. 웹 소켓은 이벤트 기반으로 작동한다고 생각하면 됩니다. 실시간으로 데이터를 전달받으므로 항상 대기하고 있어야 합니다. connection 이벤트는 클라이언트가 서버와 웹 소켓 연결을 맺을 때 발생합니다. req.headers['x-forwarded-for'] || req.socket.remoteAddress)는 클라이언트의 IP를 알아내는 유명한 방법 중 하나이므로 알아두는 게 좋습니다. 익스프레스에서는 IP를 확인할 때, proxy-addr 패키지를 사용하므로 이 패키지를 사용해도 괜찮습니다. 로컬 호스트로 접속한 경우, 크롬에서는 IP가 ::1로 뜹니다. 다른 브라우저에서는 ::1 외의 다른 IP가 뜰 수 있습니다.

익스프레스 서버와 연결한 후, 웹 소켓 객체(ws)에 이벤트 리스너 세 개, 즉 message, error, close를 연결했습니다. message는 클라이언트로부터 메시지가 왔을 때 발생하고, error는 웹 소켓 연결 중 문제가 생겼을 때 발생합니다. close 이벤트는 클라이언트와 연결이 끊겼을 때 발생합니다.

setInterval은 3초마다 연결된 모든 클라이언트에 메시지를 보내는 부분입니다. 먼저 readyState가 OPEN 상태인지 확인합니다. 웹 소켓에는 네 가지 상태가 있습니다. CONNECTING(연결 중), OPEN(열림), CLOSING(닫는 중), CLOSED(닫힘)입니다. OPEN일 때만 에러 없이 메시지를 보낼 수 있습니다. 확인 후 ws.send 메서드로 하나의 클라이언트에 메시지를 보냅니다. close 이벤트에서 setInterval을 clearInterval로 정리하는 것도 꼭 기억해두길 바랍니다. 이 부분이 없다면 메모리 누수가 발생합니다. 프로그래밍을 할 때는 이렇게 사소한 것이 큰 영향을 미치기도 합니다.

웹 소켓은 단순히 서버에서 설정한다고 해서 작동하는 것이 아닙니다. 클라이언트에서도 웹 소켓을 사용해야 합니다. 양방향 통신이기 때문입니다. views 폴더를 만들고 index.html 파일을 작성해서 script 태그에 웹 소켓 코드를 넣겠습니다. views 폴더 안에 error.html도 같이 작성합니다.

views/index.html

```html
<!DOCTYPE html>
<html>
<head>
  <meta charset="UTF-8">
  <title>GIF 채팅방</title>
</head>
<body>
<div>F12를 눌러 console 탭과 network 탭을 확인하세요.</div>
<script>
  const webSocket = new WebSocket("ws://localhost:8005");
  webSocket.onopen = function () {
    console.log('서버와 웹 소켓 연결 성공!');
  };
  webSocket.onmessage = function (event) {
```

```
    console.log(event.data);
    webSocket.send('클라이언트에서 서버로 답장을 보냅니다');
  };
</script>
</body>
</html>
```

---

views/error.html

```
<h1>{{message}}</h1>
<h2>{{error.status}}</h2>
<pre>{{error.stack}}</pre>
```

WebSocket 생성자에 연결할 서버 주소를 넣고 webSocket 객체를 생성합니다. 서버 주소의 프로토콜이 ws인 것에 주의하세요. 클라이언트에서도 역시 이벤트 기반으로 동작합니다. 서버와 연결이 맺어지는 경우에는 onopen 이벤트 리스너가 호출되고, 서버로부터 메시지가 오는 경우에는 onmessage 이벤트 리스너가 호출됩니다. 서버에서 메시지가 오면 서버로 답장을 보냅니다.

서버를 실행하는 순간, 서버는 클라이언트에 3초마다 메시지를 보내고, 클라이언트도 서버로부터 메시지가 오는 순간 바로 답장을 보냅니다. 브라우저와 노드 콘솔에서 결과를 확인해봅시다.

npm start 명령어를 입력해 서버를 실행한 뒤, http://localhost:8005에 접속해 개발자 도구 (F12)의 Console 탭을 켭니다. 접속하는 순간부터 노드의 콘솔과 브라우저의 콘솔에 3초마다 메시지가 찍힙니다.

노드 콘솔

```
8005번 포트에서 대기 중
새로운 클라이언트 접속 ::1
클라이언트에서 서버로 답장을 보냅니다
클라이언트에서 서버로 답장을 보냅니다
클라이언트에서 서버로 답장을 보냅니다
...
```

▼ 그림 12-5 Console 탭 화면

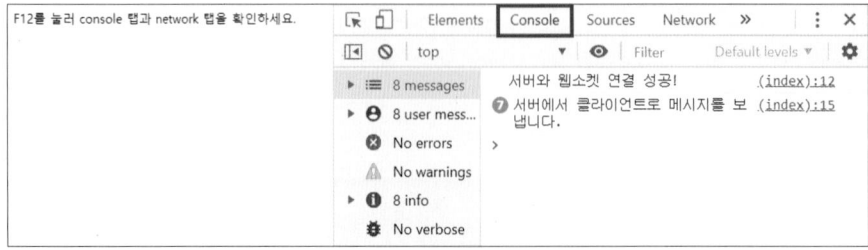

Network 탭에 들어가면 웹 소켓이 무엇인지 확실히 알 수 있습니다.

▼ 그림 12-6 Network 탭 화면

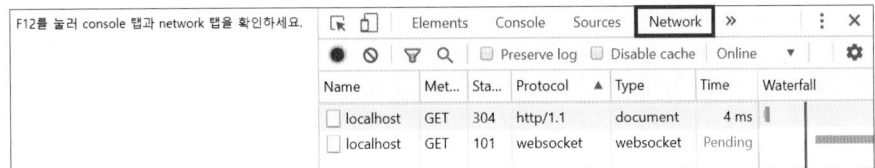

서버로부터 3초마다 메시지가 오지만, 보낸 네트워크 요청은 처음 http://localhost:8005를 요청한 것과 웹 소켓을 요청한 것 두 번뿐입니다. HTTP를 사용하는 폴링 방식이었다면 매번 요청을 보내서 응답을 받아와야 했을 것입니다. 웹 소켓을 통해 주고받은 내용은 웹 소켓 항목을 클릭한 후 Messages 탭에서 볼 수 있습니다.

▼ 그림 12-7 웹 소켓 Messages 탭

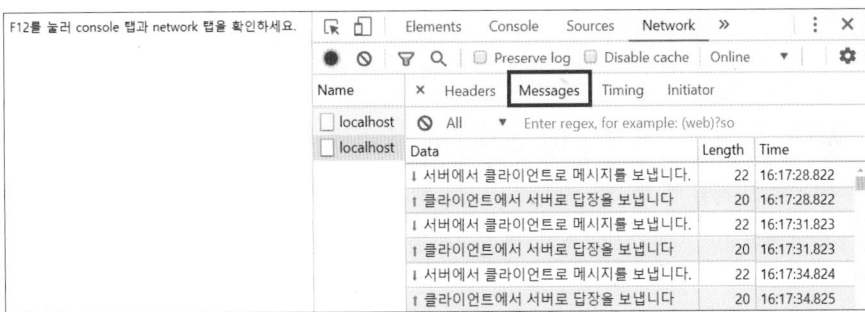

크롬 외의 다른 브라우저를 열어 http://localhost:8005에 접속해봅시다. 다른 브라우저에서도 역시 3초마다 서버로부터 메시지가 옵니다.

▼ 그림 12-8 다른 브라우저 접속 화면

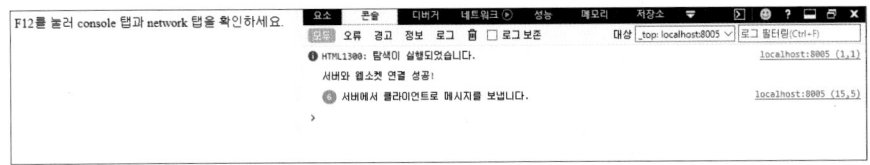

노드 콘솔

```
...
클라이언트에서 서버로 답장을 보냅니다
클라이언트에서 서버로 답장을 보냅니다
GET / 200 0.541 ms - 536
```

```
새로운 클라이언트 접속 ::1
클라이언트에서 서버로 답장을 보냅니다
클라이언트에서 서버로 답장을 보냅니다
...
```

클라이언트로부터 노드 서버에 오는 메시지의 양이 이전에 비해 두 배가 되었습니다. 두 클라이언트와 연결 중이기 때문입니다.

이제 브라우저 하나를 종료하면 접속 해제라는 메시지가 뜨고, 메시지의 양이 다시 하나가 됩니다.

노드 콘솔

```
...
클라이언트에서 서버로 답장을 보냅니다
클라이언트에서 서버로 답장을 보냅니다
클라이언트 접속 해제 ::1
클라이언트에서 서버로 답장을 보냅니다
클라이언트에서 서버로 답장을 보냅니다
...
```

웹 소켓이 무엇인지 대략 감이 올 것입니다. 그러나 이것으로 직접 채팅방을 구현하려니 막막하기만 합니다. 게다가 IE9처럼 웹 소켓을 지원하지 않는 브라우저에서도 실시간 채팅을 구현해야 한다면 더더욱 답답해집니다. 이때 Socket.IO를 사용하면 도움이 됩니다.

12.3 / Socket.IO 사용하기

이전 절의 ws 패키지는 간단하게 웹 소켓을 사용하고자 할 때 좋습니다. 하지만 구현하려는 서비스가 좀 더 복잡해진다면 Socket.IO를 사용하는 것이 편합니다. Socket.IO가 할 수 있는 일을 ws 패키지가 못한다는 뜻은 아닙니다. Socket.IO에 편의 기능이 많이 추가되어 있다는 뜻입니다.

먼저 Socket.IO를 설치합니다.

콘솔

```
$ npm i socket.io@4
```

그리고 ws 패키지 대신 Socket.IO를 연결합니다.

socket.js

```
const SocketIO = require('socket.io');

module.exports = (server) => {
  const io = SocketIO(server, { path: '/socket.io' });

  io.on('connection', (socket) => { // 웹 소켓 연결 시
    const req = socket.request;
    const ip = req.headers['x-forwarded-for'] || req.socket.remoteAddress;
    console.log('새로운 클라이언트 접속!', ip, socket.id, req.ip);
    socket.on('disconnect', () => { // 연결 종료 시
      console.log('클라이언트 접속 해제', ip, socket.id);
      clearInterval(socket.interval);
    });
    socket.on('error', (error) => { // 에러 시
      console.error(error);
    });
    socket.on('reply', (data) => { // 클라이언트로부터 메시지 수신 시
      console.log(data);
    });
    socket.interval = setInterval(() => { // 3초마다 클라이언트로 메시지 전송
      socket.emit('news', 'Hello Socket.IO');
    }, 3000);
  });
};
```

아직까지는 ws 패키지와 크게 다른 점이 없습니다. 먼저 socket.io 패키지를 불러와서 익스프레스 서버와 연결합니다. SocketIO 객체의 두 번째 인수로 옵션 객체를 넣어 서버에 관한 여러 가지 설정을 할 수 있습니다. 여기서는 클라이언트가 접속할 경로인 path 옵션만 사용했습니다. 클라이언트에서도 이 경로와 일치하는 path를 넣어야 합니다.

연결 후에는 이벤트 리스너를 붙입니다. connection 이벤트는 클라이언트가 접속했을 때 발생하고, 콜백으로 소켓 객체(socket)를 제공합니다. io와 socket 객체가 Socket.IO의 핵심입니다. socket.request 속성으로 요청 객체에 접근할 수 있습니다. socket.request.res로는 응답 객체에 접근할 수 있습니다. 또한, socket.id로 소켓 고유의 아이디를 가져올 수 있습니다. 이 아이디로 소켓의 주인이 누군지 특정할 수 있습니다.

socket에도 이벤트 리스너를 붙였습니다. disconnect는 클라이언트가 연결을 끊었을 때 발생하고, error는 통신 과정 중에 에러가 나왔을 때 발생합니다. reply는 사용자가 직접 만든 이벤트입니다. 클라이언트에서 reply라는 이벤트명으로 데이터를 보낼 때 서버에서 받는 부분입니다. 이렇게 이벤트명을 사용하는 것이 ws 모듈과는 다릅니다.

아래에 emit 메서드로 3초마다 클라이언트 한 명에게 메시지를 보내는 부분이 있는데, 인수가 두 개입니다. 첫 번째 인수는 이벤트 이름, 두 번째 인수는 데이터입니다. 즉, news라는 이벤트 이름으로 Hello Socket.IO라는 데이터를 클라이언트에 보낸 것입니다. 클라이언트가 이 메시지를 받기 위해서는 news 이벤트 리스너를 만들어둬야 합니다.

클라이언트 부분도 바꿔줍시다.

```
views/index.html
```

```html
<!DOCTYPE html>
<html>
<head>
  <meta charset="UTF-8">
  <title>GIF 채팅방</title>
</head>
<body>
<div>F12를 눌러 console 탭과 network 탭을 확인하세요.</div>
<script src="/socket.io/socket.io.js"></script>
<script>
  const socket = io.connect('http://localhost:8005', {
    path: '/socket.io',
  });
  socket.on('news', function (data) {
    console.log(data);
    socket.emit('reply', 'Hello Node.JS');
  });
</script>
</body>
</html>
```

/socket.io/socket.io.js는 Socket.IO에서 클라이언트로 제공하는 스크립트이며, 실제 파일이 아닙니다. 익스프레스 서버에 GET /socket.io/socket.io.js라는 라우터가 생겼다고 생각하면 됩니다. 이 스크립트를 통해 서버와 유사한 API로 웹 소켓 통신이 가능합니다. 스크립트가 제공하는 io 객체에 서버 주소를 적어 연결합니다. ws 프로토콜이 아니라 http 프로토콜을 사용한다는

점이 ws 모듈과 다릅니다. 그 이유는 나중에 나옵니다. 옵션으로 path를 주었는데, 이 부분이 서버의 path 옵션과 일치해야 통신이 가능합니다.

서버에서 보내는 news 이벤트를 받기 위해 news 이벤트 리스너를 붙여뒀습니다. news 이벤트가 발생하면 emit 메서드로 다시 서버에 답장을 하며, 서버의 reply 이벤트 리스너로 답장이 갑니다.

서버를 실행하고 http://localhost:8005에 접속해봅시다. 개발자 도구(F12)의 **Network** 탭을 보면 조금 독특한 것을 발견할 수 있습니다. 웹 소켓 연결 말고도 폴링 연결(xhr)이 있습니다.

▼ 그림 12-9 폴링과 웹 소켓 모두 존재

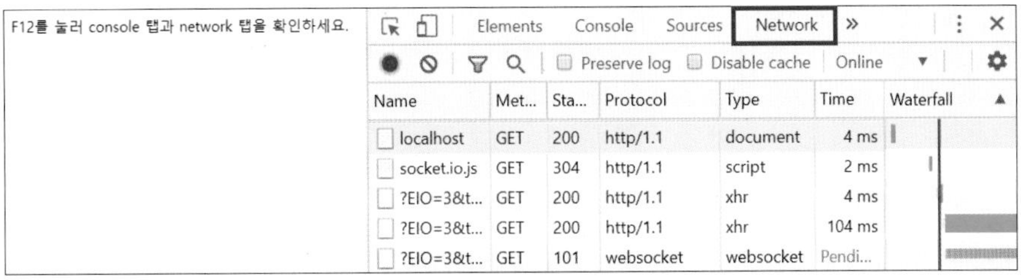

Socket.IO는 먼저 폴링 방식으로 서버와 연결합니다. 그래서 코드에서 HTTP 프로토콜을 사용한 것입니다. 폴링 연결 후, 웹 소켓을 사용할 수 있다면 웹 소켓으로 업그레이드합니다. 웹 소켓을 지원하지 않는 브라우저는 폴링 방식으로, 웹 소켓을 지원하는 브라우저는 웹 소켓 방식으로 사용 가능한 것입니다.

처음부터 웹 소켓만 사용하고 싶다면, 클라이언트에서 다음과 같이 옵션을 주면 됩니다.

views/index.html

```
...
<script>
  const socket = io.connect('http://localhost:8005', {
    path: '/socket.io',
    transports: ['websocket'],
  });
  socket.on('news', function (data) {
    console.log(data);
    socket.emit('reply', 'Hello Node.JS');
  });
</script>
...
```

Name	Met...	Sta...	Protocol	Type	Time	Waterfall
localhost	GET	200	http/1.1	document	4 ms	
socket.io.js	GET	304	http/1.1	script	7 ms	
?EIO=3&t...	GET	101	websocket	websocket	Pendi...	

아직까지는 Socket.IO의 편리함이 와닿지 않을 것입니다. 다음 절에서 본격적으로 채팅방을 만들어보며 Socket.IO의 편리함을 느껴봅시다.

12.4 실시간 GIF 채팅방 만들기

NODE.JS

이 장에서는 사람들이 익명으로 생성하고 자유롭게 참여하면서 GIF 파일을 올릴 수 있는 채팅방을 만들어보겠습니다.

몽고디비와 몽고디비 ODM인 몽구스를 사용할 것입니다. 몽구스를 설치한 후, 몽구스 스키마를 생성하겠습니다. 채팅방 스키마와 채팅 내역 스키마만 있으면 됩니다. 사용자는 익명이니 딱히 저장할 필요가 없습니다. 사용자의 이름은 랜덤 색상으로 구별하겠습니다.

먼저 필요한 모듈을 설치합니다. 이미지를 업로드할 것이므로 multer를 설치합니다. color-hash 모듈은 조금 전에 언급했던 랜덤 색상을 구현해주는 모듈입니다.

콘솔

```
$ npm i mongoose multer color-hash@2
```

먼저 채팅방 스키마를 만들어보겠습니다.

schemas/room.js

```
const mongoose = require('mongoose');

const { Schema } = mongoose;
const roomSchema = new Schema({
```

```
  title: {
    type: String,
    required: true,
  },
  max: {
    type: Number,
    required: true,
    default: 10,
    min: 2,
  },
  owner: {
    type: String,
    required: true,
  },
  password: String,
  createdAt: {
    type: Date,
    default: Date.now,
  },
});

module.exports = mongoose.model('Room', roomSchema);
```

방 제목(title), 최대 수용 인원(max), 방장(owner), 비밀번호(password), 생성 시간(createdAt) 등을 받습니다. 수용 인원은 기본적으로 10명, 최소 인원은 2명 이상으로 설정합니다. 채팅방에 혼자 있으면 아무 의미가 없으니까요. 비밀번호는 required 속성이 없으므로 꼭 넣지 않아도 됩니다. 비밀번호를 설정하면 비밀방, 설정하지 않으면 공개방입니다.

이번에는 채팅 스키마를 만듭니다.

schemas/chat.js
```
const mongoose = require('mongoose');

const { Schema } = mongoose;
const { Types: { ObjectId } } = Schema;
const chatSchema = new Schema({
  room: {
    type: ObjectId,
    required: true,
    ref: 'Room',
  },
```

```
  user: {
    type: String,
    required: true,
  },
  chat: String,
  gif: String,
  createdAt: {
    type: Date,
    default: Date.now,
  },
});

module.exports = mongoose.model('Chat', chatSchema);
```

채팅방 아이디(room)와 채팅을 한 사람(user), 채팅 내역(chat), GIF 이미지 주소(img), 채팅 시간 (createdAt)을 저장합니다. room 필드는 Room 스키마와 연결해 Room 컬렉션의 ObjectId가 들어가 게 됩니다. chat 또는 img 필드에 required 속성이 없는 이유는 채팅 메시지나 GIF 이미지 중에서 하나만 저장하면 되기 때문입니다.

다음은 몽고디비와 연결하는 코드입니다.

schemas/index.js

```
const mongoose = require('mongoose');

const { MONGO_ID, MONGO_PASSWORD, NODE_ENV } = process.env;
const MONGO_URL = `mongodb://${MONGO_ID}:${MONGO_PASSWORD}@localhost:27017/admin`;

const connect = () => {
  if (NODE_ENV !== 'production') {
    mongoose.set('debug', true);
  }
  mongoose.connect(MONGO_URL, {
    dbName: 'gifchat',
    useNewUrlParser: true,
  }).then(() => {
    console.log("몽고디비 연결 성공");
  }).catch((err) => {
    console.error("몽고디비 연결 에러", err);
  });
};
```

```
mongoose.connection.on('error', (error) => {
  console.error('몽고디비 연결 에러', error);
});
mongoose.connection.on('disconnected', () => {
  console.error('몽고디비 연결이 끊겼습니다. 연결을 재시도합니다.');
  connect();
});

module.exports = connect;
```

.env

```
COOKIE_SECRET=gifchat
MONGO_ID=root
MONGO_PASSWORD=nodejsbook
```

8.6.1절의 코드와 큰 차이는 없습니다. 다만, 보안을 위해 아이디와 비밀번호를 process.env로 분리했습니다. 또한, 데이터베이스의 이름이 gifchat으로 바뀌었습니다.

서버를 실행할 때 몽고디비에 바로 접속할 수 있도록 서버와 몽구스를 연결합니다.

app.js

```
...
dotenv.config();
const webSocket = require('./socket');
const indexRouter = require('./routes');
const connect = require('./schemas');

const app = express();
app.set('port', process.env.PORT || 8005);
app.set('view engine', 'html');
nunjucks.configure('views', {
  express: app,
  watch: true,
});
connect();
...
```

이제 채팅 앱 메인 화면과 채팅방 등록 화면을 만들어보겠습니다. 채팅뿐만 아니라 채팅방도 실시간으로 추가되고 제거됩니다.

화면의 레이아웃을 담당하는 layout.html 파일을 작성하고 views/error.html을 수정합니다.

```
<!DOCTYPE html>
<html>
<head>
  <meta charset="UTF-8">
  <title>{{title}}</title>
  <link rel="stylesheet" href="/main.css">
</head>
<body>
{% block content %}
{% endblock %}
{% block script %}
{% endblock %}
</body>
</html>
```

```
{% extends 'layout.html' %}

{% block content %}
  <h1>{{message}}</h1>
  <h2>{{error.status}}</h2>
  <pre>{{error.stack}}</pre>
{% endblock %}
```

main.css를 추가해 간단히 디자인합니다.

```
* { box-sizing: border-box; }
.mine { text-align: right; }
.system { text-align: center; }
.mine img, .other img {
  max-width: 300px;
  display: inline-block;
  border: 1px solid silver;
  border-radius: 5px;
  padding: 2px 5px;
}
.mine div:first-child, .other div:first-child { font-size: 12px; }
.mine div:last-child, .other div:last-child {
  display: inline-block;
```

```css
    border: 1px solid silver;
    border-radius: 5px;
    padding: 2px 5px;
    max-width: 300px;
  }
  #exit-btn { position: absolute; top: 20px; right: 20px; }
  #chat-list { height: 500px; overflow: auto; padding: 5px; }
  #chat-form { text-align: right; }
  label[for='gif'], #chat, #chat-form [type='submit'] {
    display: inline-block;
    height: 30px;
    vertical-align: top;
  }
  label[for='gif'] { cursor: pointer; padding: 5px; }
  #gif { display: none; }
  table, table th, table td {
    text-align: center;
    border: 1px solid silver;
    border-collapse: collapse;
  }
```

이제 메인 화면을 담당하는 main.html 파일을 작성합니다.

views/main.html

```
{% extends 'layout.html' %}

{% block content %}
<h1>GIF 채팅방</h1>
<fieldset>
  <legend>채팅방 목록</legend>
  <table>
    <thead>
    <tr>
      <th>방 제목</th>
      <th>종류</th>
      <th>허용 인원</th>
      <th>방장</th>
    </tr>
    </thead>
    <tbody>
    {% for room in rooms %}
      <tr data-id="{{room._id}}">
```

```html
        <td>{{room.title}}</td>
        <td>{{'비밀방' if room.password else '공개방'}}</td>
        <td>{{room.max}}</td>
        <td style="color: {{room.owner}}">{{room.owner}}</td>
        <td>
          <button
            data-password="{{'true' if room.password else 'false'}}"
            data-id="{{room._id}}"
            class="join-btn"
          >입장
          </button>
        </td>
      </tr>
    {% endfor %}
    </tbody>
  </table>
  <div class="error-message">{{error}}</div>
  <a href="/room">채팅방 생성</a>
</fieldset>
<script src="/socket.io/socket.io.js"></script>
<script>
  const socket = io.connect('http://localhost:8005/room', { // 네임스페이스
    path: '/socket.io',
  });

  socket.on('newRoom', function (data) { // 새 방 이벤트 시 새 방 생성
    const tr = document.createElement('tr');
    let td = document.createElement('td');
    td.textContent = data.title;
    tr.appendChild(td);
    td = document.createElement('td');
    td.textContent = data.password ? '비밀방' : '공개방';
    tr.appendChild(td);
    td = document.createElement('td');
    td.textContent = data.max;
    tr.appendChild(td);
    td = document.createElement('td');
    td.style.color = data.owner;
    td.textContent = data.owner;
    tr.appendChild(td);
    td = document.createElement('td');
    const button = document.createElement('button');
    button.textContent = '입장';
```

```javascript
      button.dataset.password = data.password ? 'true' : 'false';
      button.dataset.id = data._id; // 버튼에 방 아이디 저장
      button.addEventListener('click', addBtnEvent);
      td.appendChild(button);
      tr.appendChild(td);
      tr.dataset.id = data._id; // tr에 방 아이디 저장
      document.querySelector('table tbody').appendChild(tr); // 화면에 추가
    });

    socket.on('removeRoom', function (data) { // 방 제거 이벤트 시 id가 일치하는 방 제거
      document.querySelectorAll('tbody tr').forEach(function (tr) {
        if (tr.dataset.id === data) {
          tr.parentNode.removeChild(tr);
        }
      });
    });

    function addBtnEvent(e) { // 방 입장 클릭 시
      if (e.target.dataset.password === 'true') { // 비밀방이면
        const password = prompt('비밀번호를 입력하세요');
        location.href = '/room/' + e.target.dataset.id + '?password=' + password;
      } else {
        location.href = '/room/' + e.target.dataset.id;
      }
    }

    document.querySelectorAll('.join-btn').forEach(function (btn) {
      btn.addEventListener('click', addBtnEvent);
    });
</script>
{% endblock %}

{% block script %}
<script>
  window.onload = () => {
    if (new URL(location.href).searchParams.get('error')) {
      alert(new URL(location.href).searchParams.get('error'));
    }
  };
</script>
{% endblock %}
```

io.connect 메서드의 주소가 달라졌다는 점에 주목해주세요. 주소 뒤에 /room이 붙었습니다. 이

것을 네임스페이스라고 하며, 서버에서 /room 네임스페이스를 통해 보낸 데이터만 받을 수 있습니다. 또한, 네임스페이스를 여러 개 구분해 주고받을 데이터를 분류할 수 있습니다.

socket에는 미리 newRoom과 removeRoom 이벤트를 달아뒀습니다. 서버에서 웹 소켓으로 해당 이벤트를 발생시키면 이벤트 리스너의 콜백 함수가 실행됩니다. 콜백 함수의 내용이 길지만 별것은 없습니다. 각각 테이블에 새로운 방 목록을 추가하거나 제거하는 코드입니다. 입장 버튼을 누르면, 비밀방인 경우 비밀번호를 받고 공개방인 경우 바로 입장시킵니다.

채팅방 생성 화면을 담당하는 room.html 파일을 작성합니다.

views/room.html

```
{% extends 'layout.html' %}

{% block content %}
  <fieldset>
    <legend>채팅방 생성</legend>
    <form action="/room" method="post">
      <div>
        <input type="text" name="title" placeholder="방 제목">
      </div>
      <div>
        <input type="number" name="max" placeholder="수용 인원(최소 2명)" min="2"
value="10">
      </div>
      <div>
        <input type="password" name="password" placeholder="비밀번호(없으면 공개방)">
      </div>
      <div>
        <button type="submit">생성</button>
      </div>
    </form>
  </fieldset>
{% endblock %}
```

채팅방 화면을 담당하는 chat.html 파일을 작성합니다.

views/chat.html

```
{% extends 'layout.html' %}

{% block content %}
  <h1>{{title}}</h1>
```

```
<a href="/" id="exit-btn">방 나가기</a>
<fieldset>
  <legend>채팅 내용</legend>
  <div id="chat-list">
    {% for chat in chats %}
      {% if chat.user === user %}
        <div class="mine" style="color: {{chat.user}}">
          <div>{{chat.user}}</div>
          {% if chat.gif %}}
            <img src="/gif/{{chat.gif}}">
          {% else %}
            <div>{{chat.chat}}</div>
          {% endif %}
        </div>
      {% elif chat.user === 'system' %}
        <div class="system">
          <div>{{chat.chat}}</div>
        </div>
      {% else %}
        <div class="other" style="color: {{chat.user}}">
          <div>{{chat.user}}</div>
          {% if chat.gif %}
            <img src="/gif/{{chat.gif}}">
          {% else %}
            <div>{{chat.chat}}</div>
          {% endif %}
        </div>
      {% endif %}
    {% endfor %}
  </div>
</fieldset>
<form action="/chat" id="chat-form" method="post" enctype="multipart/form-data">
  <label for="gif">GIF 올리기</label>
  <input type="file" id="gif" name="gif" accept="image/gif">
  <input type="text" id="chat" name="chat">
  <button type="submit">전송</button>
</form>
<script src="/socket.io/socket.io.js"></script>
<script>
  const socket = io.connect('http://localhost:8005/chat', {
    path: '/socket.io',
  });
  socket.emit('join', new URL(location).pathname.split('/').at(-1));
```

웹 소켓으로 실시간 데이터 전송하기

```
    socket.on('join', function (data) {
      const div = document.createElement('div');
      div.classList.add('system');
      const chat = document.createElement('div');
      chat.textContent = data.chat;
      div.appendChild(chat);
      document.querySelector('#chat-list').appendChild(div);
    });
    socket.on('exit', function (data) {
      const div = document.createElement('div');
      div.classList.add('system');
      const chat = document.createElement('div');
      chat.textContent = data.chat;
      div.appendChild(chat);
      document.querySelector('#chat-list').appendChild(div);
    });
  </script>
{% endblock %}
```

채팅 메시지는 세 가지, 즉 내 메시지(mine), 시스템 메시지(system), 남의 메시지(other)로 구분했습니다. 메시지 종류에 따라 메시지 디자인(main.css를 참고하세요)이 달라집니다.

스크립트 부분이 복잡하지만 크게 socket.io 연결 부분, socket.io 이벤트 리스너, 폼 전송 부분으로 구분됩니다.

socket.io 연결 부분을 살펴보면 io.connect 메서드의 주소가 main.html과는 다릅니다. 이번에는 네임스페이스가 /chat입니다. /room 네임스페이스로 보낸 데이터는 받을 수 없고, /chat 네임스페이스로 보낸 데이터만 받을 수 있습니다.

socket에는 join, exit 이벤트 리스너를 연결했습니다. join과 exit은 각각 사용자의 입장과 퇴장에 관한 데이터가 웹 소켓으로 전송될 때 호출됩니다. 사용자의 입장과 퇴장을 알리는 메시지를 표시합니다.

이번에는 app.js에 color-hash 패키지를 적용해서 접속한 사용자마다 고유 색상을 부여해봅시다. 익명 채팅이지만, 자신과 남을 구별하기 위한 최소한의 사용자 정보는 필요합니다. 현재 우리가 사용할 수 있는 고유한 값은 세션 아이디(req.sessionID)와 소켓 아이디(socket.id)입니다. 그런데 매번 페이지를 이동할 때마다 소켓 연결이 해제되고 다시 연결되면서 소켓 아이디가 바뀌어버립니다. 따라서 세션 아이디를 사용합니다.

app.js

586

```
...
const dotenv = require('dotenv');
const ColorHash = require('color-hash').default;

dotenv.config();
...
app.use(session({
  resave: false,
  saveUninitialized: false,
  secret: process.env.COOKIE_SECRET,
  cookie: {
    httpOnly: true,
    secure: false,
  },
}));

app.use((req, res, next) => {
  if (!req.session.color) {
    const colorHash = new ColorHash();
    req.session.color = colorHash.hex(req.sessionID);
    console.log(req.session.color, req.sessionID);
  }
  next();
});

app.use('/', indexRouter);
...
webSocket(server, app);
```

color-hash 패키지는 세션 아이디를 HEX 형식의 색상 문자열(#12C6B8 같은)로 바꿔주는 패키지입니다. 해시(hash)이므로 같은 세션 아이디는 항상 같은 색상 문자열로 바뀝니다. 단, 사용자가 많아질 경우에는 색상이 중복되는 문제가 있을 수 있습니다. 하지만 예제 정도 규모의 애플리케이션에는 충분히 중복되지 않은 색상을 사용할 수 있습니다.

세션에 color 속성이 없을 때는 사용자의 세션 아이디인 req.sessionID를 바탕으로 color 속성을 생성합니다. 앞으로 req.session.color를 사용자 아이디처럼 사용합니다.

이제 서버의 socket.js에 웹 소켓 이벤트를 연결합니다.

```javascript
const SocketIO = require('socket.io');

module.exports = (server, app) => {
  const io = SocketIO(server, { path: '/socket.io' });
  app.set('io', io);                                              ------①
  const room = io.of('/room');
  const chat = io.of('/chat');                                    ------②

  room.on('connection', (socket) => {
    console.log('room 네임스페이스에 접속');
    socket.on('disconnect', () => {
      console.log('room 네임스페이스 접속 해제');              ------③
    });
  });

  chat.on('connection', (socket) => {
    console.log('chat 네임스페이스에 접속');

    socket.on('join', (data) => { // data는 브라우저에서 보낸 방 아이디
      socket.join(data); // 네임스페이스 아래에 존재하는 방에 접속
    });
                                                                  ------④
    socket.on('disconnect', () => {
      console.log('chat 네임스페이스 접속 해제');
    });
  });
};
```

❶ app.set('io', io)로 라우터에서 io 객체를 쓸 수 있게 저장해둡니다. req.app.get('io')로 접근이 가능합니다.

❷ 처음 보는 메서드인 of가 있습니다. Socket.IO에 네임스페이스를 부여하는 메서드입니다. Socket.IO는 기본적으로 / 네임스페이스에 접속하지만, of 메서드를 사용하면 다른 네임스페이스를 만들어 접속할 수 있습니다. 같은 네임스페이스끼리만 데이터를 전달합니다.

현재 채팅방 생성 및 삭제에 관한 정보를 전달하는 /room과 채팅 메시지를 전달하는 /chat이라는 네임스페이스 두 개를 만들었습니다. 이렇게 네임스페이스를 구분했으므로 지정된 네임스페이스에 연결한 클라이언트들에게만 데이터를 전달합니다.

❸ /room 네임스페이스에 이벤트 리스너를 붙여준 모습입니다. 네임스페이스마다 각각 이벤트 리스너를 붙일 수 있습니다. io와 마찬가지로 네임스페이스 연결 시 발생하는 connection 이 벤트와 연결 해제 시 발생하는 disconnect 이벤트가 있습니다.

❹ /chat 네임스페이스에 붙인 이벤트 리스너입니다. /room과 비슷하지만 disconnect 이벤트 리 스너 외에도 socket.join 이벤트 리스너가 있습니다. 이 이벤트는 connection이나 disconnect 처럼 Socket.IO에서 제공하는 이벤트가 아니라 사용자가 직접 만든 이벤트입니다.

Socket.IO에는 네임스페이스보다 더 세부적인 개념으로 '방(room)'이라는 것이 있습니다. 같은 네임스페이스 안에서도 같은 방에 들어 있는 소켓끼리만 데이터를 주고받을 수 있습니다. socket. join 메서드는 방의 아이디를 인수로 받습니다. 사용자가 브라우저에서 접속할 때 socket. emit('join', 방아이디)를 호출하면 socket.js의 join 이벤트에서 data 매개변수로 방 아이디를 전달받아 방에 접속할 것입니다.

방에서 나갈 때는 socket.leave(방아이디) 메서드를 호출해야 하지만, 연결이 끊기면(disconnect 이벤트) 자동으로 방에서 나가므로 이 예제에서는 호출하지 않았습니다.

▼ 그림 12-11 네임스페이스와 방

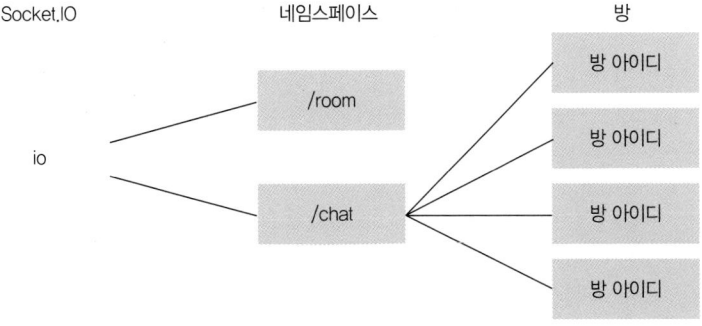

이제 라우터와 컨트롤러를 만들어봅시다. 기존 routes/index.js를 수정합니다.

routes/index.js

```
const express = require('express');
const { renderMain, renderRoom, createRoom, enterRoom, removeRoom } = require('../
controllers');

const router = express.Router();

router.get('/', renderMain);
```

```
router.get('/room', renderRoom);

router.post('/room', createRoom);

router.get('/room/:id', enterRoom);

router.delete('/room/:id', removeRoom);

module.exports = router;
```

위에서부터 메인 화면 렌더링(GET /), 방 생성 화면 렌더링(GET /room), 방 생성 라우터(POST /room), 방 접속 라우터(GET /room/:id), 방 제거 라우터(DELETE /room/:id)입니다.

controllers/index.js

```
const Room = require('../schemas/room');
const Chat = require('../schemas/chat');

exports.renderMain = async (req, res, next) => {
  try {
    const rooms = await Room.find({});
    res.render('main', { rooms, title: 'GIF 채팅방' });
  } catch (error) {
    console.error(error);
    next(error);
  }
};

exports.renderRoom = (req, res) => {
  res.render('room', { title: 'GIF 채팅방 생성' });
};

exports.createRoom = async (req, res, next) => {
  try {
    const newRoom = await Room.create({
      title: req.body.title,
      max: req.body.max,
      owner: req.session.color,
      password: req.body.password,
    });
    const io = req.app.get('io');
    io.of('/room').emit('newRoom', newRoom);
    if (req.body.password) { // 비밀번호가 있는 방이면
```

❶

590

```
        res.redirect(`/room/${newRoom._id}?password=${req.body.password}`);
      } else {
        res.redirect(`/room/${newRoom._id}`);
      }
    } catch (error) {
      console.error(error);
      next(error);
    }
  };


exports.enterRoom = async (req, res, next) => {
  try {
    const room = await Room.findOne({ _id: req.params.id });
    if (!room) {
      return res.redirect('/?error=존재하지 않는 방입니다.');
    }
    if (room.password && room.password !== req.query.password) {
      return res.redirect('/?error=비밀번호가 틀렸습니다.');
    }
    const io = req.app.get('io');
    const { rooms } = io.of('/chat').adapter;
    if (room.max <= rooms.get(req.params.id)?.size) {
      return res.redirect('/?error=허용 인원을 초과했습니다.');
    }
    return res.render('chat', {
      room,
      title: room.title,
      chats: [],
      user: req.session.color,
    });
  } catch (error) {
    console.error(error);
    return next(error);
  }
};


exports.removeRoom = async (req, res, next) => {
  try {
    await Room.deleteOne({ _id: req.params.id });
    await Chat.deleteMany({ room: req.params.id });
    res.send('ok');
  } catch (error) {
    console.error(error);
```

❶

❷

❸

```
      next(error);
    }
};
```
───────────────────────────────────③

컨트롤러에서는 몽고디비와 웹 소켓 모두에 접근할 수 있습니다.

❶ createRoom 컨트롤러는 채팅방을 만드는 컨트롤러입니다. `app.set('io', io)`로 저장했던 io 객체를 `req.app.get('io')`로 가져옵니다. `io.of('/room').emit` 메서드는 /room 네임스페이스에 연결한 모든 클라이언트에 데이터를 보내는 메서드이며, GET / 라우터에 접속한 모든 클라이언트가 새로 생성된 채팅방에 대한 데이터를 받을 수 있습니다. 네임스페이스가 따로 없는 경우에는 `io.emit` 메서드로 모든 클라이언트에 데이터를 보낼 수 있습니다.

❷ enterRoom 컨트롤러는 채팅방에 접속해 채팅방 화면을 렌더링하는 컨트롤러입니다. 렌더링 전에 방이 존재하는지, 비밀방일 경우에는 비밀번호가 맞는지, 허용 인원을 초과하지는 않았는지 검사합니다. `io.of('/chat').adapter.rooms`에 방 목록이 들어 있습니다. `io.of('/chat').adapter.rooms.get(방아이디)`를 하면 해당 방의 소켓 목록이 나옵니다. 이것으로 소켓의 수(size)를 세서 참가 인원의 수를 알아낼 수 있습니다.

❸ removeRoom 컨트롤러는 채팅방을 삭제하는 컨트롤러입니다. 채팅방과 채팅 내역을 함께 삭제합니다.

이제 브라우저를 통해 방을 생성해봅시다. gif-chat 서버를 시작하기 전에 몽고디비를 먼저 실행해야 한다는 것을 잊지 마세요. 몽고디비와 gif-chat 서버를 실행한 후 브라우저 두 개를 띄워놓고 http://localhost:8005에 접속합니다. 브라우저 두 개를 사용하는 이유는 두 명이 접속한 것과 비슷한 상황을 연출하기 위해서입니다.

▼ 그림 12-12 크롬과 엣지 브라우저에서 접속한 화면

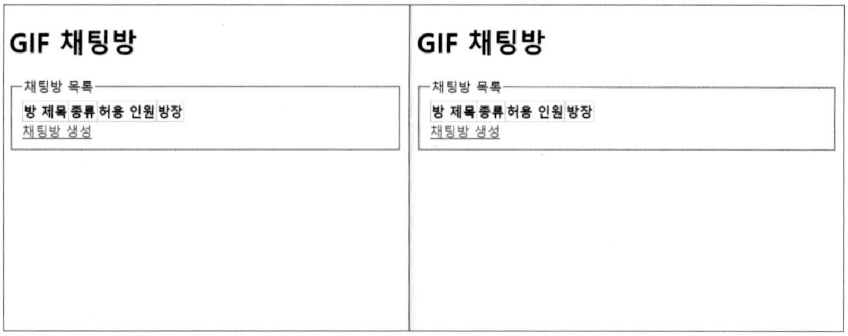

GIF 채팅방	**GIF 채팅방**
┌채팅방 목록───────── **방 제목 종류 허용 인원 방장** 채팅방 생성	┌채팅방 목록───────── **방 제목 종류 허용 인원 방장** 채팅방 생성

한 브라우저에서 방을 생성해봅시다.

▼ 그림 12-13 방 생성 화면

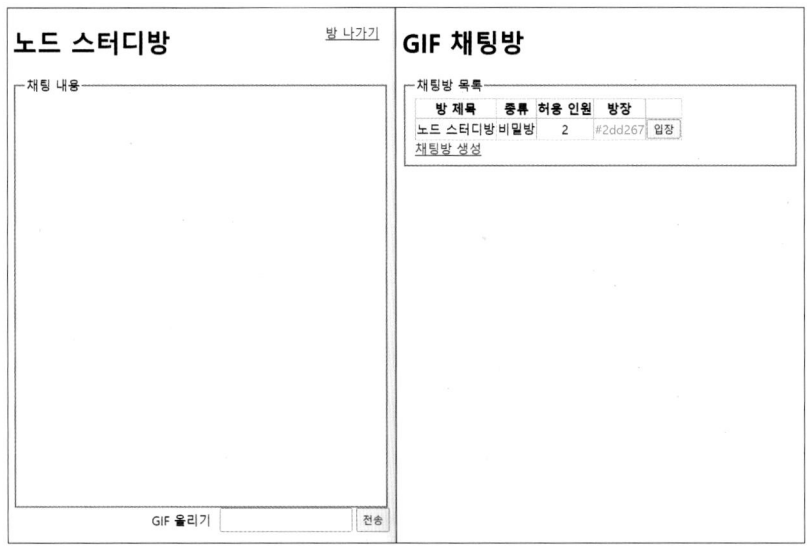

방이 생성되는 순간 서버가 newRoom 이벤트를 호출하고, 다른 브라우저에서도 방 목록이 업데이트됩니다.

▼ 그림 12-14 방 생성 후 화면

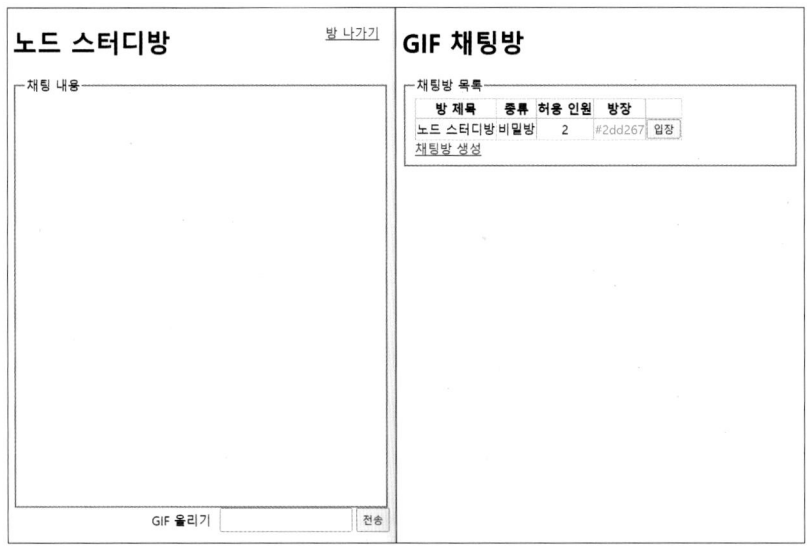

다만, 아직 방에 들어갈 때와 방을 나갈 때의 동작이 제대로 구현되지 않았습니다. 다음 절에서 만들어봅시다.

12.5 미들웨어와 소켓 연결하기

이번 절에서는 방에 입장할 때와 퇴장할 때 채팅방의 다른 사람에게 '#12C6B8님이 입장하셨습니다' 같은 시스템 메시지를 보내려고 합니다. 또한, 모든 사람이 방에서 나가면 방을 DB에서 제거할 것입니다.

먼저 사용자의 이름을 채팅방에 표시해보겠습니다. 사용자의 이름(req.session.color)은 세션에 들어 있습니다. Socket.IO에서 세션 객체에 접근하려면 추가 작업이 필요합니다.

Socket.IO도 미들웨어를 사용할 수 있으므로 express-session을 공유하면 됩니다. 추가로 채팅방 접속자가 0명일 때 방을 제거하는 코드도 같이 넣어보겠습니다.

app.js

```
...
connect();

const sessionMiddleware = session({
  resave: false,
  saveUninitialized: false,
  secret: process.env.COOKIE_SECRET,
  cookie: {
    httpOnly: true,
    secure: false,
  },
});
...
app.use(cookieParser(process.env.COOKIE_SECRET));
app.use(sessionMiddleware);
...
const server = app.listen(app.get('port'), () => {
  console.log(app.get('port'), '번 포트에서 대기 중');
});

webSocket(server, app, sessionMiddleware);
```

app.js와 socket.js 간에 express-session 미들웨어를 공유하기 위해 변수로 분리했습니다. socket.js도 다음과 같이 수정합니다.

```
const SocketIO = require('socket.io');
const { removeRoom } = require('./services');

module.exports = (server, app, sessionMiddleware) => {
  const io = SocketIO(server, { path: '/socket.io' });
  app.set('io', io);
  const room = io.of('/room');
  const chat = io.of('/chat');

  const wrap = middleware => (socket, next) => middleware(socket.request, {}, next);  ----❶
  chat.use(wrap(sessionMiddleware));

  room.on('connection', (socket) => {
    console.log('room 네임스페이스에 접속');
    socket.on('disconnect', () => {
      console.log('room 네임스페이스 접속 해제');
    });
  });

  chat.on('connection', (socket) => {
    console.log('chat 네임스페이스에 접속');

    socket.on('join', (data) => {
      socket.join(data);
      socket.to(data).emit('join', {
        user: 'system',
        chat: `${socket.request.session.color}님이 입장하셨습니다.`,  ----❷
      });
    });

    socket.on('disconnect', async () => {
      console.log('chat 네임스페이스 접속 해제');
      const { referer } = socket.request.headers; // 브라우저 주소가 들어 있음
      const roomId = new URL(referer).pathname.split('/').at(-1);
      const currentRoom = chat.adapter.rooms.get(roomId);
      const userCount = currentRoom?.size || 0;
      if (userCount === 0) { // 접속자가 0명이면 방 삭제
        await removeRoom(roomId); // 컨트롤러 대신 서비스를 사용    ----❸
        room.emit('removeRoom', roomId);
        console.log('방 제거 요청 성공');
      } else {
        socket.to(roomId).emit('exit', {
```

```
            user: 'system',
            chat: `${socket.request.session.color}님이 퇴장하셨습니다.`,
          });
        }
      });
    });
  };
```

❶ chat.use 메서드에 미들웨어를 장착할 수 있습니다. 이 미들웨어는 chat 네임스페이스에 웹 소켓이 연결될 때마다 실행됩니다. wrap 함수는 미들웨어에 익스프레스처럼 req, res, next를 제공해주는 함수입니다. 이제 socket.request 객체 안에 socket.request.session 객체가 생성됩니다.

❷ socket.to(방 아이디) 메서드로 특정 방에 데이터를 보낼 수 있습니다. 조금 전에 세션 미들웨어와 Socket.IO를 연결했으므로 웹 소켓에서 세션(socket.request.session)을 사용할 수 있습니다. 방에 참여할 때 방에 누군가가 입장했다는 시스템 메시지를 보냅니다.

❸ 접속 해제 시에는 현재 방의 사람 수에 따라 동작이 달라집니다. socket.request.headers.referer에 브라우저 주소가 들어 있고, 여기서 URL 객체를 사용해 방 아이디를 추출해낼 수 있습니다. 방 아이디는 pathname의 마지막에 위치하고 있어서 at(-1) 메서드로 가져왔습니다. socket.adapter.rooms.get(방 아이디)에 참여 중인 소켓 정보가 들어 있고, 참여자 수는 size 속성으로 구할 수 있습니다. 참여자 수가 0명이면 방을 제거하고, 0명이 아니면 방에 남아 있는 참여자에게 퇴장했다는 메시지를 보냅니다.

여기서 주의할 점은 방을 제거할 때 removeRoom이 컨트롤러가 아니라 서비스라는 점입니다. 컨트롤러가 아니라 서비스를 사용한 이유는 웹 소켓에는 req, res, next가 없기 때문입니다. 미들웨어처럼 req, res, next를 각각 socket.request, {}, () => {}로 대체하면 안 되는지 궁금할 수 있는데, socket.request에는 params.id(방 아이디)가 들어 있지 않습니다. 이렇듯 현재 컨트롤러는 HTTP 요청에 적합하게 구성되어 있으므로 웹 소켓 요청이 컨트롤러를 사용하기에는 부자연스럽습니다. 따라서 req, res, next를 몰라도 되도록 서비스를 분리하는 것이 좋습니다.

removeRoom 서비스는 다음과 같이 생성합니다.

```
const Room = require('../schemas/room');
const Chat = require('../schemas/chat');

exports.removeRoom = async (roomId) => {
  try {
    await Room.deleteOne({ _id: roomId });
    await Chat.deleteMany({ room: roomId });
  } catch (error) {
    throw error;
  }
};
```

removeRoom 컨트롤러는 removeRoom 서비스를 가져와 사용합니다.

```
const Room = require('../schemas/room');
const Chat = require('../schemas/chat');
const { removeRoom: removeRoomService } = require('../services');
...
exports.removeRoom = async (req, res, next) => {
  try {
    await removeRoomService(req.params.id);
    res.send('ok');
  } catch (error) {
    console.error(error);
    next(error);
  }
};
```

removeRoom 서비스를 호출하는 데는 roomId(방 아이디)만 필요하므로 removeRoom 컨트롤러와 socket.js에서 removeRoom 서비스를 사용할 수 있습니다.

다시 브라우저 두 개를 열어 localhost:8005에 접속합니다. 접속 후 방을 하나 만들고, 다른 브라우저로는 그 방에 입장합니다. 입장할 때와 퇴장할 때 모두 메시지가 출력됩니다. 또한, 방에서 모두 나가면 방이 제거됩니다.

❤ 그림 12-15 방에 입장하면 메시지가 표시됩니다.

노드 스터디방	방 나가기	노드 스터디방	방 나가기

┌─ 채팅 내용 ──────────────┐   ┌─ 채팅 내용 ──────────────┐
│   #53ac82님이 입장하셨습니다.   │   │   │
└─────────────────────────┘   └─────────────────────────┘

❤ 그림 12-16 방을 나갈 때도 메시지가 표시됩니다.

GIF 채팅방   **노드 스터디방**   방 나가기

┌─ 채팅방 목록 ─────────────────────┐

방 제목	종류	허용 인원	방장	
노드 스터디방	비밀방	2	#2dd267	입장

채팅방 생성

┌─ 채팅 내용 ──────────────┐
│   #2dd267님이 퇴장하셨습니다.   │
└─────────────────────────┘

❤ 그림 12-17 모두 방을 나가면 방이 제거됩니다.

GIF 채팅방   **GIF 채팅방**

┌─ 채팅방 목록 ─────────┐   ┌─ 채팅방 목록 ─────────┐

방 제목	종류	허용 인원	방장

채팅방 생성   채팅방 생성

다음 절에서는 채팅을 구현해봅시다.

12.6 채팅 구현하기

프런트에서는 서버에서 보내는 채팅 데이터를 받을 소켓 이벤트 리스너가 필요합니다. chat.html 파일에 추가합니다.

```
...
    <button type="submit">전송</button>
  </form>
  <script src="https://unpkg.com/axios/dist/axios.min.js"></script>
  <script src="/socket.io/socket.io.js"></script>
  <script>
    ...
    socket.on('exit', function (data) {
      const div = document.createElement('div');
      div.classList.add('system');
      const chat = document.createElement('div');
      chat.textContent = data.chat;
      div.appendChild(chat);
      document.querySelector('#chat-list').appendChild(div);
    });
    socket.on('chat', function (data) {
      const div = document.createElement('div');
      if (data.user === '{{user}}') {
        div.classList.add('mine');
      } else {
        div.classList.add('other');
      }
      const name = document.createElement('div');
      name.textContent = data.user;
      div.appendChild(name);
      if (data.chat) {
        const chat = document.createElement('div');
        chat.textContent = data.chat;
        div.appendChild(chat);
      } else {
        const gif = document.createElement('img');
        gif.src = '/gif/' + data.gif;
        div.appendChild(gif);
      }
      div.style.color = data.user;
      document.querySelector('#chat-list').appendChild(div);
    });
    document.querySelector('#chat-form').addEventListener('submit', function (e) {
      e.preventDefault();
      if (e.target.chat.value) {
        axios.post('/room/{{room._id}}/chat', {
          chat: this.chat.value,
```

```
        })
          .then(() => {
            e.target.chat.value = '';
          })
          .catch((err) => {
            console.error(err);
          });
      }
    });
  </script>
{% endblock %}
```

socket에 chat 이벤트 리스너를 추가했습니다. chat 이벤트는 채팅 메시지가 웹 소켓으로 전송될 때 호출됩니다. 채팅 메시지 발송자(data.user)에 따라 내 메시지(mine 클래스)인지 남의 메시지 (other 클래스)인지 확인한 후 그에 맞게 렌더링합니다. 채팅을 전송하는 폼에 submit 이벤트 리스너도 추가했습니다.

채팅은 여러 가지 방식으로 구현할 수 있습니다. 현재 GIF 채팅방의 경우에는 채팅 내용을 데이터베이스에 저장하므로 라우터를 거치도록 설계했습니다.

이제 방에 접속하는 부분과 채팅을 하는 부분을 만들어보겠습니다.

controllers/index.js

```
...
exports.enterRoom = async (req, res, next) => {
  try {
    const room = await Room.findOne({ _id: req.params.id });
    if (!room) {
      return res.redirect('/?error=존재하지 않는 방입니다.');
    }
    if (room.password && room.password !== req.query.password) {
      return res.redirect('/?error=비밀번호가 틀렸습니다.');
    }
    const io = req.app.get('io');
    const { rooms } = io.of('/chat').adapter;
    console.log(rooms, rooms.get(req.params.id), rooms.get(req.params.id));
    if (room.max <= rooms.get(req.params.id)?.size) {
      return res.redirect('/?error=허용 인원을 초과했습니다.');
    }
    const chats = await Chat.find({ room: room._id }).sort('createdAt');
    return res.render('chat', {
```

```
      room,
      title: room.title,
      chats,
      user: req.session.color,
    });
  } catch (error) {
    console.error(error);
    return next(error);
  }
};
...
exports.sendChat = async (req, res, next) => {
  try {
    const chat = await Chat.create({
      room: req.params.id,
      user: req.session.color,
      chat: req.body.chat,
    });
    req.app.get('io').of('/chat').to(req.params.id).emit('chat', chat);
    res.send('ok');
  } catch (error) {
    console.error(error);
    next(error);
  }
};
```

routes/index.js

```
const express = require('express');
const {
  renderMain, renderRoom, createRoom, enterRoom, removeRoom, sendChat,
} = require('../controllers');

const router = express.Router();
...
router.delete('/room/:id', removeRoom);

router.post('/room/:id/chat', sendChat);

module.exports = router;
```

먼저 enterRoom 컨트롤러에서 방 접속 시 기존 채팅 내역을 불러오도록 수정합니다. 방에 접속할 때는 DB로부터 채팅 내역을 가져오고, 접속 후에는 웹 소켓으로 새로운 채팅 메시지를 받습니다.

POST /room/:id/chat 라우터를 새로 생성합니다. 채팅을 데이터베이스에 저장한 후 io.of('/chat').to(방 아이디).emit으로 같은 방에 들어 있는 소켓들에 메시지 데이터를 전송합니다.

이제 채팅을 할 수 있습니다. 채팅을 할 때마다 채팅 내용이 POST /room/:id/chat 라우터로 전송되고, 라우터에서 다시 웹 소켓으로 메시지를 보냅니다.

▼ 그림 12-18 실시간 채팅 화면

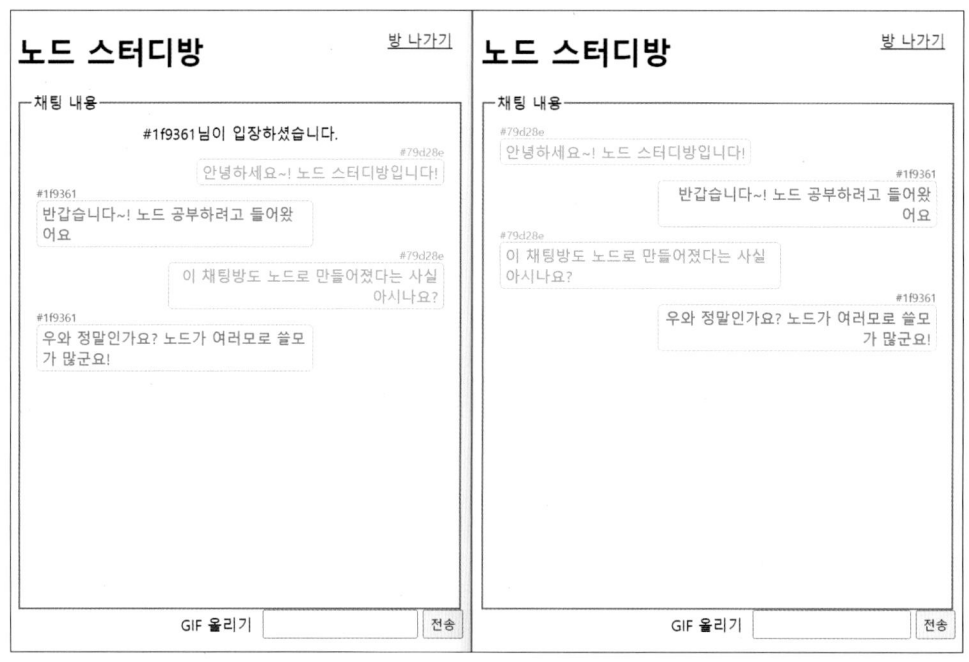

Note ≡ 웹 소켓만으로 채팅 구현하기

라우터를 거치지 않고도 채팅을 구현할 수 있습니다. 다음과 같이 하면 됩니다.

views/chat.html

```
...
document.querySelector('#chat-form').addEventListener('submit', function (e) {
  e.preventDefault();
  if (e.target.chat.value) {
    socket.emit('chat', {
      room: '{{room._id}}',
      user: '{{user}}',
      chat: e.target.chat.value
    });
    e.target.chat.value = '';
```

```
    }
  });
  ...
```

웹 소켓을 통해 서버에 chat 이벤트로 채팅에 관한 정보를 보냅니다. {{room._id}}나 {{user}}는 넌적스에서 서
버 데이터를 스크립트에 문자열로 렌더링하는 부분입니다.

socket.js

```
chat.on('connection', (socket) => {
  ...
  socket.on('disconnect', () => {
    ...
  });
  socket.on('chat', (data) => {
    socket.to(data.room).emit(data);
  });
});
```

웹 소켓에서는 chat 이벤트가 발생하면 방에 들어 있는 소켓에 다시 메시지 데이터를 전달합니다. chat 이벤트 리스
너에서 라우터에 요청을 보내고 있는데, 라우터를 사용하는 대신 웹 소켓 이벤트 리스너 내부에 바로 데이터베이스에
채팅 내용을 저장하는 코드를 넣어도 되긴 합니다. 하지만 코드 관리가 어려워질 수 있으므로 실제 예제에서는 라우터
를 거쳐 저장하는 방식을 택했습니다.

Note ≡ **기타 Socket.IO API**

예제에서는 사용할 일이 없었지만 알아두면 좋은 API 두 개를 소개하겠습니다. 특정인에게 메시지를 보내는 API와
나를 제외한 전체에게 메시지를 보내는 API입니다.

특정인에게 메시지를 보내는 API는 특정 방에 메시지를 보내는 것과 유사하지만, 방 아이디 대신 특정인의 소켓 아이
디를 넣는다는 점이 다릅니다.

특정인에게 메시지 보내기

```
socket.to(소켓 아이디).emit(이벤트, 데이터);
```

나를 제외한 나머지 사람에게 메시지를 보내고 싶을 때는 socket의 broadcast 객체를 이용합니다. to 메서드와 같
이 사용하면 특정 방 안에서 나를 제외한 나머지에게 메시지를 보낼 수 있습니다.

나를 제외한 전체에게 메시지 보내기

```
socket.broadcast.emit(이벤트, 데이터);
socket.broadcast.to(방 아이디).emit(이벤트, 데이터);
```

웹 소켓으로 실시간 데이터 전송하기

마지막으로, GIF 이미지를 전송하는 것을 구현해봅시다. 프런트 화면에서 이미지를 선택해 업로드하는 이벤트 리스너를 추가합니다.

views/chat.html

```
    document.querySelector('#chat-form').addEventListener('submit', function (e) {
...
    });
    document.querySelector('#gif').addEventListener('change', function (e) {
      console.log(e.target.files);
      const formData = new FormData();
      formData.append('gif', e.target.files[0]);
      axios.post('/room/{{room._id}}/gif', formData)
        .then(() => {
          e.target.file = null;
        })
        .catch((err) => {
          console.error(err);
        });
    });
  </script>
```

POST /room/{{room._id}}/gif 주소에 상응하는 라우터를 작성합니다.

routes/index.js

```
const express = require('express');
const multer = require('multer');
const path = require('path');
const fs = require('fs');

const {
  renderMain, renderRoom, createRoom, enterRoom, removeRoom, sendChat, sendGif,
} = require('../controllers');
...
router.post('/room/:id/chat', sendChat);

try {
```

```
      fs.readdirSync('uploads');
    } catch (err) {
      console.error('uploads 폴더가 없어 uploads 폴더를 생성합니다.');
      fs.mkdirSync('uploads');
    }
    const upload = multer({
      storage: multer.diskStorage({
        destination(req, file, done) {
          done(null, 'uploads/');
        },
        filename(req, file, done) {
          const ext = path.extname(file.originalname);
          done(null, path.basename(file.originalname, ext) + Date.now() + ext);
        },
      }),
      limits: { fileSize: 5 * 1024 * 1024 },
    });
    router.post('/room/:id/gif', upload.single('gif'), sendGif);

    module.exports = router;
```

controllers/index.js

```
    ...
    exports.sendGif = async (req, res, next) => {
      try {
        const chat = await Chat.create({
          room: req.params.id,
          user: req.session.color,
          gif: req.file.filename,
        });
        req.app.get('io').of('/chat').to(req.params.id).emit('chat', chat);
        res.send('ok');
      } catch (error) {
        console.error(error);
        next(error);
      }
    };
```

9장의 이미지 업로드와 방식이 같습니다. uploads 폴더에 사진을 저장하고, 파일명에 타임스탬
프(Date.now())를 붙이고, 5MB로 용량을 제한했습니다. 파일이 업로드된 후에는 내용을 데이터
베이스에 저장하고, 방 안에 있는 모든 소켓에게 채팅 데이터를 보냅니다.

이제 이미지를 제공할 uploads 폴더를 express.static 미들웨어로 연결해봅시다.

```
app.js

...
app.use(express.static(path.join(__dirname, 'public')));
app.use('/gif', express.static(path.join(__dirname, 'uploads')));
app.use(express.json());
...
```

이제 GIF 파일을 올릴 수 있습니다! 채팅을 즐겨보세요.

▼ 그림 12-19 GIF 파일 업로드 화면

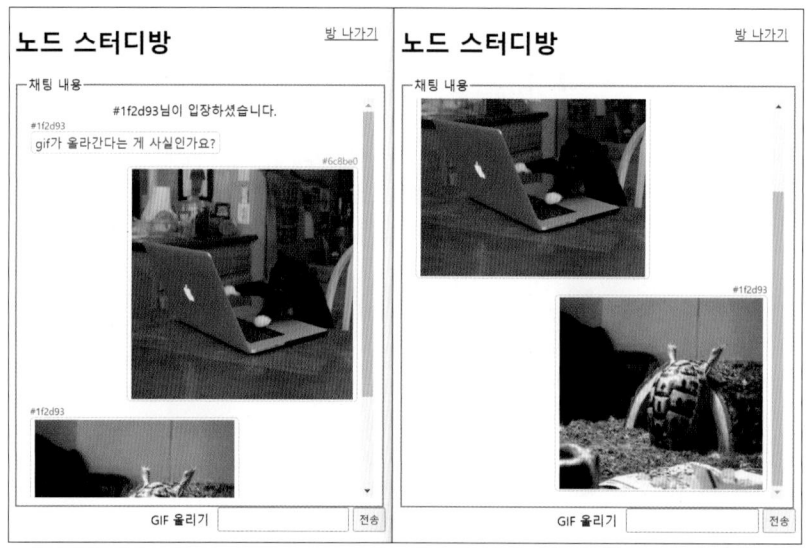

GIF 채팅방은 익명제라서 사용자의 정보를 활용하기는 어려우므로 기능에 다소 제약이 있습니다. 다음 장에서는 실시간 경매 시스템을 만들어보면서 로그인한 사용자들 간에 실시간 데이터를 주고받는 방법을 살펴보겠습니다.

12.7.1 스스로 해보기

- 채팅방에 현재 참여자 수나 목록 표시하기(join, exit 이벤트에 socket.adapter.rooms에 들어 있는 참여자 목록 정보를 같이 보내기)
- 시스템 메시지까지 DB에 저장하기(입장, 퇴장 이벤트에서 DB와 웹 소켓 처리하기)

- 채팅방에서 한 사람에게 귓속말 보내기(화면을 만들고 socket.to(소켓 아이디) 메서드 사용하기)
- 방장 기능 구현하기(방에 방장 정보를 저장한 후 방장이 나갔을 때는 방장을 위임하는 기능 추가하기)
- 강퇴 기능 구현하기(프런트엔드와 서버에 강퇴 소켓 이벤트 추가하기)

12.7.2 핵심 정리

- 웹 소켓과 HTTP는 같은 포트를 사용할 수 있으므로 따로 포트를 설정할 필요가 없습니다.
- 웹 소켓은 양방향 통신이므로 서버뿐만 아니라 프런트엔드 쪽 스크립트도 사용해야 합니다.
- Socket.IO를 사용하면 웹 소켓을 지원하지 않는 브라우저에서까지 실시간 통신을 구현할 수 있습니다.
- Socket.IO 네임스페이스와 방 구분을 통해 실시간 데이터를 필요한 사용자에게만 보낼 수 있습니다.
- app.set('io', io)로 소켓 객체를 익스프레스와 연결하고, req.app.get('io')로 라우터에서 소켓 객체를 가져오는 방식을 기억해둡시다.
- 컨트롤러에서 서비스를 따로 분리해 웹 소켓과 HTTP 요청 모두를 처리할 수 있도록 합시다.

12.7.3 함께 보면 좋은 자료

- **웹 소켓 설명**: https://ko.wikipedia.org/wiki/웹 소켓
- **WS 공식 문서**: https://www.npmjs.com/package/ws
- **Socket.IO 공식 문서**: https://socket.io/
- **proxy-addr 공식 문서**: https://www.npmjs.com/package/proxy-addr
- **color-hash 공식 문서**: https://www.npmjs.com/package/color-hash

13^장

실시간
경매 시스템
만들기

이번 장에서는 지금까지 배운 것을 모두 활용해 웹 서비스를 만듭니다. 이 과정에서는 개념을 새로 배우기보다 기존에 배웠던 지식을 응용하는 내용이 더 많을 것입니다.

이번 장의 주제는 실시간 경매 시스템 앱입니다. 서버와 클라이언트, 데이터베이스가 주고받는 요청과 응답, 세션, 데이터 흐름 등에 주목해주세요.

13.1 / 프로젝트 구조 갖추기

프로젝트 이름은 NodeAuction입니다. 먼저 node-auction 폴더를 만든 후 그 안에 package. json 파일을 작성합시다.

package.json
```json
{
  "name": "node-auction",
  "version": "0.0.1",
  "description": "노드 경매 시스템",
  "main": "app.js",
  "scripts": {
    "start": "nodemon app"
  },
  "author": "Zero Cho",
  "license": "ISC",
  "dependencies": {
    "cookie-parser": "^1.4.5",
    "dotenv": "^16.0.1",
    "express": "^4.18.1",
    "express-session": "^1.17.1",
    "morgan": "^1.10.0",
    "multer": "^1.4.2",
    "nunjucks": "^3.2.1"
  },
  "devDependencies": {
    "nodemon": "^2.0.16"
  }
}
```

필요한 패키지를 설치합니다.

```
$ npm i
```

데이터베이스로는 MySQL을 사용합니다. 시퀄라이즈를 설치하고, 기본 디렉터리를 만듭니다.

```
$ npm i sequelize sequelize-cli mysql2
$ npx sequelize init
```

프로젝트는 세 모델, 즉 사용자 모델, 제품 모델, 경매 모델로 구성됩니다. 다음과 같이 세 모델을 만듭니다.

models/user.js

```
const Sequelize = require('sequelize');

class User extends Sequelize.Model {
  static initiate(sequelize) {
    User.init({
      email: {
        type: Sequelize.STRING(40),
        allowNull: false,
        unique: true,
      },
      nick: {
        type: Sequelize.STRING(15),
        allowNull: false,
      },
      password: {
        type: Sequelize.STRING(100),
        allowNull: true,
      },
      money: {
        type: Sequelize.INTEGER,
        allowNull: false,
        defaultValue: 0,
      },
    }, {
      sequelize,
```

```
        timestamps: true,
        paranoid: true,
        modelName: 'User',
        tableName: 'users',
        charset: 'utf8',
        collate: 'utf8_general_ci',
      });
    }

    static associate(db) {
      db.User.hasMany(db.Auction);
    }
  };

  module.exports = User;
```

사용자 모델은 이메일(email), 닉네임(nick), 비밀번호(password), 보유 자금(money)으로 구성됩니다.

사용자가 입찰을 여러 번 할 수 있으므로 사용자 모델과 경매 모델도 일대다 관계입니다.

models/good.js

```
const Sequelize = require('sequelize');

class Good extends Sequelize.Model {
  static initiate(sequelize) {
    Good.init({
      name: {
        type: Sequelize.STRING(40),
        allowNull: false,
      },
      img: {
        type: Sequelize.STRING(200),
        allowNull: true,
      },
      price: {
        type: Sequelize.INTEGER,
        allowNull: false,
        defaultValue: 0,
      },
    }, {
      sequelize,
```

```
      timestamps: true,
      paranoid: true,
      modelName: 'Good',
      tableName: 'goods',
      charset: 'utf8',
      collate: 'utf8_general_ci',
    });
  }

  static associate(db) {
    db.Good.belongsTo(db.User, { as: 'Owner' });
    db.Good.belongsTo(db.User, { as: 'Sold' });
    db.Good.hasMany(db.Auction);
  }
};

module.exports = Good;
```

상품 모델은 상품명(name), 상품 사진(img), 시작 가격(price)으로 구성됩니다.

사용자 모델과 상품 모델 간에는 일대다 관계가 두 번 적용됩니다. 사용자가 여러 상품을 등록할 수 있고, 사용자가 여러 상품을 낙찰받을 수도 있기 때문입니다. 등록한 상품과 낙찰받은 상품, 두 관계를 구별하기 위해 as 속성에 각각 Owner, Sold로 관계명을 적었습니다. 각각 OwnerId, SoldId 컬럼으로 상품 모델에 추가되며, 나중에 낙찰자를 good.setSold(사용자 아이디)로 지정할 수 있습니다. 한 상품에 여러 명이 입찰하므로 상품 모델과 경매 모델도 일대다 관계입니다.

models/auction.js

```
const Sequelize = require('sequelize');

class Auction extends Sequelize.Model {
  static initiate(sequelize) {
    Auction.init({
      bid: {
        type: Sequelize.INTEGER,
        allowNull: false,
        defaultValue: 0,
      },
      msg: {
        type: Sequelize.STRING(100),
        allowNull: true,
      },
```

```
    }, {
      sequelize,
      timestamps: true,
      paranoid: true,
      modelName: 'Auction',
      tableName: 'auctions',
      charset: 'utf8',
      collate: 'utf8_general_ci',
    });
  }

  static associate(db) {
    db.Auction.belongsTo(db.User);
    db.Auction.belongsTo(db.Good);
  }
};

module.exports = Auction;
```

마지막으로, 경매 모델은 입찰가(bid)와 입찰 시 메시지(msg)로 구성됩니다. 입찰 시 메시지는 null이어도 됩니다. 경매 모델은 사용자 모델 및 상품 모델과 일대다 관계에 있습니다. 경매 모델에는 UserId 컬럼과 GoodId 컬럼이 생성됩니다.

모델을 생성한 후에 모델을 데이터베이스 및 서버와 연결합니다. nodeauction 데이터베이스를 생성해야 하므로 config.json을 데이터베이스에 맞게 수정합니다.

config/config.json
```
{
  "development": {
    "username": "root",
    "password": "[root 비밀번호]",
    "database": "nodeauction",
    "host": "127.0.0.1",
    "dialect": "mysql"
  },
  ...
}
```

npx sequelize db:create 명령어로 데이터베이스를 생성합니다.

```
$ npx sequelize db:create
Sequelize CLI [Node: 18.0.0, CLI: 6.4.1, ORM: 6.19.0]

Loaded configuration file "config\config.json".
Using environment "development".
Database nodeauction created.
```

models/index.js를 다음과 같이 바꿉니다.

models/index.js

```
const Sequelize = require('sequelize');
const fs = require('fs');
const path = require('path');
const env = process.env.NODE_ENV || 'development';
const config = require('../config/config')[env];

const db = {};
const sequelize = new Sequelize(
  config.database, config.username, config.password, config,
);

db.sequelize = sequelize;

const basename = path.basename(__filename);
fs
  .readdirSync(__dirname) // 현재 폴더의 모든 파일을 조회
  .filter(file => { // 숨김 파일, index.js, js 확장자가 아닌 파일 필터링
    return (file.indexOf('.') !== 0) && (file !== basename) && (file.slice(-3) ===
'.js');
  })
  .forEach(file => { // 해당 파일의 모델을 불러와서 init
    const model = require(path.join(__dirname, file));
    console.log(file, model.name);
    db[model.name] = model;
    model.initiate(sequelize);
  });

Object.keys(db).forEach(modelName => { // associate 호출
  if (db[modelName].associate) {
    db[modelName].associate(db);
  }
```

```
  });

module.exports = db;
```

이제 로그인을 위한 패스포트 설정이 필요합니다. 이번에는 단순히 passport-local만 사용하겠습니다. 코드는 9장의 코드와 거의 똑같습니다.

콘솔

```
$ npm i passport passport-local bcrypt
```

passport/localStrategy.js

```
const passport = require('passport');
const LocalStrategy = require('passport-local').Strategy;
const bcrypt = require('bcrypt');

const User = require('../models/user');

module.exports = () => {
  passport.use(new LocalStrategy({
    usernameField: 'email',
    passwordField: 'password',
  }, async (email, password, done) => {
    try {
      const exUser = await User.findOne({ where: { email } });
      if (exUser) {
        const result = await bcrypt.compare(password, exUser.password);
        if (result) {
          done(null, exUser);
        } else {
          done(null, false, { message: '비밀번호가 일치하지 않습니다.' });
        }
      } else {
        done(null, false, { message: '가입되지 않은 회원입니다.' });
      }
    } catch (error) {
      console.error(error);
      done(error);
    }
  }));
};
```

```
const passport = require('passport');

const local = require('./localStrategy');
const User = require('../models/user');

module.exports = () => {
  passport.serializeUser((user, done) => {
    done(null, user.id);
  });

  passport.deserializeUser((id, done) => {
    User.findOne({ where: { id } })
      .then(user => done(null, user))
      .catch(err => done(err));
  });

  local();
};
```

로그인을 위한 컨트롤러, 라우터, 미들웨어도 추가합니다. 역시 9장과 크게 다르지 않습니다.

```
const bcrypt = require('bcrypt');
const passport = require('passport');
const User = require('../models/user');

exports.join = async (req, res, next) => {
  const { email, nick, password, money } = req.body;
  try {
    const exUser = await User.findOne({ where: { email } });
    if (exUser) {
      return res.redirect('/join?error=이미 가입된 이메일입니다.');
    }
    const hash = await bcrypt.hash(password, 12);
    await User.create({
      email,
      nick,
      password: hash,
      money,
    });
    return res.redirect('/');
```

```
  } catch (error) {
    console.error(error);
    return next(error);
  }
}

exports.login = (req, res, next) => {
  passport.authenticate('local', (authError, user, info) => {
    if (authError) {
      console.error(authError);
      return next(authError);
    }
    if (!user) {
      return res.redirect(`/?error=${info.message}`);
    }
    return req.login(user, (loginError) => {
      if (loginError) {
        console.error(loginError);
        return next(loginError);
      }
      return res.redirect('/');
    });
  })(req, res, next); // 미들웨어 내의 미들웨어에는 (req, res, next)를 붙입니다
};

exports.logout = (req, res) => {
  req.logout(() => {
    res.redirect('/');
  });
};
```

routes/auth.js

```
const express = require('express');

const { isLoggedIn, isNotLoggedIn } = require('../middlewares');
const { join, login, logout } = require('../controllers/auth');

const router = express.Router();

// POST /auth/join
router.post('/join', isNotLoggedIn, join);

// POST /auth/login
```

```javascript
router.post('/login', isNotLoggedIn, login);

// GET /auth/logout
router.get('/logout', isLoggedIn, logout);

module.exports = router;
```

middlewares/index.js

```javascript
exports.isLoggedIn = (req, res, next) => {
  if (req.isAuthenticated()) {
    next();
  } else {
    res.status(403).send('로그인 필요');
  }
};

exports.isNotLoggedIn = (req, res, next) => {
  if (!req.isAuthenticated()) {
    next();
  } else {
    const message = encodeURIComponent('로그인한 상태입니다.');
    res.redirect(`/?error=${message}`);
  }
};
```

마지막으로, .env 파일과 서버 코드를 작성합니다. 시퀄라이즈와 패스포트를 모두 서버에 연결합니다.

.env

```
COOKIE_SECRET=auction
```

app.js

```javascript
const express = require('express');
const path = require('path');
const morgan = require('morgan');
const cookieParser = require('cookie-parser');
const session = require('express-session');
const passport = require('passport');
const nunjucks = require('nunjucks');
const dotenv = require('dotenv');
```

```
dotenv.config();
const indexRouter = require('./routes/index');
const authRouter = require('./routes/auth');
const { sequelize } = require('./models');
const passportConfig = require('./passport');

const app = express();
passportConfig();
app.set('port', process.env.PORT || 8010);
app.set('view engine', 'html');
nunjucks.configure('views', {
  express: app,
  watch: true,
});
sequelize.sync({ force: false })
  .then(() => {
    console.log('데이터베이스 연결 성공');
  })
  .catch((err) => {
    console.error(err);
  });

const sessionMiddleware = session({
  resave: false,
  saveUninitialized: false,
  secret: process.env.COOKIE_SECRET,
  cookie: {
    httpOnly: true,
    secure: false,
  },
});

app.use(morgan('dev'));
app.use(express.static(path.join(__dirname, 'public')));
app.use('/img', express.static(path.join(__dirname, 'uploads')));
app.use(express.json());
app.use(express.urlencoded({ extended: false }));
app.use(cookieParser(process.env.COOKIE_SECRET));
app.use(sessionMiddleware);
app.use(passport.initialize());
app.use(passport.session());

app.use('/', indexRouter);
```

```
app.use('/auth', authRouter);

app.use((req, res, next) => {
  const error =  new Error(`${req.method} ${req.url} 라우터가 없습니다.`);
  error.status = 404;
  next(error);
});

app.use((err, req, res, next) => {
  res.locals.message = err.message;
  res.locals.error = process.env.NODE_ENV !== 'production' ? err : {};
  res.status(err.status || 500);
  res.render('error');
});

app.listen(app.get('port'), () => {
  console.log(app.get('port'), '번 포트에서 대기 중');
});
```

경매 시스템은 회원 가입, 로그인, 경매 상품 등록, 방 참여, 경매 진행으로 이뤄져 있습니다. 회원 가입, 로그인, 경매 상품 등록 페이지와 라우터를 만들어보겠습니다.

9장의 views/error.html을 복사해서 views 폴더에 넣습니다. 그 후 화면의 레이아웃을 담당하는 layout.html 파일을 작성합니다.

views/layout.html

```
<!DOCTYPE html>
<html>
  <head>
    <meta charset="UTF-8">
    <title>{{title}}</title>
    <meta name="viewport" content="width=device-width, user-scalable=no">
    <meta http-equiv="X-UA-Compatible" content="IE=edge">
    <link rel="stylesheet" href="/main.css">
  </head>
  <body>
    <div class="container">
      <div class="profile-wrap">
        <div class="profile">
          {% if user and user.id %}
            <div class="user-name">안녕하세요 {{user.nick}}님</div>
            <div class="user-money">보유 자산: {{user.money}}원</div>
```

```html
          <input type="hidden" id="my-id" value="user.id">
          <a href="/auth/logout" id="logout" class="btn">로그아웃</a>
          <a href="/good" id="register" class="btn">상품 등록</a>
      {% else %}
        <form action="/auth/login" id="login-form" method="post">
          <div class="input-group">
            <label for="email">이메일</label>
            <input type="email" id="email" name="email" required autofocus>
          </div>
          <div class="input-group">
            <label for="password">비밀번호</label>
            <input type="password" id="password" name="password" required>
          </div>
          <a href="/join" id="join" class="btn">회원 가입</a>
          <button id="login" class="btn" type="submit">로그인</button>
        </form>
      {% endif %}
    </div>
    <footer>
      Made by <a href="https://www.zerocho.com" target="_blank">ZeroCho</a>
    </footer>
    {% block good %}
    {% endblock %}
  </div>
  {% block content %}
  {% endblock %}
  </div>
  <script>
    window.onload = () => {
      if (new URL(location.href).searchParams.get('error')) {
        alert(new URL(location.href).searchParams.get('error'));
      }
    };
  </script>
  </body>
</html>
```

그리고 메인 화면을 담당하는 main.html 파일을 작성합니다.

views/main.html

```html
{% extends 'layout.html' %}

{% block content %}
```

```
    <div class="timeline">
      <h2>경매 진행 목록</h2>
      <table id="good-list">
        <tr>
          <th>상품명</th>
          <th>이미지</th>
          <th>시작 가격</th>
          <th>종료 시간</th>
          <th>입장</th>
        </tr>
        {% for good in goods %}
          <tr>
            <td>{{good.name}}</td>
            <td>
              <img src="/img/{{good.img}}">
            </td>
            <td>{{good.price}}</td>
            <td class="time" data-start="{{good.createdAt}}">00:00:00</td>
            <td>
              <a href="/good/{{good.id}}" class="enter btn">입장</a>
            </td>
          </tr>
        {% endfor %}
      </table>
    </div>
  {% endblock %}
```

회원 가입 화면을 담당하는 join.html 파일을 작성합니다.

views/join.html

```
{% extends 'layout.html' %}

{% block content %}
  <div class="timeline">
    <form action="/auth/join" id="join-form" method="post">
      <div class="input-group">
        <label for="join-email">이메일</label>
        <input type="email" id="join-email" name="email">
      </div>
      <div class="input-group">
        <label for="join-nick">닉네임</label>
        <input type="text" id="join-nick" name="nick">
      </div>
```

```
          <div class="input-group">
            <label for="join-password">비밀번호</label>
            <input type="password" id="join-password" name="password">
          </div>
          <div class="input-group">
            <label for="join-money">보유 자산</label>
            <input type="number" id="join-money" name="money">
          </div>
          <button id="join-btn" class="btn" type="submit">회원 가입</button>
        </form>
      </div>
      <script>
        window.onload = () => {
          if (new URL(location.href).searchParams.get('error')) {
            alert(new URL(location.href).searchParams.get('error'));
          }
        };
      </script>
    {% endblock %}
```

상품을 업로드하는 페이지인 good.html 파일을 작성합니다. form에서 이미지 업로드(#good-photo)도 해야 하므로 form 태그의 enctype을 multipart/form-data로 둬서 폼 데이터를 사용하도록 설정했습니다.

views/good.html

```
{% extends 'layout.html' %}

{% block content %}
  <div class="timeline">
    <form action="/good" id="good-form" method="post" enctype="multipart/form-data">
      <div class="input-group">
        <label for="good-name">상품명</label>
        <input type="text" id="good-name" name="name" required autofocus>
      </div>
      <div class="input-group">
        <label for="good-photo">상품 사진</label>
        <input type="file" id="good-photo" name="img" required>
      </div>
      <div class="input-group">
        <label for="good-price">시작 가격</label>
        <input type="number" id="good-price" name="price" required>
```

```
      </div>
      <button id="join-btn" class="btn" type="submit">상품 등록</button>
    </form>
  </div>
{% endblock %}
```

---

public/main.css

```css
* { box-sizing: border-box; }
html, body { margin: 0; padding: 0; height: 100%; }
.btn {
  display: inline-block;
  padding: 0 5px;
  text-decoration: none;
  cursor: pointer;
  border-radius: 4px;
  background: white;
  border: 1px solid silver;
  color: crimson;
  height: 37px;
  line-height: 37px;
  vertical-align: top;
  font-size: 12px;
}
input, textarea {
  border-radius: 4px;
  height: 37px;
  padding: 10px;
  border: 1px solid silver;
}
.container { width: 100%; height: 100%; }
@media screen and (min-width: 800px) {
  .container { width: 800px; margin: 0 auto; }
}
.input-group { margin-bottom: 15px; }
.input-group label { width: 25%; display: inline-block; }
.input-group input { width: 70%; }
#join { float: right; }
.profile-wrap {
  width: 100%;
  display: inline-block;
  vertical-align: top;
  margin: 10px 0;
}
```

```css
@media screen and (min-width: 800px) {
  .profile-wrap { width: 290px; margin-bottom: 0; }
}
.profile {
  text-align: left;
  padding: 10px;
  margin-right: 10px;
  border-radius: 4px;
  border: 1px solid silver;
  background: yellow;
}
.user-name, .user-money {
  font-weight: bold;
  font-size: 18px;
  margin-bottom: 10px;
}
.timeline {
  margin-top: 10px;
  width: 100%;
  display: inline-block;
  border-radius: 4px;
  vertical-align: top;
}
@media screen and (min-width: 800px) { .timeline { width: 500px; } }
#good-list, #good-list th, #good-list td {
  border: 1px solid black;
  border-collapse: collapse;
}
#good-list img { max-height: 100px; vertical-align: top; }
#good-img { width: 280px; display: block; }
.error-message { color: red; font-weight: bold; }
#join-form, #good-form { padding: 10px; text-align: center; }
footer { text-align: center; }
```

마지막으로, 경매를 위한 라우터와 컨트롤러를 만듭니다.

routes/index.js

```javascript
const express = require('express');
const multer = require('multer');
const path = require('path');
const fs = require('fs');
```

```javascript
const { isLoggedIn, isNotLoggedIn } = require('../middlewares');
const { renderMain, renderJoin, renderGood, createGood } = require('../controllers');

const router = express.Router();

router.use((req, res, next) => {
  res.locals.user = req.user;
  next();
});

router.get('/', renderMain);

router.get('/join', isNotLoggedIn, renderJoin);

router.get('/good', isLoggedIn, renderGood);

try {
  fs.readdirSync('uploads');
} catch (error) {
  console.error('uploads 폴더가 없어 uploads 폴더를 생성합니다.');
  fs.mkdirSync('uploads');
}
const upload = multer({
  storage: multer.diskStorage({
    destination(req, file, cb) {
      cb(null, 'uploads/');
    },
    filename(req, file, cb) {
      const ext = path.extname(file.originalname);
      cb(null, path.basename(file.originalname, ext) + new Date().valueOf() + ext);
    },
  }),
  limits: { fileSize: 5 * 1024 * 1024 },
});
router.post('/good', isLoggedIn, upload.single('img'), createGood);

module.exports = router;
```

controllers/index.js

```javascript
const { Op } = require('sequelize');
const { Good } = require('../models');

exports.renderMain = async (req, res, next) => {
```

```
  try {
    const yesterday = new Date();
    yesterday.setDate(yesterday.getDate() - 1); // 어제 시간
    const goods = await Good.findAll({
      where: { SoldId: null, createdAt: { [Op.gte]: yesterday } },
    });
    res.render('main', {
      title: 'NodeAuction',
      goods,
    });
  } catch (error) {
    console.error(error);
    next(error);
  }
};

exports.renderJoin = (req, res) => {
  res.render('join', {
    title: '회원 가입 - NodeAuction',
  });
};

exports.renderGood = (req, res) => {
  res.render('good', { title: '상품 등록 - NodeAuction' });
};

exports.createGood = async (req, res, next) => {
  try {
    const { name, price } = req.body;
    await Good.create({
      OwnerId: req.user.id,
      name,
      img: req.file.filename,
      price,
    });
    res.redirect('/');
  } catch (error) {
    console.error(error);
    next(error);
  }
};
```

router.use에서 res.locals.user = req.user;로 모든 넌적스 템플릿에 사용자 정보를 변수로 집어 넣었습니다. 이렇게 하면 res.render 메서드에 매번 user: req.user를 하지 않아도 되므로 중복을 제거할 수 있습니다.

라우터는 GET /, GET /join, GET /good, POST /good으로 이뤄져 있습니다. GET /는 메인 화면을 렌더링합니다. 렌더링할 때 경매가 진행 중인 상품 목록도 같이 불러옵니다. 낙찰자의 아이디 (SoldId)가 null이고 24시간 전(어제) 이후에 등록된 경매들이 현재 진행 중인 경매입니다.

GET /join과 GET /good은 각각 회원 가입 화면과 상품 등록 화면을 렌더링합니다. POST /good 라우터는 업로드한 상품을 처리하는 라우터이며, 상품 이미지 업로드 기능이 있어 multer 미들웨어가 붙었습니다.

이제 npm start 명령어로 서버를 실행한 후 http://localhost:8010에 접속하면 됩니다. 회원 가입 후 로그인을 하고 상품을 등록해봅시다.

▼ 그림 13-1 localhost:8010 접속 화면

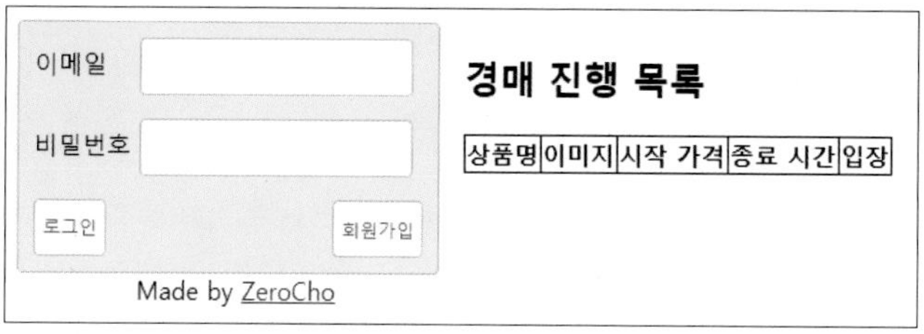

13.2 서버센트 이벤트 사용하기

경매는 시간이 생명입니다. 특히 온라인 경매이므로 모든 사람이 같은 시간에 경매가 종료되어야 합니다. 따라서 모든 사람에게 같은 시간이 표시되어야 합니다. 하지만 클라이언트의 시간은 믿을 수 없습니다. 너무나도 손쉽게 시간을 변경할 수 있기 때문입니다. 따라서 서버 시간을 받아오는 것이 좋습니다.

폴링이나 웹 소켓을 통해 서버 시간을 받아올 수도 있지만, 이번 예제에서는 서버센트 이벤트를 사용해 서버의 시간을 받아올 것입니다. 주기적으로 서버 시간을 조회하는 데는 양방향 통신이 필요하지 않기 때문입니다.

웹 소켓도 사용합니다. 웹 소켓은 경매를 진행하는 동안에 다른 사람이 참여하거나 입찰했을 때 모두에게 금액을 알리는 역할을 할 것입니다. 서버센트 이벤트와 웹 소켓은 같이 사용할 수 있습니다.

SSE 패키지와 Socket.IO 패키지를 동시에 설치하겠습니다.

콘솔

```
$ npm i sse socket.io
```

서버와 sse, socket.io 모듈을 연결합니다.

app.js

```js
...
const passportConfig = require('./passport');
const sse = require('./sse');
const webSocket = require('./socket');

const app = express();
...
const server = app.listen(app.get('port'), () => {
  console.log(app.get('port'), '번 포트에서 대기 중');
});

webSocket(server, app);
sse(server);
```

sse.js

```js
const SSE = require('sse');

module.exports = (server) => {
  const sse = new SSE(server);
  sse.on('connection', (client) => { // 서버센트 이벤트 연결
    setInterval(() => {
      client.send(Date.now().toString());
    }, 1000);
  });
};
```

sse 모듈을 불러와 new SSE(익스프레스 서버)로 서버 객체를 생성하면 됩니다. 생성한 객체에 connection 이벤트 리스너를 연결해 클라이언트와 연결할 때 어떤 동작을 할지 정의할 수 있으며, 매개변수로 client 객체를 쓸 수 있습니다. 클라이언트에 메시지를 보낼 때 이 객체를 사용합니다. 라우터에서 SSE를 사용하고 싶다면 app.set 메서드로 client 객체를 등록하고, req.app.get 메서드로 가져오면 됩니다.

이 예제에서는 1초마다 접속한 클라이언트에 서버 시간 타임스탬프를 보내도록 했으며, client. send 메서드로 보낼 수 있습니다. 단, 문자열만 보낼 수 있으므로 숫자인 타임스탬프를 toString 메서드를 사용해 문자열로 변경했습니다.

socket.js

```javascript
const SocketIO = require('socket.io');

module.exports = (server, app) => {
  const io = SocketIO(server, { path: '/socket.io' });
  app.set('io', io);
  io.on('connection', (socket) => { // 웹 소켓 연결 시
    const req = socket.request;
    const { headers: { referer } } = req;
    const roomId = new URL(referer).pathname.split('/').at(-1);
    socket.join(roomId);
    socket.on('disconnect', () => {
      socket.leave(roomId);
    });
  });
};
```

Socket.IO와도 연결합니다. 이번에는 사용자 정의 네임스페이스를 쓰지 않고 기본 네임스페이스 (/)로 연결했습니다. 경매 화면에서 실시간으로 입찰 정보를 올리기 위해 웹 소켓을 사용합니다. 클라이언트 연결 시 주소로부터 경매방 아이디를 받아와 socket.join으로 해당 방에 입장합니다. 연결이 끊겼다면 socket.leave로 해당 방에서 나갑니다.

서버센트 이벤트는 한 가지 단점이 있습니다. IE나 엣지 브라우저에서 사용할 수 없다는 것인데, EventSource라는 객체를 지원하지 않아서 그렇습니다. 그러나 다행히 EventSource를 사용자가 직접 구현할 수 있습니다. IE나 엣지 브라우저를 위해 클라이언트 코드에 EventSource 폴리필 (polyfill)을 넣었습니다.

```
{% extends 'layout.html' %}

{% block content %}
  <div class="timeline">
    ...
  </div>
  <script src="https://unpkg.com/event-source-polyfill/src/eventsource.min.js"></
➡ script>
  <script>
    const es = new EventSource('/sse');
    es.onmessage = function (e) {
      document.querySelectorAll('.time').forEach((td) => {
        const end = new Date(td.dataset.start); // 경매 시작 시간
        const server = new Date(parseInt(e.data, 10));
        end.setDate(end.getDate() + 1); // 경매 종료 시간
        if (server >= end) { // 경매가 종료되었으면
          td.textContent = '00:00:00';
        } else {
          const t = end - server; // 경매 종료까지 남은 시간
          const seconds = ('0' + Math.floor((t / 1000) % 60)).slice(-2);
          const minutes = ('0' + Math.floor((t / 1000 / 60) % 60)).slice(-2);
          const hours = ('0' + Math.floor((t / (1000 * 60 * 60)) % 24)).slice(-2);
          td.textContent = hours + ':' + minutes + ':' + seconds ;
        }
      });
    };
  </script>
{% endblock %}
```

첫 번째 스크립트가 EventSource 폴리필입니다. 이것을 넣으면 IE와 엣지 브라우저에서도 서버센트 이벤트를 사용할 수 있습니다. 두 번째 스크립트는 EventSource를 사용해 서버센트 이벤트를 받는 코드입니다. new EventSource('/sse')로 서버와 연결하고, es.onmessage 또는 es.addEventListener('message') 이벤트 리스너로 서버로부터 데이터를 받을 수 있습니다. 서버로부터 받은 데이터는 e.data에 들어 있습니다. 아랫부분은 서버 시간과 경매 종료 시간을 계산해 카운트다운하는 코드입니다. 24시간 동안 카운트다운되도록 했습니다.

632

▼ 그림 13-2 카운트다운 화면

안녕하세요 제로초님
보유 자산: 1000000원
로그아웃
상품 등록
Made by ZeroCho
경매 진행 목록
상품명
이미지
시작 가격
종료 시간
입장
노드교과서
100
23:59:38
입장

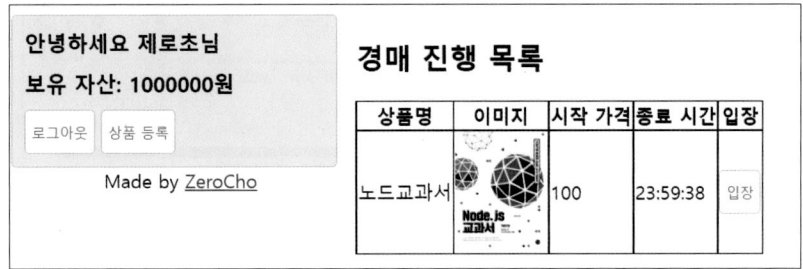

잠깐 개발자 도구의 Network 탭을 확인해봅시다.

▼ 그림 13-3 Network 탭 화면

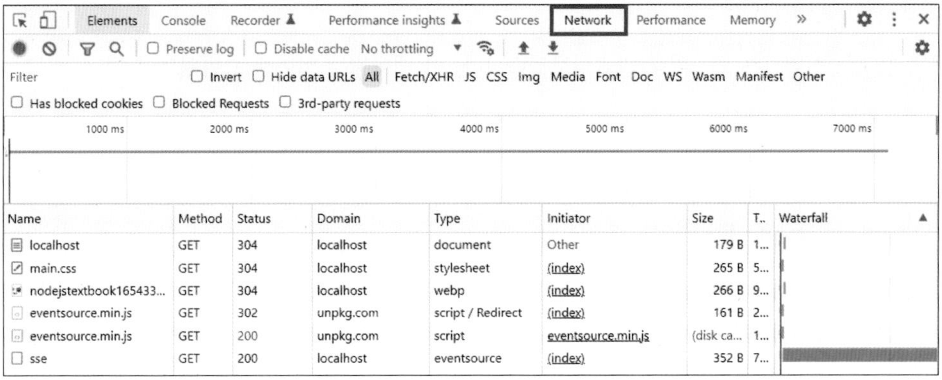

Elements
Console
Recorder
Performance insights
Sources
Network
Performance
Memory
Preserve log
Disable cache
No throttling
Filter
Invert
Hide data URLs
All
Fetch/XHR
JS
CSS
Img
Media
Font
Doc
WS
Wasm
Manifest
Other
Has blocked cookies
Blocked Requests
3rd-party requests
1000 ms
2000 ms
3000 ms
4000 ms
5000 ms
6000 ms
7000 ms
Name
Method
Status
Domain
Type
Initiator
Size
T..
Waterfall
localhost GET 304 localhost document Other 179 B 1...
main.css GET 304 localhost stylesheet (index) 265 B 5...
nodejstextbook165433... GET 304 localhost webp (index) 266 B 9...
eventsource.min.js GET 302 unpkg.com script / Redirect (index) 161 B 2...
eventsource.min.js GET 200 unpkg.com script eventsource.min.js (disk ca... 1...
sse GET 200 localhost eventsource (index) 352 B 7...

eventsource.min.js는 조금 전에 추가한 EventSource 폴리필 파일입니다. `GET /sse`가 바로 서버센트 이벤트에 접속한 것입니다. Type이 `eventsource`로 나와 있습니다. 일반 HTTP 연결을 통해 서버센트 이벤트를 사용할 수 있습니다.

`GET /sse`를 클릭해보면 EventStream 탭이 있는데, 여기서 매초 서버로부터 타임스탬프 데이터가 오는 것을 확인할 수 있습니다.

❤ 그림 13-4 서버센트 이벤트 데이터

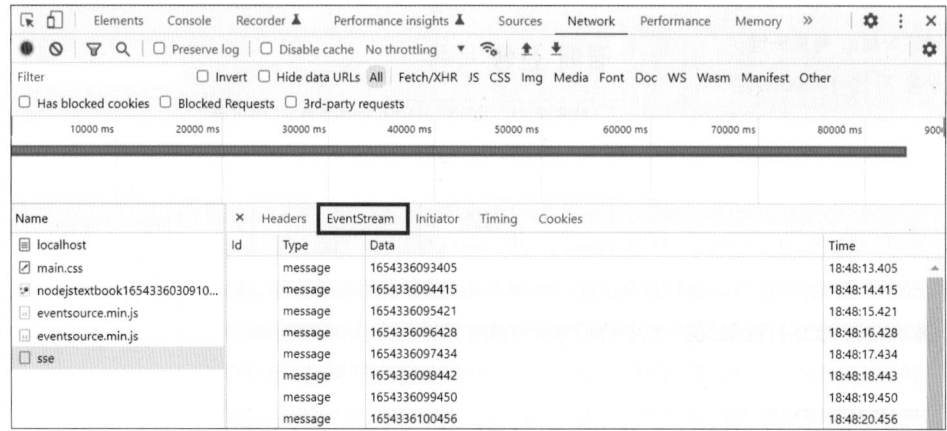

이제 경매를 진행하는 페이지를 만들어보겠습니다. 이 페이지는 서버센트 이벤트와 웹 소켓 모두에 연결합니다.

views/auction.html

```
{% extends 'layout.html' %}

{% block good %}
  <h2>{{good.name}}</h2>
  <div>등록자: {{good.Owner.nick}}</div>
  <div>시작가: {{good.price}}원</div>
  <strong id="time" data-start="{{good.createdAt}}"></strong>
  <img id="good-img" src="/img/{{good.img}}">
{% endblock %}

{% block content %}
  <div class="timeline">
    <div id="bid">
      {% for bid in auction %}
        <div>
          <span>{{bid.User.nick}}님: </span>
          <strong>{{bid.bid}}원에 입찰하셨습니다.</strong>
          {% if bid.msg %}
            <span>({{bid.msg}})</span>
          {% endif %}
        </div>
      {% endfor %}
    </div>
```

```html
      <form id="bid-form">
        <input type="number" name="bid" placeholder="입찰가" required min="{{good.
price}}">
        <input type="msg" name="msg" placeholder="메시지(선택사항)" maxlength="100">
      <button class="btn" type="submit">입찰</button>
      </form>
    </div>
  </div>
  <script src="https://unpkg.com/axios/dist/axios.min.js"></script>
  <script src="https://unpkg.com/event-source-polyfill/src/eventsource.min.js">
</script>
  <script src="/socket.io/socket.io.js"></script>
  <script>
    document.querySelector('#bid-form').addEventListener('submit', (e) => {
      e.preventDefault();
      axios.post('/good/{{good.id}}/bid', { // 입찰 진행
        bid: e.target.bid.value,
        msg: e.target.msg.value,
      })
        .catch((err) => {
          console.error(err);
          alert(err.response.data);
        })
        .finally(() => {
          e.target.bid.value = '';
          e.target.msg.value = '';
        });
    });
    const es = new EventSource("/sse");
    const time = document.querySelector('#time');
    es.onmessage = (e) => {
      const end = new Date(time.dataset.start); // 경매 시작 시간
      const server = new Date(parseInt(e.data, 10));
      end.setDate(end.getDate() + 1); // 경매 종료 시간
      if (server >= end) { // 경매가 종료되었으면
        time.textContent = '00:00:00';
      } else {
        const t = end - server;
        const seconds = ('0' + Math.floor((t / 1000) % 60)).slice(-2);
        const minutes = ('0' + Math.floor((t / 1000 / 60) % 60)).slice(-2);
        const hours = ('0' + Math.floor((t / (1000 * 60 * 60)) % 24)).slice(-2);
        time.textContent = hours + ':' + minutes + ':' + seconds;
      }
    };
```

13

실시간 경매 시스템 만들기

```javascript
  const socket = io.connect('http://localhost:8010', {
    path: '/socket.io'
  });
  socket.on('bid', (data) => { // 누군가가 입찰했을 때
    const div = document.createElement('div');
    let span = document.createElement('span');
    span.textContent = data.nick + '님: ';
    const strong = document.createElement('strong');
    strong.textContent = data.bid + '원에 입찰하셨습니다.';
    div.appendChild(span);
    div.appendChild(strong);
    if (data.msg) {
      span = document.createElement('span');
      span.textContent = `(${data.msg})`;
      div.appendChild(span);
    }
    document.querySelector('#bid').appendChild(div);
  });
</script>
<script>
  window.onload = () => {
    if (new URL(location.href).searchParams.get('auctionError')) {
      alert(new URL(location.href).searchParams.get('auctionError'));
    }
  };
</script>
{% endblock %}
```

스크립트 코드가 상당히 길지만 별 내용은 없습니다. 먼저 axios, EventSource 폴리필과 Socket. IO 클라이언트 스크립트를 넣었습니다. 네 번째 스크립트 태그는 입찰 시 POST /good/:id/bid로 요청을 보내는 것, 서버센트 이벤트 데이터로 서버 시간을 받아 카운트다운하는 것, 다른 사람이 입찰했을 때 Socket.IO로 입찰 정보를 렌더링하는 것으로 이뤄져 있습니다.

이제 라우터와 컨트롤러에 GET /good/:id와 POST /good/:id/bid를 추가합니다.

routes/index.js

```javascript
...
const { isLoggedIn, isNotLoggedIn } = require('../middlewares');
const {
  renderMain, renderJoin, renderGood, createGood, renderAuction, bid,
} = require('../controllers');
...
```

```javascript
router.get('/good/:id', isLoggedIn, renderAuction);

router.post('/good/:id/bid', isLoggedIn, bid);

module.exports = router;
```

controllers/index.js

```javascript
const { Op } = require('sequelize');
const { Good, Auction, User } = require('../models');
...
exports.renderAuction = async (req, res, next) => {
  try {
    const [good, auction] = await Promise.all([
      Good.findOne({
        where: { id: req.params.id },
        include: {
          model: User,
          as: 'Owner',
        },
      }),
      Auction.findAll({
        where: { GoodId: req.params.id },
        include: { model: User },
        order: [['bid', 'ASC']],
      }),
    ]);
    res.render('auction', {
      title: `${good.name} - NodeAuction`,
      good,
      auction,
    });
  } catch (error) {
    console.error(error);
    next(error);
  }
};

exports.bid = async (req, res, next) => {
  try {
    const { bid, msg } = req.body;
    const good = await Good.findOne({
      where: { id: req.params.id },
      include: { model: Auction },
```

```
        order: [[{ model: Auction }, 'bid', 'DESC']],
      });
      if (!good) {
        return res.status(404).send('해당 상품은 존재하지 않습니다.');
      }
      if (good.price >= bid) {
        return res.status(403).send('시작 가격보다 높게 입찰해야 합니다.');
      }
      if (new Date(good.createdAt).valueOf() + (24 * 60 * 60 * 1000) < new Date()) {
        return res.status(403).send('경매가 이미 종료되었습니다');
      }
      if (good.Auctions[0]?.bid >= bid) {
        return res.status(403).send('이전 입찰가보다 높아야 합니다');
      }
      const result = await Auction.create({
        bid,
        msg,
        UserId: req.user.id,
        GoodId: req.params.id,
      });
      // 실시간으로 입찰 내역 전송
      req.app.get('io').to(req.params.id).emit('bid', {
        bid: result.bid,
        msg: result.msg,
        nick: req.user.nick,
      });
      return res.send('ok');
    } catch (error) {
      console.error(error);
      return next(error);
    }
};
```

GET /good/:id 라우터와 연결된 renderAuction 컨트롤러는 해당 상품과 기존 입찰 정보들을 불러온 뒤 렌더링합니다. 상품(Good) 모델에 사용자(User) 모델을 include할 때 as 속성을 사용한 것에 주의하세요. Good 모델과 User 모델은 현재 일대다 관계가 두 번 연결(Owner, Sold)되어 있으므로 이런 경우에는 어떤 관계를 include할지 as 속성으로 밝혀야 합니다.

POST /good/:id/bid와 연결된 bid 컨트롤러는 클라이언트로부터 받은 입찰 정보를 저장합니다. 만약 시작 가격보다 낮게 입찰했거나, 경매 종료 시간이 지났거나, 이전 입찰가보다 낮은 입찰가가 들어왔다면 반려합니다. 정상적인 입찰가가 들어왔다면, 저장한 후 해당 경매방의 모든 사람에게 입찰자, 입찰 가격, 입찰 메시지 등을 웹 소켓으로 전달합니다. Good.findOne 메서드의 order 속성을 눈여겨보길 바랍니다. include될 모델의 컬럼을 정렬하는 방법이며, Auction 모델의 bid를 내림차순으로 정렬하고 있습니다.

이제 서버에 연결해서 경매를 시작해보겠습니다. 브라우저를 두 개 띄워서 각자 다른 아이디로 로그인해 진행해보세요.

▼ 그림 13-5 경매 진행 화면

13.3 스케줄링 구현하기

카운트다운이 끝나면 더 이상 경매를 진행할 수는 없지만, 아직 낙찰자가 정해지지 않았습니다. 경매 종료를 24시간 후로 정했으므로 경매가 생성되고 나서 24시간이 지난 후에 낙찰자를 정하는 시스템을 구현해야 합니다. 이럴 때 node-schedule 모듈을 사용합니다.

```
$ npm i node-schedule
```

controllers/index.js

```javascript
const { Op } = require('sequelize');
const { Good, Auction, User, sequelize } = require('../models');
const schedule = require('node-schedule');
...
exports.createGood = async (req, res, next) => {
  try {
    const { name, price } = req.body;
    const good = await Good.create({
      OwnerId: req.user.id,
      name,
      img: req.file.filename,
      price,
    });
    const end = new Date();
    end.setDate(end.getDate() + 1); // 하루 뒤
    const job = schedule.scheduleJob(end, async () => {
      const success = await Auction.findOne({
        where: { GoodId: good.id },
        order: [['bid', 'DESC']],
      });
      await good.setSold(success.UserId);
      await User.update({
        money: sequelize.literal(`money - ${success.bid}`),
      }, {
        where: { id: success.UserId },
      });
    });
    job.on('error', (err) => {
      console.error('스케줄링 에러', err);
    });
    job.on('success', () => {
      console.log('스케줄링 성공');
    });
    res.redirect('/');
  } catch (error) {
    console.error(error);
    next(error);
  }
```

```
    };
    ...
```

schedule 객체의 scheduleJob 메서드로 일정을 예약할 수 있습니다. 첫 번째 인수로 실행될 시각을 넣고, 두 번째 인수로 해당 시각이 되었을 때 수행할 콜백 함수를 넣습니다. 경매 모델에서 가장 높은 가격으로 입찰한 사람을 찾아 상품 모델의 낙찰자 아이디에 넣어주도록 정의했습니다. 또한, 낙찰자의 보유 자산을 낙찰 금액만큼 뺍니다. { 컬럼: sequelize.literal(컬럼 - 숫자) }가 시퀄라이즈에서 해당 컬럼의 숫자를 줄이는 방법입니다. SQL로는 "SET MONEY = MONEY - 숫자"에 해당합니다. 숫자를 늘리려면 - 대신 +를 하면 됩니다.

scheduleJob 메서드는 job 객체를 반환합니다. job 객체는 이벤트 이미터라서 on 메서드를 통해 이벤트를 수신할 수 있습니다. 많이 쓰이는 이벤트로는 에러가 발생할 때 발생하는 error 이벤트와 스케줄링이 성공한 후 발생하는 success 이벤트가 있습니다. 이외에도 스케줄링이 취소될 때의 canceled 이벤트, 스케줄링이 실행되는 시점에 발생하는 run 이벤트 등이 있습니다.

node-schedule 패키지의 단점은 스케줄링이 노드 기반으로 작동하므로 노드가 종료되면 스케줄 예약도 같이 종료된다는 점입니다. 노드를 계속 켜두면 되지만, 서버가 어떤 에러로 인해 종료될지 예측하기는 매우 어렵습니다. 따라서 이를 보완하기 위한 방법이 필요합니다.

서버가 시작될 때 경매 시작 후 24시간이 지났지만 낙찰자가 없는 경매를 찾아서 낙찰자를 지정하는 코드를 추가해보겠습니다. 또한, 24시간이 지나지 않아 경매가 진행 중이던 건들에 대해 다시 스케줄링을 등록합니다.

checkAuction.js
```js
const { scheduleJob } = require('node-schedule');
const { Op } = require('sequelize');
const { Good, Auction, User, sequelize } = require('./models');

module.exports = async () => {
  console.log('checkAuction');
  try {
    const yesterday = new Date();
    yesterday.setDate(yesterday.getDate() - 1); // 어제 시간
    const targets = await Good.findAll({ // 24시간이 지난 낙찰자 없는 경매들
      where: {
        SoldId: null,
        createdAt: { [Op.lte]: yesterday },
      },
    });
```
❶

실시간 경매 시스템 만들기

```
  targets.forEach(async (good) => {
    const success = await Auction.findOne({
      where: { GoodId: good.id },
      order: [['bid', 'DESC']],
    });
    await good.setSold(success.UserId);
    await User.update({
      money: sequelize.literal(`money - ${success.bid}`),
    }, {
      where: { id: success.UserId },
    });
  });
  const ongoing = await Good.findAll({ // 24시간이 지나지 않은 낙찰자 없는 경매들
    where: {
      SoldId: null,
      createdAt: { [Op.gte]: yesterday },
    },
  });
  ongoing.forEach((good) => {
    const end = new Date(good.createdAt);
    end.setDate(end.getDate() + 1); // 생성일 24시간 뒤가 낙찰 시간
    const job = scheduleJob(end, async() => {
      const success = await Auction.findOne({
        where: { GoodId: good.id },
        order: [['bid', 'DESC']],
      });
      await good.setSold(success.UserId);
      await User.update({
        money: sequelize.literal(`money - ${success.bid}`),
      }, {
        where: { id: success.UserId },
      });
    });
    job.on('error', (err) => {
      console.error('스케줄링 에러', err);
    });
    job.on('success', () => {
      console.log('스케줄링 성공');
    });
  });
} catch (error) {
  console.error(error);
}
};
```

─●

─❷

❶ 낙찰자가 없으면서 생성된 지 24시간이 지난 경매를 찾아 낙찰자를 정합니다. 여기서 주의할 점은 success가 undefined인 경우 에러가 발생한다는 것입니다. 아무도 입찰하지 않은 채 경매가 끝나면 success가 undefined가 됩니다. 이 경우에 어떻게 대처할지는 직접 코드를 작성해보세요(13.4.1절 '스스로 해보기' 참조).

❷ 낙찰자가 없으면서 생성된 지 24시간이 지나지 않은 경매들은 다시 스케줄링을 등록합니다. 경매 생성일에 24시간을 더한 시간이 종료 시간이 됩니다. 여기에서도 success가 undefined인 경우에 대처해야 합니다.

이제 checkAuction을 서버에 연결합니다.

app.js

```
...
const webSocket = require('./socket');
const checkAuction = require('./checkAuction');

const app = express();
passportConfig();
checkAuction();
app.set('port', process.env.PORT || 8010);
...
```

서버를 재시작하면 앞으로 서버를 시작할 때마다 낙찰자를 지정하는 작업을 수행합니다. checkAuction의 코드는 app.js에 직접 작성해도 되지만 코드가 길어지므로 분리했습니다.

하루가 지나 경매가 마무리되면 node-schedule 모듈이 예정된 스케줄에 따라 낙찰자를 지정합니다. 단, 서버가 계속 켜져 있어야 합니다. 서버가 중간에 꺼졌다면, 다시 켤 때 checkAuction.js 코드에 따라 낙찰자를 선정하게 됩니다.

네로가 10,000원에 낙찰받았으므로 보유 자산이 10,000원 차감되고 경매 진행 목록에서 상품이 사라집니다.

▼ 그림 13-6 낙찰 화면

Note ≡ 트랜잭션 적용하기

낙찰자를 정하고 낙찰 금액을 차감하는 코드를 다시 한 번 봅시다.

```
const success = await Auction.findOne({
  where: { GoodId: good.id },
  order: [['bid', 'DESC']],
});
await good.setSold(success.UserId);
await User.update({
  money: sequelize.literal(`money - ${success.bid}`),
}, {
  where: { id: success.UserId },
});
```

만약 setSold DB 작업은 성공했는데, update DB 작업은 어떠한 이유에서든 실패했다면 어떻게 될까요? 낙찰자는 정해졌는데 낙찰 금액은 차감되지 않을 것입니다. 이런 경우 심각한 문제가 될 수 있습니다.

이 경우를 대비해서 DB는 트랜잭션이라는 기능을 지원합니다. 지정한 DB 작업들이 모두 성공해야만 넘어가고, 하나라도 실패하면 모두 다 원래 상태로 되돌리는 기능입니다.

시퀄라이즈도 트랜잭션을 위한 코드를 제공합니다. 한 번 적용해보겠습니다.

```
const t = await sequelize.transaction();
try {
  const success = await Auction.findOne({
    where: { GoodId: good.id },
    order: [['bid', 'DESC']],
    transaction: t,
  });
  await good.setSold(success.UserId, { transaction: t });
  await User.update({
    money: sequelize.literal(`money - ${success.bid}`),
  }, {
    where: { id: success.UserId },
    transaction: t,
  });
  await t.commit();
} catch (error) {
  await t.rollback();
}
```

644

sequelize.transaction()으로 트랜잭션을 생성하고, 대상이 될 DB 작업의 옵션으로 생성한 트랜잭션을 적용합니다. 위 코드에서는 findOne, setSold, update에 하나의 트랜잭션을 적용했습니다. 세 DB 작업 중 하나라도 실패하면 catch문으로 이동하게 되고, t.rollback()에서 전부 실패한 것으로 처리되어 원래 상태로 되돌아갑니다. update에서만 실패했더라도 setSold에서 낙찰자를 지정한 것까지 원래 상태로 돌아가는 것입니다. 전부 성공했다면 t.commit()에 의해 DB에 반영됩니다.

시퀄라이즈의 transaction 속성은 READ, DELETE 작업에서는 첫 번째 인수 객체에 존재하고, CREATE, UPDATE 작업에서는 두 번째 인수 객체에 존재합니다. 앞으로도 반드시 모두 성공해야 하는 DB 작업이 있다면 동일한 트랜잭션으로 묶어주세요.

13.4 프로젝트 마무리하기

지금까지 경매 시스템을 제작해봤습니다. 마지막으로, 낙찰자가 낙찰 내역을 볼 수 있도록 해보겠습니다. 낙찰 내역을 표시하는 라우터와 컨트롤러를 추가합니다.

routes/index.js

```
const { isLoggedIn, isNotLoggedIn } = require('../middlewares');
const {
  renderMain, renderJoin, renderGood, createGood, renderAuction, bid, renderList,
} = require('../controllers');
...
router.get('/list', isLoggedIn, renderList);

module.exports = router;
```

controllers/index.js

```
...
exports.renderList = async (req, res, next) => {
  try {
    const goods = await Good.findAll({
      where: { SoldId: req.user.id },
      include: { model: Auction },
      order: [[{ model: Auction }, 'bid', 'DESC']],
```

```
    });
    res.render('list', { title: '낙찰 목록 - NodeAuction', goods });
  } catch (error) {
    console.error(error);
    next(error);
  }
};
```

낙찰된 상품과 그 상품의 입찰 내역을 조회한 후 렌더링합니다. 입찰 내역은 내림차순으로 정렬해 낙찰자의 내역이 맨 위에 오도록 했습니다.

views/list.html

```
{% extends 'layout.html' %}

{% block content %}
  <div class="timeline">
    <h2>경매 낙찰 목록</h2>
    <table id="good-list">
      <tr>
        <th>상품명</th>
        <th>사진</th>
        <th>낙찰가</th>
      </tr>
      {% for good in goods %}
      <tr>
        <td>{{good.name}}</td>
        <td>
          <img src="/img/{{good.img}}">
        </td>
        <td>{{good.Auctions[0].bid}}</td>
      </tr>
      {% endfor %}
    </table>
  </div>
{% endblock %}
```

낙찰 목록 화면을 추가합니다.

```
...
{% if user and user.id %}
  <div class="user-name">안녕하세요 {{user.nick}}님</div>
  <div class="user-money">보유 자산: {{user.money}}원</div>
  <input type="hidden" id="my-id" value="user.id">
  <a href="/auth/logout" id="logout" class="btn">로그아웃</a>
  <a href="/good" id="register" class="btn">상품 등록</a>
  <a href="/list" id="list" class="btn">낙찰 내역</a>
{% else %}
...
```

낙찰 목록으로 이동할 수 있는 버튼을 추가했습니다.

낙찰자의 계정으로 로그인하면 http://localhost:8010/list에서 낙찰된 목록을 확인할 수 있습니다.

▼ 그림 13-7 낙찰 목록 화면

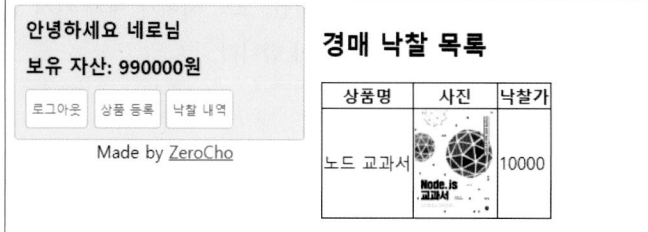

> Note ≡ **운영체제의 스케줄러**
>
> node-schedule 패키지로 등록한 스케줄은 노드 서버가 종료될 때 같이 종료된다는 단점이 있습니다. 이를 극복하려면 운영체제의 스케줄러를 사용하는 것이 좋습니다. 윈도에서는 schtasks가 대표적이고, 맥과 리눅스에서는 cron이 대표적입니다. 노드에서는 이 두 프로그램의 명령어를 child_process를 통해 호출할 수 있습니다.

13.4.1 스스로 해보기

- 상품 등록자는 참여할 수 없게 만들기(라우터에서 검사)
- 경매 시간을 자유롭게 조정할 수 있도록 만들기(상품 등록 시 생성할 수 있게 화면과 DB 수정)

- 노드 서버가 꺼졌다 다시 켜졌을 때 스케줄러 다시 생성하기(checkAuction에서 DB 조회 후 스케줄러 설정)
- 아무도 입찰하지 않아 낙찰자가 없을 때를 대비한 처리 로직 구현하기(checkAuction과 스케줄러 수정)

13.4.2 핵심 정리

- 서버에서 클라이언트로 보내는 일방향 통신은 웹 소켓 대신 서버센트 이벤트를 사용해도 됩니다.
- 기존 입찰 내역은 데이터베이스에서 불러오고, 방 참여 후에 추가되는 내역은 웹 소켓에서 불러옵니다. 이 둘을 매끄럽게 연결하는 방법을 기억해둡시다.
- 코드가 길어질 것 같으면 app.js로부터 socket.js와 checkAuction.js처럼 분리합니다.
- 사용자의 입력값은 프런트엔드와 백엔드 모두에서 체크하는 게 좋습니다.
- 스케줄링을 통해 주기적으로 일어나는 작업을 처리할 수 있지만, 노드 서버가 계속 켜져 있어야만 하므로 노드 서버가 꺼졌을 때 대처할 방법을 마련해야 합니다.

13.4.3 함께 보면 좋은 자료

- 서버센트 이벤트 설명: https://developer.mozilla.org/en-US/docs/Web/API/Server-sent_events/Using_server-sent_events
- EventSource: https://developer.mozilla.org/ko/docs/Web/API/EventSource
- 시퀄라이즈 정렬: https://sequelize.org/docs/v6/core-concepts/model-querying-basics/#ordering
- node-schedule 공식 문서: https://github.com/node-schedule/node-schedule
- sse 공식 문서: https://www.npmjs.com/package/sse
- schtasks: https://docs.microsoft.com/ko-kr/windows/win32/taskschd/schtasks
- cron: https://ko.wikipedia.org/wiki/Cron

14장

CLI 프로그램
만들기

이 장에서는 npm, nodemon이나 sequelize-cli와 같이 명령줄 인터페이스(Command Line Interface)(이하 CLI) 기반으로 동작하는 노드 프로그램을 만들어봅니다.

CLI는 콘솔 창을 통해 프로그램을 수행하는 환경을 뜻합니다. 이와 반대되는 개념으로는 그래픽 사용자 인터페이스(Graphic User Interface)(이하 GUI)가 있습니다. 리눅스의 셸이나 브라우저의 콘솔, 명령 프롬프트 등이 대표적인 CLI 방식 소프트웨어이고, 윈도나 맥 운영체제, 웹 애플리케이션 등이 대표적인 GUI 방식 소프트웨어입니다.

개발자에게는 GUI 프로그램보다 CLI 프로그램이 더 효율적일 수 있습니다. GUI를 만드는 데 상당한 시간이 소요되기 때문입니다. GUI가 없어도 되는 간단한 개발용 프로그램이 필요하다면, 노드를 통해 CLI 프로그램을 만들어 시간을 아낄 수 있습니다.

▼ 그림 14-1 CLI 프로그램 화면

```
PS C:\Users\speak\WebstormProjects\nodejs-book\ch14\14.3\node-cli> npx cli tmpl html -f main -d public/html
public\html\main.html 생성 완료
PS C:\Users\speak\WebstormProjects\nodejs-book\ch14\14.3\node-cli> npx cli tmpl html -f main -d public/html
이미 해당 파일이 존재합니다
PS C:\Users\speak\WebstormProjects\nodejs-book\ch14\14.3\node-cli> npx cli tmpl express-router
이미 해당 파일이 존재합니다
PS C:\Users\speak\WebstormProjects\nodejs-book\ch14\14.3\node-cli> npx cli tmpl js
html 또는 express-router 둘 중 하나를 입력하세요.
PS C:\Users\speak\WebstormProjects\nodejs-book\ch14\14.3\node-cli> npx cli
? 템플릿 종류를 선택하세요. html
? 파일의 이름을 입력하세요. hell
? 파일이 위치할 폴더의 경로를 입력하세요. .
? 생성하시겠습니까? Yes
hell.html 생성 완료
터미널을 종료합니다.
```

14.1 간단한 콘솔 명령어 만들기

지금까지 노드 파일을 실행할 때는 node [파일명] 명령어를 콘솔에 입력했습니다. node나 npm, nodemon처럼 콘솔에서 입력해 어떠한 동작을 수행하는 문장을 콘솔 명령어라고 합니다.

node와 npm 명령어는 노드를 설치해야만 사용할 수 있지만, 신기하게도 nodemon, rimraf와 같은 명령어는 해당 패키지를 npm을 통해 전역(-g 옵션) 설치하면 콘솔에서 명령어로 사용할 수 있었습니다. 이러한 명령어를 만드는 것이 이 장의 목표입니다.

명령어로 만들고 싶은 패키지가 다른 사람의 소유라고 해도 걱정할 필요가 없습니다. rimraf와 nodemon은 패키지 이름과 콘솔 명령어가 동일하지만, sequelize-cli는 명령어가 sequelize로 패키지 이름과 다릅니다. 이렇게 패키지 이름과 콘솔 명령어를 다르게 만들 수 있으니 걱정하지 않아도 됩니다.

먼저 node-cli 폴더를 만들고 그 안에 package.json과 간단한 index.js를 생성합니다.

package.json

```json
{
  "name": "node-cli",
  "version": "0.0.1",
  "description": "nodejs cli program",
  "main": "index.js",
  "author": "ZeroCho",
  "license": "ISC"
}
```

index.js

```js
#!/usr/bin/env node
console.log('Hello CLI');
```

index.js는 단순히 Hello CLI라는 문자열을 콘솔에 출력하는 파일이지만, 첫 줄의 주석이 눈에 띕니다. #!/usr/bin/env node인데요. 주석이라 의미 없는 문장이라고 생각할 수도 있지만, 리눅스나 맥 같은 유닉스 기반 운영체제에서는 의미가 있습니다. /usr/bin/env에 등록된 node 명령어로 이 파일을 실행하라는 뜻입니다. 윈도 운영체제에서는 단순한 주석으로 취급합니다.

이제 index.js를 CLI 프로그램으로 만들어보겠습니다. package.json에 다음 줄을 추가합니다. license 줄 끝에 콤마를 넣어야 합니다.

package.json

```json
{
  ...
  "license": "ISC",
  "bin": {
    "cli": "./index.js"
  }
}
```

bin 속성이 콘솔 명령어와 해당 명령어 호출 시 실행 파일을 설정하는 객체입니다. 콘솔 명령어는 cli로, 실행 파일은 방금 생성한 index.js로 지정했습니다.

콘솔에서 현재 패키지를 전역 설치합니다. 보통 전역 설치할 때는 명령어에 패키지 이름을 함께 적어주지만 현재 패키지를 전역 설치할 때는 적지 않습니다.

```
$ npm i -g
added 1 package, and audited 4 packages in 787ms

found 0 vulnerabilities
```

맥이나 리눅스에서 권한 에러가 발생한다면 npm i -g 명령어 앞에 sudo를 붙여서 다시 설치합니다. 현재 패키지의 dependencies로 설치한 것이 아니므로 node_modules 폴더가 생기지 않습니다. 이제 콘솔에 npx cli를 입력하면 index.js가 실행됩니다.

```
$ npx cli
Hello CLI
```

제대로 실행된다면 index.js에 기능을 붙여 나가면 됩니다. 명령어에 옵션을 붙여봅시다.

```
#!/usr/bin/env node
console.log('Hello CLI', process.argv);
```

process.argv로 명령어에 어떤 옵션이 주어졌는지 확인할 수 있습니다. 옵션 목록이 배열로 표시됩니다.

CLI 프로그램 코드가 바뀌었으니 다시 전역 설치해야 하는 것은 아닐까요? 코드가 업데이트될 때마다 다시 설치할 필요는 없습니다. package.json의 bin 속성에 cli 명령어와 index.js를 연결해뒀으므로 cli 명령어가 호출될 때마다 index.js 파일이 실행됩니다. index.js의 내용을 캐싱하는 것이 아니고, 호출 시마다 새로 읽어들이므로 항상 업데이트 내용이 반영됩니다.

```
$ npx cli one two three four
Hello CLI [
  'C:\\Program Files\\nodejs\\node.exe',
```

```
  'C:\\Users\\speak\\AppData\\Roaming\\npm\\node_modules\\node-cli\\index.js',
  'one',
  'two',
  'three',
  'four'
]
```

npx cli 명령어 뒤에 옵션을 붙여 호출했더니 요소가 여섯 개 들어 있는 배열이 출력되었습니다. 처음 두 개는 node와 cli 명령어의 경로입니다. 윈도 운영체제일 때의 결과라서 다른 운영체제인 경우 경로가 다를 수 있습니다. 또한, 같은 윈도 운영체제더라도 노드와 npm 설치 경로에 따라 결과가 다르게 출력됩니다.

node와 cli 다음에 입력했던 one two three four도 배열에 담겨 있습니다. 나중에 코드에서 이 배열을 사용하면 됩니다.

이번에는 사용자로부터 입력을 받아봅시다. 노드의 내장 모듈인 readline을 사용합니다. readline을 3장에서 소개하지 않은 이유는 CLI 프로그램을 만들 때를 제외하면 거의 사용되지 않기 때문입니다.

index.js
```
#!/usr/bin/env node
const readline = require('readline');

const rl = readline.createInterface({
  input: process.stdin,
  output: process.stdout,
});

rl.question('예제가 재미있습니까? (y/n) ', (answer) => {
  if (answer === 'y') {
    console.log('감사합니다!');
  } else if (answer === 'n') {
    console.log('죄송합니다!');
  } else {
    console.log('y 또는 n만 입력하세요.');
  }
  rl.close();
});
```

readline 모듈을 불러와서 createInterface 메서드로 rl 객체를 생성합니다. 인수로 설정 객체를 제공했는데요. input 속성에는 process.stdin을, output 속성에는 process.stdout을 넣었습니다. process.stdin과 process.stdout은 각각 콘솔 입력과 출력을 담당하는 스트림입니다. readline 모듈은 이들을 사용해서 사용자로부터 입력을 받고, 그에 따른 결과를 출력합니다.

rl 객체의 question 메서드의 첫 번째 인수가 질문 내용입니다. 두 번째로 인수로 받는 콜백 함수는 매개변수로 답변(answer)을 갖고 있습니다. 예제와 같이 answer를 사용해서 사용자의 답변을 받아 프로그램의 다음 동작을 정할 수 있습니다. 입출력 과정이 다 끝나면 close 메서드로 question 메서드를 종료합니다.

```
$ npx cli
예제가 재미있습니까? (y/n) y
감사합니다!
```

위의 예제에서 y나 n을 입력하지 않았을 경우 콘솔에 'y 또는 n만 입력하세요.'라는 메시지가 뜨고 프로그램이 종료됩니다. 이때 프로그램이 종료되는 대신 기존 콘솔 내용을 모두 지우고 다시 입력받게 하고 싶을 수도 있을 텐데요. 콘솔 내용을 지우려면 console.clear 메서드를 호출하면 됩니다. 이 메서드를 사용해서 위의 코드를 리팩토링해보겠습니다.

index.js

```javascript
#!/usr/bin/env node
const readline = require('readline');

const rl = readline.createInterface({
  input: process.stdin,
  output: process.stdout,
});

console.clear();
const answerCallback = (answer) => {
  if (answer === 'y') {
    console.log('감사합니다!');
    rl.close();
  } else if (answer === 'n') {
    console.log('죄송합니다!');
    rl.close();
  } else {
    console.clear();
    console.log('y 또는 n만 입력하세요.');
```

```
      rl.question('예제가 재미있습니까? (y/n) ', answerCallback);
  }
};

rl.question('예제가 재미있습니까? (y/n) ', answerCallback);
```

```
$ npx cli
(화면 정리 및 입력 시작)
예제가 재미있습니까? (y/n) [y나 n 외의 다른 답변]
(화면 정리됨)
y 또는 n만 입력하세요.
예제가 재미있습니까? (y/n) n
죄송합니다!
(입력 종료)
```

이번에는 좀 더 실용적인 예제를 준비했습니다. CLI 프로그램 명령어를 입력하면 기본적인 html 또는 익스프레스 라우터 파일 템플릿을 만들어주는 코드입니다. npx cli html main ./public/ html 같은 명령어를 입력하면 public 폴더 안에 있는 html 폴더에 main.html이 생기는 식입니다.

다음 코드를 보기 전에 혼자서 프로그램을 구상해보세요. 스스로 코딩해보는 연습이 실력 향상에 많은 도움이 됩니다. 어려울 수도 있지만, 여러분은 이미 이 프로그램을 만드는 데 필요한 지식을 모두 배웠습니다. fs 모듈, path 모듈을 추가로 사용하면 됩니다. 참고로 경로상의 폴더가 없다면 fs 모듈을 통해 생성하는 과정도 필요합니다. public이나 html 폴더가 없다면 만들어야 한다는 것입니다.

template.js

```
#!/usr/bin/env node
const fs = require('fs');
const path = require('path');

const type = process.argv[2];
const name = process.argv[3];
const directory = process.argv[4] || '.';
const htmlTemplate = `
<!DOCTYPE html>
<html>
  <head>
    <meta charset="utf-8" />
```
❶

```
      <title>Template</title>
    </head>
    <body>
      <h1>Hello</h1>
      <p>CLI</p>
    </body>
</html>
`;

const routerTemplate = `
const express = require('express');
const router = express.Router();

router.get('/', (req, res, next) => {
    try {
      res.send('ok');
    } catch (error) {
      console.error(error);
      next(error);
    }
});

module.exports = router;
`;

const exist = (dir) => { // 폴더 존재 확인 함수
  try {
    fs.accessSync(dir, fs.constants.F_OK | fs.constants.R_OK | fs.constants.W_OK);
    return true;
  } catch (e) {
    return false;
  }
};

const mkdirp = (dir) => { // 경로 생성 함수
  const dirname = path
    .relative('.', path.normalize(dir))
    .split(path.sep)
    .filter(p => !!p);
  dirname.forEach((d, idx) => {
    const pathBuilder = dirname.slice(0, idx + 1).join(path.sep);
    if (!exist(pathBuilder)) {
      fs.mkdirSync(pathBuilder);
```

①

②

```
    }
  });
};

const makeTemplate = () => { // 템플릿 생성 함수
  mkdirp(directory);
  if (type === 'html') {
    const pathToFile = path.join(directory, `${name}.html`);
    if (exist(pathToFile)) {
      console.error('이미 해당 파일이 존재합니다');
    } else {
      fs.writeFileSync(pathToFile, htmlTemplate);
      console.log(pathToFile, '생성 완료');
    }
  } else if (type === 'express-router') {
    const pathToFile = path.join(directory, `${name}.js`);
    if (exist(pathToFile)) {
      console.error('이미 해당 파일이 존재합니다');
    } else {
      fs.writeFileSync(pathToFile, routerTemplate);
      console.log(pathToFile, '생성 완료');
    }
  } else {
    console.error('html 또는 express-router 둘 중 하나를 입력하세요.');
  }
};

const program = () => {
  if (!type || !name) {
    console.error('사용 방법: cli html|express-router 파일명 [생성 경로]');
  } else {
    makeTemplate();
  }
};

program(); // 프로그램 실행부
```

❶ 생성할 html 코드와 js 코드입니다. 백틱(`)을 사용하면 줄바꿈이 편리합니다.

❷ exist와 mkdirp는 편의를 위해 만든 함수입니다. exist 함수는 fs.accessSync 메서드를 통해
파일이나 폴더가 존재하는지 검사합니다. 존재하지 않으면 에러가 발생하므로 try/catch문으
로 감쌌습니다.

mkdirp 함수는 리눅스 명령어 mkdir -p에서 따온 함수입니다. 현재 경로와 입력한 경로의 상대적인 위치를 파악한 후 순차적으로 상위 폴더부터 만들어 나갑니다. public/html과 같은 경로를 인수로 제공하면 public 폴더를 만들고, 그 안에 html 폴더를 순차적으로 만듭니다. 3장에서 웬만하면 fs 모듈의 Sync가 붙은 메서드는 사용하지 말라고 했습니다. 블로킹을 유발해 다른 요청들이 대기하게 만들기 때문입니다. 하지만 CLI 프로그램은 웹 서버가 아니므로 사용해도 딱히 큰 문제를 일으키지 않습니다.

❸ makeTemplate 함수는 실질적인 프로그램 로직을 담고 있습니다. 유효한 명령어가 들어왔다면, 디렉터리를 만든 후 type(html 또는 express-router)에 따라 파일을 만들고 파일 안에 템플릿 내용을 입력합니다.

❹ 명령어 호출 시 program 함수가 호출되어 내부 로직이 돌아가게 됩니다. 간단히 type과 name이 있는지 검사한 후 makeTemplate 함수를 호출합니다.

현재 cli 명령어는 index.js와 연결되어 있습니다. 명령어 실행 시 index.js 대신 template.js가 실행되도록 바꿔야 합니다.

package.json
```
{
  ...
  "bin": {
    "cli": "./template.js"
  }
}
```

예제 프로그램을 실행해보겠습니다. 다만 package.json이 바뀌었으므로 이번에는 새로 전역 설치를 해야 합니다.

콘솔
```
$ npm i -g
$ npx cli
사용 방법: cli html¦express-router 파일명 [생성 경로]
```

만약 여기서 template.js 대신 index.js의 코드가 계속 나온다면, 다음과 같이 해서 명령어를 수동으로 제거하세요.

콘솔

```
$ npm ls -g node-cli
C:\Program Files\nodejs -> .\
 └── node-cli@0.0.1 -> .\..\zerocho\node-cli
```

npm ls -g node-cli를 입력하면 node-cli가 설치된 경로가 나옵니다. 설치된 경로는 이 책과 다를 수 있습니다. 여기서 첫 번째 줄에 적힌 경로로 이동한 뒤(이 책에서는 C:\Program Files\nodejs이지만 여러분의 경로는 다를 수 있습니다) 다음 명령어를 입력합니다.

콘솔

```
$ npm i -g rimraf
$ cd C:\Program Files\nodejs(여러분의 경로로 이동)
$ npx rimraf cli cli.cmd cli.ps1
```

여기서 cli는 package.json에 입력했던 명령어의 이름과 동일합니다. 명령어의 이름을 다른 것으로 입력했다면 cli 대신 그 이름을 적으면 됩니다.

수동 제거 후에 14장 실습 경로로 돌아와서 다시 npm i -g로 설치한 뒤 실습을 이어가봅시다.

콘솔

```
$ cd [14장 실습 경로]
$ npm i -g
$ npx cli js main ./public
html 또는 express-router 둘 중 하나를 입력하세요.
$ npx cli html main public/html
public\html\main.html 생성 완료
$ npx cli express-router index ./routes
routes\index.js 생성 완료
$ npx cli express-router index ./routes
이미 해당 파일이 존재합니다.
```

콘솔 명령어를 실행한 디렉터리를 확인해보세요. public, html, routes 폴더가 생기고 그 안에 main.html과 index.js가 들어 있을 것입니다. 파일 생성 경로는 콘솔에 명령어를 입력한 경로를 기준으로 합니다. 예를 들어 명령어를 C:\Users에서 실행했다면 C:\Users\public\html\main.html이 생성되는 것입니다. 이렇게 자주 사용하는 것들은 템플릿으로 만들어두면 좋습니다.

위 방식의 단점은 사용자가 명령어와 명령어 옵션 순서를 모두 외우고 있어야 한다는 것입니다. 명령어를 외우고 있다면 빠르게 작업을 수행할 수 있겠지만, 모른다면 사용 방법부터 찾아봐야 합니다. CLI 프로그램을 좀 더 쉽고 상호 작용이 원활하게 만들 수는 없을까요?

이를 위해 CLI 프로그램이 사용자가 원하는 것을 단계별로 질문하게 하겠습니다. 먼저 어떤 템플릿을 생성할지를 묻고, 그다음에 파일명과 경로를 물어봅니다. cli 명령어만 입력했을 때는 단계적으로 질문하도록 만들어보겠습니다.

template.js

```
#!/usr/bin/env node
const fs = require('fs');
const path = require('path');
const readline = require('readline');

let rl;
let type = process.argv[2];
let name = process.argv[3];
let directory = process.argv[4] || '.';

...
const makeTemplate = () => { // 템플릿 생성 함수
  ...
};

const dirAnswer = (answer) => { // 경로 설정
  directory = answer?.trim() || '.';
  rl.close();
  makeTemplate();
};

const nameAnswer = (answer) => { // 파일명 설정
  if (!answer || !answer.trim()) {
    console.clear();
    console.log('name을 반드시 입력하셔야 합니다.');
    return rl.question('파일명을 설정하세요. ', nameAnswer);
  }
  name = answer;
  return rl.question('저장할 경로를 설정하세요.(설정하지 않으면 현재경로) ', dirAnswer);
};

const typeAnswer = (answer) => { // 템플릿 종류 설정
  if (answer !== 'html' && answer !== 'express-router') {
    console.clear();
    console.log('html 또는 express-router만 지원합니다.');
    return rl.question('어떤 템플릿이 필요하십니까? ', typeAnswer);
  }
```

➊

```
    type = answer;
    return rl.question('파일명을 설정하세요. ', nameAnswer);    ----●
  };

  const program = () => {
    if (!type || !name) {
      rl = readline.createInterface({
        input: process.stdin,
        output: process.stdout,                              ----●
      });
      console.clear();
      rl.question('어떤 템플릿이 필요하십니까? ', typeAnswer);
    } else {
      makeTemplate();
    }
  };

program(); // 프로그램 실행부
```

다시 readline 모듈을 사용합니다. question 메서드가 비동기 방식으로 동작하므로 새로운 함수
들을 만들었습니다.

● dirAnswer, nameAnswer, typeAnswer는 각각 디렉터리, 파일명, 템플릿 종류에 대해 사용자
입력을 받는 함수입니다. 코드의 순서가 역순으로 되어 있으므로 typeAnswer, nameAnswer,
dirAnswer가 실질적인 실행 순서라고 생각하면 됩니다.

● 명령어에서 템플릿 종류(type)나 파일명(name)을 입력하지 않았을 때 상호 작용할 수 있는 입
력창을 띄우는 부분입니다.

콘솔에서 직접 이 프로그램을 사용해봅시다.

콘솔
```
$ npx cli
어떤 템플릿이 필요하십니까? html
파일명을 설정하세요. test
저장할 경로를 설정하세요.(설정하지 않으면 현재경로) public
public\test.html 생성 완료
```

예전처럼 npx cli html test public 명령어도 가능합니다. 다만, 명령어를 외우지 못한 사람에게
는 위의 방식이 더 편리할 것입니다. 이 정도로도 충분히 쓸 만한 프로그램이지만 옵션이 늘어날

수록 코드가 복잡해질 가능성이 있습니다. CLI 프로그램을 만들기 위한 npm 패키지를 사용하면 좋습니다.

14.2 / Commander, Inquirer 사용하기

14.1절의 방식으로도 충분히 CLI 프로그램을 만들 수 있지만, 상당히 손이 많이 가는 것이 사실입니다. npm에는 CLI 프로그램을 위한 라이브러리가 많이 준비되어 있습니다. 대표적인 것으로 yargs, commander, meow가 있습니다(npm 다운로드순).

이 책에서는 commander를 사용해 예제 프로그램을 제작합니다. yargs나 meow도 훌륭한 라이브러리이지만, commander가 사용 방법이 좀 더 직관적입니다. commander와 더불어 CLI 프로그램과 사용자 간의 상호 작용을 돕는 inquirer 패키지도 함께 사용합니다.

commander와 inquirer를 설치합니다.

콘솔

```
$ npm i commander@9 inquirer@8
```

14.1절의 프로그램을 commander와 inquirer로 재작성할 것입니다. 먼저 commander 사용법부터 간단히 알아봅시다.

```
command.js
```

```javascript
#!/usr/bin/env node
const { program } = require('commander');

program
  .version('0.0.1', '-v, --version')
  .name('cli');

program
  .command('template <type>')
  .usage('<type> --filename [filename] --path [path]')
  .description('템플릿을 생성합니다.')
  .alias('tmpl')
  .option('-f, --filename [filename]', '파일명을 입력하세요.', 'index')
  .option('-d, --directory [path]', '생성 경로를 입력하세요', '.')
  .action((type, options, command) => {
    console.log(type, options.filename, options.directory);
  });

program
  .command('*', { noHelp: true })
  .action(() => {
    console.log('해당 명령어를 찾을 수 없습니다.');
    program.help();
  });

program
  .parse(process.argv);
```

commander 패키지로부터 program 객체를 불러왔습니다. program 객체에는 다양한 메서드가 존재합니다. 하나씩 알아봅시다.

- **version**: 프로그램의 버전을 설정할 수 있습니다. 첫 번째 인수로 버전을 넣어주고, 두 번째 인수로 버전을 보여줄 옵션을 넣습니다. 여러 개인 경우 쉼표(,)로 구분하면 됩니다. 현재 --version으로 지정되어 있고, -v는 축약 옵션입니다. node -v나 npm -v처럼 cli -v로 프로그램의 버전을 확인할 수 있습니다.

- **usage**: 이 메서드를 사용하면 명령어의 사용법을 설정할 수 있습니다. 사용법은 명령어에 도움 옵션(-h 또는 --help)을 붙였을 때 나타나는 설명서에 표시됩니다. 설명서는 commander 가 자동으로 생성합니다. [options]라고 되어 있는데, [ ]는 필수가 아닌 선택이라는 뜻입니다. 즉, 옵션을 넣어도 되고 안 넣어도 됩니다.

- **name**: 명령어의 이름을 넣습니다. cli를 적으면 됩니다.

- **command**: 명령어를 설정하는 메서드입니다. 현재 template <type>과 *라는 두 개의 명령어를 설정했습니다. 따라서 cli template html과 같이 명령할 수 있게 됩니다. 이때 html이 <type>에 대응됩니다. <>는 필수라는 의미이므로 type을 넣지 않으면 에러가 발생합니다. * 는 와일드카드 명령어로, 나머지 모든 명령어를 의미합니다. template을 제외한 다른 명령어를 입력했을 때 실행됩니다.

- **description**: 명령어에 대한 설명을 설정하는 메서드입니다. 역시 명령어 설명서에 표시됩니다.

- **alias**: 명령어의 별칭을 설정할 수 있습니다. template 명령어의 별칭이 tmpl로 설정되어 있으므로 cli template html 대신 cli tmpl html로 명령어를 실행할 수 있습니다.

- **option**: 명령어에 대한 부가적인 옵션을 설정할 수 있습니다. template 명령어 같은 경우에는 파일명(--filename)과 생성 경로(--directory)를 옵션으로 가집니다. 이 메서드의 첫 번째 인수가 옵션 명령어이고, 두 번째 인수가 옵션에 대한 설명입니다. 마지막 인수는 옵션 기본값입니다. 옵션을 입력하지 않았을 경우 자동으로 기본값이 적용됩니다. 옵션 이름으로 name은 위의 name 메서드와 충돌할 위험이 있으니 사용하지 않는 것이 좋습니다.

- **requiredOption**: option과 같은 역할을 하지만 필수로 입력해야 하는 옵션을 지정할 때 사용합니다. 예제에서는 사용하지 않았습니다.

- **action**: 명령어에 대한 실제 동작을 정의하는 메서드입니다. <type> 같은 필수 요소나 옵션들을 매개변수로 가져올 수 있습니다. 세 번째 매개변수 command는 나중에 설명합니다.

- **help**: 설명서를 보여주는 옵션입니다. -h나 --help 옵션으로 설명서를 볼 수도 있지만, 이 메서드를 사용해 프로그래밍적으로 표시할 수도 있습니다.

- **parse**: program 객체의 마지막에 붙이는 메서드입니다. process.argv를 인수로 받아서 명령어와 옵션을 파싱합니다.

이 메서드들을 조합해서 예제 코드처럼 명령어를 만들면 됩니다.

package.json의 bin 속성에 새로 만든 파일을 연결하고 다시 전역 설치합니다.

package.json
```
{
  ...
  "bin": {
    "cli": "./command.js"
  },
```

```
  ...
}
```

```
$ npm i -g
```

commander가 기본적으로 제공하는 옵션인 -v와 -h를 입력해보겠습니다.

```
$ npx cli -v
0.0.1
$ npx cli -h
Usage: cli [options] [command]

Options:
  -v, --version             output the version number
  -h, --help                display help for command

Commands:
  template|tmpl [options] <type>  템플릿을 생성합니다.
  help [command]            display help for command
$ npx cli template -h
Usage: cli template|tmpl <type> --filename [filename] --path [path]

템플릿을 생성합니다.

Options:
  -f, --filename [filename]  파일명을 입력하세요. (default: "index")
  -d, --directory [path]     생성 경로를 입력하세요 (default: ".")
  -h, --help                 display help for command
$ npx cli template
error: missing required argument `type'
```

명령어에 -h 옵션을 붙이면 명령어 설명서가 나옵니다. 조금 전에 usage나 name, description, option 메서드에 적었던 설명이 그대로 표시됩니다.

npx cli template 명령어를 입력했을 때는 필수 요소인 <type>을 빠뜨렸으므로 에러를 표시합니다. 이렇게 설명과 에러 검증을 자동으로 해줘서 편리합니다.

이제 실제로 동작하는 코드를 작성해보겠습니다. template.js의 코드를 대부분 가져옵니다.

```
#!/usr/bin/env node
const { program } = require('commander');
const fs = require('fs');
const path = require('path');

const htmlTemplate = `
<!DOCTYPE html>
  <html>
  <head>
    <meta chart="utf-8" />
    <title>Template</title>
  </head>
  <body>
    <h1>Hello</h1>
    <p>CLI</p>
  </body>
</html>
`;

const routerTemplate = `
const express = require('express');
const router = express.Router();

router.get('/', (req, res, next) => {
   try {
     res.send('ok');
   } catch (error) {
     console.error(error);
     next(error);
   }
});

module.exports = router;
`;

const exist = (dir) => {
  try {
    fs.accessSync(dir, fs.constants.F_OK | fs.constants.R_OK | fs.constants.W_OK);
    return true;
  } catch (e) {
    return false;
  }
```

```
};

const mkdirp = (dir) => {
  const dirname = path
    .relative('.', path.normalize(dir))
    .split(path.sep)
    .filter(p => !!p);
  dirname.forEach((d, idx) => {
    const pathBuilder = dirname.slice(0, idx + 1).join(path.sep);
    if (!exist(pathBuilder)) {
      fs.mkdirSync(pathBuilder);
    }
  });
};


const makeTemplate = (type, name, directory) => {
  mkdirp(directory);
  if (type === 'html') {
    const pathToFile = path.join(directory, `${name}.html`);
    if (exist(pathToFile)) {
      console.error('이미 해당 파일이 존재합니다');
    } else {
      fs.writeFileSync(pathToFile, htmlTemplate);
      console.log(pathToFile, '생성 완료');
    }
  } else if (type === 'express-router') {
    const pathToFile = path.join(directory, `${name}.js`);
    if (exist(pathToFile)) {
      console.error('이미 해당 파일이 존재합니다');
    } else {
      fs.writeFileSync(pathToFile, routerTemplate);
      console.log(pathToFile, '생성 완료');
    }
  } else {
    console.error('html 또는 express-router 둘 중 하나를 입력하세요.');
  }
};

program
  .version('0.0.1', '-v, --version')  .name('cli');

program
  .command('template <type>')
```

```
  .usage('<type> --filename [filename] --path [path]')
  .description('템플릿을 생성합니다.')
  .alias('tmpl')
  .option('-f, --filename [filename]', '파일명을 입력하세요.', 'index')
  .option('-d, --directory [path]', '생성 경로를 입력하세요', '.')
  .action((type, options, command) => {
    makeTemplate(type, options.filename, options.directory);
  });

program
  .command('*', { noHelp: true })
  .action(() => {
    console.log('해당 명령어를 찾을 수 없습니다.');
    program.help();
  });

program
  .parse(process.argv);
```

콘솔에서 실행해보면 됩니다. template.js 프로그램과 명령어만 다를 뿐 똑같이 동작합니다.

```
$ npx cli template html -d public/html -f new
public\html\new.html 생성 완료
$ npx cli copy
해당 명령어를 찾을 수 없습니다.
Usage: cli [options] [command]

Options:
  -v, --version          output the version number
  -h, --help             display help for command

Commands:
  template|tmpl [options] <type>   템플릿을 생성합니다.
  help [command]         display help for command
$ cli
(결과 없음)
```

옵션들은 순서를 바꿔서 입력해도 됩니다. -d public/html -f new나 -f new -d public/html이나
똑같습니다. cli copy처럼 미리 등록하지 않은 명령어를 사용하면 * 와일드카드 명령어가 실행됩니다.

668

commander에서 알아둬야 할 것은 기본 명령어(cli)는 * 명령어에 해당하지 않는다는 것입니다. 이 명령어에 동작을 추가하려면 * 명령어를 없애고 일반 action에서 매개변수에 따라 분기 처리를 해야 합니다.

commander를 사용하더라도 여전히 명령어를 외워야 합니다. 설명서도 제공하고 옵션 순서도 바꿀 수 있지만, 불편한 것이 사실입니다. 따라서 inquirer로 cli 명령어를 사용할 때 사용자와 상호 작용할 수 있도록 만들어봅시다.

command.js

```javascript
#!/usr/bin/env node
const { program } = require('commander');
const fs = require('fs');
const path = require('path');
const inquirer = require('inquirer');
...
program
  .command('template <type>')
  .usage('<type> --filename [filename] --path [path]')
  .description('템플릿을 생성합니다.')
  .alias('tmpl')
  .option('-f, --filename [filename]', '파일명을 입력하세요.', 'index')
  .option('-d, --directory [path]', '생성 경로를 입력하세요', '.')
  .action((type, options) => {
    makeTemplate(type, options.filename, options.directory);
  });


program
  .action((options, command) => {
    if (command.args.length !== 0) {
      console.log('해당 명령어를 찾을 수 없습니다.');
      program.help();
    } else {
      inquirer.prompt([{
        type: 'list',
        name: 'type',
        message: '템플릿 종류를 선택하세요.',
        choices: ['html', 'express-router'],
      }, {
        type: 'input',
        name: 'name',
        message: '파일의 이름을 입력하세요.',
        default: 'index',
```

```
    }, {
      type: 'input',
      name: 'directory',
      message: '파일이 위치할 폴더의 경로를 입력하세요.',
      default: '.',
    }, {
      type: 'confirm',
      name: 'confirm',
      message: '생성하시겠습니까?',
    }])
      .then((answers) => {
        if (answers.confirm) {
          makeTemplate(answers.type, answers.name, answers.directory);
          console.log('터미널을 종료합니다.');
        }
      });
    }
  })
  .parse(process.argv);
```

readline 모듈을 사용할 때는 엄청 복잡했던 코드가 간결해졌습니다(inquirer 패키지도 내부적으로 readline 모듈을 사용하기는 합니다). * 명령어를 없애고 program 객체에 바로 action 메서드를 붙입니다. 매개변수로 options와 command가 들어오는데, 첫 번째 매개변수인 options에는 옵션(option 메서드로 생성한)들이 들어 있고 두 번째 매개변수인 command에는 명령어에 대한 전체적인 내용이 들어 있습니다. 여기서 command.args 속성에 명령어 뒤에 붙은 추가 명령어가 저장됩니다. 만약 명령어가 npx cli copy이면 command.args는 ['copy']가 되고, 명령어가 npx cli이면 []가 됩니다. 따라서 command.args.length로 npx cli만 입력했는지 아닌지 구별할 수 있습니다.

이제 npx cli를 입력하면 사용자와 상호 작용을 시작합니다. inquirer 패키지로부터 불러온 inquirer 객체는 prompt라는 메서드를 갖고 있습니다. 이 메서드는 인수로 질문 목록을 받고, 프로미스를 통해 답변(answers 객체)을 반환합니다. 질문 객체의 속성을 알아봅시다.

- **type**: 질문의 종류입니다. input, checkbox, list, password, confirm 등이 있습니다. 이 예제에서는 input(평범한 답변), list(다중 택일), confirm(Yes 또는 No)과 같은 종류의 질문을 사용합니다.

- **name**: 질문의 이름입니다. 나중에 답변 객체가 속성명으로 질문의 이름을, 속성값으로 질문의 답을 갖게 됩니다.

- **message**: 사용자에게 표시되는 문자열입니다. 여기에 실제 질문을 적으면 됩니다.

- **choices**: type이 checkbox, list 등인 경우 선택지를 넣는 곳입니다. 배열로 넣으면 됩니다.

- **default**: 답을 적지 않았을 경우 적용되는 기본값입니다.

예제에서는 질문 네 개를 연달아 합니다. 질문 객체 네 개를 배열로 묶어 prompt 메서드의 인수로 제공했습니다. prompt 메서드는 프로미스를 반환하므로 then 메서드를 붙여 답변을 매개변수를 통해 받을 수 있습니다.

콘솔에 명령어를 입력해보면 훨씬 더 풍부한 상호 작용을 하는 것을 볼 수 있습니다.

콘솔

```
$ npx cli
? 템플릿 종류를 선택하세요. (Use arrow keys)
> html
  express-router
```

---

list 타입의 질문은 키보드 화살표를 통해 답변을 고를 수 있습니다. 답변 선택지는 choices 속성에 넣어준 것들입니다. 계속해서 나머지 질문을 진행하면 다음과 같은 결과가 나옵니다.

콘솔

```
? 템플릿 종류를 선택하세요. html
? 파일의 이름을 입력하세요. new
? 파일이 위치할 폴더의 경로를 입력하세요. public/html
? 생성하시겠습니까? y
이미 해당 파일이 존재합니다
터미널을 종료합니다.
```

여기에 입력했던 답변들은 answers 객체에 저장되어 프로미스를 통해 반환됩니다. 질문 객체에 넣어줬던 name 속성과 질문의 답변이 각각 키와 값이 됩니다. 예를 들면, 첫 번째 질문의 name이 type이므로 answers.type === 'html'이 되는 것입니다.

14.3 / 프로젝트 마무리하기

마지막으로, chalk 패키지를 사용해봅시다. 이 패키지에 특별한 기능이 있는 것은 아니며, 검은색 과 흰색밖에 없는 터미널에 색과 스타일을 추가합니다.

콘솔

```
$ npm i chalk@4
```

command.js

```javascript
#!/usr/bin/env node
const { program } = require('commander');
const fs = require('fs');
const path = require('path');
const inquirer = require('inquirer');
const chalk = require('chalk');
...
const makeTemplate = (type, name, directory) => {
  mkdirp(directory);
  if (type === 'html') {
    const pathToFile = path.join(directory, `${name}.html`);
    if (exist(pathToFile)) {
      console.error(chalk.bold.red('이미 해당 파일이 존재합니다'));
    } else {
      fs.writeFileSync(pathToFile, htmlTemplate);
      console.log(chalk.green(pathToFile, '생성 완료'));
    }
  } else if (type === 'express-router') {
    const pathToFile = path.join(directory, `${name}.js`);
    if (exist(pathToFile)) {
      console.error(chalk.bold.red('이미 해당 파일이 존재합니다'));
    } else {
      fs.writeFileSync(pathToFile, routerTemplate);
      console.log(chalk.green(pathToFile, '생성 완료'));
    }
  } else {
    console.error(chalk.bold.red('html 또는 express-router 둘 중 하나를 입력하세요.'));
  }
};
```

```
...
program
  .action((options, command) => {
    if (command.args.length !== 0) {
      console.log(chalk.bold.red('해당 명령어를 찾을 수 없습니다.'));
      program.help();
    } else {
      inquirer.prompt([{
        type: 'list',
        name: 'type',
        message: '템플릿 종류를 선택하세요.',
        choices: ['html', 'express-router'],
      }, {
        type: 'input',
        name: 'name',
        message: '파일의 이름을 입력하세요.',
        default: 'index',
      }, {
        type: 'input',
        name: 'directory',
        message: '파일이 위치할 폴더의 경로를 입력하세요.',
        default: '.',
      }, {
        type: 'confirm',
        name: 'confirm',
        message: '생성하시겠습니까?',
      }])
        .then((answers) => {
          if (answers.confirm) {
            makeTemplate(answers.type, answers.name, answers.directory);
            console.log(chalk.rgb(128, 128, 128)('터미널을 종료합니다.'));
          }
        });
    }
  })
  .parse(process.argv);
```

console.log와 console.error에 chalk를 적용했습니다.

사용법은 간단합니다. chalk 객체의 메서드들로 문자열을 감싸면 됩니다. green, yellow, red, blue와 같은 친숙한 색이 메서드로 추가되어 있습니다. 직접 색을 지정하고 싶다면 rgb 메서드나

hex 메서드를 사용하면 됩니다. chalk.rgb(12,34,56)(텍스트) 또는 chalk.hex('#123456')(텍스트)처럼 사용할 수 있습니다.

글자색 외에 배경색도 지정할 수 있습니다. bgGreen, bgYellow나 bgRgb, bgHex 등을 사용하면 됩니다.

텍스트의 스타일도 정할 수 있습니다. 텍스트를 굵게(bold) 할 수도 있고, 밑줄(underline)을 그을 수도 있습니다.

글자색, 배경색, 스타일을 동시에 지정할 수도 있습니다. chalk.red.bgBlue.bold(텍스트)처럼 하면 됩니다.

다소 지루할 수도 있는 CLI 프로그램이므로 알록달록한 색을 넣어 사용자들의 집중력을 끌어올려 보세요. 단, 터미널마다 지원하는 색이나 스타일이 다르므로 모든 환경에서 동일하게 동작하지는 않습니다.

▼ 그림 14-2 색상이 적용된 CLI 프로그램

```
PS C:\Users\speak\WebstormProjects\nodejs-book\ch14\14.3\node-cli> npx cli tmpl html -f main -d public/html
public\html\main.html 생성 완료
PS C:\Users\speak\WebstormProjects\nodejs-book\ch14\14.3\node-cli> npx cli tmpl html -f main -d public/html
이미 해당 파일이 존재합니다
PS C:\Users\speak\WebstormProjects\nodejs-book\ch14\14.3\node-cli> npx cli tmpl express-router
이미 해당 파일이 존재합니다
PS C:\Users\speak\WebstormProjects\nodejs-book\ch14\14.3\node-cli> npx cli tmpl js
html 또는 express-router 둘 중 하나를 입력하세요.
PS C:\Users\speak\WebstormProjects\nodejs-book\ch14\14.3\node-cli> npx cli
? 템플릿 종류를 선택하세요. html
? 파일의 이름을 입력하세요. hell
? 파일이 위치할 폴더의 경로를 입력하세요. .
? 생성하시겠습니까? Yes
hell.html 생성 완료
터미널을 종료합니다.
```

지금까지 commander, inquirer, chalk를 사용해 CLI 프로그램을 제작해봤습니다. 간단한 CLI 프로그램을 제작할 때는 commander나 inquirer 패키지가 불필요하다고 느낄 수도 있습니다. 실제로 패키지를 사용하지 않고도 충분히 좋은 프로그램을 만들 수 있습니다. 예를 들어, 많은 CLI 명령어를 갖고 있는 npm도 다른 패키지의 도움 없이 직접 process.argv를 파싱해 CLI 프로그램을 만들었습니다. 하지만 프로그램이 복잡해질수록 소개한 패키지들의 진가가 발휘되는데, 코드가 간결해지고 확장하기 쉬워지기 때문입니다.

여러분도 자주 하는 작업을 CLI 프로그램으로 만들어 일을 줄여보세요. 만든 프로그램이 너무나 유용해 다른 사람과 공유하고 싶다면 5장에서 배운 방법대로 npm에 배포하면 됩니다.

14.3.1 스스로 해보기

- 파일을 복사하는 명령어 만들어보기

- 경로를 지정하면 하위의 모든 폴더와 파일을 지우는 명령어 만들어보기(rimraf 패키지 참조)

- 데이터베이스와 연동해 가계부 만들어보기(시퀄라이즈를 세팅하고 나서 실행 파일 첫 부분에 sequelize.sync로 데이터베이스를 연동한 후 명령어를 수행하면 됩니다)

14.3.2 핵심 정리

- 노드는 단순히 서버가 아니라 자바스크립트를 실행하는 런타임이란 점을 기억합시다. 이 장에서는 콘솔에서 동작하는 CLI 프로그램을 만들었습니다.

- npm에는 서버를 위한 패키지뿐만 아니라 다양한 프로그램을 위한 패키지도 준비되어 있으므로 적극적으로 활용하길 바랍니다.

- 다른 사람이 사용할 것을 감안해 명령어에 대한 설명을 자세히 적어둡시다. 이렇게 하면 명령어를 잊어버렸을 경우 스스로에게도 도움이 됩니다.

- 프로그래머의 소양 중 하나는 DRY(Don't Repeat Yourself)(중복 배제)입니다. 간단한 프로그램만으로도 의미 없이 반복되는 단순 작업을 줄일 수 있습니다. CLI 프로그램을 만드는 방법을 배웠으니, 프로그래밍을 할 때 반복되는 작업을 최소화하는 프로그램을 제작해봅시다.

14.3.3 함께 보면 좋은 자료

- readline 공식 문서: https://nodejs.org/api/readline.html

- process 공식 문서: https://nodejs.org/api/process.html

- commander 공식 문서: https://www.npmjs.com/package/commander

- inquirer 공식 문서: https://www.npmjs.com/package/inquirer

- chalk 공식 문서: https://github.com/chalk/chalk

15장

AWS와 GCP로
배포하기

지금까지는 서버 개발을 localhost에서 진행했습니다. 별다른 설정 없이 서버 작업 결과를 볼 수 있어 편리하긴 하지만, 혼자만 볼 수 있다는 문제가 있습니다. 이제는 다른 사람에게 여러분의 서비스를 공개할 때입니다. 11장의 NodeBird 앱을 배포해보겠습니다.

이 장에서는 배포를 위한 사전 작업 방법을 알아볼 것입니다. 다른 사람이 사용하는 서비스이므로 개발 환경과 동일하게 진행할 수는 없습니다. 서버도 멈추지 않게 유지해야 하고, 에러 내역도 관리해야 합니다. 또한, 각종 보안 위협에도 대처해야 합니다. 이러한 작업을 쉽게 해주는 패키지도 알아볼 것입니다.

사전 작업이 마무리된 후에는 대표적인 클라우드 플랫폼인 아마존 웹 서비스(Amazon Web Service)(이하 AWS)와 구글 클라우드 플랫폼(Google Cloud Platform)(이하 GCP)에 여러분의 서비스를 배포하는 방법을 배워보겠습니다.

15.1 / 서비스 운영을 위한 패키지

서비스를 개발하는 도중에는 서버에 문제가 생겨 서버가 꺼져도 큰 문제가 되지 않습니다. 출시하기 전에 해결하면 되니까요. 하지만 서비스를 출시한 이후에 서버에 문제가 생기면 서비스 자체에 심각한 타격을 입습니다. 또한, 서비스의 취약점을 노린 공격이 들어올 수도 있습니다. 따라서 이러한 문제를 막기 위한 최소한의 조치가 필요합니다.

11장의 NodeBird 앱에 여러 패키지를 적용해 배포를 위한 준비를 해보겠습니다.

15.1.1 morgan과 express-session

현재 익스프레스 미들웨어 중 일부가 개발용으로 설정되어 있습니다. 이 미들웨어들을 배포용으로 설정할 것입니다.

app.js

```
...
sequelize.sync({ force: false })
  .then(() => {
```

```
    console.log('데이터베이스 연결 성공');
  })
  .catch((err) => {
    console.error(err);
  });

if (process.env.NODE_ENV === 'production') {
  app.use(morgan('combined'));
} else {
  app.use(morgan('dev'));
}
app.use(express.static(path.join(__dirname, 'public')));
...
```

process.env.NODE_ENV는 배포 환경인지 개발 환경인지를 판단할 수 있는 환경 변수입니다. 저는 주로 배포 환경일 때는 morgan을 combined 모드로 사용하고, 개발 환경일 때는 dev 모드로 사용합니다. combined 모드는 dev 모드에 비해 더 많은 사용자 정보를 로그로 남기므로 추후 버그를 해결할 때 더 유용하게 사용할 수 있습니다.

참고로 process.env.NODE_ENV는 .env에 넣을 수 없습니다. 개발 환경인지 배포 환경인지에 따라 값이 변해야 하는데, .env 파일은 정적 파일이기 때문입니다. NODE_ENV를 동적으로 바꾸는 방법은 cross-env에서 알아봅니다.

이번에는 express-session을 배포용으로 설정합니다. 단, express-session은 사용자의 환경에 따라 설정이 달라지므로 설명을 주의 깊게 읽어주세요.

app.js

```
...
app.use(cookieParser(process.env.COOKIE_SECRET));
const sessionOption = {
  resave: false,
  saveUninitialized: false,
  secret: process.env.COOKIE_SECRET,
  cookie: {
    httpOnly: true,
    secure: false,
  },
};
if (process.env.NODE_ENV === 'production') {
  sessionOption.proxy = true;
  // sessionOption.cookie.secure = true;
```

```
  }
app.use(session(sessionOption));
app.use(passport.initialize());
...
```

배포 환경일 때는 proxy와 cookie.secure를 true로 바꿉니다. 하지만 무조건 이렇게 적용해야 하는 것은 아닙니다. proxy를 true로 적용해야 하는 경우는 https 적용을 위해 노드 서버 앞에 다른 서버를 뒀을 때입니다. cookie.secure도 https를 적용할 때만 true로 바꿉니다.

15.1.2 시퀄라이즈

데이터베이스도 배포 환경으로 설정합니다. 시퀄라이즈(sequelize)의 경우 수정이 필요합니다.

시퀄라이즈에서 가장 큰 문제는 비밀번호가 하드 코딩되어 있다는 것이며, JSON 파일이므로 변수를 사용할 수 없습니다. 다행히 시퀄라이즈는 JSON 대신 JS 파일을 설정 파일로 쓸 수 있게 지원합니다.

config 폴더에서 config.json을 지우고 config.js를 생성합니다.

config/config.js
```
require('dotenv').config();

module.exports = {
  development: {
    username: 'root',
    password: process.env.SEQUELIZE_PASSWORD,
    database: 'nodebird',
    host: '127.0.0.1',
    dialect: 'mysql',
  },
  test: {
    username: "root",
    password: process.env.SEQUELIZE_PASSWORD,
    database: "nodebird_test",
    host: "127.0.0.1",
    dialect: "mysql"
  },
  production: {
    username: 'root',
```

```
      password: process.env.SEQUELIZE_PASSWORD,
      database: 'nodebird',
      host: '127.0.0.1',
      dialect: 'mysql',
      logging: false,
   },
};
```

JS 파일이므로 dotenv 모듈을 사용할 수 있습니다. 예제에서는 password만 process.env로 바꿨지만, 보안 규칙에 따라 나머지 정보도 process.env로 바꿔도 됩니다. 특히 username 속성이나 host 속성은 각각 아이디와 DB 서버 주소 역할을 하므로 숨기는 게 좋습니다.

process.env가 development일 때는 development 속성의 설정 내용이 적용되고, production일 때는 production 속성의 설정 내용이 적용됩니다. 실무에서는 개발용 데이터베이스와 배포용 데이터베이스를 구별하기도 하므로 이렇게 구분하는 것이 유용합니다. 11장에서는 테스트용 데이터베이스를 구별했습니다.

지금은 쿼리를 수행할 때마다 콘솔에 SQL문이 노출됩니다. 배포 환경에서는 어떤 쿼리가 수행되는지 숨기는 것이 좋습니다. 따라서 production일 경우에는 logging에 false를 줘서 쿼리 명령어를 숨겼습니다.

데이터베이스 비밀번호는 .env 파일에 입력합니다.

.env

```
COOKIE_SECRET=nodebirdsecret
KAKAO_ID=5d4daf57becfd72fd9c919882552c4a6
SEQUELIZE_PASSWORD=데이터베이스 비밀번호
```

15.1.3 cross-env

cross-env 패키지를 사용하면 동적으로 process.env(환경 변수)를 변경할 수 있습니다. 또한, 모든 운영체제에서 동일한 방법으로 환경 변수를 변경할 수 있게 됩니다.

기존 package.json을 다음과 같이 바꿉니다.

package.json

```json
{
  "name": "nodebird",
  "version": "0.0.1",
  "description": "익스프레스로 만드는 SNS 서비스",
  "main": "server.js",
  "scripts": {
    "start": "NODE_ENV=production PORT=80 node server",
    "dev": "nodemon server",
    "test": "jest"
  },
  ...
```

서버 실행을 위한 npm 스크립트를 두 개로 나눴습니다. npm start는 배포 환경에서 사용하는 스크립트이고, npm run dev는 개발 환경에서 사용하는 스크립트입니다. npm start 시에 실행되는 명령어가 좀 독특한데, 앞에 NODE_ENV=production PORT=80이 붙어 있습니다. 스크립트를 실행할 때 process.env를 동적으로 설정하는 방법입니다. process.env.NODE_ENV가 production이 되고, process.env.PORT가 80이 됩니다.

그런데 이 방식에는 문제가 있습니다. 리눅스나 맥에서는 되지만, 윈도에서는 process.env를 이렇게 설정할 수 없습니다.

콘솔

```
$ npm start
'NODE_ENV'은(는) 내부 또는 외부 명령, 실행할 수 있는 프로그램, 또는 배치 파일이 아닙니다.
```

이럴 때 cross-env가 사용됩니다. npm을 통해 설치합니다.

콘솔

```
$ npm i cross-env
```

다시 package.json을 다음과 같이 수정하면 됩니다.

package.json

```json
{
  ...
  "scripts": {
    "start": "cross-env NODE_ENV=production PORT=80 node server",
```

```
    "dev": "nodemon server",
    "test": "jest"
  },
...
```

앞에 cross-env를 붙임으로써 윈도에서도 실행됩니다.

> **Note ≡ crossenv 사건**
>
> 노드와 npm 생태계를 떠들썩하게 만든 사건이 있었습니다. 이른바 'crossenv 사건'입니다. 사람들이 cross-env를 설치할 때 실수로 cross-env 대신 crossenv를 설치해서 발생했는데, crossenv는 사용자의 .env 파일에 들어 있는 키들을 해커에게 전송하는 악성 패키지였던 것입니다.
>
> 다행히 문제를 발견한 즉시 패키지가 차단되어 피해가 크게 확산되지는 않았지만, 유명한 패키지와 혼동시키는 수법으로 해킹하려는 시도가 있었다는 점에서 충격적인 사건이었습니다. 따라서 패키지를 설치할 때는 항상 주의를 기울여야 합니다.

15.1.4 sanitize-html, csurf

sanitize-html과 csurf 패키지는 각각 XSS(Cross Site Scripting), CSRF(Cross Site Request Forgery) 공격을 막기 위한 패키지입니다.

> **콘솔**
>
> ```
> $ npm i sanitize-html
> $ npm i csurf
> ```

XSS는 악의적인 사용자가 사이트에 스크립트를 삽입하는 공격입니다. 악성 사용자가 게시글이나 댓글 등을 업로드할 때 자바스크립트가 포함된 태그를 올리면, 나중에 다른 사용자가 그 게시글이나 댓글을 볼 때 해당 스크립트가 실행되어 예기치 못한 동작을 하게 됩니다.

따라서 서버에서는 사용자가 게시글을 업로드할 때 스크립트가 포함되어 있는지 검사해서, 존재한다면 제거해야 합니다. 다만, 공격성 스크립트의 유형이 많으므로 라이브러리의 도움을 받는 것이 좋습니다.

사용법은 간단합니다.

```javascript
const sanitizeHtml = require('sanitize-html');

const html = "<script>location.href = 'https://gilbut.co.kr'</script>";
console.log(sanitizeHtml(html)); // ''
```

사용자가 업로드한 HTML을 sanitize-html 함수로 감싸면 허용하지 않는 태그나 스크립트는 제거됩니다. 두 번째 인수로 허용할 부분에 대한 옵션을 넣을 수 있는데, 옵션 목록은 공식 문서를 참고하면 됩니다.

CSRF는 사용자가 의도치 않게 공격자가 의도한 행동을 하게 만드는 공격입니다. 예를 들어, 특정 페이지에 방문할 때 저절로 로그아웃되거나 게시글이 써지는 현상을 유도할 수 있습니다. 심지어 은행과 같은 사이트에서는 다른 사람에게 송금하는 행동을 넣는 등 상황에 따라 크게 악용될 수 있는 공격입니다.

이 공격을 막으려면 내가 한 행동이 내가 한 것이 맞다는 사실을 인증해야 합니다. 이때 CSRF 토큰이 사용되고, csurf 패키지는 이 토큰을 쉽게 발급하거나 검증할 수 있도록 돕습니다.

다음 코드는 공식 문서에서 발췌한 예제입니다. GET /form 라우터는 form을 렌더링하는 라우터이고, POST /form 라우터는 form에서 보낸 데이터를 처리하는 라우터입니다.

```javascript
const csrf = require('csurf');
const csrfProtection = csrf({ cookie: true });

app.get('/form', csrfProtection, (req, res) => {
  res.render('csrf', { csrfToken: req.csrfToken() });
});

app.post('/form', csrfProtection, (req, res) => {
  res.send('ok');
});
```

익스프레스의 미들웨어 형식으로 동작하며 form 같은 것을 렌더링할 때 CSRF 토큰을 같이 제공합니다. 현재 cookie를 사용하는 것으로 옵션을 설정했으므로 cookie-parser 패키지도 연결되어 있어야 합니다.

토큰은 req.csrfToken()으로 가져올 수 있습니다. 프런트엔드에 렌더링된 CSRF 토큰을 나중에 form을 제출할 때 데이터와 함께 제출하면 됩니다. 상황에 따라 CSRF 토큰을 적용하는 방법이 다른데, 이는 공식 문서를 참고하면 됩니다.

15.1.5 pm2

pm2는 원활한 서버 운영을 위한 패키지입니다. 이 패키지는 '개발할 때 nodemon을 쓴다면, 배포할 때는 pm2를 쓴다'는 말이 있을 정도로 유용합니다. 가장 큰 기능은 서버가 에러로 인해 꺼졌을 때 서버를 다시 켜주는 것입니다.

또 하나 중요한 기능은 바로 멀티 프로세싱입니다. 멀티 스레딩은 아니지만 멀티 프로세싱을 지원해 노드 프로세스 개수를 한 개 이상으로 늘릴 수 있습니다. 기본적으로는 CPU 코어를 하나만 사용하는데, pm2를 사용해서 프로세스를 여러 개 만들면 다른 코어들까지 사용할 수 있습니다. 클라이언트로부터 요청이 올 때 알아서 요청을 여러 노드 프로세스에 고르게 분배합니다. 그럼 하나의 프로세스가 받는 부하가 적어지므로 서비스를 더 원활하게 운영할 수 있습니다.

단점도 있습니다. 멀티 스레딩이 아니므로 서버의 메모리 같은 자원을 공유하지는 못합니다. 지금까지 세션을 메모리에 저장했는데, 메모리를 공유하지 못해서 프로세스 간에 세션이 공유되지 않게 됩니다. 로그인 후 새로 고침을 반복할 때 세션 메모리가 있는 프로세스로 요청이 가면 로그인된 상태가 되고, 세션 메모리가 없는 프로세스로 요청이 가면 로그인되지 않은 상태가 되는 것입니다.

이 문제를 극복하려면 세션을 공유할 수 있게 해주는 무언가가 필요합니다. 이를 위해 주로 멤캐시드(Memcached)나 레디스(Redis) 같은 서비스를 사용합니다. 레디스로 세션을 공유하는 방법은 15.1.8절에서 알아봅니다.

NodeBird 앱 폴더에서 콘솔을 실행한 후 pm2를 설치합니다.

콘솔

```
$ npm i pm2
```

pm2는 nodemon처럼 콘솔에 입력하는 명령어입니다. package.json을 수정합니다. nodemon 대신 pm2를 쓰도록 npm start 스크립트를 수정할 것입니다.

package.json

```
{
  "name": "nodebird",
  "version": "0.0.1",
  "description": "익스프레스로 만드는 SNS 서비스",
  "main": "server.js",
  "scripts": {
```

```
    "start": "cross-env NODE_ENV=production PORT=80 pm2 start server.js",
    "dev": "nodemon server",
    "test": "jest"
  },
...
```

start 스크립트에 node server 대신 pm2 start server.js를 입력했습니다. pm2로 스크립트를 실행하는 명령어입니다.

이제 바뀐 명령어를 실행해보겠습니다. 컴퓨터에 따라 결과 화면이 다를 수 있습니다.

콘솔

```
$ npm start
```

▼ 그림 15-1 npm start 명령 실행 화면

```
[PM2] Spawning PM2 daemon with pm2_home=C:\Users\speak\.pm2
[PM2] PM2 Successfully daemonized
[PM2] Starting C:\Users\speak\WebstormProjects\nodejs-book\ch15\15.1\nodebird\server.js in fork_mode (1 instance)
[PM2] Done.
```

id	name	namespace	version	mode	pid	uptime	↺	status	cpu	mem	user	watching
0	server	default	0.0.1	fork	34692	0s	0	online	0%	34.9mb	zerocho	disabled

> **Note ☰ 리눅스나 맥에서 pm2 실행 시**
>
> 리눅스나 맥에서 pm2를 실행할 때 1024번 이하의 포트를 사용하려면 관리자 권한이 필요합니다. 따라서 sudo를 명령어 앞에 붙여 실행합니다. 앞으로 나오는 다른 명령어도 sudo npm start, sudo npx pm2 list, sudo npx pm2 kill, sudo npx pm2 monit처럼 하면 됩니다.

pm2를 실행했더니 다른 점이 있습니다. node나 nodemon 명령어와는 다르게 노드 프로세스가 실행된 후 콘솔에 다른 명령어를 입력할 수 있습니다. pm2가 노드 프로세스를 백그라운드로 돌리므로 가능한 것입니다.

백그라운드에서 돌고 있는 노드 프로세스를 확인할 방법이 필요한데, npx pm2 list 명령어를 사용하면 됩니다.

콘솔

```
$ npx pm2 list
```

id	name	namespace	version	mode	pid	uptime	↻	status	cpu	mem	user	watching
0	server	default	0.0.1	fork	34692	3m	0	online	0%	45.2mb	zerocho	disabled

npm start를 실행했을 때처럼 현재 프로세스 정보가 표시됩니다. 프로세스 아이디(pid), CPU와 메모리 사용량(mem) 등이 보여 편리합니다. uptime과 status 사이에 재시작된 횟수가 나오는데, 0 이 아니라면 서버가 재부팅된 적이 있다는 것을 의미합니다. 이 경우에는 왜 재시작되었는지 확인 해봐야 합니다. npx pm2 logs로 로그를 확인할 수 있습니다. 에러 로그만 보고 싶다면 뒤에 --err 을 붙이면 됩니다. 출력 줄 수를 바꾸고 싶다면 --lines 숫자 옵션을 사용합니다.

나중에 pm2 프로세스를 종료하고 싶다면 콘솔에 npx pm2 kill을 입력하면 됩니다. 서버를 재시 작하고 싶다면 npx pm2 reload all을 입력합니다. 다운타임(서버가 중지되어 클라이언트가 접속 할 수 없는 시간)이 거의 없이 서버가 재시작되어 좋습니다.

노드의 cluster 모듈처럼 클러스터링을 가능하게 하는 pm2의 클러스터링 모드를 사용해봅시다.

package.json

```json
{
  "name": "nodebird",
  "version": "0.0.1",
  "description": "익스프레스로 만드는 SNS 서비스",
  "main": "server.js",
  "scripts": {
    "start": "cross-env NODE_ENV=production PORT=80 pm2 start server.js -i 0",
    "dev": "nodemon server",
    "test": "jest"
  },
  ...
```

pm2 start server.js 대신에 pm2 start server.js -i 0 명령어를 사용합니다. 취향에 따라 pm2 start server.js -i -1도 많이 사용합니다. -i 뒤에 생성하길 원하는 프로세스 개수를 기입하면 됩니다. 0은 현재 CPU 코어 개수만큼 프로세스를 생성한다는 뜻이고, -1은 프로세스를 CPU 코 어 개수보다 한 개 덜 생성하겠다는 뜻입니다. 남은 코어 하나는 노드 외의 다른 작업을 할 수 있 게 하는 것입니다. 예제에서는 -i 0을 사용합니다.

npx pm2 kill로 서버를 종료한 뒤 변경된 명령어를 사용해봅시다. &&를 사용해 여러 개의 명령어 를 연달아 실행할 수 있습니다.

15

AWS와 GCP로 배포하기

```
$ npx pm2 kill && npm start
```

```
[PM2] Applying action deleteProcessId on app [all](ids: [ 0 ])
[PM2] [server](0) ✓
[PM2] [v] All Applications Stopped
[PM2] [v] PM2 Daemon Stopped

> nodebird@0.0.1 start
> cross-env NODE_ENV=production PORT=80 pm2 start server.js -i 0

[PM2] Spawning PM2 daemon with pm2_home=C:\Users\it\.pm2
[PM2] PM2 Successfully daemonized
[PM2] Starting C:\node\15\nodebird\server.js in cluster_mode (0 instance)
[PM2] Done.
```

▼ 그림 15-3 npm start 실행 화면

id	name	namespace	version	mode	pid	uptime	↻	status	cpu	mem	user	watching
0	server	default	0.0.1	cluster	42120	2s	0	online	48.4%	54.8mb	zerocho	disabled
1	server	default	0.0.1	cluster	10760	2s	0	online	48.5%	43.1mb	zerocho	disabled
2	server	default	0.0.1	cluster	33784	2s	0	online	54.7%	46.8mb	zerocho	disabled
3	server	default	0.0.1	cluster	42792	2s	0	online	25%	33.9mb	zerocho	disabled
4	server	default	0.0.1	cluster	59596	2s	0	online	9.5%	26.0mb	zerocho	disabled
5	server	default	0.0.1	cluster	26520	1s	0	online	12.4%	25.3mb	zerocho	disabled

예제를 작성한 컴퓨터는 코어가 여섯 개이므로 프로세스가 여섯 개 생성되었고, mode가 cluster
로 되어 있어 클러스터링 중임을 알 수 있습니다.

현재 프로세스를 모니터링할 수도 있습니다. npx pm2 monit으로 가능합니다.

```
$ npx pm2 monit
```

❤ 그림 15-4 npx pm2 monit 명령 실행 화면

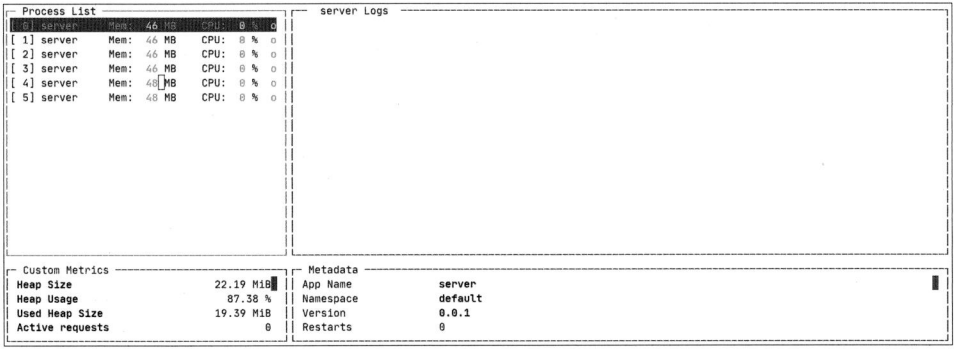

이외에도 pm2에는 명령어가 많습니다. 하지만 이 정도만 알면 핵심 기능은 거의 다 사용할 수 있습니다.

실제 서버를 운영할 때, 서비스 규모가 커질수록 비용이 발생할 가능성이 커지므로 놀고 있는 코어까지 클러스터링으로 작동하게 하는 것이 비용을 절약하는 길입니다. 하지만 프로세스 간에 메모리를 공유하지 못하는 문제도 있으므로 최대한 프로세스 간에 공유하는 것(세션 등)이 없도록 설계해야 합니다. 공유해야 하는 데이터가 있다면 데이터베이스를 사용해야 합니다.

15.1.6 winston

실제 서버를 운영할 때 console.log와 console.error를 대체하기 위한 모듈입니다.

console.log와 console.error를 사용하면 개발 중에는 편리하게 서버의 상황을 파악할 수 있지만, 실제 배포 시에는 사용하기 어렵습니다. console 객체의 메서드들이 언제 호출되었는지 파악하기 힘들 뿐만 아니라 서버가 종료되는 순간 로그들도 사라져버리기 때문입니다. 에러가 발생하면 에러 메시지를 확인해야 하는데, 서버가 종료돼서 에러 메시지들이 날아가버리는 황당한 일이 일어나게 됩니다. 이와 같은 상황을 방지하려면 로그를 파일이나 다른 데이터베이스에 저장해야 합니다. 이때 winston을 사용합니다.

winston을 설치하고 사용 방법을 간단히 알아보겠습니다. 너무나 다양한 방식으로 활용할 수 있어 기본적인 것만 살펴봅니다.

콘솔

```
$ npm i winston
```

winston을 설치한 뒤, logger.js를 작성합니다.

```
logger.js
const { createLogger, format, transports } = require('winston');

const logger = createLogger({
  level: 'info',
  format: format.json(),
  transports: [
    new transports.File({ filename: 'combined.log' }),
    new transports.File({ filename: 'error.log', level: 'error' }),
  ],
});

if (process.env.NODE_ENV !== 'production') {
  logger.add(new transports.Console({ format: format.simple() }));
}

module.exports = logger;
```

winston 패키지의 createLogger 메서드로 logger를 만듭니다. 인수로 logger에 대한 설정을 넣어줄 수 있습니다. 설정으로는 level, format, transports 등이 있습니다.

- level은 로그의 심각도를 의미합니다. error, warn, info, verbose, debug, silly가 있습니다. 심각도순(error가 가장 심각)이므로 위 순서를 참고해 기록하길 원하는 유형의 로그를 고르면 됩니다. info를 고른 경우, info보다 심각한 단계의 로그(error, warn)도 함께 기록됩니다.

- format은 로그의 형식입니다. json, label, timestamp, printf, simple, combine 등의 다양한 형식이 있습니다. 기본적으로는 JSON 형식으로 기록하지만, 로그 기록 시간을 표시하려면 timestamp를 쓰는 것이 좋습니다. combine은 여러 형식을 혼합해서 사용할 때 씁니다. 활용법이 다양하므로 공식 문서를 참고하길 바랍니다.

- transports는 로그 저장 방식을 의미합니다. new transports.File은 파일로 저장한다는 뜻이고, new transports.Console은 콘솔에 출력한다는 뜻입니다. 여러 로깅 방식을 동시에 사용할 수도 있습니다. 배포 환경이 아닌 경우 파일뿐만 아니라 콘솔에도 출력하도록 되어 있습니다. 이 메서드들에도 level, format 등을 설정할 수 있습니다. new transports.File인 경우에는 로그 파일의 이름인 filename도 설정할 수 있습니다.

이렇게 logger 객체를 만들어 다른 파일에서 사용하면 됩니다. info, warn, error 등의 메서드를
사용하면 해당 심각도가 적용된 로그가 기록됩니다.

app.js

```
...
dotenv.config();
const pageRouter = require('./routes/page');
const authRouter = require('./routes/auth');
const postRouter = require('./routes/post');
const userRouter = require('./routes/user');
const { sequelize } = require('./models');
const passportConfig = require('./passport');
const logger = require('./logger');

const app = express();
...
app.use('/', pageRouter);
app.use('/auth', authRouter);
app.use('/post', postRouter);
app.use('/user', userRouter);

app.use((req, res, next) => {
  const error =  new Error(`${req.method} ${req.url} 라우터가 없습니다.`);
  error.status = 404;
  logger.info('hello');
  logger.error(error.message);
  next(error);
});
...
```

npm run dev 명령어로 개발용 서버를 실행한 후 http://localhost:8001/abcd에 접속해봅시다.
없는 주소이므로 404 Not Found 에러가 발생합니다.

nodebird 폴더에 생성된 로그를 살펴봅시다.

combined.log

```
{"message":"hello","level":"info"}
{"message":"GET /abcd 라우터가 없습니다.","level":"error"}
```

error.log

```
{"message":"GET /abcd 라우터가 없습니다.","level":"error"}
```

info 이상 단계의 모든 로그를 기록하도록 되어 있는 combined.log 파일에는 info와 error 단계의 로그가 저장되었습니다. error 단계의 로그만 기록하도록 되어 있는 error.log에는 error 단계의 로그만 저장되었습니다. 이렇게 로그를 콘솔에만 출력하는 것이 아니라, 파일로도 저장할 수 있어 실제 서비스를 운영할 때 유용합니다.

이 책에서는 설명하지 않지만 winston-daily-rotate-file이라는 패키지도 있습니다. 로그를 날짜별로 관리할 수 있게 해주는 패키지이므로 알아두면 좋습니다. winston과 함께 사용하는 방법은 winston 공식 문서(15.7절 참조)에 나와 있습니다.

15.1.7 helmet, hpp

서버의 각종 취약점을 보완해주는 패키지들이며, 익스프레스 미들웨어로서 사용할 수 있습니다.

이 패키지들을 사용한다고 해서 모든 취약점을 방어해주는 것은 아니므로 서버를 운영할 때는 주기적으로 취약점을 점검해야 합니다.

콘솔

```
$ npm i helmet hpp
```

개발 환경에서는 사용할 필요가 없으므로 배포 환경일 때만 적용하면 됩니다.

app.js

```js
...
const passport = require('passport');
const helmet = require('helmet');
const hpp = require('hpp');
...
if (process.env.NODE_ENV === 'production') {
  app.use(morgan('combined'));
  app.use(
    helmet({
      contentSecurityPolicy: false,
      crossOriginEmbedderPolicy: false,
      crossOriginResourcePolicy: false,
    }),
  );
  app.use(hpp());
} else {
```

```
    app.use(morgan('dev'));
}
...
```

helmet과 hpp가 방어해주는 취약점 목록은 각각의 공식 문서(15.7절 참조)에 나와 있습니다. 기본적으로는 배포 전에 이 두 패키지를 넣어주는 것이 좋습니다. 다만, 때로는 보안 규칙을 너무 엄격하게 적용해서 서비스가 제대로 돌아가지 않는 경우도 있으니, 예제에서 contentSecurityPolicy, crossOriginEmbedderPolicy, crossOriginResourcePolicy를 false로 했듯이 공식 문서를 보면서 필요 없는 옵션은 해제해야 합니다.

15.1.8 connect-redis

멀티 프로세스 간 세션 공유를 위해 레디스와 익스프레스를 연결해주는 패키지입니다. 기존에는 로그인할 때 express-session의 세션 아이디와 실제 사용자 정보가 메모리에 저장됩니다.

따라서 서버가 종료되어 메모리가 날아가면 접속자들의 로그인이 모두 풀려버립니다. 또한, Warning: connect.session() MemoryStore is not designed for a production environment, as it will leak memory, and will not scale past a single process라는 경고 메시지도 발생합니다. 이를 해결하기 위해 세션 아이디와 실제 사용자 정보를 데이터베이스에 저장합니다. 이때 사용하는 데이터베이스가 레디스입니다. 다른 데이터베이스를 사용해도 되지만 주로 레디스를 많이 사용합니다. 메모리 기반의 데이터베이스라서 성능이 우수하기 때문입니다.

콘솔

```
$ npm i redis connect-redis
```

레디스를 사용하려면 connect-redis 패키지뿐만 아니라 레디스 데이터베이스를 설치해야 합니다. 서버에 직접 설치할 수도 있지만, 레디스를 호스팅해주는 서비스를 쓰는 것이 편리합니다. 바로 redislabs입니다.

redislabs 웹 사이트(http://redislabs.com/)에 접속합니다.

상단 메뉴에서 Login을 누릅니다.

▼ 그림 15-5 redislabs 화면

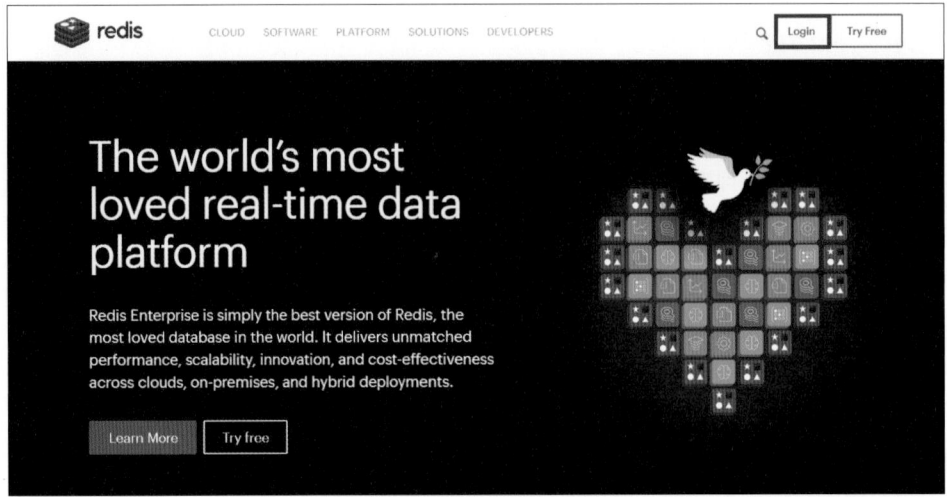

회원 가입이 되어 있지 않으므로 화면 하단의 **Sign up**을 눌러 회원 가입을 합니다.

▼ 그림 15-6 로그인 화면

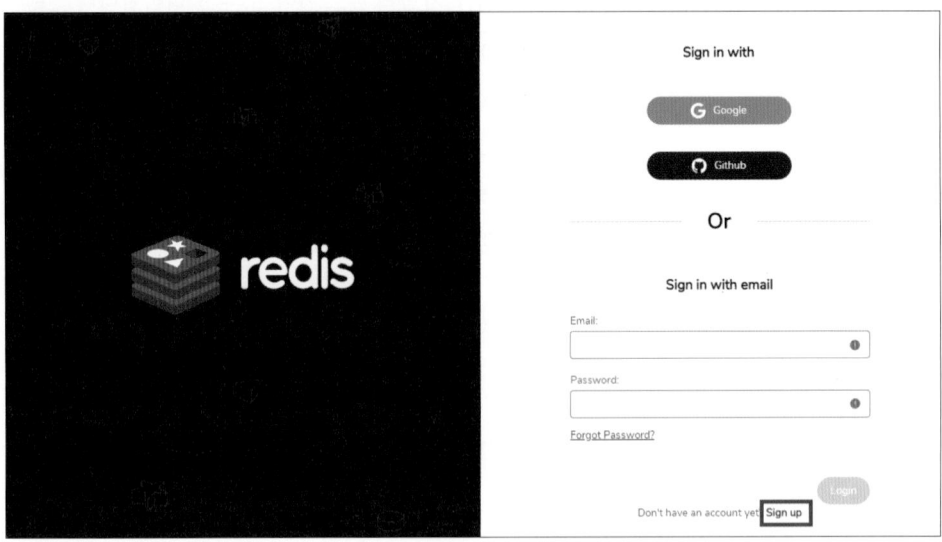

가입 후 이메일 인증을 받아야 합니다. 이름(First Name), 성(Last Name), 이메일(Email)을 입력
하고, Company에는 Individual을 입력합니다. 이어서 Country에서는 South Korea를 선택합니
다. Get Started 버튼을 누르면, 입력한 이메일로 인증 메일이 발송됩니다.

▼ 그림 15-7 회원 가입 화면

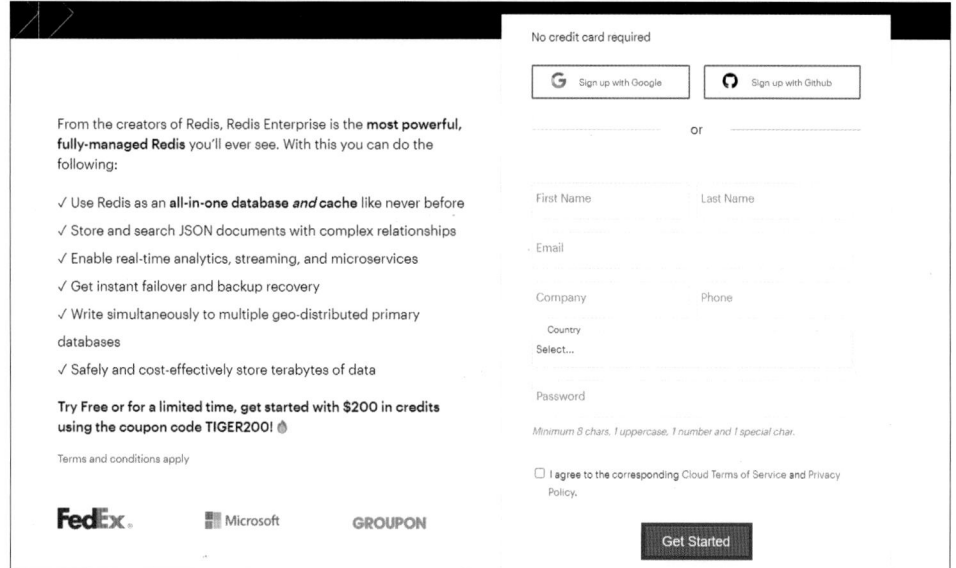

▼ 그림 15-8 가입 후 화면

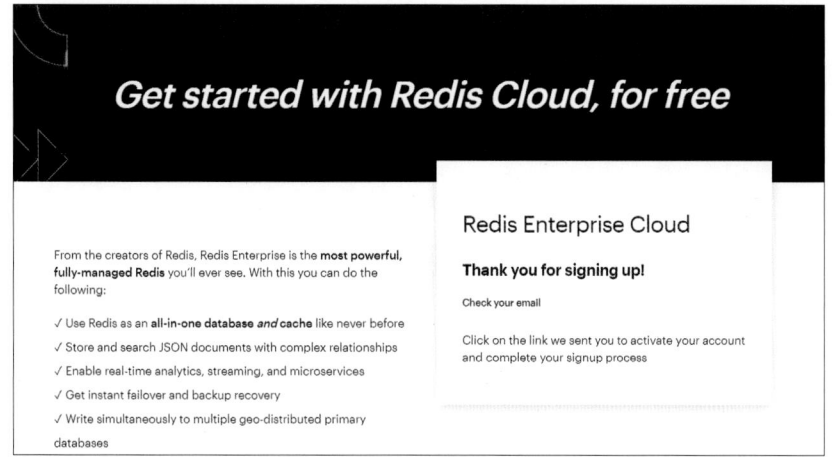

인증 이메일에서 **Activate account**를 누릅니다.

▼ 그림 15-9 인증 이메일

대시보드 창이 뜰 텐데 클라우드와 **지역**(Region)을 선택합니다. 일부 지역만 무료 옵션을 제공하므로 무료 옵션을 제공하는 지역을 선택해야 합니다. 무료 옵션을 제공하는 지역에서는 버튼이 Let's start free로 바뀝니다. **Let's start free**를 눌러 진행합니다.

▼ 그림 15-10 클라우드 선택 화면

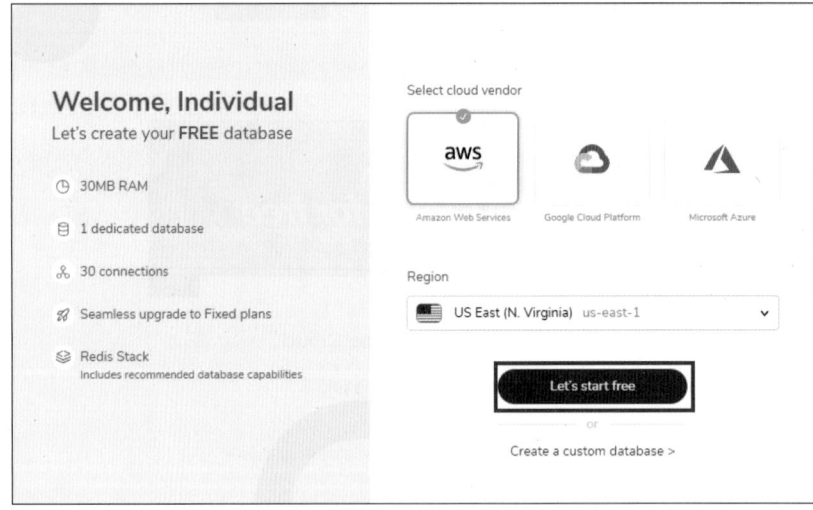

Individual-free-db를 눌러서 내부 정보를 조회합니다.

❤ 그림 15-11 Subscription 생성 후

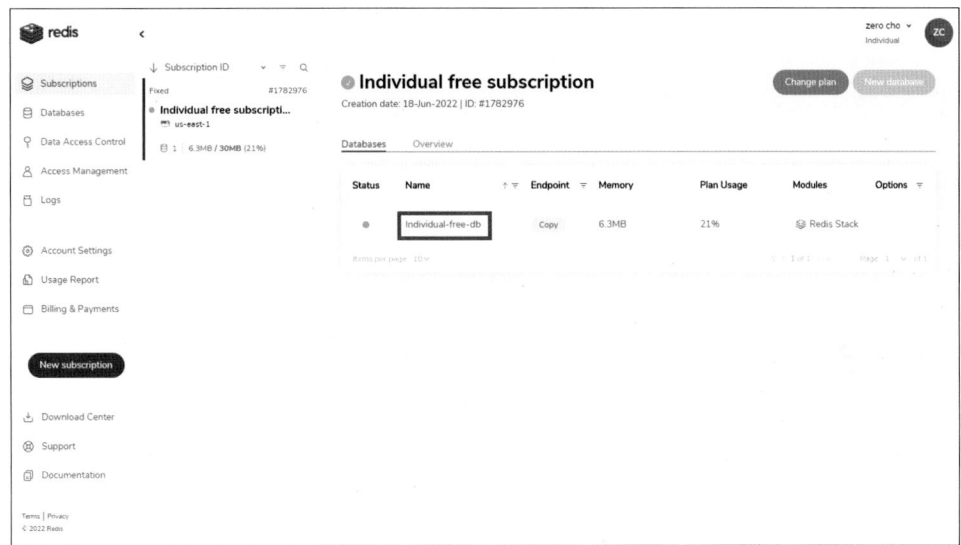

정보 화면에서 **Public endpoint**와 password를 확인해 .env에 붙여 넣습니다. 이때 **Public endpoint**에서 Host와 Port를 분리합니다. 이 책의 설정값을 넣지 말고, 여러분의 설정값을 넣으세요.

❤ 그림 15-12 Public endpoint와 password를 확인합니다.

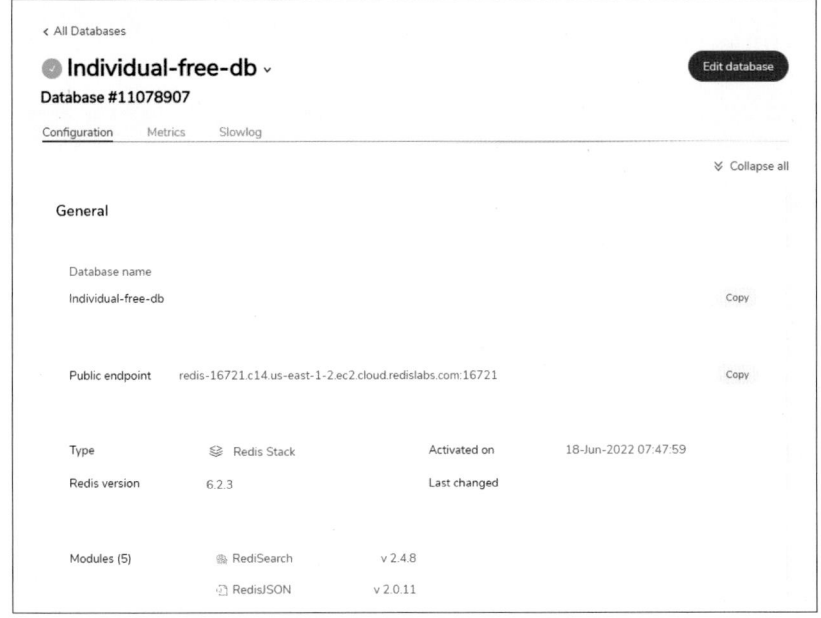

.env

```
COOKIE_SECRET=nodebirdsecret
KAKAO_ID=5d4daf57becfd72fd9c919882552c4a6
SEQUELIZE_PASSWORD=[비밀번호]
REDIS_HOST=redis-16721.c14.us-east-1-2.ec2.cloud.redislabs.com
REDIS_PORT=16721
REDIS_PASSWORD=41lL904Z153mw6YkZZd1TDCQkcoZrJXG
```

---

app.js

```javascript
...
const hpp = require('hpp');
const redis = require('redis');
const RedisStore = require('connect-redis').default

dotenv.config();
const redisClient = redis.createClient({
  url: `redis://${process.env.REDIS_HOST}:${process.env.REDIS_PORT}`,
  password: process.env.REDIS_PASSWORD,

});
redisClient.connect().catch(console.error);
const pageRouter = require('./routes/page');
...
```

```
const sessionOption = {
  resave: false,
  saveUninitialized: false,
  secret: process.env.COOKIE_SECRET,
  cookie: {
    httpOnly: true,
    secure: false,
  },
  store: new RedisStore({ client: redisClient }),
};
...
```

connect-redis 패키지로부터 RedisStore 객체를 require합니다. 이때 session을 인수로 넣어서 호출하는 것을 잊지 마세요. connect-redis는 express-session에 의존성이 있습니다.

redis 패키지의 createClient 메서드로 redisClient 객체를 생성합니다. 이때 url과 password 속성에 접속 정보를 입력합니다. 여기서 dotenv.config()보다 코드가 아래에 있어야 한다는 점에 주의하세요. .env 파일에 적힌 process.env 객체의 값들은 dotenv.config() 이후에 생성됩니다.

express-session 미들웨어에는 store 옵션을 추가합니다. 기본적으로는 메모리에 세션을 저장하지만, 이제는 RedisStore에 저장합니다. RedisStore의 옵션으로 client 속성에 redisClient 객체를 연결하면 됩니다.

이제 세션 정보가 메모리 대신 레디스에 저장됩니다. 따라서 로그인 후 서버를 껐다 켜도 로그인이 유지됩니다. 실제 서비스에서 서버 업데이트 시 로그인이 풀리는 현상을 막을 수 있습니다.

> Note ≡ **express-rate-limit**
>
> 10장에서 사용하는 express-rate-limit 패키지도 사용량을 메모리에 기록하므로 서버를 재시작하면 사용량이 초기화됩니다. 따라서 이것도 레디스에 기록하는 것이 좋습니다. rate-limit-redis라는 패키지와 express-rate-limit 패키지를 같이 사용하면 됩니다.

15.1.9 nvm, n

노드 버전을 업데이트하기 위한 패키지입니다. 윈도에서는 nvm-installer를 사용하고, 리눅스나 맥에서는 n 패키지를 사용하면 편리합니다.

15.1.9.1 윈도

윈도에서는 https://github.com/coreybutler/nvm-windows/releases에 접속해 nvm-setup.zip을 내려받습니다. 내려받은 파일을 압축 해제한 후 실행시켜 설치합니다.

이제 콘솔에 nvm 명령어를 입력할 수 있습니다. 설치된 노드 버전을 확인하는 명령어는 nvm list 입니다.

콘솔

```
$ nvm list
* 18.7.0 (Currently using 64-bit executable)
```

새로운 버전을 설치하고 싶다면 nvm install [버전]을 입력합니다. nvm install 18.7.0처럼 특정 버전을 입력하거나 nvm install latest처럼 최신 버전을 설치하게 하면 됩니다.

콘솔

```
$ nvm install 18.7.0
Downloading node.js version 18.7.0 (64-bit).. .
Complete
Creating C:\Users\zerocho\AppData\Roaming\nvm\temp

Downloading npm version 8.15.0.. . Complete
Installing npm v8.15.0...

Installation complete. If you want to use this version, type

nvm use 18.7.0
```

설치된 버전을 사용하려면 nvm use [버전명]을 입력합니다.

콘솔

```
$ nvm use 18.7.0
Now using node v18.7.0 (64-bit)
$ node -v
v18.7.0
```

15.1.9.2 맥, 리눅스

맥과 리눅스에서는 n 패키지를 사용하면 편리합니다.

```
$ sudo npm i -g n
```

이제 n 명령어를 사용할 수 있게 되었습니다. 콘솔에 n을 입력하면 현재 설치된 노드 버전을 볼 수 있습니다. 나중에 설치된 버전을 선택할 때도 이 명령어를 사용합니다.

```
$ n
node/18.7.0
```

새로운 버전을 설치하고 싶다면 n 버전을 입력합니다. n 18.7.0처럼 특정 버전을 입력하거나 n latest처럼 최신 버전을 설치하게 하면 됩니다.

```
$ n 18.7.0
installed v18.7.0
$ node -v
v18.7.0
```

15.1.9.3 업그레이드 후 npm 충돌 시

노드 버전을 업그레이드한 후 기존 npm 패키지들이 동작하지 않는 경우가 있습니다. 보통 다음과 같은 에러가 발생합니다.

Error: The module '모듈명' was compiled against a different Node.js version using NODE_MODULE_VERSION 이전 버전. This version of Node.js requires NODE_MODULE_VERSION 현재 버전. Please try re-compiling or re-installing the module (for instance, using npm rebuild or npm install).

이럴 때는 npm rebuild 명령어로 해결할 수 있습니다. 만약 이 명령어로 해결되지 않으면 node_modules 폴더를 제거한 후 npm i 명령어로 패키지들을 다시 설치하면 됩니다.

15.2 깃과 깃허브 사용하기

배포를 위해 필요한 패키지를 설치했으니 이제 소스 코드를 업로드할 차례입니다. AWS와 GCP에 업로드하려고 하는데요. 각 클라우드의 서버로 직접 파일과 폴더를 업로드할 수도 있지만, 실무에서는 대부분 그렇게 하지 않습니다. 소스 코드가 수정될 때마다 직접 업로드하는 게 귀찮거니와 협업할 때도 서로 코드가 달라서 충돌이 발생하는 등의 문제가 많기 때문입니다.

그래서 깃(Git)이라는 분산형 버전 관리 시스템을 많이 사용합니다. 이 책에서는 깃을 단순한 소스 코드 업로드용으로만 사용하지만, 실무에서는 협업, 코드 롤백, 배포 자동화 등 다양한 곳에서 사용합니다. 깃은 따로 배워둘 가치가 있습니다.

깃허브(GitHub)는 깃으로부터 업로드한 소스 코드를 서버에 저장할 수 있는 원격 저장소입니다. 깃은 하나의 컴퓨터에서 코드를 관리하는 데 사용하지만, 깃허브에 소스 코드를 업로드하면 여러 사람이 코드를 공동으로 관리할 수 있습니다. 다른 컴퓨터를 사용하게 되었더라도 깃허브에서 코드만 내려받으면 됩니다. 깃허브의 경쟁 업체로는 깃랩(GitLab)이나 빗버킷(BitBucket) 등이 있습니다.

15.2.1 깃 설치하기

먼저 깃을 설치해봅시다. https://git-scm.com/downloads에 접속해 각자의 운영체제에 맞게 내려받습니다. Download for [운영체제] 버튼을 클릭합니다.

▼ 그림 15-13 깃 다운로드 페이지

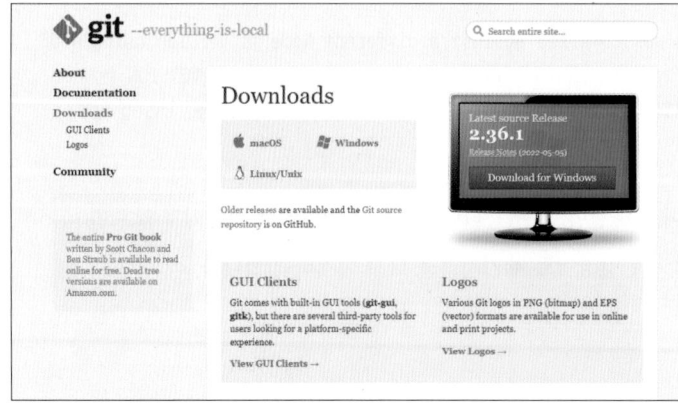

Standalone Installer에서 자신의 운영체제에 맞는 선택지를 선택하면 됩니다.

▼ 그림 15-14 다운로드 버튼 클릭 후 화면

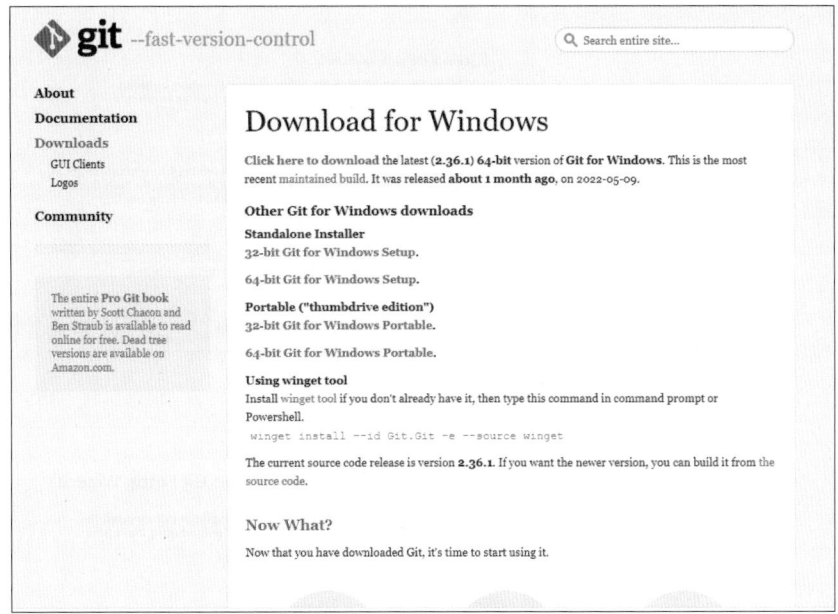

다운로드가 완료되면 설치 파일을 실행합니다.

선택 사항이 많지만 계속 Next 버튼을 누르면 됩니다.

▼ 그림 15-15 깃 설치 프로그램

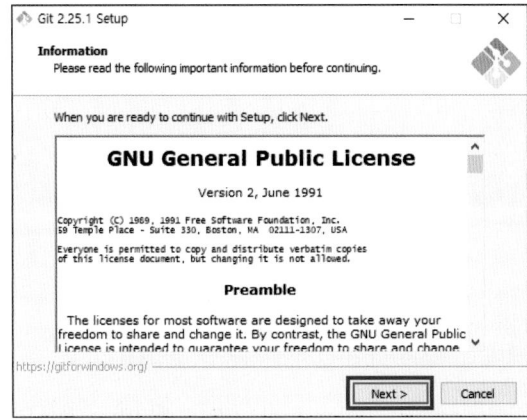

모든 선택 사항에서 Next 버튼을 눌러 넘어간 뒤, 마지막으로 Install 버튼을 눌러 설치합니다.

❤ 그림 15-16 Install 버튼을 눌러 설치하기

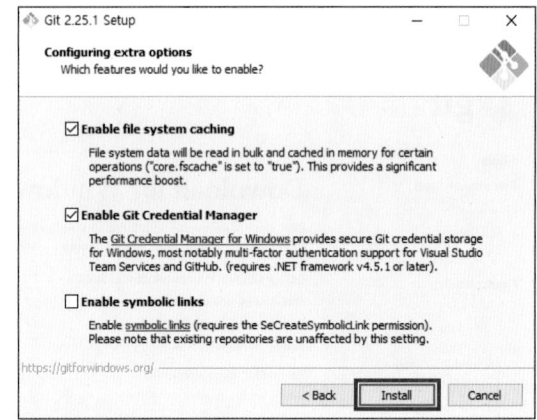

❤ 그림 15-17 설치 완료 화면

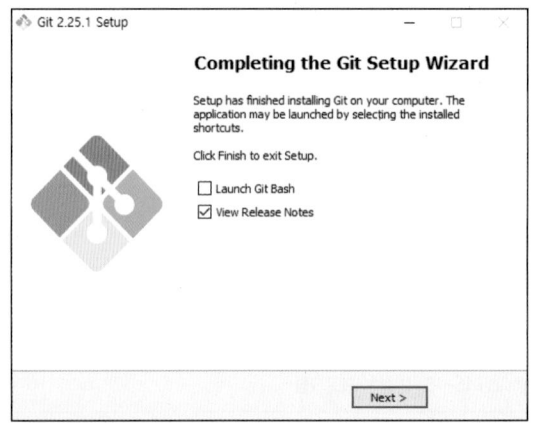

설치가 완료된 후, 깃이 제대로 설치되었는지 확인해보겠습니다. 콘솔에서 다음 명령어를 입력합니다.

콘솔

```
$ git --version
git version 2.36.1.windows.1
```

깃의 버전을 확인하는 명령어입니다. 버전이 제대로 표시된다면 설치에 성공한 것입니다.

이제 소스 코드를 깃에 추가할 것입니다. 그런데 node_modules, uploads 디렉터리는 자동으로 생성되므로 추가할 필요가 없습니다. 마찬가지 이유로 winston 로그도 굳이 깃을 통해 관리할 필요가 없습니다. 따라서 이를 추가하지 않겠다고 깃에 알려야 합니다. 이때 .gitignore 파일이 사용됩니다. NodeBird 프로젝트 폴더에 .gitignore 파일을 생성합니다.

.gitignore

```
node_modules
uploads
*.log
coverage
```

위와 같이 깃에 추가하지 않을 폴더 또는 파일을 한 줄씩 적으면 됩니다. *.log처럼 와일드카드(*)를 사용할 수도 있습니다. log 확장자를 가진 모든 파일을 깃이 관리하지 않게 됩니다.

> **Warning** .env 파일
>
> 실제 서비스에서는 .env 파일도 깃에 추가하지 말아야 합니다. 깃에 추가하면 .env에 적어둔 비밀 키가 모두 기록되어버리기 때문입니다. 따라서 배포용 서버에서 직접 .env 파일을 생성해 비밀 키를 적어주는 것이 바람직합니다.
>
> 이 예제에서는 편의를 위해 .env 파일도 깃에 추가했습니다. 하지만 실제 서비스에서는 편의보다 보안이 더 중요하다는 것을 잊지 마세요.

15.2.2 깃허브 사용하기

깃을 사용하기에 앞서 깃허브도 사용해보겠습니다. 깃허브는 기업의 서비스이므로 사용하려면 회원 가입이 필요합니다.

깃허브 메인 화면에서 우측 상단에 있는 Sign up 버튼을 눌러 회원 가입을 진행합니다. 기존 계정이 있다면 Sign in을 눌러 로그인하면 됩니다.

▼ 그림 15-18 깃허브 메인 화면

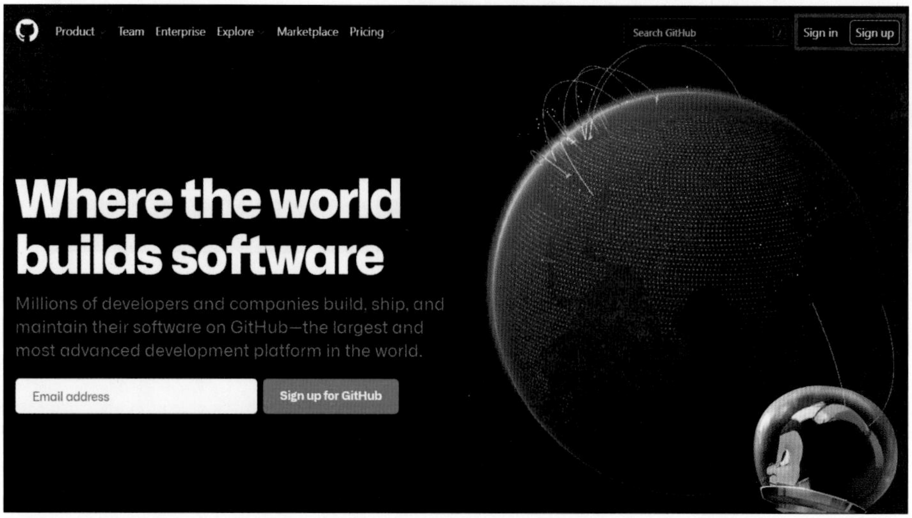

이메일 주소(email), 비밀번호(password), 사용자 이름(username)을 입력하고 로봇 여부 확인을 거친 뒤 Create Account 버튼을 눌러 계정을 생성합니다. 이메일로 인증 코드가 오면 입력합니다.

▼ 그림 15-19 회원 가입 화면

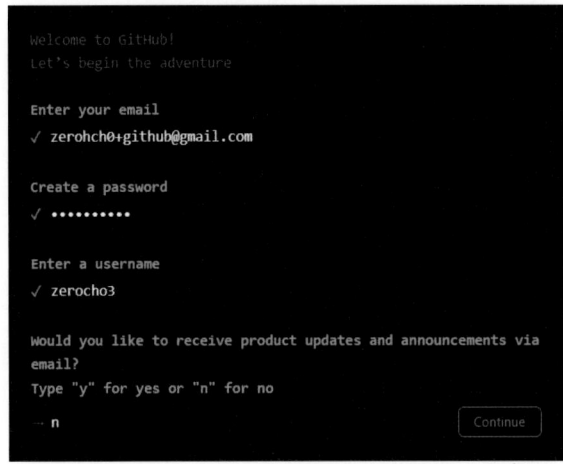

이메일 인증 후 간단한 설문이 진행됩니다. 설문은 아무렇게나 진행해도 상관없습니다.

▼ 그림 15-20 설문 화면

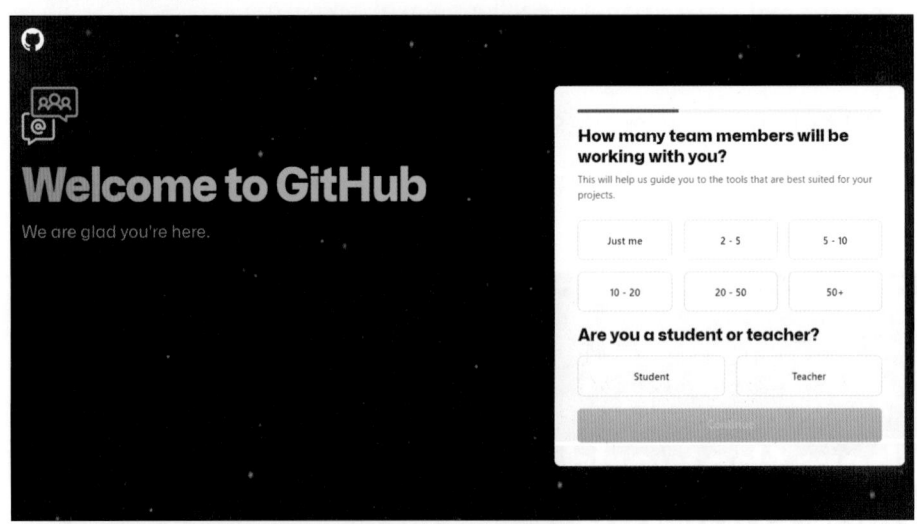

요금제는 무료 요금제를 고릅니다. Continue for free 버튼을 누릅니다.

▼ 그림 15-21 요금제 선택 화면

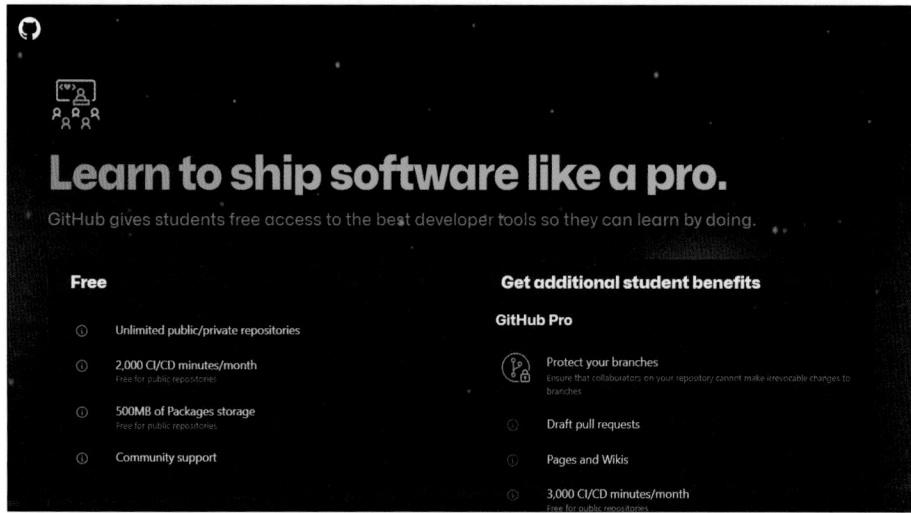

자신의 대시보드 화면이 나오면 좌측의 Create repository 버튼을 누릅니다.

▼ 그림 15-22 대시보드 화면

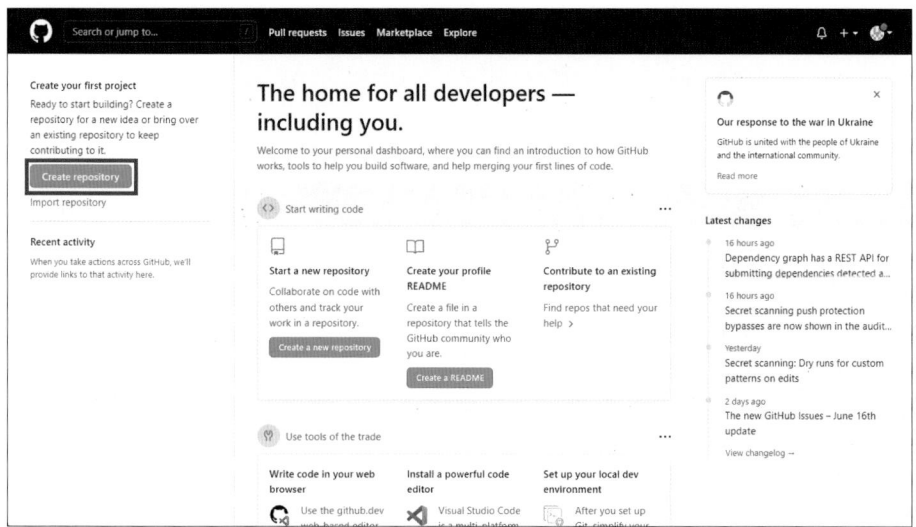

리포지터리 생성 화면이 나옵니다. 리포지터리의 이름은 node-deploy로 하고, 다른 것은 그대로 둔 채로 초록색 Create repository 버튼을 누릅니다.

▼ 그림 15-23 리포지터리 생성 화면

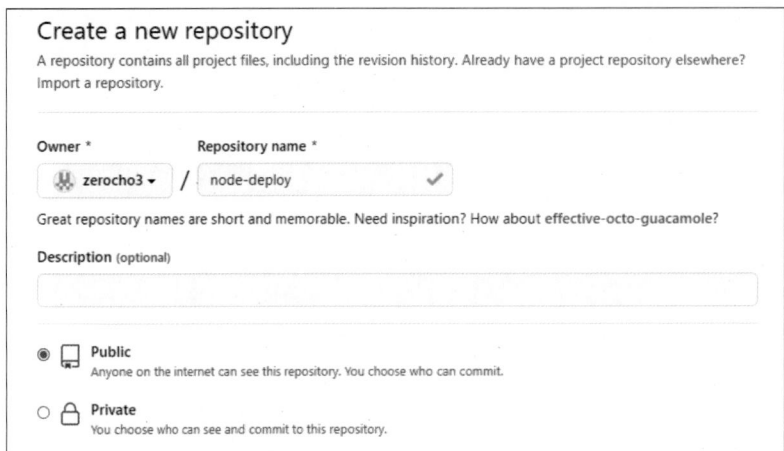

리포지터리가 생성되었습니다.

▼ 그림 15-24 리포지터리 생성 완료

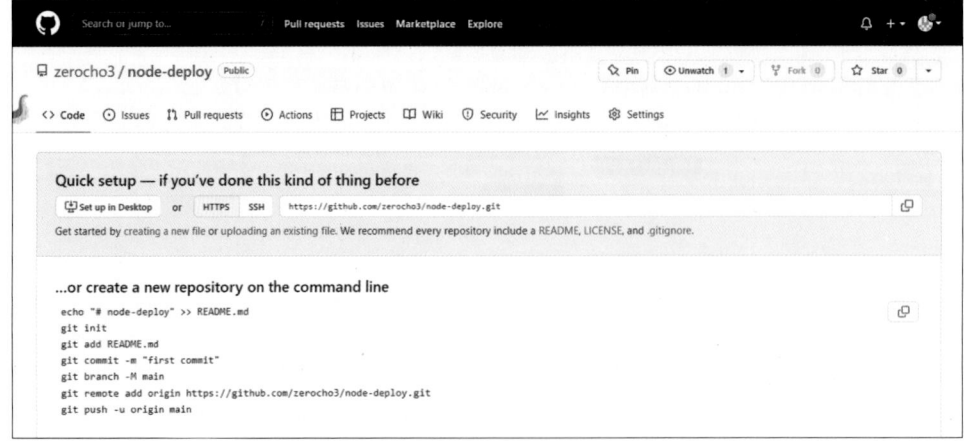

이제 다시 콘솔로 돌아가 깃허브에 소스 코드를 업로드하겠습니다. 콘솔에서 NodeBird 프로젝트로 이동한 뒤 git init 명령어를 입력합니다. 현재 디렉터리를 깃 관리 대상으로 지정하는 명령어입니다.

콘솔

```
$ git init
Initialized empty Git repository in C:/Users/zerocho/nodebird/.git/
```

이제 소스 코드를 깃에 추가해봅시다. 다음은 모든 파일과 디렉터리(.gitignore에 적힌 것 제외)를 깃 관리 대상에 추가하는 명령어입니다.

콘솔

```
$ git add .
warning: LF will be replaced by CRLF in models/index.js.
The file will have its original line endings in your working directory.
...
```

git add 뒤의 .(점)은 모든 파일을 추가하겠다는 의미입니다. 명령어를 실행하면 warning이 뜰 수도 있는데, 무시해도 됩니다.

이제 변경 사항을 확정하는 명령어를 입력합니다. 깃은 파일이나 디렉터리를 추가, 변경, 삭제한 후 확정지어야 다음 단계로 넘어갈 수 있습니다. 단, 확정하기 전에 누가 확정했는지를 기록해야 하므로 git config 명령어로 사용자의 이메일 주소와 이름을 등록합니다. 이 책의 이메일 주소와 이름을 사용하지 말고, 여러분이 깃허브에 가입할 때 적은 이메일 주소를 사용하세요.

콘솔

```
$ git config --global user.email "여러분의email"
$ git config --global user.name "여러분의username"
$ git commit -m "Initial commit"
[master (root-commit) cf7ad51] Initial commit
24 files changed, 5322 insertions(+)
create mode 100644 .env
create mode 100644 .gitignore
create mode 100644 app.js
...
```

-m 뒤의 문자열은 확정에 관한 설명 메시지입니다. 이제 추가한 코드가 본격적으로 관리됩니다. 이 코드를 깃허브에 업로드해 다른 사람이나 다른 서비스가 사용할 수 있게 해봅시다.

우선 깃에 깃허브 주소를 등록해야 합니다. git remote add [별명] [주소] 명령어를 사용합니다. 별명은 origin으로, 주소는 'https://아이디:토큰@github.com/아이디/저장소명'으로 하면 됩니다.

깃허브에서는 비밀번호 사용을 금지하고 있으므로 비밀번호 용도로 사용할 토큰을 발급받아야 합니다. 이를 위해 https://github.com/settings/tokens로 이동한 후 Generate new token 버튼을 클릭합니다.

▼ 그림 15-25 토큰 관리 화면

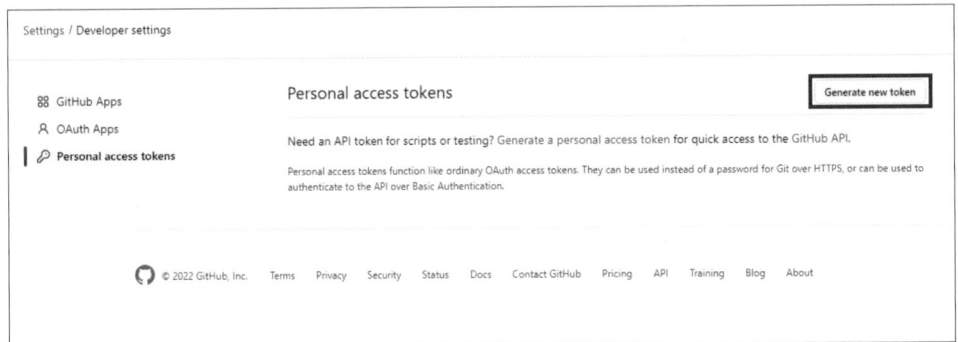

Expiration은 토큰의 만료 일자이며, 실습의 편의를 위해 No expiration으로 뒀습니다. Select scopes에서는 repo만 체크하고 Generate token 버튼을 눌러 토큰을 생성합니다.

▼ 그림 15-26 토큰 발급 화면

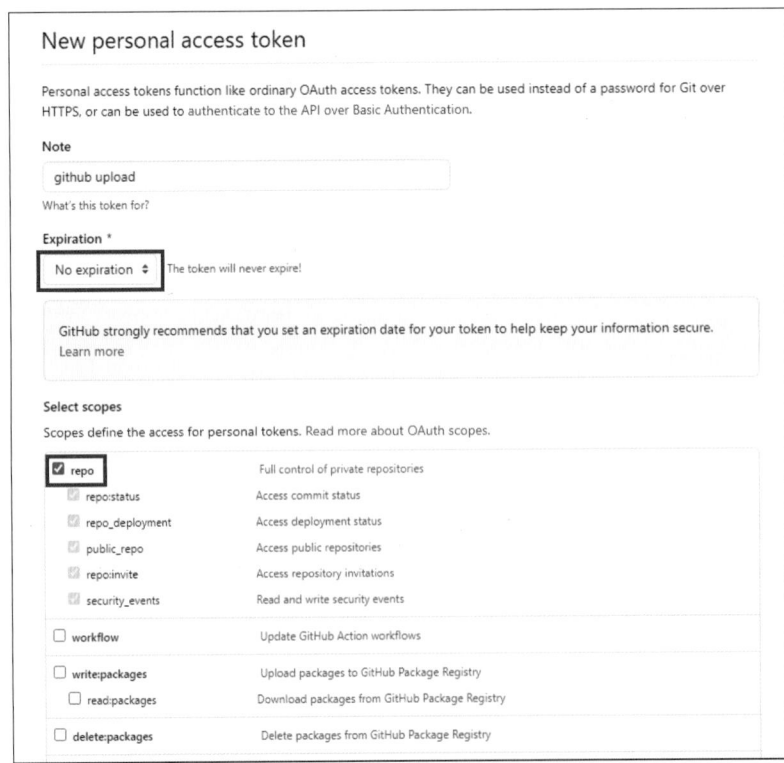

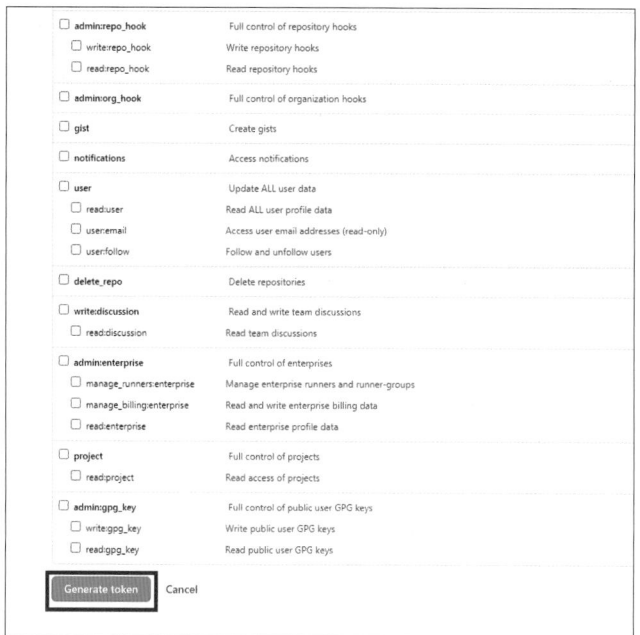

토큰이 생성되는데, 한 번만 보여주므로 반드시 복사해둬야 합니다. 그리고 비밀번호 대용으로 사용되는 것이므로 유출돼서는 안 됩니다.

❤ 그림 15-27 토큰 생성 후 화면

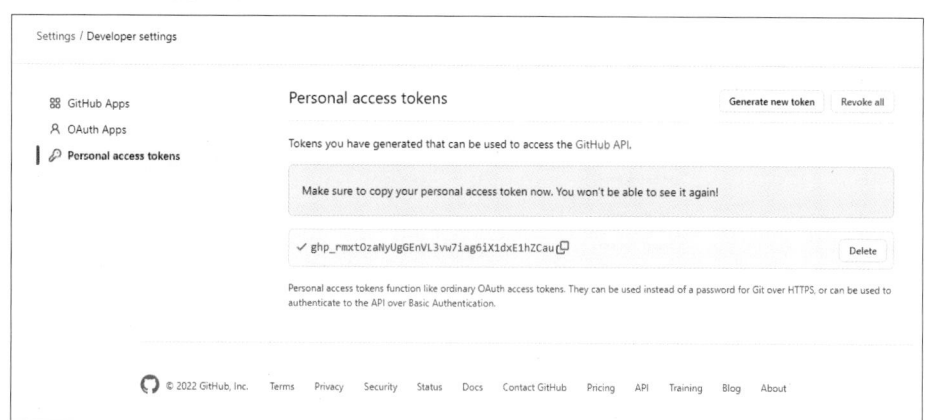

Note ≡ **remote를 잘못 입력했을 때**

git remote add 명령어에서 별명이나 주소를 잘못 입력했을 때는 git remote rm [별명] 명령어를 사용해 지운 후, 다시 git remote add 명령어를 실행하면 됩니다.

```
$ git remote add origin https://아이디:토큰@github.com/아이디/node-deploy
```

이제 깃허브에 업로드를 해봅시다. `git push [별명] [브랜치]` 명령어를 사용하면 됩니다. 현재 브랜치는 master로 고정되어 있고, 별명은 조금 전에 등록했던 origin을 사용하면 됩니다.

```
$ git push origin master
Enumerating objects: 44, done.
Counting objects: 100% (44/44), done.
Delta compression using up to 6 threads
Compressing objects: 100% (41/41), done.
Writing objects: 100% (44/44), 99.05 KiB | 4.95 MiB/s, done.
Total 44 (delta 0), reused 0 (delta 0)
To https://github.com/zerocho3/node-deploy
 * [new branch]      master -> master
```

다시 https://github.com/아이디/node-deploy로 접속하면 소스 코드가 업로드된 것을 확인할 수 있습니다.

▼ 그림 15-28 소스 코드가 깃허브에 업로드된 모습

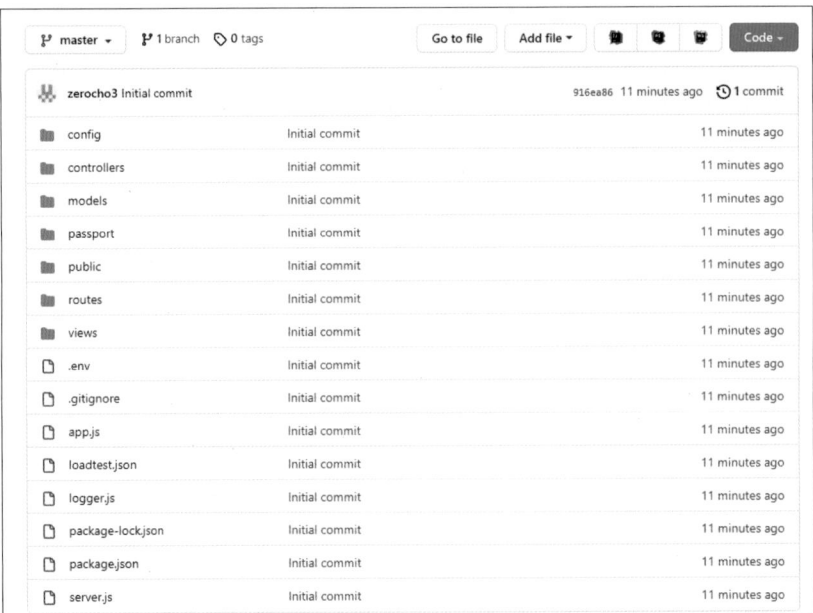

712

15.3 AWS 시작하기

이제 모든 준비를 마쳤으니 NodeBird 서비스를 클라우드에 배포해보겠습니다. 클라우드 서비스 중 가장 유명한 AWS에 배포합니다. AWS 대신 GCP를 사용하고 싶다면 15.5절로 넘어가면됩니다.

AWS 회원 가입 과정부터 알아봅시다. AWS 웹 사이트(https://aws.amazon.com/ko/)에 접속해 회원 가입 절차를 진행합니다.

AWS 웹 사이트 화면에서 우측 상단에 있는 **AWS 계정 생성** 버튼을 누릅니다.

▼ 그림 15-29 AWS 웹 사이트 화면

AWS 계정 생성 화면이 나오면 이메일 주소, 계정 이름을 입력하고 **이메일 주소 확인** 버튼을 눌러 다음으로 넘어갑니다.

❤ 그림 15-30 AWS 계정 생성 화면

이메일 확인 코드가 입력한 이메일로 전송되므로 코드를 입력하고 **확인** 버튼을 누릅니다.

❤ 그림 15-31 이메일 확인 코드 입력 화면

✔ 그림 15-32 이메일 확인 코드가 전송된 모습

암호 입력 화면에서 암호를 입력하고 **계속** 버튼을 눌러 넘어갑니다.

✔ 그림 15-33 암호 입력 화면

연락처 정보 입력 화면이 나타나면 체크박스는 **개인**을 선택합니다. 대한민국의 전화번호 국가 코드는 82입니다. 주소와 우편번호를 입력하고 동의 체크박스에 체크 표시를 한 후 다음으로 넘어갑니다.

▼ 그림 15-34 연락처 정보 입력 화면

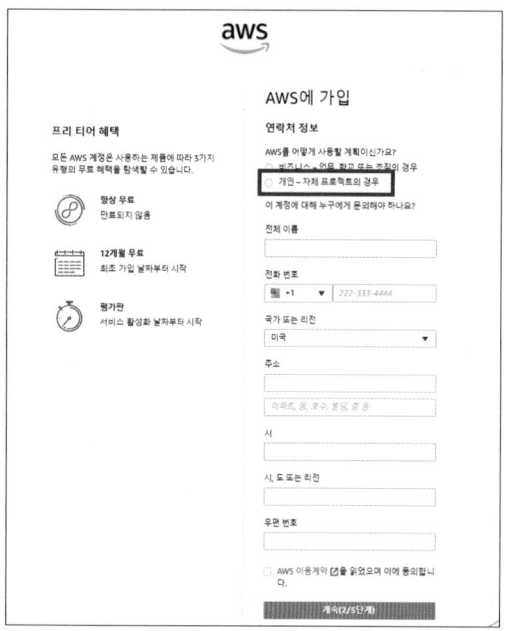

결제 정보 입력 화면에서 신용/직불 카드 번호를 입력하고 **확인 및 계속** 버튼을 누르면 카드 인증이 진행됩니다. 이때 해당 계좌에서 100원이 결제됩니다. 하지만 본인 확인 후에 환불되므로 안심해도 됩니다.

▼ 그림 15-35 결제 정보 입력 화면

자격 증명 확인 화면에서 **대한민국**을 선택한 후 전화번호와 보안 글자를 입력합니다. 문자로 인증 코드가 오면 해당 내용을 입력하면 됩니다.

▼ 그림 15-36 자격 증명 확인 화면

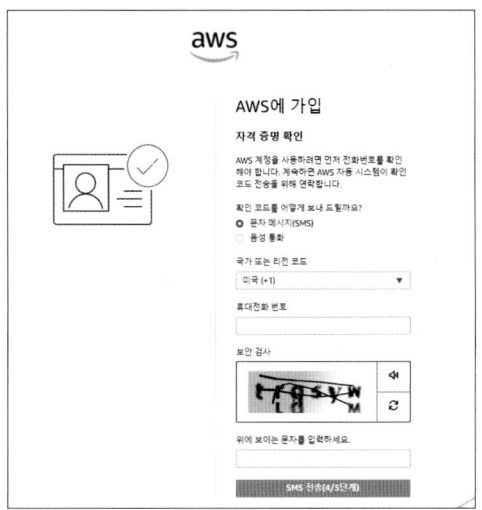

지원 플랜 선택 화면에서는 무료 플랜을 선택합니다. **가입 완료** 버튼을 눌러 회원 가입을 마무리 합니다.

▼ 그림 15-37 지원 플랜 선택 화면

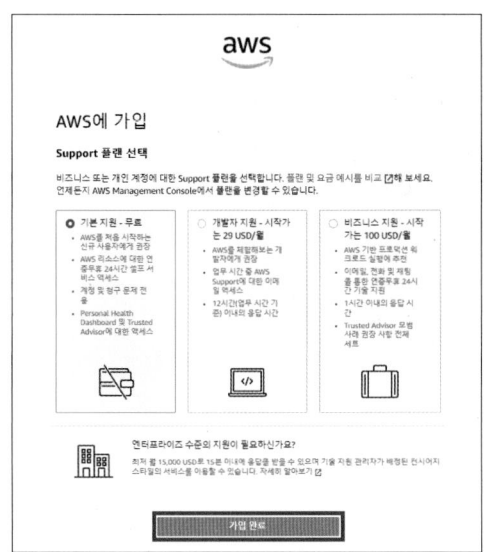

회원 가입이 완료되었으니 **AWS Management Console로 이동** 버튼을 눌러 로그인합니다.

▼ 그림 15-38 회원 가입 완료 화면

조금 전에 가입했던 이메일로 로그인합니다. **루트 사용자**로 로그인하면 됩니다.

▼ 그림 15-39 로그인 화면

상단의 **서비스** 메뉴에서 Lightsail을 검색합니다. Lightsail을 사용하면 간단하게 노드 서비스를 배포할 수 있습니다.

▼ 그림 15-40 로그인 후 Lightsail 검색

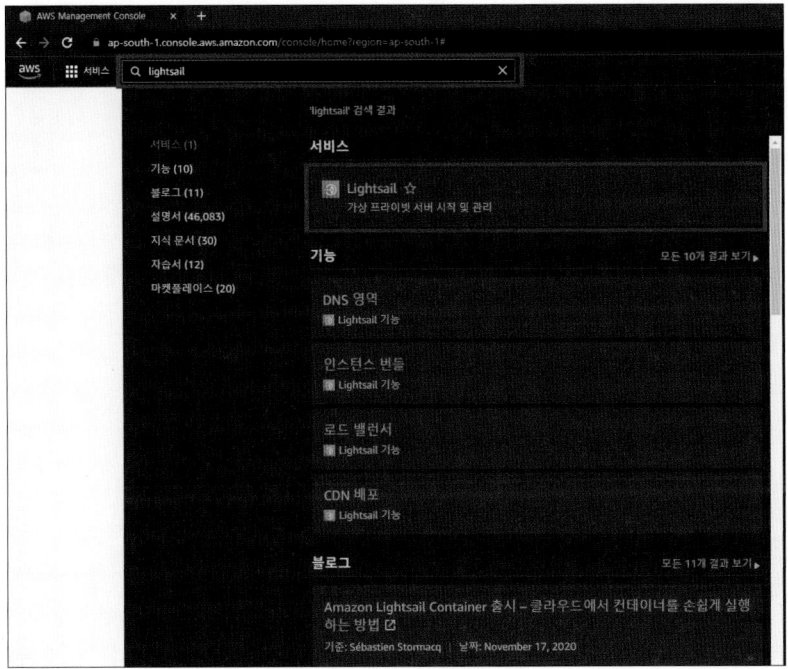

Lightsail 화면으로 전환되면 **Let's get started** 버튼을 누릅니다.

▼ 그림 15-41 Lightsail 화면

인스턴스 위치 선택 화면에서 원하는 지역을 고릅니다. 기본적으로 서울이 선택되어 있는데, 여러분의 위치와 가까울수록 속도에 이점이 있습니다.

블루프린트는 노드를 선택하면 됩니다. 우분투 버전은 이 책과 다를 수 있습니다.

▼ 그림 15-42 인스턴스 생성 화면

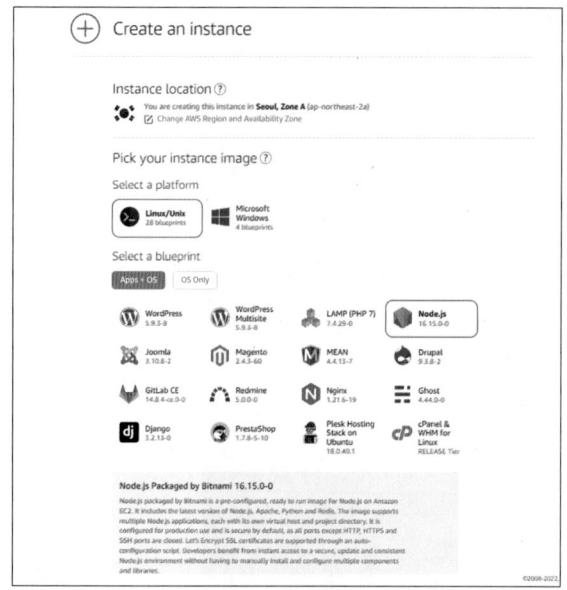

월 $3.5 계획을 선택합니다. **월 $10** 계획까지는 첫 세 달간 무료로 사용할 수 있습니다. 세 달 뒤에 과금되지 않으려면 그 전에 인스턴스를 제거하면 됩니다.

Create Instance 버튼을 눌러 인스턴스를 생성합니다.

▼ 그림 15-43 인스턴스 플랜 선택 화면

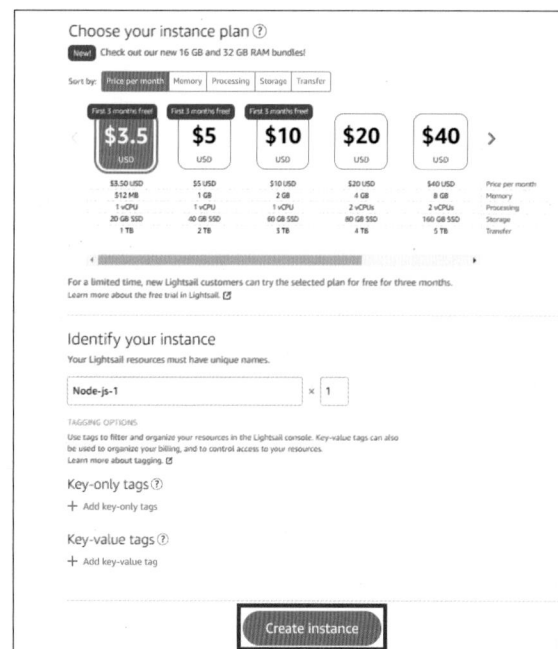

생성된 인스턴스가 대기 중(Pending)이라고 뜨는데, 조금 기다리면 실행 중(Running)이라고 바뀝니다. 그때 생성된 인스턴스를 클릭합니다.

▼ 그림 15-44 인스턴스 목록 화면

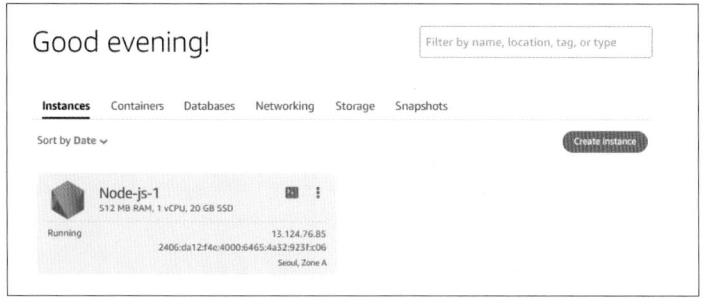

인스턴스의 세부 설정을 관리할 수 있습니다.

▼ 그림 15-45 인스턴스 화면

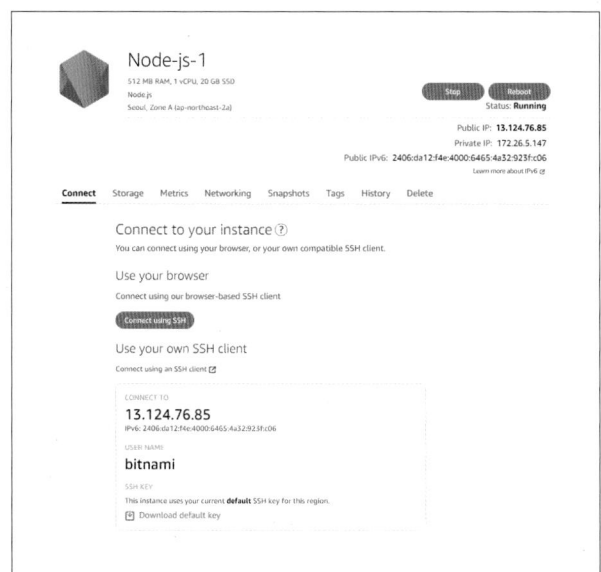

인스턴스 화면에 나오는 퍼블릭 IP에 브라우저로 접근하면 **Congratulations!** 화면이 뜹니다. 기본적으로 비트나미(Bitnami) 서버가 실행되고 있는데, 이 서버를 종료하고 우리의 NodeBird 서버를 띄울 예정입니다. 다음 절에서는 NodeBird 앱을 이 인스턴스에 배포하겠습니다.

Lightsail은 비록 첫 세 달은 무료이지만, 매달 최소 3.5달러의 요금이 부과됩니다. 따라서 처음부터 무료로 배포할 수 있는 서비스를 원한다면 Heroku(heroku.com)나 OpenShift(openshift.com)를 찾아보는 것이 좋습니다. AWS도 가입 후 1년간 EC2 무료 티어를 제공합니다. 단, 특정 지역만 고를 수 있으니 무료 티어인지 확인하고 배포해야 합니다. 또한, 무료 티어라고 해도 750시간 동안만 사용할 수 있습니다.

Lightsail을 이용한 실습을 마치고 나면, **Delete** 메뉴에서 인스턴스를 삭제해 요금이 부과되는 일이 없도록 합시다.

▼ 그림 15-46 인스턴스 삭제 화면

15.4 / AWS에 배포하기

인스턴스 화면에서 **Connect using SSH**(SSH를 사용하여 연결) 버튼을 누릅니다.

▼ 그림 15-47 인스턴스 화면

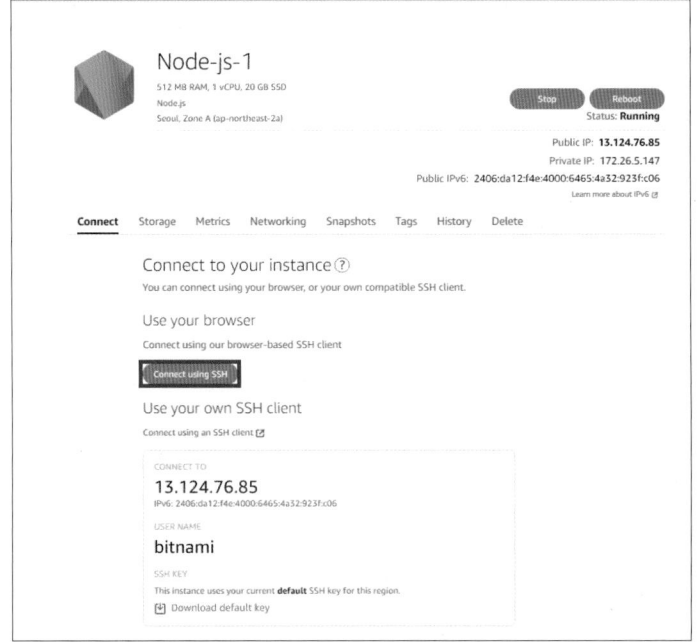

브라우저 새 창에서 Lightsail용 콘솔이 실행됩니다.

▼ 그림 15-48 SSH 화면

```
Linux ip-172-26-10-188 4.19.0-20-cloud-amd64 #1 SMP Debian 4.19.235-1 (2022-03-17) x86_64

The programs included with the Debian GNU/Linux system are free software;
the exact distribution terms for each program are described in the
individual files in /usr/share/doc/*/copyright.

Debian GNU/Linux comes with ABSOLUTELY NO WARRANTY, to the extent
permitted by applicable law.

       | . | | |                   ( )
       | _ \ | | '\/ ' `_ \|
       | / |\ | |\ . | | | |

 *** Welcome to the Node.js packaged by Bitnami 16.15.0-0            ***
 *** Documentation:  https://docs.bitnami.com/aws/infrastructure/nodejs/ ***
 ***                 https://docs.bitnami.com/aws/                    ***
 *** Bitnami Forums: https://community.bitnami.com/                   ***
bitnami@ip-172-26-10-188:~$
```

이제 이 SSH를 사용해 명령어를 입력합니다. 이 SSH는 Lightsail 인스턴스와 연결되어 있습니다. 노드는 이미 설치되어 있으므로 MySQL을 설치하면 됩니다. 단, Lightsail의 특성상 7.2.3절 방식으로는 설치할 수 없고 다음 과정을 따라야 합니다. 실무에서는 보통 MySQL 서버를 따로 마련해두지만, 예제에서는 편의를 위해 웹 서버와 같이 사용합니다. 실무에서는 AWS RDS를 사용합니다.

SSH

```
$ sudo apt-get update
$ sudo apt-get install -y gnupg
$ sudo wget https://dev.mysql.com/get/mysql-apt-config_0.8.23-1_all.deb
$ sudo dpkg -i mysql-apt-config_0.8.23-1_all.deb
```

설치 후 화면이 전환되며 무엇을 설치할지 물어보는데, MySQL Server & Cluster (Currently selected: mysql-8.0)으로 표시되어 있다면 키보드 화살표를 통해 Ok를 눌러([Enter]) 넘어갑니다.

▼ 그림 15-49 Ok 클릭

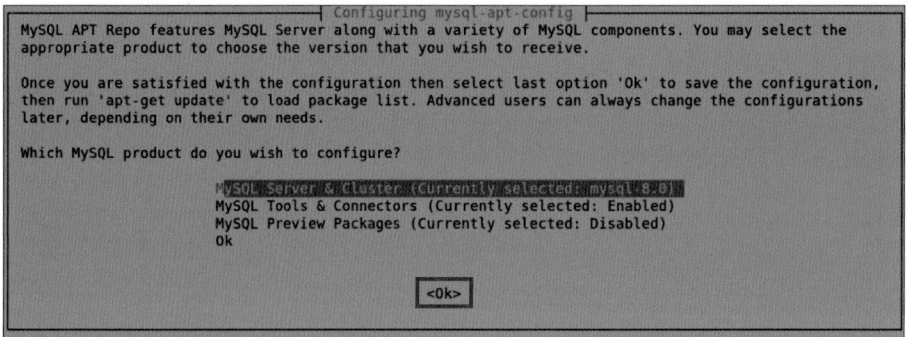

다시 SSH에서 명령어를 입력합니다.

SSH

```
$ sudo apt update
$ sudo apt-get install -y mysql-server
```

mysql-server를 설치하는 중에 비밀번호 설정 화면이 나타나며, 여기서 비밀번호를 입력합니다. NodeBird 실습 시 사용한 MySQL 비밀번호를 입력하는 것이 좋습니다.

▼ 그림 15-50 MySQL 비밀번호 설정 화면

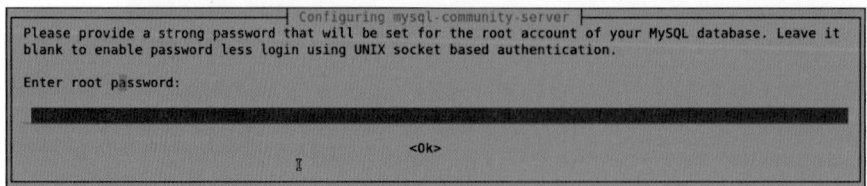

그 후 Use Legacy Authentication Method를 선택합니다.

❤ 그림 15-51 Use Legacy Authentication Method 선택

```
┌────────────────────── Configuring mysql-community-server ──────────────────────┐
│ MySQL 8 uses a new authentication based on improved SHA256-based password methods. It is recommended │
│ that all new MySQL Server installations use this method going forward. This new authentication plugin │
│ requires new versions of connectors and clients, with support for this new authentication method │
│ (caching_sha2_password). Currently MySQL 8 Connectors and community drivers built with libmysqlclient21 │
│ support this new method. Clients built with older versions of libmysqlclient may not be able to connect │
│ to the new server.                                                                                      │
│                                                                                                         │
│ To retain compatibility with older client software, the default authentication plugin can be set to the │
│ legacy value (mysql_native_password) This should only be done if required third-party software has not  │
│ been updated to work with the new authentication method. The change will be written to the file         │
│ /etc/mysql/mysql.conf.d/default-auth-override.cnf                                                       │
│                                                                                                         │
│ After installation, the default can be changed by setting the default_authentication_plugin server      │
│ setting.                                                                                                 │
│                                                                                                         │
│ Select default authentication plugin                                                                    │
│                                                                                                         │
│            Use Strong Password Encryption (RECOMMENDED)                                                 │
│            Use Legacy Authentication Method (Retain MySQL 5.x Compatibility)                            │
│                                                                                                         │
│                                          <Ok>                                                           │
└─────────────────────────────────────────────────────────────────────────────────────────────────────┘
```

마지막으로, MySQL에 접속해 정상적으로 설치되었는지 확인합니다. 노드에서 MySQL 비밀번호가 틀렸다는 내용의 에러가 발생하는 것을 방지하기 위해 한 번 더 비밀번호를 설정합니다.

SSH

```
$ sudo mysql -uroot -p
(비밀번호 입력)
(MySQL 프롬프트 접속)
mysql> ALTER USER 'root'@'localhost' IDENTIFIED WITH mysql_native_password BY '비밀번호';
mysql> exit;
```

MySQL 설치가 완료된 후, git clone 명령어를 사용해 깃허브에 올렸던 소스 코드를 내려받습니다.

SSH

```
$ git clone https://github.com/아이디/node-deploy
Cloning into 'node-deploy'...
remote: Enumerating objects: 49, done.
remote: Counting objects: 100% (49/49), done.
remote: Compressing objects: 100% (46/46), done.
remote: Total 49 (delta 0), reused 49 (delta 0), pack-reused 0
Unpacking objects: 100% (49/49), done.
```

이제 node-deploy 폴더가 생성되었을 것입니다.

15

AWS와 GCP로 배포하기

서버를 실행하기 전에 할 일이 하나 있습니다. Lightsail에서는 기본적으로 비트나미 아파치 (Bitnami apache) 서버가 켜져 있습니다. 노드 서버와 같이 쓸 수는 없으므로 아파치 서버를 종료하는 명령어를 입력합니다.

SSH

```
$ cd /opt/bitnami
$ sudo ./ctlscript.sh stop apache
Stopped apache
```

다시 node-deploy 폴더로 이동해 npm 패키지를 설치하고 서버를 실행합니다. 중간에 시퀄라이즈로 MySQL 데이터베이스도 생성했습니다.

SSH

```
$ cd ~/node-deploy
$ npm ci
$ npx sequelize db:create --env production
$ sudo npm i -g pm2
$ sudo NODE_ENV=production PORT=80 pm2 start server.js -i 0
```

 Warning | .env 생성하기

지금은 .env가 깃허브에 올라가 있어서 git clone으로 내려받았지만, 실무에서는 깃허브에 올리면 안 됩니다. 원래 .env는 Lightsail 서버 내에서 생성해야 하며, sudo vim .env 명령어로 생성할 수 있습니다. 다만, vim은 비주얼 스튜디오 코드 같은 하나의 에디터이므로 사용법을 별도로 학습해야 합니다.

▼ 그림 15-52 pm2 실행 화면

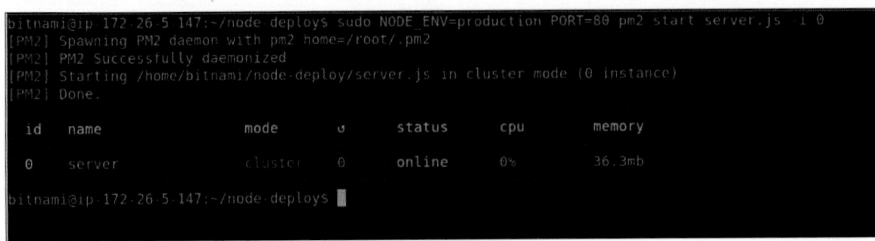

혹시나 서버가 실행되지 않는다면(status가 online이 아니라면) sudo pm2 logs --err 명령어를 입력해 어떤 에러가 발생했는지 확인할 수 있습니다. 에러를 해결한 후 sudo pm2 reload all로 서버를 재시작하면 됩니다.

이제 서버가 실행되었으니 실제로 접속해봅시다.

> **Note ≡ 웹 서버와 DB 서버의 분리**
>
> 지금은 웹 서버와 DB 서버를 하나의 인스턴스에서 실행하고 있지만, 나중에는 별도로 분리하는 것이 좋습니다. 서버 하나에 문제가 생겼을 때, 다른 서버에 영향을 미치는 것을 막기 위해서입니다. AWS는 EC2라는 컴퓨팅 서비스와 MySQL 전용 서비스인 RDS를 따로 운영하고 있으므로 이 서비스를 사용하면 됩니다.

▼ 그림 15-53 퍼블릭 IP 확인하기

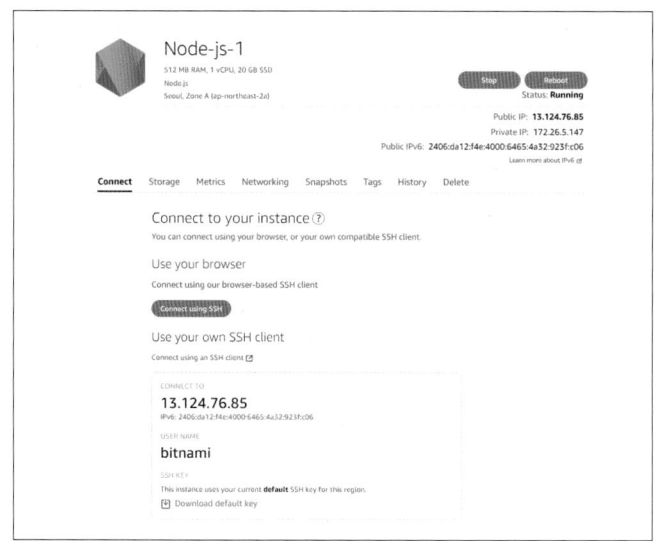

퍼블릭 IP를 확인한 뒤, http://퍼블릭IP로 접속합니다. 이 책의 경우에는 http://13.124.76.85 입니다.

https로는 접속하면 안 됩니다. https로 접속하기 위해서는 도메인 구입과 인증서 발급 같은 별도 설정이 필요합니다.

▼ 그림 15-54 퍼블릭 IP 접속 화면

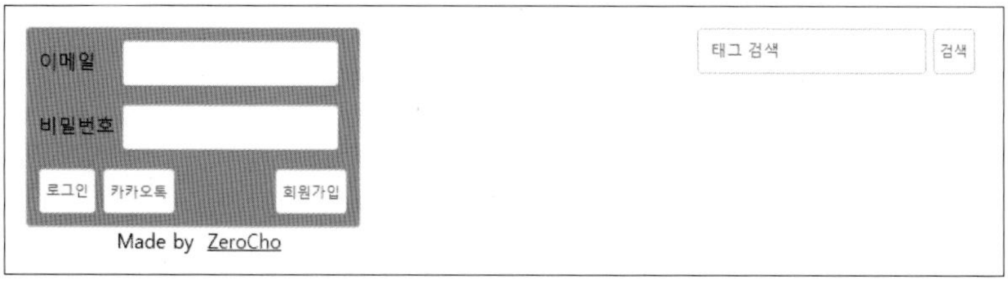

NodeBird 화면이 보이면 성공입니다. 위 주소를 다른 컴퓨터에서도 입력해보세요. 이제 퍼블릭
IP만 알면 다른 사람들도 여러분의 서비스에 접속할 수 있습니다.

> **Note ≡ 도메인 사용하기**
>
> 퍼블릭 IP 대신 gilbut.co.kr과 같은 도메인을 사용하고 싶다면, 도메인 판매처에서 도메인을 구입한 후 AWS의
> Route 53 서비스에서 연결하면 됩니다.

> **Note ≡ 수정된 소스 코드 반영하기**
>
> 추후 소스 코드를 수정해서 업데이트된 내용으로 배포하고 싶을 때는 git clone이 아니라 git pull 명령어를 이
> 용합니다.
>
> **콘솔**
> ```
> $ git pull
> $ sudo pm2 reload all
> ```
>
> 서버가 재시작되면서 변경된 내용이 반영됩니다.

15.5 / GCP 시작하기

구글 클라우드 플랫폼(이하 GCP)은 구글 계정이 있어야 사용할 수 있습니다. 따라서 기존 계정이
있다면 그대로 사용하고, 없다면 구글에 회원 가입을 하세요.

구글 계정으로 로그인하고 GCP 콘솔 웹 사이트(https://console.cloud.google.com/)에 접속
합니다.

서비스 약관에 동의하고 **동의 및 계속하기** 버튼을 누릅니다.

▼ 그림 15-55 GCP 접속 화면

상단에 있는 **프로젝트 선택** 메뉴를 클릭한 후 **새 프로젝트**를 누릅니다.

▼ 그림 15-56 새 프로젝트 선택

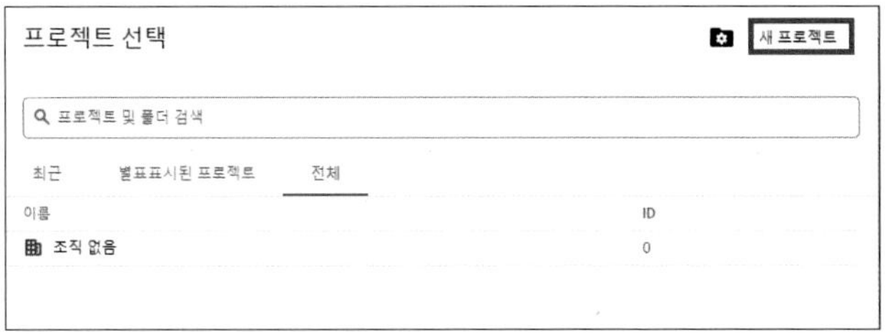

프로젝트 이름을 node-deploy로 하고 **만들기** 버튼을 누릅니다.

▼ 그림 15-57 프로젝트 만들기 화면

좌측 메뉴에서 Compute Engine 메뉴를 선택합니다.

▼ 그림 15-58 좌측 메뉴

그러면 다음 화면이 나타나는데, 여기서 **사용** 버튼을 누릅니다.

▼ 그림 15-59 컴퓨트 엔진 API 사용하기

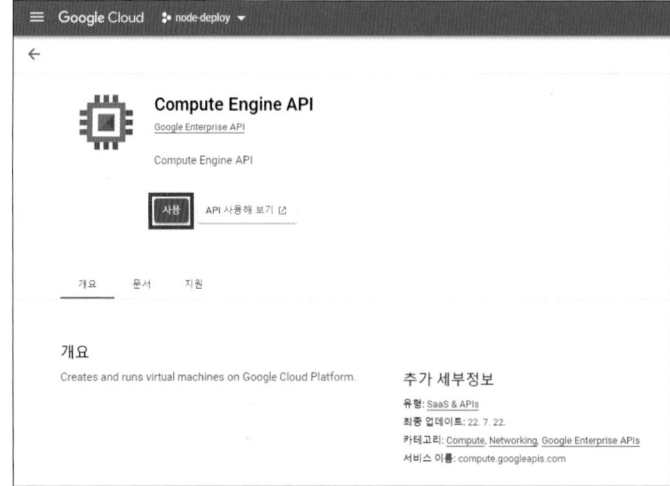

팝업이 뜨면 **결제 사용 설정**을 누릅니다.

❤ 그림 15-60 결제 필요 팝업

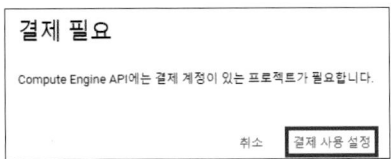

그럼 팝업이 바뀌는데, 여기서 **결제 계정 만들기**를 누릅니다.

❤ 그림 15-61 결제 사용 설정 팝업

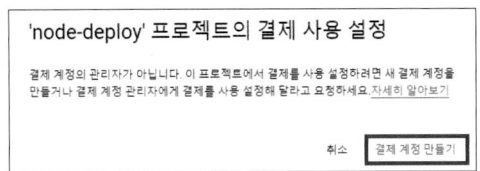

정보를 입력하고 **계속** 버튼을 누릅니다.

❤ 그림 15-62 결제 계정 등록 화면

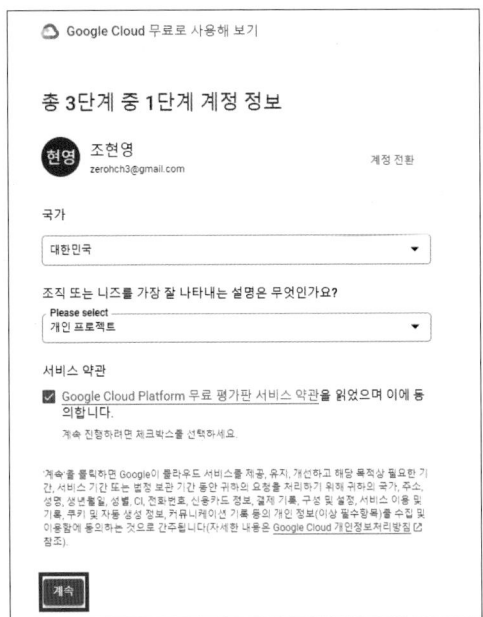

2단계에서는 휴대폰으로 본인 확인을 합니다. 휴대폰 본인 확인이 끝나면 3단계에서 결제 정보를
확인합니다. 주소를 입력하고 다음으로 넘어갑시다.

▼ 그림 15-63 결제 정보 확인 화면

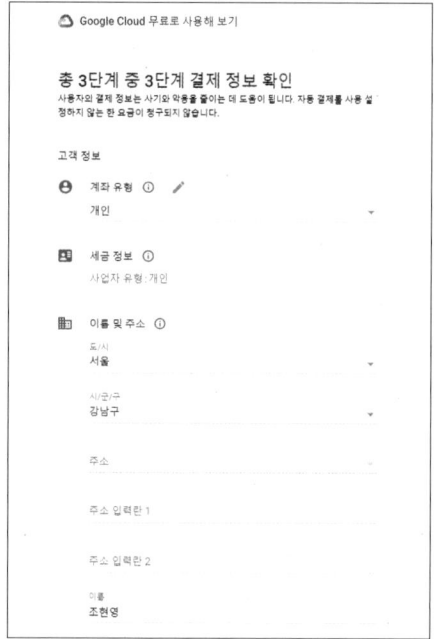

다시 한 번 본인 확인을 합니다. 본인 확인 후에는 결제 수단을 입력합니다. 입력 후 **무료 평가판 시작하기** 버튼을 누르면 됩니다.

▼ 그림 15-64 본인 확인 화면

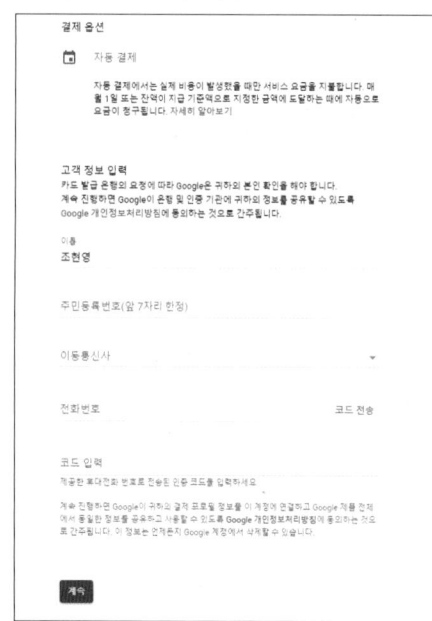

마지막으로, 간단한 설문 조사가 진행됩니다. 완료 후 튜토리얼은 건너뛰고, 다시 **컴퓨트 엔진 API 사용** 버튼을 누릅니다.

▼ 그림 15-65 설문 조사 화면

조금 기다리면 VM **인스턴스** 화면이 뜹니다. **인스턴스 만들기** 버튼을 클릭합니다.

▼ 그림 15-66 VM 인스턴스 화면

먼저 머신 이름을 정합니다. 그 후 **리전**을 고를 수 있는데, 한국은 asia-northeast3 리전입니다. 영역은 아무데나 상관없습니다. 유료이지만, 처음 가입할 때 받은 300달러 크레딧이 있으므로 한국을 선택해도 당분간 비용이 들지 않습니다. 300달러 크레딧을 모두 소진하기 전에만 인스턴스를 제거하면 됩니다. 머신 구성은 E2 시리즈 e2-micro나 e2-small로 설정합니다.

▼ 그림 15-67 인스턴스 만들기 화면

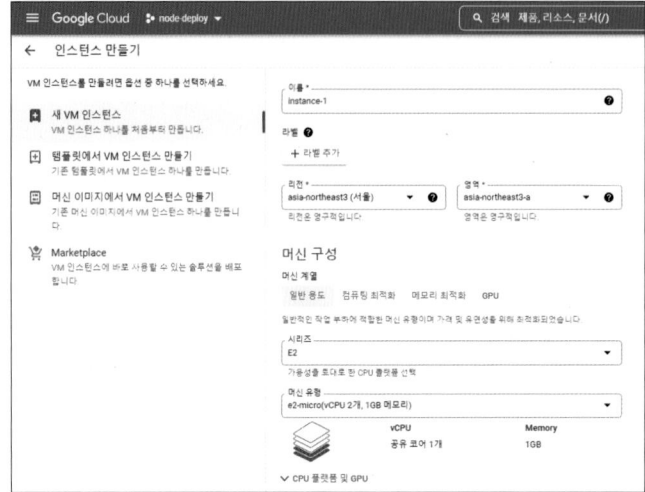

부팅 디스크 항목에서는 **변경** 버튼을 클릭해 Ubuntu 20.04 LTS x86/64, amd64 focal 이미지로 설정합니다. **ID 및 API 액세스**는 **모든 Cloud API에 대한 전체 액세스 허용**을 선택합니다. 마지막으로, 방화벽은 HTTP와 HTTPS 트래픽을 둘 다 허용하도록 하면 됩니다. 설정 후 **만들기** 버튼을 누릅니다.

▼ 그림 15-68 인스턴스 만들기 화면 2

인스턴스 생성 후 조금 기다리면 인스턴스가 준비됩니다. **외부 IP** 옆 **SSH**를 누르면 해당 인스턴스의 콘솔로 접근할 수 있습니다.

▼ 그림 15-69 인스턴스 목록 화면

Note ≡ 실습 후 인스턴스를 삭제하지 않으면 무료 크레딧이 모두 소진된 이후 과금됩니다. 인스턴스는 인스턴스 목록 화면에서 우측 메뉴 버튼을 누르고 **삭제** 메뉴를 선택해 삭제할 수 있습니다.

▼ 그림 15-70 인스턴스 삭제 방법

15.6 GCP에 배포하기

SSH가 브라우저 새 창에서 실행됩니다.

▼ 그림 15-71 SSH 화면

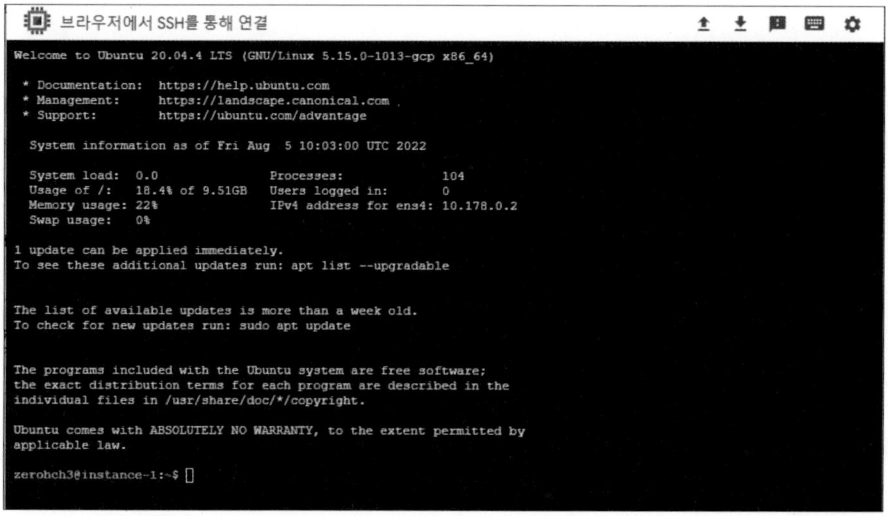

SSH에 명령어를 입력하면 됩니다. 현재 여러분의 계정으로 로그인되어 있을 텐데, 원활한 진행을 위해 루트 계정으로 변경한 후 진행하겠습니다.

SSH

```
$ sudo su
```

계정이 변경되었다면 1.4.1.3절과 7.2.3절의 방법대로 우분투에 노드와 MySQL을 설치합니다. 실무에서는 보통 MySQL 서버를 따로 마련해두지만, 예제에서는 편의를 위해 웹 서버와 같이 사용합니다.

우분투와 MySQL 설치가 완료된 후, 깃허브에 올렸던 소스 코드를 내려받습니다. git clone 명령어를 사용합니다.

SSH

```
$ git clone https://github.com/아이디/node-deploy
Cloning into 'node-deploy'...
```

```
remote: Enumerating objects: 44, done.
remote: Counting objects: 100% (44/44), done.
remote: Compressing objects: 100% (40/40), done.
remote: Total 44 (delta 0), reused 44 (delta 0), pack-reused 0
Unpacking objects: 100% (44/44), 96.49 KiB | 4.02 MiB/s, done.
```

이제 node-deploy 폴더가 생성되었을 것입니다. node-deploy 폴더로 이동해 npm 패키지들을 설치하고 서버를 실행합니다. 중간에 시퀄라이즈로 MySQL 데이터베이스도 생성했습니다.

SSH

```
$ cd node-deploy
$ npm ci
$ npx sequelize db:create --env production
$ npm i -g pm2
$ NODE_ENV=production PORT=80 pm2 start server.js -i 0
```

▼ 그림 15-72 pm2 실행 화면

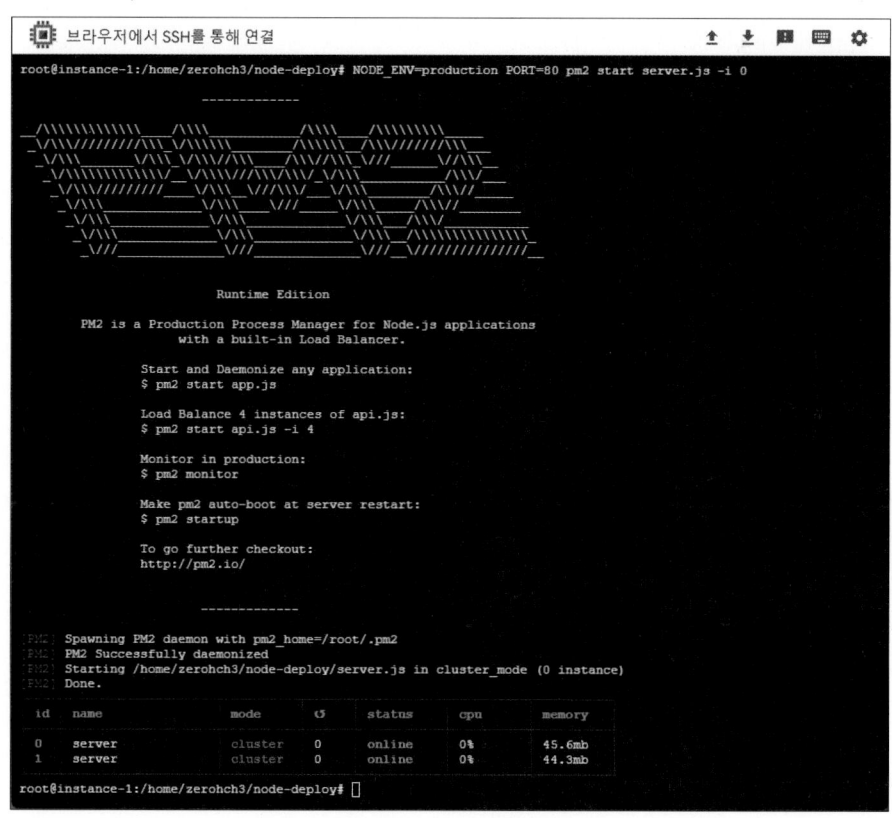

이제 서버가 실행되었으니 실제로 접속해봅시다.

> Note ≡ **웹 서버와 DB 서버의 분리**
>
> 지금은 웹 서버와 DB 서버를 하나의 인스턴스에서 실행하고 있지만, 나중에는 별도로 분리하는 것이 좋습니다. 서버 하나에 문제가 생겼을 때, 다른 서버에 영향을 미치는 것을 막기 위해서입니다. GCP는 컴퓨트 엔진(Compute Engine)이라는 컴퓨팅 서비스와 MySQL 전용 서비스인 클라우드 SQL(Cloud SQL)을 따로 운영하고 있으므로 이 서비스를 사용하면 됩니다.

▼ 그림 15-73 외부 IP 확인하기

외부 IP를 확인한 뒤, 'http://외부IP'로 접속합니다. 이 책의 경우에는 http://34.64.172.238입니다. https로는 접속하면 안 됩니다. https로 접속하기 위해서는 도메인 구입과 인증서 발급 같은 별도 설정이 필요합니다.

▼ 그림 15-74 외부 IP 접속 화면

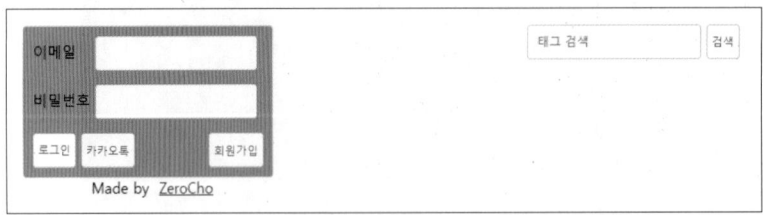

NodeBird 화면이 보이면 성공입니다. 위 주소를 다른 컴퓨터에서도 입력해보세요. 이제 외부 IP 만 알면 다른 사람들도 여러분의 서비스에 접속할 수 있습니다.

혹시나 서버가 실행되지 않는다면 sudo npx pm2 logs --err 명령어를 입력해 어떤 에러가 발생 했는지 확인할 수 있습니다. 에러를 해결한 후 sudo npx pm2 reload all로 서버를 재시작하면 됩 니다.

Note ≡ **도메인 사용하기**

외부 IP 대신 gilbut.co.kr과 같은 도메인을 사용하고 싶다면, 도메인 판매처에서 도메인을 구입한 후 GCP의 클라우 드 DNS(Cloud DNS) 서비스에서 연결하면 됩니다.

Note ≡ **수정된 소스 코드 반영하기**

추후 소스 코드를 수정해서 업데이트된 내용으로 배포하고 싶을 때는 git clone이 아니라 git pull 명령어를 이 용합니다.

콘솔

```
$ git pull
$ sudo pm2 reload all
```

서버가 재시작되면서 변경된 내용이 반영됩니다.

NODE.JS

15.7 함께 보면 좋은 자료

- **cross-env**: https://www.npmjs.com/package/cross-env
- **pm2**: http://pm2.keymetrics.io/
- **winston**: https://github.com/winstonjs/winston
- **sanitize-html**: https://www.npmjs.com/package/sanitize-html
- **csurf**: https://www.npmjs.com/package/csurf
- **helmet**: https://www.npmjs.com/package/helmet

- hpp: https://www.npmjs.com/package/hpp
- 레디스: https://redis.io/
- connect-redis: https://www.npmjs.com/package/connect-redis
- rate-limit-redis: https://www.npmjs.com/package/rate-limit-redis
- n: https://www.npmjs.com/package/n
- nvm: https://github.com/coreybutler/nvm-windows
- 깃 설명: https://git-scm.com/doc
- GCP: https://cloud.google.com/?hl=ko
- AWS: https://aws.amazon.com/ko/

16장

서버리스 노드 개발

이 장에서는 서버리스 아키텍처와 노드를 함께 사용하는 방법을 소개합니다. 이미지를 업로드한 후, 리사이징해서 클라우드 저장소에 업로드할 것입니다. 선호하는 클라우드 서비스에 따라 16.2절(AWS)이나 16.4절(GCP) 중 하나를 선택해서 진행하면 됩니다.

16.1 / 서버리스 이해하기

서버리스는 영어로 'serverless'입니다. 'server(서버)+less(없는)'이지만, 사실 서버가 없는 것은 아닙니다. 서버를 클라우드 서비스가 대신 관리해주므로 개발자나 운영자가 서버를 관리하는 데 드는 부담이 줄어든다는 의미입니다. 즉, 개발자는 자신의 서비스 로직을 작성하는 데만 집중할 수 있게 되는 것입니다.

서버리스 컴퓨팅을 할 때는 이전 장의 AWS EC2나 구글 컴퓨트 엔진(Google Compute Engine)과는 다르게 VM 인스턴스를 미리 구매하지 않아도 됩니다. 단순히 코드를 업로드한 뒤, 사용량에 따라 요금을 지불하면 됩니다. 24시간 작동할 필요가 없는 서버인 경우, 서버리스 컴퓨팅을 사용하면 필요한 경우에만 실행되어 요금을 절약할 수도 있습니다.

AWS와 GCP는 클라우드 서비스의 대표 주자답게 다양한 서버리스 서비스를 제공합니다. AWS에서는 람다(Lambda)나 API 게이트웨이(API Gateway), S3 등의 서비스가 유명하고, GCP에서는 클라우드 런(Cloud Run), 파이어베이스(Firebase), 클라우드 펑션스(Cloud Functions), 클라우드 스토리지(Cloud Storage) 등의 서비스가 유명합니다.

이 장에서는 NodeBird에서 업로드하는 이미지를 리사이징하거나 저장합니다. AWS에서는 람다와 S3를 사용하고, GCP에서는 클라우드 펑션스와 클라우드 스토리지를 사용합니다.

람다와 클라우드 펑션스는 특정한 동작을 수행하는 로직을 저장하고, 요청이 들어올 때 로직을 실행하는 서비스입니다. 함수처럼 호출할 때 실행되므로 **FaaS**(Function as a Service)라고 불립니다. 이미지 리사이징과 같이 노드가 하기에 버거운 작업을 함수로 만들어 클라우드에 올리고, 리사이징이 필요할 때마다 FaaS 서비스를 호출하면 됩니다. 여러분의 서버에서 직접 리사이징하기에는 버겁지만, 클라우드 서비스의 컴퓨팅 자원이 리사이징을 대신 해주는 것이므로 마음껏 사용할 수 있습니다. 사용한 만큼만 요금을 내면 됩니다.

S3와 클라우드 스토리지는 클라우드 데이터 저장소라고 생각하면 됩니다. 이미지 같은 데이터를 저장하고, 다른 사람에게 보여줄 수 있습니다. 노드 서버가 다른 서버보다 정적 파일을 제공하는 데 더 유리하지는 않으므로, 클라우드 데이터 저장소가 대신 정적 파일을 제공하도록 위임하곤 합니다.

16.2 AWS S3 사용하기

AWS S3에 이미지를 업로드하는 방법을 알아보겠습니다. AWS 대신 GCP를 이용하고 싶다면 16.4절로 넘어가세요.

S3를 사용하려면 AWS 웹 사이트에서 S3 관련 설정을 해둬야 합니다. 먼저 **스토리지** 섹션의 S3를 선택합니다.

▼ 그림 16-1 서비스 › 스토리지 › S3 메뉴 선택

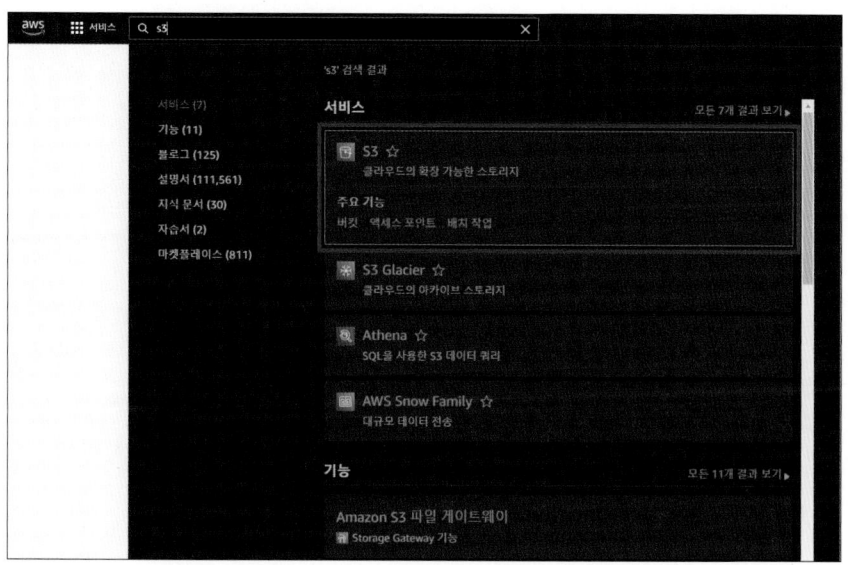

버킷 만들기 버튼을 누릅니다.

▼ 그림 16-2 S3 화면

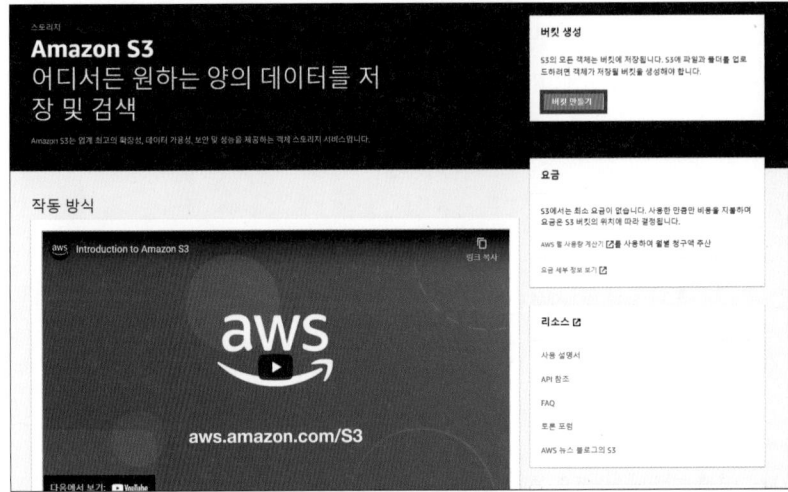

버킷의 이름과 리전을 설정합니다. 리전이 현재 위치와 가까울수록 이미지 로딩 속도가 빨라집니다. 이 책은 nodebird33이라는 이름을 사용했지만, S3 버킷 이름은 고유하므로 여러분은 다른 이름을 써야 합니다. **이 버킷의 퍼블릭 액세스 차단 설정**에서는 **모든 퍼블릭 액세스 차단** 체크박스를 해제합니다. 실무에서는 해제하지 않는 것이 좋습니다만, S3에 올린 이미지를 웹 서비스에서 사용하려면 퍼블릭 액세스를 어느 정도 허용해야 합니다.

설정을 완료했으면 **버킷 만들기** 버튼을 눌러 버킷을 생성합니다.

▼ 그림 16-3 버킷 이름 및 리전 설정

Amazon S3 〉 버킷 〉 버킷 만들기

버 킷 만들기 Info

버킷은 S3에 저장되는 데이터의 컨테이너입니다. 자세히 알아보기

일반 구성

버킷 이름

`nodebird33`

버킷 이름은 전역에서 고유해야 하며 공백 또는 대문자를 포함할 수 없습니다. 버킷 이름 지정 규칙 참조

AWS 리전

아시아 태평양(서울) ap-northeast-2   ▼

기존 버킷에서 설정 복사 - 선택 사항

다른 구성의 버킷 설정만 복사됩니다.

버킷 선택

객체 소유권 Info

다른 AWS 계정이 이 버킷에 작성한 객체의 소유권 및 액세스 제어 목록(ACL)의 사용을 제어합니다. 객체 소유권은 객체에 대한 액세스를 지정할 수 있는 사용자를 결정합니다.

○ **ACL 비활성화됨(권장)**
이 버킷의 모든 객체는 이 계정이 소유합니다. 이 버킷과 그 객체에 대한 액세스는 정책을 통해서만 지정됩니다.

○ **ACL 활성화됨**
이 버킷의 객체는 다른 AWS 계정에서 소유할 수 있습니다. 이 버킷 및 객체에 대한 액세스는 ACL를 사용하여 지정할 수 있습니다.

객체 소유권

버킷 소유자 적용

이 버킷의 퍼블릭 액세스 차단 설정

퍼블릭 액세스는 ACL(액세스 제어 목록), 버킷 정책, 액세스 지점 정책 또는 모두를 통해 버킷 및 객체에 부여됩니다. 이 버킷 및 해당 객체에 대한 퍼블릭 액세스가 차단되었는지 확인하려면 모든 퍼블릭 액세스 차단을 활성화합니다. 이 설정은 이 버킷 및 해당 액세스 지점에만 적용됩니다. AWS에서는 모든 퍼블릭 액세스 차단을 활성화하도록 권장하지만, 이 설정을 적용하기 전에 퍼블릭 액세스가 없어도 애플리케이션이 올바르게 작동하는지 확인합니다. 이 버킷 또는 내부 객체에 대한 어느 정도 수준의 퍼블릭 액세스가 필요한 경우 특정 스토리지 사용 사례에 맞게 아래 개별 설정을 사용자 지정할 수 있습니다. 자세히 알아보기 [↗]

☐ **모든 퍼블릭 액세스 차단**
이 설정을 활성화하면 아래 4개의 설정을 모두 활성화한 것과 같습니다. 다음 설정 각각은 서로 독립적입니다.

  ☐ *새* ACL(액세스 제어 목록)을 통해 부여된 버킷 및 객체에 대한 퍼블릭 액세스 차단
  S3은 새로 추가된 버킷 또는 객체에 적용되는 퍼블릭 액세스 권한을 차단하며, 기존 버킷 및 객체에 대한 새 퍼블릭 액세스 ACL 생성을 금지합니다. 이 설정은 ACL을 사용하여 S3 리소스에 대한 퍼블릭 액세스를 허용하는 기존 권한을 변경하지 않습니다.

  ☐ *임의의* ACL(액세스 제어 목록)을 통해 부여된 버킷 및 객체에 대한 퍼블릭 액세스 차단
  S3은 버킷 및 객체에 대한 퍼블릭 액세스를 부여하는 모든 ACL을 무시합니다.

  ☐ *새* 퍼블릭 버킷 또는 액세스 지점 정책을 통해 부여된 버킷 및 객체에 대한 퍼블릭 액세스 차단
  S3은 버킷 및 객체에 대한 퍼블릭 액세스를 부여하는 새 버킷 및 액세스 지점 정책을 차단합니다. 이 설정은 S3 리소스에 대한 퍼블릭 액세스를 허용하는 기존 정책을 변경하지 않습니다.

  ☐ *임의의* 퍼블릭 버킷 또는 액세스 지점 정책을 통해 부여된 버킷 및 객체에 대한 퍼블릭 및 교차 계정 액세스 차단
  S3은 버킷 및 객체에 대한 퍼블릭 액세스를 부여하는 정책을 사용하는 버킷 또는 액세스 지점에 대한 퍼블릭 및 교차 계정 액세스를 무시합니다.

⚠ 모든 퍼블릭 액세스 차단을 비활성화하면 이 버킷과 그 안에 포함된 객체가 퍼블릭 상태가 될 수 있습니다. 정적 웹 사이트 호스팅과 같은 구체적으로 확인된 사용 사례에서 퍼블릭 액세스가 필요한 경우가 아니면 모든 퍼블릭 액세스 차단을 활성화하는 것이 좋습니다.

  ☑ 현재 설정으로 인해 이 버킷과 그 안에 포함된 객체가 퍼블릭 상태가 될 수 있음을 알고 있습니다.

버킷 버전 관리

버전 관리는 객체의 여러 버전을 동일한 버킷에서 관리하기 위한 수단입니다. 버전 관리를 사용하여 Amazon S3 버킷에 저장된 모든 객체의 각 버전을 보존, 검색 및 복원할 수 있습니다. 버전 관리를 통해 의도치 않은 사용자 작업과 애플리케이션 장애를 모두 복구할 수 있습니다. 자세히 알아보기 [↗]

버킷 버전 관리
◉ 비활성화
◯ 활성화

태그 (0) - 선택 사항
버킷에 태그를 지정하여 스토리지 비용 또는 기타 기준을 추적합니다. 자세히 알아보기 [↗]

이 버킷과 연결된 태그가 없습니다.

[태그 추가]

기본 암호화
이 버킷에 저장된 새 객체를 자동으로 암호화합니다. 자세히 알아보기 [↗]

서버 측 암호화
◉ 비활성화
◯ 활성화

▶ **고급 설정**

ⓘ 버킷을 생성한 후 파일과 폴더를 해당 버킷에 업로드할 수 있고, 추가 버킷 설정도 구성할 수 있습니다.

취소   [버킷 만들기]

그림 16-4는 버킷이 생성된 모습입니다. 이제 버킷에 원하는 데이터를 업로드할 수 있습니다. S3 에서는 허용한 사용자만 버킷 안에 들어 있는 데이터를 가져갈 수 있습니다. 따라서 웹 사이트에 서 버킷의 이미지를 로드할 수 있도록 권한을 부여하겠습니다. 생성한 버킷을 클릭합니다.

▼ 그림 16-4 버킷 생성 후 화면

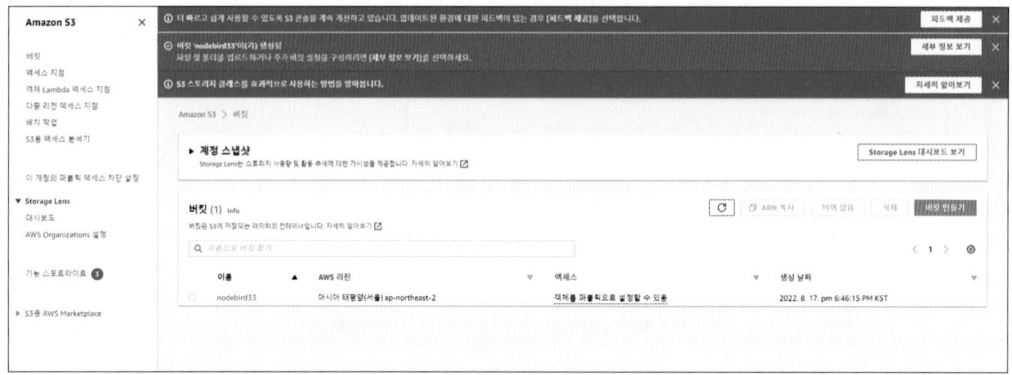

권한 메뉴를 선택한 뒤 **버킷 정책** 섹션에서 **편집** 버튼을 누릅니다.

▼ 그림 16-5 권한 화면

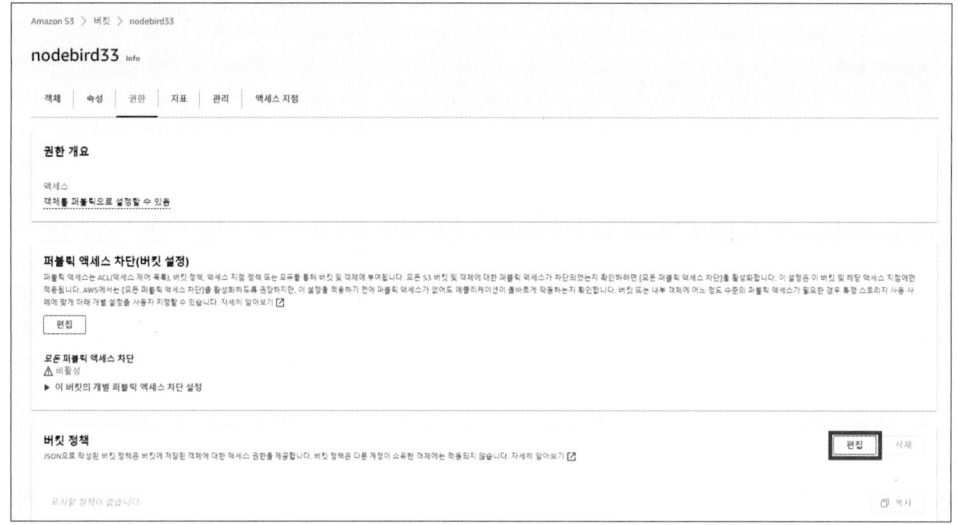

버킷 정책 편집기에 다음 코드를 적습니다. JSON 형식으로 버킷 권한을 설정할 수 있습니다.

```
버킷 ARN
   arn:aws:s3:::nodebird33

정책
 1 ▾  {
 2      "Version": "2012-10-17",
 3 ▾    "Statement": [
 4 ▾      {
 5        "Sid": "AddPerm",
 6        "Effect": "Allow",
 7        "Principal": "*",
 8 ▾      "Action": [
 9          "s3:GetObject",
10          "s3:PutObject"
11        ],
12        "Resource": "arn:aws:s3:::nodebird33/*"
13      }
14    ]
15  }
```

문 편집

문 선택
정책에서 기존 문을 선택하거나 새 문을 추가합
니다.

＋ 새 문 추가

＋ 새 문 추가

JSON   Ln 15, Col 1

취소   **변경 사항 저장**

버킷 정책 편집기

```json
{
  "Version": "2012-10-17",
  "Statement": [
    {
      "Sid": "AddPerm",
      "Effect": "Allow",
      "Principal": "*",
      "Action": [
        "s3:GetObject",
        "s3:PutObject"
      ],
      "Resource": "arn:aws:s3:::버킷명/*"
    }
  ]
}
```

위 코드에서 Resource 속성의 버킷명 부분만 여러분의 버킷명으로 교체하면 됩니다. 참고로
s3:GetObject는 S3로부터 데이터를 가져오는 권한을, s3:PutObject는 S3에 데이터를 넣는 권한
을 의미합니다. PutObject는 다음 절에 나올 람다를 위해 추가한 권한입니다.

버킷 정책을 작성한 뒤 **변경 사항 저장** 버튼을 누르면 새로운 권한이 반영됩니다.

16

서버리스 노드 개발

747

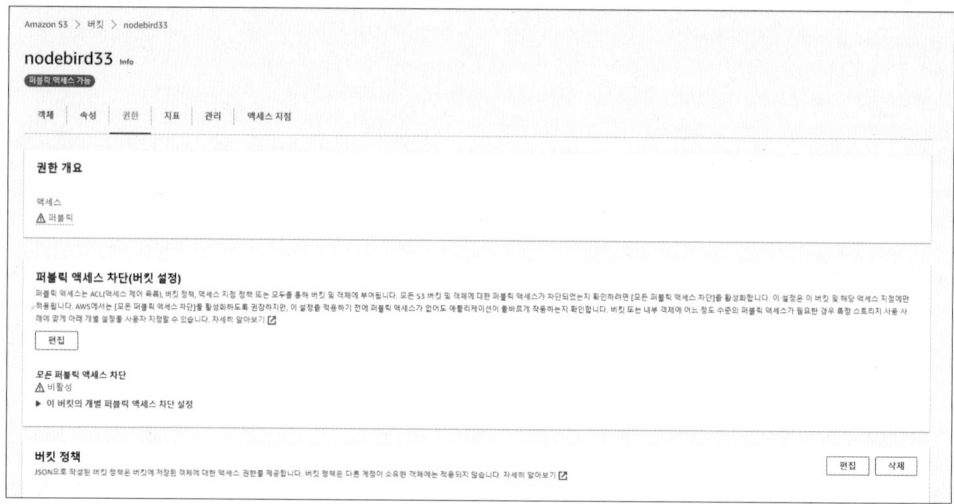

이제 NodeBird가 S3에 파일을 업로드할 수 있게 해보겠습니다. 그러려면 노드에서 S3에 접근할 수 있도록 AWS 액세스 키를 발급받아야 합니다.

상단 우측 메뉴에서 여러분의 계정 이름을 누르고 **보안 자격 증명** 메뉴를 선택합니다.

▼ 그림 16-8 내 보안 자격 증명 메뉴

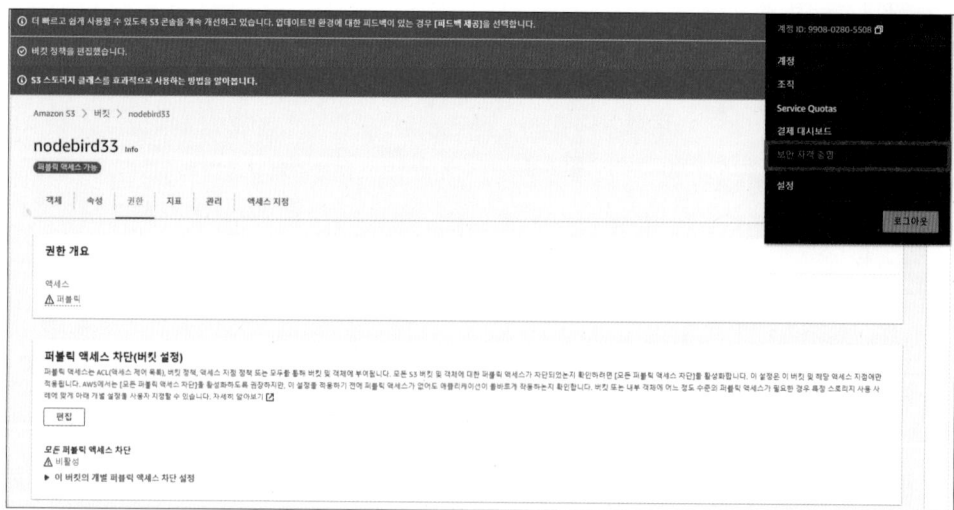

액세스 키 섹션에서 **새 액세스 키 만들기** 버튼을 누릅니다. 나중에 키 목록에서 액세스 키를 비활성화하거나 삭제할 수 있습니다. 보안 액세스 키는 다시 볼 수 없으므로 아래 그림의 **키 파일 다운로드** 버튼을 눌러 저장해둡니다. 키 파일은 잃어버리거나 남에게 유출되지 않도록 주의해서 관리해야 합니다.

❤ 그림 16-9 보안 자격 증명 화면

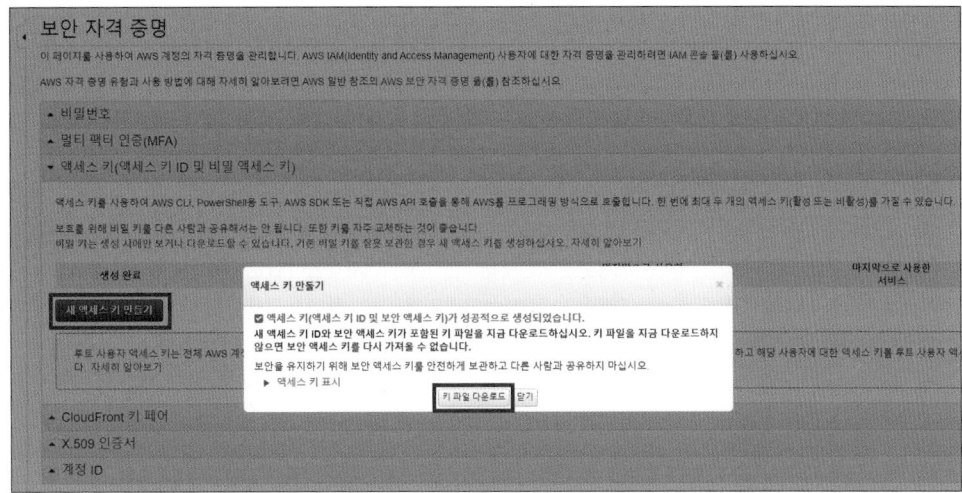

이제 AWS 웹 사이트에서 할 일은 모두 마쳤습니다. 콘솔을 실행해서 NodeBird 프로젝트로 이동한 뒤, multer에서 S3로 업로드할 수 있게 해주는 multer-s3 패키지를 설치합니다. multer-s3 패키지는 S3 연결을 위해 @aws-sdk/client-s3 패키지를 필요로 하므로 같이 설치합니다. @aws-sdk/client-s3는 AWS S3의 기능을 노드에서 사용할 수 있게 해주는 패키지입니다.

 Warning | 과금 요소

S3를 사용하면 데이터를 저장할 때와 저장된 데이터를 로드할 때 과금됩니다. 가입 후 1년간 저장 용량 5GB, 데이터 로드 2만 건, 데이터 업로드 2,000건까지는 무료입니다. 하지만 1년이 지나면 과금되기 시작하므로 이 예제를 실습한 후에는 반드시 버킷 안의 데이터를 지우길 바랍니다.

콘솔

```
$ npm i multer-s3 @aws-sdk/client-s3
```

발급받은 키 파일 안에 적혀 있는 액세스 키 ID와 보안 액세스 키를 .env 파일에 복사합니다.

.env

```
COOKIE_SECRET=nodebirdsecret
KAKAO_ID=5d4daf57becfd72fd9c919882552c4a6
SEQUELIZE_PASSWORD=nodejsbook
REDIS_HOST=redis-12022.c91.us-east-1-3.ec2.cloud.redislabs.com
```

```
REDIS_PORT=12022
REDIS_PASSWORD=RvKvk1P04N77hYttbVwbl7tUCnWwEEXW
S3_ACCESS_KEY_ID=AKIA6NMDTAMCCL7PXDHZ
S3_SECRET_ACCESS_KEY=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
```

> ⚠️ Warning | 보안 액세스 키 유출
>
> 액세스 키 ID와 보안 액세스 키가 유출되면 다른 사람이 여러분의 AWS 계정을 마음대로 사용할 수 있습니다. 만약
> 예기치 않은 과금이 발생한다면 액세스 키 유출을 의심해봐야 합니다. 따라서 실습이 끝난 뒤에는 사용하지 않는 액세
> 스 키를 비활성화하거나 삭제하고, .env 파일은 .gitignore에 추가해 깃허브 등에 올리지 말고 서버에서 직접 생성해
> 내용을 작성하는 것이 좋습니다.

nodebird/routes/post.js

```
const express = require('express');
const multer = require('multer');
const path = require('path');
const fs = require('fs');
const { S3Client } = require('@aws-sdk/client-s3');
const multerS3 = require('multer-s3');

const { afterUploadImage, uploadPost } = require('../controllers/post');
const { isLoggedIn } = require('../middlewares');

const router = express.Router();

try {
  fs.readdirSync('uploads');
} catch (error) {
  console.error('uploads 폴더가 없어 uploads 폴더를 생성합니다.');
  fs.mkdirSync('uploads');
}

const s3 = new S3Client({
  credentials: {
    accessKeyId: process.env.S3_ACCESS_KEY_ID,            // ❶
    secretAccessKey: process.env.S3_SECRET_ACCESS_KEY,
  },
  region: 'ap-northeast-2',
});
```

```
const upload = multer({
  storage: multerS3({
    s3,
    bucket: 'nodebird33',
    key(req, file, cb) {
      cb(null, `original/${Date.now()}_${file.originalname}`);
    },
  }),
  limits: { fileSize: 5 * 1024 * 1024 },
});
...
```
❷

❶ new S3Client에 AWS S3 연결에 관한 설정을 할 수 있습니다. 조금 전에 발급받은 액세스 키 ID와 보안 액세스 키, 리전(ap-northeast-2가 서울)을 입력했습니다.

❷ 또한, multer의 storage 옵션을 multerS3로 교체했습니다. multerS3의 옵션으로 s3 객체, 버킷명(bucket), 파일명(key)을 입력했습니다. 버킷명은 여러분의 버킷명을 적어야 합니다. key 옵션으로 저장할 파일명을 설정했으며, 버킷 내부에서 original 폴더 아래에 생성합니다.

multerS3를 사용하면 req.file.location에 S3 버킷 이미지 주소가 담겨 있습니다. 이 주소를 클라이언트로 보냅니다.

nodebird/controllers/post.js

```
const { Post, Hashtag } = require('../models');

exports.afterUploadImage = (req, res) => {
  console.log(req.file);
  res.json({ url: req.file.location });
};
...
```

npm run dev로 서버를 실행하고 http://localhost:8001에 접속합니다. 로그인 후 이미지 업로드를 시도하면 이미지가 S3 버킷에 저장됩니다.

16

서비스 노드 개발

▼ 그림 16-10 이미지 업로드 시도

버킷의 original 폴더에 이미지가 업로드된 것을 확인할 수 있습니다.

▼ 그림 16-11 버킷 내부 화면

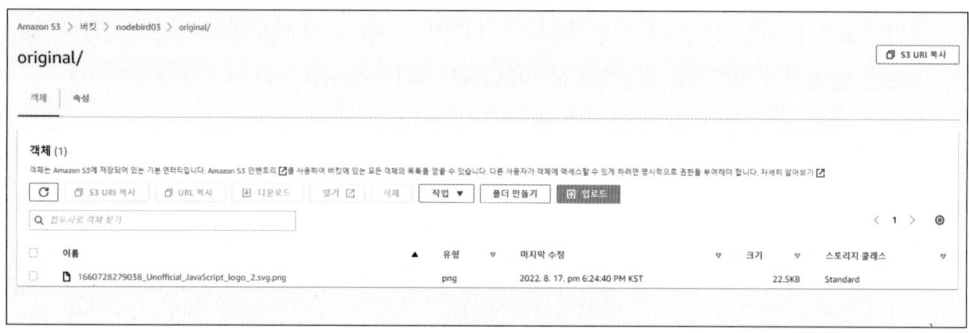

16.3 AWS 람다 사용하기

이번에는 S3에 올린 이미지를 리사이징한 후 줄어든 이미지를 다시 S3에 저장해보겠습니다. 사용자가 사이즈가 너무 큰 이미지를 올렸을 경우, 적절한 크기와 용량으로 이미지를 변경하는 것입니다. 이미지 리사이징은 CPU를 많이 사용하는 작업이어서 람다로 분리했습니다.

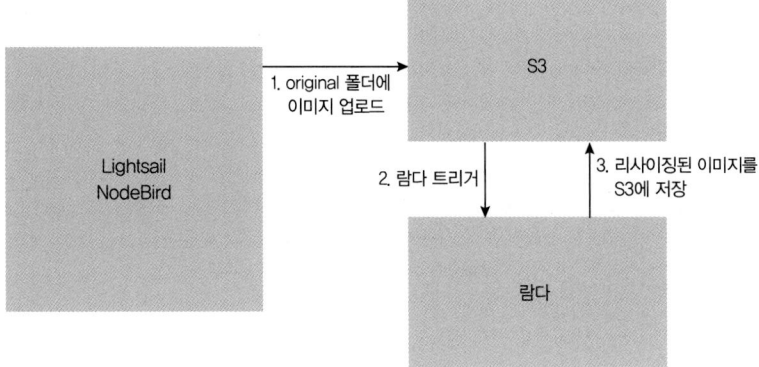

▼ 그림 16-12 NodeBird와 AWS 요청 프로세스

nodebird 폴더 외부에 aws-upload 폴더를 만든 후 package.json을 작성합니다.

aws-upload/package.json

```json
{
  "name": "aws-upload",
  "version": "1.0.0",
  "description": "Lambda 이미지 리사이징",
  "main": "index.js",
  "author": "ZeroCho",
  "license": "ISC",
  "dependencies": {
    "@aws-sdk/client-s3": "^3.169.0",
    "sharp": "^0.30.7"
  }
}
```

aws-upload/.gitignore

```
node_modules
```

람다가 실행할 index.js를 작성합니다.

aws-upload/index.js

```js
const sharp = require('sharp');
const { S3Client } = require('@aws-sdk/client-s3');

const s3 = new S3Client();
```

```
exports.handler = async (event, context, callback) => {                    ------❶
  const Bucket = event.Records[0].s3.bucket.name;
  const Key = decodeURIComponent(event.Records[0].s3.object.key);
  const filename = Key.split('/').at(-1);
  const ext = Key.split('.').at(-1).toLowerCase();                          ----❷
  const requiredFormat = ext === 'jpg' ? 'jpeg' : ext;
➡ // sharp에서는 jpg 대신 jpeg를 사용합니다
  console.log('name', filename, 'ext', ext);

  try {
    const s3Object = await s3.getObject({ Bucket, Key }); // 버퍼로 가져오기   ---❸
    console.log('original', s3Object.Body.length);
    const resizedImage = await sharp(s3Object.Body) // 리사이징
      .resize(200, 200, { fit: 'inside' })
      .toFormat(requiredFormat)                                             ----❹
      .toBuffer();
    await s3.putObject({ // thumb 폴더에 저장
      Bucket,
      Key: `thumb/${filename}`,
      Body: resizedImage,                                                   ---❺
    });
    console.log('put', resizedImage.length);
    return callback(null, `thumb/${filename}`);
  } catch (error) {
    console.error(error);
    return callback(error);
  }
};
```

❶ handler 함수가 람다 호출 시 실행되는 함수입니다. 매개변수로 event와 context, callback이
주어집니다. event는 호출 상황에 대한 정보가 담겨 있고, context는 실행되는 함수 환경에 대
한 정보가 담겨 있습니다. 직접 console.log해서 어떠한 정보들이 들어 있는지 확인해보는 것
이 좋습니다. callback은 함수가 완료되었는지를 람다에 알립니다. callback의 첫 번째 인수
는 에러 여부를 의미하고, 두 번째 인수는 반환값을 의미합니다.

❷ event 객체로부터 버킷 이름(Bucket)과 파일 경로(Key)를 받아옵니다. 또한, 이를 통해 파일명
(filename)과 확장자(ext)도 얻습니다.

❸ s3.getObject 메서드로 버킷으로부터 파일을 불러옵니다. s3object.Body에 파일 버퍼가 담겨 있습니다.

❹ sharp 함수에 파일 버퍼를 넣고, resize 메서드로 크기를 지정합니다. 첫 번째와 두 번째 인수는 가로와 세로 너비를 의미합니다. 현재 200, 200으로 주어져 있습니다. 하지만 가로 200px, 세로 200px로 리사이징되는 것은 아니고, 세 번째 인수에 따라 리사이징합니다. 현재 fit: 'inside'를 주었습니다. 주어진 가로 세로 사이즈 안에 딱 맞게 이미지를 조정하라는 뜻입니다. 이외에도 다른 옵션이 더 있습니다. 다른 옵션을 설명한 공식 문서 링크를 16.6절에 준비해뒀습니다. toBuffer 메서드는 리사이징된 이미지 결과를 버퍼로 출력합니다.

❺ s3.putObject 메서드로 리사이징된 이미지를 thumb 폴더 아래에 저장합니다. 성공적으로 저장했다면 callback 함수를 호출해 람다 함수가 종료되었음을 알립니다.

이제 람다에 배포할 차례입니다. Lightsail에서 빌드한 후 S3로 배포하고, 람다는 S3에서 배포된 파일을 가져와 함수로 만듭니다. Lightsail에서 빌드하는 이유는 sharp가 윈도용, 맥용, 리눅스용으로 나눠져 있기 때문입니다. 이 책은 윈도 환경에서 실습하므로 빌드를 하면 sharp가 윈도용으로 설치됩니다. 람다는 리눅스이므로 호환되지 않습니다.

깃허브에서 aws-upload 리포지터리를 생성합니다. 그 후 콘솔에서 aws-upload 폴더로 이동한 후 소스 코드를 깃허브에 push합니다.

콘솔
```
$ git init
$ git add .
$ git commit -m "Initial commit"
$ git remote add origin https://아이디:토큰@github.com/아이디/aws-upload
$ git push origin master
```

이제 Lightsail 인스턴스 SSH에 접속해 깃허브 리포지터리를 clone받습니다.

SSH
```
$ git clone https://github.com/아이디/aws-upload
$ cd aws-upload
$ npm i
```

clone받고 npm i까지 했다면 aws-upload 폴더 아래의 모든 파일을 압축해 aws-upload.zip 파일을 만듭니다.

```
$ zip -r aws-upload.zip ./*
$ ls
aws-upload.zip index.js node_modules package.json package-lock.json
```

이제 Lightsail에서 S3로 파일을 업로드해봅시다. 먼저 aws-cli를 설치해야 합니다. aws configure 명령어를 입력한 후 발급받았던 키 파일 정보를 입력합니다.

```
$ curl "https://awscli.amazonaws.com/awscli-exe-linux-x86_64.zip" -o "awscliv2.zip"
$ unzip awscliv2.zip
$ sudo ./aws/install
$ aws configure
AWS Access Key ID [None]: [키 아이디]
AWS Secret Access Key [None]: [시크릿 액세스 키]
Default region name [None]: ap-northeast-2
Default output format [None]: json
```

설정이 완료되었으면 aws-cli를 사용해 aws-upload.zip을 업로드하겠습니다.

```
$ aws s3 cp "aws-upload.zip" s3://버킷명
```

추후 코드를 수정할 때마다 이렇게 zip 파일을 만들어서 S3로 업로드하면 됩니다. 단, zip 파일을 만들기 전에 기존 zip 파일은 지우세요.

이제 람다 서비스를 설정해보겠습니다. 상단 메뉴에서 **서비스**를 선택한 후, **컴퓨팅** 섹션의 Lambda 메뉴로 들어갑니다.

▼ 그림 16-13 서비스 › 컴퓨팅 › Lambda 메뉴 선택

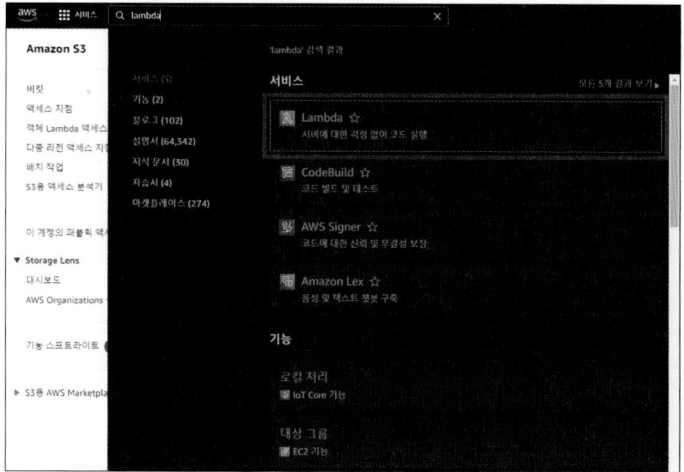

함수 생성 버튼을 누릅니다.

▼ 그림 16-14 람다 서비스 화면

함수명을 aws-upload로 하고 **런타임**은 **Node.js 16.x**로 설정합니다(람다는 지원하는 노드 버전에 제약을 두고 있습니다). **함수 생성** 버튼을 눌러 함수를 생성합니다.

▼ 그림 16-15 함수 생성 화면

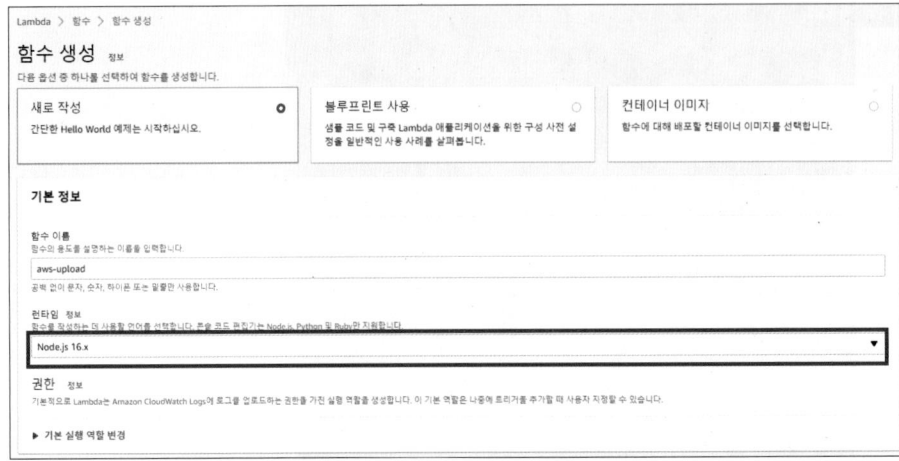

▼ 그림 16-16 함수가 생성된 후 화면

코드 소스 섹션에서 업로드를 Amazon S3 위치로 선택합니다. Amazon S3 링크 URL은 https://
버킷명.s3.ap-northeast-2.amazonaws.com/aws-upload.zip과 같은 형식으로 넣습니다. 코
드 소스 섹션 아래의 **런타임 설정** 섹션에서 핸들러는 반드시 실행할 **파일명.함수명**이어야 합니다.
이 책의 예제 파일명이 index.js이고, exports한 함수의 이름이 handler이므로 index.handler로
설정합니다.

우측 상단에 있는 **Save** 버튼을 눌러 소스 코드를 저장합니다.

▼ 그림 16-17 함수 코드 업로드 화면

Amazon S3에서 파일 업로드   ✕

ⓘ 새 .zip 파일 패키지를 업로드하면 기존 코드를 덮어씁니다.

Amazon S3 링크 URL
함수 코드 .zip에 S3 링크 URL을 붙여넣습니다.

https://nodebird33.s3.ap-northeast-2.amazonaws.com/aws-upload.zip

취소 **저장**

이제 S3에 이미지를 업로드할 때 람다 함수가 실행되도록 설정해보겠습니다. **함수 개요** 섹션에서
트리거 추가 버튼을 누릅니다.

▼ 그림 16-18 트리거 추가

Lambda 〉 함수 〉 aws-upload

aws-upload   조절 ☐ ARN 복사 작업 ▼

▼ **함수 개요** 정보

aws-upload		설명
Layers	(0)	마지막 수정
		17분 전
+ 트리거 추가	+ 대상 추가	함수 ARN
		☐ arn:aws:lambda:ap-northeast-2:990802805508:function:aws-upload
		함수 URL 정보
		-

코드 테스트 모니터링 구성 별칭 버전

코드 소스 정보   에서 업로드 ▼

ⓘ aws-upload"Lambda 함수" 의 배포 패키지가 너무 커서 인라인 코드 편집을 활성화할 수 없습니다. 그러나 함수를 호출할 수 있습니다.

이제 **트리거 구성** 섹션에서 트리거 설정을 하면 됩니다. 여러분의 버킷을 선택하고, 이벤트 유형을
All object create events(모든 객체 생성 이벤트)로 설정합니다. 여러분의 버킷에 파일이 생성되
면 함수가 호출됩니다. 단, original 폴더 안의 파일만 함수를 트리거하도록 할 것이므로 Prefix(접
두사)에 original/을 적습니다.

설정이 끝났다면 **추가** 버튼을 누릅니다.

❤️ 그림 16-19 트리거를 추가하는 화면

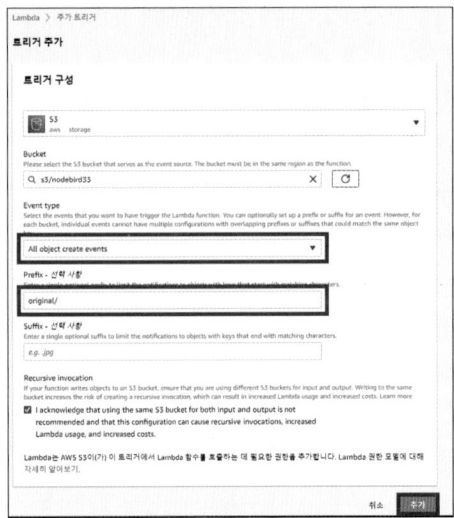

❤️ 그림 16-20 트리거가 추가된 화면

이제 NodeBird 앱의 코드를 수정해 NodeBird에서 람다 서비스를 이용할 수 있게 해봅시다.

기존 주소에서 original 폴더 부분을 thumb 폴더로 교체하는 코드입니다.

nodebird/controllers/post.js

```
const { Post, Hashtag } = require('../models');

exports.afterUploadImage = (req, res) => {
  console.log(req.file);
```

```
    const originalUrl = req.file.location;
    const url = originalUrl.replace(/\/original\//, '/thumb/');
    res.json({ url, originalUrl });
  };
  ...
```

그런데 리사이징이 오래 걸려서 리사이징된 이미지가 일정 기간 동안 표시되지 않는 경우가 있습니다. 그럴 때는 img 태그에 onerror 속성을 붙여둬서 리사이징된 이미지를 로딩하는 데 실패하면 원본 이미지를 사용하도록 했습니다.

nodebird/views/main.html

```
    ...
            {% for twit in twits %}
              <div class="twit">
                <input type="hidden" value="{{twit.User.id}}" class="twit-user-id">
                <input type="hidden" value="{{twit.id}}" class="twit-id">
                <div class="twit-author">{{twit.User.nick}}</div>
                {% if not followingIdList.includes(twit.User.id) and twit.User.id !==
➡ user.id %}
                    <button class="twit-follow">팔로우하기</button>
                {% endif %}
                <div class="twit-content">{{twit.content}}</div>
                {% if twit.img %}
                  <div class="twit-img">
                    <img
                      src="{{twit.img}}"
                      onerror="this.src = this.src.replace(/\/thumb\//, '/original/');"
                      alt="섬네일"
                    />
                  </div>
                {% endif %}
              </div>
            {% endfor %}
          </div>
        </div>
    {% endblock %}

    {% block script %}
      <script>
        if (document.getElementById('img')) {
          document.getElementById('img').addEventListener('change', function(e) {
```

```
      const formData = new FormData();
      console.log(this, this.files);
      formData.append('img', this.files[0]);
      axios.post('/post/img', formData)
        .then((res) => {
          document.getElementById('img-url').value = res.data.url;
          document.getElementById('img-preview').src = res.data.originalUrl;
          document.getElementById('img-preview').style.display = 'inline';
        })
        .catch((err) => {
          console.error(err);
        });
    });
  }
  ...
```

이미지 미리 보기 시에는 원본 이미지를 보여주고, 이미지를 저장한 후에는 리사이징된 이미지를 보여주도록 수정했습니다. 이미지 업로드와 이미지 리사이징 간의 시간차가 있으므로 이미지가 보이지 않을 수도 있는데, 그 문제를 해결하기 위한 방법입니다.

npm run dev로 서버를 실행한 뒤 http://localhost:8001에 접속합니다. 로그인 후 이미지를 업로드합니다.

이미지가 S3에 업로드된 후 람다 트리거에 따라 람다 함수가 실행됩니다. 따라서 이미지 리사이징도 자동으로 이뤄집니다.

결과 화면은 다음과 같습니다.

▼ 그림 16-21 이미지가 리사이징된 모습

▼ 그림 16-22 thumb 폴더에 리사이징된 이미지가 저장된 모습

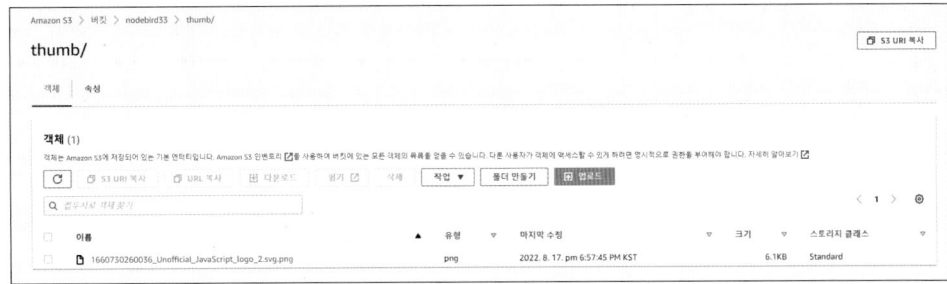

16.4 구글 클라우드 스토리지 사용하기

이 절에서는 구글 클라우드 스토리지(Google Cloud Storage)에 이미지를 업로드하는 방법을 알아보겠습니다. 클라우드 스토리지를 사용하려면 GCP 웹 사이트에서 미리 클라우드 스토리지 관련 설정을 해둬야 합니다.

좌측 메뉴에서 Cloud Storage를 선택한 후 **버킷 만들기** 버튼을 누릅니다. 버킷의 이름은 고유해야 하므로 이 책에서 생성한 버킷의 이름은 여러분이 쓸 수 없습니다. 데이터 저장 위치를 Region - asia-northeast-3으로 선택한 후 버킷을 만듭니다.

▼ 그림 16-23 Storage를 선택한 후 버킷 만들기

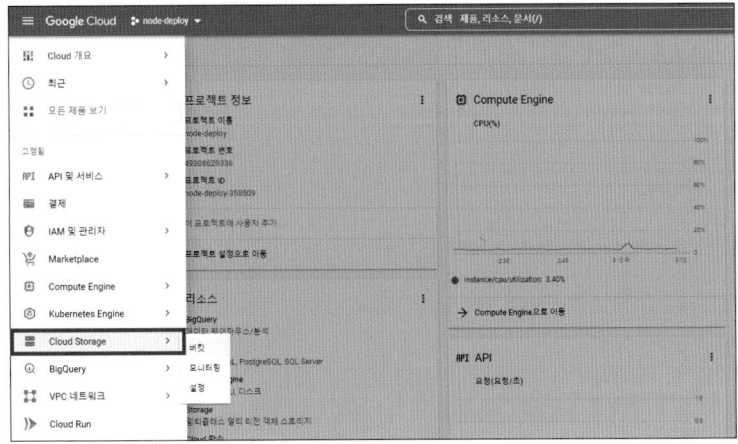

16

서버리스 노드 개발

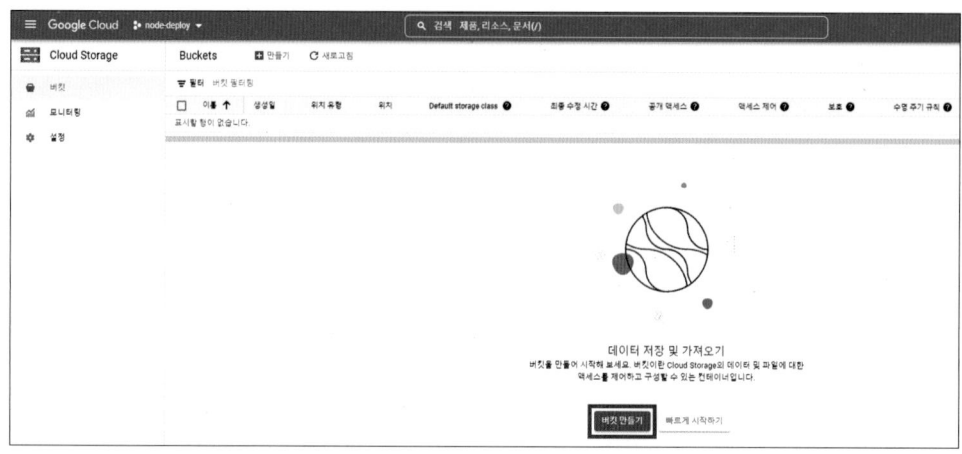

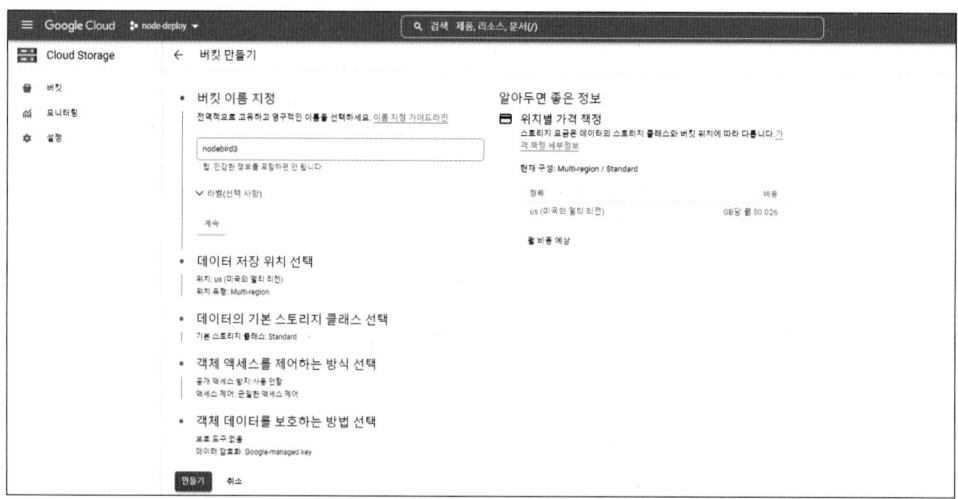

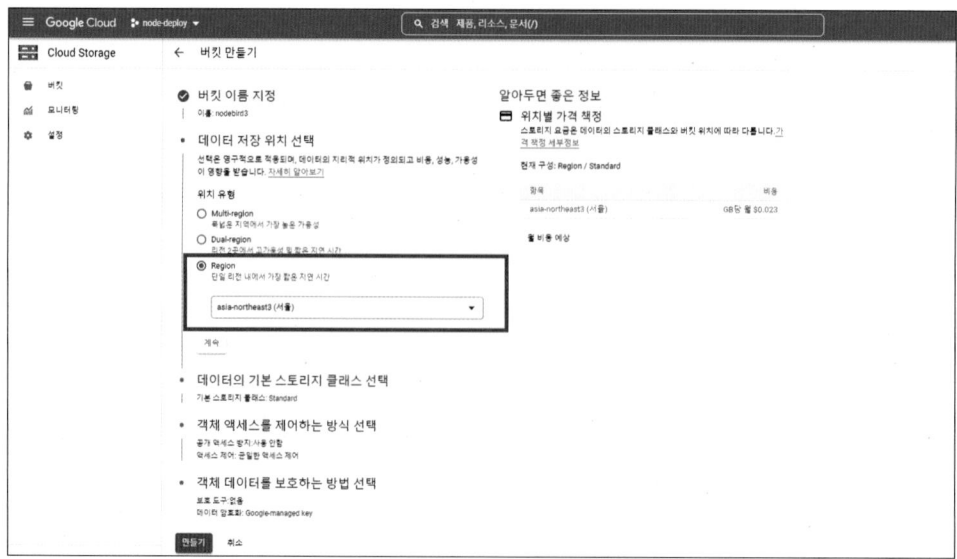

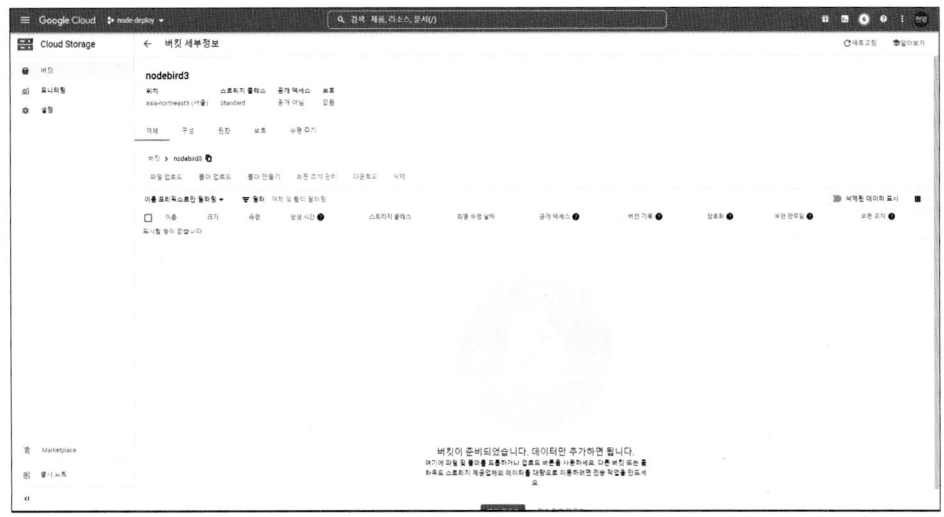

다시 버킷 화면에서 **액세스 수정**을 클릭해 ADD PRINCIPAL 버튼을 누른 후 allUsers에 **저장소 개체 뷰어** 권한을 추가하고 공개 액세스를 허용합니다. Access control에서는 **세분화된 권한으로 전환하기** 버튼을 누릅니다.

▼ 그림 16-24 액세스 수정 클릭

버킷 권한을 수정한 후에는 https://console.cloud.google.com/apis/credentials에 접속해 NodeBird에서 클라우드 스토리지에 접근할 수 있게 하는 키를 발급받습니다.

사용자 인증 정보 화면에서 **CREATE CREDENTIALS**(사용자 인증 정보 만들기) 버튼을 클릭한 후 **서비스 계정** 버튼을 누릅니다. 이 서비스 계정에 **저장소 관리자** 권한을 부여한 후 서비스 계정을 생성합니다.

▼ 그림 16-25 CREATE CREDENTIALS > 서비스 계정 만들기 메뉴 선택

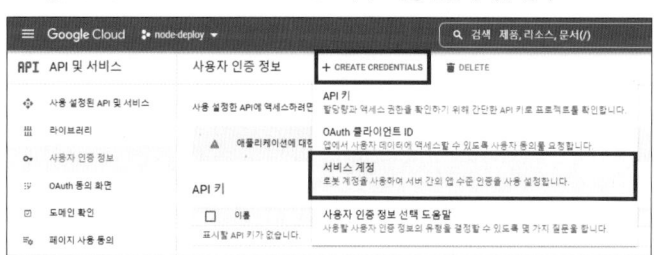

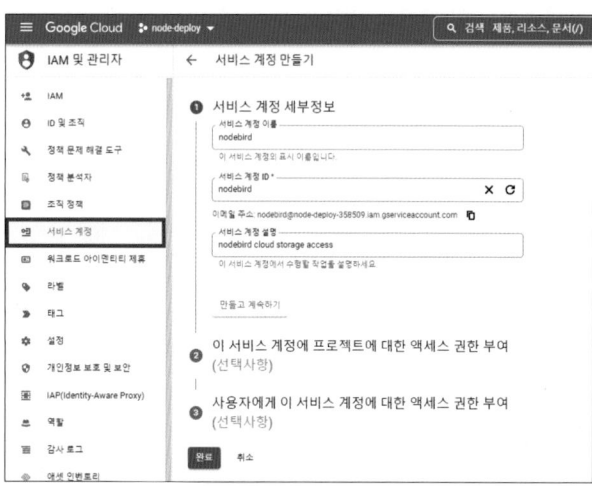

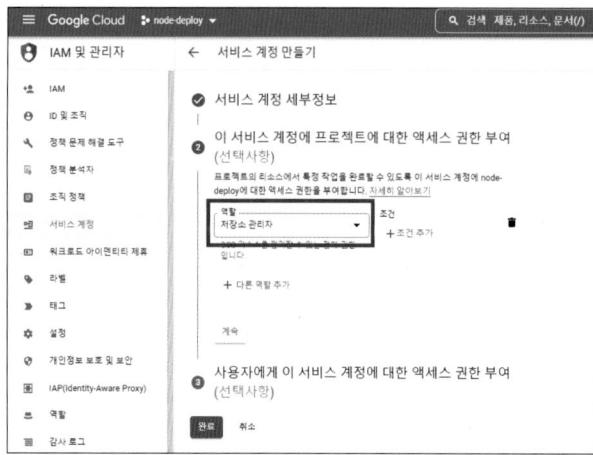

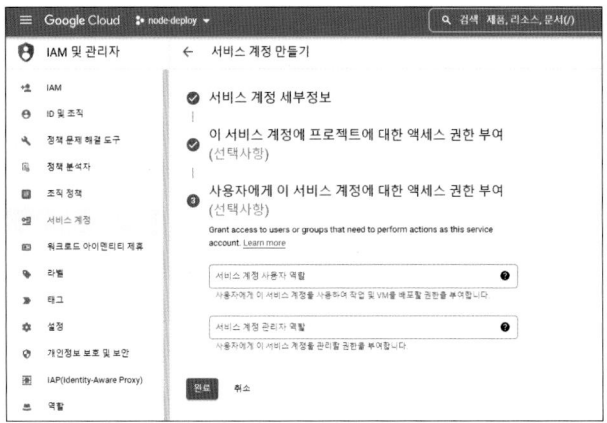

방금 생성한 서비스 계정을 눌러 **키** 탭에 들어갑니다. **키 추가 〉 새 키 만들기** 버튼을 눌러 JSON 키 파일을 다운로드합니다. 이 키 파일을 NodeBird 프로젝트 폴더로 복사합니다. 이 파일 역시 비밀 키를 담고 있으므로 깃허브에는 올리지 않는 것이 좋습니다. .gitignore에 파일 이름을 추가 하면 됩니다.

▼ 그림 16-26 키 만들기

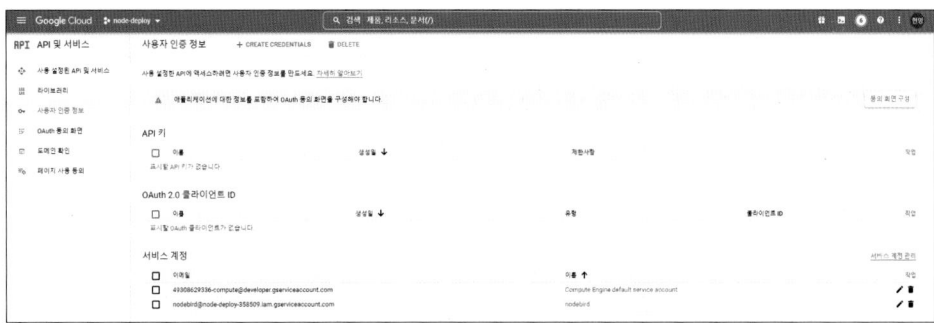

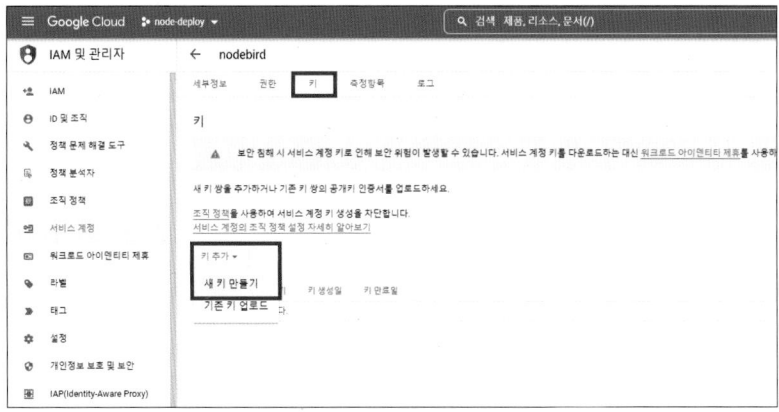

JSON 키 파일을 프로젝트로 복사했다면, 이제 콘솔을 실행해 NodeBird 프로젝트로 이동한 후 multer에서 클라우드 스토리지로 이미지를 업로드할 수 있게 해주는 multer-google-storage 패키지를 설치합니다.

> **Warning | 과금 요소**
>
> 클라우드 스토리지를 사용하면 데이터를 저장할 때와 저장된 데이터를 로드할 때 과금됩니다. 초반에는 GCP에서 제
> 공하는 300달러 크레딧을 사용하므로 과금되지 않습니다. 하지만 1년이 지나거나 300달러를 모두 소진하면 과금되
> 기 시작하므로 이 예제를 실습한 후에는 반드시 버킷 안의 데이터를 지우길 바랍니다.

콘솔

```
$ npm i multer-google-storage
```

multer-google-storage를 사용하도록 routes/post.js와 controllers/post.js를 수정합니다.

nodebird/routes/post.js

```js
const express = require('express');
const multer = require('multer');
const fs = require('fs');
const multerGoogleStorage = require('multer-google-storage');

const { afterUploadImage, uploadPost } = require('../controllers/post');
const { isLoggedIn } = require('../middlewares');

const router = express.Router();

try {
  fs.readdirSync('uploads');
} catch (error) {
  console.error('uploads 폴더가 없어 uploads 폴더를 생성합니다.');
```

```
    fs.mkdirSync('uploads');
}

const upload = multer({
  storage: multerGoogleStorage.storageEngine({
    bucket: 'nodebird3',
    projectId: 'node-deploy-358509',
    keyFilename: 'node-deploy-358509-a2917cd5849c.json',
    filename: (req, file, cb) => {
      cb(null, `original/${Date.now()}_${file.originalname}`);
    },
  }),
  limits: { fileSize: 5 * 1024 * 1024 },
});
...
```

nodebird/controllers/post.js

```
const { Post, Hashtag } = require('../models');

exports.afterUploadImage = (req, res) => {
  console.log(req.file);
  res.json({ url: req.file.path });
};
...
```

multer 함수의 옵션에서 storage 속성을 multerGoogleStorage로 교체했습니다. 내부의 bucket, projectId, keyFilename 속성은 이 책의 내용이 아니라 여러분의 버킷명과 프로젝트 ID, 키 파일명에 맞게 수정해야 합니다. 버킷명이나 프로젝트 ID, 키 파일명은 민감한 정보이므로 .env를 사용해 process.env에 저장한 후 불러와도 됩니다.

filename 메서드를 통해 업로드하는 파일의 이름을 original/현재시간_파일명 꼴로 만들었습니다. original은 버킷 내부의 폴더 이름을 가리킵니다. 현재 시간을 넣는 이유는 혹시나 중복된 파일명이 존재할 때 덮어 씌우지 않기 위해서입니다.

프로젝트 ID는 GCP 웹 사이트 홈 메뉴의 **프로젝트 정보** 섹션에서 확인할 수 있습니다.

▼ 그림 16-27 프로젝트 ID 확인

npm run dev로 서버를 실행하고 http://localhost:8001에 접속합니다. 로그인한 후 이미지 업로드를 시도하면 이미지가 클라우드 스토리지 버킷에 저장됩니다.

▼ 그림 16-28 이미지 업로드 시도

▼ 그림 16-29 original 폴더 내부에 이미지가 올라간 모습

16.5 구글 클라우드 펑션스 사용하기

이번에는 클라우드 스토리지에 올린 이미지를 리사이징한 후, 줄어든 이미지를 다시 클라우드 스토리지에 저장하겠습니다. 사용자가 너무 큰 이미지를 올렸을 경우, 적절한 크기와 용량으로 이미지를 변경하는 것입니다. 이미지 리사이징은 CPU를 많이 사용하는 작업이므로 클라우드 펑션스로 분리했습니다.

❤ 그림 16-30 NodeBird와 GCP 요청 프로세스

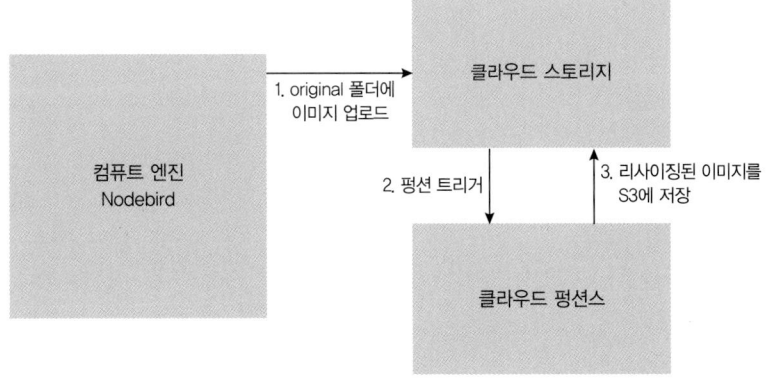

nodebird 폴더 외부에 gcp-upload 폴더를 만든 후 package.json을 작성합니다.

gcp-upload/package.json

```
{
  "name": "gcp-upload",
  "version": "1.0.0",
  "description": "Cloud Functions 이미지 리사이징",
  "main": "index.js",
  "author": "ZeroCho",
  "license": "ISC",
  "dependencies": {
    "@google-cloud/storage": "^6.4.1",
    "sharp": "^0.30.7"
  }
}
```

16

서버리스 노드 개발

```
node_modules
```

클라우드 펑션스가 실행할 index.js를 작성합니다.

gcp-upload/index.js

```
const { Storage } = require('@google-cloud/storage');
const sharp = require('sharp');

exports.resizeAndUpload = (data, context) => {                              ------❶
  const storage = new Storage();
  const { bucket, name } = data;

  if (!name.startsWith('original')) return 1;                               ------❷

  const filename = name.split('/').at(-1);
  const ext = filename.split('.').at(-1).toLowerCase();
  const requiredFormat = ext === 'jpg' ? 'jpeg' : ext;                      ----❸
➡ // sharp에서는 jpg 대신 jpeg를 사용합니다
  console.log('name', name, 'ext', ext);

  const file = storage.bucket(bucket).file(name);
  const readStream = file.createReadStream();
                                                                           ----❹
  const newFile = storage.bucket(bucket).file(`thumb/${filename}`);
  const writeStream = newFile.createWriteStream();

  readStream
    .pipe(
      sharp()
        .resize(200, 200, { fit: 'inside' })                               ----❺
        .toFormat(requiredFormat)
    )
    .pipe(writeStream);
  return new Promise((resolve, reject) => {
    writeStream.on('finish', () => {
      resolve(`thumb/${filename}`);
                                                                           ----❻
    });
    writeStream.on('error', reject);
  });
};
```

❶ resizeAndUpload 함수가 클라우드 펑션스를 호출할 때 실행되는 함수입니다. 매개변수로 data 와 context가 주어집니다. data에는 호출 데이터에 대한 정보가 담겨 있고, context에는 실행 되는 함수 환경에 대한 정보가 담겨 있습니다. 직접 console.log해서 어떠한 정보들이 들어 있는지 확인해보는 것이 좋습니다.

❷ 폴더명이 original이 아니면 리사이징하지 않습니다. 버킷에 이미지가 생성될 때 다시 이 함 수가 실행되는데, 리사이징한 이미지 때문에 다시 이 함수가 실행되지 않도록 막는 것입니다.

❸ data 객체로부터 bucket(버킷명), name(경로)을 받아와 파일명과 확장자를 추출합니다. at(-1) 은 배열의 마지막 요소를 가져오는 메서드입니다. 확장자는 대문자일 수도 있으니 소문자로 통일합니다.

❹ storage.bucket 메서드로 버킷을 설정한 후 file 메서드로 파일의 경로를 지정합니다. 지정한 파일을 읽거나 쓰는 스트림을 생성할 수 있습니다. original 폴더로부터 파일을 읽어들이고, thumb 폴더로 파일을 써내려갑니다.

❺ readStream과 sharp 함수를 pipe로 연결합니다. sharp의 resize 메서드로는 크기를 지정합니 다. 첫 번째와 두 번째 인수는 가로와 세로 너비를 의미합니다. 현재 200, 200으로 주어져 있습 니다. 하지만 가로 200px, 세로 200px로 리사이징되는 것은 아니고, 세 번째 인수에 따라 리 사이징합니다. 현재 fit: 'inside' 옵션을 주었습니다. 주어진 가로 세로 사이즈 안에 딱 맞 게 이미지를 조정하라는 뜻입니다. 이외에도 다른 옵션이 더 있습니다. 다른 옵션을 설명한 공 식 문서 링크는 16.6절에 준비해뒀습니다. 리사이징 후 pipe 메서드를 통해 writeStream과 연 결됩니다.

❻ writeStream이 성공적으로 마무리되었다면 프로미스를 resolve하고, 에러가 발생했다면 reject합니다.

이제 클라우드 펑션스에 배포할 차례입니다. 컴퓨트 엔진에서 빌드한 후 클라우드 스토리지로 배 포하고, 클라우드 펑션스는 클라우드 스토리지에서 배포된 파일을 가져와 함수로 만듭니다. 컴퓨 트 엔진에서 빌드하는 이유는 sharp가 윈도용, 맥용, 리눅스용으로 나눠져 있기 때문입니다. 이 책은 윈도 환경에서 실습하므로 빌드를 하면 sharp가 윈도용으로 설치됩니다. 클라우드 펑션스는 리눅스이므로 호환되지 않습니다.

깃허브에서 gcp-upload 리포지터리를 생성합니다. 그 후 콘솔에서 gcp-upload 폴더로 이동하 고, 소스 코드를 깃허브에 push합니다.

```
$ git init
$ git add .
$ git commit -m "Initial commit"
$ git remote add origin https://아이디:토큰@github.com/아이디/gcp-upload
$ git push origin master
```

이제 컴퓨트 엔진 인스턴스 SSH에 접속해 깃허브 리포지터리를 clone받습니다.

```
$ git clone https://github.com/아이디/gcp-upload
$ cd gcp-upload
$ npm i
```

clone받고 npm i까지 했다면 gcp-upload 폴더 아래의 모든 파일을 압축해 gcp-upload.zip 파일을 만듭니다.

```
$ sudo apt-get install -y zip
$ zip -r gcp-upload.zip ./*
$ ls
gcp-upload.zip index.js node_modules package-lock.json package.json
```

이제 컴퓨트 엔진에서 클라우드 스토리지로 파일을 업로드해봅시다. gsutil을 사용해 gcp-upload.zip을 업로드하겠습니다. 버킷명은 여러분이 만든 버킷명을 사용하면 됩니다.

```
$ sudo gsutil cp gcp-upload.zip gs://버킷명
```

추후 코드를 수정할 때마다 이렇게 zip 파일을 만들어서 클라우드 스토리지로 업로드하면 됩니다. 단, zip 파일을 만들기 전에 기존 zip 파일은 지우세요.

이제 GCP 웹 사이트에서 클라우드 펑션스를 설정하겠습니다.

좌측 메뉴에서 **Cloud Functions**를 선택합니다.

❤ 그림 16-31 클라우드 펑션스 화면

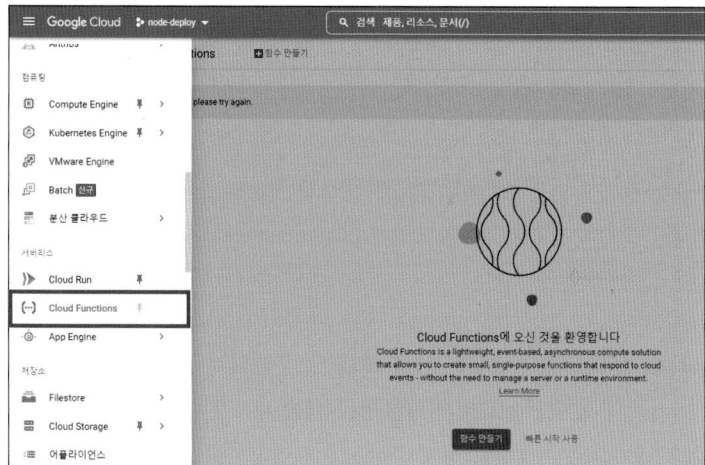

함수 만들기 버튼을 눌러 함수를 생성합니다. **필요한 API 사용 설정** 팝업이 뜨면 **사용 설정** 버튼을 누릅니다.

❤ 그림 16-32 함수 만들기 버튼 클릭

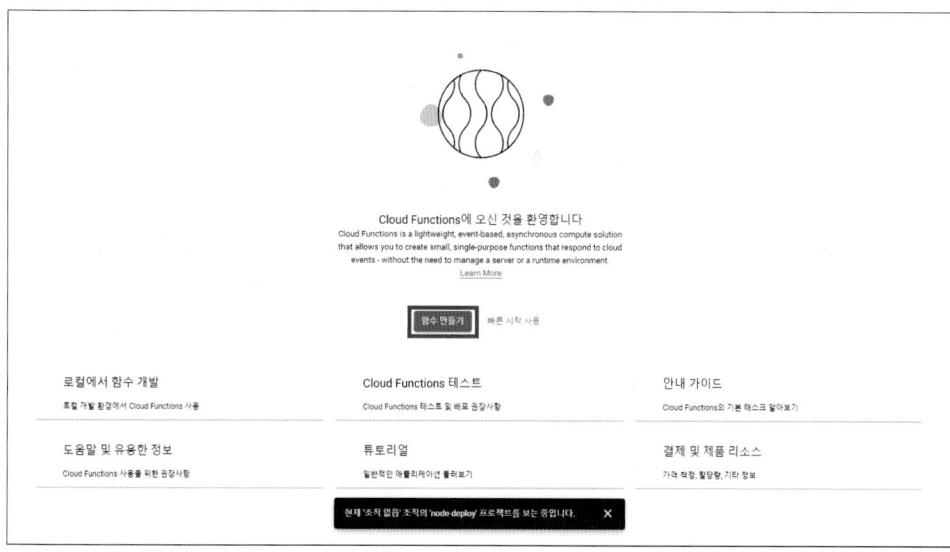

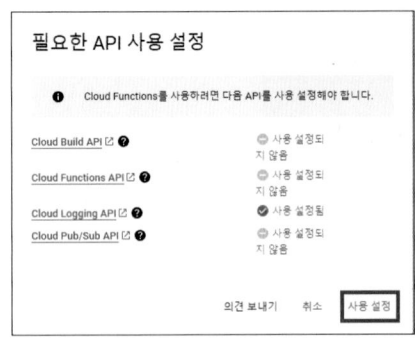

함수의 이름은 gcp-upload로 하고, 리전은 asia-northeast3를 선택합니다. 트리거는 Cloud Storage로, 이벤트 유형(Event type)은 **선택한 버킷에서 파일 완료/생성 시**로 했습니다. 버킷은 여러분이 만든 버킷을 선택합니다. 클라우드 스토리지 버킷에 이미지가 업로드되었을 때 함수가 실행됩니다. 저장한 후 **다음**을 누릅니다.

코드 입력 화면이 뜨는데, **Cloud Storage의 ZIP**을 클릭해 조금 전에 업로드한 zip 파일을 선택합니다. 경로는 버킷명/gcp-upload.zip입니다. 진입점은 resizeAndUpload라고 적습니다. index.js에서 exports.resizeAndUpload로 정했던 이름과 함수 이름이 일치해야 합니다.

설정이 완료되었다면 **배포** 버튼을 누릅니다.

▼ 그림 16-33 함수 만들기 화면

▼ 그림 16-34 함수 생성 완료 화면

이제 NodeBird 앱의 코드를 수정해 NodeBird에서 클라우드 펑션스 서비스를 이용할 수 있게
해봅시다.

nodebird/controllers/post.js

```
const { Post, Hashtag } = require('../models');

exports.afterUploadImage = (req, res) => {
  console.log(req.file);
  const filePath = req.file.path.split('/').splice(0, 3).join('/');
  const originalUrl = `${filePath}/${req.file.filename}`;
```

```
  const url = originalUrl.replace(/\/original\//, '/thumb/');
  res.json({ url, originalUrl });
};
...
```

---

nodebird/views/main.html

```
...
        {% for twit in twits %}
          <div class="twit">
            <input type="hidden" value="{{twit.User.id}}" class="twit-user-id">
            <input type="hidden" value="{{twit.id}}" class="twit-id">
            <div class="twit-author">{{twit.User.nick}}</div>
            {% if not followingIdList.includes(twit.User.id) and twit.User.id !==
➥ user.id %}
              <button class="twit-follow">팔로우하기</button>
            {% endif %}
            <div class="twit-content">{{twit.content}}</div>
            {% if twit.img %}
              <div class="twit-img">
                <img
                  src="{{twit.img}}"
                  onerror="this.src = this.src.replace(/\/thumb\//, '/original/');"
                  alt="섬네일"
                />
              </div>
            {% endif %}
          </div>
        {% endfor %}
      </div>
    </div>
  {% endblock %}

  {% block script %}
    <script>
      if (document.getElementById('img')) {
        document.getElementById('img').addEventListener('change', function(e) {
          const formData = new FormData();
          console.log(this, this.files);
          formData.append('img', this.files[0]);
          axios.post('/post/img', formData)
            .then((res) => {
              document.getElementById('img-url').value = res.data.url;
              document.getElementById('img-preview').src = res.data.originalUrl;
```

```
            document.getElementById('img-preview').style.display = 'inline';
        })
        .catch((err) => {
          console.error(err);
        });
      });
    }
  ...
```

이미지 미리 보기 시에는 원본 이미지를 보여주고, 이미지 저장 후에는 리사이징된 이미지를 보여
주도록 수정했습니다. 이미지 업로드와 이미지 리사이징 간의 시간차가 있으므로 이미지가 보이
지 않을 수 있는데, 그 문제를 해결하기 위한 방법입니다.

npm run dev로 서버를 실행한 뒤 http://localhost:8001에 접속합니다. 로그인 후 이미지를 업로
드합니다.

▼ 그림 16-35 이미지가 리사이징된 모습

▼ 그림 16-36 thumb 폴더에 리사이징된 이미지가 저장된 모습

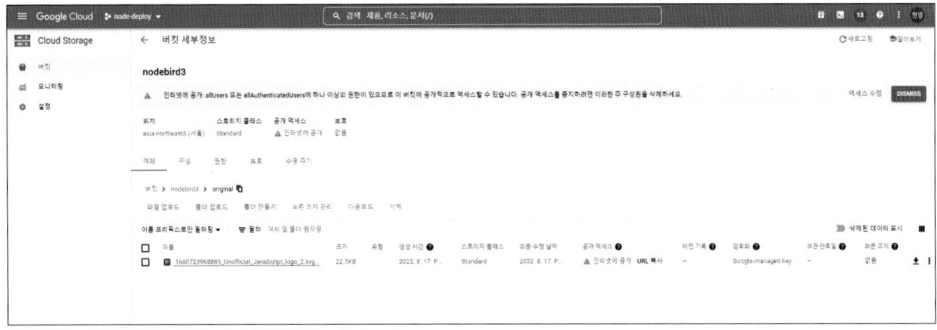

16.6 함께 보면 좋은 자료

- S3: https://aws.amazon.com/ko/s3/
- 람다: https://aws.amazon.com/ko/lambda/features/
- 클라우드 스토리지: https://cloud.google.com/storage/?hl=ko
- 클라우드 펑션스: https://cloud.google.com/functions/?hl=ko
- sharp 공식 문서: https://www.npmjs.com/package/sharp

17^장

타입스크립트
노드 개발

최근에는 노드나 웹에서 자바스크립트 대신 타입스크립트로 개발하는 것이 트렌드가 되고 있습니다. 저도 실무에서는 타입스크립트로만 노드 개발을 진행합니다. 지금부터는 타입스크립트가 무엇인지 알아보고, 타입스크립트를 사용할 때의 장점을 살펴봅니다. 이어서 NodeBird 프로젝트를 타입스크립트로 전환해봅시다.

▼ 그림 17-1 타입스크립트 로고

17.1 타입스크립트 기본 문법

타입스크립트는 자바스크립트에 명시적으로 타입이 추가된 언어입니다. 자바스크립트에도 타입은 있습니다. 문자열, 숫자, 불 값, 객체 같은 자료형 타입입니다. 그저 자바스크립트 코드를 작성할 때 명시적으로 타입을 지정하지 않았을 뿐입니다. 자바스크립트 코드를 작성할 때도 어느 정도 타입에 대한 개념을 갖고 코드를 작성하므로 타입스크립트 코드가 엄청 생소하지는 않을 것입니다.

타입스크립트 코드는 tsc라는 컴파일러를 통해 자바스크립트 코드로 변환할 수 있습니다. 노드는 자바스크립트만 실행할 수 있으므로, 타입스크립트 코드를 자바스크립트 코드로 변환해야만 실행 가능합니다.

디노(deno)라는 타입스크립트를 실행할 수 있는 런타임이 있긴 합니다. 노드(자바스크립트 런타임)를 만든 라이언 달(Ryan Dahl)이 만들었는데, 아직 노드보다는 대중적이지 않아서 많은 사람이 타입스크립트를 자바스크립트로 변환해 노드와 함께 사용하고 있습니다.

타입스크립트 컴파일러는 typescript 패키지를 설치하면 같이 설치됩니다. tsc 명령어를 통해 컴파일러를 작동할 수 있습니다. 타입스크립트 코드의 타입을 검사하고 자바스크립트로 변환하는 것이 tsc의 주 기능입니다. tsc 명령어는 tsconfig.json에 적힌 설정대로 실행됩니다. tsconfig.json은 직접 만들어도 되지만 tsc --init 명령어를 통해 만드는 것이 좋습니다.

타입스크립트 실습을 위한 폴더를 만들고 그 폴더 안에서 다음 명령어를 입력해봅시다.

콘솔

```
$ npm init -y
$ npm i typescript
$ npx tsc --init
```

tsconfig.json이 생성되는데 주석을 제외한 부분만 살펴보겠습니다.

tsconfig.json

```
{
  "compilerOptions": {
    "target": "es2016",                           /* Set the JavaScript language
    "module": "commonjs",                         /* Specify what module code is
    "esModuleInterop": true,                      /* Emit additional JavaScript to
    "forceConsistentCasingInFileNames": true,     /* Ensure that casing is correct
    "strict": true,                               /* Enable all strict type-checking
    "skipLibCheck": true                          /* Skip type checking all .d.ts files.
 */
  }
}
```

tsc는 tsconfig.json에 따라 자바스크립트 결과물을 만들어내므로 설정을 달리하면 결과물도 달라집니다. tsconfig.json 설정은 다음 링크(https://www.typescriptlang.org/tsconfig)에서 볼 수 있습니다.

- **target**: 결과물의 문법을 어떤 버전의 자바스크립트 코드로 만들어낼지 정합니다. es2016은 2016년 자바스크립트 버전입니다.
- **module**: 결과물의 모듈 시스템을 어떤 종류로 할지 정합니다. 노드라면 commonjs를 하면 되고, 최신 브라우저에서는 es2022를 하면 됩니다.
- **esModuleInterop**: CommonJS 모듈도 ECMAScript 모듈처럼 인식하게 해줍니다. true로 하면 됩니다.
- **forceConsistentCasingInFileNames**: true이면 모듈을 import할 때 파일명의 대소문자가 정확히 일치해야 합니다. 어차피 리눅스나 맥에서는 파일명 대소문자를 구분하므로 켜두는 것이 좋습니다.
- **strict**: 엄격한 타입 검사를 할지 정합니다. true로 하지 않으면 타입스크립트를 사용하는 의미가 퇴색됩니다.
- **skipLibCheck**: true이면 모든 라이브러리의 타입을 검사하는 대신 내가 직접적으로 사용하는 라이브러리의 타입만 검사해 시간을 아낄 수 있습니다.

이 옵션 외 다른 옵션들은 필요할 때마다 추가하거나 수정해 사용하겠습니다.

compare.js와 index.ts 파일을 만들어서 자바스크립트(이하 js)와 타입스크립트(이하 ts)를 비교해봅시다.

compare.js

```
let a = 'hello';
a = 'world';
```

index.ts

```
let a = 'hello';
a = 'world';
```

ts 파일은 tsc 명령어를 통해 js로 변환해야 합니다.

콘솔

```
$ npx tsc
```

아무 에러 없이 index.js가 생성되면 성공입니다.

```
index.js
```

```
"use strict";
let a = 'hello';
a = 'world';
```

"use strict"는 tsc에서 추가하는 코드입니다. 이처럼 ts 코드가 js에서도 그대로 잘 돌아가는 것을 볼 수 있습니다. 하지만 무조건 잘 돌아가는 것은 아닙니다.

```
compare.js
```

```
let a  = 'hello';
a = 123;
```

```
index.ts
```

```
let a  = 'hello';
a = 123;
```

이번에는 에러가 발생합니다. tsc 명령어와 VS Code 에디터에서도 에러를 확인할 수 있습니다.

```
콘솔
```

```
$ npx tsc
index.ts:2:1 - error TS2322: Type 'number' is not assignable to type 'string'.

  ~

Found 1 error in index.ts:2
```

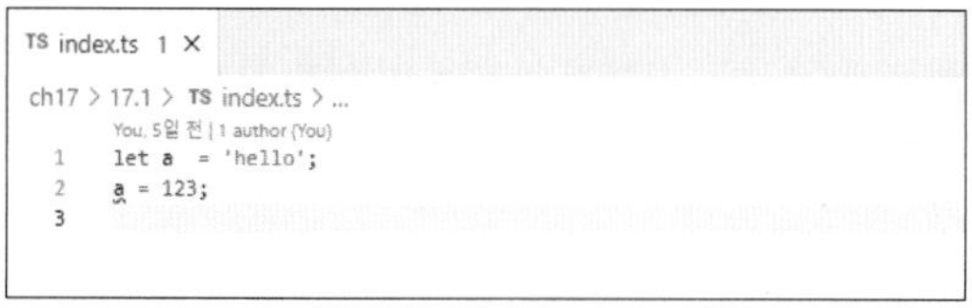

▼ 그림 17-3 VS Code에서도 에러가 표시됩니다.

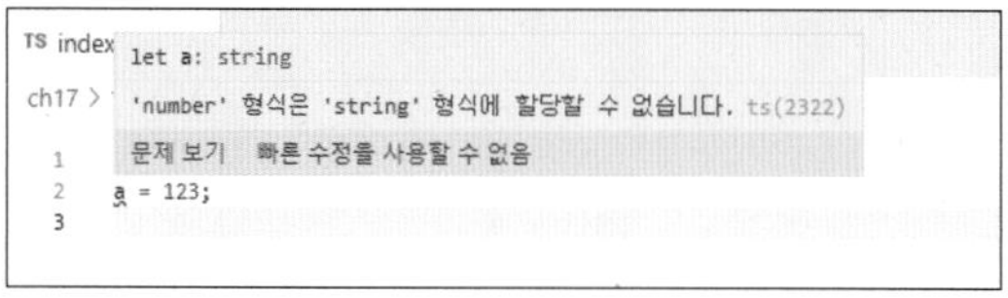

▼ 그림 17-4 빨간 줄 위에 마우스 커서를 올리면 에러 메시지를 볼 수 있습니다.

TS2322 에러가 표시됩니다. tsc의 에러에는 각각 고유 코드(TSXXXX)가 붙어 있어서 구글에 검색해 해결 방법을 찾기가 쉽습니다. 같은 코드의 에러는 같은 유형의 에러이므로 해결 방법도 비슷합니다.

TS2322의 에러 메시지는 변수 a가 string(문자열) 타입을 갖는데 타입이 number(숫자)인 123 값을 넣었다는 뜻입니다. js를 하던 입장에서는 잘 이해되지 않을 수 있지만, ts에서는 변수라 하더라도 고정된 타입을 갖고 있습니다.

처음에 변수 a에 'hello'라는 문자열을 넣었으므로 ts는 a 변수의 타입이 문자열이라고 추론합니다. 그런데 문자열 타입의 변수 a에 숫자 타입의 값 123을 넣으니 에러가 발생하는 것입니다. 이러한 제약이 불편하게 느껴질 수 있지만, 막상 생각해보면 어떠한 변수에 처음과 다른 타입의 값을 넣는 일은 흔치 않습니다. 보통은 실수로 넣는 경우가 더 많습니다. 따라서 타입스크립트를 사용하면 실수를 방지할 수 있습니다.

여기서 흥미로운 점은 에러가 발생하더라도 index.js는 그대로 생성된다는 것입니다. 즉, 타입스크립트에서 타입 검사가 실패해도 js 변환은 이뤄집니다.

index.js

```
"use strict";
let a = 'hello';
a = 123;
```

결과물을 만들어내지 않고 타입 검사만 하고 싶을 때는 다음 명령어를 사용합니다.

콘솔

```
$ npx tsc --noEmit
```

이번에는 타입스크립트에 명시적인 타입을 붙여보겠습니다. 기본적으로는 변수와 함수의 매개변수, 반환값에 타입을 붙인다고 생각하면 됩니다. 이렇게 타입을 붙이는 행위를 '타이핑한다'고 표현합니다.

compare.js

```
let a = true;
const b = { hello: 'world' };

function add(x, y) { return x + y };
const minus = (x, y) => x - y;
```

```
let a: boolean = true;
const b: { hello: string } = { hello: 'world' };

function add(x: number, y: number): number { return x + y };
const minus = (x: number, y: number): number => x - y;
```

콜론(:) 뒷부분이 타입 자리입니다. 변수, 매개변수, 반환값의 타입 자리를 기억해둬야 합니다. 다만, 타입스크립트는 코드로부터 어느 정도 타입을 추론할 수 있으므로 에러가 발생하지 않는다면 타입을 적지 않아도 됩니다.

타입 자리에는 다음 표에 나오는 타입을 사용할 수 있습니다. 모든 타입을 표에 정리한 것은 아니고 자주 쓰이는 타입만 정리했습니다.

▼ 표 17-1 타입으로 사용 가능한 값

분류	설명	예시
기본형	string, number, boolean, symbol, object, undefined, null, bigint	const a: string = 'hello'; const b: object = { hello: 'ts' };
배열	타입 뒤에 []를 붙임. 길이가 고정된 배열이면 [] 안에 타입을 적음	const a: string[] = ['hello', 'ts', 'js']; const b: [number, string] = [123, 'node'];
상수	1, 'hello', true 등의 고정값	const a: 1 = 1;
변수	typeof 변수로 해당 변수의 타입 사용 가능	let a = 'hello'; const b: typeof a = 'ts';
클래스	클래스 이름을 그대로 인스턴스의 타입으로 사용 가능	class A {} const a = new A();

type 선언	다른 타입들을 조합해서 새로운 타입 생성 가능. 유니언(|), 인터섹션(&) 사용 가능	const a: { hello: string } = { hello: 'ts' };
		type B = { wow: number };
		const b: B = { wow: 123 };
		type C = string | number;
		let c: C = 123;

인터페이스	interface 선언	interface A { hello: string, wow: number } const a: A = { hello: 'ts', wow: 123 }

type 선언과 인터페이스(interface)는 조금 뒤에 다룹니다.

타입을 제거한 뒤 tsc 명령어를 수행하면 add와 minus 함수의 매개변수 x, y에 대해 에러가 발생함을 알 수 있습니다.

index.ts

```
let a = true;
const b = { hello: 'world' };

function add(x, y) { return x + y };
const minus = (x, y) => x - y;
```

콘솔

```
$ npx tsc --noEmit
index.ts:4:14 - error TS7006: Parameter 'x' implicitly has an 'any' type.
4 function add(x, y) { return x + y };
..
Found 4 errors in the same file, starting at: index.ts:4
```

'Parameter 'x' implicitly has an 'any' type'과 같은 에러가 발생하는데, 이는 매개변수 x와 y의 타입을 알 수 없어서 any라는 타입으로 지정했다는 내용의 에러입니다. 이처럼 매개변수에는 대부분 타입을 명시해줘야 합니다. 변수 a와 b는 초깃값에서 타입을 추론하므로 문제가 없습니다.

index.ts

```
let a = true;
const b = { hello: 'world' };

function add(x: number, y: number) { return x + y };
const minus = (x: number, y: number) => x - y;
```

add와 minus의 반환값은 타입을 입력하지 않아도 에러가 발생하지 않습니다. x와 y가 number 타입이므로 x + y와 x - y가 number 타입이 될 것이란 점은 명확하기 때문입니다.

tsc에서는 타입을 추론할 수 없으면 대부분 any라는 타입을 붙입니다. any는 어떤 타입이 되어도 상관없다는 뜻이므로 타입스크립트를 쓰는 의미가 퇴색됩니다. 따라서 여러분은 any 타입이 생기는 것을 최대한 지양해야 합니다. 반대로 말하면, tsc가 any 타입으로 추론한 것들에 타입을 붙여주면 됩니다.

이 책에서 사용하는 몇 가지 타입을 더 알아보겠습니다.

types.ts

```
let a: string | number = 'hello'; // 유니언 타이핑
a = 123;
```

```
let arr: string[] = []; // 배열 타이핑
arr.push('hello');

interface Inter {
  hello: string;
  world?: number; // 있어도 그만 없어도 그만인 속성
} // 객체를 인터페이스로 타이핑할 수 있음
const b: Inter = { hello: 'interface' };

type Type = {
  hello: string;
  func?: (param?: boolean) => void; // 함수는 이런 식으로 타이핑함
}
const c: Type = { hello: 'type' };

interface Merge {
  x: number,
}
interface Merge {
  y: number,
}
const m: Merge = { x: 1, y: 2 };

export { a }; // 타입스크립트 ECMAScript 모듈을 사용
```

string ¦ number는 문자열 또는 숫자 타입이라는 뜻입니다. 따라서 변수 a에 'hello' 같은 문자열과 123 같은 숫자를 할당할 수 있습니다. 배열은 string[], number[] 등으로 타이핑합니다. 이렇게 타이핑하면 정해진 타입만 배열에 들어갈 수 있습니다.

객체는 interface나 type으로 타이핑할 수 있습니다. 두 방식 모두가 자주 사용되므로 알아둬야 합니다. Inter와 Type은 각각 interface와 type의 이름으로, 이 부분은 여러분이 작명하면 됩니다(대문자로 시작하게 작성하는 것이 관습입니다). interface와 type 안에서 각각의 속성을 타이핑할 수 있습니다. 속성 이름 뒤에 물음표(?)가 붙어 있으면, 그 속성은 있어도 되고 없어도 되는 속성이라는 뜻입니다. 상수 b를 보면 world 속성이 없지만 문제가 발생하지 않습니다. world 속성 뒤에 ?가 붙어 있었기 때문입니다.

func는 함수를 타이핑하는 방법입니다. 매개변수를 타이핑하고, 반환값은 => 뒤에 타입을 적습니다. void가 보이는데, void는 return하는 값이 없을 때 사용합니다(undefined와는 구분해야 합니다). param 매개변수를 보면 뒤에 물음표가 붙었는데, 이것 역시 있어도 되고 없어도 되는 매개변수라는 뜻입니다.

interface Merge는 두 번 선언되었습니다. 재미있게도 타입스크립트에서는 같은 인터페이스를 여러 번 선언하면 하나로 합쳐집니다. 즉, 기존에 선언한 인터페이스를 같은 이름의 인터페이스를 선언해 확장할 수 있다는 뜻입니다. 이 기능은 17.3절에서 상당히 유용하게 쓰입니다.

마지막으로, 타입스크립트에서는 ECMAScript 모듈을 사용한다는 것을 알아두세요.

이제 노드 코드를 타입스크립트에서 사용해봅시다.

node.ts

```
import fs from 'fs';

fs.readFile('package.json');
```

콘솔

```
$ npx tsc --noEmit
TS2307: Cannot find module 'fs' or its corresponding type declarations.
```

'fs'에서 에러가 발생합니다. fs 모듈의 타입 정의를 찾을 수 없다는 의미인데, 노드의 타입은 따로 설치해야 사용할 수 있습니다. @types/node 패키지를 설치하면 됩니다.

콘솔

```
$ npm i -D @types/node
$ npx tsc --noEmit
(중요하지 않은 부분 생략)
TS2554: Expected 2-3 arguments, but got 1.
export function readFile(path: PathOrFileDescriptor, callback: (err: NodeJS.
ErrnoException | null, data: Buffer) => void): void;
An argument for 'callback' was not provided.
```

@types/node 패키지를 설치하고 다시 tsc 명령어를 실행하면 TS2554 에러가 발생합니다. 인자로 2~3개의 값을 넣어야 하는데 한 개만 넣었다는 뜻이며, 함수 사용법이 잘못되었을 때 발생하는 에러입니다.

fs.readFile의 타입 정의도 같이 보여주는데, 첫 번째 인자 path는 PathOrFileDescriptor 타입이고 두 번째 인자 callback은 (err: NodeJS.ErrnoException | null, data: Buffer) => void) 타입입니다. () => 꼴이므로 callback은 함수라는 것을 알 수 있습니다.

readFile에 커서를 올려두고 F12를 누르면 readFile의 타입 정의로 이동합니다. @types/node/ fs.d.ts로 이동하는데, d.ts 파일은 타입 정의를 갖고 있는 파일을 의미합니다.

```
...
    export function readFile(
        path: PathOrFileDescriptor,
        options:
            | ({
                  encoding?: null | undefined;
                  flag?: string | undefined;
              } & Abortable)
            | undefined
            | null,
        callback: (err: NodeJS.ErrnoException | null, data: Buffer) => void
    ): void;
...
    export function readFile(
        path: PathOrFileDescriptor,
        options:
            | (ObjectEncodingOptions & {
                  flag?: string | undefined;
              } & Abortable)
            | BufferEncoding
            | undefined
            | null,
        callback: (err: NodeJS.ErrnoException | null, data: string | Buffer) => void
    ): void;
...
    export function readFile(path: PathOrFileDescriptor, callback: (err: NodeJS.
ErrnoException | null, data: Buffer) => void): void;
...
```

readFile의 정의가 세 개나 있습니다. 자바스크립트의 함수는 사용 방법이 다양할 수 있으므로(하나의 함수를 다양하게 활용하는 것을 오버로딩이라고 합니다) 타입스크립트에서도 정의를 여러 개 만들어놓는 것입니다. 이 정의 중 하나에만 부합하도록 코드를 수정하면 됩니다. 여기서는 매개변수가 두 개밖에 없는 마지막 정의에 맞춥니다.

마지막 정의에 있는 PathOrFileDescriptor, NodeJS.ErrnoException, Buffer와 같이 처음 보는 타입들은 다른 개발자가 만들어놓은 타입입니다. 궁금한 타입에 커서를 올리고 F12를 누르면 타입 정의를 볼 수 있습니다.

```
...
export type PathLike = string | Buffer | URL;
export type PathOrFileDescriptor = PathLike | number;
...
```

PathOrFileDescriptor 타입은 PathLike 또는 number 타입으로 되어 있고, PathLike 타입은 다시 string 또는 Buffer 또는 URL 타입으로 되어 있습니다. 이런 식으로 거슬러 올라가며(F12를 적절히 활용하세요) 어떤 타입이 path 자리에 들어올 수 있는지 확인합니다. 'package.json'은 문자열이므로 PathOrFileDescriptor에 들어갈 수 있습니다. 다만, 두 번째 인자를 아예 제공하지 않았으므로 callback 인자에서 타입 오류가 발생한 것입니다.

다음과 같이 코드를 수정하면 에러가 사라집니다.

node.ts

```
import fs from 'fs';

fs.readFile('package.json', (err, result) => {
    console.log(result);
});
```

이번에는 프로미스로 코드를 바꿔보겠습니다.

node.ts

```
import fs from 'fs/promises';

fs.readFile('package.json', (err, result) => {
    console.log(result);
});
```

콘솔

```
$ npx tsc --noEmit
(중요하지 않은 에러 메시지 생략)
error TS2769: No overload matches this call.
Overload 1 of 3, '(path: PathLike | FileHandle, options?: ({ encoding?: null | unde-
fined; flag?: OpenMode | undefined; } & Abortable) | null | undefined): Promise<...>',
gave the following error.
    Type '(err: any, result: any) => void' has no properties in common with type '{
encoding?: null | undefined; flag?: OpenMode | undefined; } & Abortable'.
```

Overload 2 of 3, '(path: PathLike | FileHandle, options: ({ encoding: BufferEncoding; flag?: OpenMode | undefined; } & Abortable) | BufferEncoding): Promise<...>', gave the following error.
    Argument of type '(err: any, result: any) => void' is not assignable to parameter of type '({ encoding: BufferEncoding; flag?: OpenMode | undefined; } & Abortable) | BufferEncoding'.
  Overload 3 of 3, '(path: PathLike | FileHandle, options?: BufferEncoding | (ObjectEncodingOptions & Abortable & { flag?: OpenMode | undefined; }) | null | undefined): Promise<...>', gave the following error.
    Argument of type '(err: any, result: any) => void' is not assignable to parameter of type 'BufferEncoding | (ObjectEncodingOptions & Abortable & { flag?: OpenMode | undefined; }) | null | undefined'.

TS2769 에러가 발생하는데, 이 에러도 역시 함수 사용법이 잘못되었을 때 발생하는 에러입니다. overload는 이전에 언급한 오버로딩을 의미합니다. 세 가지 함수 사용법에 모두 부합하지 않아서 에러가 발생했다는 의미입니다.

다시 readFile에 커서를 두고 F12를 누르면 타입 정의로 이동합니다. 이번에는 프로미스 방식의 타입 정의입니다.

@types/node/fs.d.ts에서 발췌

```
...
    function readFile(
        path: PathLike | FileHandle,
        options?:
            | ({
                    encoding?: null | undefined;
                    flag?: OpenMode | undefined;
                } & Abortable)
            | null
    ): Promise<Buffer>;
...
    function readFile(
        path: PathLike | FileHandle,
        options:
            | ({
                    encoding: BufferEncoding;
                    flag?: OpenMode | undefined;
                } & Abortable)
            | BufferEncoding
    ): Promise<string>;
```

```
    ...
    function readFile(
        path: PathLike | FileHandle,
        options?:
            | (ObjectEncodingOptions &
                Abortable & {
                    flag?: OpenMode | undefined;
                })
            | BufferEncoding
            | null
    ): Promise<string | Buffer>;
    ...
```

options 매개변수는 사용하지 않을 것이므로 options 매개변수에 ?가 붙은 정의를 선택해서 맞게 수정하면 됩니다. 여기서는 첫 번째 정의를 사용하겠습니다. readFile 메서드의 반환값이 Promise 라는 것을 알 수 있는데, Promise 뒤에 〈Buffer〉 같은 것이 붙어 있습니다. 이 부분은 제네릭 (generic)이라고 부릅니다.

Promise에 커서를 두고 F12를 눌러 타입 정의로 이동해봅시다.

lib.es5.d.ts에서 발췌

```
    ...
    interface Promise<T> {
        then<TResult1 = T, TResult2 = never>(onfulfilled?: ((value: T) => TResult1 |
➡ PromiseLike<TResult1>) | undefined | null, onrejected?: ((reason: any) => TResult2 |
➡ PromiseLike<TResult2>) | undefined | null): Promise<TResult1 | TResult2>;
        catch<TResult = never>(onrejected?: ((reason: any) => TResult |
➡ PromiseLike<TResult>) | undefined | null): Promise<T | TResult>;
    }
    ...
```

Promise〈T〉로 되어 있는데, T 자리에는 어떤 타입이든 올 수 있습니다. readFile에는 Promise〈Buffer〉로 되어 있으므로 T가 Buffer라고 해석하면 됩니다. TResult1 = T로 되어 있으므로 TResult1도 Buffer라고 해석합니다. PromiseLike는 지금은 그냥 Promise와 같다고 생각하면 됩니다. never는 사용할 수 없는 타입이므로 무시합니다.

따라서 제네릭이 포함된 코드는 최종적으로 다음과 같이 해석하면 됩니다.

```
interface Promise<Buffer> {
    then<Buffer>(onfulfilled?: ((value: Buffer) => Buffer | Promise<Buffer>) | undefined
➡ | null, onrejected?: ((reason: any) => undefined | null): Promise<Buffer | never>;
    catch(onrejected?: ((reason: any) => undefined | null): Promise<Buffer>;
}
```

이렇듯 제네릭을 사용한 코드는 그때그때 해석이 달라집니다. 다음과 같이 코드를 수정하면 에러가 사라집니다.

node.ts

```
import fs from 'fs/promises';

fs.readFile('package.json')
  .then((result) => { // result는 Buffer 타입입니다
    console.log(result);
  })
  .catch(console.error);
```

readFile의 반환값이 Promise이므로 then과 catch를 붙일 수 있습니다. result는 앞의 해석에 따라 Buffer 타입이 됩니다. 타입스크립트를 처음 보면 복잡하다고 느낄 수 있지만, 이렇게 하나씩 분석하다 보면 타입이 눈에 보이게 됩니다.

이외에도 수많은 타입과 타입 분석 방법이 있습니다. 이 책에서 모든 것을 다루기에는 공부할 것이 너무 많으므로 따로 시간을 내어서 타입스크립트를 공부하는 것을 권장합니다.

17

타입스크립트 노드 개발

17.2 커뮤니티 타입 정의 적용하기

NODE.JS

본격적으로 NodeBird 프로젝트에 타입스크립트를 적용해봅시다. 11장의 NodeBird 프로젝트에서 출발합니다. 15, 16장의 NodeBird 프로젝트는 AWS와 GCP 코드로 나뉘어져 있으므로 11장의 프로젝트를 기반으로 합니다.

먼저 타입스크립트를 설치하고 tsconfig.json 파일을 만듭니다.

```
$ npm i typescript
$ npx tsc --init
```

지금껏 작성했던 모든 js 코드를 ts 코드로 변환하려니 막막합니다. 다행히 한 번에 변환할 필요는 없습니다. tsconfig.json에서는 allowJs라는 옵션을 제공해 일부만 ts로 변환해도 다른 js 코드와 같이 사용할 수 있게 합니다.

tsconfig.json

```
{
  "compilerOptions": {
    "target": "es2016",                          /* Set the JavaScript language
    "module": "commonjs",                        /* Specify what module code is
    "allowJs": true,
    "esModuleInterop": true,                     /* Emit additional JavaScript to
    "forceConsistentCasingInFileNames": true,    /* Ensure that casing is correct
    "strict": true,                              /* Enable all strict type-checking
    "skipLibCheck": true                         /* Skip type checking all .d.ts files.
➡ */
  }
}
```

이제 server.js부터 하나씩 코드를 바꿔나가면 됩니다. server.js와 app.js 파일의 확장자를 ts로 변경합니다. 또한, 모듈 시스템을 CommonJS에서 ECMAScript 모듈로 변경해야 합니다.

server.ts

```
import app from './app';

app.listen(app.get('port'), () => {
  console.log(app.get('port'), '번 포트에서 대기 중');
});
```

app.ts

```
import express from 'express';
import cookieParser from 'cookie-parser';
import morgan from 'morgan';
import path from 'path';
import session from 'express-session';
import nunjucks from 'nunjucks';
```

```
import dotenv from 'dotenv';
import passport from 'passport';

dotenv.config();
import pageRouter from './routes/page';
import authRouter from './routes/auth';
import postRouter from './routes/post';
import userRouter from './routes/user';
import { sequelize } from './models';
import passportConfig from './passport';

const app = express();
passportConfig(); // 패스포트 설정
app.set('port', process.env.PORT || 8001);
app.set('view engine', 'html');
nunjucks.configure('views', {
  express: app,
  watch: true,
});

sequelize.sync({ force: false })
  .then(() => {
    console.log('데이터베이스 연결 성공');
  })
  .catch((err) => {
    console.error(err);
  });

app.use(morgan('dev'));
app.use(express.static(path.join(__dirname, 'public')));
app.use('/img', express.static(path.join(__dirname, 'uploads')));
app.use(express.json());
app.use(express.urlencoded({ extended: false }));
app.use(cookieParser(process.env.COOKIE_SECRET));
app.use(session({
  resave: false,
  saveUninitialized: false,
  secret: process.env.COOKIE_SECRET,
  cookie: {
    httpOnly: true,
    secure: false,
  },
}));
```

```
app.use(passport.initialize());
app.use(passport.session());

app.use('/', pageRouter);
app.use('/auth', authRouter);
app.use('/post', postRouter);
app.use('/user', userRouter);

app.use((req, res, next) => {
  const error = new Error(`${req.method} ${req.url} 라우터가 없습니다.`);
  error.status = 404;
  next(error);
});

const errorHandler = (err, req, res, next) => {
  console.error(err);
  res.locals.message = err.message;
  res.locals.error = process.env.NODE_ENV !== 'production' ? err : {};
  res.status(err.status || 500);
  res.render('error');
};
app.use(errorHandler);

export default app;
```

tsc --noEmit을 수행해보면 크게 세 종류의 에러가 발생합니다.

콘솔

$ npx tsc --noEmit
(다른 에러 메시지 생략)
error TS7016: Could not find a declaration file for module 'express'.
error TS2339: Property 'status' does not exist on type 'Error'.
error TS7006: Parameter 'err' implicitly has an 'any' type.

먼저 TS7016은 설치한 패키지에 타입 정의가 없다는 에러입니다. 익스프레스 외에도 cookie-parser, morgan, express-session, nunjucks, passport 등이 이에 해당합니다. 이 라이브러리들은 자바스크립트로 작성되었으므로 tsc에서 타입 분석을 할 수 없고, 이 라이브러리들에서 사용하는 변수와 함수의 모든 타입은 any가 되어버립니다. any는 타입스크립트에서 피해야 하는 타입인 만큼 대응 방법이 필요합니다.

자바스크립트 라이브러리들에 직접 타입 정의를 작성하는 방법도 있지만, 더 쉬운 방법이 있습니다. 바로 npm의 DefinitelyTyped 패키지에서 제공하는 커뮤니티 타입 정의를 적용하는 것입니다. 모든 패키지가 타입스크립트로 작성되었다면 좋았겠지만, 익스프레스처럼 타입스크립트로 작성되지 않은 자바스크립트 패키지가 많습니다. DefinitelyTyped 패키지는 익스프레스, cookie-parser 같은 라이브러리에 타입 정의를 적용해뒀습니다.

DefinitelyTyped 패키지를 적용하기 전에 먼저 npmjs.com에서 해당 패키지가 타입스크립트로 작성되었는지, 타입스크립트로 작성되지 않았다면 DefinitelyTyped 타이핑은 존재하는지를 확인해야 합니다.

axios(https://npmjs.com/package/axios)부터 검색해봅시다. axios 패키지 이름 오른쪽에 TS라는 파란색 사각형이 있습니다. 이런 패키지는 처음부터 타입스크립트로 작성되었거나 타입 정의를 제공하는 패키지이므로 별도의 작업을 수행하지 않아도 tsc가 타입을 분석할 수 있습니다.

▼ 그림 17-5 axios는 오른쪽에 파란색 TS 사각형이 있습니다.

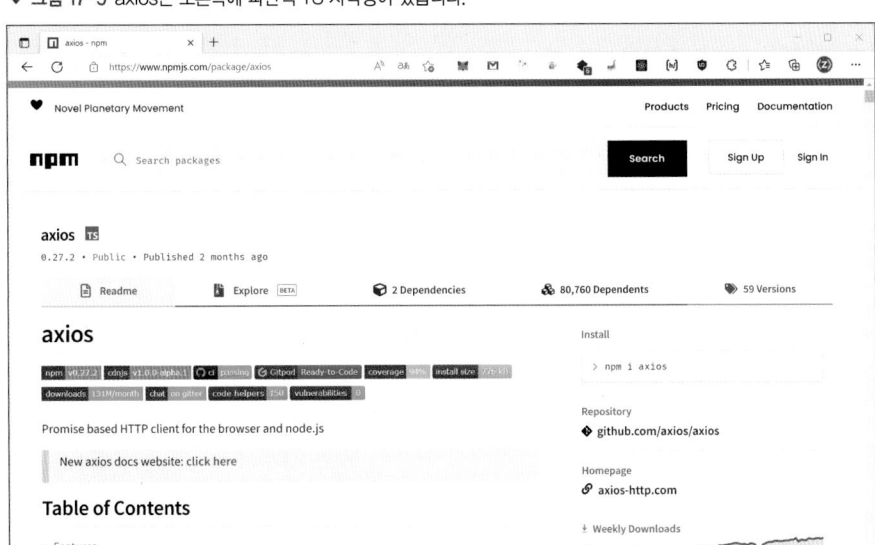

반면 익스프레스(https://npmjs.com/package/express) 이름 옆에는 파란색 TS 사각형 대신 흰색 DT 사각형이 있습니다. 이런 패키지는 직접적으로 타입 정의를 제공하지는 않지만 DefinitelyTyped에서 대신 타입 정의를 제공한다는 뜻입니다.

▼ 그림 17-6 익스프레스는 오른쪽에 흰색 DT 사각형이 있습니다.

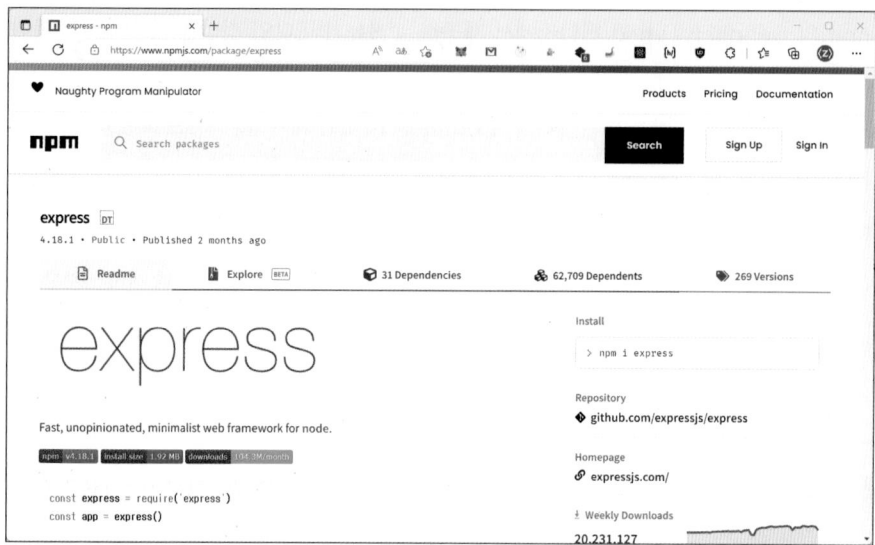

익스프레스 외에도 cookie-parser, dotenv, morgan, express-session, nunjucks, passport, sequelize 패키지에는 모두 DT가 붙어 있습니다. DT 사각형을 클릭하면 해당 정의로 이동합니다.

▼ 그림 17-7 익스프레스 타입 정의를 대신 제공하는 @types/express

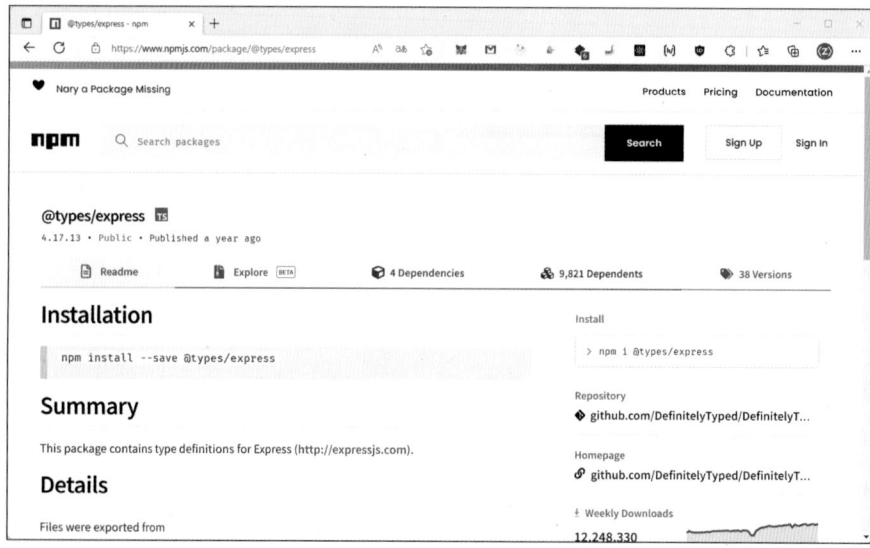

이렇게 패키지 이름 앞에 @types/가 붙은 패키지들은 DefinitelyTyped 커뮤니티에서 제공하는 타입 정의 패키지라고 보면 됩니다. NodeBird 프로젝트에서 사용하는 타입 정의 패키지

를 모두 설치합니다. 이전 절에서 사용했던 노드 모듈에 대한 타입 정의(@types/node)도 바로 DefinitelyTyped에서 제공하는 것입니다. 이것도 같이 설치합니다.

```
$ npm i -D @types/bcrypt @types/cookie-parser @types/express @types/
express-session @types/morgan @types/nunjucks @types/passport@1.0.11 @types/sequelize
@types/node @types/multer
```

```
$ npx tsc --noEmit
(다른 에러 메시지 생략)
error TS7006: Parameter 'err' implicitly has an 'any' type.
error TS2322: Type 'string | undefined' is not assignable to type 'string | string[]'.
  Type 'undefined' is not assignable to type 'string | string[]'.
error TS2339: Property 'status' does not exist on type 'Error'.
```

이제 TS7016 에러는 사라졌고, TS2322 에러가 새로 생겼습니다. TS2339 에러는 다음 절에서, TS7006 에러는 17.4절에서 해결합니다. 앞으로 해결할 에러이므로 에러가 발생해도 당분간 무시하면 됩니다.

TS2322 에러는 string | string[](문자열 또는 문자열의 배열) 타입인 곳에 string | undefined(문자열 또는 undefined) 타입을 넣을 수 없다는 의미입니다. secret 속성과 process. env.COOKIE_SECRET에 마우스를 올려보면 타입이 나옵니다.

▼ 그림 17-8 코드에 마우스 커서를 올려보면 타입을 알 수 있습니다.

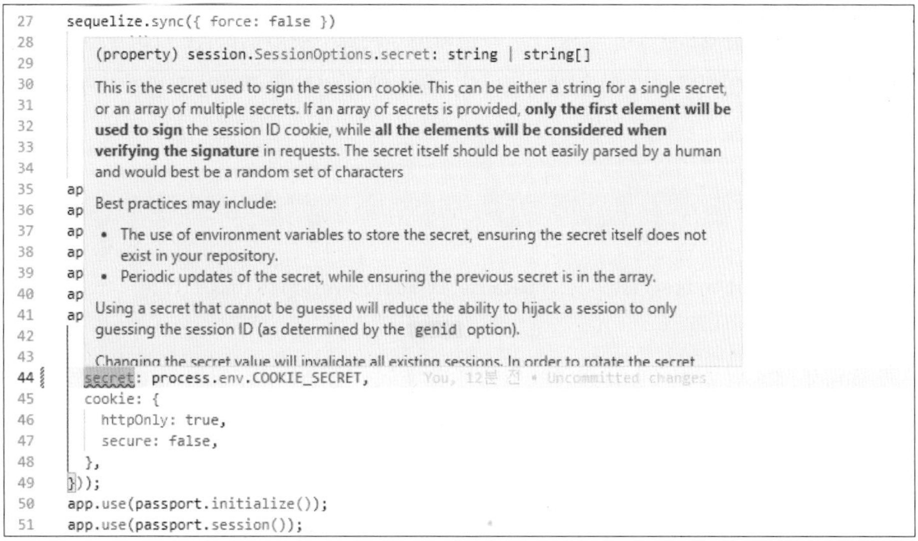

secret 속성은 string | string[ ] 타입의 값만 허용하는데, process.env.COOKIE_SECRET의 타입
은 string | undefined라서 그렇습니다. 분명 .env에 COOKIE_SECRET을 넣었는데 왜 process.env.
COOKIE_SECRET이 string이 아니라 string | undefined라는 것일까요?

이유는 tsc가 그걸 알 정도로 똑똑하지 않기 때문입니다. .env는 타입스크립트 파일이 아닌지라
그 값이 실제로 존재하는지 알 수 없어서 string | undefined라고 추론한 것입니다. 하지만 여러
분은 process.env.COOKIE_SECRET이 존재한다는 것을 확실히 알고 있으므로 다음과 같이 느낌표를
뒤에 붙이면 됩니다. undefined가 절대 아니라고 tsc에 알리는 방법입니다.

app.ts

```
...
app.use(session({
  resave: false,
  saveUninitialized: false,
  secret: process.env.COOKIE_SECRET!,
  cookie: {
    httpOnly: true,
    secure: false,
  },
}));
...
```

그러면 TS2322 에러도 사라집니다. 다만, 느낌표를 붙이는 것도 불가피한 경우를 제외하고는 지
양하는 것이 좋습니다. 여러분이 undefined가 절대 아님을 보증했는데, 실제로는 undefined라면
에러가 발생하기 때문입니다.

에러를 어느 정도 해결했으니 tsc 명령어를 수행해 js 파일을 생성해봅시다. TS7006 에러와
TS2339 에러가 남아 있어도 js 파일은 생성됩니다. 타입 에러 검사와 컴파일은 별개의 동작이기
때문입니다.

콘솔

```
$ npx tsc
error TS5055: Cannot write file '...' because it would overwrite input file.
```

TS5055 에러가 새로 발생했는데, js 파일이 있어서 발생하는 에러입니다. 모두 다 ts 파일로 변환
하기 전에는 계속 이 에러가 발생하니 그냥 무시하면 됩니다. 항상 마지막에는 노드 서버를 실행
해 잘 돌아가는지 확인해야 합니다.

```
$ npm start
```
(nodemon 로그 생략)

17.3 라이브러리 코드 타이핑하기

N O D E . J S

이번에는 시퀄라이즈와 passport 패키지를 사용한 코드를 타이핑해보겠습니다.

먼저 passport/index.js, passport/localStrategy.js, passport/kakaoStrategy.js를 ts로 교체하고 ECMAScript 모듈 시스템으로 바꿉니다.

passport/index.ts

```ts
import passport from 'passport';
import local from './localStrategy';
import kakao from './kakaoStrategy';
import User from '../models/user';

export default () => {
  passport.serializeUser((user, done) => {
    done(null, user.id);
  });

  passport.deserializeUser((id: number, done) => {
    User.findOne({
      where: { id },
      include: [{
        model: User,
        attributes: ['id', 'nick'],
        as: 'Followers',
      }, {
        model: User,
        attributes: ['id', 'nick'],
        as: 'Followings',
      }],
    })
```

17

타입스크립트 노드 개발

```
      .then(user => done(null, user))
      .catch(err => done(err));
  });

  local();
  kakao();
};
```

```ts
import passport from 'passport';
import { Strategy as LocalStrategy } from 'passport-local';
import bcrypt from 'bcrypt';
import User from '../models/user';

export default () => {
  passport.use(new LocalStrategy({
    usernameField: 'email',
    passwordField: 'password',
  }, async (email, password, done) => {
    try {
      const exUser = await User.findOne({ where: { email } });
      if (exUser) {
        const result = await bcrypt.compare(password, exUser.password);
        if (result) {
          done(null, exUser);
        } else {
          done(null, false, { message: '비밀번호가 일치하지 않습니다.' });
        }
      } else {
        done(null, false, { message: '가입되지 않은 회원입니다.' });
      }
    } catch (error) {
      console.error(error);
      done(error);
    }
  }));
};
```

```ts
import passport from 'passport';
import { Strategy as KakaoStrategy } from 'passport-kakao';
```

```
import User from '../models/user';

export default () => {
  passport.use(new KakaoStrategy({
    clientID: process.env.KAKAO_ID,
    callbackURL: '/auth/kakao/callback',
  }, async (accessToken, refreshToken, profile, done) => {
    console.log('kakao profile', profile);
    try {
      const exUser = await User.findOne({
        where: { snsId: profile.id, provider: 'kakao' },
      });
      if (exUser) {
        done(null, exUser);
      } else {
        const newUser = await User.create({
          email: profile._json && profile._json.kaccount_email,
          nick: profile.displayName,
          snsId: profile.id,
          provider: 'kakao',
        });
        done(null, newUser);
      }
    } catch (error) {
      console.error(error);
      done(error);
    }
  }));
};
```

또한, @types/passport-local과 @types/passport-kakao를 설치합니다.

```
$ npm i -D @types/passport-local @types/passport-kakao@0.2.1
```

```
$ npx tsc --noEmit
(다른 에러 메시지 생략)
error TS2339: Property 'status' does not exist on type 'Error'.
error TS2339: Property 'id' does not exist on type 'User'.
error TS2769: No overload matches this call.
  Overload 1 of 2, '(options: StrategyOption, verify: VerifyFunction): Strategy', gave
```

```
the following error.
    Type 'string | undefined' is not assignable to type 'string'.
      Type 'undefined' is not assignable to type 'string'.
  Overload 2 of 2, '(options: StrategyOptionWithRequest, verify:
VerifyFunctionWithRequest): Strategy', gave the following error.
    Type 'string | undefined' is not assignable to type 'string'.
      Type 'undefined' is not assignable to type 'string'.
error TS7006: Parameter 'accessToken' implicitly has an 'any' type.
```

첫 TS7006 에러는 조금 뒤에 시퀄라이즈를 타이핑하면서 해결합니다. TS2339 에러 두 개가 나
오는데, 하나는 Error 객체에 status 속성이 없다는 에러이고 다른 하나는 user 객체에 id 속성
이 없다는 에러입니다. 실제로 코드를 확인하면 해당 속성이 없는 것을 알 수 있습니다. Error와
serializeUser 위에 커서를 올려두고 F12 를 누르면 해당 타입 정의로 이동합니다(serializeUser
에서는 Express.User 타입 정의에서 한 번 더 F12 를 눌러서 들어갑니다).

lib.es5.d.ts에서 발췌

```
interface Error {
    name: string;
    message: string;
    stack?: string;
}
```

@types/passport/index.d.ts에서 발췌

```
...
declare global {
    namespace Express {
        // tslint:disable-next-line:no-empty-interface
        interface AuthInfo {}
        // tslint:disable-next-line:no-empty-interface
        interface User {}

        interface Request {
...
```

대부분 여기서 어떻게 해야 할지 당황합니다. 이때 17.1절에서 interface끼리는 합쳐진다고 배운
것을 기억하세요. 인터페이스에 속성이 없다면 속성을 가진 인터페이스를 선언하면 됩니다.

types 폴더를 만들고 index.d.ts 파일을 만듭니다. 확장자가 d.ts인 것은 해당 파일이 타입 정의 만 포함하고 있다는 사실을 알리는 것입니다. 실제로 js로 변환되는 코드는 없습니다. 내용은 다음 과 같이 작성합니다.

types/index.d.ts

```
import IUser from '../models/user';

declare global {
  interface Error {
    status?: number;
  }

  namespace Express {
    interface User extends IUser {}
  }
}
```

declare global은 전역 스코프를 의미합니다. interface Error나 namespace Express, interface User 모두 global 스코프에 선언되어 있으므로 인터페이스를 확장할 때도 같은 스코프에 선언해 야 합니다. interface Error에는 status 속성을 추가하고, interface User는 User 모델을 상속받 습니다. 인터페이스는 다른 타입으로부터 상속도 가능합니다. User 모델은 클래스이므로 타입으 로 사용할 수 있습니다. 이러면 이제 Express.User는 User 모델 타입이 되어 id 속성이 존재하게 됩니다.

이렇게 TS2339 에러는 해결할 수 있습니다. 여전히 error TS2339: Property 'id' does not exist on type 'User'. 에러는 발생하겠지만, 조금 뒤에 User 모델을 타이핑하고 나면 저절로 해결됩니다.

TS2769 에러는 process.env.KAKAO_ID 부분에서 발생합니다. 이 부분은 이전 절에서 나왔으므로 쉽게 해결할 수 있습니다. 뒤에 느낌표를 붙이면 됩니다.

passport/kakaoStrategy.ts

```
...
export default () => {
  passport.use(new KakaoStrategy ({
    clientID: process.env.KAKAO_ID!,
    callbackURL: '/auth/kakao/callback',
  }, async (accessToken, refreshToken, profile, done) => {
...
```

TS2769 에러를 해결하면 다른 에러가 발생합니다. 정확히 말해 TS2769 에러는 그대로 발생하지만 에러 메시지가 달라집니다.

콘솔

```
$ npx tsc --noEmit
(다른 에러 메시지 생략)
error TS2769: No overload matches this call.
  Overload 1 of 2, '(options: StrategyOption, verify: VerifyFunction): Strategy', gave
the following error.
    Argument of type '{ clientID: string; callbackURL: string; }' is not assignable to
parameter of type 'StrategyOption'.
      Property 'clientSecret' is missing in type '{ clientID: string; callbackURL:
string; }' but required in type 'StrategyOption'.
  Overload 2 of 2, '(options: StrategyOptionWithRequest, verify:
VerifyFunctionWithRequest): Strategy', gave the following error.
    Argument of type '{ clientID: string; callbackURL: string; }' is not assignable to
parameter of type 'StrategyOptionWithRequest'.
      Type '{ clientID: string; callbackURL: string; }' is missing the following
properties from type 'StrategyOptionWithRequest': passReqToCallback, clientSecret
error TS7006: Parameter 'accessToken' implicitly has an 'any' type.
```

KakaoStrategy의 사용 방법이 두 가지(Overload)로 나오고 있습니다. StrategyOption이나 StrategyOption WithRequest 타입에서 필요로 하는 passReqToCallback과 clientSecret이 없다고 뜨는데, StrategyOption과 StrategyOptionWithRequest 타입은 여러분이 만든 속성이 아니므로 타입을 확인해봐야 합니다. clientID 속성에 커서를 위치한 후 F12를 눌러서 passport-kakao의 정의로 들어가면 타입이 보입니다.

@types/passport-kakao/index.d.ts에서 발췌

```
import passport = require('passport');
import express = require('express');

export interface Profile extends passport.Profile {
    id: string;
    provider: string;

    _raw: string;
    _json: any;
}

export interface StrategyOption {
```

```
    clientID: string;
    clientSecret: string;
    callbackURL: string;

    scopeSeparator?: string | undefined;
    customHeaders?: string | undefined;
}

export interface StrategyOptionWithRequest extends StrategyOption {
    passReqToCallback: boolean;
}
...
```

위 타입은 @types/passport-kakao 버전에 따라 다를 수 있습니다. 이 책에서는 0.2.1 버전을 사용하고 있습니다.

지금은 passReqToCallback 속성을 사용하지 않으므로 StrategyOption만 보면 됩니다. clientID, clientSecret, callbackURL 속성이 필수 속성으로 되어 있습니다. clientSecret 속성 뒤에 물음표가 없는 관계로 우리의 코드에서도 clientSecret을 필수로 추가해야 합니다. 그런데 지금까지는 어떻게 clientSecret 없이도 정상적으로 작동했을까요?

결론부터 말하면 @types/passport-kakao의 타입 정의가 잘못되었기 때문입니다. Definitely Typed는 커뮤니티에서 만든 타입 정의이므로 잘못된 타입이 있을 수 있습니다. 이럴 때는 직접 수정해서 기여하거나 잘못된 타입 정의에라도 맞춰서 코딩하는 수밖에 없습니다. 참고로 @types/passport-kakao는 제가 위 문제를 수정해서 기여했으며, 1.0.0 버전에서는 정상적으로 작동합니다.

다음과 같이 수정하면 app.ts와 passport/index.ts의 User.findOne 부분을 제외한 에러 메시지가 사라집니다.

passport/kakaoStrategy.ts

```
...
export default () => {
  passport.use(new KakaoStrategy({
    clientID: process.env.KAKAO_ID!,
    callbackURL: '/auth/kakao/callback',
    clientSecret: '',
  }, async (accessToken, refreshToken, profile, done) => {
...
```

이번에는 시퀄라이즈 타입을 작성해보겠습니다. models 폴더 안에 있는 hashtag.js, post.js, user.js, index.js 파일을 ts 확장자로 변경합니다. 기존 자바스크립트 방식과는 맞지 않는 부분이 많아서 코드도 조금 변경합니다. 시퀄라이즈 공식 문서(https://sequelize.org/docs/v6/other-topics/typescript)에 나온 방식대로 타이핑했습니다.

models/hashtag.ts

```
import Sequelize, {
  Model, CreationOptional, InferAttributes, InferCreationAttributes,
} from 'sequelize';
import Post from './post';

class Hashtag extends Model<InferAttributes<Hashtag>, InferCreationAttributes<Hashtag>>
{
  declare id: CreationOptional<number>;
  declare title: string;
  declare createdAt: CreationOptional<Date>;
  declare updatedAt: CreationOptional<Date>;

  static initiate(sequelize: Sequelize.Sequelize) {
    Hashtag.init({
      id: {
        type: Sequelize.INTEGER,
        primaryKey: true,
        autoIncrement: true,
      },
      title: {
        type: Sequelize.STRING(15),
        allowNull: false,
        unique: true,
      },
      createdAt: Sequelize.DATE,
      updatedAt: Sequelize.DATE,
    }, {
      sequelize,
      ...
    });
  }

  static associate() {
    Hashtag.belongsToMany(Post, { through: 'PostHashtag' });
  }
```

```
  }

export default Hashtag;
```

먼저 class의 모델에 제네릭을 추가했습니다. 공식 문서에서 하라는 대로 따라 하면 됩니다. 또한, declare를 사용해 속성을 추가했습니다. declare를 사용해 추가한 속성은 js로 변환할 때는 사라집니다. 단순히 타입 표기용으로만 사용되는 것입니다.

타입스크립트는 시퀄라이즈의 속성을 자동으로 파악할 수 없으므로 여러분이 직접 속성을 타이핑해야 합니다. CreationOptional 타입은 create 작업 시에는 필요 없는 속성을 표시하는 역할입니다. id, createdAt, updatedAt은 데이터를 생성할 때 자동으로 추가되므로 CreateOptional로 지정했습니다. Date 타입은 날짜 객체를 위한 타입입니다.

associate에서는 db 매개변수가 사라졌습니다. ECMAScript 모듈 시스템에서는 CommonJS에서 발생하는 순환 참조가 발생하지 않기 때문에 그냥 모델을 import했습니다.

나머지 모델들도 수정합니다.

models/post.ts
```
import Sequelize, {
  CreationOptional, InferAttributes, InferCreationAttributes, Model,
} from 'sequelize';
import User from './user';
import Hashtag from './hashtag';

class Post extends Model<InferAttributes<Post>, InferCreationAttributes<Post>> {
  declare id: CreationOptional<number>;
  declare content: string;
  declare img: string;
  declare createdAt: CreationOptional<Date>;
  declare updatedAt: CreationOptional<Date>;

  static initiate(sequelize: Sequelize.Sequelize) {
    Post.init({
      id: {
        type: Sequelize.INTEGER,
        primaryKey: true,
        autoIncrement: true,
      },
      content: {
        type: Sequelize.STRING(140),
```

```
        allowNull: false,
      },
      img: {
        type: Sequelize.STRING(200),
        allowNull: true,
      },
      createdAt: Sequelize.DATE,
      updatedAt: Sequelize.DATE,
    }, {
      sequelize,
      ...
    });
  }

  static associate() {
    Post.belongsTo(User);
    Post.belongsToMany(Hashtag, { through: 'PostHashtag' });
  }
}

export default Post;
```

```
import Sequelize, {
  CreationOptional, InferAttributes, InferCreationAttributes, Model,
} from 'sequelize';
import Post from './post';

class User extends Model<InferAttributes<User>, InferCreationAttributes<User>> {
  declare id: CreationOptional<number>;
  declare email: string;
  declare nick: string;
  declare password: CreationOptional<string>;
  declare provider: CreationOptional<string>;
  declare snsId: CreationOptional<string>;
  declare createdAt: CreationOptional<Date>;
  declare updatedAt: CreationOptional<Date>;
  declare deletedAt: CreationOptional<Date>;

  static initiate(sequelize: Sequelize.Sequelize) {
    User.init({
      id: {
        type: Sequelize.INTEGER,
```

```
      primaryKey: true,
      autoIncrement: true,
    },
    email: {
    ...
    snsId: {
      type: Sequelize.STRING(30),
      allowNull: true,
    },
    createdAt: Sequelize.DATE,
    updatedAt: Sequelize.DATE,
    deletedAt: Sequelize.DATE,
    }, {
    sequelize,
    ...
    });
  }

  static associate() {
    User.hasMany(Post);
    User.belongsToMany(User, {
      foreignKey: 'followingId',
      as: 'Followers',
      through: 'Follow',
    });
    User.belongsToMany(User, {
      foreignKey: 'followerId',
      as: 'Followings',
      through: 'Follow',
    });
  }
}

export default User;
```

models/index.ts도 수정합니다.

models/index.ts

```
import Sequelize from 'sequelize';
import configObj from '../config/config';
import User from './user';
import Post from './post';
```

```
import Hashtag from './hashtag';

const env = process.env.NODE_ENV as 'production' | 'test' || 'development';
const config = configObj[env];

export const sequelize = new Sequelize.Sequelize(
  config.database, config.username, config.password, config,
);

User.initiate(sequelize);
Post.initiate(sequelize);
Hashtag.initiate(sequelize);

User.associate();
Post.associate();
Hashtag.associate();

export { User, Post, Hashtag };
```

11장처럼 models 폴더의 모든 모델을 자동으로 읽는 대신, 하나씩 수동으로 import하는 방식으로 되돌아갔습니다. 타입스크립트가 폴더 내 파일의 타입을 추론할 수 없기 때문입니다. process.env.NODE_ENV as 'production' | 'test' 부분에서 as는 앞의 코드에 강제로 타입을 지정하는 코드입니다. process.env.NODE_ENV는 'production' 또는 'test' 문자열 타입으로 지정됩니다. string 대신 특정한 문자열을 타입으로 사용할 수 있습니다.

config/config.json도 config/config.ts로 수정합니다. 이 주소(https://github.com/ZeroCho/nodejs-book/blob/master/ch17/17.3/nodebird/config/config.ts)를 참고하면 됩니다. 수정 후에는 노드 서버를 실행해 잘 돌아가는지 확인해야 합니다.

콘솔

```
$ npx tsc
(TS5055 에러는 발생해도 됩니다)
$ npm start
(nodemon 로그 생략)
```

17.4 내가 작성한 코드 타이핑하기

지금까지는 발생한 타입 문제들을 직접 타이핑해서 해결하기보다는 대부분 라이브러리의 타입 정의를 설치함으로써 해결했습니다. NodeBird 프로젝트가 익스프레스, 시퀄라이즈, 패스포트 등에 강하게 의존하고 있어서 그렇습니다.

이번에는 controllers, routes, middlewares와 같이 여러분이 직접 작성한 코드가 많은 파일을 타이핑해봅시다. 먼저 middlewares/index.js를 ts로 변경합니다. 모듈도 ECMAScript 모듈 시스템으로 수정합니다.

middlewares/index.ts

```
const isLoggedIn = (req, res, next) => {
  if (req.isAuthenticated()) {
    next();
  } else {
    res.status(403).send('로그인 필요');
  }
};

const isNotLoggedIn = (req, res, next) => {
  if (!req.isAuthenticated()) {
    next();
  } else {
    const message = encodeURIComponent('로그인한 상태입니다.');
    res.redirect(`/?error=${message}`);
  }
};
export { isLoggedIn, isNotLoggedIn };
```

콘솔

```
$ npx tsc --noEmit
(중요하지 않은 에러 메시지 생략)
error TS7006: Parameter 'err' implicitly has an 'any' type.
error TS7006: Parameter 'req' implicitly has an 'any' type.
error TS7006: Parameter 'res' implicitly has an 'any' type.
error TS7006: Parameter 'next' implicitly has an 'any' type.
```

매개변수인 err, req, res, next를 타이핑해야 합니다. app.ts와 middlewares, controllers에 해당 매개변수가 존재합니다. 다음과 같이 express로부터 타입을 불러와 타이핑할 수 있습니다.

middlewares/index.ts

```typescript
import { Request, Response, NextFunction } from 'express';

const isLoggedIn = (req: Request, res: Response, next: NextFunction) => {
  if (req.isAuthenticated()) {
    next();
  } else {
    res.status(403).send('로그인 필요');
  }
};

const isNotLoggedIn = (req: Request, res: Response, next: NextFunction) => {
  if (!req.isAuthenticated()) {
    next();
  } else {
    const message = encodeURIComponent('로그인한 상태입니다.');
    res.redirect(`/?error=${message}`);
  }
};
export { isLoggedIn, isNotLoggedIn };
```

어떻게 Request, Response, NextFunction이 해당 매개변수의 타입인지 알았을까요? @types/express 패키지에서 찾아봤기 때문입니다.

@types/express/index.d.ts에서 발췌

```typescript
import * as core from 'express-serve-static-core';
...
    interface RequestHandler<
        P = core.ParamsDictionary,
        ResBody = any,
        ReqBody = any,
        ReqQuery = core.Query,
        Locals extends Record<string, any> = Record<string, any>
    > extends core.RequestHandler<P, ResBody, ReqBody, ReqQuery, Locals> {}
...
```

```
...
export interface RequestHandler<
    P = ParamsDictionary,
    ResBody = any,
    ReqBody = any,
    ReqQuery = ParsedQs,
    Locals extends Record<string, any> = Record<string, any>
> {
    (
        req: Request<P, ResBody, ReqBody, ReqQuery, Locals>,
        res: Response<ResBody, Locals>,
        next: NextFunction,
    ): void;
}
...
```

타입 정의에서 (req, res, next) => {} 꼴의 함수를 찾다가 발견했습니다. interface로도 함수의 타입을 정의할 수 있습니다. req는 Request 타입이고, res는 Response, next는 NextFunction 타입인 것을 확인할 수 있습니다. 애초에 함수가 RequestHandler라는 타입이므로 다음과 같이 함수 자체에 타이핑할 수도 있습니다. 이러면 매개변수와 반환값은 자동으로 타이핑됩니다.

middlewares/index.ts

```
import { RequestHandler } from 'express';

const isLoggedIn: RequestHandler = (req, res, next) => {
  if (req.isAuthenticated()) {
    next();
  } else {
    res.status(403).send('로그인 필요');
  }
};

const isNotLoggedIn: RequestHandler = (req, res, next) => {
  if (!req.isAuthenticated()) {
    next();
  } else {
    const message = encodeURIComponent('로그인한 상태입니다.');
    res.redirect(`/?error=${message}`);
```

```
  }
};
export { isLoggedIn, isNotLoggedIn };
```

이와 같이 필요한 타입을 타입 정의 안에서 찾아보는 연습도 필요합니다.

이번에는 컨트롤러를 타이핑해보겠습니다. controllers 폴더 내부의 파일들을 전부 ts 확장자로 변경합니다. 모듈도 ECMAScript 모듈 시스템으로 수정하고, RequestHandler 타입도 추가합니다.

controllers/auth.ts

```typescript
import bcrypt from 'bcrypt';
import passport from 'passport';
import User from '../models/user';
import { RequestHandler } from 'express';

const join: RequestHandler = async (req, res, next) => {
  const { email, nick, password } = req.body;
  try {
    const exUser = await User.findOne({ where: { email } });
    if (exUser) {
      return res.redirect('/join?error=exist');
    }
    const hash = await bcrypt.hash(password, 12);
    await User.create({
      email,
      nick,
      password: hash,
    });
    return res.redirect('/');
  } catch (error) {
    console.error(error);
    return next(error);
  }
}

const login: RequestHandler = (req, res, next) => {
  passport.authenticate('local', (authError, user, info) => {
    if (authError) {
      console.error(authError);
      return next(authError);
    }
    if (!user) {
```

```
        return res.redirect(`/?error=${info.message}`);
      }
      return req.login(user, (loginError) => {
        if (loginError) {
          console.error(loginError);
          return next(loginError);
        }
        return res.redirect('/');
      });
    })(req, res, next); // 미들웨어 내의 미들웨어에는 (req, res, next)를 붙입니다
};

const logout: RequestHandler = (req, res) => {
  req.logout(() => {
    res.redirect('/');
  });
};


export { login, join, logout }
```

controllers/page.ts

```
import { RequestHandler } from 'express';
import User from '../models/user';
import Post from '../models/post';
import Hashtag from '../models/hashtag';

const renderProfile: RequestHandler = (req, res) => {
  res.render('profile', { title: '내 정보 - NodeBird' });
};

const renderJoin: RequestHandler = (req, res) => {
  res.render('join', { title: '회원 가입 - NodeBird' });
};

const renderMain: RequestHandler = async (req, res, next) => {
  ...
}

const renderHashtag: RequestHandler = async (req, res, next) => {
  const query = req.query.hashtag as string;
  if (!query) {
    return res.redirect('/');
  }
```

```
  try {
    const hashtag = await Hashtag.findOne({ where: { title: query } });
    let posts: Post[] = [];
    if (hashtag) {
      posts = await hashtag.getPosts({ include: [{ model: User }] });
    }

    return res.render('main', {
      title: `${query} | NodeBird`,
      twits: posts,
    });
  } catch (error) {
    console.error(error);
    return next(error);
  }
};


export { renderHashtag, renderProfile, renderMain, renderJoin };
```

controllers/post.ts

```
import { RequestHandler } from 'express';
import Post from '../models/post';
import Hashtag from '../models/hashtag';

const afterUploadImage: RequestHandler = (req, res) => {
  console.log(req.file);
  res.json({ url: `/img/${req.file?.filename}` });
};

const uploadPost: RequestHandler = async (req, res, next) => {
  try {
    const post = await Post.create({
      content: req.body.content,
      img: req.body.url,
      UserId: req.user?.id,
    });
    const hashtags = req.body.content.match(/#[^\s#]*/g);
    if (hashtags) {
      const result = await Promise.all(
        hashtags.map(tag => {
          return Hashtag.findOrCreate({
            where: { title: tag.slice(1).toLowerCase() },
```

```
          })
        }),
      );
      await post.addHashtags(result.map(r => r[0]));
    }
    res.redirect('/');
  } catch (error) {
    console.error(error);
    next(error);
  }
};

export { afterUploadImage, uploadPost };
```

controllers/user.ts

```
import { RequestHandler } from 'express';
import User from '../models/user';

const follow: RequestHandler = async (req, res, next) => {
  try {
    const user = await User.findOne({ where: { id: req.user?.id } });
    if (user) {
      await user.addFollowing(parseInt(req.params.id, 10));
      res.send('success');
    } else {
      res.status(404).send('no user');
    }
  } catch (error) {
    console.error(error);
    next(error);
  }
};

export { follow };
```

app.ts에도 아직 TS7006 에러가 남아 있습니다. 다만, 에러 처리 미들웨어 부분이라 Request
Handler를 쓸 수는 없습니다. 익스프레스에는 에러 처리 미들웨어를 위한 ErrorRequestHandler라
는 타입이 있습니다.

```ts
import express, { ErrorRequestHandler } from 'express';
...
const errorHandler: ErrorRequestHandler = (err, req, res, next) => {
  console.error(err);
  res.locals.message = err.message;
  res.locals.error = process.env.NODE_ENV !== 'production' ? err : {};
  res.status(err.status || 500);
  res.render('error');
};
app.use(errorHandler);
...
```

콘솔

```
$ npx tsc --noEmit
(중요하지 않은 에러 메시지 생략)
error TS2345: Argument of type '{ content: any; img: any; UserId: (number & {
[CreationAttributeBrand]?: true | undefined; }) | undefined; }' is not assignable to
parameter of type 'Optional<InferCreationAttributes<Post, { omit: never; }>, NullishPro
pertiesOf<InferCreationAttributes<Post, { omit: never; }>>>'.
  Object literal may only specify known properties, and 'UserId' does not exist in type
'Optional<InferCreationAttributes<Post, { omit: never; }>, NullishPropertiesOf<InferCre
ationAttributes<Post, { omit: never; }>>>'.
error TS2339: Property 'getPosts' does not exist on type 'Hashtag'.
error TS7006: Parameter 'tag' implicitly has an 'any' type.
error TS2339: Property 'addFollowing' does not exist on type 'User'.
error TS2339: Property 'addHashtags' does not exist on type 'Post'.
```

먼저 TS7006 에러부터 해결하겠습니다. hashtags.map(tag => {에서 tag가 any 타입이라는 에러
인데, 이는 hashtags가 any 타입이라서 그렇습니다. hashtags가 any인 이유는 hashtags에 명시적
인 타입을 지정하지 않았기 때문입니다. 타입스크립트가 타입 추론에 실패할 때는 여러분이 직접
타이핑해야 합니다.

```ts
...
    const post = await Post.create({
      content: req.body.content,
      img: req.body.url,
      UserId: req.user?.id,
    });
```

```
    const hashtags: string[] = req.body.content.match(/#[^\s#]*/g);
    if (hashtags) {
      const result = await Promise.all(
  ...
```

hashtags를 문자열의 배열로 타이핑해 tag가 문자열이 되도록 만들었습니다.

TS2345 에러와 TS2339 에러는 타입스크립트가 시퀄라이즈 모델 간의 관계를 제대로 파악하지 못해서 발생합니다. Post.create에서 UserId가 사용되는데, 타입스크립트는 Post에 UserId 속성이 있는지 알지 못합니다. 그리고 getPosts나 addHashtags, addFollowing은 관계에 따라 시퀄라이즈가 그때그때 생성하는 메서드라서 마찬가지로 타입스크립트는 알기 어렵습니다. 따라서 여러분이 직접 모델에 getPosts와 addHashtags, addFollowing 메서드를 타이핑해야 합니다.

models/hashtag.ts

```
import Sequelize, {
  Model, CreationOptional, InferAttributes, InferCreationAttributes,
  BelongsToManyGetAssociationsMixin,
} from 'sequelize';
import Post from './post';

class Hashtag extends Model<InferAttributes<Hashtag>, InferCreationAttributes<Hashtag>>
{
  ...
  declare updatedAt: CreationOptional<Date>;

  declare getPosts: BelongsToManyGetAssociationsMixin<Post>;

  static initiate(sequelize: Sequelize.Sequelize) {
  ...
```

models/user.ts

```
import Sequelize, {
  CreationOptional, InferAttributes, InferCreationAttributes, Model,
  BelongsToManyAddAssociationMixin,
} from 'sequelize';
import Post from './post';

class User extends Model<InferAttributes<User>, InferCreationAttributes<User>> {
  ...
  declare deletedAt: CreationOptional<Date>;
```

```
  declare addFollowing: BelongsToManyAddAssociationMixin<User, number>;

  static initiate(sequelize: Sequelize.Sequelize) {
    ...
```

---

models/post.ts

```
import Sequelize, {
  CreationOptional, InferAttributes, InferCreationAttributes, Model,
  BelongsToManyAddAssociationsMixin, ForeignKey,
} from 'sequelize';
import User from './user';
import Hashtag from './hashtag';

class Post extends Model<InferAttributes<Post>, InferCreationAttributes<Post>> {
  ...
  declare updatedAt: CreationOptional<Date>;

  declare UserId: ForeignKey<User['id']>;
  declare addHashtags: BelongsToManyAddAssociationsMixin<Hashtag, number>;

  static initiate(sequelize: Sequelize.Sequelize) {
    ...
```

associate에 적힌 관계를 보고 메서드를 타이핑할 수 있습니다. 예를 들어 post.addHashtags 는 post와 hashtag의 관계가 BelongsToMany이고, add이며, Hashtags로 복수이므로 BelongsToM anyAddAssociationsMixin이 됩니다. 제네릭에는 대상 모델을 넣어야 해서 순서대로 Hashtag와 Hashtag id의 타입인 number를 넣으면 됩니다. user.addFollowing에서는 Following이 단수이므로 Associations가 아니라 Association입니다.

hashtag.getPosts에서는 hashtag와 post의 관계가 BelongsToMany이고, get이며, Posts로 복수 이므로 BelongsToManyGetAssociationsMixin이 됩니다. Get인 경우 제네릭은 Post만 넣으면 됩니다.

UserId는 다른 모델의 키를 타이핑하는 방법입니다. ForeignKey 타입에 제네릭으로 User['id']를 넣으면 됩니다.

이제 라우터를 타이핑해보겠습니다. routes 폴더 내부의 파일들을 전부 ts 확장자로 변경하고 ECMAScript 모듈 시스템으로 바꿉니다.

```typescript
import express from 'express';
import passport from 'passport';

import { isLoggedIn, isNotLoggedIn } from '../middlewares';
import { join, login, logout } from '../controllers/auth';

const router = express.Router();

// POST /auth/join
router.post('/join', isNotLoggedIn, join);

// POST /auth/login
router.post('/login', isNotLoggedIn, login);

// GET /auth/logout
router.get('/logout', isLoggedIn, logout);

// GET /auth/kakao
router.get('/kakao', passport.authenticate('kakao'));

// GET /auth/kakao/callback
router.get('/kakao/callback', passport.authenticate('kakao', {
  failureRedirect: '/?error=카카오로그인 실패',
}), (req, res) => {
  res.redirect('/'); // 성공 시에는 /로 이동
});

export default router;
```

```typescript
import express from 'express';
import { isLoggedIn, isNotLoggedIn } from '../middlewares';
import {
  renderProfile, renderJoin, renderMain, renderHashtag,
} from '../controllers/page';

const router = express.Router();

router.use((req, res, next) => {
  res.locals.user = req.user;
  res.locals.followerCount = req.user?.Followers?.length || 0;
```

17

타입스크립트로 노드 개발

```ts
  res.locals.followingCount = req.user?.Followings?.length || 0;
  res.locals.followingIdList = req.user?.Followings?.map(f => f.id) || [];
  next();
});

router.get('/profile', isLoggedIn, renderProfile);

router.get('/join', isNotLoggedIn, renderJoin);

router.get('/', renderMain);

router.get('/hashtag', renderHashtag);

export default router;
```

routes/post.ts

```ts
import express from 'express';
import multer from 'multer';
import path from 'path';
import fs from 'fs';

import { afterUploadImage, uploadPost } from '../controllers/post';
import { isLoggedIn } from '../middlewares';

const router = express.Router();

try {
  fs.readdirSync('uploads');
} catch (error) {
  console.error('uploads 폴더가 없어 uploads 폴더를 생성합니다.');
  fs.mkdirSync('uploads');
}

const upload = multer({
  storage: multer.diskStorage({
    destination(req, file, cb) {
      cb(null, 'uploads/');
    },
    filename(req, file, cb) {
      const ext = path.extname(file.originalname);
      cb(null, path.basename(file.originalname, ext) + Date.now() + ext);
    },
  }),
```

```
  limits: { fileSize: 5 * 1024 * 1024 },
});

// POST /post/img
router.post('/img', isLoggedIn, upload.single('img'), afterUploadImage);

// POST /post
const upload2 = multer();
router.post('/', isLoggedIn, upload2.none(), uploadPost);

export default router;
```

```
import express from 'express';

import { isLoggedIn } from '../middlewares';
import { follow } from '../controllers/user';

const router = express.Router();

// POST /user/:id/follow
router.post('/:id/follow', isLoggedIn, follow);

export default router;
```

콘솔

```
$ npx tsc --noEmit
(중요하지 않은 에러 메시지 생략)
error TS2339: Property 'Followers' does not exist on type 'User'.
error TS2339: Property 'Followings' does not exist on type 'User'.
error TS2339: Property 'Followings' does not exist on type 'User'.
error TS7006: Parameter 'f' implicitly has an 'any' type.
```

역시 타입스크립트가 User 모델에 Followers와 Followings 속성이 있는지 파악할 수 없어 발생한 에러입니다. User 모델을 수정합시다.

models/user.ts

```
import Sequelize, {
  CreationOptional, InferAttributes, InferCreationAttributes, Model,
  BelongsToManyAddAssociationMixin,
  NonAttribute,
```

```
} from 'sequelize';
import Post from './post';

class User extends Model<InferAttributes<User>, InferCreationAttributes<User>> {
  ...
  declare deletedAt: CreationOptional<Date>;

  declare Followers?: NonAttribute<User[]>;
  declare Followings?: NonAttribute<User[]>;
  declare addFollowing: BelongsToManyAddAssociationMixin<User, number>;
  ...
```

Followers와 Followings는 원래 존재하는 속성이 아니므로 물음표를 붙였습니다. 타입도 NonAttribute로 기본 속성이 아님을 표시합니다. 시퀄라이즈 공식 문서를 따랐으며, 이렇게 하면 모든 에러가 해결됩니다.

컴파일 후 서버를 실행해 잘 돌아가는지 확인합니다.

```
$ npx tsc
(TS5055 에러는 발생해도 됩니다)
$ npm start
(nodemon 로그 생략)
```

이렇게 js 코드를 ts 코드로 변환해봤습니다. 직접 타이핑을 하는 것보다 패키지가 제공하는 타입 (남이 만든 타입)을 사용하는 일이 더 많으므로 어디에 어떤 타입을 사용해야 하는지 파악하기가 어렵습니다. 따라서 타입스크립트 문법을 익힌 후에는 라이브러리 공식 문서를 참고하며 타입을 분석하는 연습이 필요합니다. 에러 메시지가 친절한 편이므로 에러 메시지를 참조하며 타이핑을 하면 됩니다.

하나만 명심하세요. 타입스크립트는 결국 자바스크립트로 변환되므로 자바스크립트 결과물은 항상 올바른 코드여야 합니다. 타이핑을 하다가 자바스크립트 코드가 변형되는 일이 있어서는 안 됩니다. js 파일들을 전부 ts로 변환했으므로 allowJs 속성을 다시 false로 만듭니다.

tsconfig.json

```
{
  "compilerOptions": {
    "target": "es2016",                    /* Set the JavaScript language
    "module": "commonjs",                  /* Specify what module code is
```

```
    "allowJs": false,
    "esModuleInterop": true,                    /* Emit additional JavaScript to
    "forceConsistentCasingInFileNames": true,   /* Ensure that casing is correct
    "strict": true,                             /* Enable all strict type-checking
    "skipLibCheck": true                        /* Skip type checking all .d.ts files. */
  }
}
```

개인적으로는 타입스크립트를 배워서 처음부터 타입스크립트로 노드 프로젝트를 진행하는 것을 추천합니다. 타입을 지정해야 해서 불편함도 따르지만, 타입을 지정함으로써 실수로 인해 발생 가능한 에러를 막을 수 있습니다. 특히 서버는 안정성(에러 없이 자신의 목적을 수행하는 능력)이 중요하므로 개발의 편의성보다는 에러 방지에 더 초점을 맞추는 것이 좋습니다. 이 책에서 소개한 타입스크립트 문법만으로는 다소 부족하므로 다음 절에서 소개하는 링크들을 참고하며 따로 공부해보는 것도 좋습니다.

17.5 함께 보면 좋은 자료

- **타입스크립트 공식 문서**: https://www.typescriptlang.org/docs/
- **타입스크립트 핸드북 한글 문서**: https://typescript-kr.github.io/
- DefinitelyTyped: https://github.com/DefinitelyTyped/DefinitelyTyped
- **시퀄라이즈 타입스크립트 문서**: https://sequelize.org/docs/v6/other-topics/typescript/

숫자